2019
ÇÜRÜYEN YILLAR

Yusuf Solmaz

Yusuf Solmaz, 1963 yılında Yozgat'ta dünyaya geldi. İlk ve orta öğrenimini Yozgat'ta tamamladıktan sonra Ankara Üniversitesi Eğitim Bilimleri Fakültesi, Eğitimde Psikolojik Hizmetler Bölümü'nü bitirdi. Mardin, Tokat, Ankara, Bodrum, İzmir il ve ilçelerinde rehber öğretmen olarak görev yaptı. Güzel Sanatlar Eğitimi alanındaki yüksek lisans çalışmasını 2002 yılında tamamlayarak Bilim Uzmanı unvan ve yetkisi almaya hak kazandı. Yaklaşık 30 yıl eğitimin pek çok alanında görev yaptıktan sonra 2016 yılında emekli oldu.

Bu kitaptaki olayların gerçeklerle herhangi bir ilgisi bulunmamaktadır. Anlatılanlar tamamen kurgu olup düşünceler, söz ve ifadeler kurgulanmış karakterlere aittir.

*

Kapak Resmi: Anonim

Birinci Yayın yılı: Ocak 2019 / İzmir

Kadın Cinayetleri

Öldürülmemiz Hakkında Okuduğum Her Şey

Anneme...

1

Bu yazı dizisinde, "sevgili yavrum" dediğim, artık hepimizin evladı olan Ş'nin nasıl öldürüldüğü üzerinde duracağım. Açık adını söylemeyeceğim ama bileceksiniz. Neden söylemeyeceğim? Söz konusu dava henüz bitmedi de ondan... Olayın nasıl olduğuyla ilgili birbirini tutmayan iddialar, açıklamalar dile getirilmekte. Böyle bir ortamda doğru bilgiyi bulup anlatmak da kolay iş değil. Kanımca gerçeğin bilinmesi kimilerinin işine de gelmiyor. Dava neden bu kadar karmaşık bir hal aldı? Aslına bakarsanız karışıklık gerçeklerin inkâr edilmesinden, inkâra da değer verilmesinden doğmakta. Bir şey söyleyeyim mi? Yine milletin aklıyla dalga geçilmekte, hukuktan yana olanların umutlarıyla oynanmakta... Neden böyle olmakta? Hepsini sırayla konuşacağız. Şimdi Ş'nin ölümünden bugüne neler oldu ona bakalım.

Bir gazete haberinden: Ş'nin 29 Mayıs 2018 tarihinde plazanın 20'inci katından düşerek şüpheli şekilde ölmesiyle ilgili davanın ilk duruşması bugün yapıldı. Yoğun ilgi nedeniyle duruşma adliyenin büyük salonuna taşındı. Gergin geçen oturuma çok sayıda kadın derneği ve milletvekili de katıldı. İzleyicilerin büyük bir bölümünü kadınlar oluşturuyordu. Sanıklar Ç ve B de salonda hazır bulundular. İddianamede Ç ile B'nın iştirak halinde kişiyi hürriyetinden yoksun bırakma, nitelikli cinsel saldırı ve kasten adam öldürme suçlarından ayrı ayrı cezalandırılması talep edilmekte. Duruşma salonunda Ç ve B için geniş güvenlik önlemi alındığı, seyircilerle sanıklar arasına giren jandarmanın etten duvar ördüğü görüldü. Müdahillik talebinde bulunan bazı avukatlar, yüz yüze yargılama ilkesi ihlal edildiğinden jandarma görevlilerinin oturmasını talep ettiler ancak mahkeme başkanı bu talebi reddetti.

Davaya, aralarında Aydın, Ankara ve Kırklareli gibi bazı kentlerden gelen avukatlar da müdahillik talebinde bulundular. Aynı istekte bulunan dernekler arasında İnsan Hakları Derneği ve Kadın Cinayetlerini Durduracağız Platformu da yer aldı ancak, mahkeme başkanı, sadece Ş'nin ailesi ile Aile, Çalışma ve Sosyal Güvenlik Bakanlığı'nın taleplerini kabul etti. Duruşmanın ilk yarısında sanıkların ifadeleri alındı. Ç, ifadesinde, Ş ile aralarında "ağabey-kardeş" ilişkisi olduğunu belirterek, hakkındaki suçlamaları reddetti.

Ç'nin, iş görüşmesi amacıyla Ş'yi, içkili bir restorana davet ettiği bilinmekte. Daha sonra Ç, arkadaşı olan B'yi de buraya çağıracaktır. Birlikte plazadaki iş yerine giderler... Gecenin ilerleyen saatinde Ş, 20. kattan aşağı düşer. Aslında düşmemiştir... Ç ile B'nin tecavüz ettikten sonra Ş'yi pencereden attıkları iddia edilir. Sanıklar ısrarla Ş'nin bazı sorunları olduğunu bu yüzden intihar ettiğini söylemekteler. Ç, "Şule'nin hayatı tozpembe değildi. Parasızdı, ailevi sorunları vardı, sınıfta kalmıştı, bir daha kalacaktı, ev kirasını ödeyemiyordu, yeni bir eve çıkmak istiyordu. Sıkıntılarını bildiğimden kafasının dağılmasını istedim," dedi. Ç, olay gecesi Ş'yi pencereden sarkarken gördüğünü, kurtarmaya çalıştığını ancak ellerinin arasından kayarak düştüğünü söylemekte. Savcılık ifadesinde de bunu dile getirmişti. Müdahil avukatlardan birinin sorusuna Ç'den, "Hep bizimle söz dalaşı yapıldı, biraz da biz söz dalaşı yapalım" yanıtı gelince salondaki izleyicilerden tepki geldi. Ç'nin ardından söz alan B de, o gece çok alkol aldığını, olay sırasında uyuduğunu, uyanınca (Ç uyandırmış) Ş'nin gittiğini öğrendiğini söyledi. B, "Yemekten sonra ofise gittik, içmeye devam ettik. Muhabbet edip eğleniyorduk, sonra ben sızdım. Ç, beni uyandırdı, uyku sersemiydim, etrafımı göremiyordum. Ç, 'Ş gitti, biz de gidelim' dedi, pencereden gittiğini söylemişti. Önce anlamadım, anlayınca çok korktum, endişelendim." Sanıkların, mahkeme ifadelerinde bazı çelişkiler olduğu görülürken, B'nin avukatları da Ç'ye çapraz sorgu yaptılar. Daha sonra duruşmaya bir saat ara verildi. Öğleden sonra tanıklar dinlendi. Ş'nin babası ve ağabeyleri zanlılardan şikâyetçi olduklarını tekrar ettiler.

Mahkeme yargıcı, şikâyetçi aileye, Ş'nin maddi sorunları olup olmadığını, kendisine yardım edip etmediklerini, Ş'nin neden çalışmaya ihtiyacı duyduğunu sordu. Baba, "Kızıma aylık 500 TL yolluyordum. 400 TL de burs alıyordu. İlk yıl yurtta kaldı, sonra üç arkadaşıyla eve çıktı. Ekonomik sıkıntıları yoktu," dedi. Tanıklar dinlenirken mahkeme başkanı, Ş'nin ev arkadaşı L'ye, Ş'nin psikolojik sorunları olup olmadığıyla ilgili sorular sordu. L, "Bir hafta önce ev tutup birlikte boyadık. İleriye dönük hayalleri vardı" diye konuştu. Tanıkların dinlenmesinin ardından tarafların taleplerine geçildi. Mahkeme başkanı, bu aşamada avukatları sık sık kanıtlarla ilgili konuşmamalarını, taleplere odaklanmaları gerektiğini söyleyerek uyardı.

Ş'nin avukatı, Mersin Üniversitesi'nden iki adli tıp profesörünün hazırladığı raporu gösterip raporda da belirtildiği gibi maktulde tespit edilen anal ekipmanların (cilt altına sızan kan) cinsel saldırıya işaret ettiğini söyleyip Ş'in önce tecavüze uğradığını, daha sonra da öldürülerek pencereden atıldığını öne sürdü. Sanık avukatları ise iddianın doğru olmadığını dile getirip, Ş'ye, majör depresyon tanısı konulduğunu belirten raporu mahkemeye sunarak şöyle dediler: "Ş'nin Twitter hesabı incelendiğinde olaydan kısa bir süre önce koşarak pencereden atlayan birinin videosunu paylaştığı ve altına da 'modum' şeklinde not düştüğü görülecektir. Aslında Ş intihar şeklini paylaşmıştır. Majör depresyon rahatsızlığı olduğu unutulmamalıdır. Bu öyle bir hastalıktır ki, kişi beş dakika önce kahkaha atsa bile bir anda ağlamaya başlayabilir."

Ç'nin avukatı, söz konusu raporlarda bahsi geçen anal ekimozların kabızlık nedeniyle oluşabileceğini, yine rapora atıfla, Ş'in vücudunda sperme rastlanılmadığını, cinsel ilişki sırasında ortaya çıkan PSA'nın (cinsel sıvı) bulunduğunu belirterek, bu iki sıvının (sperm ve psa'nın) birlikte oluşması gerektiğini dile getirdi. Ayrıca kondom kullanılmış olması halinde PSA'nın da bulunamayacağını, bu durumun cinsel saldırı suçlamasıyla ilgili bir çelişki yarattığını vurguladıktan sonra iddianamede sanıklar lehine bulgu yer almadığını belirterek, davanın "sosyal medyada yaratılan algıyla yürütülen bir dava" olduğu iddiasında bulunup Ç için tahliye talep etti. B'nın avukatları da müvekkilleri hakkındaki iddiaları reddetti. Avukatlar, maktulün tırnaklarında tespit edilen DNA örneklerinin temasla da geçmiş olabileceğini belirtip bunun için ayrı bir rapor hazırlanmasını istediler. B'nin avukatları da Ş ailesinin avukatını "yalan söylemekle" basını ve sosyal medyayı etkilemekle suçladı. B'nin avukatının konuşması sırasında, Ş'nin babası "Senin kızın ölseydi bunları söyler miydin?" diye tepki gösterdi. Sanıklar da suçsuz olduklarını belirtip tahliyelerini talep ettiler. Ç, "Ben suçsuzum ve beraat imi istiyorum" dedi. Bu sözler üzerinde sanık yakınları alkışlamaya başladılar. Alkışlamaya, salondaki diğer katılımcılar tepki gösterdi. İzleyiciler arasında oturan Ş'nin bir yakını, "Siz bizim kızımızı öldürdünüz neyi alkışlıyorsunuz!" dedi. Taleplerin ardından mahkeme heyeti ara karar için bir süre salondan ayrıldı. Tahliye talepleri reddedilirken, bilirkişi raporlarındaki bulgularla ilgili ayrıntılı rapor alınmasına, DNA'nın temasla geçip geçmeyeceğinin tespiti için girişimde bulunulmasına, sanıkla bir tanığın cep telefonlarının incelenmesine karar verildi. Davanın bir sonraki duruşması 15 Mayıs'ta Ankara'da görülecek.

Bunlar, gazetelerden topladığım bilgiler arkadaşlar. Bu şekilde konuyla ilgili bir yıllık gelişmeleri sizlerle paylaşmaya, olayı da sizlerle yeniden anlamaya gayret göstereceğim. Şimdi, kamuoyuna mal olan bilgileri okumaya devam edelim...

Ş adındaki üniversite öğrencisinin ölümüyle ilgili 2 sanığın, "cinayet", "nitelikli cinsel saldırı" ve "hürriyeti tehdit" suçlarından ağırlaştırılmış müebbet ve 39'ar yıla kadar hapis cezası istemiyle yargılandığı davanın ikinci duruşmasına Ankara'da devam edildi. Sanıklardan Ç, Ş'nin babasına yönelik "kızına sahip çıksaydın!" demesi üzerine salon karıştı; davayı izleyenler, sanığın bu sözüne tepki gösterdiler. Duruşma 10 Temmuza ertelendi. Ağır Ceza Mahkemesi'ndeki duruşmaya, Ç, B, Ş'nin aile yakınları ve tarafların avukatları katıldı. Bakanlığın avukatı da şikâyetçi olarak duruşmada hazır bulundu. Mahkemeyi, aralarında milletvekillerinin de bulunduğu çok sayıda kişi takip etmekte. Yoğun katılımdan dolayı duruşmaya bir saat geç başlanırken, izleyicilerin bir kısmı salonuna alınmadı. Saat 10.00'da başlaması gereken duruşma bir saat geç başladı. Mağdur ailenin (Ş'nin) avukatı savunmasına başladığında saatler 11.15 'i gösteriyordu. Ş'nin avukatı duruşma salonuna kurulan projeksiyonla fotoğraflar eşliğinde sanıkların yalan konuştuğunu belirterek şunları söyledi: "Olay iddia edildiği gibi misafir odasında değil, makam odası diye nitelenen büyük salonda yaşandı. Misafir odasının o kadar toplu olma sebebi delillerin karartılması değil, odaya gidilmemiş olmasıdır. Salondaki camda B'ın avuç içi izinin olması da bunu doğruluyor. Aynı zamanda kızın düştüğü yer de dikkate alındığında salon camının altında olduğu görülüyor. B, bu davanın en büyük sanığı olduğu kadar tanığıdır da...

Hangimiz babamız para göndermiyor diye kendimizi plazanın 20. katından aşağı attık? Olay günü çekilen videolarda perdelerin inik olduğu görülmekte... Sabah polisler tarafından çekilen fotoğraflarda ise perdelerin açık olduğu gözüküyor. Demek ki olaydan sonra perdelerin nasıl durduğunu hatırlayamadıkları için öyle ayarlamışlar. İfadelerinde hava almak için camların açık olduğunu söylemelerine rağmen çekilmiş görüntülerde perdeler kapalı. Demek ki mahrem bir şeyler yaşandı ki perdeleri kapatma ihtiyacı hissettiler. Sabah da nasıl ayarlaması gerektiğini bilemeyip perdeleri açtılar. Şu anda GSM kayıtları inceledi. Ş'nin telefonunda yer alan konum verileri ile görüntüleri karşılaştırdığımızda hangi saatte hangi odada olduğu anlaşılmaktadır. Aynı şekilde B'nin de hareket halinde olduğu belli olmakta. Baz istasyonu verilerine göre B, iddia ettiği gibi uyumuyordu. Kızın kanında bulunan uyku getirici ilacın kutusu yok; ne çantasında ne de evinde bulunamamıştır. Bence tartışılması gereken konu, uyku ilacının nasıl kanında bulunduğu olmalı. 2016'daki rapordan Ş'nin psikolojik sorunu olduğu söyleniyor, annesi öldüğü için hatta babası para göndermediği için intihar etmiş olabileceği belirtildi. Ş, düzenli hap kullanmıyordu. Bunlar tamamen manipülasyon." Bunun üzerine sanık B, "Ben ayakta durmuyordum, uyuyordum. İtirafçı falan da olmadım," dedi.

Sanık Ç'nin tanık olarak dinlenen annesi, olayın ardından kendisine bilmediği birileri tarafından telefon edildiğini, tanımadığı bir sesin, "Ç serbest bırakılacak" dediğini söyleyip "Dolandırıldım" dedi ve "Gelen telefondan sonra avukatımı aradım. O da dolandırıldığımı söyledi" diye konuştu... (Anlaşılan, anne, birine, oğlunun kurtarılması için para vermiş.) Mahkeme başkanının, "Olay günü Ç sizi aradı mı?" sorusuna ise anne, "Gündüz beni aradığında bir iki saat işi olduğunu söyledi. En son, gece ikiyi çeyrek geçe aradım. Ses tonundan alkol aldığını anladım. Sinirlendim Ramazan'da alkol içtiği için telefonu kapattım. "Biz, Rıfkı'da oturduk, plazaya gittik. Odaya girdiğimde Ş, pencereden beline kadar sarkmıştı. Ben gidiyorum, dedi ve düştü, dedi" yanıtını verdi. Ç'nin annesi, avukatına seslenerek, "Bizim mal varlığımızı bu kadar insana açıklar mısınız? Şu anda kirada oturuyorum, arabam yok. Bu zamana kadar siz sosyal medyada hep konuştunuz biz sustuk. Sadece Ç'nin yatak odasını araştırıyorlar, başka bir şey yapmıyorlar," dedi. Bu sözlerin ardından mahkeme salonunda tartışma yaşandı.

Bu sıra sanıklardan Ç, kızın babasına "Kızına sahip çıksaydın!" deyince mağdur avukatları ile sanıklar arasında tartışma yaşandı.

Üniversite öğrencisi kızın, 2009'dan beri tanıdığı eski erkek arkadaşı da mahkemede ifade verdi. Daha önce psikiyatriye gittiklerini söyleyen Ş'in eski erkek arkadaşı, "Doktor herkese söyleyeceği şeyleri söyledi ve bir şeyimizin olmadığını anlattı" dedi.

Ardından tanık olarak Ş'nin arkadaşı Gözde'nin ifadesine başvuruldu. "Ş'nin intihar etme ihtimaline inanmıyorum" diyen Gözde, "Olaydan iki hafta önce beni arayarak işten çıkarıldığını, parasını alamadığını belirtti. Ş bana Ç'ın kendisini rahatsız ettiğini de söyledi" diye konuştu.

Market sahibi tanığın ifadesine geçildi: Ç ile B'yi 13 yıldır tanıdığını söyleyen ve olay gecesi sanık B'nin "Viski alacağım dükkânı açar mısın?" diye kendini aradığını belirten market sahibi tanık, B'nin dükkâna geldiğini, "Başımızdan böyle böyle olay geçti, kız kendini attı. Ben odadaydım ama görmedim," dediğini anlattı. "Sonrasında olay sosyal medyada duyuldu. Ç ile dört beş yıldır konuşmuyordum," dedi.

Söz alan sanık B, "Tecavüz edip, öldürdüğümü iddia ettikleri kızla bir saat önce görüntülerimi facebookta paylaşmışım. Allah aşkına hâkim bey, hangi manyak yapar bunu?" diye sitem ederken salondan, "Sizin gibi manyaklar yapar!" sesleri yükseldi.

Ş'nin avukatı şunlar söylendi: "Mersin Üniversitesi Raporu'nu hazırlayan kişileri gelecek celse dinleteceğiz.

Meslektaşlarım ise mahkemeye sundukları raporun sahibi Doktor A'yı buraya getirebilirler mi? Daha önce meslekten çıkarılan adlı tıp uzmanı A, geç saatte içkili ortamda olanların kişinin rızasıyla olduğunu belirtmekte. Bu anlayışla biraz önce Ç'nin ağzından 'Kızına sahip çıksaydın!' ifadesi çıktı. Bu sırada salondan alkış sesleri yükseldi. Sanık avukatı "Burası kadın programı değil!" dedi. Bu söze itiraz edilse de Ş'nin avukatı sözlerini şöyle sürdürdü: "Tokalaştık diyorlar... Anal bölgedeki ısırık ve tükürük ne? Tecavüz ettiniz. Kanında tespit edilen ilaç maktulün direncini kırmış. Yani her şey planlanmış." Ş'nin diğer avukatı da şunları kaydetti: "Ç, olay sonrası verdiği ifadede Ş'nin düştüğünü, yetişip tutamadığını belirtti. Olay sonrası bilirkişi mütalaasına göre cam üzerinde ne sanıklara ne de maktule ilişkin parmak izi bulunamadı. Sanık avukatının da belirttiği gibi olay salonda yaşanmıştır.

Ş'nin intihar ederken dört ayaküstü düşmesi imkânsız. Ayrıca Ş'nin ayakkabıları ayağında değil. Önce sol ayakkabısı sonra da sağ ayakkabısı atılmış. Sol ayağında çorap var. Sanıklara soruyorum diğer çorap nerede?" Ş'nin düşme sonrası görüntüleri gösterildi. Duruşmayı izleyenler, Ş'nin son çekilen görüntüsünün ekrana yansıtılması ile duygusal anlar yaşandı.

Sanık Ç, görüntüler izlenirken şunları kaydetti: "Yoruldum. Delil bulursanız beni asın. Benim DNA örneğim yok. Tecavüz edeceksiniz ve DNA örneğiniz geçmeyecek, mümkün değil. 10 aydır cezaevindeyim. Her geldiğimde suçlamalar değişmiş oluyor. Avukat Bey tanık ifadelerini yönlendiriyor. Arkadaşımız P'ı aramış ve porno görüntümüz olduğunu söyleyerek yönlendirmiş. Yorulduk. Beni senaryo ile yargılamayın. Ben beraatımı alıp gideyim. Cezaevinde ödül almışım. (Cezaevi yöneticileri nasıl olmuşsa iyi halinden dolayı ödüllendirmiş olmalılar.) Cezaevindekiler suçluyu gözünün içinden tanıyor. 70 metreden insan düşerken ayakkabının ayağından çıkması kadar normal bir şey var mı? Raporlarda tecavüz ile ilgili bir şey var mı? Cezaevinde yatmayı hak eden bir insan değilim." B de şöyle dedi: "Ben dünyaya cezaevinde çürümek için gelmedim, kaçmak isteseydim saçımın telini bulamazlardı. Beraatımı istiyorum hâkim bey!"

Sanıkların avukatı Ş'nin okul durumu ile ilgili yazı yazılmasını istedi. Avukat şunları söyledi: "Babasının para göndermediğini iddia ediyoruz. Para yollanmaması ve okulda durumunun iyi olmaması intihara sürükler. Ş'nin telefonunun son iki günlük kayıtlarını da isteyelim. Twitter paylaşımlarının da doktor tarafından incelenip psikolojik durumu ile ilgili rapor yazılmasını istiyoruz. Zengin erkek fakir kız algısı yaratılıyor. İddiaları çürüttüğümüze inanıyorum. Uzman psikolog dinlenirse şu da görülecektir; majör depresif hastaların durumu anında değişir.

Suçsuzluğumuzu ispatlamaya çalışıyoruz. Müvekkilimin ekonomik durumu değil yurt dışı, şehir içinde bir yere gitmeye dahi uygun değil. Eser miktarda DNA'ya doku deniliyor. Savcı iddianamesini çürüttük. Sosyal medyaya kötü yansıtıldı. Benim ağzımdan kızlık zarı diye bir laf çıkmadı... Toplanan deliller çok fakat bunlar suçun işlendiğine dair somut delil değil. Kaçma şüphesi mevcut yok. Delilleri karartma ihtimali de yok. Diğer odadan düşme ihtimali var mı diye keşif yapılsın. Tecavüz ve öldürme olayı saptanamadı. Beraat talep ediyorum." Diğer sanık avukatı tahliye talep etmedi ama şöyle konuştu: "Gerçeğin açığa çıkmasını istiyoruz. Söylediklerimin aksine bir delil çıkarsa ben bu davadan çekilirim. Dosyada, resmî adlı tıp raporunda cinsel istismar olmadığı yazıyor. Erkek arkadaşı olan bir kızın anal bölgesinde 'psa' çıkması o gece olduğu anlamına gelmez."

Dava öncesi konuşan Ş'nin avukatı, 10 Temmuz'da görülecek duruşmanın çok önemli olduğuna dikkati çekerek, "Ş'nin son iki gününe ilişkin telefon kayıtları, psikolojik durumuna ilişkin raporlar, sanıkların telefon bilgileri, adli tıp raporu ile olay yeri kamera görüntüleri, dudak okuma bilgileri, bilirkişi raporları mahkemeye sunulacak... Ç'nin annesi 'mağdurum, dolandırıldım' diyerek oğlunun kurtarılması karşılığında rüşvet verdiğini itiraf etti. Parayı hangi hesap numarasına yatırdığını ve o gün hangi telefon numarasıyla konuştuğunu soracağız. Madem suçsuz neden serbest bırakılması için para vermeyi kabul ediyor? Bu sorunun yanıtını da arayacağız. Ayrıca anne kendisini arayanlarla ne konuşmuş? Oğlunun serbest bırakılması için para talep edilmiş ve bu para yatırılmış. İlgili şahıs ya da şahıslar 72 defa aranmış, neden? Durumu avukatlarıyla konuştuğunda da dolandırıldığı dile getirildi. Dava sürecinin başından bu yana suçsuz dedikleri şahsın serbest bırakılması için savcı olduğunu sandıkları kişi ya da kişilere para ödendiği ortaya çıktı. Bu durum hayatın olağan akışına terstir... Madem katil değil, serbest bırakılması için neden para vermişler? Hukuka aykırı şekilde para yatırmayı bir anne neden kabul eder ki... Rüşvet veriyor ki serbest bırakılsın. Bu duruşmada bunun üzerine gideceğiz. Anne, parayı hangi hesaba yatırmış, 72 defa hangi numarayı aramış araştırılmasını isteyeceğiz. Bu usulsüzlüğün içinde kimlerin olduğu açığa çıkmalıdır."

2

Ş davası pek çok açıdan önem taşıyor arkadaşlar. Nasıl bir ülkede yaşadığımıza da cevap olmakta. Daha iyi bir ülke istediğimize göre bulunduğumuz koşulları Ş bağlamında bir kez daha incelememiz gerekecek. Kadına yönelik şiddet ne oldu da bu denli arttı ve hâlen artmaya devam etmekte. Türkiye'de kadın sorunu, nasıl bir sorun? İktidarla, ekonomiyle, dinle, kültürle, gelir dağılımıyla ilişkisi nasıl? Ş'nin başına gelenler mesela; yoksulla-zenginin güçle-vicdanın, egemen kültürle-ahlâkın kavgası olarak mı ele alınmalı? Milletin huzurunda bir kez daha görüyoruz ki, güçlüler; iktidarın gücüne yaslanabilenler, her şeye rağmen Ş'yi, ailesini, avukatlarını ezip geçip kazanmak istemekteler. Yağma yok! Elbette uzun (belki çok uzun) vadede kazanan adalet olacaktır... Dileğimiz, kısa sürede mağdurların kazanması yönünde fakat bulunduğumuz koşullar normal değil; bilginin, deneyimin, liyakatin ayaklar altına alındığı, vandallığın, cahilliğin, kalitesizliğin egemen olduğu olağanüstü bir dönem yaşıyoruz; her alanda... Hepsinden önce de adalet alanında...

Yukarıda okudunuz mesela; Ç'nin annesi savcı olduğunu sandığı kişilere para vermiş. Mümkün mü? Mümkün. Ortalık dolandırıcılardan geçilmiyor. Uçan kuşa (sosyal medya üzerinden hükümete hakaret eden çocuklara örneğin) hesap sorabilen devletimiz ne yazık ki soyguncuları durduramamakta. Bazı avukatların savcılarla çete olup rüşvetle kimi suçluları kurtardıkları konuşulmakta, yazılıp çizilmekte... Bazı çete mensuplarının soruşturulup hâkim karşısına çıkarıldığı da duyduklarımız, haberi olarak okuduklarımız arasında... Muktedir efendimizin de buyurduğu gibi "at izi, it izine karışmış" durumda. Böyle bir ortamda kolayca dolandırılmak mümkün mü? Mümkün. Bu yüzden; (devletin içinde hâlâ vicdanlı insanlar var da) dolandırıcılık iddiasıyla görevlerine son verilen hukuk insanları olduğuna tanık olmaktayız. Merakla bekliyorum: Ç'nin annesinin sözünü ettiği rüşvet meselesi araştırılıp suçlulara ulaşılacak mı? Nicedir hukuk düzeni olmadığından, emniyet görevlileri suç örgütleriyle iş tuttuğundan pek çok olayda sanıklara ulaşılamamakta, ulaşıldığında da sonuç alınamamakta. Devlet olmadığından mı? Sözü uzatmayalım: Kısaca söylersek ülkenin bütün kurumlarında nicedir büyük bir çöküş, kirlenme yaşamakta. Kabul edelim ki Ş davası sürerken adalete acıkmış insanların ülkesinde yaşıyoruz. Muktedir efendimizin damadından bir alıntı ile belirteyim ki: "Burası çok önemli." Hukuksuz bir ülkede olduğumuzu unutmayalım. Ne yazık ki ileri teknolojilerin kullanıldığı günümüzde, "hukuk" arayanlar örgütsel anlamda da güçlü değiller. Bundan 2 yıl önce, dünya üzerinde en büyük adalet yürüyüşünü biz yaptık, neden? Kime karşı? Devleti elinde bulunduran güçlere karşı değil mi? Pensilvanya teröristlerinin darbesinden iki yıl sonraydı; adalet arayanlar can havliyle yollara döküldü. İnsanca bir hayat için yapılan bu büyük yürüyüş, bugün hâlâ iktidardaki hukuk tanımazları, yargıyı kendi adamlarıyla dolduranları korkutmaya devam ediyor. Tarih, bütün bunları unutmadı, unutmayacak. Dünya siyaset tarihinde adalet için yapılan eylemlerin en büyüğünü biz yaptık. Daha büyüğü, daha uzun süreli olanı oldu mu bilmiyorum ama şunu diyeceğim; hiç bir dönemde adalete olan ihtiyacımız bugünkü kadar büyük olmamıştır. Ş davası görülürken bunları da aklımızdan çıkarmayalım derim. Konumuza dönelim şimdi...

Ç'nin avukatı: "Adli tıp raporunda geçen cümle ve benim sarf ettiğim cümle şu: Yapılan muayenede (otopsi demek istiyor) hymende (kızlık zarı) yırtık olduğu ve yırtıkların yeni olmadığı tespit edilmiştir. Buradan 'Ş'nin zaten kızlık zarı bozuktu' diye bir cümle çıkmaz ama çıkarttılar..." demekte...

Gazete haberine göre üniversite öğrencisi Ş'nin şüpheli ölümüne ilişkin davada mahkeme, olay yeri kamera görüntülerini bilirkişilere (dudak okuma konusunda uzman) gönderip sanıkların olay sonrası konuşmalarının tespit edilmesine karar verdi. Davaya bakan mahkeme bu kapsamda TRT ve emniyete yazı gönderip bünyelerinde bu konuda uzman kişi bulunup bulunmadığını sordu. Gelen cevapta 'dudak okuma' konusunda bilirkişi olmadığı bilgisi yer alıyordu. Mahkeme, bunun üzerine, işitme ve konuşma engellilere yönelik eğitim veren okullarda uzman bulunabileceği düşüncesiyle Eğitim Bakanlığı'na müracaat etti. Bakanlığa gönderilen 24 Temmuz tarihli yazı şöyle: "Sanıklar Ç ve B hakkında kasten adam öldürme, cebir tehdit veya hile kullanarak hürriyetinden yoksun kılma, nitelikli cinsel saldırı suçlarından açılan kamu davasının mahkememizde görülen duruşma ara kararı uyarınca, işbu kamu davasındaki olay yeri kamera görüntüleri CD ile ekte sunulmuştur. Görüntülerdeki duyulmayan seslerin, konuşmaların çözümü yapılacaktır. Kurumunuzda dudak okuma konusunda uzman olan görevlilerin bulunup bulunmadığı hususunun ivedilikle mahkememize bildirilmesi rica olunur."

Yok... Arıyorlar, tarıyorlar dudak okuma uzmanı da bulamıyorlar memlekette. Gerçekten yok mudur? Yoksa eğer söylenenler doğru: Artık devlet değiliz. Ya da sözde devletiz; Ortadoğu'nun aile devletlerinden farklı değiliz. Bu meseleyi takip ediyorum ama şu ana kadar bulamadım: Hiçbir yerde "dudak okuma uzmanları bulundu" diye bir habere rastlamadım. Bulursam aktaracağım haberiniz olsun arkadaşlar. Siz de araştırın...

Cinsel saldırı gerçekleşti mi? Cinayet dışındaki önemli bir konu da bu.

Mahkeme, adli tıp kurum başkanlığına yazdığı yazıda şöyle demekte: "Maktul Ş'nin anal bölgesinde alınan örneklerde PSA sıvısının kaç saat süreyle vücutta kalacağı, PSA sıvısının içinde meni olması halinde ne kadar sürede öleceği, PSA sıvısı çıktığı halde niçin meni örneği çıkmadığı, eser miktarda PSA sıvısı çıktığına göre ilişki olmuşsa ne kadar süre önce olduğunun tespit edilmesi, tespit edilemiyorsa nedenleri hususunda rapor düzenlenmesi rica olunur."

Ayrıca adli tıp kurumuna şu hususlar sorulup bilgi istemekte: "Maktul Ş'nin sağ el 3 ve 4'üncü parmak tırnaklarından sanık B'e ait DNA örnekleri çıkmıştır. Bu durumda B'nin maktule selamlaşma şeklinde basit bir el sıkışma ile sanık B'nin DNA örneklerinin maktulün tırnaklarında bulunup bulunmayacağı, gerek sanık B'nin savunmasında, gerekse müdafilerin beyanlarında bildirdikleri gibi maktulün daha önce dokunduğu telefon, bilgisayar tuşları gibi, yine sanığın savunmasında geçtiği gibi müzik eşliğinde maktulün elinden tutarak halay çekmesi şeklindeki eylemler sonucu ve sanık B'nin jeli bon paketini açamadığı, ağzı ile bu paketi zorladığı ancak yine açamadığı, bunun üzerine maktul Ş'nin paketi aldığı hususunun da dikkate alınarak maktulün bunlara eliyle dokunması halinde sanık B'nin DNA örneklerinin maktulün tırnak örneklerinden çıkıp çıkmayacağı ya da maktulün tırnaklarındaki sanık B'ye ait DNA örneğinin boğuşma ve mücadele sonucunda mı oluştuğu hususunda rapor düzenlenmesi rica olunur."

23 yaşındaki Ş'nin ölümüyle ilgili, adli tıp kurumu tarafından hazırlanan 2'nci rapor da dava dosyasına girdi. Raporda, Ş'nin intihar için gerekli yoğun bir ümitsizlik duygusu içinde olmadığı, sorun çözme becerisini kaybetmediği, yakın çevresi tarafından fark edilen intihar planına eşlik edebilecek, ciddi depresif bir tablo içinde bulunmadığı belirtildi.

Duruşmada sanık Ç (34 yaşında) ile B'nin (33 yaşında) avukatları daha önceki adli tıp raporunda cinsel istismar ve cinayetle ilgili bir kanıt olmadığını iddia etmişlerdi. Ş'nin avukatı, özel üniversitede görevli adli tıp uzmanlarının raporunu mahkemeye sunarak, Ş'nin, iki kişinin cinsel istismarına uğradıktan sonra pencereden atıldığını iddia edip sanık avukatlarının sunduğu ilk raporda birçok hususun göz ardı edildiğini, Ş'nin boyun kısmında tespit edilen kırıkla ilgili raporda açıklayıcı bilgi yer almadığını, anal bölgede tükürük ve ısırık izleri tespit edildiğini, bunun da tecavüzü kanıtladığını belirtmişti. Adli tıpın hazırladığı raporda, (Sanık avukatları bu raporu mahkemeye sunuyor.) boyun bölgesindeki kırık ile ilgili şu ifadeler kullanılıp "kişide tespit edilen boyun kemik kırığının bası sonucu da meydana gelmiş olabileceği cihetle, ölümün, mekanik asfiksiye (solunum felci) bağlı meydana gelebileceği ve kısa bir süre sonra (yarım saat içinde) maktulün yüksekten atılma ihtimali..." üzerinde durulmuştu. Vücutta tespit edilen boyun kırığı dâhil, travma tik değişimlerin tamamı yüksekten düşme ile de mümkündür..." denmişti. Böylece kesin ölüm değerlendirilmesi yapılmazken şu bilgiler de dosyaya girmişti: "Yüksekten düşme nedeniyle oluşan ağır genel beden travmasına bağlı yaygın kemik kırılması ile birlikte iç organlarda tahribat yaşanmış... Yaygın yumuşak doku zedelenmesi sonucunda ölüm meydana gelmiş olabilir." dendikten başka şu ifadelere de yer verilmişti: Tüm vücutta ağır genel beden travması bulguları olması nedeniyle pencereden atlama öncesi travmaya maruz kalıp kalmadığı, düşme olayının kendi iradesiyle mi meydana geldiği, kaza mı olduğu, başkası ya da başkalarının etkisiyle mi düşme meydana geldiği yahut da düşmeden önce boyuna bası uygulanıp mekanik asfiksine (solunum felci) sebep olunarak mı can kaybının yaşandığı mevcut verilerle tıbben bilinemez. Söz konusu olayın adli tahkikatla aydınlatılmasının uygun olacağı oy birliğiyle mütalaa olunur."

Bu enteresan raporda, Ş'nin kalça bölgesinde ısırık izi olduğu yönündeki iddia için ise şöyle denilmekte: "Kurulumuzda adli diş hekiminin de katılımıyla yapılan otopsi fotoğrafları incelemesinde; sağ uyluk üst uç arka yüzde gluteal sinirin hemen altında dikey seyirli birbirine paralele yakın yerleşimli, aralarında yaklaşık 1,5 santimetre izsiz alan içeren, iç yanda her biri yaklaşık 4 santimetre uzunluğunda 0,5 santimetre genişlikte olan ekimoz hatları ve her bir hattın üst ve alt uçlarında orta kısımlarında da birer adet olmak üzere ekimoz hatlarında genişleme görüldüğü dikkate alındığında, bu yaralanmanın insan ısırığı olduğuna dair güven derecesini gösteren ABFO (Amerikan Board of Forensic Odontology) koşullarına göre, insan ısırık izi olmadığı, insan dişlerinin yaralanmayı yaratmadığı şeklinde değerlendirilmiştir."

Başka bir raporda ise şöyle denildi: "Ş'nin, yakın çevresi tarafından fark edilen intihara yol açabilecek kişilik bozukluğu olmayıp 1,5 yıl önceki depresyon tanısından hareketle de genel psikolojik sağlık durumu hakkında doğru değerlendirme yapılamayacağı mütalaa edilmiştir. Maktul, Mirtazapin isimli, reçete ile satılan ilacı, bilgisi dışında almadıysa, son dönemdeki yazışmaları (telefon mesajları olmalı) sonucu ruhsal durumuna dair edinilen izlenimden yola çıkarak uyku problemlerini azaltmak için kullandığı sonucuna varılabilir. Ancak elimizde buna dair kesin bir kayıt bulunmamaktadır. Yukarıda vurgulanan tespit, yorum ve gerekçeler doğrultusunda, Ş'nin intihar için gerekli depresif bir halinin olmadığı, idrarında tespit edilen ilaca bağlı etken maddenin de intihara neden olmayacağı söylenebilir."

Sevgili arkadaşlar, hemen belirteyim: Okuduğunuz, birbiriyle çelişen bu raporlar gerçek değil. Ya da şöyle söyleyeyim; gerçeğin bire bir aynısı değil. Öz itibariyle doğrudur fakat bazı ifadeler, anlatım ve anlama kolaylığı olsun diye değiştirildi. Diyeceğim şu ki; alıntı gibi verdiğim bilgiler, kurumsal yazışma olmayıp gazetelerde gördüğümüz türden, bazen yanlış da olabilen kayıtlardan alınmıştır. Olayları küçük alıntılar şeklinde vermemin nedenine gelirsek... o da şu: Pazıl gibi düşünün... İlerleyen sayfalarda parçalar bir araya gelip tabloyu oluşturacaklar. Ortaya çıkan resmi seveceğinizi sanmıyorum ama gerçeği; cehennemi görmüş olacaksınız. Büyümemiz için su kadar gerekli bir şey bu. Neyse... Devam edelim...

Ş'nin, yaşamını yitirdiği plazanın 20. katındaki ofis ile Ş'nin düştüğü yerde inceleme yapıldı. Ağır Ceza Mahkemesi, 15 Mayıs'taki ikinci duruşmada, olay yerinde keşif yapılmasını kararlaştırmıştı. Nedense, Çankaya ilçesi Mevlana Bulvarı'ndaki plazada yapılan keşfe tutuklu sanıklar getirilmedi. İncelemeye, mahkeme heyeti ile taraf avukatları, adli tıp kurumundan bir uzman, bir inşaat mühendisi ve o gece olay yerine gelen polisler katıldı. Dava dosyasına giren bilgiler ışığında mahkeme başkanı, uzmanlara sorular sordu. Taraf avukatlarına da söz vererek iddialarını dinlediler. İnceleme sırasında Ş'nin atıldığı pencere önündeki sehpanın konumu bir kez daha gözden geçirildi. Pencere boylarının ölçüsü alındı. Heyet daha sonra Ş'nin düştüğü yere indi. Yaklaşık 2,5 saat süren keşfin ardından tutanak hazırlayıp olay yerinden ayrıldılar.

Delillerin karartıldığını söyleyen Ş'nin avukatı açıklama yaptı: "Maktulün üzerinde bulunan külot ve kadın pedi hala bulunamadı, bulunamıyor. Bizler daha önceki celsede tecavüz bulgusunu ispatlayacak maddi delilleri bu dosyaya koymuştuk. Adil yargılama için delillerin sağlıklı bir şekilde toplanması gerekir. Olay yerine gelen polis, memuruna özellikle sorduk. (O gün; olay gecesi, olay yerine gelen polis memuru, tutanak hazırlarken bir külot ve petten mi söz etti acaba?) Bu külot ve kadın pedi nerede? Tecavüz bulgusunu ispatlayabilecek en önemli delillerden bir tanesi neden kayıp? Bunun sorumluları hesabını vermek zorundalar diye düşünüyorum."

İntihar dosyası olarak başlayıp sonrasında cinayet yargılamasına dönüşen dava öncesi kadınlar, Ankara'nın dört bir yanını afişlerle donattılar. Ş'nin yaşamını yitirdiği plazanın önünde, açıklama yapan 'Ş İçin Adalet Komisyonu üyesi bir kadın duruşma öncesi soruları yanıtlarken şunları dile getirdi: "İlk iki duruşmayı da takip ettiniz değil mi? İkinci duruşmada sanık Ç, Ş'nin babasına, "kızına sahip çıksaydın!" dedi. Duruşmayı izleyen bir kadın olarak ne hissettiniz? Bu dava, yaşamlarımızı, kadının insan olduğunu savunma davasıdır. Nasıl yaşayacağımıza karışanlar, nasıl hareket etmemiz gerektiğini söyleyenler, bu davanın karar vereni konumundalar. "O saatte orada ne işi vardı?", "Kızına sahip çıksaydın!" dediler. Hayat tarzına direkt saldırı değil mi bu? O ithamlarla aslında tüm kadınları suçladılar. Bu da bizlerin öfkesini çok arttırdı. Gece sokağa çıkamazsın, çıkarsan kötü olursun... geceyse patronun evine gidemezsin... gidersen hakkında iyi düşünmezler... Mahkemede sürekli bu algının oluşması yönünde sorular soruldu. Ş, çalışıyordu, işten çıkarılmıştı, öğrenciydi, yaşamını sürdürmek zorundaydı. Parası vardı patronda, ücretini alamamıştı. "Belki paramı da verirler" diye çağrıldığı yere gitmek zorunda kalmıştı.

Maalesef bu ülkede ekonomik güçlükler içerisinde yaşamak zorunda olan milyonlarca insan, kadın var. Bunu görmeyip konuyu başka bir tarafa çekmeye çalıştılar. Bu yüzden öfke duyuyorum. Hepimiz öfkeliyiz. Bu öfke bizi diri tutacak. Üçüncü duruşmaya giderken daha net, daha çok adalet isteyeceğiz. Bildiğiniz gibi İntihar soruşturması olarak başlayan bu süreç cinayet davasına dönüştü. Ş adı, kadın cinayetlerinin, hak arama mücadelemizin simge ismi oldu. Ş davası bundan sonra, kadın cinayetlerinde emsal dava olacaktır. Kazanacağımızı biliyorum. Şu ana kadar başardığımız çok şey var. Adaletin sıfır olduğu bu koşullarda bile kazanabileceğimizi, kadınların güçsüz olmadığını göstermiş olduk. Kuşkusuz erkek düşmanı değiliz ama ölen erkek, öldüren kadın olduğunda da mağduriyetler yaşanıyor; erkek bakış açısı hukukun üstüne çıkıyor. Her fırsatta, her koşulda kadını ezmeye çalışan bir hukukla karşı karşıyayız. Bunu değiştireceğiz. Hukuk, kadın ya da erkek için değil, insan için olacak... Maalesef ki erkek adaleti böyle değil, böyle düşünüp işlemiyor... Her zaman bizi yargılamaya devam edecekler. Ş davasını kazandığımızda kadın ve insan yanlı bir adalet sistemi oluşturma yolunda büyük bir adım atmış olacağız.

Bu dava bizim için başlangıç. Her kadın sorunu bizim için yol göstericidir. Tüm katledilen kadınlar için ve katledilme ihtimali olanlar için mücadele edeceğiz. Bu süreçte, afişleme yaparak davayı duyurmaya devam edeceğiz. 2019 yılında böyle bir çaba içerisinde olmak bizi üzüyor. Dün de başkentin sokaklarına afiş yapıştırıp Ş için hazırladığımız bültenleri dağıtıyorduk. Bunları insanlara uzatırken bizlere, "Sizler çok iyi bir şey yapıyorsunuz ve kazanacağınıza inanıyoruz. Sizin sayenizde biz de kazanacağız" diyen kadınlar oluyor. Bunun bizler için müthiş bir motivasyon olduğunu söyleyebilirim. Bazen bir afiş bazen bir bülten veriyoruz. Bu sayede olayı bilmeden Ş'nin duruşmasına gelen kadınlar gördük. Kendi elleriyle hazırladıkları dövizlerle mahkeme koridorlarını dolduranlar oldu. Hepsi aynı şey için geliyor: Adalet. Hepsinin öfkesi aynı ve "Biz katledilmek değil yaşamak istiyoruz" diyorlar. Davanın takibine başladığımızda kadın adaletini sağlamak için ortaya çıkmıştık. Ş'nin şahsında katledilen tüm kadınlar için adliyeye geldik. Sokaklarda, kampüslerde konuşmalar yaptık. Ş, ortak hikâyemizin parçası oldu. Kadın dayanışması mutlaka kazanacak, kazanmak zorundayız. Erkeklerin mutluluğu da bize, kazanmamıza bağlı. Kadını mutlu olmayan bir toplum mutlu değildir, olmaz, olamaz. Yalan rapor düzenleyen uzmanlara, adli tıbba, rüşvetçi savcılara geri adım attıran biz olduk. Üçüncü duruşmada da kesinlikle katillerin net bir şekilde yargılanmasını isteyeceğiz. Canilerin hak ettikleri cezaları almaları için adliye koridorlarında olacağız."

3

Mahkemede neler olduğunu anlatmaya devam edeceğim arkadaşlar. Unutmadan söylemek istediğim şeyler var. Kadın cinayetleriyle ilgili yargılamalar; aslında bir çok konuda, pek çok yargılama neden toplumu rahatlatmıyor? Hani adaletin kestiği parmak acımazdı? Acıyor. Özellikle son yıllarda... Yolu mahkemeye düşenlerin canı çok yanıyor? Ne oldu bize ki, yargıçlara, (aslında devletin bütün kurumlarına) olan güvenimiz bu derece sarsıldı? Şunu da belirtmeli: Bundan önceki hükümetler zamanında da işler yolunda gitmiyordu; adalet yoktu fakat bu kadar mı yoktu? Bundan daha kötüsü kimsenin aklına gelmez, gelemezdi. Son yirmi yılı göz önüne alırsak şunu rahat söyleyebilirim: Günümüz siyasetçilerinin en unutulmaz icraatı yargı sistemini yerle bir etmek oldu... Bütün partiler, bütün siyasetçiler mi suçlu derseniz, cevabım "evet!"; hepsi birden suçlu. Bilerek ya da bilmeyerek el ele verip ülkeyi bu hale getirdiler...

Her şeyi emperyalizmin oyunu olarak görüp suçu başka yerlerde arayamayız. Onlar iyi oyuncuysa bizim de güçlü rakip olup bütün oyunları bozmamız gerekiyordu. Siyasetçileri kendi hallerine bırakmayacaktık. Milletin parasıyla ağa olup keyif sürmelerine izin verdik, vermeyecektik. Toplum olarak biz de "sağ sol" deyip görevimizi iyi yapamadık. Siyasetle, siyasetçilerle sağlıklı ilişki kurulamadı. Herkes kendi çıkarına siyaset yaptı. Atatürk'ün dediği gibi, ülkeyi yönetenler, şahsi menfaatlerini, büyük hırsızların (emperyalistlerin) çıkarlarıyla birleştirdiler... Ülkeyi, siyasi ortaklarının yani Pensilvanya teröristlerinin istediği yasalarla, istedikleri yola soktular. Milletçe, particilik yapmayıp el ele verebilseydik bütün bunlar olmayabilirdi. "Ş davasının bunla ne ilgisi var" demeyin sakın. Sorun demokrasi sorunu.

Senelerdir Atatürk'ün laik cumhuriyeti aşiret devletine dönüşürken bir taraftan da erkek zulmü altında yaşamak istemeyen kadınlarımızın nasıl katledildiklerine tanık oluyoruz. Demokrasiden uzaklaştıkça kadına yönelik şiddet artıyor. Şiddetin konusu kadın olunca mahkemeler de görevini yapmıyor. "Eskiden de erkek zulmü vardı (kabul), kadınlar öldürülüyordu (Tamam), fakat duyulmuyordu, medya yoktu, devlet medyası her şeyi görüp bilip susuyordu, katiller çabucak yakalanmıyordu, yakalananlar adil yargılanmıyordu," diyenlere bir şey demek istiyorum: Haklısınız. Eskiden de kadına şiddet vardı, her şey güzel değildi ama bu kadar mı kötüydü? Kız çocukları okusun, meslek sahibi olsunlar, sosyal hayata katılsınlar, çok çocuk annesi olmasınlar diye kampanyalar yapılıyordu. Hiç bir şey yoksa tarlada iş vardı, yabancı şirketlere satılık toprağımız, fabrikamız yoktu. Kendi tohumumuzu ekip biçip yaşayabiliyorduk. Tarım ürünleriyle kendine yetebilen nadir ülkelerden biriydik. Bağımız bahçemiz vardı, dağlarımızda koyun kuzu yayılıp çoğalıyordu. Yine işsizlik vardı ama hiç olmazsa üniversiteyi bitirenler işsiz kalmıyordu. Siyaset yine milletin hayrına iş yapmıyordu ama millet çalışıyordu. Hiç bir şey bilmeyen tarlasını ekip biçiyordu. "Bu topraklarda gün görmedik, görmüyoruz" derseniz yine haklısınız. Ama şunu da görelim: 2019 Türkiye'sinde 12 Eylül 1980 şartlarını arar hale geldik; 21. Yüzyıl'a Kenan Evren'e rahmet okutan siyasetçilerle girdik. Terör hep vardı; şehirlere kadar indi, her yeri sarıp sarmaladı.

Dünya kaynıyor, çok yerde bombalar patlıyor. "Beterin beteri" olaylar başka ülkelerde de yaşamakta fakat, (elini vicdanına koy dostum) bizdeki gibi mi? Bizdeki terör gibi mi? Terörist, bir kenarda bekleyip ansızın hayatları yok etmekle kalmadı ki, devlet gücünü de ele geçirdi; asker, polis, siyasetçi olup hâkim, savcı olup hesap sordular. "Yeni nesil terör örgütlenmesi" diyorlar buna. Terör bizde ordu oldu, mahkeme olup tutuklama yaptılar, kendilerinden olmayanları tutsak alıp hapislerde süründürdüler. Sonuç: Mahkemesine, savcısına, hâkimine güveni olmayan bir ülke... İyi kötü var olan demokrasimiz çöktü, terör yüzünden binlerce sivil yaşamını kaybetti. İşsiz kalıp intihar edenleri saymıyorum bile... Düşünün ki Kurtuluş Savaşı yıllarında bile Meclisimiz bombaların hedefi olmamıştı. Bundan iki yıl önce tepemize; başkente bombalar yağdı. "Milletimizin geleceği büyük tehdit altında," dediler. "Bundan sonra, (ABD güdümlü Pensilvanya teröristlerinin darbesi bastırınca) adalet gelecek," diyorlardı, geldi mi? Aradan geçen 3 yıla rağmen "devlet, bütün kurumlarıyla teröristlerinden temizlenmiştir," diyebiliyor muyuz? Hayır! "Yargı başta olmak üzere ülkenin bütün kurumları kurtarıldı, çok şükür, terör geçti gitti," diyebildik mi? Hayır. Okuduğum bir gazete haberine göre yargıya olan inancımız yüzde otuzlara düşmüş. Mülkün temeli hukuksa bunun anlamı şu: Nicedir devletsiz bir toplumda yaşamaktayız; gücü, gücü yetene... Şimdi bu ortamda (Allah göstermesin) yolumuz mahkemeye düştü diyelim. Ş'nin davasını izliyoruz... Yargı düzeninin ne kadar sefil halde olduğunu görürdünüz değil mi? Delil toplayamayan, topladığını bulamayıp çaldıran, güvenilir olay araştırması ya da otopsi yapmayan yahut yapamayan, yapılanları çarpıtan bir yargıdan söz edilmekte. 23 yaşında bir kızı, tecavüz edip pencereden, 20 kat aşağıya attılar. Daha önce buldukları külotunu, pedini arıyorlar şimdi. "Kayıp... bulamıyoruz!" diyerekten... Allah göstermesin de bir an için kendinizi Ş'nin ailesinin; babasını yerine koyun. Ne büyük acı... Siz acınızla baş edemezken katillerin her türlü oyuna başvurup (kamuoyu tepkisi olmasa çoktan serbest kalıp) hayatlarına hiçbir şey olmamış gibi devam edecek olmaları ne büyük üzüntü. Tekrar olaya dönelim şimdi. Neler olduğunu anlamaya çalışalım.

Daha önce rapor hazırlayan iki adli tıp akademisyeninin (ki bunlar, tecavüzün, hem de anal yola da yapıldığını doğrulamışlardı) olay yerine gitmesine, keşifte (olay yeri incelemede) yer almasına izin vermediler... Neden?

Ş'nin sol ayakkabısının (olay yerindeki ayakkabı) sağ kolunun altında, sağ ayakkabısının ise sol ayağının 155 santimetre ilerisinde bulunduğu tespit edildi. Düşme pozisyonunda yerle temas ile sol ayaktan fırlayan ayakkabının sağ dirsek altında kalma olasılığı bulunmadığından ayakkabının Ş'nin vücudundan önce yere düştüğü açıktır. Bu durum olağan bir intihara işaret etmiyor.

Ç ile B'nin yargılandığı davanın üçüncü duruşması Ankara'da Ağır Ceza Mahkemesi'nde görüldü. İki sanık için "cinayet", "cinsel saldırı" ve "hürriyeti tehdit" suçlarından ceza istenmekte. Bugün görülen duruşmada, 17 Haziran'da yapılan olay yeri keşfi incelemesine dair adli tıp uzmanlarınca hazırlanan rapor mahkemeye sunuldu.

Davayı takip etmek üzere çok sayıda kadın hakları savunucusu, avukat ve milletvekili bugün sabah saatlerinde Ankara Adliyesi'nde bir araya geldiler.

Kadınlar, sanıklara duydukları tepkiyi, "Buradayız. Çoğalarak geldik. Bir kişi daha eksilmeyeceğiz. Şiddete, tecavüze hayır! Hukuk arayışımız sürecek. Adalet, kadınların elleriyle gelecek!" dediler. Adliye önünde toplananlar, "Erkek adaletini değil, gerçek adaleti istiyoruz!" yazılı pankart açtılar. Basına açıklama yapıp Ş davasında delillerin karatıldığına dikkat çektiler. "Devletimizden adalet istiyoruz. Bir an önce adalet yerini bulsun. Sanıkların, ağırlaştırılmış müebbet hapis cezası almaları gerekir. Sonuna kadar olayın takipçisi olacağız!" dediler.

Ç ile B yoğun güvenlik altında takım elbise ve kravatla salona getirildi. Tarafların avukatları salonda hazır bulundu. Söz verilmesi üzerine görevli adli tıp akademisyeni şu açıklamayı yaptı: "Şule'nin boyun kemiğindeki kırık, daha çok elle boğmada görülen türden. Tespit ettiğim sonuçlara göre maktulün anal bölgesinde ekimoz ve sıyrıklar mevcut. Anal bölgede erkek prostat sıvısı ve tükürük tespit ettim. Vajinal bölgede bir erkeğe ait DNA olduğunu tespit ettim." Ş'nin avukatı ilgili uzmana: "Tırnak içindeki DNA, tokalaşma ya da halay çekme ile geçer mi?" diye sordu. Cevap: "Tırnak içine yalnızca tırmalama ve sert müdahale ile geçer. Tokalaşma ile ancak avuç içine görülebilir." B'nin avukatı: "Tırnak altı dokuları incelediniz fakat sanıklarda hiç bir yaralanmaya rastlanmadı.. buna ne diyeceksiniz? Adli tıp uzmanı: "Tırnak altında doku olması için görünür yaralanma olması gerekmez. Şunu da bilin ki fissür (makatın çıkış bölgesinde oluşan çatlak şeklinde çok acı veren yara) değil, ekimoz (deri altında kan dolması) var. Sizin yok dediğiniz dış tahribat bizim muayenelerimizde var. Hem anal bölgede hem de anal bölge dışında ekimozlar ve noktasal kanama alanları var. Yani bunların kabızlıkla olması imkânsız."

Ş'nin kişiliği hakkında bilgi veren tanık: "Doğum gününü kutlayacaktık bir gün. Yükseklik korkusu vardı. AVM'lerin terasından bile korkardı. Yüksek katlara yemek yemeye çıkmazdı mesela. Tanıdığım 4 yıl boyunca hep mutluydu. Hayatı severdi. Kimi zaman iyi niyetine bakıp "Polyana" diye seslendiğimiz bir arkadaşımızdı." Sanık Ç, bu söz üzerine: "Hanfendi, yani gerçekten kaba tabir etmek de istemiyorum ama yani tanıklar nasıl seçiliyor nasıl geliyor bilmiyorum ama Ş yanımızda 45-50 gündür çalışıyordu. Twitter paylaşımlarıyla ilgili bilgin var mı senin?"

Tanık: "Evet var, benim de öyle paylaşımlarım var. Ve bu çok normal. Kesinlikle intihar edecek birisi değildi! Çok fazla şiir okurdu. Sevdiği şiirlerden paylaşımlar yapardı. Bunun ruhsal sağlıkla ne alakası var!" Ç: "Twitter'daki paylaşımları intihara meyilli olduğunu göstermiyor mu? Hiç mi mutlu şiir yokmuş? Onları niye paylaşmamış?"

Davanın ilk savcısı: "Sanık vekili avukatlar bana geldiler. Ş'nin avukatı ile ilgili ses kaydı dinletmek istiyorlardı. Kabul etmedim. İnternetten yayınlayacaklarını söyleyip gittiler." (Bu konuyu araştıracağım arkadaşlar. Ne vardı ses kaydında? Bir de davanın ilk savcısı, dava sürecini geciktirmekle, delillerin karartılmasına fırsat hazırlamakla suçlanmıştı. Şimdi neden tanık oldu; elinden alınan bir dosya için neden tanıklığına başvuruldu? Bunu da araştırıp öğrenmek istiyorum. Aklıma değişik Bizans oyunları geliyor ama şimdilik bunları söylemeyeceğim...)

Ş'nin avukatı: "Yüksekten serbest düşme pozisyonunda, şahsın 4 metre kat edip uzağa düşmesi mümkün değildir; iki seçenek var; ya Ş kendisini ayakları ile itecek ki, Ç'nin ifadesine göre düşerken maktulün ayakları havadaydı... ikinci seçenek ise kişinin atılmış olması. Dış müdahale olmadan yüksekten serbest düşme anında, kimse 4 metre ileriye düşmez. Düşmüşse, birileri tarafından atılmış ya da itilmiş olması gerekir. Ş, olması gereken yerin 4 metre ilerisinde bulundu. Ayrıca sol ayakkabısı sağ dirseğinin altında kalmış. Çok ilginç. Sağ ayakkabısı ise 2 metre ilerisinde bulunuyor. Çoraplarından biri kayıp ve bunun bir açıklaması yok. Olay sırasında; daha doğrusu düştüğü zaman Ş'nin üzerinde siyah bir kazak vardı (sonradan giydirilmediyse), kıvrılmış bir kazaktı. Nasıl kıvrıldı? Düşme anından önce mi? Bu durum cinsel saldırı için de delil oluşturur. Hatta kazağın sonradan giydirilmeye çalışıldığını da düşünmek mümkün. Ş, atıldı, sol ayakkabısı önceden atıldı, (bu yüzden ayakkabı dirseğinin altında kaldı) kazağı da sonradan giydirdiler... Bu nedenle kazak tam giyilmiş değildi, uçları kıvrıktı. Tahminim bu yönde..." Sanık Ç, avukatın bu açıklaması üzerine: "Yine bir senaryo, yine bir çizim, şaşırdık mı? Hayır! Böyle iddiaları çürütmekten yorulmadım ama onlar da üretmekten yorulmadı. 14 ay geçmiş, 14 ay boyunca düşünüp senaryo üretmişler... "

Adli tıp ana bilim dalı öğretim üyesi profesörün hazırladığı rapordan bazı bilgiler: "Düşme pozisyonunda yerle temas ile sol ayaktan fırlayan ayakkabının sağ dirsek altında kalma olasılığı bulunmadığından, sol ayakkabısının vücuttan önce yere düştüğü açıktır. Ş'nin sol ayakkabısı düşüş pozisyonuna rağmen kendisinden önce, sağ ayakkabısı ise kendisi ile birlikte ya da kendisinden sonra düşmüştür... Kazak olayına gelince... Ş'nin kazağının, düşme eylemi sırasında sıyrılması/kıvrılması mümkün olmadığından kazağın, düşme eyleminden bağımsız olarak Ş olay yerindeyken ofiste bulunduğu sırada sıyrılmış/içe kıvrılmış olduğu anlaşılmaktadır. Ç tarafından iddia edildiği gibi camdan dışarı uzanma/atlama çabası sırasında kazağın sıyrılması/kıvrılması mümkün bulunmamaktadır. Fiili durumun, bir cinsel saldırı sırasında ya da kişinin başka kişi ya da kişilerce giydirilmeye çalışılması sırasında ortaya çıkması olasılık dâhilindedir."

Ş'nin avukatı: "Sanık avukatı, Ş'nin okul başarısını merak edip notlarını istedi. Ş yaşasaydı mezun olacaktı. O zaman biz de Ç'nin sicil kaydına bakalım dedik. Bulduğumuz şu: Dolandırıcılık ve uyuşturucu kaynaklı dosyası olduğunu tespit ettik. Dahası var... Bağımlılık nedeniyle tedavi gördüğü bilgisine de ulaştık.

Sanık avukatları tarafından tehdit edildiğini söyleyen kadın savcı (Cinayet dosyasının ilk savcısı) suç duyurusunda bulunarak dilekçesinde şunları söyledi: "Sonradan Ş'nin dosyası benden alınıp başka savcıya verildi. Makamımda çalışırken sanıklardan Ç'nin avukatı odama geldi. Maktul avukatının belli kafelerde toplantı yapıp hakkımda asılsız ithamlarda bulunduğunu, ellerinde bir ses kaydı olduğunu, dinlemezsem internete düşüreceğini söyledi. Dosyanın tarafı olmadığımı, ses kaydını duymak istemediğimi eğer internete düşerse yasal yollara başvurabileceğimi söyledim. 13.05.2019 tarihinde ise dava sanıklarından B'nin avukatı geldi. Bana Ş'nin avukatına ait olduğunu söylediği ses kaydının akşam internete düşeceği bilgisini verdi. Ona da duymak istemediğimi söyledim. 16.05.2019'da, kâtibim, ses kaydının internete düştüğünü aktardı. Bu kaydı dinledim. Kaydı çekip yayınlayan ve hakkımda karalayıcı ithamlarda bulunan kişi veya kişilerin bulunup cezalandırılmasını istiyordum." (Bu olay da oldukça enteresan arkadaşlar. Keşke daha çok bilgiye ulaşabilseydim.)

Ç'nin avukatı: "Ş, genç bir kardeşimizdir, üzülüyoruz ama öteki tarafta da iki anne var: Tek oğulları olan iki anne... Bir yıl oldu tutukluluk halleri devam ediyor. Onları da düşünelim. Maktulde bulunan PSA ve DNA örneklerinin düşmeden önce olduğunu kanıtlayan hiçbir delil yok. (Soru: O zaman, Ş'nin tırnakları arasında niye DNA örnekleri çıktı?) Ç, eski çalışanı bir kızı kurtarmaya çalıştı ama kurtaramadı. Parmağının kırılması pahasına denedi, başaramadı."

Aranın ardından mahkeme heyeti kararını açıkladı: Yeni bilgileri, fotoğrafları içeren CD'nin dosyaya eklenmesine, Ş'nin ev arkadaşı tanık L'nın tekrar dinlenmesi için zorla getirilmesine, olay yerinde detaylı keşif yapılmasına, sanıkların tutukluluğunun devamına karar verildi. Sonraki duruşma, 16 Ekim 2019'da görülecek.

Sanık Ç: Böyle bir suçlamayla karşınızda olduğum için üzgünüm. Hiçbir suçu kabul etmiyorum. Öncelikle Allah'ın vicdanına sonra da sizin vicdanınıza güvendiğimi söylemek istiyorum. İddia edildiği gibi cinsel saldırı, cinayet söz konusu değildir. Ona dokunmadık bile. Şu anda bile şoktayım. Halen bu kadar insan neden üstüme geliyor farkında değilim. Herkes ya gösteriş amacında ya da bilmeden kötü bir şeyler yapılıyor... İşlerimiz iyi gitmiyordu. Borç yüzünden mallarım haczedildi. Ş ile bunları konuşacaktık. Kendisi de zaten benimle görüşmek istiyordu. Dükkânı devraldığımda tanışmıştım onunla. Yeni iş kurduğumdan İlk işim (ekonomik nedenler söz konusu olmalı) tüm personeli işten çıkarmak oldu. Ş'yi de çıkaracaktık ama durumunun kötü olduğunu söylediği için tekrar işe aldık. 2 ay boyunca çalıştı. Sonra işler kötüleşti. Diğerleri gibi onu da çıkarmak zorunda kaldık. Buluşmalarımız sadece işle alakalıydı... Bir gün öncesinden görüşelim diye kararı almıştık. İş konularını konuşmak için buluşacaktık. Daha sonra Mustafa geldi.

Ş, 22.30 gibi bize dâhil oldu. Okan dediğimiz bir arkadaşımızı aradım... Dükkânla ilgili problemleri o da bilir, geldi, konuşmaya başladık. Ben, B ile masadaki arkadaşlarıma, "ofise geçelim" dedim. Ş'ye de teklif ettik, o da gelmeyi kabul etti. Bu arada ev arkadaşını aradığını hatırlıyorum masadayken. B, 'Ş gel, katıl bize, ne kadar istersen oturursun, kafan dağılmış olur' dedi. Çok sorunları olduğunu o da biliyordu. Parasızlığını, aile sorunları olduğunu... Ş, hep bahsederdi. Bu sene de sınıfta kaldığından bahsetti. Evini taşıdığını, yatacak yeri olmadığını söylüyordu. Biz de, "biraz kafası dağılsın" dedik. Ş, bana güvenen bir insandı. Daha sonra benim arabama bindi, markete gittik. Alkol ve çerez aldık. Ofise çıktık. 00.30 sularında büroya geldik. Müzik açtık... alkol almaya başladık. Bütün gece müzik dinledik, başka hiçbir şey yapmadık. Geniş bir makam odası var, orada oturuyorduk. Psikolojik durumu gayet normaldi. Sadece müzik dinledik. Herkes telefonuyla uğraşıyordu. Kesinlikle aramızda yakınlaşma olmadı.

03.50 sıralarında Ş makam odasına doğru yürümeye başladı. Oturduğu yerden kalkınca pencereye gittiğini düşündüm. 40-50 saniye sonra peşinden gittim. Ben gördüğümde sarkık vaziyetteydi. 'Ne yapıyorsun sen' deyip tutmam bir oldu. Önce sol elimle tutmaya çalıştım, başaramadım. Uzanıp tuttuğum sırada, 'napıyorsun sen' diye kızarcasına bağırarak söyledim. 'Ben gidiyorum' dedi. Başka hiçbir şey söylemedi. Bağırdım... B'in müzikten dolayı duymadığını düşündüm... Odasından çıkmadı. Nasıl çıkabilir ki efendim. Elimle Ş'yi tutuyorum. Seslendim, B duymadı. Gelmedi zaten. Ş, elimden kaydı ve düştü. O sırada B'nın yanına içeriye koştum. B'e söyledim, 'Ş gitti' dedim. B, hadi gidelim biz de dedi. 'Ş gitti' diyorum. Olayın şokuyla Ş'nin gittiğini düşünüyorum. 'Ne diyorsun sen' dedi B. 'Tutamadım, atladı' dedim. Parmağımı gösterdim. Aşağıya indik, görevlilerin yanına... B orada Ş'yi sordu, 'Nerede' diye. B, donup kaldığımdan kendime gelmem için itti beni. Yere düştüm. Kalkıp araca bindim. Yakındaki hastaneye doğru sürdüm. B beni aradı o sırada. Hemen geri döndüm. Olay yerine duvarın dibine oturdum. Ondan sonrasını net hatırlamıyorum... Ş'nin mesajı soruldu. Eve gitmemek için atılmış bir mesaj o. Gitmemek için mazeret uydurma o. Küfür içerikli mesaj yazmış. Yelken Plaza'dayken 'Bırakmıyor' diye. Ş'ye, 'Yaz bana, seni merak ediyorum, geleyim alayım' demiş arkadaşı. Kesinlikle dokunmamız söz konusu değil. Öyle... Adli Tıp raporunu ben de istedim, göremedim... Söylediğim gibi olaydan sonra hemen indik. Sağı solu silmedik. Taş devrinde yaşamıyoruz ki. Kriminali var. Işık tutunca her şey ortaya çıkıyor.

Ş'nin ev arkadaşı L: "Ç, Ş'ye yazıp duruyordu. Çağrıldığında bana gideyim mi diye sormuştu. "Hem para alacağım da var" dediğini hatırlıyorum. Ç'nin, Ş'ye asıldığını bildiğimden, giderken ona 'bağlantımızı koparmayalım, yazışalım' dedim. Olay günü evde yemek yiyorduk. Ş telefonuna bakıp 'Ç bana mesaj atıp duruyor, gel diyor, asılıyor bana... napayım?' diye sordu. Ben de 'sen bilirsin' dedim. Saat 21.30 gibi evden çıktı. Bir süre sonra ardından 'iyi misin? diye mesaj attım. 'İyiyiz sıkıntı yok' dedi. İlerleyen saatte tekrar mesajlaştık. Nerede olduklarını sordum. 'Ofise geçiyoruz' dedi. 'Gelip seni alayım mı?' diye sordum. 'Yok, abla ayıp olur,' dedi.

Plaza güvenlik görevlisi: Ç, Konya yolundan giriş yaptı. Bana B2 kapısının neden kapalı olduğunu sordu. Belirli bir saatten sonra kapatıldığını söyledim. Birilerinin buzdolabı getireceğini, kapıyı açmamı söylüyordu. Açamayacağımı söyledim. 5 dakika sonra Ş ve yanındaki arkadaşıyla geldi. Kayıt aldım. Aradan bayağı bir zaman geçti. Sabah namazını kıldıktan sonra otoparka indim. 03.50 civarında Murat beni arayarak, bir ses duyduğunu söyledi. Yanına gittim. Nereden geldi diye aramaya başladık. Bir şey bulamadık. Kamera ekranına baktığımızda birinin yere çökmüş elleri başında oturduğunu gördüm. Dışarı çıktık. Yanına vardığımızda Ç, bize, 'ne var?' diye sordu. Biz de 'patlama oldu, onu araştırıyoruz' dedim. B, 'yok bir şey' dedi. Ç de 'hadi gidelim' dedi. 'Yanınızda hanımefendi vardı o nerede' diye sordum. B, 'Çıkıp gitti görmedin mi?' dedi. 'Görmedim beyefendi' dedim. Ardından beraber gittiler. Sonra Murat geldi, 'abi bir kızın düştüğünü söylüyorlar' dedi. Ben hemen polisi ve ambulansı aradım. Daha sonra B geldi, 'abi bir şeyler yapın' dedi. Ardından telefonuyla Ç'ı 'arayıp neredesin lan şerefsiz gelsene!' dedi. 15-20 dakika sonra da polislerle ambulans' geldi."

4

Sevgili arkadaşlar, az önce 'devletsiz" toplumda yaşadığımızı söylemekle hata ettim. Vergi verip asker olup, suç işleyince de hapse atılıyorsak devlet var, yok diyemeyiz. "Mülkün temeli adalettir" anlayışından hareketle bu hatayı yaptım. Aslında devletsiz; mafyatik bir toplumda yaşadığımızı söylemeye çalışıyordum. Hukukla konuşursak, devlet olmanın ilk şartı adalettir. Adaletli olunmayan hiç bir yerde devletin varlığından söz edemeyiz. Ş için adalet arayışı devam ederken bunu da aklımızdan çıkarmayalım lütfen. Adalet olmasa da birileri devlet görünümü altında güç kullanabilmekte fakat, böyle bir devlet, adaletli ülkeler karşısında ezilmeye mahkûmdur. Nitekim de öyle olmakta. Mesela Amerika; dünyaya karşı adil olmasa da kendi içlerinde adaletli bir ülkedir; hukukun üstünlüğüne inanan bir devlet yapıları vardır. Avrupa'da öyle... Bu bilgiyi, günümüzün aradığı her bilgiye hızlıca ulaşabilen gençleri olarak sizlere, gereksiz yere aktardığımı biliyorum ancak, Ş'nin davasını anlamak için bazı tekrarları sıkıcı olsalar bile yapmak zorundayız. Türkiye'nin meselesi sürekli aynı olduğundan; aynı demokrasi dersini verip mezun olamadığımızdan, aynı kitapların aynı sayfalarını tekraren okumamız gerekmekte. Adil bir ülke oluncaya kadar bunu yapmaya mecburuz. Saray'a, saray merkezli, İslam görüntüsü altındaki Emevi dinine, hukuk tanımazların politik yalanlarına değil, adalete, gerçek İslâm'a, akla, mantığa, laik cumhuriyete, cumhuriyeti kuran atalarımıza inanmamız gerekiyor.

Bugün ülkemizde olan şey, devlet değil, şirketler düzenidir. Ahtapot gibi düşünün bunu. Güçlü ülkelerin ahtapotları; çete liderleri gibi yani. Her yere, girdiler ve kanla, terör savaşlarıyla, doğayı, insanı yok ederek yollarına devam ediyorlar. Devlet destekli bu güç, 2019 Türkiye'sinde sadece şirketlere ve onların mutlak hâkimiyetine hizmet etmiyor, Cumhuriyetimizin temellerini de dinamitliyorlar. Alışkanlıkla "milletvekili" diyoruz ya... Doğru değil bu; "şirket vekilleri" dememiz gerekir... 1980'den itibaren halk için olan milletvekilliği sistemi zamanla sermaye için şirket vekilliğine dönüştü... Adı aynı kalsa da içeriği aynı değil. Paranın gücü, insani değerleri yıkıp dünyanın pek çok ülkesinde demokrasileri çürütmeye devam ediyor. 40 yıldır (daha da geriye gidebiliriz) zenginler iktidar olmakta. Düşünün şimdi, her hangi bir şirket karşısında insanın ne önemi var? Şirketler, arzu ederlerse, olan her şeyinizi elimizden alabilirler. Tapulu arsanızı, canınızı bile... İşte Kazdağları... Altın arayacağız diye milyonlarca ağacı kesip attılar. Yemyeşil dağlarımızı çöle çevirmek için ellerinden geleni yapıyorlar. Hadi şimdi mahkemeye git de hak ara bakalım.

Ş davası da böyle; vicdanların sustuğu yerde hak arama mücadelesi veriliyor. O da vicdanlı halkın baskısı sayesinde. Halk, (bazı kadın öğütleri) devlete, "bu kadar da olmaz" dediği için yapılmakta bu mahkeme. Şu da olursa şaşmamalı: Bu davada adalet mahşere kadar gerçekleşmeyebilir. Biz yine de yılmayıp gücümüzü halkın gücü görüp umutlu olmaya devam etmeliyiz. Bizden sonraki nesiller için yapacak çok işimiz var. Pes edemeyiz. Genç kızlarımız, kadınlarımız, gençlerimiz, diplomalı, diplomasız insan gücümüz, ormanlarımız, kısaca bütün kaynaklarımız bozuk para gibi harcanırken susup oturamayız. Pensilvanya imamlarının devletin her katında çokça olduğu bu zamanda "kadın evde olsun, çocuk doğursun, erkeklerin arasında hem de pantolonla, etekle dolaşıp saçını açaraktan iştahları azdırmasınlar" tartışması yapılmakta. Bundan daha üzücü olanı: Bu sözlere, tartışmalara değer verilmekte. Yobazlık üniversitelerde bile prim yapmakta. Öyle hocalar türedi ki, cübbeli, kara sakallı. Kimi tarih yazmakta, kimi de her konuda, onlarca televizyonda boy gösterip nasıl yaşayacağımız hakkında akıl öğretmekte.

Bunlardan biri (Atatürk kazanacağına Yunan kazansaydı diyen adam) geçenlerde öldü bildiğiniz gibi. Tabutunun üstüne Türk bayrağı örtüp cenazesini devlet töreniyle kaldırdılar. Yanisi şu ki arkadaşlar, hep takiye yaptılar, tamam da, niyetlerini hiç gizlemediler ki... Laik düzen istemediklerini, Atatürk'ü, demokrasiyi sevmediklerini bütün icraatlarıyla haykırıp durmuşlardı. Bunlar neden önemli? Çok şey için önemli de, bu defa kadın sorunu; Ş davasını anlamamız için önemli.

Daha önce okuduğunuz gibi dava sürecini takip eden çok kişi var. Demin milletvekillerine kızdım ama vicdanlı vekiller de yok değil. Sayıları azalsa da onlar da bizimle...

Davayı takip eden bir vekil: Ş cinayetinin aydınlanmasını istiyoruz. Biz, TBMM'nin milleti temsil ettiğini düşündüğümüzden buradayız. Meclisin Kadın Komisyonu olarak bugün ülkemizde kadın erkek eşitliğinin olmadığını çok net görüyoruz. Ş davasında mahkemeye gelen adli tıp raporunda da bunu görüyoruz. İzlediğimiz bu olay, bir cinayetin üstünün örtülmesi çabasıdır. Kadınların belli şartlar varsa sokağa çıkıp yürüyebileceği yönündeki kanaatleri kabul etmiyoruz. Böylesi anlayışlar, Avrupa İnsan Hakları Sözleşmesi ve anayasaya aykırıdır. Elbette cinsiyet eşitliğini savunan insanlar olarak devletin kadın cinayetlerini durdurmasını talep etmekteyiz. Bu tür davalarda kadın örgütlerinin, milletvekillerinin müdahil olma isteklerinin kabul edilmesi gerekir. Mahkeme, bu talepleri kabul etmedi. Sonuç olarak biz de kadınların yanındayız. Yasalara rağmen neden sürecin dışında tutulduğumuz da ayrıca düşünülmesi gereken kuşku verici bir durum.

Sanık Ç, suç manyağı mı? Gazete haberi, Ç'nin suç makinesi olduğunu iddia edip dolandırıcılık, resmi belgede sahtecilik yapma, görev yaptırmamak için direnme, banka ve kredi kartlarını kötüye kullanma suçlarını işlediğini öne sürdü... B'nin de 2016 tarihli adli sicil kaydı olduğu, ceza aldığı, cezanın uygulanmayıp geriye bırakıldığı, alkollü araç kullanma suçundan da sabıkasının bulunduğu resmi kayıtlarla ortaya kondu. Ç ile B'nin avukatları Ş'nin (karakter yapısının anlaşılması manasına) okul notlarını isteyince, Ş'nin avukatı da sanıkların adli sicil kayıtlarını istemişti.

Yapılan incelemede sanıkların suç kayıtları olup ceza aldıkları anlaşıldı.

Sanık Ç'nin babası, bankada yöneticiyken emekli olmuş. (Başka bilgiler de buldum. İlerleyen sayfalarda okuyacaksınız.) Maktulün avukatı, tüm kanıtlara ve zanlıların suç geçmişine bakıldığında, 'birileri tarafından korunma' ihtimalinin olduğunu öne sürmekte. Yeni savcı da bunu bilerek görevini en iyi şekilde yapmaya çalışıyor.

İlk savcı görevden alındıktan sonra hazırlanan ikinci (güncellenmiş) iddianamede zanlıların, "birileri" ya da bazı "kurumlar" tarafından, "bir amaca yönelik (aile itibarını koruma, suçtan arındırılma amacına dönük olsa gerek) olarak korunduğu" şüphesinden söz edilmekte.

Kanaat: Ş, cinsel istismara uğradı, ardından da sorun çıkarabileceği düşüncesiyle darp edilerek öldürüldü. Cesedi 20. kattan atılarak olaya intihar süsü verilmek istendi.

Olayı araştıran bir gazeteci: İddianamede sanıkların, maktule zorla cinsel saldırıda bulunduklarının sübuta erdiği (kanıtlandığı) yazıyordu. Tecavüzden sonra adamlar, genç kızın olayı, kuşkusuz ki, mahkemeye taşıyacağını düşündüler. İçkili haldeyken 23 yaşındaki öğrenciyi öldürüp pencereden attılar.

Zanlıların, acemice delileri kararttıkları anlaşılıyor. İlk iş olarak içki bardaklarını yıkamışlar. Ardından plaza görevlilerine Ş'in binadan ayrıldığını söylüyorlar. Kamera kayıtlarına bakarsanız aralarında itişme yaşandığı, kavga edip bir şeyler konuştukları görülmekte.

Ç ile B'nin telefon kayıtları incelendi. Aynı gece defalarca yurtdışına çıkmak için havayolu şirketleriyle görüşme yaptıkları anlaşıldı. 3 kez şüpheli olarak savcılığa getirildiler. 2 kez adli kontrolle serbest bırakıldılar. Karakoldaki ifadeleri çelişkilerle doluydu.

Ç, ifadesi alınırken Ş'nin, intihar kastıyla aşağı atlamak için işyerinin camından sarktığını, o sırada B'yi çağırdığını ancak müzik sesi yüksek olduğundan sesini duyuramadığını anlattı. B de, genç kızın düştüğünü, Ç'nin tutmak isterken parmağını incittiğini belirtti.

Avukatın yorumu: Ç, sesini, müzik sesinden dolayı arkadaşına duyuramadığını söylüyor. Doğru mu bu? Dizüstü bilgisayarından müzik dinlerken çok yüksek ses çıkması mümkün değildir. Dahası; müziğin YouTube üzerinden dinlendiği söylenmekte. Bilgisayar kayıtlarına bakıldı fakat, o saatlerde YouTube izlendiğini gösteren bir kayda rastlanmadı. Mücadele edildiği söylenen pencerenin önünde Ş'nin parmak izleri de yoktu, bulunamadı.

Kan dondurucu HTS (Baz istasyonu analiz raporu) kayıtlarında, Ş, ev arkadaşı L'ye yolladığı mesajların birinde cinsel istismara uğradığını dile getirmişti. Evine dönmek istiyordu fakat tecavüze uzanan süreçte tepkisini gösterip olay yerini terk etmekte geç kalmıştı.

Yine HTS kayıtlarından B'nin olaydan önce P adlı bir kadını çağırdığı, ancak P'nin, Ç orada olduğundan gelmek istemediği anlaşılmakta. B'nin arkadaşım dediği P'yi olaydan hemen sonra aradığı, "çok kötü şeyler oldu" şekilde mesaj gönderdiği de bilinen kayıtlar arasında.

İnternete girer, "Ç'nin babası kimdir?" diye araştırırsanız sınırlı sayıda bilgi karşınıza çıkıyor. Sanki Ç'nin ünlü, varlıklı bir ailesi yok. Var da, bu politikacı, zengin aile olayın dışında gibi... Yoksa babası Ç'yi evlatlıktan mı çıkarmış? Anne davanın içinde lakin asıl büyükler, zenginler geri planda... Adları hiç duyulmuyor. Haklarında haber yapılmasını istemedikleri gibi çıkan haberleri de internetten sildirdiklerini düşünüyorum. Bunu nasıl başardıklarını, buna nasıl güç yetirdiklerini bilemeyiz. Bildiğiniz gibi ülkemizde, bazı haberlere, sosyal medya hesaplarına sansür uygulayan televizyondan sorumlu zabıtalar var. Belki de onlardan yardım alıyorlardır. Olayın bu kısmı da oldukça karışık, araştırılması lazım gelir.

Ç'nin babası hakkında bulabildiğim bilgiler de şöyle. (Bunların hepsini söylenti olarak kabul edin. Zira hiç biri doğrulanmış söz değil.) İnsanlar bazı internet sitelerinde kendi aralarında konuşup şöyle diyorlar:

-Kimse böyle bir aileye güç yetiremez. Parayla yapamayacakları şey yoktur. Allah kimseyi ellerine düşürmesin.

-Kuşkusuz baba evladına kızmıştır bu durumda. Ne denilmiştir? "Evlat deniz gibidir; ne atılır, ne geçilir" denilmiştir. Evet, baba oğluna öfke duyuyor. Bir taraftan da çalışıyor; mesela müthiş bir internet temizliği yürütmekte. Adam mı tuttu, ekip mi kurdu bilinmez. Şu an Google'da ismini bulmanız kolay iş değil.

-Sözü edilen baba, bulduğum bilgiye göre bir bankanın üst düzey yöneticisiymiş. Şimdi emekli.

-Evet, emekli.. aynı zamanda soyadlarını taşıyan şirketler grubunun da yönetim kurulu üyesidir.

-Öyle güçlü bir aile ki bu, paralarının hesabını kimse bilmez. Uzun yıllardır devletten ihale alıyorlar.

-Sıkı durun.. enteresan bir bilgi de ben vereyim. Baba, çok önemli bakanlarımızdan birinin yardımcısıymış... Yaaa, ne haber... Şimdilerde üst düzey devlet yöneticisi.

-Herkesin ahını aldılar. Paraları olsa ne fayda... Umarım bundan sonraki hayatlarında rahat edemezler. Parayla rezil olurlar.

Ş'nin avukatı: Mahkeme yaklaştıkça, özellikle sosyal medyada algı operasyonları çoğalıyor. Öyle ki sanıkların yoksul ailelerden geldikleri söylenmekte... Ofiste çekilen olay yeri videosu bunun tersini gösteriyor. Ayrıca sanıkların banka ve ticari ilişkilerine ait evraklarda, inanılmaz rakamlar göze çarpmakta.

Benim anladığım şu arkadaşlar: Avukatın da dediği gibi medya trolleriyle toplumda Ç ailesinin zengin olmadığı algısı yaratılmak istenmekte. Böylece mahkemenin, ailenin sahip olduğu siyasi ve maddi güç karşısında yanlı davranıp adil olmadığı, olamayacağı, siyasilerin yargılama süreçlerine müdahale ettiği, etmeye de devam edecekleri yönündeki iddiaları çürütmeye çalışmaktalar.

Ş'yi savunan avukatın sözlerini yenileyelim: Bu sadece Ş'nin değil, bütün kadınların davasıdır. Bu, zenginle yoksulun davasıdır. Mahkeme, aynı zamanda emsal bir karar verecek. Verilen ceza kamuoyunun vicdanını rahatlatmalı. Aksi durum, cinayetlerin ve tecavüzün önünün açılması, kurumsallaşma anlamına gelir.

Ş davası fakirin davası olduğu gibi karanlıkla aydınlığın, zorba ile masumun, yobazla çağdaşlığın davasıdır.

Şunu da belirtelim: Kuşkusuz sanıklar da insan evladı. Mesela Ç ve ailesini iyi tanıyanlar da var. Bunlardan biri anlatıyor, dinleyin lütfen: Ç'nin bakan (ülkemizin ormanlarından, hayvanlarından, toprağından, tarımından sorumlu bakan) yardımcısı olan babası hemşerimiz olur.

Son derece kalender, mütevazı, sempatik biri olarak biliriz kendisini. Kimseyi bilinçli olarak kırdığını sanmıyorum! K ilçesinin ileri gelen ailelerindendir. Yıllar önce Ankara'ya taşındılar fakat burayı unutup K'dan ellerini çekmediler... Babasıyla amcası yıllardan beri madencilik işiyle uğraşır... Bir çok yerde (4 ya da 5 yerde) büyük çapta demir ve kömür maden ocakları bulunuyor... Holding sahibi bir aile. Sülale boyu maden işletirler. Hayır işlerinden, özellikle hemşerilerine yardımdan da kaçınmazlar... Ç'nin babası daha önce iktidar partisinden milletvekili adayı oldu ama listeye giremedi. K kasabası ve yöresinde 70'e yakın muhtar bir araya gelerek, bu duruma tepki gösterdiler ama olmadı, malum liste olduğu gibi kabul edildi. Sonuç da iktidar partisi bölgemizde büyük oy kaybına uğradı. Büyük beklenti içinde olan adaylar bile seçilemedi. Yine de şanslı sayılırız: K ilçesi olarak devlet yönetiminde bir bakan, üç bakan yardımcımız oldu. Hemşerimiz olan ordu komutanı milli savunmanın başına getirildi. Ç'nin babası aynı zamanda şehrimiz spor takımının yönetim kurulu üyesidir.

Kendisi, Ankara sınırlarına çıkan takım yöneticileriyle futbolcularımızı da çok güzel ağırlar, onlara sponsor olur! Şurası kesin ki; K'dan gelen hiçbir hemşerisini ağırlamadan göndermez! Kasabamıza yaptıkları yardım ve desteğin hiçbir zaman hesabını tutmamışlardır... Yani aile böylesi bir aile.

Bu kadar ünlü, zengin, devletle, iktidarla iç içe olmalarına rağmen haklarında çok az internet bilgisi olan aile. Kendileriyle ilgili pek çok haberi hızla internet mikroplarını kullanmak suretiyle (nasıl olduğunu ben de anlamadım) yok edebilmekteler.

Birinci adli tıp raporunda önemli veriler vardı. Maktulün anal bölgesinde travmayla birlikte, erkeklerde bulunan PSA hormonu ve tükürük tespit edildiği söyleniyordu. Aynı raporda Ş'nin el tırnaklarından alınan iki DNA örneğinin şüpheli B'ye ait olduğu da belirtilmekteydi... İkinci adli tıp raporu da bu yöndeki bilgileri doğruluyordu...

Sonra ne oldu? Üçüncü adli tıp raporu ortaya çıktı. Bu raporda, önceki raporlardaki bilgilerin doğru olmayacağı, ola bilemeyeceği üzerinde duruluyor, söz konusu konularının, inceleme sonuçlarının belirsiz, güvenilmez olduğu kaydediliyordu. Bulgulara hikaye yazılıyordu. Oysa adli tıbbın görevi, önceki rapor yerine hikâye bulup kurumsal yapıyı çürütmeye çalışmak olamazdı. Son tahlilde, netleştiği söylenen her şey için adeta "bilmiyoruz, önceki raporlardaki bilgilerin tümü güvenilmez kanıt olarak görülebilir" deniyordu.

Peki... Bu saçma durum nasıl açıklanabilir? Kurumların giderek içlerinin boşaltıldığı, işlevsizleştiği, bilgiden uzak hale getirildiği gerçeği ile yüzleşmek bir hayli can sıkıcı. Fakat "beceriksizliğin" başka yanları da var ve bu, bir şüphe olarak önümüzde. Şüphe şu: "Olaya müdahale edenler mi var?" Bunun için iki zanlının karakterine de bakmalı: Daha önce de belirttiğim gibi Ç'nin dolandırıcılık, resmi belgede sahtecilik, görevi yaptırmamak için direnmek, banka ve kredi kartlarının kötüye kullanılması suçlarından şüpheli olarak kaydı mevcut. B'nin de adli sicil kaydında 22.04.2016 tarihinde ceza aldığı ve hükmün geri bırakıldığı görülmekte. Alkollü araç kullanma da suçları arasında.

Soru şu: Üst düzey tanıdıkları olan sanıklar adli tıbbı etkiliyor olabilirler mi? "Paranın gücü, açık gerçek görünmez hale getirilmeye çalışılıyor," denebilir mi? Bu hukuk tanımaz düzende sesini (nasıl mağdur edildiğini) kamuoyuna duyurmaya çalışan Ş ailesinin internet ortamında nasıl engellenip etkisiz kılınmak istendiğini de düşünelim. Zengin bir aile için para verip trol (internet ortamında birilerinin yararına karışıklık yaratan tipler) tutmak zor değil! Bu yolla yeni bir algı oluşturup yaymak, bilgi silmek, konu değiştirmek, olup bitenleri yanlış göstermek de mümkün. Bu troller aracılığıyla sosyal medyada gerçekler saptırılıp genç kızın intihara eğilimli olduğu fikri yayılırken, kişilik hakları da ihlal edilmekte. Hangi ilacı kullandığından, hangi tedavileri gördüğüne varıncaya kadar abartılarak anlatılmakta. Son raporun (üçüncü adli tıp raporunun) insaflı denebilecek tek önemli bulgusu kullanılan ilacın intiharı tetiklemeyeceğini söylemesidir.

Maalesef günümüzde katilin, tecavüzcünün, hırsızın korunduğu, mağdurların ise şüpheli görüldüğü ya da cezalandırıldığı bir sistem yaratıldı. Suçlular ve masumlar şaşırtıcı bir biçimde yer değiştirdi. Soma davasından Berkin Elvan dosyasına, IŞİD katliamlarından "insanca yaşayalım" dedikleri için tutuklanan havalimanı işçilerine kadar pek çok örnek var. Kurumlar çürüdü. Geriye ancak toplum baskısı ile yön verilebilen hukuk mücadelesi ve "birkaç iyi insan" kaldı.

Duruşmada kan donduran beyan: Adli tıp uzmanı Profesör, otopsi sonucunu paylaşarak söz konusu bulguların cinsel zorlamanın somut birer kanıtı olduğunu söyledi.

Ş'nin olay gecesi cep telefonuyla, cam kenarında koltukta otururken çekilen görüntüleri ortaya çıktı.

B'nin avukatı, fotoğrafları mahkeme heyetine verdi.

Davada dosyaya giren HTS (telefon, internet görüşme, yazışma kayıtları) raporunda sanıklarla, Ş'nin saat 01.48 ile 02.16 arasında telefon ve internet kullanmadığı belirtildi. Saat 02.39'da ise sanık B'nin kız arkadaşına "çok kötü şeyler oldu" diye mesaj gönderdiği ortaya çıktı. Ş'nin avukatı söz konusu raporun tecavüzü ispatladığını ileri sürmekte.

Ş, 29 Mayıs 2018'de Ankara'daki plazanın 20'inci katından şüpheli bir şekilde düşerek ölmeseydi, bugün 24'üncü yaşını kutluyor olacaktı. Gazi Üniversitesi Sanat Tasarım Fakültesi Tekstil Tasarımı 2. sınıf öğrenci Ş'nin katilleri halen hak etkileri cezayı almadılar.

15 Temmuz 2018 günü, Ş'nin abisi şunları söyledi: "29 Mayıs'ta ölüm haberini aldığımda yıkıldım. Aileme bunu nasıl açıklayacağımı bilemedim. Kardeşimin 22. kattan düştüğü söylendi. Ben onun bu şekilde intihar ettiğine inanmıyorum. Bunun bir cinayet olduğunu kesinlikle söylemiştim. O gün bugündür söylüyorum. İlkin delil olmadığı gerekçesiyle şahıslar gözaltına alınıp serbest bırakıldı. Gerçek sonradan ortaya çıktı; kardeşimi öldürdüler...

5

Tekrar merhaba sevgili arkadaşlar. Ben bu satırları yazarken ülkemizin pek çok yerinde ormanlar yanmakta; şuan en büyük yangın İzmir'de... Efem Çukuru diye bilinen bölgede ceylanlar, kurbağalar, yılanlar kaçacak yer aramakta. Yangın için gerekli gece görüşlü uçağımız olmadığından hava kararınca ateşe müdahale edilemediğini söylüyorlar. 1150 odalı saraya ne kadar para harcandığı sorulurken "itibardan tasarruf olmaz" demişlerdi. Dünyanın gözleri önünde evin yanıyor, orman kertenkeleleri, kaplumbağaları, kuşları, ceylanları, domuzları bin yıllık ağaçlar kül olurken itibara hiç mi zarar gelmiyor? Halkın parasıyla lüks uçaklar alıp seyahat edenler hiç mi rahatsız olup utanmıyorlar? Ş davası devam ederken bunları da aklımızdan çıkarmayalım. En lüksünden binlerce makam aracımız var da (Saraya ait en pahalısından makam uçaklarını da buna ekleyin) yangın söndürmeye bir tane gece de uçabilen helikopterimiz yok. Ne ilgisi var demeyin (Allah'ınızı seviyorsanız demeyin bunu. Sinirim bozuk zaten...) Evet... inadına yeniden evet ki; Ş davası aynı zamanda sahipsiz ormanlarımızın, hayvanlarımızın davasıdır. Ş'ye nasıl tecavüz edildiyse ormanlarımıza da öyle edildi, edilmekte. Bir tane savcı yok ki devleti kötü idare edenlere hesap sorabilsin. Yok kardeşim, mumla arasan bir tane insan evladı yok! Kalmadı. Yaşar Kemal'in dediği gibi "O iyi insanlar beyaz atlarına binip gittiler. Demirin tuncuna insanın puştuna kaldık."

Kazdağlarında, kesilen yüz binlerce ağacın yanı başında Fazıl Say gibi biri; dünya sanatçısı, koca piyanosunu dağın tepesine çıkartıp konser verdi, gezegenin ilgisini ülkemiz ormanlarının nasıl katledildiğine çekmeye çalıştı da bir tane televizyon kanalı canlı yayın yapamadı. Bunun da mı "itibara" zararı olmadı? Ne zamandan beri cahilliğin, zulümle abad olmanın adı "itibar" oldu? Yemişim itibarınızı! Ormanlarındaki madeni bile çıkaramayıp yabancı şirketlere satan bir ülkenin itibarı olmaz. Bu zavallı halimizi, insanlık dışı hallerimizi ne kadar iyi kavrarsak Ş davasını da o kadar iyi anlarız diye düşünmekteyim. Bu güne kadar Ş olayına benzer pek çok dava oldu hayatımızda. Son beş yıl içinde.. hadi bir yıl olsun.. olmadı bir ay diyelim.. kaç kadın cinayeti oldu? Hadi sayın.. bakalım sayabilecek misiniz? Ben söyleyeyim: Son 6 ayda 214 kadın katliamından söz edilmekte. 5 yıl, 10 yıl, 20 yılında bu sayı kaça çıktı Allah bilir. Hangi birini söylemeli... Sadece geçen ayın, kadına yönelik ölümle sonuçlanan şiddet vakalarının bilançosunu çıkarırsak karşımıza korkunç bir manzara çıkmakta. Benzerini ancak savaşlarda görebileceğimiz bir manzara bu.

Muktedirler zamanının en önemli, en kanlı olaylarından biri de kadına yönelik şiddet vakalarıdır. Yalnız adalet arayanlar değil, ülkemizi tanımak isteyen herkes Ş davasını takip etmeli bence.

2019 Türkiye'si yanan ormanlarıyla, işten atılan, hakkını aramayan, alınıp satılan insanlarıyla, kadın katliamlarıyla cehennem gibi bir yer oldu. Bir kez daha söyleyeyim ki, Ş davası, günümüzü anlatırken pek çok açıdan da nasıl bir cehennemde yaşadığımıza ışık tutmakta...

Avukat: Ş'nin, sabaha doğru gece 03.50'de söz konusu plazanın 20. katından atıldığını tespit ettik. Sanıklar bir saatten fazla süre telefon kullanmayıp cesedi ne yapacaklarını tartıştılar.

Olaydan bir gün sonra 30 Mayıs 2018 günü Cumhuriyet Savcılığı soruşturma başlattı. İlkin kamera kayıtları izlendi. Kamera görüntülerinde, Ş'nin Ç ve yanında bulunan iki erkekle saat 23.54'te plazaya giriş yaptığı görülüyor. Gece saat 01.30 sıralarında iki kişi plazadan ayrılmakta. Ç ile Ş'nin ise çıkmayıp içeride kaldıkları anlaşılıyor. Soruşturmanın ilerleyen aşamalarında, plazadan çıkan şahısların ifadesine başvurulurken Ç, adresinde bulunamamakta.

4 Temmuz 2018 günü Ş'nin tecavüze uğradığını gösteren otopsi raporu açıklandı. Genç kızın kanında "uyumayı tetikleyen madde", vücudunda boğuşma izleri, dokuz parmağının tırnak altında Ç'ye ait doku kalıntısı ve DNA bulguları tespit edildi.

31 Mayıs 2018 günü (olaydan 2 gün sonra) Ş'nin patronu Ç ile patronun arkadaşı B gözaltına alındı. Ç, ifadesinde "Tutmaya çalıştım ama intihar etti," dedi. B ise başka bir odada olduğu için olaylardan haberi olmadığını söyledi. Her ikisi de adli kontrol şartıyla serbest bırakıldı. Aynı gece, Ş'nin ev arkadaşını arayarak, "Beni ara ve acil gelmem gerektiğini söyle," dediği, 02.00'de ise "Buradan çıkamıyorum, adam bana takmış. Bırakmıyor," diye mesaj attığı tespit edildi.

Gazete haberinden: Geçinmek için çalışmak zorunda olan üniversite öğrencisi Ş'nin katilleri tutuklu yargılanıyor. 15 Mayıs'ta yeniden görülecek davada Ş'nin failleriyle ilgili alınacak karar, tüm kadın cinayetlerine emsal olabilecek nitelikte...

Sanık Ç, duruşmaya kadar şartlı tahliyeyle serbest bırakılmıştı. Zanlıların cinayet şüphesiyle yargılandığı ilk duruşma 6 Şubat 2019 günü yapıldı. Ankara Adliyesi önünde bir araya gelen Komünist Kadınlar, Türkiye Komünist Gençliği ve TKP'li Hukukçular ortak bir açıklama yaparak "Ş İçin Adalet" çağrısı yaptılar. TKP'liler, patronlardan hesap sormak ve Ş'nin sesi olabilmek için yeniden Ankara Adliyesi'nde adalet çağrısında bulunacaklar.

4 Haziran 2018 günü Ç ve B gözaltına alındı. Olay günü Ş'nin atılmasından 18 dakika sonrasında aşağı inmeleri ve güvenliğe 'ne oldu trafo mu patladı?' diyerek haberleri yokmuş gibi davranmaya çalıştıkları bilinen zanlılar için tutuksuz yargılanma kararı verildi.

14 Temmuz 2018 günü şüphelilerin gözaltına alınıp bırakılmasına isyan eden kadın dernekleri, Ş'nin ağabeyinin de desteğiyle, sosyal medyada Ş için adalet kampanyası başlattılar. Ş'nin öldürüldüğü plaza önünde yapılan eylem ve kampanya sonucu sanıklar tutuklandı.

16 Temmuz 2018 günü tutuklu Ç ile B'nin ifadeleri ortaya çıktı. Otopsi raporu açıklandı. Ş'nin tırnakları arasında Ç'ye ait DNA örnekleri olduğu söylendi. Otopsi sonuçlarını dinleyen Ç, savunmasında suçsuz olduğunu belirtti. Cinsel saldırıyı reddeden Ç, "Maktulle o şekilde yakınlaşmamız olmadı" diye ifade verdi.

Şüpheli B'ye soruldu... O da daha önceki ifadesini tekrar edip cinayetle sonuçlanan tecavüzü kabul etmedi. B, olaydan sonra sinir krizi geçirip Ç'ye vurduğunu öne sürdü. İfadesinde, "Onlar içerideydi. Ben olay yerinde değildim. Atladığını ya da düştüğünü görmedim. Ç yanıma geldi. Kızın atlayıp gittiğini söyledi. Elinin şiştiğini gördüm. Olayın vahim olduğunu o zaman anladım. Hemen aşağı inip güvenlik görevlisini gördüm. 'Buradan bir kız geçti mi?' diye sordum. 'Geçmedi' deyince sinir krizi geçirdim. Ç'ye o yüzden vurdum. Kızın atladığı yer içerideki odaydı. Kendisiyle kesinlikle cinsel amaçlı temasım olmadı" dedi.

30 Kasım 2018 günü başka bir rapor açıklandı. Raporda, Ş'nin intihar ettiğini kanıtlayan bir bulguya rastlanmadığı belirtiliyordu.

17 Aralık 2018 günü Ş'nin ölümüyle ilgili savcılık soruşturması tamamlandı. Hazırlanan iddianamede şüpheliler için ağırlaştırılmış ömür boyu (39 yıla kadar) hapis cezası istendi.

Ş'nin o gece ev arkadaşı L'ye attığı mesaj içerikleri de iddianamede yer aldı. Savcılık, her iki şüphelinin de çelişkili ifadeler verdiğini, Ş'nin, intihar ettiği söylense de mesajların (Ş'nin L'ye gönderdiği mesajlar) zorla plazada tutulmayı kanıtlar nitelikte olduğunu belirtti. L'ye gönderilen mesajlarda Ş, şöyle diyordu: "Bu adam bana abayı yakmış, Allah'ım salmıyor", "Biliyordum böyle olacağını", "Keşke gelmeseydim."

6 Şubat 2019'da Ç ile B'nin avukatlarından birinin 2016'da Ankara Üniversitesi Cebeci Kampüsü'nde üniversite öğrencilerine döner bıçağıyla saldıran ülkücü faşist çete üyelerinden biri olduğu ortaya çıktı.

Sanık Ç mahkemedeki savunmasında: "Bu suçlamayla burada olduğum için özür diliyorum. Hiçbir suçlamayı kabul etmiyorum. Bizim cinsel ya da başka şeyle alakamız yok... Cinayet yok. Bizim Ş'ye dokun muşluğumuz yok. Ben hala şoktayım. Burada bu kadar insan neye dayanarak dosyaya bakmadan mı üstümüze geliyor? Onun da farkında değilim. Gösteriş peşinde herkes. Bir şey bilmeden bizi suçlamaya devam ediyorlar" dedi.

"Olaydan cinayet diye bahsetmeyelim" diyen sanığa hâkimden "tamam" yanıtı geldi. Dava sonucunda her iki sanığın da tutukluluklarının devamına karar verildi. 15 Mayıs'ta görülecek Ş davasında Ç ile B'nin 39 yıla kadar hapis cezasına çarptırılması beklenmekte.

Ş, plazanın 20. katından sabaha karşı 04.00 sularında düştü ya da atıldı. Soruşturmada genç kızdan alınan numunelerin İstanbul adli tıbbına geç gönderildiği anlaşıldı. Bu yüzden Ş'ni şüpheli ölümüyle ilgili soruşturma ilgili savcıdan alınarak başka bir savcıya verildi.

Habere göre, soruşturma kapsamında şüphelilerin ifadesi alındıktan sonra tutuklanma talep edilmedi ve şahıslar adli kontrol şartıyla serbest bırakıldılar. Dosyaya giren otopsi raporunda Ş'nin ölümünden önce ters ilişkiye zorlandığına dair bulgular yer aldı. Ayrıca genç kızın 9 parmağının tırnak altında bir erkeğe ait dokular (deri kalıntısı) ve DNA bulguları tespit edildi. Raporda, Ş'nin kanında "Uyumayı tetikleyen madde" ile vücudunda boğuşma izlerine de rastlandı. Erkeğe ait doku örnekleri ve DNA bulgularının Ç'ye ait olduğu belirtilmekte. Otopsi raporunun ortaya çıkmasının ardından, savcılık 2 şüphelinin tekrar ifadesine başvurdu ve "cebir, tehdit veya hile kullanarak kişiyi hürriyetinden yoksun kılma, cinsel saldırı"dan tutuklanmalarına karar verdi. Savcılık, geçen Haziran ayında kesin ölüm nedeninin tespiti için olaya ilişkin numuneleri İstanbul Adli Tıp Kurumu'na göndermeye de karar verdi. Ancak Eylül ayının başına kadar söz konusu numunelerin gönderilmediği anlaşıldı. Savcılık kaynaklarından alınan bilgilere göre, soruşturmanın ilk savcısı dosyayı İstanbul'a incelemek üzere gönderdi fakat, numuneler İstanbul'a ulaştırılmadı. İstanbul Tıp Kurumu da elde numune olmadığından dosyayı tekrar Ankara'ya gönderdi. Bunun üzerine Eylül ayının başında numuneler ve soruşturma dosyası bir kez daha İstanbul'a gönderildi. Bu aksaklık yüzünden başsavcılık sürece el koydu.

Şüpheliler için önce tutuklama talep edilmesi gerekiyordu. Neden edilmedi? Deliler neden zamanında İstanbul'a (Ankara'da neden yok?) incelensin diye gönderilmedi? Kim engel oldu buna? Bu yönde herhangi bir soruşturma başlatıldı mı? Olayın arkasındaki kişi ya da kurumlar hakkında kim ne biliyor? Bütün bunların ve daha fazlasının araştırılması gerekmiyor mu?

İlk savcı, şüphelilerin ifadesini aldıktan sonra tutuklama istemeden adli kontrol şartıyla serbest bırakılmalarını sağladı. Oysa soruşturma dosyasına giren otopsi raporunda Ş'nin vücudunda boğuşma izleri ve tırnaklarında Ç'ye ait doku örnekleri tespit edilmişti.

İlk savcı kimdi? Okur görüşleri:

-Bu savcı, başka bir davada da şüpheliler için zamanında tutuklama talebinde bulunmamıştı. Ş davasında da aynı şeyi yaptı.

-Yaşı kaç bilmiyorum. Fotoğrafını gören var mı? Genç birine benziyor. İnternette gördüğüm fotoğraf o mu? Kime aitse emin olamadım.

-2010 yılında, hatırlar mısınız, Ş gibi düşerek ölen Esin Güneş adında biri vardı. Öğretmendi. Olayın kaza olduğunu söyleyip dosyayı kapatmışlardı. Yine bu savcı iş başındaydı. Boşanma sürecindeki kızlarının kocası tarafından öldürüldüğünü iddia eden aile, kendi imkanlarıyla delilleri bulup 3 yıl aradan sonra davanın yeniden açılmasını sağlamıştı. Tekrarlanan yargılamanın sonunda damat, müebbet hapis ceza almıştı.

-Yeteneksiz bir savcı olsa gerek...

-Sadece yeteneksiz mi? Başka şeyler de olabilir kuşkusuz.

-Merakımdan soruyorum: neden hâlâ görevde? Yok mu bu ülkede görevini yapmayan ya da yapamayanları engelleyen bir mekanizma?

-Bu nasıl ülke, bu nasıl adalet? Gördükçe, duydukça memleketin her kurumundan tiksinti geliyor bana!

-Aynaya, insanların yüzüne utanmadan nasıl bakıyorlar? Masum bir kadının tecavüz edilip katlettiği gün gibi açık değil mi? 2 canavarı hangi amaçla tutuklamıyorsun, delilleri göndermeyip gizliyorsun? Para mı, unvan mı, sebep ne? Gerçekten çok merak ediyorum!

-Hukukun dili olsa var ya, haykırır, isyan eder hatta kendini asıp intihar ederdi.

-Ben de şunu merak etmekteyim arkadaşlar: Bu savcıya soruşturma açıldı mı? İşini düzgün yürütememesi (ya da yürütmemesi) yüzünden herhangi bir soruşturma açıldı mı? Belli ki görevine devam etmekte. Yeter artık!

-İnanır mısınız bu saray rejimi kurulup liyakat dönemi kapandığından beri sinirimden her gün kendimi s...yorum! -Olacak şey mi? Nasıl bu hale geldik biz. Allah canımı alsaydı da keşke bu günleri görmeseydim, yaşamasaydım.

Ş'nin cinsel saldırıya uğrayarak öldürülmesine ilişkin görülen davada sanık avukatlarından X, 2016'da Ankara Üniversitesi Cebeci Kampüsü'nde üniversitelilere döner bıçağıyla saldıran ülkücü çetenin üyesi mi? İddiaya göre söz konusu bıçaklı saldırı olayı, 4 Ocak 2016 günü üniversitenin kantinde yaşandı. Fakülte kantinine, kabanının içine sakladığı döner bıçağıyla gelen X, kendisi gibi düşünmeyen öğrencilere gözdağı verdi. Mezun olduktan sonra da fakülteye gitmeye, solcu öğrencilere yönelik saldırılarda yer almaya devam etti. 27 Ocak 2017'de vize sınavlarının bitişi kutlanacaktı. Kutlamalar sırasında siyasi içerikli marş istenmiyordu. X karşı gelip yine bıçaklı tehditte bulundu. 30 kişi kadardılar. Tekbir getirerek karşı gruba saldırmaya başladılar. Ertesi gün, saldıranlara değil, saldırıya uğrayan öğrencilere soruşturma açıldı. X, mezun öğrenci olduğundan soruşturmanın dışında tutuldu. Nisan 2016'da da hukuk fakültesi kantinine üç hilalli "AÜHF Teşkilatı" şekilde yazı aşan kişiydi. Bu yazının videosunu da sosyal medya hesabından paylaşmaktan çekinmemişti.

Sosyal medya yetkilisinin açıklaması: Ceza hâkimliğinin Ç'nin talebi üzerine verdiği 29.05.2019 tarih ve 2019/2586 sayılı kararı uyarınca Ş ile ilgili başlıklarda bulunan içeriklere erişimin engellenmesi kararıyla ilgili bir açıklama yapmak isteriz... Sitemiz, Türk hukukuna tabi bir internet sitesi olarak mahkeme kararlarını uygulamak yükümlülüğündedir. Dolayısıyla bu ve benzeri durumlarda elimize ulaşan mahkeme kararları doğrultusunda hareket ederek, ilgili başlıklardaki içerikleri kaldırmak durumundayız. Bu karara itiraz edecek olmakla beraber, itiraz sürecinin kararı uygulamayı ertelemediğini belirtmek isteriz. Tarafımıza iletilen kararların uygulanması yasa gereği olup, kararı benimsediğimiz veya olumladığımız anlamına gelmemektedir. Hukuk sistemimizdeki hataların, yanlışların, adalet duygusunu zedeleyen uygulama ve kararların giderilmesinin yolu, eleştirilerin doğru makam ve mercilere yöneltilmesinden geçer. Genel olarak mahkemelerin içerik kaldırılmasına ilişkin kararlarındaki hoyratlık ve bu kararlara ilişkin itirazların incelenmesi süreçlerindeki özensizlik nedeniyle oluşan kamuoyu tepkisinin ilgili ve yetkili mercilere yönelmesi halinde bu hatalı işleyişin düzelmesi yönünde olumlu adımlar atılır diye umuyoruz.

Bir gazetenin köşe yazarı: 23 yaşında, üniversitede moda tasarımı okuyan, son sınıf öğrencisi bir genç kız... Biri 33, diğeri 34 yaşında iki adam... 29 Mayıs 2018 gecesi önce birlikte yemek yediler. Adamlardan biri, genç kızın patronuydu. Gece, Ankara'da bir rezidansın 20. katındaki ofise birlikte çıktılar. Genç kızın yaş günüydü. Önce biraz içki içip eğlendiler. Saat gece yarısını geçtiğinde genç kız, ev arkadaşına "'Allah'ım salmıyor', 'Biliyordum böyle olacağını', 'Bırakmıyor' diye birkaç mesaj attı. 02.39'da ise ofisteki adamlardan biri, kız arkadaşına, "Çok kötü şeyler oldu" diye yazdı. "Çok kötü şey", Ş'nin, 20. kattan aşağı düşmüş bedeniydi. Gözaltına alınan iki adam, genç kızın intihar ettiğini öne sürdü. Ancak peş peşe ortaya çıkan bulgular, bunun bir cinayet olduğunu ortaya koydu. Adli Tıp raporuna göre genç kızın tırnaklarında, erkeklerden birine ait doku örnekleri, kanında uyumayı tetikleyen uyarıcı bir madde, anal bölgesinde yırtık bulunmuştu. Vücudunda boğuşma izleri vardı. Sanıkların, "Kendini aşağı attı" dediği pencere, ancak 30 cm. açılıyordu; camda herhangi bir parmak izi yoktu. Buna karşın genç kızın gırtlağındaki kemiğin kırık olması, aşağı atılmadan önce boğularak öldürüldüğünü gösteriyordu. Ölüm olayından sonra iki adam bir havayolu şirketini 10 kez aramıştı. Belli ki kaçmayı planlamışlardı; ancak sonradan ortaya çıkan görüntülerin ortaya koyduğu gibi, yürüyemeyecek kadar sarhoşlardı... Buraya kadar anlattıklarım, yeterince dehşet verici... Ama ne yazık ki, bundan sonra olanlar daha da feci... Çünkü bundan sonrası, bu cinayetin, ataerkil bir sistem içinde nasıl örtbas edilmeye, hatta meşrulaştırılmaya çalışıldığını kanıtlıyor. Bütün kuşkulu bulgulara rağmen, şüpheliler, çıkarıldıkları nöbetçi mahkemede, iki kez adli kontrolle serbest bırakıldı. Tepkiler üzerine yargı "fikir değiştirdi", iki adam tutuklandı. Ancak tutuklanma nedeni "cinayet" değil, "cinsel amaçlı cebir ve saldırı" idi. Bu arada adamlardan birinin vücudundaki genç kıza ait tırnak izlerinin, doktor tarafından rapora yazılmadığı ortaya çıktı. Sekiz ay boyunca dava açılamadı. Nihayet önceki hafta ilk duruşma yapıldı ve Türkiye bir kez daha sarsıldı. Duruşmaya takım elbiseler içinde gelen sanıklar, cinayet iddiasını reddederken, sanıkların avukatı, genç kızın bakire olmadığını, kızlık zarında yırtıklar olduğunu belirterek, "Oraya kendi rızasıyla geldi. Alkol aldı. Demek ki rızası var. Rıza varsa cinsel saldırı yok" şeklinde bir savunma yaptı. Cinayeti meşrulaştıran bu kirli dil, adli tıp raporunda aynen yer aldı. Resmi raporda yer verilen doktor mütalaası, Ş gibi adaleti de paramparça ediyordu: "Bir kadın bir erkekle tenha bir yerde içki içmeyi kabul etmişse, cinsel ilişkiye rıza göstermiş sayılır."

Kadına yönelik şiddetin en uç örneğinin yargılandığı davada, cinayeti "Bakire değildi, gönüllü geldi, içkiliydi" diye açıklayan ve katillere kurbanın yaşam biçimi üzerinden hafifletici nedenler sunan bu savunma, kadın örgütlerini ayağa kaldırdı. Şimdi mahkemede iki cinayet zanlısı, kamuoyunda ise katillere kol kanat geren bu eril zihniyet yargılanıyor.

6

Merhaba arkadaşlar, Ş olayının bulabildiğim detaylarını aktarmaya devam edeceğim. Okuduğunuz metne "yazı dizisi" adını verdim ama doğrusu ne yaptığımı tam olarak ben de bilmiyorum. Öncelikle şunu söyleyeyim ki aktardığım bilgileri internet ortamından bulup yazıyorum. Meseleyi yerinde görüp yazan muhabirlerin, tanınmış köşe yazarlarının ne dediğinden yararlanarak sözlerimi dile getirmekteyim. Bazı yazıları olduğu gibi verirken bazılarını da konusuna göre ele alıp küçük değişiklikler yaparak sizle paylaşıyorum. Şunu diyeceğim: Şu an okumakta olduğunuz şeylerin pek çok yazarı var. Her söz bana ait olmadığından kendimden yazar olarak söz etmeyeceğim. Belki de derleme işi yapıyorumdur. Belki si ne? Basbayağı derleme yapmaktayım... Bu da önemli... Neden böyle bir şey yapıyorum derseniz, sebebi şu: Ş'yi tanımanızı istiyorum. Nasıl öldürüldüğünü hiç duymayanlar var. Eğer siz de bilmiyorsanız öğrenin, biliyorsanız unutmayın, bildiklerinizi başkalarına aktarın isterim. Benim gibi düşünenlerle yakın olmayı da çok istiyorum, bunu da bilin. Bazen haksızlıklar karşısında öyle çaresiz kalırım ki, içim yanar. Ali İsmail Korkmaz, Berkin Elvan, şimdi adını sayamayacağım diğer gençler öldürüldüğünde de böyle olmuştum. Kimi torpilli katiller var; ceza almıyorlar. İnsanların arasında hayvan gibi (kurban olsunlar hayvana) dolaşıyorlar ya, kahroluyorum. Ş'nin ölümü de öyle bağrımı yakan olaylardan biri oldu. Kaç zamandır düşündükçe çıldıracak gibi oluyorum. Bu yüzden öfkemi yazarak yatıştırıp paylaşmak istedim. Kendime vereceğim zararı azaltıp yok etmeye uğraşıyorum. "İnsanın acısını insan alır" derler ya, bu nedenle yazıyorum, bu yüzden size geldim. Şunu da bilin ki, aslında ben, İnternetin bu soğuk ortamını sevmem. Her şey var, hiç bir şey yokmuş gibi bir ortam burası ama gidecek başka yerim olmadığından buraya, size geldim. Dertleşmek için.. katilleri, adam kayıranları, adil olmayanları, hırsızları, ülkeyi babalarının çıktığı gibi yönetenleri şikayet edecek bir yer görmediğimden size geldim. Sizden daha büyük bir merci bulamadığımdan geldim. Sizin gücünüzü, vicdanınızı bildiğimden geldim. Her şeyi değişebilecek güce, sadece sizin sahip olduğunuzu bildiğimden sizinle dertleşmeye geldim.

Nazım Hikmet'in dediği gibi; toprakta karınca, suda balık, havada kuş kadar çoksunuz. Gezegenimizde sadece sizin maceralarınız yazılıp konuşulmakta. Bu yüzden size geldim. Adaleti az, katili çok bir ülkede yaşadığımızı söylemeye geldim. Ölenleri, çocuk yaşta öldürülenleri, kadınlarımızı, sahipsiz analarımızı, evlat acısıyla bağrı yananları, adalet arayanları, hakkını alamayanları unutmayalım diye geldim. Benim elimden Ş cinayetinin daire bilgilerini sizlerle paylaşmaktan başka bir şey gelmiyor. Bu sözleri size, bin yıl sonra da hatırlansın diye söylemekteyim. Diyorum ki, 2019 Türkiye'sinde adalet yok. Her yerde yangın var; adalet de yandı, bitti, kül oldu. Teknoloji çağı denen bu çağda insanlık, ölü doğdu. "Yurtta sulh cihanda sulh" diyenlerin yerini, "bir de yetmez beş tane çocuk doğurun" diyen, savaştan beslenip güçlenen vicdan yoksunu kimseler aldı mesela. Bunları da unutmayalım isterim, hep hatırlayalım diye söylüyorum zaten. Ş davası bize, hukuk düzeninden insan haklarına, insan haklarından, ekonomiye, yoksulluğa, kadın sorununa kadar nasıl bir ülkede yaşadığımızı da göstermekte. Bunlar bizden sonra da hatırlanacak işler elbet... yeni kuşaklara ders olsun diye de yazıyorum. Bugüne değin Ş gibi öldürülen nice kızlarımız, kadınlarımız oldu. Korkunç olan şu ki, olayların ardı arkası kesilmiyor. Hangi önlemi alırsanız alın kadın katliamları artarak devam etmekte. Neden?

Cahiliye dönemine girdik de ondan. İnanılmaz gelecek belki ama inanın böyle. İnsanlıktan çıktık. Herkes birbirinin kuyusunu kazmakta. "Devlet" dediğimiz toplumsal sözleşme de eskisi gibi değil. Sözleşme masasının bir tarafında halk, diğer tarafında şirketler oturmakta; şirketleri temsilen atanmış bakanlar görev yapmakta. Yeminle görüyorum ki kimsede akıl, izan diye bir şey kalmadı; hangisini önce söyleyeyim. Mesela eğitim: "Din öğretimi" adı altında eğitim sistemimizi nasıl tarumar ettiklerini, bilimsellikten uzaklaştırıp gerilettiklerini her gün görüp yaşıyoruz. Maalesef ki ülkemiz artık yönetilmiyor. Örnek mi? İki gün önce çıkan İzmir yangını mesela... Yangının bilançosu şöyle: Kimi hesaplara göre 700, kimine göre 800 futbol sahası genişliğinde orman alanı yandı; ağaçlar, bitkiler, hayvan türleri ki, ceylanlar da vardı, yanarak yok oldular. Orman bakanı çıktı, "uçaklarımız arızalıydı; üçünün motoru yoktu, motor boşluğuna kuşlar yuva yapmıştı, diğer üç uçak yağ kaçırıyordu," deyip Vizontele filminden (Yılmaz Erdoğan'ın yazıp yönettiği sinema filmi) verdiği örnekle gülerek milleti azarladı; "Ağzı olan konuşuyor... Klavye kahramanlığı yapıyorlar... Bozuk uçak uçmaz... Biz bilmiyoruz sanki... Şu ana kadar bütün önlemleri aldık. Devlet yönetiyoruz... Bakkal dükkânı işletmiyoruz!" diyerekten...

Aslında yangın söndürme işini özel sektöre devretmiş sayın bakan... Liyakatsiz şirket, helikopter uçurmaktan bile aciz olduğundan yangına zamanında ve uzman personelle etkili şekilde müdahale edemedi. İşin aslı üzerine öyle dedikodular var ki, bunları da bilin isterim. Bence en vahim söylenti şu: "Yangını devlet çıkardı, rant için bilerek ormanları yaktılar, bilerek uçakları kaldırıp ateşe müdahale etmediler... Başka ülkeler, mesela Yunanistan yardıma hazırdı, bilerek çağırmadılar..." diyenler var. Koca orman kendiliğinden sönünceye kadar izlediler. Neden? İnşaat alanı açmak için ya da başka bir Kanadalı şirkete altın arama izni vermek için mi? Neden? Pek çok soru var sormamız gereken. İsteselerdi, Türk Hava Yolları'nın elindeki uçakları kullanabilirlerdi. Kullanmadılar, neden?

Hava Kurumu yetkilileri açıklama yaptı, "bakan doğru söylüyor, uçaklarımız bozuk değildi" diye... Bu söz üzerine ilgili şahıs (sözde bakan) saldırıya geçti: "Hükümetimize saldırı var, devletimizi güçsüz göstermek istiyorlar," diyerekten. Sözün özü şu: Orman yangınlarını söndürmekten sorumlu liyakatsiz bakan, dürbünle alevleri izlemek dışında bir şey yapmadı. Eğer bakarsanız, sosyal medyada bolca dürbünlü fotoğrafını görmeniz mümkün. Şunu da söylemek isterim ki, yangın söndürme deneyimi olmayan kişiler şirket kurup devletle anlaşma yapmışlar; "her yıl şu kadar yangını, şu fiyattan söndürebiliriz" diye... Yani bu kadar orman yandıktan sonra bir de şirkete, kurtaramadığı ormanlarımız için para mı ödeyeceğiz? Doğrusu merak ediyorum. Yaktıkları iddia edilen ormanlarımız karşılığında daha ne isteyecekler bizden?

Bunu da takip edelim derim: Hainler daha ne isteyecek bizden? Şunu kesin göreceğiz: 500 hektarlık ormanlık alanın yok edilmesine, felaketimize neden olanlar sorumluluk üstlenip "suçlusu benim, istifa ediyorum" demeyecekler. Ortadoğu ülkeleri gibi olduğumuzdan kim olursak olalım, görevi bırakıp mahkemede hesap vermek gibi erdemli devlet memurluğu alışkanlıklarımızı kaybettik. Bugün de iktidar olanlar birbirini kollamaya devam edecekler. Şirkete kaç lira ödeme yapacaklar? Zamanı gelince bunu da öğreneceğimizi tahmin ediyorum. Şaka sanacaksınız ama değil; şirket iş yaptı.. "hiç çalışmadılar" dersem yalan olur. Doğruya doğru... Haber kanallarında, dumanların arasındaki bir helikopterin su taşıdığını gördük... O kadar tecrübeden yoksun olup dumanın içine girmek de kolay iş değildir. Şüphesiz ki canlarını, mallarını tehlikeye attılar. Haliyle bunun, devlete bir bedeli olacak. Hiç bir şeyi yapmadılarsa bile benzin yaktılar. Elin oğlu babasının hayrına yangını söndürmeye pilot tutup helikopter uçurtmadı. Para kazanmaya iş kurmuşlar, şirket olup yabancı ülkelerden pilot bile getirmişler. Pilotlar insan olduğundan hiç birinin değeri yok, buna ne şüphe. Biri ölürse yerine başkasını bulacaklardır. Zaten de gelen pilotlardan biri öldü. Otel odasında dinlenirken kalp krizi geçirdiğini söylediler. Genç değildi, ellisinden fazla, belki atmışında gösteriyordu. Dışarıdan pilot ayarlandığına göre belli ki memleketimizde pilot da yok. Haliyle bu işi de yabancılara havale etmişler.

Öğrendiğim bilgilerden biri de şu: Yangın söndürme ihalesini alan firma aslında mimarlık işleri yapmaktaymış. Yabancı şirket miydi yoksa... yerli şirket olmadığından mı yabancı pilotlar göreve çağrılmıştı? Görüyorsunuz ya, ne çok soruya cevap bulmak zorunda kalıyorum. Bu arada söyleyeyim: Ölü bulunan pilotun ülkesi Ukrayna... Zavallı adam yangın söndürme çalışmasına katıldıktan sonra uyumak için yangın yerine yakın Gaziemir'de bir otele gitmiş. Nedense bu ölüm garibime gitti... Şansa bak... "Ölüm gelince senin ne iş yaptığınıza bakmaz" deyip geçelim... Bu arada şirketin elinde yedek pilot var mıydı? Bu kadar bilinçli, her ihtimale hazırlıklı olabilirler mi, siz düşünün? Şu soruyu da sormamız gerekecek: Neden yabancı pilot ya da pilotlar? Yangın söndürme pilotu da mı yetiştiremiyoruz? Saçmaladığım açık.. neyse... "Futbolcu bile yetiştiremiyoruz ki pilotlar yetiştirelim" deyip bu konuyu da geçelim. Hangisini anlatsak eksik kalır. Bunları, Ş davasıyla ilişkilendiremediniz mi? Bence çok ilişkili. Meseleye bütüncül bakmaya çalışın. İş bilmezliğin, hukuk tanımazlığın geldiği boyutları görmezseniz, Ş davasını, genel anlamıyla kadına yönelik, cinayetle sonuçlanan vahşeti de anlayamayız. Bir örnek daha vereceğim, hukuksuzluğun hangi boyutlarda seyrettiğini görün diye... Üç ilin (Diyarbakır, Van, Mardin), daha 4 ay önce seçilen belediye başkanlarını görevden alıp yerine kayyum atadılar. Şimdi şundan korkulmakta: Acaba sıra hangi İl'e geldi. Ankara'nın, İstanbul'un belediye başkanları görevlerinde kalabilecekler mi? İktidardan yana değilsen keyfini bozmadan hiç bir iş yaptırmazlar. Başka partilerden aday olup seçilen belediye başkanlarına bile tahammül edemiyorlar. Vatandaş tepki gösteriyor fakat bedeli ağır oluyor. Öldürülesiye dayak yiyorlar. Şunu da ekleyim: Bu üç ilin her partiden oluşan belediye meclisi üyelerini de terör yandaşı sayıp görevden aldılar, yani belediye meclislerini de dağıttılar. Konu önemli, dünyanın akbabaları bu meseleyi konuşmakta; "Türkiye hasta demokrasi, ölü devlet," diyerekten... Terörü gerekçe gösteriyorlar ya görevden alırken... Kimse inanmıyor. Belki küçük bir kesim, "devlet ne yapsın, herkes terörist olmuş" demekte. Konu, geniş kapsamlı olduğundan sözü fazla uzatmak istemiyorum. Ş davasına dönelim. Davayı izlerken sırf ülkenin içinde bulunduğu duruma değil, suçluların korunması yönünde görev yapan hukukçuların rezil yaşamına da tanık olmaktayız. Tekrar plazadaki cinayete ve bu cinayetin avukatlarına dönelim şimdi.

Ş'nin avukatına, soruşturmanın gizliliğini ihlal edip iftira atmaktan suç duyurusunda bulundular. Ç'yi savunan, bununla yetinmeyip Ankara Barosu'na da şikayet dilekçesi verdi. Ş'nin avukatıysa, karşı tarafın kendisiyle uzlaşmaya çalıştığını belirterek şöyle dedi: "Önce benimle konuşup uzlaşmak istediler. Reddedince yıldırmaya çalıştılar. Utanmadan bana soruşturmanın gizliliğini ihlal ettiğimi söylemekteler. Hadisenin nasıl geliştiğine bakarsanız mesele şu: Ya ceza almak korkusuyla susacağım ya da görevimi yapmaya devam edeceğim. Sussaydım bu güne kadar genç bir kadının ölümünün üstü örtülecekti. Konuşup kamuoyu oluşturarak gerçeğin açığa çıkmasını sağladım. Başlangıçtaki çığlığımız çoktu ama duyulmuyordu, sessiz bir çığlığımız vardı, kimse dönmüyor, çığlığın geldiği yöne bakıp tepki göstermiyordu. Ne zaman ki konuştum, insanların, özellikle kadın örgütlerinin ilgisi buraya yöneldi, gizli bilgiler açığa çıktı. Kapatılmak istenen dosya kamuoyuna mal oldu.

Kabul edilmeyen gerçekler birden halkın gündemi oldu. Gidip Bakanlığa bilgi verdim. Açıkladıklarımın ilk önce Cumhuriyet Başsavcılığı tarafından dile getirildiğini de söyledim. Bu dosyanın şahsi olmayıp toplumun huzurunu ilgilendirdiğini belirttim. Evet... Ben bu davanın tarafıyım. Yeri geldiğinde kamuoyuna açıklama yapmak zorundayım. Mahkemenin düzgün yürüdüğüyle ilgili insanları doğru bilgilendirmem gerekiyor. Bu tavrımı suç sayanlara son olarak şunu demek isterim: Avukatların görevi gerçeği bulmaktır, ne pahasına olursa olsun suçluları kurtarmak değil...

Ş'nin, pencereden atılmadan önce, boyundaki hiyoit (dil) kemiğine baskı uygulanıp boğularak öldürüldüğü dile getirilmekte. Ş'nin vücudunda bulunan PSA bulaştığı yerde ne kadar süre kalabilir, araştırılması istenmekte. PSA nedir derseniz o da şöyle: Prostat Spesifik Antijen... Prostat hücreleri tarafından üretilip cinsel birleşmeyi kolaylaştıran sıvı madde.

Ş'nin avukatı: Bunlara yanıt, İstanbul Adli Tıp Kurumu'ndan mahkemeye gelecek raporla verilecek. (Bu rapor, deliller gönderilmediğinden bir türlü gelememişti. İlk savcının da görevden alınmasına neden olmuştu.) Bizim aldığımız raporda sorularımızın cevabı var bunları ikinci kez doğrulamış olacağız. Ş'nin pencereden nasıl düştüğüne dair inceleme raporu hazırlattık... Bunu da mahkemeye sunacağız. Ayrıca dosyada yer alan video görüntülerindeki konuşmaları ağız okuma yöntemiyle incelettik (ilgili mahkeme de dudak okuma uzmanı arıyor ama bulamamakta) ve buna ilişkin de bir rapor sunacağız." Sözü edilen duruşma iki ay sonra 16 Ekim'de yapılacak.

Önceki duruşmada Ç'nin tepkilere neden olan sözleri şöyle: "Bu dava nedeniyle doğaüstü güçlerim olduğunu düşünmeye başladım. Birine, dokunmadan tecavüz etmek, birini, dokunmadan atmak nasıl oluyor, anlamadım..."

Adli tıp uzmanı profesörün sözleri: "Cinsel bölgelerde tespit edilen lezyonlar yüksekten düşme sonucu olamaz... Olay yerine gidip inceleme yaptık. Yastık ve kanepenin yaslandığı duvarda şüpheli biyolojik lekeler tespit ettik. Bunların da sanıkların DNA'larıyla karşılaştırılması gerekir. Tırnak altına doku geçişi tokalaşmayla değil, ancak boğuşma esnasında mümkün olabilir. Dosya bize gelmeden önce Adli Tıp İhtisas Kurumu'nun raporu mahkemeye sunulmuştu. Bu raporda cinsel ilişkinin varlığına işaret edilmiş ancak yüksekten düşmeye bağlı ölüm gerçekleştiğinden, cinsel ilişkinin zorla olup olmadığının ayırt edilemediği belirtilmişti. Ş'nin olay yeri inceleme raporları, ifadeler, telefon ve mesaj kayıtları, adli ölü muayenesi, otopsi, laboratuvar tetkiklerinden elde ettiğimiz bulgular ile fotoğraf ve videoları değerlendirince ek bulgular tespit ettik. Adli ölü muayene görüntülerinde maktulün üzerinde olan siyah iç çamaşırı kayıp olduğundan inceleme yapılamamış. Oysa bu gibi soruşturmalarda iç çamaşırı en önemli delil objesidir. Kayıp iç çamaşırı ortaya çıkar ve analiz edilirse çok önemli delillere ulaşılır. Olayın yaşandığı dairenin lavabosundaki kırmızı lekeler de hiç araştırılmamış. Raporumuz mahkemeye sunuldu. Talep gelirse 15 Mayıs'taki mahkemede raporumu anlatabilirim. Adli tıp açısından tüm delileri değerlendirip bir sonuca vardık. Elde ettiğimiz bulgulara göre, Ş olayında cinsel ilişkiye zorlama var. Ancak bu eylemin nasıl olduğu, kaç kişi tarafından gerçekleştirildiği mahkeme tarafından ortaya çıkartılır. Ş'nin düştüğü söylenen pencerede parmak izi olmalıydı, yok. Maktulün, kalça kısmında ısırık iziyle uyumlu lezyon gördüm. Bu ayrıntı otopsi raporunda yoktu. Olay yeri inceleme ilk anda intihar anonsu geçtiğinden cinsel saldırı araştırması yapılmamış olabilir."

Arkadaşları, Ş'nin, kesinlikle intihar eğilimi olan biri olmadığını dile getirmekte. Ş'yi tanıyan birinin ifadesi: "Yükseklik korkusu olduğundan çok katlı yerlerde çok durmazdı. İyi insandı; olumlu düşünmeye çalışırdı hep. Ne ağlarken gördüm ne de mutsuz bir haline rastladım. 10 gün önce yeni bir ev tutmuştu. Boya alıp evinin duvarlarını kendi boyamıştı. Bildiğim kadarıyla çok önemli bir problemi yoktu... Psikolojik bir sorunu da yoktu. Bir gün sonra doğum günü vardı, onun için hazırlıklar yapıyorduk."

Sanık B'nin bir arkadaşı G: "B'yi 15 yıldır tanıyorum; böyle bir şey yapacağına inanmam. B gibi Ç ile de o gece telefonla görüştüm. Sesleri normaldi. B, birkaç gün sonra benden Whatsapp konuşmalarını istedi. Silmiştim. Ne olduğunu bilmiyordum. Olaydan bu şekilde haberdar oldum."

Avukatın görüşü: "Raporda Ş'nin sol ayakkabısının önce düştüğü belirtiliyor. Hafif bir nesnenin ağır olandan önce düşmesi mümkün değil. Bu, ayakkabının önce atıldığını gösteriyor. Ayrıca maktulün çorabının biri yok. Üzerindeki kazağın içe doğru katlanmış olması, göğüs bölgesine doğru açık olması sonradan giydirildiğini gösterir. Sanıkların anlatımlarıyla rapor bilgilerinin hiç biri örtüşmüyor. Gerçek şu: Delilleri karartmaya çalışıyorlar. B'nin ifadesi alınırken sözünü ettiği telefon markası, polise verdiği telefonla aynı değildi, neden? Hala delilleri saklıyorlar. Sanık Ç, ifadesinde 'camdan sarkmış haldeydi, kurtarmak istedim, tutamadım,' diyor ama ne 112'yi ne 110'u ne de 155'i arıyor. Aşağıya indiğinde de güvenlik görevlilerine 'buradan bir kız geçti mi?' diye sorarak yaptığını gizlemeye çalışıyor. Neden?

Avukatın, "Dışarıdaki kadınların da can ve mal güvenliği için sanıkların tutukluluk halinin devamına karar verilmesini istiyoruz" şekildeki sözleri salonda bulunanlarca bir süre alkışlandı.

Sanık Ç'nin mahkeme sırasında avukatın açıklamasına verdiği cevap: "Yine bir senaryo. Ben çürütmekten, onlar üretmekten yorulmadı. Ayakkabı ile sehpanın mesafesini nasıl ölçmüşler? Kendi bilirkişi raporlarını istedikleri gibi hazırlıyorlar. Bu dava nedeniyle doğaüstü güçlerim olduğunu düşünüyorum. Birine dokunmadan tecavüz etmek, birini dokunmadan atmak nasıl oluyor anlamadım..."

Ç'nin bu sözlerine, duruşmayı izleyenler tepki gösterdi. Ç, "Ş, intihar edebilecek bir kız değildi" diyen tanıkların da yalan söylediğini ileri sürdü ve Ş'nin yeni kiraladığı evinde mutlu olmadığını, bu yüzden evden çıkmak istediğini iddia etmekte... Sanık avukatları da Adli Tıp Kurumu raporlarında suçlamalarla ilgili delil bulunmadığını belirterek müvekkillerinin tahliyesini talep ettiler.

Mahkeme heyeti, olay yerinde yapılan keşif raporunun beklenmesine karar verdi. Yalan konuştukları iddia edilen Ş'nin arkadaşları bir daha dinlenecek. Avukatların böyle istedi, mahkeme de "olur" dedi.

Ayrıca, Ş'nin olaydan önceki psikolojik durumunun belirlenmesi için Adli Tıp Kurumu'ndan talep edilen raporun yazılıp mahkemeye iletilmesi beklenecek.

Bildiğiniz gibi, sanıkların tutukluluk hallerinin devamına hükmeden mahkeme, duruşmayı 16 Ekim'e erteledi... Duruşma sonrasında adliye önünde basın açıklaması yapanlar, Ş üzerinden kadınlara baskı yapıldığını, gelinen noktada hakkın tecelli edeceğini belirterek davanın sonuna kadar takipçisi olacaklarını ifade ettiler. Ş'nin babası da "Adalete güveniyoruz. Bütün sivil toplum örgütleri ve baro başkanları bizim yanımızda. İnşallah 16 Ekim'de adaletin yerini bulacağına inanıyorum" dedi.

7

"2019'un şu ağustos sıcağında en önemli olay, Ş'nin ölümü mü?' diye sorabilirsiniz. İzmir'de, deniz kıyılarına yakın 500 hektarlık ormanın, ihmal yüzünden bu derece yanması, yangından sorunlu bakanın, "uçağımız yoktu, içine kuşlar yuva yapmıştı" demesi, Kazdağları'nda yüz binlerce ağacın altın arama gerekçesiyle Kanadalı şirkete verilip kesilmesi, belediyelere kayyum atanması, 7 milyon (5 milyonu Suriyeli), Ortadoğu ya da Asya kökenli göçmenin serseri mayın gibi ortalıkta dolaşması, seçimle göreve gelenlerin, atanmış bakanlarla, bakan yardımcılarıyla dahi görüşemeyip sarayın talimatıyla keyfi olarak görevden uzaklaştırılmaları daha mı az önemli? Cumhuriyetin yıkılıp yerine saray rejiminin kurulması, milletvekillerinin iş yapamaz hale getirilmesini de ekleyin buna. Ya da çocuklarının gözü önünde, ayrılmak istediği kocası tarafından bıçaklanarak, hem de boynu kesilerek öldürülen Emine Bulut olayı daha mı az önemli? Siz söyleyin! Ne yapayım ben? 9 yaşından beri tecavüze uğradığı için intihar eden, son sözleri "Ne kadar yıkansam da bu kiri üzerinden atamıyorum" diyen Ahmet Emre'nin olayı daha mı az önemli? Kuşkusuz hepsi önemli.

Yüzyılımızda sadece ülkemiz sınırları içinde öldürülmüş, yüz binlerce kadın, çocuk var ki, hepsinin ölümü çok önemli. Hepsi için ayrıca kitaplar yazılıp filmler yapılabilirdi. Bugüne kadar pek çok kadının hayatı kitaplara, filmlere konu oldu da ne oldu? İnsan hakları da bütün haklarımız gibi her yıl gerilemekte. "İletişim çağı" denilen çağımız aynı zamanda duyulmayan çığlıkların çağı oldu. Bu bağlamda dünyayı anlamak da pek zor. Gezegenimizde hiç kuşku yok ki üniversite, okuryazar sayısı arttı, artmakta. Buna rağmen insanlık gerilemekte, kölelik düzeninin yeni türleri, türevleri ortaya çıkmakta. Dünya kendini özgür sanan kölelerle, kendinden başka kimseyi düşünmeyenlerle dolup taştı. Bir kez daha affınıza sığınarak şunu diyeceğim: Dünyayı ya da toplumu (haliyle saray düzenini) analiz ederek canınızı sıkıyor olabilirim. Sözlerime aldırmayın o zaman, işinize bakın. Kendi kendime dertleştiğimi de var sayabilirsiniz. Yazmak biraz da insanın kendini kendisine anlayıp teselli etmeye çalışması değil midir? Ş davasının içimdeki etkisini kendime anlatıyor da olabilirim. Bilmiyorum... Okuyanım olursa mutlu olurum, yoksa da ne yapayım.. Kendim söyler, kendim dinlerim; bir süre de böyle geçer zaman. Bir şey söyleyim mi? Bakmayın bu dediğime, aslında umutlu biriyimdir. Gerçeği demem gerekirse, Ş davasından da görüyorum ki, gayretli olup üzülmememize yetecek kadar, hak, hukuk, adalet peşinde olan insan evladı var bu ülkede. O insanların varlığı hatırına konuşmaya, yazmaya devam edeceğim. Sözlerimi yazarken onların düşüncelerini de aktaracağım. Onlardan birine gelelim şimdi, bu bir söyleşi...

Kadın yazar, Ş'nin babasına soruyor:

-Amca... Başına gelenler bir babanın yaşayabileceği en kötü şey. Ne denir, nasıl denir bilmiyorum. Başın sağ olsun. Hepimiz acını paylaşıyoruz. Bil ki herkes katillerin hak ettikleri cezayı alması için uğraşıyor...

-Allah razı olsun kızım.

-Neler hissediyorsun?

-Çok acılıyım. Duygularını gösterebilen biri değilim. Öyle büyük bir acı ki dondum sanki. Taş gibi kaldım. Önceleri geri gelir sanıyordum, hani Ankara'da üniversitede okuyordu ya, okul kapanacak Ş geri gelecek... Belki birlikte memlekete Giresun'a gideceğiz. Hep yaptığımız gibi. Ama 7 ay geçti. Artık gelmeyecek. Onu bir daha hiç göremeyeceğim. İnsanın evladının öldürülmesi çok korkunç bir şey. Allah kimseye böyle acı vermesin. Düşmanıma bile...

-Ne desen haklısın... Geçen hafta mahkemede neler yaşandı?

-Çok üzüldüm. İntihar süsü vermek istiyorlar olaya. "Biz öldürdük" demiyorlar. Yok atlamış, yok bilmem ne! Neden atlasın? Sağlıklı çocuk. Hem intihar etmeye niyetli olsa orda mı eder? Zaten mahkemede de iki sanık birbirine düştü.

-Sen bir baba olarak o iki adamı görünce ne hissediyorsun?

-Suratlarına tüküresim geliyor ama jandarma var... onların ablukası içindeler. Ç de B de insan değil ki. Kötüler, zalimler. Bu tür zalimler olduğu müddetçe böyle vahşetler de yaşanacak. Mahkemede bir şey söyleyemeden olan biteni dinlemek de çok acı veriyor insana...

-Ş tek kız evladındı Amca... Ne ifade ediyordu bu senin için?

-Çok değerliydi. Kız evlat başka bir şey. Oğlum da değerli de, Ş benim için çok önemliydi. İki evladım, bir oğlum, bir de kızım var. Kızım artık yok. 2009'da da ne yazık ki annelerini kaybettim...

-Başın sağ olsun. Ş'nin 3 abisi yok muydu?

-2 abisi daha var, ama eşimin ilk evliliğinden. Fakat aramız çok iyi. Gelir giderler. Duruşmaya da geldiler... Ş'ye çok düşkündüm ben. Gazi Üniversitesi'ne başlamadan önce İstanbul'da hep yanımdaydı zaten. Üç yıl önce moda tasarımı okumaya gitti. Okulu yüzünden sadece tatillerde geliyordu İstanbul'a. Okul bitince yazları memlekete gidiyorduk, Giresunluyuz biz. Fındık bahçemiz var. 3 ay orada beraber kalıyorduk.

-Eşini nasıl kaybettin?

-2009'da mide kanserinden... Mideyi aldırdık ama çözüm olmadı. 1 yıl sonra vefat etti. Ş,13 yaşındaydı o zaman.

-Sen zorlanmadın mı peki iki çocukla kalınca?

-Zorlandım ama belli etmemeye çalıştım. Çocukların arkasında sağlam durmak mecburiyetindeydim. Öyle de yaptım. Bir daha evlenmedim.

-Ne iş yapıyordun amca?

-Belediyeden emekliyim.

-Şu anda kim kim yaşıyorsunuz?

-Oğlum, gelinim ve iki torunumla...

-Ne olmak istiyordu Ş, nasıl hayalleri vardı?

-En büyük istediği okumaktı, modayla ilgileniyordu. İstediği bölüme girmişti. "Tamam kızım" dedim, "Arkandayım. Ben seni okutacağım!" 4 yıllık üniversite kazandı, üçüncü yılında başımıza bu felaket geldi.

-Nasıl bir ceza alırlarsa yüreğin soğur?

-Hiç bir şekilde soğumaz. Benim evladım gitmiş. Evladı ölen her anne-baba onunla ölüyor. 24 saat aklımdan çıkmıyor... Tabii ki ağırlaştırılmış müebbet alırlarsa adalet yerini buldu diye düşünürüm. Ben adalete güveniyorum. Bu felaket bizim başımıza geldi. Ş'yi kaybettik. Yaşayacak pırıl pırıl bir hayatı vardı. Diğer annelerin, babaların bu duruma düşmemesi için emsal olmalı bu dava. En ağır ceza verilmeli. Ve kadınlara yönelik bu zulüm bitmeli...

-Nasıl bir kişiliği vardı Ş'nin?

-Hayat doluydu. Güler yüzlü ve cana yakındı. Herkesle arası iyiydi. İyi bir çocuktu. Yazık oldu evladıma.

-En son ne zaman konuştunuz?

-Vefatından iki gün önce. "Baba çarşıya çıkıyorum, paramı gönderir misin?" dedi. "Tabii" dedim. Abisi yatıyordu, kaldırdım, "Ş'nin parasını yatır!" dedim. Aradan iki gün geçmedi, başımıza bu iş geldi...

-Size o insanlardan söz etmiş miydi?

-Ş, üniversiteye gitmediği günlerde bunların yanında çalışıyordu. Ama sonra ayrılmıştı... Telefon edip restorana çağırmışlar. Orda içki ikram ediyorlar. Sonra ofisin olduğu 20. kata çıkıyorlar. Kapıda iki güvenlik var. Üçü binaya giriş yapıyor. Aradan zaman geçiyor... Saat 03.50 sıralarında güvenlik görevlilerinden biri çıkıyor dışarıyı kontrole... Diğer güvenlikçi, bir gürültü geldiğini duyuyor. Arkadaşına telefon ediyor, "Acele içeri gel!" diye. Bir bakıyorlar, katlardan birinde asansör kapısı açık, B denen şahıs orada sızmış halde, sarhoş. Sonra Ç geliyor. Ç, B'e "Acele et, çıkalım!" diyor. Ç, o anda orayı terk ediyor, arabasına binip gidiyor. Giderken bekçi diyor ki "Siz buraya 3 kişi girdiniz, bir de bayan vardı yanınızda. Bayan nerede?" O da kaba kelime kullanıyor. "Sana ne lan! Çıktı o, görmedin mi?" diyor. Sonra B de gidiyor. Güvenlikçiler polise telefon ediyorlar. Polis geliyor. Saat 04.00 gibi oluyor bu. Ve polisler, 20 katlı binanın bahçesinde öldürüldükten sonra oradan aşağı atılmış kızımı buluyorlar. Sonra tabii bin bir türlü yalanlar... Yok Ş pencerenin yanına gitmiş, oradan sarkmış... Bu, ayak bileğinden tutmak istemiş ama zapt edememiş! Tutamamış... Külliyen yalan! Tüy gibi kızdı, nasıl tutamamış! Hepsi yalan. Zaten oraya gelen ekipler parmak izi bulamamışlar, ne Ş'nin ne bu adamların... Ayrıca kızım asla intihar edecek bir çocuk değildi. Hem intihar edecek olsa bile niye orada etsin? Başka yer mi yok? Çocuğumu öldürdüler, paçayı kurtarmak için yalan söylüyorlar...

Davanın görüldüğü gün, saat 09.44:

Ankara Kadın Platformu, Şule Çet davasının ilk duruşması öncesinde açıklama yaptı.

10.30: İzleyiciler salona alındı. Mahkeme heyeti, salona çevik kuvvet ekiplerini sokarak tüm izleyicilerin telefonlarını kapatmalarını istedi. İzleyicilerin tepkisi üzerine 'Görüntü alanlar hakkında yasal işlem başlatılacak' tehdidi yapıldı.

10.43:

Sanıklar Ç ile B duruşma salonuna getirildiler.

11.18:

Mahkeme heyeti, Ş'nin yakınları ve Aile Bakanlığı'nın dışındaki kurumlar ve milletvekillerinin davaya katılma talebini reddetti.

11.20:

Sanıkların savunmalarına geçildi.

11.26:

Ş'i katleden sanıklardan Ç savunma yaparak, "Böyle bir suçlama ile karşınızda olduğum için özür dilerim. Allah'ın vicdanı ve sizin vicdanınıza güveniyorum. Hiçbir suçlamayı kabul etmiyorum," dedi.

12.04:

Sanık Ç: "Ş ile 18.00'da konuşmuştuk... geleceğini unutmuştuk bile... 22.00 gibi geldi taksiye binip..." (Telefon kayıtları bu ifadeyi doğrulamadı. Ç'nin, mahkemenin ilerleyen günlerinde, mesaj gönderip "Geldim, taksiye atlayıp gel" dediği ortaya çıktı.)

12.15:

Ç'ye raporlardaki cinsel şiddet bulgusu soruldu. Ç, "Ne diyorsunuz, öyle bir şey asla olmadı. Hani nerede, hangi rapor? Ben de istedim, cezaevinde o raporu inceledim. Öyle bir ifade göremedim." dedi.

12.22:

Sanık B'nin savunmasına geçildi. B, "19.00 gibi restorana gittiğimde Ş ile Ç oturuyorlardı" dedi. Ç'nin ifadesinden hareketle Ş'nin 22.00'de restorana gittiği hatırlatılınca B, "Ç, tek başına oturuyordu, sonra Ş'yi restorana çağırdık. 22.00'ye doğru geldi.

00.30 civarında Ç, 'Bize gidelim' deyince Ş, 'Ben gelmesem iyi olur' dedi. Ben de gidelim, eğleniriz diyerek ısrar ettim" ifadelerini kullandı. B, ayrıca, "Söylemeye utanıyorum, Ramazan ayıydı, içiyorduk. Orada tek içen bizdik" dedi.

12.49:

Ş'nin gece 4 civarında öldürüldüğü saptanırken, iki sanık da gece 3 civarında müzik çaldığını ve müzik sesinden birbirlerini duyamadıklarını iddia ettiler. Uzman raporundaysa müziğin 01.10 civarında kapatıldığı bilgisi yer almakta.

12.53:

Yapılan incelemelerde olaydan önce sanıkların kullandığı bardakların yıkandığı dile getirilip sorulduğunda Ç, "Ş düşmeden önce yıkamıştım zaten" şeklinde cevap verdi. Diğer sanık B ise "Ş düştükten sonra Ç bana seslenerek beni dürterek kaldırdı ve sonrasında bardakların yıkanma sesini duydum" şeklinde ifade vermişti.

13.06:

Duruşmaya ara verildi.

14.12:

Duruşma tekrar başladı. Sanıklar salona getirildi.

14.19:

Ş'nin babasıyla ağabeyine söz verildi. Ağabey, olayı nasıl öğrendiğini anlattı. Aile bireyleri sanıklardan şikayetçi olduğunu söylediler. Tanıkların ifadesine geçildi.

14.27:

Yelken Plaza'da güvenlikçi olan tanık: "Ç plazaya 00.30 civarında geldi. 03.50 civarında yüksek bir ses duyduk. Etrafı kolaçan ettik. Önce bir şey bulamadık ama sonra geri dönüp bilgisayar ekranlarından kontrol ederken asansörde B ile Ç'nin olduğunu gördük. Yanlarına gittik. Ç, aracına binip ayrıldı. B, plazada kaldı. Ç ayrılırken çok sakindi ama B sürekli "Hadi gidelim" diyordu. Ç arabayla ayrıldıktan sonra B, Ç'yi arayıp telefon hoparlördeyken "Neredesin lan şerefsiz!" dedi. Ç de "Geliyorum," şeklinde karşılık verdi.

14.38:

İkinci tanığın ifadesine geçildi. Tanık: "Ç çok sakindi. Sesin gelmesinden 15 dakika sonra Ç ile B aşağı indiler," dedi.

14.53:

Ş'nin ev arkadaşı olan L'nin ifadesine geçildi. L şunları söyledi: "Ş, olayın olduğu gün, 'Ç bana sürekli yazıyor ne yapayım, gideyim mi? Hem alacak param var, iş görüşmesi yapacağız' dedi. Daha önce de Ç'nin kendisine asıldığını söylemişti. Bunu bildiğimden telefonlaşalım, bağımızı koparmayalım, dedim. Restorandan kalkıp ofise geçmişler... Çıkıp gelmesini söyledim." Hâkimin, "Ş, psikolojik tedavi görüyor muydu?" sorusu üzerine L: "Hayır, hayat doluydu biriydi. Psikolojisi de sağlandı, sadece sessiz bir yapısı vardı. İntihara meyilli bir hali yoktu" dedi.

15.03:

B'nin o gece sürekli telefonla arayarak plazaya çağırdığı kadın tanık P'nin ifadesine geçildi. P: "B beni plazaya davet etti. Aramaları devam edip çektiği videoları gönderiyordu. Sürekli aradığından 'Ne bu tacize varan aramaların' dedim. Sonra rahatsız olup telefonumu kapattım. B bana 'Kötü şeyler oldu, telefonu aç' şekline bir mesaj atmış. Sabaha karşı da 'Beni ara' yazan bir mesaj geldiğini gördüm ama mesajları sildim. Sabah olunca merak edip aramaya kadar verdim. B, olayı anlatınca önce inanmadım. 'Saçmalama' deyip telefonu kapattım. Daha sonra olayı haberlerde gördüm..." B, P'nin "B beni tacize varacak şekilde çok arayarak rahatsız etti" demesi üzerine söz aldı: "P bana tacize varan aramaların var deyince ağırıma gitti. O taciz dediğin benim duygularım dedikten sonra bütün mesajlaşmaları sildim. Zaten başka bir nişanlım var benim" dedi. (Daha önceki ifadesinde "Kötü şeyler oldu, telefonu aç" mesajını sabah attığını söylemişti.) Bunun üzerine mahkeme P ile B arasındaki konuşmaların kayıtlarının çıkartılmasını istedi. Tanık P, telefonunu mahkeme heyetine verdi. Ardından Ş'nin avukatı söz alıp şöyle dedi: "P hanım, öncelikle yemin altında beyanda bulunduğunuzu hatırlatmak isterim. Gece 01.30 gibi uyuduğunuzu söylüyorsunuz. HTS kayıtlarına göre 02.30'dan sonra 21 dakika telefonda konuşuyorsunuz, sonra sanık B size 'çok kötü şeyler oldu' diye mesaj atıyor."

15.32:

Sanıklar Ç ve B'nin bir arkadaşının dinlenmesine geçildi: "O gece restoranda Ş, Ç ve B ile oturdum. Sonra yanlarından kalktım, ardından da uyudum. Sonra B beni karakoldan aradı, "Kötü şeyler oldu, gel" dedi. Kalkıp yanlarına gittim."

15.45:

Ofisin sahibi: "Beni plazanın güvenliği aradı, 'Cinayet işlendi, gelmeniz lazım' dedi." İlk ifadesinde 'İçki şişeleri gördüm' diyen ofis sahibi, daha sonra verdiği ifadesinde (savcıyla olay yeri inceleme yaparken) içki şişelerini görmediğini söyleyecektir.

15.51:

Okunan raporda yer alan cinsel saldırı bulgularının delil niteliğinde olduğu Ş'nin avukatları tarafından açıkça belirtildi. Avukatlar, sanıkların sadece "cinsel saldırı "dan değil; "insan öldürme" suçundan da tutuklanmasını ve tutukluluk hallerinin devamını talep ettiler.

16.08:

Sanık Ç, Ş'nin psikolojik rahatsızlığının olduğunu öne sürerek beraatını talep etti. Ç'nin avukatı, müvekkillerinin tutukluluğuna yetecek kadar kanıt olmadığını, 4 ay tutuksuzken de bir yere kaçmadıklarını öne sürerek sanığın tahliyesini talep etti. O sırada Ş'nin babası, "Başka babaların kızlarını öldürsün diye mi?" şeklinde talebe tepki gösterdi.

16.14:

Sanık avukatı gülerek "65 kilo bir adamın, 50 kilo bir kızı, pencereden düşerken niye tutamadın diye üzerine gidiyorlar. Ben

90 kiloyum, o yükseklikten ben de tutamam!" dedi. B'nin avukatı da gülerek yaptığı savunmasında "Sosyal medyada #Ş'içinAdalet diye bir hashtag oluşturup binlerce tweet atmışlar. O yüzden duruşma salonu bu kadar kalabalık. Şimdi telefonuma baktım şu an mahkemeden bile canlı yayın yapıyorlar" dedi ve ekledi: "Savcılık makamının iddialarını komik buluyoruz."

16.31:

B'nin avukatı da tahliye istedi. Sanık avukatı, DNA'nın bir insandan başka bir insana geçip geçmeyeceğine ilişkin bilirkişi raporu talebinde de bulundu. Müziğin kapandığı saatle ilgili tespitin doğru olmadığını öne sürerek tekrar incelenmesini ve müvekkilinin tutukluluğunun çok geniş kapsamda ele alınmasını talep etti. Sanık avukatı gülerek B'nin tahliyesini istedi. "Müvekkilim serbest olduğu süre boyunca kaçmadı. Eğer suçlu olsa orta zeka seviyesi olsa çoktan yurt dışına kaçmıştı" diyerek savunma yaptı.

17.08:

Sanık avukatları sürekli Twitter'a baktı. Ş'ye verilen desteklerden şikayetçi olup sosyal medya paylaşımlarını hakime şikayet ettiler. Ç'nin bir yakını Ş'nin babasına hitaben: "Kızının o saatte neden orada olduğunu soracaksın!" dedi.

17.20:

Savcı, Ş'nin vücudundaki izlerin düşmeye bağlı olup olmadığının anlaşılması için yeniden rapor alınmasını talep etti.

17.35:

Ara karar açıklandı. Sanıkların tutukluluk hallerinin devamına karar verildi. Bir sonraki duruşma tarihi ise 15 Mayıs Çarşamba günü saat 10.00 olarak belirlendi.

8

Merhaba sevgili arkadaşlar. Bugün de gerçeği, sadece gerçeği anlatmaya devam edeceğim. Hakikatlerin gizlenip değiştirilip reddedildiği günümüzde bir kadının nasıl öldürüldüğünü anlatmak bazı kimselere gereksiz gelebilir. Günümüzün genç okurları, yazarları da, genellikle fantastik edebiyata, korku türü hikaye ve romanlara, bilim kurgulara ve enteresan aşk masallarına ilgi gösterip bir şeyler okuyup yazmaktalar. Diziler de sinema filmleri de aynı yolun yolcusu... İnsanı, insana, insanla anlatmaya çalışanların dönemi sanki bitti.. daha da bitmeye devam etmekte. Böyle bir dönemde size, fantastik bir meseleden değil, gerçeklerden söz edeceğim; yanı başımızdaki katillerden ve onları doğuran bu ucube kapital düzenden...

Dinleyin beni! Boş şeyler söylemeyeceğim. Bilginiz olsun diye belirteyim: Mesleğim öğretmenlik... Ayrıca yüksek lisans eğitimimi yaparken sanat ve sanat eğitimi üzerine dersler aldım. Bir sözüm de şu: Sanatsız kaldık; sanat bilmez bir ülke haline geldik. Tiyatro, sinema, edebiyat adına bir şeyler yapılmakta ancak gerçek anlamıyla sanat, toplum hayatımızdan çıktı. Nedenlerini ilerleyen günlerde konuşuruz. Kadın cinayetlerine bağlı olarak bu meseleyi de sonuçlarıyla birlikte ele almak istiyorum. Şimdilik şunu bilelim ki, sanatı olmayan toplumların hayat damarlarından biri cinayettir. Söz buraya gelmişken Atatürk'ü saygıyla anmamız gerekir. Şunu demekteydi: Sanatsız kalan milletlerin hayat damarlarından biri kopar ve oradan sürekli kan akar. Sanatın olmadığı yerde insan, insanı anlamayacağından insani değerleri de hissedip yaşayamayacaktır. Hepsini konuşacağız. Asıl meseleyi anlatırken bakalım buna fırsat kalacak mı? Yeri geldikçe "Neden sanat?" sorusunu keşke hatırlatsanız...

Bağışlamanız dileğiyle bir şey daha söyleyeceğim; büyük bir söz bu: Edebiyatı hayatın içine; insanı sorunlar üzerine çekmek istiyorum. (Gülmeyin!) "Ne yazmalı?" diyen herkese bolca edebiyat malzemesi olduğunu göstereceğim. Bazılarını yazacağım ama bunları romana dönüştüremem. Benim işim yazmak; düz yazarım ben. Roman inşası farklı bir yetenek gerektirir. Neyse... Konuyu dağıtmayalım. İddialı sözlerim için affınıza sığınıyorum. Edebiyatı hayatın içine çekmek istiyorum dedim ya, uçuk biri olduğumu sanmayın. Günümüzün gerçeklik algısı bozuk edebiyatını hayatın içine çekmek her babayiğidin harcı değil. Bu yüzden sözümü iddialı bulmuş olabilirsiniz. Haklısınız. Yine de ben hep bu yolda yürüyeceğim. Keşke romancı olsaydım da size söyleyeceklerimi kendim yazsaydım... Neyse.. geçelim. Kim olduğumu Merak edenler olacaktır. Şimdilik şu bilgiyi vereyim: "Öğretmenim" dedikten başkası şudur: Uzun yıllardır okullarda görev yapıyorum. Sanatla ilgili (resim de yaparım naçizane) biri olduğumdan öğrencilerin, dolayısıyla toplumun sanat eğitimi konusunda da bugüne kadar pek çok şey okuyup yazdım. Hocalarım kimdi onu da diyeyim: Dil Tarih Coğrafya Fakültesi öğretim üyelerinden Prof. Dr. Sevda Şener, Siyasal Bilgiler Fakültesi'nden Prof. Dr. Sıtkı Mehmet Erinç'i duydunuz mu bilmem. Nereden duyacaksınız, bizim gibi ülkelerde bilim insanlarının isimi bilinmez. Kitapları, akademik çalışmaları tozlu raflarda kalır. Ne zaman ki milletimiz bilimle, gerçek anlamıyla sanatla uğraşır, her alanda üretici oluruz, ancak o zaman kadınlarımız öldürülmeyip insanca yaşayabilirler. Kuşkusuz cinayetlerin tek nedeni bu değil. Yeri geldikçe hepsini konuşalım.

Hocalarıma dönersek tekrar... Sevda Hanım sanat eleştirmeniydi. Sıtkı Bey de sanat psikolojisi hocamızdı. Yaşıyorlarsa bütün öğretmenlerime sağlık dileyerek saygılarımı sunuyorum. Pek çok hocam oldu da şimdi hangisinin hayatta olduğunu araştırmak lazım. İzniniz olursa her şeyi birden anlatmayayım. Bir de şunu bilin: Ne öğretmeni olduğumu söylemeyeceğim ama tahmin etmenizi bekliyorum. İlk tahmini kim yapacak onu da merak etmekteyim... (Buraya yazarsanız sevinirim) Benimle olmaktan umarım sıkılmazsınız, bu yazı dizisi boyunca birimizi daha çok eğiteceğimizi düşünmekteyim. Hatırlatayım: Sözlerimin ekseninde Ş'nin ölümü olacak, yani bir kadın cinayeti... Neden kadına yönelik ölümcül şiddet konusunda en birinci ülke olduk, esas bunu konuşacağız. Haliyle siyaseti de ele almamız gerekecek... Dün öğrendiğim bilgiye göre ülkemizde bir yılın (365 günün) her gününe bir kadın cinayeti düşmekteymiş. Geçtiğimiz temmuz ayında 30'un üstünde kadın öldürüldü. Bütün ölümler kayıtlara geçiyor mu? Sanmam. Kayıt dışı türlü işlerin yapıldığı ülkemizde kamuoyuna yansımayan cinayetlerin olma olasılığı da oldukça yüksek. Her koşulda durum korkunç. "Neden bu konuyu; Ş'nin ölümünü seçtim" derseniz onu da aktarayım.

Yazmaya karar verdiğim gün, yazılması gerektiğini düşündüğüm pek çok kadın cinayeti vardı. İnternete girip bakarsanız görürsünüz; kocaları ya da akrabaları tarafından öldürülen kadınların haddi hesabı yok. Haliyle evlilik kurumunu da incelememiz gerekecek... Siyasi haberlerden sonra medyada en çok ele alınan konu kadın cinayetleri... İkinci sırada çevre faciaları olsa gerek. Ülkenin birçok yerinde kadınlar öldürülmesin, katiller (iyi halden, mesela, mahkemeye gelirken kravat takmış diye) affedilmesin, ormanlar, ağaçlar, parklar, tarihi mekanlar yok edilmesin diye eylemler yapılmakta, basın toplantıları düzenlenmekte fakat medya, bu konuları düzenli olarak takip edip göstermiyor. Neyse... Konuyu uzatmayalım. Bunca cinayet arasından birini seçerek Ş cinayetini konu aldım. Bu cinayet üzerinden ülkemizi, insanımızı, neden bahtı kara bir memleket olduğumuzu konuşmak istemekteyim. Farkındaysanız bu günlerde Emine Bulut cinayeti konuşulmakta... Dedim ya, hangi birini yazmalı? Ardı arkası kesilmeyen olaylar, zincirleme birini izliyor. Mesela iki gün önce de (27 Ağustos 2019) Konya da bir cinayet oldu. Devlet ajansının haberine göre, gece saat 01.30 civarında, Ereğli ilçesi Toros Mahallesi'ndeki bir arazide, Alâeddin Karasu (36 yaşında), bir yıllık eşi Gülsüm Karasu'yu (41 yaşında) eşarpla boğarak öldürdü... 28.08.2019 gününe gelirsek yani bu olaydan bir gün sonrasına: İstanbul'daki evinde temizlik yaptığı esnada 6 yaşındaki kızının yanında başından vurularak ağır yaralanan 30 yaşındaki Tuğba Anlak, kaldırıldığı hastanede tüm çabalara rağmen kurtarılamayarak hayatını kaybetti. Olay, 31 Temmuz akşamı Arnavutköy'de yaşanmıştı... Diğer ayrıntılar şöyle: Antalya'da yaşayan 30 yaşındaki Tuğba Hanım eşiyle boşandıktan sonra 6 yaşındaki kızıyla İstanbul'a taşınır. Bir süre çeşitli işlerde çalışıp daha sonra kafe açarak kendi küçük işini kurar. Sürekli kafeye gelip mimarlık eğitimi aldığını söyleyen biriyle arkadaşlık yapmaya başlar. Genç anne, işleri iyi gitmeyince kafeyi devredip başka yere taşınır. Yeni evini temizlediği esnada eski kocası M, kafe çalışanıyla (işsiz mimarla) evin bulunduğu yere gelir. M, aracından aldığı silahla pencereden içeri girer ve genç kadını kızının gözleri önünde kafasından vurup öldürür. İhbar üzerine olay yerine gelen sağlık ekiplerince hastaneye kaldırılıp yoğun bakıma alınan genç kadın, 28 günlük yaşam mücadelesini kaybederek kanlar içinde son uykusuna dalar. Cinayeti işleyen M tutuklanarak cezaevine gönderilir... Şimdi arkadaşlar... Bu olayı bir gazete haberinden aktardım.

Ne olur kulak verin sesime: Toplum olarak çıldırdık; inanın buna... herkes cinnet geçirmekte. Stalin galiba, zamanın birinde şöyle demiş: "Bir kişi ölürse haber olur, binlercesi ölünce istatistik sayılır." Çok doğru. Her gün yeni bir ölüm olduğundan cinayetler istatistik oldu. Nasıl ki teröre alıştık, her gün şehit cenazesi duymak sıradan hale geldi, kadın cinayetleri de bu yolda ilerlemekte. Tıpkı Ortadoğu ülkelerinde olduğu gibi. Gün gelecek taşlanarak sokak ortasında öldürülenler olduğunu duyacağız... Bu günlerde Emine Bulut olayı toplumu esir aldı çünkü ayakta boynu kesilerek öldürülmesi herkesi derinden sarstı.

Diğer kadınları nasıl öldürüldüğünün video görüntüleri olmadığından ölümlerine gösterilen ilgi saman alevi gibi patlayıp sönmekte. Sonra başka çığlıklar, başka uzak mahallelerden, evlerden, köylerden ölüm haberleri gelmekte. Bir süre sonra onlar da unutulmakta. Maalesef bizler; bu mikrop diyeceğim insanoğlu var ya, buna da alıştı. Her ölüm, bir öncekinin unutulmasına neden olmakta. Topluluk önünde, görüntülü işlenen cinayetlerin unutulma süresi biraz daha uzun ama sonunda o da hafızadan silinip gitmekte. Yarınki ya da bir saat sonraki kurban kim olacak? Biri ölecek... Biri, ya bıçakla, ya silahla vurulup öldürülecek ama nerede ve nasıl? Herkes biliyor ve bekliyor bunu... Sanki senelerdir durdurulamayan seri bir katil var aramızda. Kim bu sapık, nerede yaşamakta? Korkarım ki içimizde yaşıyor. Bu yüzden yakalayıp hapse atamıyoruz, atsak da cinayetleri durduramıyoruz. Her cinayetten sonra başka bir cinayet daha işlenmekte. Neden? Birlikte, belki de en çok bu soruya cevap arayacağız. Tekrar Ş davasına dönelim şimdi. Sanıkları aklamak için düzenlenen Ali Cengiz oyunlarına...

Sanık Ç'nin bir parmağının kırılmış olduğu daha sonraki incelemede ortaya çıktı. (Boğuşma sırasında, Ş direnirken oldu belki de) Ayrıca Ş'nin çanta sapının ofiste kopması da ilginç değil mi? Sözü edilen pencerede Ş'ye ait parmak izi de bulunamadı. Hepsini bir araya getirip dosyaya giren tanık ifadelerini de dikkate alırsak, şüphelilerin cinayet işleyip cesedi pencereden attıklarını söyleyebiliriz. Değilse neden, bir saatten fazla sustular, telefon edip yardım çağırmadılar? Cesedi ne yapacaklarını tartıştıkları yönündeki görüşler yersiz mi? Adli Tıp Kurumu bu süreçte birbiriyle çelişen raporlar hazırladı. 6 Haziran tarihli raporda Ş'ye yapılan otopsiden söz edilirken maktulün vücudunda sadece menide ve idrarda bulunan prostat spesifik antijen (PSA) tespit edildiğini söylemişlerdi. Cinsel ilişki bulgusuna kesin gözüyle bakılıyordu. 21 Haziran tarihli raporda da Ş'nin 10 tırnağının 9'unda erkek DNA örnekleri tespit edilmişti. Bunun Ç'ye ait olup boğuşma esnasında tırnak arasına geçmiş olabileceği kayıtlara geçmişti, ayrıca maktulün ters ilişkiye zorlandığı, vücudunda uyku getirici Mirtazapin ilacı kalıntıları bulunduğu ve bunun da şuur kaybına yol açabileceği dile getirilmişti. 15 Ekim 2018 tarihli raporda ise tırnak arasında sadece B'ye ait DNA örneği olduğu söylendi; "bunlar Ç'nin DNA'ları değil" dendi. Bugün yayınlanan sonuç raporunda ise önceki bilgilerden tamamen farklı şeyler söylenmekte. Ş'nin genel ağır beden travması sonucu öldüğü, cinsel saldırıya maruz kalıp kalmadığınınsa belirlenemediği ifade edilmekte. Maktulün düşme sonucu mu yoksa öncesinde mi öldüğünün tıbben değerlendirilemeyeceği öne sürülmekte.

Az önce, yılın her gününe bir cinayeti düştüğünü söylemiştim ya, yanlış söylemiştim. Kadın Cinayetlerini Durduracağız Platformu'nun raporlarına göre gerçek şu şekilde olacaktı: 2018 yılında 440 kadın erkekler tarafından şiddete maruz kalarak yaşamını yitirdi. 2014 yılında Hacettepe Üniversitesi'nin gerçekleştirdiği Türkiye'de Kadına Yönelik Aile İçi Şiddet Araştırması'na göreyse kadınların en az üçte biri fiziksel ve/veya cinsel şiddete maruz kalmakta...

Bir cinayetin aydınlatılması sürece olarak da Ş davası büyük önem taşıyor. Bütün bunlar (güçlünün keyfine göre alınan raporlar) devlet işlerine duyulan güvenilmezliğin geldiği boyutları da göstermekte. Kimin raporuna, hangi savcıya, mahkemeye inanacaksın da kederinden kahrolup ölmeyeceksin... Ölenler öldüğüyle kaldığı gibi kalanlar da aradıkları adaleti bulamadıklarından yaşamdan kopup psikolojik anlamıyla canlı cenazeye dönüşüyorlar. Bunu da hesaba katarsak her ölümü, en az üç kişilik bir aile olarak görmemiz lazım. İnsanlar aradıkları adaleti bulamadıkları için de ölüyorlar. Ş davasında iki farklı savcının elinde birbiriyle çelişen otopsi incelemesi var: Ç, ilkin, Ş'nin tırnaklarında bulunan DNA'nın tokalaşma sırasında geçmiş olabileceğini söylemişti. Sonraki raporda DNA'ların B'ye ait olduğu öne sürüldü. Öp babanın elini! Bu nasıl iş... Bu nasıl otopsi, adlı tıp... bu ne ciddiyetsizlik... Bu arada B de, feryat figan, Ş ile yan yana bile oturmadığını iddia etmekte. Sonraki raporda cinayetin iki kişi tarafından gerçekleştirildiği de karartıldı; kimin ne yaptığının bilinemeyeceği yönünde bilgiler mahkemeye rapor edildi... Neyse...

Gerçek şu ki, mağdur aile sussun, kimse hak arayamasın, avukatlar pes etsin diye ne gerekiyorsa yaptılar. Ş'nin avukatı, bütün bu süreçlerde cinayetle sonuçlanan tecavüz suçu konusunda ciddi noktalara parmak basıyordu. Ş'nin tırnaklarındaki bulguların tecavüzün kanıtı olduğunu öne sürmüştü. Olayın intihar değil, cinayet olduğu açıkça görülüyordu. Ayrıca cesedin düşüş biçimi, pencereden atıldığına işaret ediyordu. Şüpheliler, 155 (Polis İmdat'ı) dahi arayıp durumu bildirmemişti. Olaydan sonra hızla plazadan çıktıkları, çıkarken de güvenlikçilere hiçbir şeyden haberleri yokmuş, gürültüyü kendileri çıkarmamış gibi "Trafo mu patladı? Ne oldu böyle?" dedikleri tanık ifadeleriyle netlik kazanmıştı. Sanık ifadeleri birbirini tutmuyor, hep çelişiyordu. Mesela Ç, polise verdiği ifadede, maktulü tutmak isterken parmağını incittiğini söylemişti ya, yapılan incelemede parmak zedelenmesinin olaydan üç gün önce gerçekleştiği tespit edilmişti. Dahası var... Sanık beyanlarında Ş'nin uzun zamandır patronu Ç tarafından taciz edildiği dile getirilmekteydi. Ayrıca Ç, üç hafta önce de yanında çalışan başka bir kadını taciz etmişti; bu da Ç'nin karakter yapısını gösteren önemli bilgiler arasında yer alıyordu.

Ne pahasına olursa olsun davayı kazanmak isteyen sanık avukatlarına bakalım bir de... Baş edemeyeceklerini anlayınca çareyi Ş'nin avukatını şikayet etmekte buldular. İftira yapılıyor iddiasıyla yaygara koparıp yenemedikleri avukat hakkında mahkemeye ve baroya şikâyet dilekçesi verdiler.

Halen devam etmekte olan davanın sağlıklı yürümediğini gösteren çok şey var. Şunu unutmayalım: Ç'nin kolundaki tırnak izleri ilk muayenede doktor raporuna yazılmadı mesela. Sosyal medyaya Ş'nin içinde içki olan bir poşetle plazaya girdiğini, içki içtiğini gösteren fotoğraflar servis ediliyordu ancak olay yeri incelemesinde boş içki şişelerini ya da içki içildiğini gösterir bulgulara yer verilmiyordu. Bu da açıkça pek çok delilin karartıldığının başka bir kanıtıydı. Bütün bu karmaşa içinde kuşkusuz gerçeği bilmek de güçleşmekte. Daha doğrusu kafa karşılığı yaratılarak sürekli gerçeğin üstü örtülmek istenmekte. Ş'nin ailesinin TV'ye çıkarılmasına az bir süre kala davaya, yayın yasağı getirildi, bu da mı tesadüftü?

Bununla kalmadı... Bir de mağdur ailenin sesini kısmak için, dava sürecini dile getiren sosyal medya hesaplarına karşı saldırılar başladı. Olay duyulmasın, zengin ailenin ismi kirlenmesin diye trollerden aldıkları destekle ellerinden ne geliyorsa yaptılar. 6 kez bazı hesapların kapatılmasına neden oldular. Yine de Ş'nin yakınları, arkadaşları, toplumun duyarlı kesimleri, haksızlıkları önleme konusunda ısrarcı olup sosyal medya üzerinden açıklama yapmayı sürdürdüler, hâlâ da sürdürmekteler. Mesela nasıl oldu da 3 profesör 1 uzmandan oluşan Adli Tıp komisyonu üyeleri, devletin itibarını sarsma pahasına, "inceleme yaptık ama bilmiyoruz, söz konusu olaylar bilinemez" manasına gelen bir rapor yazıp paylaştılar? Ş'nin avukatı, eldeki verilere dayanarak tecavüz sonrası işlenen cinayeti, belgesiyle kanıtlamış olsa bile süreç, farklı raporlarla sürekli baltalanmakta. Bilirkişiler bile kendi raporlarıyla 90 derece çelişirken utanıp sıkılmamaktalar ama yağma yok. Halkın gücü bütün bu Ali Cengiz oyunlarını boşa çıkaracaktır. Çıkaramazsa, kimse bu cehenneme dönen ülkede mutlu yaşayamaz. Bilmem anlatabiliyor muyum... "Birimiz hepimiz, hepimiz birimiz için" değilsek hak arayabilmemiz çok güç artık.

Sevgili arkadaşlar, biraz ara verelim ne olur. Az önce ayrıldığı eski kocası tarafından on yaşındaki kızının gözleri önünde boğazı kesilerek öldürülen Emine Bulut'un videosunu izledim... İzlememeye çalışıyordum, tesadüfen önüme çıktı. Dikkatle baktığım görüntüde anne ayakta "ölmek istemiyorum!" diyerek boğazını tutuyor, kızı da "anne!" diyerek feryat ediyordu. İçim yine allak bullak oldu. Bir şey diyeyim mi size? Uzunca bir zamandır var ya, bu ülkede yaşıyor olmaktan nefret ediyorum. Ne yalan söyleyeyim, imkânım olsa hiç durmayacağım, gideceğim buralardan. Fransa mı olur, İsviçre mi olur... Ya da nere gelirse, şeytan diyor, "bas git!" Başımızdakiler de büyük olasılıkla bunu istemekte. Zaten parası olanlar uzun zamandır memleketi terk ediyor. Gençlerimiz de çok mutsuz... İstediklerinden değil, onlar da olanakları olmadığından sıkışmışlık duygusu içinde yaşamlarına devam ediyorlar. Her gün düşünüp üzülürüm; güzelim ülkemizi cehenneme çevirip hepimizi ateşe attılar ya, neyin kini bu? Zengini şu tarafa, yoksulu bu tarafa ayırıp büyük bir ateş yaktılar. Kimi kimsesi olmayanları ateşe atıp yakıyorlar. Keşke herkes görebilseydi bunu. Maalesef görmeyen, duymayanlar da var; beyinleri dinle uyuşturulanlar maalesef gerçeği göremiyorlar. Bu zulüm onlar yüzünden bitmek bilmiyor.

Giresun'un Keşap ilçesinde yaşayan Ş'nin babası, umutlu olduğu günlerin birinde şu açıklamayı yapmıştı: "Otopsi raporu, kızımın öldürüldüğünü, iddia edildiği gibi intihar etmediğini ortaya koymuştur. Bu rapordan sonra katiller hak ettikleri cezayı alacaktır. Adalete güveniyorum. Başından beri bu olayın intihar olmadığını söyledik. İntihar iddiası, katillerin kendilerini koruma çabasıydı. Adalet eninde sonunda yerini bulacak. Bu bakımdan savcılarımıza, hakimlerimize, İçişleri Bakanımıza, Cumhurbaşkanımıza teşekkür ediyorum. Bizim kızımızın kendini öldürmesine yol açacak bir sorunu yoktu. Annesinin 2009 yılındaki vefatından beridir birlikte yaşıyorduk. Baba-kız olarak birbirimize bağlıydık. Ankara Gazi Üniversitesi'nde moda tasarım okuyordu kızım. Yaşasaydı bu sene okulda son senesi olacaktı, eğitimini tamamlayıp işe başlayacaktı. Muradımızdı... Muradımıza ulaşamadık. Allah yavrumun mekanını cennet etsin. Ben babası olarak bu cinayetin peşini bırakmam. Adalete güveniyoruz.. acımız büyük. İnşallah kâtiller kurtulmaz... Müebbet cezalarını almalılar. Böylece acımız biraz olsun hafifler. Hak ettikleri cezayı alıp cezaevinden çıkmamaları için Allah'a dua ediyorum. Otopsi raporunun bu şekilde çıkması katillerin cinayetten kurtulamayacağını bize gösterdi. Yargı, bundan sonra her şeyi daha iyi aydınlatacaktır."

Şunu da söylemeli: Ş davası Büyük Millet Meclisi'ne kadar girdi. Davayı yakından takip eden vicdanlı milletvekillerinden biri ikinci duruşma öncesi Meclis'e soru önergesi verdi. Gerçi saray rejimi kurulduğundan beri önerge vermenin de bir önemi kalmadı. Eskiden herhangi bir konuda önerge verilince, ilgili bütün kurumlar toparlanıp hizaya gelirdi. Ne kadar müdür, amir varsa Meclis'e hesap vermek zorunda kalırlardı. Şimdi öyle değil; önergeler, yani millet adına sorulan sorular sümüklü mendil oldu. Bekle ki iktidardan biri sorduğun soruya cevap versin. Buna rağmen kimi milletvekillerinin ısrarla sormaya devam etmesini önemli buluyorum. Milletimiz umarım bu durumu da görüyordur... Neyse... Sözünü ettiğim vekil ne sordu ona bakalım. Aynen aktarıyorum: "Üniversite öğrencisi Ş, çalışmakta iken işyeri sahibi tarafından alıkonulmuş, cinsel tacize maruz kalmış ve 20. kattan atılmak suretiyle hayatını kaybetmiştir. Soruşturmanın seyri, Adli Tıp Kurumu'ndan gelen otopsi raporuyla değişmiş olup şüphelileri serbest bırakan mahkeme daha sonra tutuklama yönünde karara hükmetmiştir. Mahkemenin bu kararında kamuoyu duyarlılığının olduğu bilinmekte ve davanın hassasiyetle sürdürülmesinin aynı zamanda caydırıcılığı sağlaması açısından önemli olduğu anlaşılmaktadır.

Şimdi, adalet bakanına soruyoruz: Ankara'da bir plazanın 20. katından düşerek yaşamını yitiren Ş davası hakkında bilgi sahibi misiniz? Kamuoyu gündeminde önemli bir yer tutan bu yargılama sürecini takip ediyor musunuz? Yargılamanın seyri açısından önemli detayları barındıran ve sonuca doğrudan etkisi olan deliller neden dosyada bulunmamaktadır? Suçlama kanıtlarını inceletmeyen dosyanın ilk savcısının delillerin kaybolmasından sorumlu olup olmadığı tespit edilmiş midir? Edilmediyse neden edilmemiştir? Böyle bir tespit söz konusu ise bu savcı görevine hangi şartlar dahilinde devam edebilmektedir? Ş davasının seyrine ilişkin olarak faillerin korunduğuna yönelik kamuoyundaki hâkim kaygı yerinde midir? Gerçekten sanıklar korunmakta mıdır? Kadına yönelik artan erkek şiddeti bağlamında, bu dava, yasalarla sağlanamayan caydırıcılığı tesis etmesi açısından büyük önemde olup, sanıkların korunması ve ceza almamalarının sağlanması halinde toplumda erkek şiddetinin meşrulaşma kaygısını taşımıyor musunuz?"

Buna benzer bugüne kadar Meclis'te çok söz konuşuldu. Duyan oldu mu ona bakmalı. Daha insanca, hakça bir yaşam için sosyal dokudaki bazı zararlı öğretilerin iyileştirilmesi, kiminin silinip atılması, Cumhuriyet'in yıkılmaması, demokrasinin rafa kaldırılmaması gerekirdi. Bilgisizliğin, bağnazlığın, yobazlığın değil, bilginin, liyakatin, adaletin iktidar olması, din eğitiminin değil, laik eğitimin güçlendirilmesi şarttı. Bunlar olmayınca kalitesizlik, dincilik, tarikatçılık yönetimi ele geçirdi. Bunun sonucu olarak da insanın insana, erkeğin kadına olan saygısı giderek azaldı. Her yıl birden fazla kadınla evlenen erkek sayısında da çok ciddi artış meydana geldi. Yasalar buna izin vermiyordu ama hoca nikahı yapılmasına seyirci kaldılar. Giderek çok eşlilik arttı. Sayıları bilmiyorum ama 2019 yılı itibariyle Meclis'te çok sayıda birden fazla karısı olan vekil bulunmakta. Hepsine lanet olsun ki, Cumhuriyetin yıkılmasına, saray düzeninin kurulmasına hizmet ettiler.

Ş davası aynı zamanda insanlık onurumuzu kurtarıp kurtaramayacağımızın davasıdır. Devam edelim:

Mahkemenin ara kararı gereğince hâkim gözetimindeki bilirkişiler ve taraf avukatları, Ş'nin hayatını kaybettiği Mevlana Bulvarı'ndaki binaya olay yeri incelemesi için gittiler. Plazanın 20. katına çıkıp yere baktılar, yüksekliği, olayın korkunçluğunu anlamaya çalıştılar. Bilirkişiler, naip hakim (bu işle görevli hakim) huzurunda duvarlardaki biyolojik lekelerin araştırılmasını istedi. Ş'nin avukatları daha önceki oturumda mahkemeye, biyolojik lekelerle ilgili üniversite hocası, adli tıp uzmanı profesörlerinden birinin raporunu sunulmuştu.

Olay yeri incelemesi sırasında avukatlar, halı üzerinde kan, tükürük ya da sperm olabileceğini değerlendirdiler. 16 Ekim 2019 günü geldiğinde bu mesele, bir kez daha mahkemede ele alınıp karara bağlanacak.

9

Ş davasını konuşurken bir taraftan da kadın cinayetlerinin olanca şiddetiyle devam ettiğini söylemek isterim. An itibariyle kendimi savaş alanındaki muhabir gibi hissetmekteyim. "Ne var canım, Amerika'da da her gün cinayet olmakta... Ortalık seri katilden geçilmiyor. Büyük devletlerde olur böyle şeyler. İktidar düşmanlığı yapacağız diye olayları abartıyorsunuz. Meseleyi geliştiğimize, hadi sizin deyişinizle 'gelişmekte olmamıza' değil, hükümete yüklüyorsunuz. Zaten siz devlet düşmanı olmayı seversiniz. Yeter ki elinize fırsat geçsin. Şimdi de kadın cinayetlerini buldunuz. Ama boşuna uğraşırsınız, ne yaparsanız yapın güçlü iktidarımızı yıkamayacaksınız!" diyenler olduğunu da bilmez değilim. Amerika üzerinden bakarsanız dünya zaten kötü. Sanayi toplumları aynı zamanda psikopat üretmekte. Yoksa, biz de mi onlar gibi çok geliştik? İlerlemiş sanayi toplumu olduğumuzdan mı psikopatların sayısı artmakta? Güçlü sanayisi olan bir ülke olmasak da, kadın cinsiyetinde birinci olmamız çok mu korkutucu?...

Sevgili gençler, dinleyin sözlerimi... Gelişmiş ülkelerde her şeyin iyi olduğunu söyleyecek değilim. Benim derdim iktidarla değil... İnsanı, insanlığından eden bu kapitalist düzene ve bu düzenin doğal sonucu olan hukuksuzluğa itirazım var. Sorarım size, "yaşanır ülke" diyebileceğimiz kaç ülke kaldı? İsviçre mi, İsveç mi? Fransa mı? Neresi kaldı? Biri kötüyse, diğeri on kat kötü.

Başkalarının üzerinden zenginleşip refah toplumu olmak da kötü. Mesela Kanada'nın kendi ülkesinde tek bir fidenin bile kesilmesine izin vermezken bize gelip orman katliamı yapması da insanlık dışı... Ortadoğu, tümüyle kötü. Her şey kötü diye, başka ülkelerde de cinayetler olduğunu, hukuk düzeninin işlemediğini söyleyip susacak mıyız? Hayır. Ya onlar gezegeni yok edip hepimizi yakacaklar ya da bizler mücadele edip yeni bir dünyanın kurulmasına öncülük edeceğiz...

Neyse arkadaşlar, yolumuz uzun. Bu yolda söz söyleyenler ne diyor bir de ona bakalım. Gazeteci İrfan Aktan'a kulak verelim mesela... Önce şunu belirteyim: Kadın cinayetleri konusu üzerinden kimseye ders verecek değilim. Yaptığım işe 'yazı dizisi' dedim ama tam olarak bu da değil. Aslında ben interneti kullanarak kendimi eğitmeye, öğrendiklerimi de yine interneti kullanarak, kim olduğunu bilmediğim kimselere aktarmaya çalışmaktayım. "Kadına yönelik şiddet konusu" üzerinden kendime dersler çıkarıyorum. Bir nevi kendi üniversitemde (zihnimdeki üniversite) bu meseleyi ele alıp kendimle konuşuyorum. "Siz" dememe bakıp yanılmayın. Bu yazıda sadece ben varım; siz de ben gibi olduğunuzdan "siz" diyorum, siz derken de aslında kendime sesleniyorum. İnanıp inanmamak size kalmış. Devam edelim... Sizler sadece benim ne yaptığımı görüyorsunuz. Neden böyle yaptığımı ilerleyen günlerde yeniden konuşmak isterim. Tabi soran olursa... Bu arada, Ş davasına kaldığımız yerden devam edeceğiz... Şimdi tekrar konumuza gelirsek... Buyurun... Hülya Gülbahar'la tanıştırayım sizi. Kendisi avukat. Kadının sorununa, erkek şiddetine kafa yorup daha iyi, daha adil bir dünya istemekte. Demin sözünü ettiğim gazeteci İrfan Aktan' la yaptığı söyleşi okuyacaksınız şimdi...

"Kocasından boşanmak, sevgilisinden ayrılmak isteyen veya onların sistematik şiddetine karşı çıkan, evden kaçan, karakola, mahkemeye, avukata başvuran, çocuklarını korumaya çalışan binlerce kadın, sıradanlaştırılmak, olağanlaştırılmak istenen erkek şiddetinin tehdidi altında. Üstelik iktidarın üstün katkıları neticesinde kadın karşıtları giderek örgütlenmeye ve bir cephe örmeye çalışıyor. Arkalarına dini, bürokrasiyi, yargıyı, siyaseti ve medyayı almış olan bu güruh, iktidarı, kadın haklarını budamaya zorluyor." diyerek devam ediyor Aktan: "Bu nedenle de, kadınları erkek şiddetinden korumak üzere hazırlanmış olan İstanbul Sözleşmesi (Bu sözleşmeyi okuyalım derim. Yeri geldikçe söz edeceğiz.) ile 6284 Sayılı Yasa'ya da cephe açmış durumdalar. Oysa Emine Bulut cinayetiyle bir kez daha görüldü ki zaten kadını erkek saldırganlığından koruyan yasa ve sözleşmeler kâğıt üstünde kalıyor. Yasalar yeterli ama uygulanmıyor. Kolluk gücü kâfi ama seyirci. Peki, ne yapmalı?" Aktan, meseleyi Hülya Hanım'la şöyle konuşmakta...

Aktan: "Emine Bulut'un kocası Fedai Varan tarafından boğazı kesilerek katledilmesi üzerine tekrar kamuoyunun ana gündemi haline geldi. Sizce bu toplumsal tepki neden sürekli hale gelmiyor?"

Gülbahar Hanım'ın cevabı:

-Türkiye'de günde en az üç kadın öldürülüyor. Medya ve kadın örgütlerinin basından derleyebildiği kadarıyla aktardığı kadın cinayeti sayıları esas rakamları yansıtmıyor. Bugün (29 Ağustos) sadece Denizli'den iki ayrı kadın cinayeti haberi aldık. Kamuoyunun onlarca kadın cinayeti içinden Münevver Karabulut, Özgecan Aslan, Emine Bulut gibi tekil olayları alıp, sadece onlara odaklanmasına, bütün yetkililerin timsah gözyaşları dökerek meseleyi geçiştirmesine kadınların sabrı kalmadı.

Aktan: "Sizce medya ve kamuoyu neden kadın cinayetlerinde tekil örneklere odaklanmakta?"

-Farklı kriterler uygulandığından... Özgecan Aslan tecavüz edilip öldürüldüğü hafta, Bursa'da bir konsomatris elleri ve kafası kesilerek öldürülmüştü. Kimse söz etmedi bile. Özgecan Aslan cinayetinde, cinsel saldırı ve cinayeti mazur gösterebilecek herhangi bir gerekçe bulamadığı için kamuoyu, "bu kıza da yapılmaz ki" diyerek ayaklandı. Son yıllarda neredeyse beş kadın cinayetinden biri çocukların gözleri önünde veya sokakta herkesin gözü önünde işleniyor. Kimsenin umurunda olmuyor. Emine Bulut cinayetinde video kaydı olduğu için herkes ayaklandı. Oysa aynı hafta Emine Hac Hüseyin, bütün kaburga kemikleri, kafatası kırılarak öldürüldü. Fakat Emine Hac Hüseyin, Türkiye'de misafir statüsünde yaşayan bir Suriyeli olduğu için kimse adını bile anmadı. İşte bu seçicilikten, onlarca cinayete göz yumup bir tanesinde timsah gözyaşlarını dökerek kamuoyunu yatıştırma operasyonlarından biri.

Aktan: "Erkek tehdidi altındaki kadının korunması konusunda Türkiye'nin hukuki mevzuatı yetersiz mi kalıyor?"

-Aslında son derece etkili bir mevzuat, Anayasada, Türk Ceza Kanunu'nda şahane hükümler var. Eşitlik temeline dayalı bir aile anlayışı üzerine oturtulmuş Medeni Kanunumuz düzgün. Dünyanın birçok ülkesinde olmayan 6284 Sayılı kadına karşı şiddetin önlenmesiyle ilgili yasa bizde var. Kadına karşı şiddetle ilgili dünyanın en önemli, en kapsamlı sözleşmesi olan Kadına Yönelik Şiddet ve Ev İçi Şiddetin Önlenmesi ve Bunlarla Mücadeleye Dair Avrupa Konseyi Sözleşmesi'ni, diğer adıyla İstanbul Sözleşmesi'ni ilk imzalayan ülke Türkiye. Tüm bunlara rağmen kadına karşı şiddeti önlemek için devletin kılını kıpırdatmıyor olmasının dünya tarihinde örneği yok.

Aktan: "Yani yasalar yeterli ama uygulanmıyor, öyle mi?"

-Yasalarımız son derece güzel, çünkü her bir cümlesinde, hatta virgülünde kadın hareketinin emeği, alın teri var. Belki de bu yüzden bu yasaların hiçbirisi, hiçbir şekilde uygulanmıyor.

Aktan: "Madem uygulanmıyor, neden bu yasalar getirildi?"

-Anayasa'nın 41. Maddesindeki ailenin eşler arasında eşitlik temeline dayanması gerektiğine ilişkin değişiklik, AKP'den önce 2001 yılında yapıldı. Yine erkeğin reisliğine dayalı aile modeli de 1 Ocak 2002'de yürürlüğe giren yeni Medeni Yasa'yla, AKP'den önce kaldırıldı. İlgili TCK değişikliklerini ise AKP iktidarı kucağında buldu. Kadınlar olarak kendi taleplerimizi 2002 seçimlerinden önce kurulan geçici hükümetin Adalet Bakanlığı Aysel Çelikel döneminde TCK taslağının içine koymuştuk. Kasım 2002'de iktidara gelen AKP, kucağında bulduğu bu taslağın kadınlarla ilgili hükümlerini değiştirmeye kalksaydı, ki denedi, çok büyük bir tepkiyle karşılaşacaktı. Nitekim AKP, kadınların taleplerinin yansıdığı TCK taslağını kabul etmek zorunda kaldığında, son aşamada zinayı da TCK'ya koymak istedi. Bu bir tür intikam refleksiydi. Bakın, hatırlayalım Avrupa İnsan Hakları Mahkemesi, aile içi şiddet konusunda Türkiye'ye açılmış ilk davayı 2009 yılında karara bağlayarak, ilk kez bir devleti, yani Türkiye'yi kadına karşı şiddet konusundaki yükümlülüklerini yerine getirmediği için mahkum etti.

Aktan: "Neydi o dava?"

-Nahide Opuz kendisini ölümle tehdit eden ve annesini öldüren eski eşi hakkında 2002 yılında Avrupa Mahkemesi'ne başvurmuştu. Üç çocuğu olan Opuz, yıllarca kocasının şiddetine, bıçaklı saldırısına ve araçla ezme girişimine maruz kalmıştı. Kocası, darp, ağır yaralama ve cinayete teşebbüsten hakkında açılan davada "kanıt yetersizliği" nedeniyle yaptırımla karşılaşmadı. Daha sonraki bıçaklı yaralamadan da para cezasıyla kurtuldu. Kocanın tutuklanması talebi karşılıksız kaldı. Sonunda Mart 2002 yılında annesiyle beraber İzmir'e kaçtığı sırada, kocası yollarını kesti ve Opuz'un annesini öldürdü. Avrupa Mahkemesi'nin Opuz kararında aynen şu cümle var: "Avrupa İnsan Hakları Mahkemesi, Diyarbakır Sulh Ceza Mahkemesi'nin, başvuranı yedi yerinden bıçaklamasına karşılık olarak H.O.'yu, taksitlere bölünebilen, cüz'i bir para cezasına çarptırması karşısında şaşkınlık içinde kalmıştır." Mahkeme yargıçlarını dehşet içinde bırakan bu cezasız bırakma uygulamaları, ne yazık ki, hâlâ Türkiye'de birçok hakim ve savcı tarafından savunulup uygulanıyor. Avrupa Mahkemesi elbette tecavüz, kadına karşı şiddet, aile içi şiddet gibi değişik konularda çeşitli devletleri mahkum eden tek tek kararlar vermişti. Ama genel olarak kadına yönelik şiddet konusunda ilk defa bir devleti, yani Türkiye'yi Opuz kararıyla mahkum etti. Mahkeme bu kararda kadına karşı şiddetin önlenmemesinin kadınlara karşı ayrımcılık oluşturduğunu, bunun kadınların insan hakları ihlali olduğunu açık biçimde belirtti. Zaten İstanbul Sözleşmesi'nin ana çerçevesi de Avrupa Mahkemesi'nin Nahide Opuz kararında vurguladığı prensiplere dayanıyor.

Aktan: "AİHM'nin Opuz kararına karşı Türkiye ne yaptı peki?"

-Opuz kararı sonrasında Türkiye'nin bir şey yapması gerekiyordu ve dolayısıyla İstanbul Sözleşmesi'nin hazırlık çalışmalarına daha büyük bir emek verdi. Nitekim sözleşme henüz yürürlüğe girmeden, iç hukuka uygulanmasını sağlayacak olan "şiddet yasası" konusunda çalışma başlatıldı. Devlet bu yasanın çıkartılması için bir buçuk yıl boyunca 160 kadın örgütünün oluşturduğu Şiddete Son Platformu ile birlikte çalıştı. Fakat tasarı, 2012 yılı 8 Mart'ında kadın örgütleriyle yapılan çalışma sonucu eklenen bütün maddeler çıkarılarak, kuşa çevrilip Meclis'e öyle sevk edildi. Bu da 2002'deki zinayı suç sayma girişimine benzer bir intikam refleksiydi. Kadınlar bunun üzerine 8 Mart 2012 günü adeta meclisi bastı. Dönemin Kadın ve Aileden Sorumlu Devlet Bakanı Fatma Şahin'le beraber komisyon komisyon koşturarak, atılan maddelerin tekrar yasaya konmasını sağladı. Neticede İstanbul Sözleşmesi'nin iç hukuka uyarlanması konusunda dünyada yapılan ilk yasa olan 6284 sayılı yasa, bu şekilde Meclis'ten geçti. Fakat AKP yönetimi bu yasayı içine sindiremediği için, yasa çıktıktan üç-dört ay sonra bu sefer yeni bir intikam refleksi olarak kürtaj tartışmasını gündeme getirdi. AKP o tarihten bugüne kadar hiçbir bağımsız kadın örgütüyle ortak çalışma yürütmedi.

Aktan: "Yaptığınız bu özet, feminist bir hukukçu olarak size ne anlatıyor?"

-Bu, gerek AKP döneminde gerekse öncesinde çıkartılmış olan yasaların uygulanması konusunda açık ve net bir iktidar iradesinin olmadığını anlatıyor. Çıkarılan yasaların hiçbiri uygulanmadı.

Aktan: "Kadınları şiddetten koruyacak ileri yasalar çıkaran bir iktidarın, aynı şekilde bunların hiçbirini uygulamamasını nasıl izah ediyorsunuz?"

-İktidar çok değişik dinsel ve siyasal katmanlardan oluşan bir koalisyon. Bu bloklardan birini ikna ediyorsunuz, karşınıza diğeri çıkıyor. Bu yasaların uygulanması için, blokları bir arada tutan gücün daha net bir irade ortaya koyması gerekiyor. İktidar, kanatlardan birine taviz verdiği noktada, yasal ve anayasal değişikliklerin uygulanması imkânsız hale geliyor. Muhafazakârlar içinde kadın cinayetlerinin durdurulması, kadın-erkek eşitliğinin sağlanması için daha etkili politikaların uygulanmasını savunan çok geniş bir kesim var. Ama muhafazakâr kanat içinde, kadınlarla ilgili bütün yasaların Kur'an ve Hadis kaynaklı olmasını, şeriat hükümlerinin uygulanması gerektiğini savunanlar da var. İktidar politikaları döneme göre bu iki görüşün etkisi altında şekilleniyor. O yüzden ikircikli bir yaklaşım söz konusu. Ama son tahlilde kaybeden hep kadınlar oluyor.

Nitekim Erdoğan'ın kadın-erkek eşitliğine inanmadığını ilan ettiği 2010 yılından beri tüm devlet bürokrasisi tarafından adeta eşitlik fikrine karşı bir savaş açıldı. Şu anda bakanlıklarda kadınlarla ilgili herhangi bir özel birim kalmadı. Örneğin tarım emekçilerinin yarıya yakınını ücretsiz aile işçileri olan kadınlar oluşturduğu halde, Tarım Bakanlığı'nda kadınlarla ilgili bir tek birim bile yok ve cumhuriyet tarihi boyunca tarım bakanlarının hepsi erkek. TBMM'deki Kadın Erkek Fırsat Eşitliği Komisyonu (KEFEK) de işlevsiz bırakılmış ve kadın örgütlerinin çabalarıyla "aile komisyonu"na dönüştürülmekten şimdilik kurtarılmış göstermelik bir komisyon. Devlet içinde, Kadından Sorumlu Devlet Bakanlığı dâhil kadınlarla ilgili bütün mekanizmaların tasfiye edilmiş olması, günde en az üç kadının öldürüldüğü bir ülkede, kadın cinayetlerini önlemeye, cinayet riski olan vakalarda acil müdahale edip bu riski ortadan kaldırmaya yönelik tek bir birimin olmaması da önemli bir gösterge.

Aktan: "Dolayısıyla iktidarın kadınların taleplerini kâğıt üstünde gösterip, erkeklerin taleplerini ise fiiliyatta uyguladığını söylemek mümkün mü?"

-Kısmen doğru. AKP dönemindeki tüm yasal değişikliklerde AKP'li kadınların da emeği var. Aynı şekilde İstanbul Sözleşmesi'nin hazırlanmasında ve imzalanması sürecinde tüm kesimlerden kadınların olduğu gibi AKP'li kadınların da emeği var. Keza, bu yasal değişikliklerde erkeklerin de emeği var. Ama uygulamaya gelindiğinde iktidarın irade eksikliği ortaya çıkıyor. Karar verme pozisyonuna seçilen ya da atanan kadrolar, kadınlarla erkeklerin eşit olduğu bir toplum yapısını asla ve hâlâ benimseyebilmiş değil. Kadınlarla erkeklerin eşit olduğu bir toplum, tasavvurlarının ötesinde! Aksine, en ılımlı görünen muhafazakârlarda bile ailenin, toplumun ve devletin Reisli olması gerektiğine ilişkin köklü bir inanış var. Ne yazık ki Türkiye kadın hareketinin tarihsel yalnızlığı tam da bu noktadan kaynaklanıyor. Çünkü sadece muhafazakârlar değil, liberaller, sosyal demokratlar ve bir çok solcu da aynı fikre sahip.

Aktan: "Özellikle son yıllarda kadına yönelik şiddetteki artışla paralel bir biçimde iktidarın, medyasının ve muhafazakâr çevrelerin aileyi kutsayan, tabu haline getirerek tartışılmasını bile engellemeye yönelen yaklaşımını da, kadınların kâğıt üstünde elde ettikleri yasal haklara karşı bir intikam refleksi olduğunu düşünüyor musunuz?"

-Tabii ki! Kadının ailede, toplumda eşit ve bağımsız bir birey olduğunu kabul etmeyen zihniyet, kadınları, çocukları, erkeğin sahip, reis olduğu ailenin bir parçası olarak algılamak ve algılatmak istiyor. İstanbul Sözleşmesi ve 6284 Sayılı yasanın, aileyi dağıtan sözleşme ve yasa olarak hedef tahtasına oturtulmasının ana nedeni, her ikisinin de kadın-erkek eşitliğine dayalı bir aile ve toplum modelini savunuyor olmaları. İstanbul Sözleşmesi'nde de belirtildiği gibi, kadına karşı şiddeti önlemek için toplumsal yaşamın her alanında kadın erkek-eşitliğini sağlamak gerekir. Toplumda bu eşitlik sağlandıkça şiddet azalır, eşitsizlik derinleştirildikçe şiddet artar. Nitekim Türkiye'de kadına karşı şiddet ve kadın cinayetlerinin artışında, kadınlarla erkeklerin eşit olmadığı söyleminin, propagandasının çok büyük bir rolü var. Fakat bu propaganda Türkiye'ye özgü değil. Neoliberal, kapitalist politikalar, sosyal devletin çökertilmesi, kitle iletişim araçlarının cinsiyetçi kadın-erkek rollerini ve kadına karşı şiddeti teşviki gibi nedenlerle bütün dünyada kadına karşı şiddetin arttığını söylemek mümkün. Ancak dünyada bir çok ülkede, örneğin İsveç, Norveç, Fransa, İspanya'da kadına karşı şiddet ve kadın cinayetleri yüzde 10 ya da yüzde 20 oranında artarken, Türkiye'de kadın cinayetleri neden yüzde 1400 oranında artıyor? Bu sorunun cevabını bulmamız gerekiyor.

Aktan: "Sizin bu soruya bir yanıtınız var mı?"

-Çatışmalı ortam, iç göçler, militarizm, silahlanma propagandaları, toplumsal yaşamın her alanına sirayet eden ve yerel küçük kopyalarını üreten tek kişinin mutlak ve sorgulanamaz otoritesi üzerine kurulu yönetim modeli gibi Türkiye'ye özgü nedenler var. Ama aynı zamanda cinsiyetçiliğin bir devlet politikası olmasının da bu artışta rolü büyük. Bürokratik mekanizmanın en alt kademesinden en üst kademesine kadar her gün bunun propagandası yapılıyor.

Aktan: "Cinsiyetçi devlet politikasına karşı Türkiye kadın hareketinin vaziyeti ne?"

-Türkiye kadın hareketi, dünyanın en güçlü siyasal hareketlerinden birisi. Türkiye'de kadınlar, "siz erkeklerle eşit değilsiniz" dendikçe, "hayır, eşitiz ve haklarımızdan vazgeçmeyeceğiz" diyerek direniyorlar. Siyasi görüşü ne olursa olsun, ayrılmak, boşanmak istediği için öldürülmek istenen kadınlar elbette haberleri izliyorlar ve günde birkaç kadının, çantasında koruma kararı bulunduğu halde öldürüldüğünü biliyorlar. Buna rağmen vazgeçmiyorlar. Kadınlar, boşanma hakkı için ölümü göze alıyor. Ne yazık ki Türkiye'deki cinayetlerin artışında, kadınlarla erkekler arasında her gün daha da büyütülen eşitsizlik uçurumunun ve buna direnişin de etkisi var.

Aktan: "İstanbul Sözleşmesi'nin Türkiye'de nasıl uygulandığını inceleyen GREVIO (Kadınlara Karşı Şiddet ve Ev İçi Şiddete Karşı Uzman Eylem Grubu) 2018 Türkiye raporunda "Terörle mücadele önlemleri, Güneydoğu'daki güvenlik operasyonları ve darbe girişiminin (İmam kökenli Pensilvanya teröristlerinin darbe girişimi kastedilmekte) ardından memurlara yönelik kitlesel ihraçlardan (Yüz binlerce kamu görevlisi işten atılmıştı.) dolayı kamu hizmetleri sektörünün kaynaklarının zayıflamasının, kadınların şiddetsiz hayat hakkının sağlanması için elverişli ortamı yaratmadığı" ifade ediliyor. Yani GREVİO'nun raporu, antidemokratik devlet uygulamalarının da kadına yönelik şiddete ortam hazırladığı tespiti yapıyor, değil mi?"

-Tabii, üstelik GREVİO Türkiye raporunda, olağanüstü hâlin ve belediyelere kayyum atanmasının kadına karşı şiddetle mücadeleyi nasıl sekteye uğrattığı defalarca vurgulanıyor. Buna rağmen geçtiğimiz günlerde Diyarbakır, Van ve Mardin kentlerine yeniden kayyum atanması, siyasi iktidarın GREVİO raporunda altı çizilen eksiklikleri gidermek bir yana, eleştirilen uygulamaları devam ettireceğini de ortaya koyuyor. Nitekim önceki dönemde, olağanüstü hal gerekçesiyle kayyum atanan herhangi bir yerde, kadınlar lehine tek bir politika uygulandığını görmediğimiz gibi, kadınlar için kazanım oluşturulan bütün kurumların ve mekanizmaların tasfiye edildiğini gördük."

10

Aktan: "Kocasının sistematik şiddetinden kaçan iki çocuk annesi bir kadını ele alalım. Çocuklarından birini almış, diğeri ise şiddet uygulayan babada kalmış. Koca, evine dönmesi için kadını sürekli tehdit ediyor. Annenin bir çocuğu da babada, rehin gibi. Olay adli mercilere yansıtılmamış, çünkü kadın da, sığındığı ailesi de buradan bir çözüm beklemiyor. Kendi evine dönmesi halinde koca şiddetinin devamı ve hatta öldürülmesi ihtimali bile var. Bu kadın ne yapmalı?"

-Çok zor! Böylesi vakalara, kadın örgütlerinin kısıtlı olanaklarıyla çare bulmak çok zor. Doğrudan doğruya devletin sorumluluk alanıdır bu. Sığınaklarla, bunlar yetmeyince 6284 Sayılı yasada öngörüldüğü gibi tanık koruma programının devreye konduğu, belki yüz değişikliği de yapılarak, en kapsamlı korumanın sağlanması gereken bir olaydan söz ediyorsunuz. Ayrıca İstanbul Sözleşmesi, aynen politik suçlarda olduğu gibi, can güvenliği sorunu olan kadınlar için başka ülkeye sığınma hakkı öngörüyor. Fakat bu kadın mutlaka en yakınındaki kadın örgütüyle iletişime geçmeli, kadın dayanışması içinde bütün mekanizmaları harekete geçirmeye çalışmalı. Keza süreç, baroların kadın komisyonlarının desteğiyle yürütülmeli. Öte yandan çocuklardan birinin annede, diğerinin babada kalması hukuk sisteminin kabul edebileceği bir davranış değil. İki çocuğu da yanında olduğunda, anne daha huzurlu biçimde çözüm arayacaktır. Anne, çocuğunu rehin gibi tutup şiddet uygulayan bir adamın elinde bırakmayacaktır. İstanbul Sözleşmesi şiddete tanıklık etmek zorunda kalan çocukların korunması için de özel hükümler öngörüyor.

Aktan: "Diyelim ki olay yargıya intikal etti, boşanma gerçekleşti ve çocuklar anneye verildi. Kocanın tehditleri devam ederken bu hukuki kararın sağlıklı bir biçimde işlemesi mümkün mü?"

-6284 Sayılı yasada, şiddeti önlemek için alınacak tedbirler sayılırken "vb. tedbirler" deniyor. Yani devlet, yüz değişikliği ameliyatından tutun da, kadının kendisini güvende hissedeceği bir başka ülkeye nakledilmesi dâhil olmak üzere her türlü güvenlik önlemini almakla yükümlü. Yasa, hâkimlere bütün bu önlemleri alma yetkisi veriyor. Burada önemli olan, yasayı doğru uygulayacak bir hâkim bulabilmek.

Aktan: "Türk Ceza Kanunu ve İstanbul Sözleşmesi açıkken, neden bunu uygulayan hâkimler istisna?"

-Yargıdaki cinsiyetçi pratikler bunun bir nedeni. Yapılan atamalarda sorunlar var. GREVİO Türkiye raporunda, hakim ve savcıların tecrübeli sivil toplum kuruluşlarınca, örneğin "Mor Çatı" gibi örgütlerle eğitilmesi tavsiyesi var. Fakat uygulamada siyasi kararlılık çok önemli. Şu ana kadar bu siyasi kararlılığı görmedik. Örneğin 1 Haziran 2005 yılında yürürlüğe giren yeni Türk Ceza Kanunu'nun 96. Maddesi, işkence bölümündedir. TCK'nın işkenceyle ilgili düzenlemesi, kamu görevlileri tarafından vatandaşa yönelik davranışları işkence olarak düzenler. 96. Madde ise vatandaşın vatandaşa işkencesini eziyet olarak düzenler ve aynen işkencede olduğu gibi eziyet de bir insanlık suçudur, zaman aşımı yoktur.

Aktan: "Buna aile içi şiddet de dâhil mi?"

-Elbette dâhil. Madde açıkça, suçun işlendiği kişilere göre cezanın niteliğini de düzenler. Herhangi bir kişinin ruhsal ya da bedensel olarak acı çekmesine yol açan bir kişi, 2 yıldan 5 yıla kadar cezalandırılır.

Aktan: "Yani eziyetin illa fiziksel şiddet olması da gerekmiyor, değil mi?"

-Gerekmiyor. Eğer eziyet uygulanan kişi anne, baba, çocuk, eş gibi kişilerden oluşuyorsa, bunun cezası 3 yıldan 8 yıla kadardır.

1 Haziran 2005'te yürürlüğe girmiş olan eziyet suçuna ilişkin bu düzenleme 14 yıldır uygulanmıyor! Bana başvuran, şiddet ve tecavüze maruz kalmış bir kadın için hesapladığımda, yasa layıkıyla uygulansa kocaya 50 yıl hapis cezası verilmesi gerekiyordu. Türkiye 1 Haziran 2005'te kadına karşı sistematik şiddeti işkence olarak TCK'ya sokup son derece etkili ceza hükümleri getirdi. Birleşmiş Milletler bile, kadına karşı şiddetin bazı biçimlerinin işkence olarak tanımlaması gerektiğini 2017 yılında kabul etti. 2005 yılından beri, kadına sistematik olarak eziyet uygulayan kişinin derhal hapse girmesi gerekiyordu ve bu suç eşe karşı işlendiğinde, ceza 3 yıldan başlıyor.

Aktan: "Kadın cinayetleri, idam cezası tartışmasını da her seferinde gündeme getiriyor. İdam cezasının caydırıcı bir etkisi olur mu?"

-TCK'nın 96. Maddesi uygulansa, belki de kadın cinayetlerinin önemli bir bölümünün önüne geçeceğiz. Çünkü aynen bugün tartıştığımız hadım ve idam gibi insanlık dışı ve bizatihi kendisi şiddeti körükleyen cezalar yerine, TCK'da kadına yönelik şiddeti işkence sayan madde uygulansa, birçok kadının ve erkeğin hayatı kurtulur. Bir kadın öldükten sonra, ağırlaştırılmış hapis veya idam cezası verseniz neyi çözeceksiniz? Bu kadını geri getirebilecek misiniz? İdam cezasının olduğu ülkelerin hiçbirinde kadın cinayetlerinin, kadına karşı tecavüz suçlarının son bulmadığı, yani idamın caydırıcı olmadığı ortada. Kadın cinayetlerine karşı idam cezasının getirilmesini istemek, şiddet içeren, insanlık dışı yöntemlerin propagandasını yapmaktan, şiddeti körüklemekten öte bir anlam içermez. Özgecan Aslan'ın katili ya da katilleri hapiste öldürüldü. Peki kadın cinayetleri azaldı mı, hayır! Şimdi aynı zihniyet, Emine Bulut'un katili Fedai Varan için de söz konusu. Devlet, koruması altındaki kişi katil de olsa, onun can güvenliğini korumakla yükümlüdür. "Koğuş linçi" adı altında katilin öldürülmesi, sadece ve sadece küçük, linççi bir azınlığı mutlu eder.

Tecavüz, çocuk istismarı, kadına karşı şiddet gibi büyük suçları azaltmanın yolu, sanıldığının aksine büyük cezalar vermek değildir. Önleyici politika, küçük suçlara etkili, caydırıcı cezaların verilmesidir. Şiddeti o ilk bakışta, o ilk hakarette, o ilk tokatta durdurmaktır. Bunu yaptığınız zaman, kadınıyla erkeğiyle, o çiftin hayatını kurtarırsınız. En başta hoş gördüğünüz zaman, o ilk bakış sözel şiddete, sözel şiddet ittirmeye, saçını çekmeye, tokat ve tekme atmaya, bıçağa, tabancaya doğru büyür.

Aktan: "Emine Bulut, Özgecan Aslan, Münevver Karabulut cinayetleri sonrası idam cezasının getirilmesine dair taleplerin kadın örgütlerinden, feministlerden ziyade erkeklerden geliyor olmasını nasıl değerlendiriyorsunuz?" -Kadın hareketinin ana gövdesi idam, kısas ve hadım yöntemlerine her gün artan sayıda kadının ve kadın örgütünün katılımıyla karşı çıkıyor. Hindistan ve Pakistan'ın köylerinde kısas, tecavüzcü erkeklerin eşlerine ve kız kardeşlerine tecavüz olarak uygulanıyor. Ne kadar farklı bir propaganda yapılırsa yapılsın, kısasın fail erkeklerin ailesindeki kadınlara zarar verme yöntemi olarak çalıştırıldığını biliyoruz. Cinsel saldırıların biyolojik olarak hormonlar ya da organlarla değil, erkeklerin iktidar mücadelesinin, kadınları sindirmenin, kadınlar üzerinde mutlak iktidar ve tahakküm kurmanın aracı olduğunu biliyoruz. Onun için kimyasal ya da cerrahi hadım çözüm değil. Ayrıca kadınlar, idam ve hadım gibi cezaların, siyasi iktidara yakın ya da ekonomik iktidarı elinde tutan çevreler açısından uygulanmayan cezalar olduğunun, bu çevrelerin bir yolunu bulup kurtulduğunun, bu tür cezaların bütün dünyada genellikle yoksullar ya da etnik köken, din, ırk, cinsiyet kimliği vb. nedenlerle ötekileştirilenlere karşı uygulandığının farkında. Kaldı ki Türkiye'de idam cezasının yürürlükte olduğu tarihlerde kadına karşı şiddet veya cinayet nedeniyle tek kişinin idam edilmediğini biliyoruz. Aktan: "İktidara yakın çevrelerin 6284 Sayılı Yasa ve İstanbul Sözleşmesi'ne karşı çıkış gerekçesi ne?"

-Görebildiğim kadarıyla küçük bir azınlık, aileyi dağıttığı ve eşcinselliğin yayılmasına sebep olduğu yalanı ile bir karşı çıkış örgütlemeye çalışıyor. Oysa 6284 sayılı yasa, maalesef bütün çabalarımıza rağmen cinsel yönelim ve cinsiyet kimliği açısından net bir ifadeye yer vermiyor. Fakat "yasada olmayan konularda İstanbul Sözleşmesi uygulanır" göndermesi yapılıyor. İstanbul Sözleşmesi ise cinsel yönelim ve cinsiyet kimliği için, sadece ev içi şiddet söz konusuysa, mağdurlara bu nedenle ayrımcılık yapılamaz, diyor.

Aktan: "Anayasada bu konuda bir hüküm var mı?"

-Anayasanın 10. maddesinde din, dil, siyasi görüş, felsefi inanç, cinsiyet ve benzeri nedenlerle ayrımcılık yapılamaz deniyor. O "ve benzeri" ifadesinin içine bence cinsiyet kimliği ve cinsel yönelim gibi ayrımcılık kategorileri de giriyor. Dolayısıyla Anayasa da cinsel yönelim ve cinsiyet kimliği nedeniyle kimseye ayrımcılık yapılamayacağını düzenliyor. Ne yazık ki Türkiye'de marjinal bir kesim, İstanbul Sözleşmesi ve 6284 Sayılı yasaya LGBT (Lezbiyen, Gey, Biseksüel, Trans) bireylere ayrımcılık yapılmasını engellediği için karşı çıkıyor. Yani devletin yurttaşları arasında, çeşitli nedenlerle ayrımcılık yapmasını talep ediyorlar!

Aktan: "İstanbul Sözleşmesi'nin aileyi dağıttığına ilişkin iddia neye dayanıyor?"

-İstanbul Sözleşmesi'nin adında bile aile kelimesi geçmiyor. Neden olduğu anlaşılmaz bir şekilde Sözleşme Türkçeye çevrilirken, resmi bir tahrifat yapıldı. Daha geniş kesimleri korumaya yönelik "ev içi şiddet" kavramı Türkçeye "aile içi şiddet" şeklinde çevrildi. Ev içi şiddette, aynı ev içinde yaşayan herkesin aile olması gerekmiyor. İstanbul Sözleşmesi'nde bir aile tanımı yapılmıyor, kimsenin aile biçimine karışılmıyor. Kaldı ki, "İstanbul Sözleşmesi aileyi yıkıyor" diyenlerin derdi aile de değil. Onlar erkeğin reis, kadına ve çocuklara canının istediği şiddeti uygulama hakkının olduğu bir aileden bahsediyor. Aile propagandası sadece bir kılıf olarak kullanılıyor. Oysa ne 6284 sayılı yasanın, ne İstanbul Sözleşmesi'nin ne de Türkiye feminist hareketinin eşitlik, özgürlük, karşılıklı saygı ve sevgi temeline dayalı herhangi bir aile biçimiyle sorunu yok. Ama aile kavramı eğer bir cinsin diğer cins üzerinde mutlak iktidarı, kadın cinsinin erkek cinsine hizmet ve itaatinin kurumsallaştırıldığı bir birim anlamına geliyorsa, feministler tabii ki bunu sonuna kadar eleştirip sorgulamaya devam edecekler.

Aktan: "Siyasal İslâm'ın kadına ve aileye yaklaşımıyla kadına yönelik şiddet arasında bir bağ olduğunu düşünüyor musunuz?"

-Siyasal İslâm'ın açmazı bence tam da aile konusunda. Siyasallaşmış İslâm'ın ekonomi, kültür, doğaya saygı gösterme konularında topluma verebileceği hiçbir şey olmadığını sadece Türkiye'de değil, Müslüman çoğunluklu coğrafyaların bütününde görmüş bulunuyoruz. Siyasallaşmış din üzerine oturan iktidar, herkesten daha neoliberal, daha anti-sosyal devletçi, tarihe ve doğaya daha karşı acımasız bir saldırganlık içindeyken, kendi farkını ortaya koyabilmek için elinde tek araç olarak aileyi tutuyor. İktidar, toplumun "değerli cinsi", "insanlığın sahibi ve insanlık tarihinin sürükleyicisi" olarak gördüğü erkekler üzerinden bütün politikalarını gütmek istiyor. İşinden ettiği, mutlak bir yoksulluğa mahkum ettiği erkekleri avutabilmek için ona sunduğu tek şey, iki-üç çocuk ile en az bir kadın eşe reis ilan etmek. İktidar, erkeğin aile içi iktidarla avunmasını bekliyor. Onun için ailede, toplumda, devlette Reisli, yani tek kişinin kararları alıp uygulattığı modelin hayata geçirilmesini bir varlık nedeni olarak görüyor.

Aktan: "Peki muhalefetin, iktidarın bu politikalarına yaklaşımı ne yönde?"

-Türkiye muhalefeti, kürtaj dahil olmak üzere kadın politikalarını gündem saptırma taktiği olarak görerek büyük hata yapıyor. Muhalefetin önemli bir bölümü, siyasal İslam'ın asıl gündeminin tam da kadın ve aile meselesi olduğunu göremiyor. Biz kadınlar olarak yıllar içinde erkeklerde biriktirilen öfke ve hıncın vahşice işlenen kadın cinayetlerine nasıl dönüştüğünü gördük. Bir, iki kurşunla değil, iki şarjör boşaltılarak öldürülmeye başlandı kadınlar. Bir, iki değil, elli küsur bıçak darbesiyle öldürülüyorlar. Bu yöntemler kadına karşı artan düşmanlık ve biriktirilen hıncın dışavurumları. Ancak son dönemde boğaz keserek öldürme olaylarındaki çarpıcı artışın da farkındayız. Öldürme yöntemindeki bu evrimleşme de aslında siyasal süreçlerle doğrudan iç içe geçiyor. Kadın cinayetleri politiktir derken, bu cinayetlerin işleniş biçimlerinin bile devlet politikalarıyla ya da kimi politik çevrelerin propagandalarıyla nasıl paralel yürüdüğünün de altını çiziyoruz.

Aktan: "Yani artık kadınlar IŞİD'vari yöntemlerle öldürülüyor..."

-Evet. Siyasi söylemler soft ya da hard İŞİD söylemleri ile benzeştikçe, kadın cinayetlerinde de IŞİD'vari yöntemler artıyor.

Aktan: "Son dönemlerde kadın haklarına karşı örgütlü bir erkek hareketinin de oluştuğunu gözlemliyor musunuz?"

-Şu anda boşanan kadının nafakasına, evlilik içinde edinilen mallardan eşit pay almasına, miras hakkına, velayet hakkına, takılarına ve hatta boşanma hakkına yönelik kapsamlı bir saldırı var. Saldırganların talepleri içinde TCK değişiklikleri ile çocuklarla cinsel ilişki ve evlilik yaşının indirilmesi, cinsel istismarcılara af getirilmesi, tecavüzcü ile evlendirmenin geri getirilmesi, ceza ya da hukuk, hiçbir davada kadının beyanına itibar edilmemesi konuları da var. Zaten tüm bu saldırılara karşı kadınlar direnemesin, şiddet karşısında yapayalnız kalsınlar diye, kadınları şiddete karşı koruması gereken İstanbul Sözleşmesi ve 6284 sayılı şiddet yasasına saldırıyorlar.

-Aktan: "İktidar bu çevrelerle nasıl bir ilişki içinde?"

-Kadın haklarına karşı örgütlü bir saldırı yürüten bu çevreler aslında siyasi iktidar ile el ele çalışıyor. İktidarın politikalarından güç alıyor, bu politikaları hayatın içinde yaygınlaştırmaya çalışıyorlar. Kritik devlet mekanizmalarına atamalar hep bu zihniyetteki kişilerden yapılıyor. Kendine "aile meclisleri" adını veren bir oluşum, Türkiye camilerinde neredeyse artık ayda bir kez kadın haklarına karşı basın toplantıları yapıyor, toplaşıp dualar ediyorlar. İktidarın sahip olduğu tüm medyada bu adamlar boy gösterip kadın karşıtı, eşitlik karşıtı, hak karşıtı propaganda yapıyorlar. Siyasal İslam'ın kadın konusundaki "ılımlılığının" sınırı buraya kadar. İzlemekte olduğumuz İŞİD'in elli tonu.

Aktan: "Peki kadın karşıtı cephenin toplumdaki oranı, karşılığı ne? Bu cepheye karşı örgütlü olmayan kadınlar nasıl ortaklaşıyor?"

-'Mağdur babalar', 'mağdur kocalar gibi' garip isimler alan bu adamlar bir avuç insan aslında. 2015'de Adil Gür'ün yaptığı bir araştırma, kadınların yüzde 86'sının kadın örgütlerini desteklediği gösteriyordu. Bu rakam, kadın hakları söz konusu olduğunda her siyasi görüşten kadının bir araya geleceğini gösteriyor. Kadir Has Üniversitesi'nin 2018 yılında yaptığı Toplumsal Cinsiyet araştırması sonuçları da çok önemli. Ailesinin dirlik ve düzeni için erkeğin zaman zaman şiddete başvurabileceğini söyleyenlerin oranı 2016'da yüzde 14 iken, 2017'de yüzde 10'a, 2018'de yüzde 5'e düşmüş. Yani Türkiye toplumunun yüzde 95'i zaman zaman da olsa erkeğin şiddet uygulama hakkı olmadığını düşünüyor.

Aktan: "Bu tablo, toplumun feminizme, kadın hakları hareketine yaklaşımıyla ilgili ne anlatıyor?"

-Her iki araştırmaya göre 'marjinal' etiketi yapıştırılmaya çalışılan feminizmi toplumun yüzde 60'ı olumlu bir görüş olarak değerlendiriyor. İşte tam bu nedenle KADEM (Kadın ve Demokrasi Derneği) ve Erdoğan şu anda kritik bir karar aşamasında. Gerçek marjinaller olan bir avuç kadın düşmanı adamla birlikte mi hareket edecekler, milyonlarca kadının "haklarımıza dokunmayın" talebine mi kulak verecekler? Yeni yasama yılında özellikle nafaka ve çocuk istismarcılarına af konusundaki gelişmeleri hep birlikte görüp izleyeceğiz.

Kadın-erkek diğer siyasetçilerin ve tüm kamuoyunun da insan hakları, eşitlik, adalet ve demokrasi sınavı olacak bu süreç.

Sıkıldınız mı yoksa? Uzun bir söyleşiydi. Belki bildiğiniz konulardı ama böyle şeyleri okumaya devam etmeliyiz arkadaşlar. Bildiğimizi sandıklarımızı aslında bilmiyoruz. Her konuda konuşuruz ama boş laf söyleriz. İnanmadan, düşünmeden üfler, mangalda kül bırakmayız. Mesela İslam'ın kadına verdiği önemden söz ederiz; kadına en çok işkence edenlerin ibadet edip dini söylemleri ağzından düşünmeyenler olduğunu görmeden... Bir şey daha diyeceğim, sözü uzatmadan... Neden erkekler bu kadar kadın düşmanı oldu? Dinleyin... En önemli nedenin cahillikle birleşen ekonomi olduğunu düşünüyorum. 2019 Türkiye'sinde ekonomi o kadar bozuldu ki, hatırlayın soğanın, patatesin 10 lira olduğu günler gördük. Bence erkekler artık ailelerini geçindiremiyor. Çoğu cinnet geçirmekte. Hapishanede ekmek elden su gölden... Yaşadığımız hayatla kıyaslarsan korkunç bir yer değil ki... Ayrıca cinayetten ömür boyu hapis yatan mı var... Bir af çıkar kurtulursun, iyi halden indirim alırsın. Örnek mi? Çoook! Saymakla bitmez. Hapiste mesela, iş arayıp çocuk büyütme, aile geçindirme sorumluluğun yok. Kadın katilleri, içeriye girmekle kaçış yolu buldular diye düşünmekteyim. Hapishane dışındaki hayat gerçekten korkunç, tutsaklıktan farksız, evde, çarşıda, pazardaki hayat, içeridekinden daha iyi değil. Şunu da hatırlatırım: Bu kültürde namus için cinayet işlemek "aileme bakamaz hale geldim, babalık görevimi yapamıyorum..." demekten daha kolay. Mesela şunun araştırılmasını isterdim: Kadın katilleri arasındaki işsizlik oranı ne kadar? Sayının oldukça yüksek olduğunu düşünmekteyim.

Bir diğer konu da elbette eğitim. Çocuklarımıza nasıl bir eğitim veriyoruz. Bilimsel eğitimden uzaklaştık mı? Evet. Uzaklaştıkça daha bağnaz, daha liyakat sız bir toplum oluyor muyuz? Evet. Bildiğiniz gibi din eğitimine verilen önem arttıkça (!) kadına, çocuğa yönelen şiddet de artmakta. Hiç beklemezdiniz ama maalesef böyle. Suçlusu İslam mı? Bence değil. İslam üzerinden iktidara gelenler bize; milletimize ne yaptı onu araştıracağız. Olayın önce ekonomik, sonra kültürel boyutlarını da incelememiz gerekiyor. Özellikle, toplumsal yapımızı ters yüz eden Pensilvanya teröristlerini iyi tanımamız lazım. Hâlâ aramızda oldukları kesin mi? Evet. Önce bu zihniyeti, tutundukların devlet kurumlarından, camilerimizden, diyanet işlerinden söküp atmak zorundayız. Yeri geldikçe bu meseleyi de konuşalım istiyorum. Pensilvanya teröristlerini anlamadan kadına yönelen şiddeti de anlayamayacağımızı düşünmekteyim.

11

Tam hukuksuzluk dönemine Pensilvanya teröristlerinin iktidar ortağı olmasıyla girdik... öyle mi? Öyle. Peki... Bu durumun hâlen devam etmekte olduğunu nereden anlıyoruz? Olanlardan; mahkemelerde, okullarda olup bitenlerden, yaşananları görüp adalete olan inancımızın çürümeye devam etmesinden bilip anlıyoruz. Peki.... Güvenlik güçlerinin halk için olduğuna inancımız var mı? Benim yok. Neden? Pek çok neden var da, iki gün önce şöyle bir olay oldu: Kan davası yüzündenmiş... Batman otogarında adamın biri kamera önünde cinayet işledi. Ben gördüğümde (TV'de izledim) katil, elinde bıçakla, yerde, kan kaybetmekte olan şahsın başında duruyordu... Polis, o sıra, yaralıyı kurtarmak için nedense hiç bir şey yapmıyordu. İsteseler, dizinden, ölmeyecek bir yerinden vurup, suçluyu kelepçeleyip etkisiz hale getirebilirlerdi. Elindeki bıçakla katil herif, rahat bir şekilde durmuş, bir çok yerinden yaraladığı kişinin ölmesini beklemekteydi. Biri de, o sıra olanları (tesadüfen tabii) cep telefonuna kaydediyordu. Bu da önemli arkadaşlar.. çünkü, medyanın yapması gereken işleri gününüzde, hem de en kritik zamanlarda halk yapmakta. Nicedir medya, medya olmaktan çıkıp iktidar lehine toplumu yönlendirme aracı haline geldi. Buradan şu sonuç çıkar: Kim bilir bugüne kadar daha kaç haber, kaç cinayet olup bitti de milletin ruhu bile duymadı. Gazeteciler duysa bile olayları değiştirerek haber yapmaktalar. (Az sayıdaki iyi gazetecilerimizi ayrı tutarak söylüyorum. Mesela İsmail Saymaz'ı...) Vatandaş görmese, İnternet olmasa, suç niteliği taşıyan pek çok hadiseden kimsenin haberi olmayacak... İzmir'in kilometrelerce; 500 hektar ormanı dört gün boyunca geceli gündüzlü yandı da kömür karası içindeki dağları, kelleşen, zift dökülmüş gibi duran kayalıkları kamera uçurup bir kere bile halka göstermediler. Millet, sorumluların yakasına yapışmasın diye olayı soğutmaya çalıştılar. Bir kaç kısa görüntü ve "ah, vah, elimizden geleni de yaptıydık ama... Ne edelim, uçakların içine kuşlar yuva yapmış. Ya.. çok acı ama gerçek..." söyleminden başka milletin bir şeyden haberi olmadı. Şimdi düşünün.. Evladınız, Batman otogarındaki vatandaş gibi polisin gözü önünde öldürülse... (Allah göstermesin!) polis bir şey yapmayıp seyirci kalsa...

Ne hissedersiniz? Ben, izlerken dayanamadım... kahrımdan öldüm, duramadım... Hâlâ duramıyorum... Adi heriflerin; polis olacak liyakatsizlerin görevden uzaklaştırıldıklarını duydum ama öfkem geçmiyor, hâlâ hakaret edip duruyorum. Bu ülkede var ya, çocuk bile demeden (Allahsız vicdansızlar) bugüne kadar kaç kişinin kafasına kurşun sıktılar. Berkin Elvan'a mesela. 16 yaşındaki çocuğu terörist deyip gaz fişeğiyle kafasından vurdulardı. Nedense o gün, Batman otogarında, katile kıyıp da ayağına bile ateş edemediler. Kimdi bu gözü dönmüş, dokunulamayan katil? Devletin gözü önünde adam öldürdüğüne göre önemli biri olmalı... Biz bilemeyiz. Aşiretten olanlar bilir ancak. Bir de polis bilir. Bölgenin ileri gelen aşiretlerini güvenliğimizden sorumlu olanlar tanır. Aşiret deyip geçmeyin, çok önemliler... 2019 Türkiye'sindeyiz, dikkatinizi çekerim.. devlet içinde devlet olmuşlar. Vatandaşlarımızın bir kısmı hâlâ aşiretlerle, melelerle yönetilmekte. İktidar kazanamayınca ikinci kez yapılan İstanbul seçimlerinde de boy gösterdiler lakin etkili olamadılar. Cebimizde en iyisinden cep telefonları taşıyıp lüks otomobillere binsek de kafalar hâlâ sarıklı, hâlâ aşiret kafasındayız. Kadın öldürüp adam kesip "namusumu, onurumu kurtardım" dememizden, cemaatçi bir partiyi senelerdir iktidara getirmemizden belli. Mele kültürüne gösterilen saygıyı siyasetçilerimizde iyi bilip uygulanmakta... Neyse... Bize de yazıklar olsun ki zamanında, Atatürk'ün kuruduğu Cumhuriyete sahip çıkıp bu hukuk tanımayan, din sömürüsüne dayalı vahşi düzeni yıkamadık. Her yıl görüyorum; seçimler yaklaşınca ne kadar aşiret varsa baş tacı edilirler. "Allah hepsinin belasını versin de döktükleri kanda boğulsunlar" deyip kapatalım bu konuyu. Hızlıca müdahale edilseydi otogardaki şahıs belki de ölmeyecekti. İlginç bir durum da şu: Polis, katilin bıçağından korkmuş gibi davranıyordu ya, çevredeki vatandaşların da o sıra uzaktan sesleri geliyordu, "Sıkın! Sıksanıza lan! Niye sıkmıyorsunuz?" diyerekten... Ateş edilecek yerde ateş etmeyen güvenlikçilerin nezaketi karşısında onlar da şaşırmıştı... Her neyse... Olayla ilgili şu haberi de okuyalım son olarak.

Başlık şu şekil: "Batman Şehirlerarası Otogarda yaşanan kan davası cinayetinin korkunç görüntüleri ortaya çıktı..." Devamına da bakalım: "20 yaşındaki genci bıçaklayan ve can çekişmesini seyreden katil zanlısı, çevredekilerin müdahale etmesini de engelledi. Bu sırada güvenlik önlemi alan polislerin katile müdahale etmemesi ise tepkilere neden oldu. Batman Şehirlerarası Otogarı'nda kan davası yüzünden çıkan ve 20 yaşındaki Suat Yüksekbağ'ın hayatını kaybettiği olayın korkunç görüntüleri izleyenleri çileden çıkardı. Çok sayıda bıçak darbesiyle yaşamını yitiren Suat Yüksekbağ'ın ağabeyi geçtiğimiz yıl Siirt'in Baykan ilçesine bağlı Ziyaret beldesinde bir cinayet işledi ve bu nedenle cezaevine konuldu. İddiaya göre; öldürülen şahsın ailesi cinayeti kan davasına döndürdü ve intikam peşine düştü. Suat Yüksekbağ'ın 15 gün önce askerden geldiğini ve babasının yanına mevsimlik işçi olarak çalışmaya gideceğini haber alan R.K. ve A.K. kardeşler öldürülen ağabeylerinin öcünü almak için Batman Otogarı'nda pusu kurdu.

Yüksekbağ'ı otogarda gören R.K. ve A.K. kardeşler korkunç cinayeti işlemek için harekete geçti. Yaşanılan kovalamaca sonucu otogar içinde talihsiz genci yakalayan R.K. ve A.K. kardeşlerden biri Suat Yüksekbağ'ı defalarca bıçakladı. Kavga sırasında büyük bir kargaşa yaşanırken Yüksekbağ'ı bıçaklayan kardeşlerden biri soğuk kanlılıkla başında bekleyip çevredekileri yaralı gence yaklaştırmadı. Kanlar içindeki gencin başında bekleyen ve can çekişmesini seyreden katil zanlısına polisin de uzun süre müdahale etmemesi dikkat çekti. Katil zanlısı talihsiz gencin başında beklerken polisin etrafa toplanan kalabalığı uzaklaştırmakla meşgul olduğu cep telefonu kameralarına yansıdı. Görüntülerde, dakikalar sonra sivil giyimli bir kişi katilin elindeki bıçak ve sopayı alarak polise teslim etti. Ağır yaralanan ve dakikalarca yardım bekleyen talihsiz genç ise, yapılan tüm müdahalelere rağmen kurtarılamadı. Batman Bölge Devlet Hastanesi'nde yapılan otopsinin ardından yakınları tarafından cenazesi alınan Suat Yüksekbağ, memleketi Siirt'in Baykan ilçesine bağlı Atabağı beldesinde gözyaşları arasında toprağa verildi. Korkunç cinayetle ilgili ise 4 kişi gözaltına alındı."

Bu hadiseyi TV'de izledim, (İnternette de var elbet) haberi de bir gazeteden aldım arkadaşlar. Nasıl bir ülkede, nasıl bir güvenlik içinde yaşadığımızı görüyorsunuz değil mi? "Aşiret, cemaat devleti" dediğim için kızan olabilir. Kızmayın. Ben de sizin gibi vergi veren, sorgulayan bir vatandaşım. Daha adil bir ülkede güven içinde yaşamak istiyorsak sorgulayacağız. Dikkat edin.. biri, gelip polisin gözleri önünde canınızı alabilir... Kendimizi bir an için Batman'da öldürülen şahsın babası yerine koyalım. (Ş'nin yakınlarını düşünün bir de...) Evladınızı kaybetmeniz acı da, daha acısı var.. o da, devletin, halktan gelen tepkilere rağmen cinayeti izlemiş olmasıdır. Olaya anında müdahale edilmemiş olması beterin beteri, her şeyden daha acı. Devlet gücünün zanlıyla birlikteymiş gibi görünmesi bana, vicdanı olan herkese evlat acısı gibi ağır geldi. O polisler görevlerinden alındı diye duyurulmakta ya bu günlerde... İnanmıyorum... Tamamen işten alınacaklarına; meslekten çıkarılacaklarına siz inanabiliyor musunuz? Torpili olanların öne geçtiği, cezasızlık mertebesinde hayat yaşadığı günümüzde siz buna inanabiliyor musunuz? İnanmayı çok isterdim. Keşke başımızda şaibesiz, sözlerine güvenebildiğimiz, her işi sahibine veren, liyakat temelli bir hükümet olsaydı. Keşke bir zamanlar Pensilvanya teröristleriyle düşüp kalkan yöneticilerimizin ihanet içinde olmayıp malımızı, canınızı koruyacağından emin olarak yaşayabilseydik. Her neyse... Durum ortada. Gelelim Ankara'daki Ş davasına... Bu davanın 4. duruşmasına 43 gün kaldı. Deminden beri ne hissettiğimi anlatıyorum... Tıpkı Batman Otogarı'nda görevini yapmayan polisler gibi Ş davasında da hukuk insanları, adaletin, (haliyle devlet olmanın da) gereğini yerine getirmiyorlar. Halk, özellikle kadın hakları savunucuları olmasa hemen ipe un serip delil yetersizliğinden(!) sanıkları serbest bırakırlar.

Aklınızdan çıkarmayın bunu. Bugüne kadar, ispat yetersizliğinden kapatılan kaç dava, kaç kadın cinayeti oldu Allah bilir. Bütün ölümlere halk sahip çıktı mı? Hayır.. çıkamadı, çıkılamamakta... Emin olun, kadınların isyanı bitsin bütün haber kanalları Sarayın canı sıkılmasın diye olayları görmezden gelir... Hep yalan haber yaparlar, "kendi uçağımızı yaptık, satıyoruz, kendi petrolümüzü bulduk, kullanıyoruz" diyerekten.

Çok sayıda haber kanalı var zaten, hepsi bu şekil; dilsiz şeytan olmuşlar... Muktedirimiz Efendimiz üzülmesin diye hep iyi şeylerden söz ederler. Yoksa iyi bir şey, uydurup anlatırlar... Kızıyor musunuz yoksa! Kızmayın! Bu konuları yazmak benim de hoşuma gitmiyor! Lütfen ama... Kusura bakmayın... Bunları konuşmazsak mum gibi eriyip gideceğiz.. Aziz Nesin'e, son yıllarında, neden eskiden olduğu gibi hikâye, roman yazmadığını sormuşlardı, gençler hatırlamaz... Usta yazarımız aynı zamanda demokrasi aktivistiydi... Gemi su alırken hikâye yazılamayacağını söylemişti. Şuan bu duygular içindeyim. Gözümü olaylara kapatıp senaryo, hikaye, roman uyduramam. Kuşkusuz gerçeğin de romanı yazılabilir ama ona da yetenek gerekir. Bende olmadığını bildiğim şey bu. İçinde bulunduğumuz koşullar o kadar ağır ki, ne roman yazması.. kederimden başımı kaldırıp nefes bile alamıyorum. Sadece buraya notlar düşüp kendimi avutmaya çalışmaktayım. Belki yazılarımı sizden sonraki kuşaklar hikayeye dönüştürürler. Olur mu olmaz mı orasını bilemem... Durun! Bir şeyi daha diyeceğim... Aslında ben sözlerime de inanmıyorum. Keşke çok değerli şeylerden söz edebilseydim. Ne desem boş...Yine de yazmaya devam edeceğim. Nedenini bilmiyorum ama bazı şeyleri yazmam gerektiğini düşünüyorum.

Farkında mısınız her şey nasıl hastalıklı hale geldi. Meyvelerin tadı kaçtı, çeşmelerden su bile içemez olduk. Her şey hormonlu... Temiz su kaynaklarımız, yiyip içtiklerimiz her günümüz biraz daha kirlenmekte. Can derdine düşmüşüz... Hiçbir şey kalıcı değil... Neyin hikayesini yazacaksınız. Kitaplar gibi aşklar da hormonlu artık. Bildiğim bütün aşklar gibi edebiyat da ağır bir hastalıkla (belki hormonlu duygularla) boğuşmakta. Şunu da söyleyeyim: Son zamanlarda okuduğum edebiyat eserlerinin hiç birinden zevk almadım. Okurken değişik duygular kaplar oldu içimi. Türkçe'nin bir gün öleceği duygusu da bunun içinde. Türkçemiz adına da her gün biraz daha çok üzgünüm. Şundan: İnanın buna ki bilimi, sanatı gelişmeyen ülkelerin dili de gelişmez, ölmeye mahkumuz. Türkçemiz ölüyor arkadaşlar. Böyle devam ederse edebiyatımız da ölecek. Mümkünse hikayelerinizi İngilizce yazın. Ya da gelin, Cumhuriyetimizin yönünü yeniden Atatürk'ün gösterdiği hedeflere çevirip Türkçemizi yaşatalım. Bunu yapamadığımız sürece yazmanın da anlamı kalmayacak. Her şey anlamını kaybetmekte...

Türkiye teslim olduğunda göreceksiniz, dünyada sade kapitalistler ve onların uydusu olan ülkeler kalacak. Bütün ülkeler, Uluslararası sermayenin arka bahçesi haline gelecek... Neyse... Büyük laflar bunlar, boyumu aşan sözler ettim... Milletçe nasıl yok oluyoruz ona dönelim tekrar... Bağışlayın beni.. İyi bir sözüm yok diyebileceğim. Dost acı söylermiş... Meseleye böyle bakmanızda yarar olduğunu düşünüyorum.

Tamam. Unutalım bunları. 23 Ağustos 2019 tarihine gidelim. Konumuz kadın cinayetleri... Nedenlerini konuşuyoruz. 46 bıçak darbesiyle öldürülen Tuba Erkol cinayetinden söz edelim biraz da... İçiniz kararacak... Maalesef elimden bir şey gelmez... Benden güzel şeyler, mutlu aşk hikâyeleri duymayı beklemeyin. Zira cehennemin dibine bakıp yazıyorum. Güneş karanlığın en koyu olduğu yerden doğarmış ya, bu nedenden... Karamsar olabilirim ama umutsuz değilim... Kararmanın en koyu olduğu yere varıp güneşi görmeye çalışmaktayım. Şimdiki zifiri karanlığımda sadece kadınların yaktığı mum ışığını görebiliyorum. Geride ne varsa hepsi cehennemin dibinde. Cayır cayır yanıyoruz. Sadece kadınların özgürlük, eşitlik, adalet isteyen sesi duyulmakta. Ölmeye, öldürmeye karşı duran kadınların sesi... Belli ki günün birinde güneş yine doğacak ve parlayan ufka ilk kadınlar selam duracak... Şimdi ben ne yapıyorum? Anlamayanlar olabileceğini düşündüm demin. "Hikaye yazmıyorsa, ne anlatıyor bu adam" diyenler olabilir. Tekrar edeyim: 16 Ekim'deki Ş davasını beklerken, duyup okuduğum kadın cinayetlerini yazıyorum. Nasıl yazmayım... Temmuz ayında 31 kadın öldürüldü. Haziran'da 40 kadın. Mayıs ayından 37 kadın. Ağustos ayında da 50 kadın. Geldik mi Eylül'e? Cinayetler olanca hızıyla devam etmekte. Bunlar unutulacak olaylar değil ama unutulur. Bizim gibi ülkelerde her şey çabuk unutup kanıksanır, "hayatın doğal akışı" der geçeriz. Cahilliğin işe yarayan bir yani varsa o da budur. Şaşkın, kendi haline mutlu ördek gibi olursunuz. Yani başımızda adam doğranırken yüzmeye gidersiniz. Bıçak gırtlağınıza dayanıksız değin yani son âna kadar mutlu yaşarsınız... Lanet olsun bize ki şehit cenazelerine alıştığımız gibi gün gelir, kadın ölümlerine de alışırız. Her ay yüz kişi ölse de alışırız. Evet, çok kızgınım.

Yazmaya değmez ama yazacağım; unutulmasın diye her şeyi yazmak istiyorum. İnsan olmadığımızı, insanlıktan çıktığımızı, tarikat toplumu olduğumuzu, Allah'a eş koştuğumuzu, Allah, hukuk, adalet, demokrasi yolundan ayrıldığımızı, gücü gücü yetene bir toplum haline geldiğimizi yazmak istiyorum. Benim gibi pek çok kişi yazmaya devam ediyor. Bu günleri unutmayacağız... Ölenleri anlatırken Ş'nin ölümünü de anlatmaya devam edeceğim. 2019 yılı nasıl bir yıldı diye soracak olanlara ileride kaynak olabilecek bir kitap hazırlıyorumdur belki de...

Tuba'nın öldürüldüğü tarih olan 23 Ağustos gününden söz etmiştim demin... Tuba, Konya'da "koruma tedbir kararı"na rağmen eve gelen eşi tarafından, 3 çocuğunun gözleri önünde 46 bıçak darbesiyle öldürüldü. İddianameden alınan bilgilere göre 16 yıl önce evlenen ve birlikteliklerinden 3 çocukları dünyaya gelen 40 yaşındaki Bekir Erkol ile 37 yaşındaki Tuba Erkol geçinemeyip kavga ediyorlardı. 18 Ağustos gecesi yine kavga ettiler. Bekir, boğazını sıkmak suretiyle eşini darp etti. Gece yarısı karakola giden Tuba, 30 gün süre ile "önleyici tedbir kararı" almıştı. 4 gün sonra eve gelen Bekir, 3 çocuğunun gözleri önünde 14'ü ölümcül olan 46 bıçak darbesi ile Tuba'yı öldürdü. Hapse atıldı. Hakkında "canavarca ve eziyet çektirerek öldürme suçundan" ağırlaştırılmış müebbet hapis istenmekte. Savcı Ayşegül Akyüz tarafından hazırlanan iddianamede çocukların cinayete nasıl tanık oldukları bütün detaylarıyla anlatılmakta. Bekir, savunmasında eşinin kendisini aldattığını, bu nedenle tartıştıklarını öne sürüyor. İfadesinde, çocuklarının "baba yapma" diye bağırdıklarını da anlattı. Ağır ceza mahkemesine dosyayı gönderen Cumhuriyet savcısı kadın, nedenlerini belirterek, cezada "haksız tahrik indirimi" yapılmamasını istedi. Savcı, zanlının daha önce de Tuba'yı darp ettiğini, hakkında tedbir kararı bulunduğunu, suç işleme kararlılığında tereddüde düşmediğini, çocuklarının gözleri önünde "canavarca hisle" cinayet işlediğini belirtti.

Biraz duralım şimdi... Siz de merak eder misiniz? Bildiğiniz gibi kimine uygulanan, kimine uygulanmayan ceza kanunumuzda "idam" yok ama "canavarca hisle" cinayet işleyenler, özellikle de kadın katilleri, tecavüzcüler, davaları görüldükten bir süre sonra hapishanedeyken paşalar gibi yatamayıp ölümü tadarlar, hem de canavarca bir hisle, kin ve nefret duygularıyla öldürülürler ki anlatmaya kelimeler yetmez. Gazetelik olay olsun, duymayan kalmasın diye katil, başka bir katilin canını, âleme ibret için alır. Hem de ortalık polisle, silah araması yapan cihazlarla, türlü güvenlik önlemleriyle doluyken...

O silah, bir şekilde bütün engelleri aşıp katilin boğazına saplanır. Başkalarına yaşatılan acı neyse bedeli bu şekilde ödetilmiş olur. Bundan kaçılamaz. Herkes mi yaşar bunu? Elbette ki hayır... Zengin olan yaşamaz mesela. Bunun için ne yaptıklarını, sistemi nasıl kurduklarını bilmiyorum ama tahmin edebilirim. Mesela birileri şu anda, kim bilir kaç varlıklı mahkumun banka cüzdanını emmekte... "Biz olmazsak seni bir gün bile yaşatmazlar abi!" diyerekten... Mesela Ş'nin katilleri de bu günlerde başka katillerle aynı koğuşa konmamak için birilerine para yediriyor olabilirler. Bilemem. Tamamen tahmin bu. Gelelim öldürülenlerin sayısına: Bugüne kadar hapisken öldürülen kaç kişi oldu? Çok merak etmekteyim... Kaç kişinin infazı, "hiç haberimiz olmadı" diyenlerin bilgisi dâhilinde hapishanede yapıldı? Ne kadar ilginç değil mi? Keşke araştırılmış bir konu olsaydı bu. Belki de araştırılmıştır. Bilen varsa haber edin arkadaşlar. Eğer yoksa, akademisyenlerimize öneriyorum; konuyu araştırmalarında yarar var. Bu hukuksuzlukta neye faydası olacağını bilmem fakat bir gün işe yarar diye düşünmekteyim. Son 10 yılda kaç suçlu devletin gözetimi altındayken hayatını kaybetti? O hapishanelerde neler yaşandı? Ne tür linçler yapıldı. An itibariyle demir parmaklıklar ardında neler olup bitmekte? Katil, katilli öldürüyor, görevliler suça ortak olup hapishanelere silah sokmaktalar ya da sokulmasına seyirci kalmaktalar. Dedim ya benimkisi sadece varsayım. (Hem canım, ne var bunda. Her ülkede olan şeyler. Değer mi üzülmeye, öküz altında buzağı aramaya...) Gerçeği gazeteciler araştırıp bulmalılar, gazeteci kaldıysa tabi... Öldürmek için silah da gerekmez. Bir ip, bir poşet de eter. Bunlar da yerine göre silah olarak kullanılabilir. Hiçbir şey yoksa toplanıp linç girişiminde bulunurlar. Hiç duydunuz mu bu güne kadar, "Yasa var, kimse devletin güvencesi altındaki birini öldüremez" diyeni... Diyemez zira o da, linç edilmekten korkar. "Tecavüzcü katilin ölümüne mi üzüldün şerefsiz!" deyip linç ederler adamı? Katili savunmak ne demek... O da insan, onun da hakları var deyip konuşanın vay haline. Yanisi şu ki arkadaşlar, büyük bir şiddet sarmalı içinde yuvarlanıp gidiyoruz... Sorum vardı, anlaşılmadı sanırım. "Kaç katil hapisken, başka bir katili öldürdüğü için yeniden hapisle cezalandırıldı?" diye soruyorum. Demir parmaklıklar ardındaki katilleri öldüren katillere bir şey, mesela, iyi halden indirim yapılmakta mıdır? Kimi katiller, halkın yüreğine su serptikleri için madalya verilesi katillere dönüşmekte...

Merak ettiğim konulardan biri de şu: Zindanda infaz varsa, mesela, Ş'nin katillerine de uygulanacak mı? Sanmam. Gariplerin gücü, garip olana yeter. Yoksul katil, kendisi gibi yoksul birini öldürmekte. Zengin olursan hapishanede de kimse kılına zarar veremez, anlıyor musun? Beğenmiyorsan başka ülkeye gideceksin canım kardeşim... Bu ülke böyle... Demokrasi memokrasi, insan hakları bizi bozar!

12

Kızmaca yok. Bu yazı dizisi boyunca gerçeği, sadece gerçeği konuşacağız. Dostluk da bunu gerektirir... Şimdi... Gelelim

Özgecan cinayetine... 19 yaşındaki üniversite öğrencisi Özgecan Aslan'ın nasıl öldürüldüğünü duymayan kalmadı. Tekrar hatırlatacağım. Üniversitede psikoloji okuyan Özgecan, 4 yıl önce, 15 Şubat 2015 de öldürülmüştü. 26 yaşındaki katilin (minibüs şoförüydü) neler anlattığını unuttunuz değil mi? Şöyle demişti yolda gördüğü genç kızı otobüsüne alan katil: "Özgecan, 'Mersin'e gideceğim' dedi. Ben D-400 karayolu yerine Hal Kavşağı'ndan otoban istikametine gittim. Özgecan ters yöne gittiğimi daha sonra fark etti, bana bağırmaya başladı. Ben de biraz gittikten sonra aracı kenarda durdurdum, tecavüz etmek amacı ile saldırdım. Ancak boğuşmaya başladık, bu sırada cebinden çıkardığı biber gazını yüzüme sıktı, tırnakları ile de yüzümü parçaladı. Direnerek tecavüz etmemi engelledi. Bu sırada tırnaklarıyla yüzümü parçalayarak canımı çok yaktı. Bir anda kendimi kaybettim. Araçta bulunan bıçağımı rastgele sallamaya başladım. Sinirden korkudan ne yaptığımı hatırlamıyorum. Kaç defa sapladığımı hatırlamıyorum. DNA testinde delil bırakmamak için de iki elini bileklerinden kestim, cesedi yaktım. (Bu arada alakası olmasa da, Ş'nin tırnakları arasındaki DNA'ları da unutmayalım.) Bıçakladıktan sonra ölmediğini gördüm ve araçta bulunan levye ile kafasına defalarca vurmaya başladım. Öldükten sonra da aracın içerisine gizlediğim cesetle tekrar Tarsus şehir merkezine geldim. Babamı ve arkadaşımı alarak, cesedin ortadan kaldırılması ve geride hiçbir ipucu bırakmamak için de yakmamız gerektiğini söyledim. Babam Necmettin ve arkadaşım Fatih Gökçe ile eski Ankara D-750 karayolu Çamalan Köyü'nün yakınlarında bulunan Alman Mezarlığı bölgesine gittik. Babam ve arkadaşımın yardımıyla araçtan cesedi indirip Cin Deresi kenarına bıraktık. Üzerine benzin döküp, çakmağı çaktım. Cesedi ortadan kaldırmak için yaktım. Çünkü gömmeye zamanımız yoktu. Cesedin yakılmasını ben istedim, çünkü bulununca tanınmaz diye düşündüm. Jandarma aracını görünce (o sıra jandarma trafik denetimi yapıyor) çok panikledik. Yakalanmamak için de sakin olalım diye aramızda konuştuk. Kontrol noktasına geldiğimizde otobana nereden çıkacağımızı sorduk. Jandarma erinin tarif ettiği yön yerine başka tarafa gitmeye karar verdik. Bu sırada arkamızdan gelen jandarma, aracı kenara çekip, neden tarif edilen yön yerine başka yöne gittiğimizi sorup aşağıya indirdi. Aracın içinde bir yerinde kan lekesi gören jandarmaya, 'iki müşteri kavga etti, onların kanı' dedik. Ancak, kuşkulandıkları için gözaltına alıp Tarsus İlçe Jandarma Komutanlığı'na götürdüler. Jandarma yaptığı araştırmadan sonra sabah saat 05.00'te bizi serbest bıraktı. Daha sonra aracı babama teslim edip onlardan ayrıldım. Öğle saatlerinde ise telefonumdan internete girince babamın ifadesi ile Özgecan'ın cesedinin bulunduğunu öğrendim. Çok aşırı panikledim. Gün boyunca şehirde gezdim. Akşam saatlerinde yakalandım."

Evinde yapılan aramada, kullanılmayan bir klozette, moloz yığını altında Özgecan'ın bilekleri bulunan baba Necmettin Altındöken'in ifadesi: "Suphi'nin önce bileklerini mi, yoksa boğazını mı kestiğini hatırlamıyorum. Muhtemelen önce bileklerini kesmiş olması lazımdır... Saat 21.20 sıralarında oğlum Ahmet Suphi arayarak, 'Kavga ettik. Hemen yanıma gel, köşeye çık' dedi. Üzerimi değiştirmeden istediği sokak başına gittim. Camını açarak, "Kavga ettik, yolcuyu indirdim' dedi. Bana 'Fatih gelecek, hazırlan, Fatih'in köydeki evine gideceğiz,' dedi. Eve döndüm. TV izlerken Suphi aradı. "Aşağıya gel" diye... Aşağıya indiğimde Suphi şoför koltuğunda oturuyordu. Yüzündeki çizikleri fark ettim. Sorunca, 'kavga esnasında kız cırmaladı' dedi. "Daha Fatih'ten mazot alacağım. İçeriden mazot bidonunu getir' dedi. Beyaz renkli boş bidonu getirdim ve minibüsün önüne koydum. Daha sonra oğlumun arkadaşı Fatih Gökçe geldi. O geldiğinde aracın ön tarafında ayakta bekliyordum. Suphi minibüsün arka tarafına, yolcu bölümüne biniyordu. İçeriden yastık kılıflarını söktükten sonra bana, 'Bunları al, geline ver, yıkasın' dedi. Ben de kılıfları aldım. Koltukta kitapları gördüm. Kılıfları alıp kenara attım. Nereye koydum bilmiyorum. Bu sırada Suphi benden çuval istedi. Ben de avludaki iki çuvalı kapının önüne getirdim, Suphi çuvalları benden aldı. Fatih, Suphi'ye hitaben, "Boğazını kestin mi, kesmediysen kes" diyordu. Ben bu şekilde minibüsün arkasında birisinin yattığını öğrendim. Suphi'ye de "Kim bu oğlum?" dedim. O da, "Kavga ettiğim yolcu bana çok hakaret etti" dedi. Ben de kendisine "Yaktınız beni oğlum" dedim. Fatih ve Suphi bana "Sana bir şey olmaz, sen ne yaptın ki" dedi. Sonra Fatih, Suphi'ye, "Bileğini kestin mi?" diye sordu. Suphi arabanın içindeydi, cevap vermedi. Fatih aracın kapısının önündeydi. Ben Suphi'nin önce bileklerini mi, yoksa boğazını mı kestiğini tam olarak hatırlamıyorum. Ama muhtemelen öncelikle bileklerini kesmiş olması lazımdır. Gözümle görmedim. Bu sırada Suphi benden poşet istedi. Ben de evin avlusundan poşet getirdim, Suphi'ye verdim. Suphi'nin poşete ne koyduğunu görmedim. Ancak poşetle evin avlusuna girdiğini gördüm. Bu sırada minibüsün ön tarafından kitap, bluz ve çanta askılığı şeklindeki siyah renkli bir kemeri aldım. Avluda merdivenin üzerine bıraktım. Daha sonra geri gelerek, Suphi'yle arabaya bindik.

Bu sırada Fatih ile Suphi 'Alibeyli köyüne gidelim' diye anlaştı. Fatih arabasıyla önden çıktı ve gitti. Bu sırada ben de minibüse binerken, açık kapıdan içeri baktığımda, çuvalları atılmış halde gördüm. Çuvalların altında yatanı görmedim. Daha sonra Suphi ve ben yola çıktık. Kleopatra Kapısı'nın ve jandarmanın önünden geçerek, üniversite kapısının önüne geldik. Yolda giderken iki defa tuvalete gitmek için durduk. İkinci tuvalete indiğimde Fatih beyaz renkli benzin bidonunu bana verdi. Ben de nereye koyduğumu hatırlamıyorum. Köy yollarından geçerek, Çamalan tarafına döndük. Fatih hep önümüzden gidiyordu. O bölgeyi iyi bildiği için önden gidiyordu. Fatih olay yerine geldiğinde sinyal verdi. Suphi birden döndü, Fatih bekledi. Fatih anayol ayrımında kalmıştı.

Suphi araçtan inerek kapıyı açtı. Aşağıya inerken ön tarafta bulunan çakmağı aldı. Ayağından çekerek cesedi oraya, aşağıya götürdü. Sonra geri geldi. Arka taraftan büyük benzin bidonunu ve ön tarafta bulunan diğer çakmağı aldı. Çakmaklardan bir tanesi benim, diğeri Suphi'nindir. Büyük bidonu götürürken 'Aman yakma oğlum' dedim. Bana, 'Otur, geliyorum' dedi. Ben bu sırada araçtan hiç inmedim. Yanan alevleri görmedim. Orada 15 dakika kadar oyalandık. Daha sonra geri geldiğinde araca bindi. Ben 'Ne yaptın oğlum' diye sorduğumda hiç cevap vermedi. Bu bölgeye Fatih'in gelip gelmediğini görmedim. Daha sonra yola çıkarken, Fatih yol üzerinde farları yakmış vaziyette bekliyordu. Biz yola çıkınca arkamızdan gelmeye başladı.

Yolda giderken Suphi'ye "Yaktınız beni" dedim. O da bana "Sana bir şey olmaz" dedi. Bundan başka bir şey konuşmadık. Yolda jandarmalar bizi yakaladı... Benim evimin kapısı yoktur. Ellerin (klozete atılan eller) oraya nasıl geldiğini bilmiyorum. Ancak Suphi koymuş olabilir... Jandarma karakolundan evime geldiğim sırada sabahleyin Suphi bana 'Bunları (Özgecan'ın kitap ve diğer eşyaları) yak' dedi. Ben de avlu içerisinde kasanın dibinde bluz, fular ve çantanın kemerini yaktım. Sonra ablam beni çay içmeye çağırdı. Yukarı çıkarken kitapları da götürdüm ve sobanın içerisinde yaktım... Fatih ve Suphi evimizin önünde arabanın başında beklerken cesedi benim evime koymak (bir yere gömeceklerdi her hal) istediler. Ben de 'Benim evime ceset mi koyacaksınız, s... gidin!' dedim."

Fatih Gökçe'nin ifadesi: "Olay günü 20.30 sıralarında 6-7 yıllık arkadaşım Ahmet Suphi telefonla aradı, 'Başım belada' dedi. 'Ne oldu hayırdır' dedim ama cevap vermedi. Bana, 'Yenimahalle'de Dörtyol'un oradayım. Boş bir şişeye 5 TL'lik benzin koy getir' dedi. Sonra yine aradı, Dörtyol'a geçtiğini söyledi. Arkadaşım Osman Taş'ı aradım. Acil arabasıyla beni almasını söyledim. Osman'la Ahmet Suphi birbirlerini isim olarak bilmezler. Ancak belki birbirlerini görmüş olabilirler. Osman, beni aldı ve Dörtyol'a gittim. Suphi'nin istediği benzini almadım. Oraya gittiğimde Suphi aracın içinde oturuyordu. Ben Suphi'nin aracı olan TOK (Tarsus Otobüsleri Kooperatifi her hal) otobüsüne geçtim. Ön koltuğa oturdum. Osman ayrıldı. Osman'a yolda Suphi'nin kavga ettiğini söylemiştim. Suphi ile yolda giderken elinin yüzünün yaralı olduğunu gördüm. 'Hayırdır birader' dedim. O da bana 'geminin oradan bir Cono (Adana yöresinde bir söz; çingeneler için kullanılmakta) aldım. Beni soymaya çalıştı, yüzüme biber gazı sıktı. Ben de konsüldeki bıçağı salladım. Biraz da boğuştuk. Arkada yatıyor, ölük' dedi. Ancak kesin ölü olup olmadığını bilmiyorum. Hatta 'götür hastaneye bırak kaç' dedim. Arkaya baktım ama göremedim. Arabada yoğun kan kokusu vardı.

Yolda bana, 'birini ara da benzin iste' dedi. Ben de Osman'ı arayıp istedim. Bu sırada alkollüydüm. 18 civarında 3 tane bira içmiştim. Osman, 5 dakika sonra 5 TL'lik benzin getirdi. Biz üniversitenin orada arabada oturuyorduk. Araçtan inip benzini aldım ve Suphi'ye verdim. 'Eve gidiyorum, seni ararım' dedim. Osman'ın arabasına bindim, eve bırakmasını söyledim. Suphi arkamızdaydı. Benim evime geldi. Arabadan hiç inmedi. Ben yanına gittim. Bıçak istedi. Ben de 'Bıçak yok, sen git' dedim. Eve gittim ve telefonu kapattım. Yarım saat oturdum evde, sonra yine açtım. Suphi, babasının telefonundan beni aradı. Evlerine gelmemi söyledi. Kendi otomobilimle gittim. Otobüs kapılarının önünde duruyordu. Aracımı yanına çektim. Otobüsün başında kimse yoktu. Ben kapıya doğru giderken Suphi ve babası çıktı. Suphi üstünü değiştirmişti. Rahat ve bol bir kıyafet giymişti. Babası da pantolon, gömlek ve yelek giymişti, Suphi'yi kast ederek, 'Keşke yanından geçerken dursaydın," dedi. Burada, arabadaki kıza ne yapalım, diye konuştular. Suphi, 'halı gibi bir şeye saralım, bir yerde bekleyelim' dedi..."

Ne desem boş. Diyecek söz bulamıyorum arkadaşlar... Yaşananların korkunçluğunu görüyorsunuz, değil mi? Okuduğunuz ifadelerin doğruluğu konusunda garanti veremem. İnternet sayfalarındaki haberlerden yararlanarak yazıyorum. Sizle, gerçeği, sadece gerçeği konuşacağımıza söz verdim. Gerçek olduğuna inanmadığım olayları anlatmayacağımdan emin olun. Kadın cinayetlerini yazarken her olayı yerinde, ilgili kimselerden öğrenme olanağım yok. Ama şunu da bilin ki boş konuşmuyorum. Günümüzün en önemli ülke sorunlarından birini birlikte ele alıyoruz. Herkes birinden bir şeyi öğreniyor. Bunca bilgi arasında doğru olanı görmek bize kalmış bir şey. Umarım sizde hep doğruları görürsünüz... Tekrar olayımıza dönersek... Yine o tarihlerde Baro Başkanı, Özgecan'ın ailesine dava sürecinde destek vereceklerini belirterek, "Mersin Barosu'nun 1600 avukatı böyle bir caninin yanında olmak istemediklerini beyan etti" açıklamasını yapmıştı. Yine de katil ve işbirlikçileri avukatsız kalmadı; biri çıkıp herkesin savunma hakkı vardır deyip gerekenleri yapacağını söyledi ki bence haklıydı. Avukatların görevi gerçeği bulup göstermekse eğer kimsenin; yüzde yüz suçlu olsalar bile avukatsız bırakılmaması gerekir. Hukuk düzeni bunu emreder. Devam edelim...

Fatih Gökçe'nin mahkemedeki ifadesi: Minibüse bindiğimde çok ağır bir kan kokusu vardı. Biri yatıyordu, her taraf kandı ama bakmadım. Evin önündeyken Suphi babasından bıçak istedi. Minibüse bindikten sonra Özgecan'ın elleriyle birlikte çıktı. Hatta bana elleri göstererek şaka yapmak istedi. Ben de 'Ne yapıyorsunuz' dedim. 'Ölü ölü' dedi bana. Elleri sonra bir çuvala koydular... Yaptım, ettim, gittim ama isteyerek değil.. şuurum yerinde değildi. Şimdi kafama vuruyorum keşke şöyle yapsaydım, diye. Çocuğumun velayet mevzusu vardı. Ondan dolayı depresyondaydım... Olaydan sonra maktulün ellerinin benim arabamda bulunduğu söylendi. Tedirgin oldum, ne yaptığımı ne konuştuğumu bilmiyorum. Beni suça sürüklüyorlar.. iftira atıyorlar. Ben bunları ailemin şerefi için söylüyorum. Bu işi benim üstüme yıkmaya çalışıyorlar. Daha önce ifade verirken kendimde değildim. Şuanda bile elim ayağım titriyor. İfade vermekte zorlanıyorum. Depresyondaydım..."

Benzini getiren Osman Taş'ın ifadesi: "Fatih Gökçe beni arayarak, kendisini gişelerden almamı istedi. Birkaç bira içerek sohbet ettik. Ayrıldıktan sonra yeniden beni aradı, kendisini Suphi'nin yanına götürmemi istedi. Gittiğimde Suphi'nin başına bir şey geldiğini, ne olduğunu bilmediğini söyledi. Fatih'i Suphi'nin yanına götürdüm. Oradan ayrıldım. Yeniden beni arayıp 5 TL'lik benzin almamı istedi. Su şişesiyle benzin aldım. Gidip kendilerine verdim. Fatih benim aracıma bindi, kendisini evine bıraktım. Olayla ilgili bilgim bundan ibaret."

Özetlersek, otopsi raporunun dediği şuydu: Ceset büyük oranda yanmış olduğundan tecavüz olayı kanıtlanamıyordu.

Katil kimdi? Annesini dinleyelim bir de... Anne Naciye Tan, olayla birlikte özel hayatı hakkında şu bilgileri vermişti: "O an, (olayı duyunca) ne düşündüğünüzü bilemiyorsunuz. Kendinize anlatamıyorsunuz. Hiçbir anne bunu istemez. Ben de anneyim. Hiçbir zaman böyle bir şey olmasını istemezdim.

Olaydan 2 gün sonra jandarmadan neler olduğunu öğrendik. Söylenenlerin bu kadar derin olmasına inanmak istemiyordum. Olaydan sonra işime devam etmek zorunda kaldım. Canınız acısa da müşteri gelince başka bir maskeye bürünüyorsunuz. Akşam el ayak çekilince canım o kadar çok yanıyordu ki... Bir hayat gitmiş. Yeni hayatta herkes bana yabancı. Attığım adım bile tam değil, boşluktayım. Kimseye bir şey anlatamıyorum. Sokakta bakışlarıyla "O kadın" diyorlardı. Hiç kimseye bir şey söylemeye hakkım yok. İşyerim eski Ankara yolundaydı. "Acaba kamyonun altına mı girsem" diyordum. Sonra "Bana çarpana yazık olur" diye yapamadım. Beynim o kadar kalabalıktı ki... Sabah uyanıp kendimi çimdikliyordum. Rüyada olmak benim için daha iyiydi. Hiç uyanmak istemiyordum...

Benim de hatalarım olmuştur. Çocuklarımın yanında kavga etmeseydim belki bu hale gelmezdi. Bir ömür verip yetiştiriyorsunuz, elinizde kocaman bir sıfır kalıyor. Kocamla iletişim problemimiz vardı. Benim ailem özgürdü. Kısıtlama nedir bilmedim. Eşimin ailesi özgür değildi. Bütün sorunlar çocuklarımın yanında yaşandı. O konuyu (çocuklarına uygulanan şiddet konusunu) hiç açmak istemiyorum. Yaşandı bitti... 2009'da ayrıldım. Kızımın üniversite sınavından bir gün önceydi. Eşya almadan çıkmıştım o evden. Küpelerimi satıp yol parası yaptım. Kızımı okula yazdırmaya götürdüm. Çok şükür kızım okudu.

O sırada oğlum (Suphi) evliydi. Ayrıldıktan sonra maddi imkânsızlıklar nedeniyle evde kaldı. Küçükken hareketli bir çocuktu ama kimseye zarar vermezdi. Eşimle kan uyuşmazlığımız vardı. İlk bebeğimi düşürmüştüm. Bu yüzden üzerine çok titredim. Çok sevimli bir çocuktu. Herkes öpmek isterdi. Kimseye kendini öptürmek istemezdi. Ortaokula kadar ona 'süt çocuğu' derlerdi. Boyu kısaydı. Bunu kompleks yapardı. Problemleri vardı. Lise 1'de okulu bıraktı. Günlerce ağladım. Gizlice rapor aldık. Vazgeçer de okula döner diye. Babası kuyumcuydu, ona güvendi. Biz daha ayrılmadan babasının işleri kötüye gitmeye başladı. Orayı satıp, taksitle otobüs aldı. Babasının yanında çalışıyordu. Liseden sonra sürekli muavinlik yaptı. 17 yaşında feci bir motor kazası geçirdi. Kafası ağır hasar aldı. Günlerce hayat ünitesinde kaldı. Kafatasındaki bir kemiğini çıkarıp platin taktılar. İki kez ağzından ameliyat geçirdi. İkinci ameliyat olduğunda doktoruyla anlaştım, "Suphi'ye psikolojik tedavi görmesi gerektiğini söyleyin" dedim. Kazadan sonra davranışları değişmişti. Agresifleşti. Normal bir hareketi yoktu. Akşamları kızıma ve bana su sıkıyordu. Gece üstümüze ışıldak tutuyordu. Şiddet uygulayıp "Oh be!" diyordu. Bir gün sırf sigarası yok diye darbe aldım. Savcılığa bile gittim. Bize şiddet uyguladığını söyledim. "Yapabileceğimiz bir şey yok. Polis zoruyla beyaz önlük giydirip götürmeniz gerekiyor" dedi. Onu yapamadım. Keşke yapsaydım. 17 yaşına kadar bana şiddet uygulamayan bir insan kazadan sonra şiddet uygularsa ben bunu kazaya bağlarım. Ben kocamdan şiddet görürken o titreyerek seyrederdi. Her şey gözü önünde oluyordu. Uyuşturucu kullanıp kullanmadığı konusuna girmek istemiyorum. Dünya kadar madde var. Hangisi? Aşırı kullanma ya da iğne yoktu.

Suphi evlenmeden bir gün önce, kına gecesinde babası içmişti. İçince saçma sapan şeyler söyler. Suphi'nin huyunu da biliyordum. Eve gelince Suphi'yi arayıp "Kurban olayım sarhoşluğuna ver" dedim. Aradan 10 dakika geçti. Telefon edip olay çıktığını söylediler. Çenesini kırmış babasının. Oğlum normal değil ki yaptığı normal olsun. Tedavi olmasını söylerdim, dinlemezdi. "Ben deli miyim" der ve gitmezdi. Kuzeni psikiyatra götürmüştü. Reçeteyi de yırtıp, atmış. İlaç kullanmayı reddediyordu. 20 yaşına gelince evlendi. Sorunlu bir çocuk olduğu için eşiyle de problemleri hemen başladı. Oğlumu tanıdığımdan gelinime söz söyleme hakkım yoktu. Bir kediyi seversiniz, sonra bir tane indirirsiniz ya oğlum öyleydi. Ne yapacağı belli değildi. Daha anasınıfındayken değişikti.. hiçbir şeyin farkında olmazdı. Pedagoga götürmüştük. Psikolojik tedavi görmeliydi. Çocukken anlamasan da o his (acaba hastamı hissi) kalır. Siyah balonlar çizerdi. Korkardım. Cenazeyi gömdürmeyerek, bitmiş bir hayatla kavga ederek aslında ona değil bana işkence ettiler. Ezilmiş bir canlı düşünün. Defalarca üzerinden arabayla geçtiler...

Kardeşinin anlattıkları: Şiddet eğilimini o kaza tetiklemiş olabilir. Suphi'yi savunacak değiliz. Böyle algılanmayı istemem. Gittiği yol yanlıştı. Benden iki yaş büyük olduğu için babamın şiddetine benden daha çok tanık oldu. Zor zamanlar geçirmiş olabilir. Fakat, yeğenim (Suphi'nin oğlu) için şükrediyorum. O da şiddet eğilimli bir babayla büyüyecekti ve belki de şiddete eğilimli olacaktı. Herkes Suphi'nin kaza yüzünden böyle olduğunu söylüyor. Bunu ona da duyurdular. O da şımardı. Gittiği okulun ve Fatih'in (Cinayete yardım eden suç ortağı Fatih Gökçe) etkisi çok oldu. Belki de suçlayacak birilerini arıyorum. Kendimle savaşıyorum... Bunu, (yakınlarına uyguladığı şiddeti) tasvir etmek çok zor geliyor. Bir erkeğin kadına vurması başkadır. Erkekle erkeğin kavgası başkadır. Onda öyle bir ayrım yoktu. Neremize geldiği fark etmeden vurup, karşımıza geçip "Oh rahatladım!" derdi. Geceleri siren sesiyle ya da üzerimize su dökülerek uyandırırdı. Sabaha kadar uyumazdı. Yenilgiye tahammülü yoktu. Oyun oynarken onu yenersem dayak yedim. Evet, deli değildi, dengesizdi ama aklı başındaydı. Sebepsiz çok dayak yedik. Üniversiteye hazırlanırken sesli ders çalışıyordum. Annem odama geldi. Telefonla konuştuğumu zannetmiş. Anneme "Git başımdan" deyip masayı ittim. Suphi bağırtıya geldi. Beni dövmeye başladı. Annem ağabeyime "Vurma ona" deyince de annemi dövmeye başladı. Kapıları kapattı. O gün canımızı kurtarıp o evden kaçtık. Çünkü ölüme gidiyorduk... Kardeşimin öfkesini iyi biliyorum. Duyunca (Özgecan'a olanları) dayaktan öldürmüştür diye düşündüm. Ben ölmedim çünkü onun dayaklarına dayanıyordum. Alışmak da iğrenç bir şey... Özgecan belki de hayatı boyunca babasından dayak yememişti. Bizi o kadar dövdü ama kendimizi savunmak için bile ona bir kere bile vurmuşluğumuz yok. Başımıza ne geleceğini biliyoruz. Belki Özgecan direnmiştir, o da daha da delirmiştir... Önceleri kendimizi olayın içinde hissetmedik. Anlatılan (katil diye söylenen kişi) başka insan, cenaze başkasının cenazesi gibi hissettim. Aile olmak garip bir duyguymuş. İnsan kendi ailesinden biri söz konusu olduğunda sadece mantığıyla hareket edemiyor. Silip atamıyorsun..."

Annenin konuşmasından: "Kalbimi, beynimi söküp atmak istedim o gün. Günlerce aklım ve beynim arasında gidip geldim ama onu silip atamadım. Sonuçta ben bir anneyim."

13

Kız kardeşinin konuşmasından: Duyunca (hapishanedeki saldırıyı) 'keşke babam da ölseydi' dedim... Benim baba eksikliğim var. Onun babasına (Özgecan'ın babasına) imrenerek baktım. Öyle bir babasının olması ne güzel. Bizim başımıza böyle bir şey gelseydi benim babam onun babası gibi yüce bir tepki veremezdi. (Bu sırada anne söze karışarak, "Görmeyi çok isterdim. Acılarını dindiremezdim ama ziyaret etmeyi çok isterdim," der.) O zamanlar nişanlıydım. Aralıkta nikâhımız kıyıldı. Şubatta da bu olay oldu. Eşimin ailesi, arkadaşları, "O kızla ne işin var" dediler. Ama eşim bana sahip çıktı. Düğünüm hâlâ olmadı. Gelinlik giyemedim. Çocuk yapmayı düşünmüyorum. İnsan evladına şiddet uygulamak istemez ama kendime güvenemiyorum... Beni kimse öyle sokakta (Suphi'nin kardeşi olarak) tanımıyor ama bu olaylardan sonra işyerinden ayrıldım. Başka işe girdim...

N.A'nın (katilin karısının) konuşmasından: Eve geldiğinde boynunda cırmık, yüzünde kan, gözünde morluk vardı. Bu konuyu ilk defa sizden (jandarmaya söylüyor) duyuyorum. Şu anda şok geçiriyorum. Kendisinin yakalanması konusunda size her türlü yardıma hazırım. Evde pantolonu değiştirdi, yüzünü yıkadı, gözüne buz koydu gitti. Bir tedirginlik hali mevcuttu. Ne olduğunu sorduğumda minibüste kavga ettiğini söyledi. 10-15 dakika sonra arkadaşı Fatih'in yanına gitmek üzere evden ayrıldı. Eve gelmeyince aradım. Kayınpederim karakolda olduklarını, ifade verdiklerini, merak edecek bir şey olmadığını söyledi. Eşim saat 07-08 sıralarında eve geldi. Minibüslerin kalktığı yere gideceğini, kavga olayının şahidi olan ve devamlı minibüsü kullanan yolculardan birini göreceğini belirterek, evden çıktı. Bana gönderilen mesajları ve arama kaydını silmemi istedi. Yaklaşık bir saat sonra eve geldi ve Fatih'in yanına gidiyorum diyerek, ayrıldı. Saat 12.30 civarında ayrıldı ve bir daha kendisini görmedim. Aramama rağmen telefonu kapalı olduğundan kendisiyle görüşemedim."

Katilin şoför arkadaşı Ahmet Akar da 12 Şubat akşamı karşılaştığında şahsın yüzünde tırnak izlerinin, çizik ve yaralanmaların olduğunu belirterek, "Bizimle selamlaşırken elinde kesici alet yaralanması olduğunu gördüm. Ne olduğunu sorduk. Aynı gün kavga ettiğini, akşam saatinden beri jandarmada olduklarını söyledi. Benden 100 TL borç istedi. Param olmadığından veremeyeceğimi söyledim" dedi.

Çağ Üniversitesi Psikoloji Bölümü Hazırlık Sınıfı'nda okuyan B.N.G., Özgecan Aslan'ın yakın arkadaşıydı. Sık görüşüyorlardı. 11 Şubat'ta saat 13.30'da üniversite servisine binerek Tarsus'taki Yarenlik Alanı'nda gitmişlerdi. İlkin Ziraat Bankası'na uğradılar, ardından Alışveriş Merkezi'ne girdiler. Saat 17-20 arasında vitrinlere baktılar, gezip dolaştılar. B.N.G., "Tarsus'ta gezmemizin sebebi, Özge'nin ablasından izin almasıdır. O saate kadar birlikte vakit geçirdik" demekte... Saat 20.00'de AVM'nin önünde minibüs beklediler. B.N.G., "Otobüsüm daha önce geldiği için ben erken binip Özgecan'ın yanından ayrıldım. O saate kadar şüpheli bir durumla karşılaşmadım. Yurda gittikten sonra Özge'nin ablası Beste bana mesaj attı. 'Özge nerede?' diye sorunca 'Beş-on dakika sonra gelir' dedim. On dakika sonra ben Beste'ye mesaj attım. 'Geldi mi?' diye sordum. Gelmediğini söyledi. Daha sonra polise gittiklerini Beste'den öğrendim" diye açıklama taşımakta. Özgecan'nın ulaşım için "TOK" adı verilen minibüsleri kullandığını söyleyen B.N.G., "Bu taşıma servisinde samimi olduğu kimse yoktu. Husumeti olduğu biri var mı, yok mu, bilmiyorum; olacağını sanmıyorum" yorumunu yapmakta. Özgecan'la aynı anda minibüse binen yolculardan Halil İbrahim Tekir de, "Ben şoför mahallinin yan tarafında öndeki koltukta tek başıma oturuyordum. Yolcu olarak dört-beş kişi daha vardı. Ben Üzümlü Kavşağı'nda indim. Yol boyunca otobüs içinde herhangi bir tartışma veya olayla karşılaşmadım. Son derece sakin bir yolculuk yaptık" diyerek o günü anlatmakta.

Neden bunları hatırlamanızı istediğime gelince arkadaşlar.. unutarak yaşadığımızdan yaşananlardan ders çıkaramıyoruz. Bu yüzden yazın, siz de yazarak düşünün. Düşünün ki, medeniyet yolunda emekleme döneminde bir milletiz. Sonradan böyle olduk, bizi gerilettiler. Atalarımız bizim gibi değildi; dünyanın önde gelen milletlerinden biriyken bugün yerlerde sürünüyoruz.

Daha dün CHP İstanbul il başkanı Canan Kaftancıoğlu 7 yıl önce attığı tweetler nedeniyle 9 yıl, 8 ay, 20 gün hapis cezasına çarptırıldı. Evet, bu olayın da Ş davasıyla çok ilgisi var. Hukuk düzenimizi konuşuyoruz çünkü. Adamına göre işleyen ya da işlemeyen kanunlarımızdan söz ediyoruz. Attığı bir tweet yüzünden hayatı kayan binlerce insan var bu ülkede, çocuklar var... Bugüne kadar sayısını bilemeyeceğim kadar çok çocuk Saraya, Muktedire hakaret etti diye mahkemeye çıkarıldı. Atatürk'e hakaret edenler baş tacı edilirken, 30 Ağustos Zafer Bayramı'nda Atatürk'ün adını ağzına alamayanlar ülke yönetmekte. Bütün bunların Ş davasıyla, kadınların hak arama mücadelesiyle çok ilgisi var. Olay sadece, sıradan bir yargılama, olağan bir mahkeme süreci değil... Kadınlarımız, hakim cübbesi giyen, hukuk insanı görünümündeki bu hainlerin ne yapmak istediklerini bilip tepki gösteriyorlar. Gerçeği ne kadar iyi görürsek, tedavisini de o kadar hızlı yapabiliriz diye bunları söylüyorum. "Tedavi nedir?" derseniz... Bir tek yöntem var benim elimde. O da her şeyden önce adaletin sağlanmasıdır.

Tekraren söylemek isterim ki adaletsiz ülkeler çöl gibidir... Susuz topraklarda hiçbir şey yeşermez... Bilim, sanat olmaz. Ne olur? Böyle bir toplum olur işte... Saray toplumu... Her şeye bir kişinin karar verdiği toplum... Ormanları yanlış, şehirleri beton çöplüğü olmuş bir toplum... Osmanlı İmparatorluğu bile böyle değildi... Neyse... Daha anlatacak çok konumuz var...

26 yaşındaki katil, Suphi isimli genç, suç ortağı babasıyla hapse atıldıktan bir süre sonra kurşunlanarak hayatını kaybetti. Bundan

sonrası ayrı bir hikaye... Şunu da belirteyim; katilin annesi oğluna mezar bulamamıştı. Nereye götürse halk ayağa kalıyordu: "Biz istemeyiz, mezarlığımızın kirletilmesine seyirci kalamayız!" diyerekten... Bu da doğru değildi; Müslüman bir ülkeye yakışmıyordu. Ölen kim olursa olsun, sadece Allah'a aitti. Bu da unutulmuş değerlerimizden biri olarak ortaya çıkmıştı. Kanun tanımaz, Müslümanlıktan uzak bir toplum olduğumuz bir kez daha gözler önüne serilmişti. Anne en son cenazeyi köyüne götürmüş, köy muhtarı da tabutu istemeyip "hastaneye verin, kadavra olsun" demişti. Sonrasını biliyorsunuz değil mi? Ne yazık ki ülkemiz böylesine korkunç olaylarla dolu. Unutmadan şunu da belirtmeli: Özgecan'ın katilini öldüren katil, duruşmaya üzerinde Özgecan'ın resmi olan bir tişörtle gelmişti... Şaka gibi... Merak ederim, neden daha hapishanedeyken "Çıkar şu tişörtü, mahkeme salonuna böyle giremezsin!" diyen olmamış? Devletin yargılayıp cezasını kestiği birini öldürüp kahraman olmaya çalışmak ne demek? Bu da sorgulanmayan konular arasında. Olayın, devleti küçük düşüren, "yok gösteren" boyutu hiç ele alınmıyor.

Özgecan'ın katilini öldüren mahkûm, Gültekin Alan adında biriydi. Kimdi bu adam? Ona da bakalım. İfadesini verirken şöyle anlatmış kendini: "Çek senet, para pul işlerinden cezaevine girdim. Devletimin kestiği ceza başım üstüne. Özgecan'ın katilinin buraya geleceğini duydum. Göremediğim kendi kızlarım gözümün önünden geçti. Tabancanın içeri girmesi ile Jandarma'nın, koruma memurlarının ve Devlet'in hiçbir bağlantısı yoktur, tuvalette buldum, oraya da nasıl geldiği hakkında bir bilgim yok. Piç ve babası hücrede kalıyor ve hiç dışarı çıkmıyorlardı. Havalandırmaya da biz içerdeyken çıkartıyorlardı. İsmimi yemek dağıtımı listesine verdim. Sıram geldiğinde gittim koğuşun kapısına vurdum yemek ve evrak var dedim... Babası açtı kapıyı, yemeği verdim, piçe 'imza lazım' diyerek yanıma çağırdım. Gelir gelmez çektim silahı... "Özgecan'ın selamı var!" dedim. Yarısını ona yarısını da babasına boşalttım. Mermi bitti. O sırada infaz koruma memurları gelince boş silahla birini rehin aldım. Tek amacım piçin kanının boşalmasını seyretmek ve öldüğünden emin olmaktı. Öldüğüne emin olunca memurlara teslim oldum. Doğuştan Türk Milliyetçisiyim. Devlet'e silah çekmedim. Tutanaklarımda silahımın boş olduğu yazılıdır. Memurlardan da helallik istedim. Benimle beraber altı kişi daha gözaltına alındı. Hiçbirinin bu işe karışmadığını, tek başıma yaptığımı söyledim. Beraat ettiler. 29 yıl ceza aldım. Başım üstüne, şerefimdir."

Tokat'ta merkeze bağlı Emirseyit Beldesi'nden olan ve 11 yıldır çeşitli cezaevlerinde yatan Gültekin Alan'ın, cinayet, sahte para, suç örgütü kurma gibi çeşitli suçlardan dolayı toplamda 50 yıl hapis cezası bulunuyor. 3 kız babası olan Alan, daha önce sırasıyla Zile, Tokat, İzmir ve son olarak ise Adana F Tipi Kapalı Cezaevi'ne sevk edildi. Gültekin Alan'ın annesi Süheyla Alan, 10 yıl önce kanserden hayatını kaybetti. Tokat'ta gazino işletmeciliği yapan baba Necmi Alan'ın ise hesap yüzünden tartıştığı bir müşteriyi öldürmek suçundan 2 yıldır Tokat Çamlıbel Cezaevi'nde olduğu öğrenildi.

Gültekin Alan'ın kardeşi Tevfik Alan'nın basına yansıyan konuşmasından: "Şerefsizlere karşı bir adalet mecbur, şart yani... Ben olayı avukatımızdan duydum. Sonra arkadaşlar haber verdi, internetten okudum. En azından adam gibi adamlar olduğunu bilmek de yeri geldiği zaman güzel bir şey. Çünkü insan kendini güvende hissediyor. Bu memleketin insanı sahipsiz değil. Gurur duyulmayacak bir şey değil ki. Ben ağabeyimle hep gurur duydum. Ağabeyim 11 senedir cezaevinde. Zile'den, Tokat'a en son Adana'ya sevk ettiler. Biz üç kardeşiz, en büyüğümüz Gültekin ağabeyimiz."

Tevfik'in amcasının basına yansıyan konuşmasından: "Keşke böyle olmasaymış. Zaten devlet o adamın cezasını vermiş. Bireysel intikam işine ben şahsen karşıyım. 3 kız çocuğu var. O çocuklar gözünün önüne gelmiştir onun. O davadan ötürü yapmıştır."

Ahmet Suphi Altındöken'in cenazesi, Adana Adli Tıp Kurumundaki otopsi işlemleri tamamlandıktan sonra toprağa verilmek üzere Mersin'in Tarsus ilçesine götürüldü. Defnedilmesine izin verilmeyen cenaze tekrar Adana'ya getirildi.

Adana Devlet Hastanesi morguna konulan Ahmet Suphi Altındöken'in cenazesinin burada da defnedilmesine izin verilmedi. Cenazelerini defnedecek yer, götürecek araç bulamayan Naciye Tan, morg önünde "Oğlum öldü, artık ne istiyorsunuz, niye gömdürmüyorsunuz? Oğlumu çöpe mi atayım?" diyerek feryat edip gözyaşı döktü.

Tarsus ilçesine bağlı Kocaköy Mahallesi muhtarı Rıfat Öcalan, Özgecan'ın katili Suphi Altındöken'in cenazesinin köy mezarlıklarına defnedilmek istenmesine sert tepki gösterdi.

Gazetecilerin, "Neden gömdürmek istemiyorsunuz?" sorusu üzerine, "Kabul etmiyorum. Kilitledim mezarlığı, zorla açıp girecek halleri yok. İnsanlık suçu ya, canlı canlı adamın bilekleri kesilir mi? Mezarlığa koymama yetkisine sahibim. Bu köy benim köyüm. Bu köyde ben yaşıyorum. Ailesi tarafından gömülmesi için talep geldi, kabul etmedim. Suphi Altındöken'i tanımam, sadece basından gördüm. Annesi bu köyden değil, annesinin ninesi bu köylü. Bizimle yakından uzaktan ilgileri yok" cevabını verdi. Çalan telefonuyla konuştuğu sırada ise, "Kadavra yapsınlar. Devletin üniversitelerinin kadavraya ihtiyacı var. Bari o şekilde insanlığa faydası olsun, değil mi? Ben kabul etsem bile onu geri kepçe ile çıkarırlar..." ifadelerini kullandı.

Mafya olarak bilinen Sedat Peker'in kendi İnternet sitesinde yaptığı basın açıklamasından: "Özgecan kardeşimin olayını duyduğum an, tekrardan 20 sene önceki duygularım kabardı. 'Adalet istiyorum!' dedim. 'Bu kişilerin ölmelerini istiyorum. Hem de normal bir şekilde ölmelerini değil, vahşice ölmelerini' dedim. Cinayetle sonuçlanmış cinsel suçlarda idam uygulanır kanunu, tek madde halinde geçirilirse buna ülkemizde hiç kimsenin karşı çıkmayacağını düşünmüyorum. Ya da şu soruyu kendimize sormalıyız; 'Sadece bu olaylar yaşandığında bağırıp, çağırarak, birkaç gün sonra da normal olarak hayatımıza devam mı edeceğiz?"

Bu büyük meseleyi tek başıma anlayıp öğretecek değilim. Pek çok kişi var benim gibi düşünüp kafa yormaktalar. Birçok gazeteci, yazar durmadan söz söylüyor. Şimdi de Sözcü Gazetesi yazarlarından Rahmi Turan'ı dinleyelim. 26 Ağustos tarihli yazısında şöyle demekte: "Emine Bulut cinayeti (Ş davasına iki aydan az bir süre kala) toplumun yüreğine kâbus gibi çöktü. Günlerdir bu hunhar cinayet konuşuluyor. Kadına şiddet eskiden de vardı ama bu boyutlarda değildi. Kadın cinayetlerinin AKP döneminde patlaması düşündürücüdür.

Dünyayı güzel yapan kadındır. Kadınsız bir hayat asla düşünülemez! Buna rağmen, ülkemizde kadın, erkeğin malı gibi görülür, ahlâksızca ezilir, dövülür, horlanır! "Anamız, bacımız, eşimiz, sevgilimiz" derler, sonra da en aşağılık, en vahşi şiddeti onlara uygularlar!

Kadın cinayetleri ancak bizim gibi gelişmekte geri kalan ülkelerin hastalığıdır! Kadın cinayetleri ile vicdanlar yaralı, kalpler kan ağlıyor ama ne fayda? Bu yılın ilk 7 ayında tam 245 kadınımız, sevgili, nişanlı ve koca kurbanı oldu.

Sapıklar kadınları katlederken devlet nerede? İktidara şunu hatırlatalım: Bir ülkenin geleceğini kadınlar belirler. Kadını yok sayan bir zihniyetin sonu hüsrandır, acı bir yıkımdır!"

Bu sözleri çok duyduk. Siz de bıktınız dinlemekten değil mi? Her gün, her söz, her tepki birini tekrar etmekte. Hukuk olmadığından kimse gereğini yapmıyor, yapamıyor. 2019 yılını (hatta son 10 yılı) ileride bir gün çocuklarımıza, torunlarımıza anlatırsak şunu hep vurgulayalım; "Cehennemin dibi gibi yıllardı!" diyelim. Şunu da söylemeli: Her şey kötü değil. Rep şarkılar söyleyen Şanışer ve arkadaşlarının, ülke ve dünya sorunlarını anlattığı 14 dakika 55 saniyelik video, iki gün önce ülke gündemine oturdu. Bugün itibariyle hâlâ en çok izlenen müzik videoları arasında. Bunu bir milat olarak görmeliyiz. Gençlerin uyandığına işaret... Rep müziğe karşı hep bir çekincem vardı; beyinleri, kapitalist sisteme, tüketim toplumunun alışkanlıklarına sıkışmış, dar görüşlü gençlerin müziği diye... Değilmiş. İnsandan umut kesilemezmiş. Öyle bir şey oldu ki, bu müziğin yeniden, gümbür gümbür gelişini, doğuşunu izliyoruz. Bundan sonra Türkiye'de politik, güçlü bir müzik olacak. Siyasetçiler, bir gün buna da saldıracaklardır... Benim sözle yaptığımı onlar müzikle yapıyor. Yani arkadaşlar, dünden beri daha çok umudum var.

Bir kez daha karanlığın en koyu olduğu yerde umutlu olunabileceğini gördüm. Peki... Bunu da unutup geçelim şimdilik. Diyeceğim şu ki, bu kez halkımız, Ş davası üzerinden kitlesel olarak hak aramakta. Müzik de mücadele araçlarımızdan biri oldu. Notalar her zaman vardı ama böylesi bir müzik, Şanışer'le ilk kez ortaya çıktı. Sonuç ne olur? Repçiler de kadın cinayetlerine duyulan isyanı müzikle anlatmaya başladı. Yaşayıp göreceğiz.

Yaşadığınız adaletsizliklerle ilgili olarak Yılmaz Özdil de bir yazı kaleme almış. Onu da dinleyelim. 2019 yılını, daha doğrusu "Muktedirler Zamanı"nı daha iyi anlamak istiyorsak bu yazıyı da mutlaka okumanız gerekiyor. Ne kadar anlatırsam da konuyu (nasıl bir hukuksuzluk sürecinden geçtiğimizi, kuşkusuz, Ş davasının neden bu hale geldiğini de...) Özdil kadar iyi dile getiremem. Sizinle birlikte ikinci kez okuyacağım makalesini: Şöyle demekte Özdil: "2001'di. 18 yıl önceydi... Hediye...Beş yaşındaydı. Gayet sağlıklı bir çocuktu. Hayat doluydu. Evinin önünde oynuyordu. Otomobil çarptı. Çarpan kişi kaçtı. Hediyecik acilen hastaneye kaldırıldı. "Hayati tehlikesi yok" raporu verildi. Çarpan kişi yakalandı ama... Bu rapor üzerine, serbest bırakıldı... Oysa... Hediye, kafasına aldığı darbe nedeniyle hem zihinsel, hem bedensel engelli olmuş, yatağa bağımlı hale gelmişti... Babası, inşaat işçisiydi.

Kızının hakkını aramak için, kızını bu hale getiren kişiye hesabını sormak için mahkemeye başvurdu, dava açtı... Hediye'ye dört ay önce "hayati tehlikesi yok" raporu verip, çarpan kişinin kurtulmasını sağlayan hastane... Dört ay sonra "trafik kazası neticesinde yüzde 90 zihinsel ve bedensel engelli" raporu verdi! Hediye'ye otomobiliyle çarpan kişi bu rapora itiraz etti. "Kaza sonrasında engelli kaldığını kabul etmiyorum, kızın bu halinin kazayla alakası yok" dedi. Adli Tıp Kurumu'ndan rapor istendi. Adli Tıp Kurumu inceledi. "Hediye'nin bu hale gelmesinin kazayla alakalı olduğunu söyleyemeyiz, çünkü elimizde röntgen filmleri yok, bunları görmeden karar veremeyiz" dedi. Halbuki, söz konusu röntgen filmleri dosyada vardı. Hediye'nin babası söz konusu röntgen filmlerini Adli Tıp'a göndermek için mahkemeden talep etti. O da ne? Filmler buhar olmuştu, yoktu! Ne kadar sonra bulundu biliyor musunuz? İki yıl sonra! Evet, dosyada zaten var olan ve aniden kaybolduğu söylenen röntgen filmleri, babanın sabırlı ve inatçı takibi sonrası iki yıl sonra bulundu. Adli Tıp'a gönderildi. Adli Tıp gene inceledi. "Hediye'nin bu hale gelmesinin kazayla alakalı olduğunu söyleyemeyiz, çünkü elimizde MR çekimleri yok, röntgen filmleri yeterli değil, MR'ı görmeden karar veremeyiz" dedi! Yıllar yılları takip ediyor, Hediye büyüyor, fotoğrafta gördüğünüz gibi, gariban babacığı sırtına alıyor, mahkeme mahkeme taşıyordu. İki defa mahkeme değişti.

16 defa hâkim değişti. Dört defa savcı değişti. Üç defa Adli Tıp raporu değişti. 74 defa duruşma ertelendi. Hediye'nin babası, 2012 yılında, yani trafik kazasından 11 yıl sonra, 75'inci duruşmada dayanamadı, sesini yükseltti, adalet istiyorum dedi. Vay sen misin... "Hâkime bağırdı" suçuyla tutuklandı. Yargılandı. Dokuz ay hapis cezası verildi. İçeri atıldı. Beş ay cezaevinde yattı! Hapisten çıktı, kızını yeniden sırtına aldı, mahkeme mahkeme taşıyarak hukuk mücadelesini sürdürdü. 2015... Hediye öldü! Evet, biz de ilk duyduğumuzda şu an sizin hissettiklerinizi hissetmiştik. Beş

yaşından beri tüm motor fonksiyonlarını yavaş yavaş kaybeden Hediyecik, 19 yaşına gelmişti, çiğneme yutma yeteneğini bile kaybetmişti, mamayla besleniyordu, soluk alıp vermekte güçlük çekiyordu, davasının sonucunu göremedi, son nefesini verdi. Yılbaşına iki gün vardı. Babası Hediye'ye yılbaşı hediyesi olarak kırmızı bir palto almıştı. Kızı konuşamıyor, derdini anlatamıyordu ama, mahkemeden mahkemeye giderlerken üşüdüğünü, titrediğini hissediyordu.

İnşaat yevmiyelerinden biriktirmiş, kızına o paltoyu almıştı. Hediye'nin cenaze namazı kılınırken, tabutunun başındaki çaresiz baba paltoya sarıldı, hıçkıra hıçkıra, haykıra haykıra ağladı, ağladı, ağladı. Hediye gitmişti ama... Baba peşini bırakmadı. Hediye'ye ilk müdahaleyi yapan doktor hakkında suç duyurusunda bulunuldu, 15 yıl geçmişti, doktor emekli olmuştu, 15 yıl sonra ilk defa duruşmaya çıktı. "Adli Tıp Kurumu karar verebilmek için MR çekimlerini görmek istiyor, neden MR çektirmediniz?" diye sordular. Emekli doktor "MR'ı nasıl çektirseydim, MR cihazı yoktu" dedi. Bunun üzerine Adli Tıp Kurumu'nun tekrar rapor hazırlaması istendi.

Adli Tıp Kurumu ne dedi biliyor musunuz...

"Hediye'nin bu hale gelmesinin ve sonra da ölmesinin, kazayla alakalı olduğunu söyleyemeyiz, çünkü elimizde MR çekimleri yok, MR'ı görmeden karar veremeyiz" dedi! Beş defa adalet bakanı değişti. Altı defa Yargıtay başkanı değişti. Dört defa anayasa mahkemesi başkanı değişti. 18 defa adli yıl açılışı yapıldı. 2019'a geldik. Kazadan 18 yıl sonra... Hediye öldükten dört yıl sonra... Dava nihayet sonuçlandı. Hediye suçlu bulundu! "Hediye'nin zihinsel ve bedensel engelli haline gelmesiyle, ölmesiyle, o trafik kazasının alakası yok" kararı verildi. 18 yıldır devam eden mahkeme masraflarının, Hediye'nin babası tarafından ödenmesine hükmedildi. Hal böyleyken... Saray'da adli yıl açılışı yapıldı. "Yargı Reformu" yapılacağı açıklandı. Hâkim savcı avukat olarak değil, bir müvekkil olarak yazıyorum... Gazeteci olarak değil, bir baba olarak yazıyorum...

Adaletin bağımsızlığını savunarak, adli yıl açılışının sarayda yapılmasını protesto eden barolar gibi barolarımız olmasa, hepimizi diri diri gömerler, üste cenaze masraflarımızı bize ödetirler! Saraya tıpış tıpış giderek, hukuk tarihine hayal kırıklığı olarak geçen Metin Feyzioğlu yargı reformunu pek beğenmiş ama... Papa'nın Müslüman olma ihtimali, Akp'nin bu memlekete adalet getirme ihtimalinden fazladır!

14

Bu arada şunu da not edelim: Yılmaz Özdil'in sözünü ettiği Metin Feyzioğlu, senelerdir adalet arayıp kimsenin kimseden üstün olmadığı bir ülkede yaşamak isteyen bizlerin toplumsal hayal kırıklıklarından biri oldu. Kendileri, halen Türkiye Barolar Birliği Başkanı'dır. Bu durum, neden adil bir ülkede yaşamadığımıza da cevap niteliğinde aslında. Ne büyük yanılgılar yaşamışız biz Allah'ım... Özdil de, hukuk mücadelesinden dolayı benim gibi bir zamanlar kedisini sevip sayan isimlerden biriydi.

Münevver Karabulut'u bildiniz mi? Zengin bir ailenin çocuğu olan Cem Garipoğlu adında biri, 18 yaşındaki lise öğrencisi Karabulut'un kafasını kesip çöpe atmıştı. Fevzioğlu da mahkemede bu katili savunup avukatlık yapmıştı. Olabilir. Gerçeği aramak için de avukatlık yapılır. Zamanla böyle düşünüp yaptıklarına, adalet arayışına bakıp unuttuğumuz bir konu olmuştu bu. Bu günlerde tekrar öfke patlaması yaşanmakta... Anlaşılan şu ki, haklı olanın değil, karakterinin, güçlü olandan yana olduğunu biz unutsak bile o unutmamış. Bizi bir kez daha kırık dökük hayallerimizle baş başa bıraktı. Daha geçen yıla kadar Muktedirlere karşı verdiği hukuk mücadelesini bütün avukatlar beğenip taktir ediyordu. Bu yüzden Yılmaz Özdil de başkanın zor geçen çocukluk yıllarını, annesiz büyüdüğünü, hangi şartlarda okuyup bugünlere geldiğini anlatan dokunaklı bir yazı kaleme almıştı. O yazıyı da beğenerek okumuştum ancak Fevzioğlu bu yazının hakkını veremedi. Saraya, teslim olmaya giderek sandığımız nitelikte biri olmadığını gösterdi. Milyonlarca insanın umuduydu, umut olmaktan çıkıp Saray'ın yalaka avukatlarından biri oldu. Kimsenin, hele de yargı düzenini Pensilvanya teröristlerinin eline teslim etmiş olan birinin karşısında adli yıl açılışı istemeyen, böyle bu tutumun yargı bağımsızlığına gölde düşüreceğini savunan bizlere, avukatlara ihanet etti.

Milletin gözünün içine bakarak Muktedire biate koştu. Avukatların yüzde 80'i buna karşıyken güç karşısında cübbesinin önünü ilikleyip eğilen hukukçulardan biri olmayı tercih etti. Ah kafam... Aptal kafam ah... Ben de bir zamanlar kendisini Cumhurbaşkanı olarak görmek isteyenlerden biriydim. "Aman Tanrım!" diyorum şimdi: "Siyaset ne kadar berbat bir şey. Ne kadar iğrenç..." Ama böyle mi olmak zorunda? Hayır. Hukukun ilkeleri, adamına göre kaypak olmadığına göre hukuktan yana olanlar bir o tarafa, bir bu tarafa eğilmek zorunda değildir. Neyin hukuksuzluk olduğu bilindikten sonra insan yalpalamaz. Fevzioğlu yalpaladı çünkü söylediklerine kendi de inanmayıp rol yapıyormuş... Bu yüzden, daha geçenlerde, insanlar, Münevver Karabulut'un katili Cem Garipoğlu'nun annesinin eski avukatı Metin Feyzioğlu'nun, ayrıldığı eşi tarafından boynu kesilerek vahşice katledilen Emine Bulut için attığı tivite büyük tepki gösterdiler. Neler demediler ki... "Sen insan değilsin!" diyenler oldu. Buna cevaben, Barolar Birliği Başkanı olduğu tartışmalı hale gelen Feyzioğlu da şunları dile getirdi: "Hani bazen boğazınız düğümlenir, derin nefes alamazsınız. İşte böyleyiz şu anda. Bu vahşeti bizlere yaşatan o caniye söylüyorum. Sen insan olamazsın. Daha kaç canımız yanacak? Şiddetsiz toplum için partiler üstü bir devlet politikasına ihtiyaç var." Bu sözler artık kimseyi ikna edemez. Bir insan durup dururken neden böyle doksan derece değişir? Kimileri diyor ki, "Muktedirlerin elinde belki de seks kaseti var. Kaseti gösterip seni perişan ederiz demiş olabilirler." Bilemiyoruz tâbi. Bugüne kadar gizli seksle suçlanan pek çok yönetici, iş adamı, siyasetçi oldu. Toplumu bu konuda da eleştirmek lazım; ortada suç yoksa kimse özel hayatından dolayı suçlanamamalı, işinden, mesleğinden, görevinden edilememeli... Maalesef "yasak ilişki", "kaçamak" denince toplumun sigortaları arıyor.

Hırsızlık yapana, devleti dolandırana, terör estirip cana kıyana, hukuk tanımayana bu kadar ceza yok... Dünyanın her yerinde görünebilen toplumsal bir hastalık bu. Katilin, tecavüzden hapse atılanı öldürmesi gibi bir şey... Karısını aldatanlara ya da toplumun onaylanmadığı türden özel hayatı olanlara toplumsal linç yaşatılıyor. Sosyal medyanın keşfiyle bu linçin kapsamı çok genişledi... Neyse... Olayın bu boyutu çok karışık; kitlelerin ne kadar beyinsiz olabildiğine işaret etmekte...

Bundan 10 yıl kadar önce Fevzioğlu'nun kimi savunduğuna dönelim birde. Cem Garipoğlu adındaki katilin, mahkemede verdiği ifadeye bakarsak meselenin özü çok iyi anlaşılacaktır. Şöyle demekte 18 yaşından küçük olduğu söylenen, zengin iş adamının oğlu olarak bilinen sanık: "Ben olaydan 1 yıl önce Bebek'te tesadüfen Münevver Karabulut ile tanıştım. 5 ay sonra da sevgili olduk. Hatta Münevver ile sevgiliyken Enver ile tanıştık.

Münevver 7-8 kez evimize geldi. Münevver'i annem ile de tanıştırdım. Olaydan birkaç gün önce bize gelmişti, tartıştık. Bana hakaret etmeye başladı. Erkekliğime hakaret etti. (Bu sözü söyleyince Münevver'in kardeşi İbrahim Enver'in şırıngalı saldırısına uğrar. İçinde ne olduğu bilinmeyen şırınga yere düşüp kırılır.) 'Sen nasıl erkeksin' dedi. Olay tarihinde Münevver'in okuluna gittim. Birlikte karar alıp bize geldik. Bizde kimse yoktu. Arka bahçeden içeriye girdik. İki sevgili gibi öpüştük, sarıldık.

O sırada Münevver lavaboya gitti. Masanın üzerinde bulunan telefonunu karıştırdım, mesajlarına baktım. 'Sevgilim', 'canım' yazılı mesajları gördüm. Bunların ne olduğunu sordum. Münevver de "Ben seni seviyorum. Bu mesajın önemi yok" dedi. Bu umursamaz tavrı beni çok kızdırdı. Israrlarla mesajların kimden geldiğini sordum. 'Sen benim babam mısın? Ne soruyorsun?' dedi. Tartışma çıktı. Kendisini çok sevdiğim için deliye döndüm. Cinnet mi geçirdim hatırlamıyorum, kendime geldiğimde Münevver'i ölü buldum. Masanın üzerindeki bıçakla vücuduna vurduğumu tahmin ediyorum. Münevver'i cansız görünce kendimi de öldürmek istedim. Ancak yapamadım... Telaşla cesetten kurtulmaya çalıştım. Evdeki bir bavulu aldım. Cesedi bavula sığdırmaya çalıştım. Sığmayınca evden koşarak nalbura gittim. Testere aldım. Tekrar eve gelip önce başını kestim, sonra gitar kutusuna koydum. Cesedi de bavula yerleştirdim. Daha sonra korsan taksiyle evden ayrıldım. Evden ayrılmadan da önce kirli çamaşır sepetinde bulunan çamaşırlarla yerdeki kanları temizledim. Arabaya bindim ve Etiler'e geldim. Bagajdan bavul ve gitar kutusunu indirdim ve çöp konteynerine attım.

Bilinçsizce ne yaptığımı bilmeden alışveriş merkezine geldiğimi anladım. Sonra Bahçeşehir'deki evimize gittim. Evde annem, kız kardeşim ve kız kardeşimin öğretmeni vardı. Annem çamaşır sepetindeki kanları görmüş olacak ki 'ne oldu' diye sordu. Ben de cevap vermeyerek soruyu geçiştirdim. Daha sonra eve babam geldi. Annem babama bir şeyler anlatmış olacak ki ne olduğuna dair sorular sordu. Dışarı çıkmak istediğimi söyledim. Babamla Beylikdüzü'ndeki şirket lojmanlarına geldik... Yanımızda kimse yoktu. Babam bana ne olduğunu sordu, beni sıkıştırdı. Ben de kız arkadaşım Münevver'in eve geldiği, içtiğimizi ve onu kazayla ittiğim sırada kafasının masaya çaptığını söyledim. Evdeki kanın bu şekilde oluştuğunu söyledim. Babam da bana 'Münevver'i ara durumunu sor' dedi. Babamdan gerçeği gizledim.

Şirket çalışanları Mehmet Karakayalı ve Habip Kurt'un bulunduğu lojmana geldik. Babam beni burada bıraktı ve gitti. Mehmet Karakayalı, bana soru sormaya başladı. Ben de babamla tartıştığımı söyledim. Bir süre sonra lojmana çıktım. Babam sonra geri geldi. Bahçeşehir'de bulunan bir kafeye gitmek istediğimi söyledim. Babam beni kafede bıraktı. Bir süre kafede tek başıma oturdum. Sonra hatırlamadığım bir şahıs geldi yanıma, uzun boyluydu. Beni tanıdığını düşündüm ve arabaya bindim. Bu kişilerle birlikte bilmediğim bir yere gittik. 6 saat yolculuk yaptık. 7 ay boyunca tek başıma bir evde kaldım. Tanımadığım bir kişi 10 günde bir gelip yiyecek bırakıyordu. Saklandığım sırada ailemden kimseyle görüşmedim. 7 ay sonunda bir kişi eve geldi ve beni teslim edeceğini söyledi. Olup bitenleri televizyondan izliyordum. Ben bu kişiye, teslim olacağımı söyledim. Bu kişiyle yolculuk yaptık. Daha sonra yol kenarında beni bıraktı ve 'birazdan gelecek araca bin' dedi. O araca bindim. Araçta avukat Aytekin Kaya vardı. Avukat bana büfeden yiyecek aldı. Daha sonra gelip polisler beni götürdü. Pişmanım, böyle bir suç işlemek istemezdim. Keşke onun yerine ben ölseydim. Keşke onu geri getirmek mümkün olsaydı. Ailesi için zor bir durum. Benim yüzünden kızları öldü. Kendi ailem için de üzgünüm. Oğulları katil oldu. Suçu tek başıma işledim. Pişmanım..."

Münevver Karabulut 3 Mart 2009'da Cem Garipoğlu tarafından öldürülmüştü. Katil, anlattığı gibi, genç kızın cesedini parçalara ayırarak bir bavul ve gitar çantası içinde Etiler'deki çöp konteynerine atmıştı. Cem Garipoğlu amcası Hayyam Garipoğlu başta olmak üzere ailesinin yardımıyla cinayetten sonra 197 gün kaçmıştı. Teslim olan Cem Garipoğlu 18 yaşından küçük olduğundan yargılama sonucunda verilebilecek en ağır ceza olan 24 yıl hapisle cezalandırılmıştı. Silivri 5 Nolu Cezaevinde üç kişilik koğuşta tek başına kalıyordu. 9 Ekim günü ailesiyle açık görüş sonrası morali bozuk biçimde koğuşuna döndü. Kantinden iki paket bisküvi ve bir de 1 TL'ye satılan çamaşır ipi istedi. Sabaha karşı boş koğuşa geçen Garipoğlu kalın bir poşeti başına geçirdi. Çamaşır ipini de üç kez boğazının etrafına sardı. Ardından kendisini koğuşun pencere demirine astı... 10 Ekim sabahı sayıma gelen gardiyanlar Cem Garipoğlu'nun cansız bedenini buldular.

O andan itibaren, Garipoğlu'nun intihar etmediği, kaçırıldığı, ölen kişinin başkası olduğu söylendi. 'İntihar değil cinayet' diyenler oldu. Savcılığın ve Adli Tıp'ın raporlarına rağmen konu hâlen tartışılmakta. Bu süreçte en çok Münevver Karabulut'un ailesinin ne hissettiği merak edildi. Konuyla ilgili basına konuşmayan baba suskunluğunu bozdu. Katilin ölüm haberini duyunca aklına gelen ilk şeyin, kızının mezarına gitmek olduğunu söyledi ve şunları dile getirdi:

"Cuma günüydü, namazdan çıkmıştım, bir yakın dostum aradı, "Gözün aydın intihar etmiş" dedi. Ben de, "Cem Garipoğlu'nun intihar ettiğine asla inanmıyorum, öldürmüşlerdir" dedim. İlk düşündüğüm İntihar değil, cinayet olduğudur. Onun canı tatlıdır intihar edemez, mutlaka öldürmüşlerdir. İntihar edecek adam 5 yıl önce ederdi, şimdi neden etsin? Onda vicdan yoktu, kızımı o şekilde öldüren insanda vicdan olmaz, olamaz. (Bu arada Baba Süreyya Karabulut'un üzüntüden gözünün birinde yüzde 95 diğerinde yüzde 65 görme kaybı oluştuğu, günde 12 ilaç kullandığı söylenmekte.) 'İşte İlahi adalet!' dedim. Ama burada şunu söylemek istiyorum; Cem Garipoğlu hapiste cezasını çektikten sonra intihar etseydi benim içim daha çok rahatlardı. Dolayısıyla onun intiharı beni rahatlatmadı. Öfkem hala canlı. Ateş düştüğü yeri yakıyor.

Cem Garipoğlu'nun intihar etmesi bana bir şey ifade etmedi. Ailesinin üzülmesi de bana bir şey ifade etmedi. Benim kınalı kuzum gitti. Ben huzur bulmuyorum. Ne Cem Garipoğlu'nun intiharı ne ailesinin ceza alması beni rahatlatmaz. Ben kınalı kuzumu kaybetmişim. Sonra bu Türk adaleti ile mi hak yerini bulacak. Çok yanlış işler yapıldı yargı salonlarında. Münevver Karabulut'un annesi Nagehan Karabulut her gün 'Kızımın kanı yerde kalmasın' diye dua etti. Eşim de olayı kendisi öğrenmiş sonrasında konuştuk. Ağladı, "İlahi adalet!" diyerek... Yatıp kalkıp dua ederdi ya, 'Kızımın kanı yerde kalmasın' diye. Ettiği duaların yerini bulduğunu düşünüyor. Ama ben şunu söylemek isterim ki; Cem Garipoğlu, cezaevinde kendisini asmadı. Diyorum ya, onun canı tatlıdır. Onların canı tatlı. O yüzden öldürüldüğüne inanıyorum. Burası Türkiye. Ben bu dava sürecinde neler gördüm. Her şeyi beklerim. 5 yıl sonra neden intihar etsin. Son görüşmesinde ailesine neler söyledi. Orada bazı sırlar olabilir. Belki de "Beni kurtaramadınız, konuşacağım" dedi. O zaman da öldürdüler. Ben öyle düşünüyorum. Öldüğünden emin olmak için otopsiye de gittim. Avukatımızdan bunun için dilekçe vermesini istedik. Evet otopsi sırasında orada olmak istedim. Ölenin Cem Garipoğlu olup olmaması ayrı bir mesele, intihar mı cinayet mi olduğunu ortaya çıkarmak ayrı bir mesele. Ben eğer kanuni hakkım varsa, mezarını açtıracağım. Kafamda soru işareti varsa, giderilmemişse, şüpheli bir ölüm varsa gerekirse mezarını açtıracağım. Kanuni hakkımsa ve böyle bir hakkım varsa ben bu hakkımı kullanmak isterim. Ölüsünü görmem lazım. DNA'sı beni ilgilendirmiyor.

Bir nefret değil, ölüsünü görürsem gönlüm ferahlayacak. Aksi halde rahatlama şansım yok, katilin ölüsünü görmek istiyorum. Onda, onlarda vicdan yok. Vicdan olsaydı o şekilde katletmezlerdi. O yüzden vicdanları olduğunu kimse söylemesin. Onun ailesi benim çektiğim acı kadar çekmedi. Onun intiharı hiçbir şey... Onların ruhundan bir parça gitmedi. Benim kızım kesildi. Yetmedi çöpe atıldı. Böyle bir şey yok, Cem Garipoğlu intihar ederek kısa yolu seçti. Ama yine söylüyorum o intihar etmedi, öldürüldü. Evet... Kızım adına okul yaptıracaklardı. Bunun için görüşme istediler. "Keşke olay sonrası Cem de intihar etmiş olsaydı" dediler. Kitapta da yazdım. Bana, "Gücümüz yeter, ben istediğinizi yaptırırım. Ailemize dokunma" dediler. Evet, kafamda zarar verme fikri vardı. En azından kızımın karşılığında bir kaç tane can alıp adalete teslim olacaktım. Tasarladım, tabanca almak için girişimim oldu hanım bırakmadı. Ben dosyayı kapattım, artık zaman geçti böyle bir düşüncem kalmadı. Bu saatten sonra benim tek derdim Hayyam Garipoğlu'dur. Onun cezaevine girmesi beni rahatlatır.

Bu davada katil avukatı olan Metin Fevzioğlu için son olarak şunu diyeceğim: Mücadele yolunda kendimize yanlış birini yol arkadaşı olarak seçmişiz. Bu da bizim suçlarımız arasında... Neyse... Adli yılın açılış töreni üstünden sekiz gün geçti. Barolar başkanı Saray'a gitse de baroların büyük çoğunluğu bunu onaylamıyor. Bir kısmı Anıtkabir'e gitmeyi uygun gördü. Açılışı, Atatürk'ün huzurunda yaptılar ki bence en iyisi. Feyzioğlu ise Muktedir' in karşısına geçip hoş görünme çabası ile boş bir konuşma yaptı... Bir şey daha diyeceğim: Gerçekten anlamıyorum: Ne demek adli tatil? Bence adalet işlerinde tatil olmamalı. Hukuk insanları, yılın belli aylarında hep birlikte tatile çıkmamalılar. Doktorlar, hastaneleri boşaltıp tatile gidebilir mi? Başta Meclis... Asla tatil gerekçesiyle kapatılmamalıdır. Milletvekilleri de doktor ya da hukuk insanları gibi tatillerini senenin farklı tarihleri arasında izinli sayılarak yapabilirler. Zaten ne kadar çalışıyorlar ki... Özellikle de milletvekilleri... Gerçekten yıl içinde yorulacak kadar iş yaptıklarına inanan var mı? Gerçekçi olalım. Büyük çoğunluğu "sallabaşı al maaşı" şeklindeki memurlardan oluşmuyor mu?

Bir daha söyleyeyim ki tarihler 2019'u gösterirken bütün hukuksuzluklar son gaz devam etmekte. Madem 8 gün önce adli tatil sona erdi, madem barolar başkanı şahsi kurtuluşunu Saray'da aramaya başladı, o vakit, kendisini geçip sözü halktan yana hukuk mücadelesi vermeye devam eden İzmir Barosu başkanı avukat Özkan Yücel'e bırakalım... Yücel ilkin, artık kolaylıkla tutuklana bilen, itile tekmeleme mahkeme binasına sokulmayan ya da savunma yapmasına izin verilmeyen avukatların sorununa değindi.

Açılış bahanesiyle Muktedirlere inat şunları söyledi: "Avukatlar olmadan, bağımsız yargı olmadan, adaletin sağlanabilmesi mümkün değil. Ama yalnızca kendimiz için burada değiliz elbette.

Mesela sokaktaki vatandaşın hakları için buradayız, seçim sandıklarında hakları gasp edilenler için (yargısız görevden alınıp yerine kayyum atanan belediyeleri kastetmekte), verdikleri oy sandığa yansımadığında, oyları karşılığını bulmadığı için mücadele eden insanların sesiyiz. 10 Ekim'de (Ankara'daki canlı bomba saldırısına işaret etmekte) katledilen barış savunucularının sesiyiz. Soma'da yerin yüzlerce metre altında yakılan işçilerin sesiyiz. (301 madenci, iş güvenliği ihmali yüzünden yerin yedi kat altında boğularak ölmüş, bir tek Allah'ın kulu istifa etmemişti. Dahası Muktedir, "Ölüm, maden işçisinin fıtratında var" diyerek bu üzücü duruma açıklık getirmişti.) İş cinayetlerine kurban edilenlerin sesiyiz. Kadın sığınma evlerinde 8 binden fazla kadının bulunduğu bir ülkede, her gün sokakta katledilen kadınların, 'ölmek istemiyorum' diyerek çığlık atan kadınların sesiyiz. Ayşe Paşalı'nın, Şule Çet'in, Münevver Karabulut'un, Özgecan'ın, Emine Bulut'un ve isimsiz binlerce kadının...

Sacayağının bir parçası olarak bizler, gerçekleri söylemekte, sonuna kadar gerçeğin ardına düşmekte kararlıyız. Avukatlar olarak bunu yapacağız. Ama şunun da farkındayız; yargıçlarımız ve savcılarımız olmadan, hep birlikte mücadele etmeden, önce kendimizi özgürleştirmeden (Bu da Metin Fevzioğlu'na atıf), başkalarını özgürleştirebilmemiz mümkün değil. Yeni bir adli yıl başlıyor. Dün yaşadıklarımızdan daha az sorunla karşı karşıya değiliz. Biz istiyoruz ki, yarın bu adliyenin çatısı altına giren her yurttaş, buradan adaletli bir kararla çıkabileceğinin farkında olsun. O yüzden yargının diğer kurucu unsurlarına, sevgili hâkimlerimize, sevgili savcılarımıza sesleniyorum: Bu ülkeyi demokratik, bu ülkeyi laik, bu ülkeyi hukuka ve insan haklarına saygılı bir ülke haline getirebiliriz. Bunu en baştan, biz başarabiliriz. Çünkü keyfilikleri, hukuk dışında denetleyebilecek bir başka mekanizmaya sahip değiliz. Bunu başarabiliriz, bunu yapabiliriz, yapacağız. İnanıyorum.

15

Şimdi arkadaşlar... tekrar söylemek istiyorum: Sözlerimin hepsine "doğrudur" diyerek bakmayın. Kaynaklarım güvenilir olmayabilir. Sonuçta ben, internet yazarıyım. Bilgilerimi sokaktan, canlı, güvenilir kişilerden değil, "çöplük" diye de tabir edilen İnternetten (haber kanalları, gazeteler de buna dahil) bulup yazıyorum. Günümüzün sokakları web siteleriyse yaptıklarımı yadırgayıp sözlerimin tümünü çöpe atmanız da doğru olmaz. Verdiğim kimi bilgilerde tutarsızlık olduğunu ben de görüyorum.

Mesela Özgecan'ın katili ifadesinde doğuları söylemiş midir? Kuşkusuz ki suçlular, cezadan kurtulabilmek için türlü yalanlara sığınacaklardır. Bu yazı dizisinde düzeltemeyeceğim şeylerden biri de bu: Suçluların yalan sözleri...

Ama herkes okumakla kalmayıp kendi yorumunu yaparsa.. bilgileri kendi zihin süzgecimizden geçirirsek hatalarımız o oranda azalacaktır. Daha iyi yorum yapabilelim diye lüzumlu görürsem, bundan sonra da, aynı olayla ilgili iki farklı haber metnini ya da konuşmayı bilginize sunabilirim... Gördüğünüz gibi Ş davasından biraz uzaklaştık ama merak etmeyin hâlâ olayın içindeyiz. Her cinayetten toplum olarak almamız gereken dersler var ve fakat, aklını peynir ekmekle yemiş bir toplum olduğunuzdan her konudan ders alamıyoruz... Neyse...

Özgecan cinayetinde oğlunu gömmeye mezar bulamayan annenin ilginç bir konuşması var, onu da paylaşmak istiyorum. Diyor ki: "Ben onu (Suphi'yi) böyle büyütmedim. Kimse hırsız, katil doğmaz.. herkes melek doğar. Benim çocuğumun sağlığı bozuktu. Babasıyla beraber büyüdü.. o yüzden böyle oldu. Benden etkilenmedi, babasından etkilendi. İnsandı ama, benim oğlumun bir insanın canını almaya hakkı yoktu. Bir hafta önce oğlumla doğum günümde görüştüm. Benim oğlum normaldi. İşine gücüne ailesine bakıyordu. Aileme nasıl daha iyi bakarım diye mücadele ediyordu. Hiçbir çocuk katil, hırsız, terörist doğmaz ki... Herkes melek doğar. Onu bu hale getiren bir sürü etken var. Ben onların acılarına (ölüm acısını durdurmaya) ne kadar katkı verebilirim... Ne diyebilirim. Beni yanlarına (Özgecan'ın ailesini görmeye) götürün dedim. O annenin, babanın elini ayağını öpmek istedim. Ben de anayım. Benim de kızım var. Kızımın başına bir şey gelsin ister miyim? Asla dilemem... Ben çocuğumu koruyamadım. Babasının şiddet eğilimi vardı. Biz kaç yıldır ayrıyız. Ben çocuklarımın baba yanında büyümesini istemedim. Kocamdan çok şiddet gördüm ama anneme babama söyleyemedim... Kemerle, kesici aletle beni döverdi. Bunları kimseye söyleyemedim.

Ne de olsa bir annenin sözleri bunlar. Dinlemek gerekir fakat bu olayda ders gibi sözler söyleyen kişi Özgecan'nın babasıydı. Herkes "İdam gelsin, bu işi ancak idamla çözeriz" derken o, daha önce idam cezasının getirilmesini istediğini ancak, çocuğunun ölümü sonrası yapılacak olan böyle bir düzenlemenin kadın cinayetlerini önleyebileceğine inanmadığını dile getirmişti. Her sözü, yarı tanrı mitolojik bir kahramana ait gibiydi. Gurur duyulacak bir babaydı. Şöyle devam etmişti konuşmasına: "Siz hiç mucize gördünüz mü? Herkese soruyorum, her Türk vatandaşına... Bir mucizeye şahit olanınız var mı içinizde? İşte, şu anda bir mucize gerçekleşiyor. Onlarca, yüzlerce, binlerce Özgeler, melekler, kanatları kırıldığı halde yaşıyorlar... Bu olayın tüm Türkiye'ye mâl olmasının elbette bir hikmeti var. Bunu, kızımın üzerinde tecelli ettiren, inanıyorum ki aynı zamanda adaleti de tecelli ettirecektir. Allah'ın adaleti tecelli ettiğinde kimse buna karışamayacak. Allah adına adaleti hakimler verecek. Eğer onlar vicdanla, kendi çocuklarını da düşünüp karar verirlerse, o zaman inanacağım ki adalet tecelli etmiştir.

Bu kadar söz yetmez. Özgecan'ın ailesini gerçekten tanımamız lazım. Gazeteye konuşan babanın sözlerine kulak verelim şimdi de... Gazeteci Ayşe Arman anlatıyor: "Babanın davranışı alışılmışın dışında bir davranıştı. Hızını alamayanlar idam cezasının yeniden konulmasını istedi. 'Hadım edilmeli' diyenler çıktı. 'Hapishanede zaten Hanya'yı Konya'yı görecekler!' diyenler de oldu. Kısasa kısas isteyenler... Bütün bu sesler, tepkiler yükselirken... Bir kişi hep metanetini, sükûnetini ve asaletini korudu: Özgecan'ın babası... Mehmet Aslan. Sağduyulu ve merhametli konuşmaları herkesi şaşırttı. Canını almışlar senden... Kendi deyimiyle, kanadını koparmışlar meleğinin...

Vahşice kıymışlar kızına... Yine de sen, o kızın babası olarak, "Sevmekten başka çıkar yolumuz yok!" diyorsun, diyebiliyorsun. Öyle dedi. Çıktığı her TV programında... Bir şekilde hep 'insanlık dersi' verdi. Bütün idamcılara inat, 'Herkes barış içinde yaşasın!' dedi. Başka bir dünyadan gibiydi. Tanımak istedim.

Kardeşini, Yaşasın Aslan'ı aradım. O da bana, aile olarak günlerinin, evlerinin altındaki taziye çadırında geçtiğini, akşamları hastanenin Acil' ine taşındıklarını anlattı. Çünkü her gece aileden farklı birinin ya tansiyonu çıkıyor ya kalbi sıkışıyordu. Tarifsiz acılar yaşıyorlardı. Farklı bir aile... Çok kibarlar. Konuşmak isteyen, görüş almak isteyen hiç kimseye "Git kardeşim başımızdan, bizim acımız var!" demediler. Aslan Ailesi'nin kökleri Horasan'dan geliyor. Elazığ'a yerleşiyorlar, oradan da Mersin'e geçiyorlar. Mehmet Aslan orada büyüyor, yetişiyor. Tıpkı babası gibi, o da hayatının her döneminde lafı dinlenen, saygın, kendini iyi ifade edebilen biri. Lise mezunu. Grafik tasarımcısı. Kardeşi onu şöyle anlatıyor: "Uzun yıllar matbaacılık yaptı. Kapak tasarlardı, kartvizit basardı... Fakat bir gece işyerine girip, bütün baskı makinelerini çaldılar. Sonra işini evden yapmaya başladı. İnanır mısınız, eve de hırsız girdi. O günden beri düzenli bir işi yok. Kendine ait bir evi yok. Annemle birlikte oturuyorlar. Eşi bir kargo şirketinde çalışıyor..." Özgecan'ın babasıyla ilişkisi çok özel. Psikoloji okumasında katkısı var, diğer kızının konservatuvarda müzik eğitimi almasında da... Biz "Özgecan" diyoruz, aslında aile de çevrelerindeki herkes de onu Özge diye çağırıyor. Mehmet Bey, düşünerek konuşuyor, tane tane. Benden sadece iki yaş büyük, 47 yaşında. Ama sanki ruhu daha yaşlı.

O, bende, bu dünyaya defalarca gelip gitmiş çok tekamül etmiş bir ruh intibaı yarattı. Derin ve katmanlı konuşuyor. Hatta başka türlü konuşamıyor. Farklı bir bilgelik seviyesinde.

Tasavvufa ilgisi de hemen anlaşılıyor. İçim acıdı, üç günde sakalları beyazlamış. Ama beni asıl sarsan, kardeşi Yaşasın Aslan'ın, "Sizden bir şey rica ediyorum" demesi oldu. "Tabii dinliyorum" dedim. "Abimle konuşurken lütfen Özge'nin başına gelenlerin ayrıntısına girmeyin, çünkü bilmiyor!" "Nasıl yani?" oldum. Aile, kızlarının bir cinayete kurban gittiğini biliyor ama bizim bildiğimiz ayrıntılardan haberdar değiller. Çünkü eve gazete sokmuyorlar, internetten takip etmesine de izin vermiyorlarmış. Kimse de Mehmet Aslan'ın karşısına geçip, Özge'nin son anlarını, maruz kaldığı işkenceleri ona anlatmıyor! Bunu öğrenince çok fena oldum, ben de hiçbir şekilde o konulara girmedim. Belki bu röportajı da okumayacak. Özge'yi tespit etmeye amca Yaşasın Bey girmiş. Ağlayarak anlattı: "Abim çok istedi kızını son bir kez görmeyi ama ben izin vermedim. 'Yüzü iyi halde değil' dedim. 'Özge'yi hep gülerken hatırla abi' dedim. Çünkü kızını o halde görseydi, hayatına devam edemeyecekti..." Yaşasın Aslan, bana bilmediğimiz işkence detayları anlattı. Çok çok fena. Müthiş bir dayanışma içindeler.

Yaşasın Bey diyor ki,: "Abimin metaneti bize de destek veriyor. Onun sağduyusu karşısında biz de taşkınlık yapamıyoruz. Abim hep böyleydi, çocukluğundan beri farklıydı..." Gelin bu acılı babaya, kalbi güzel insana, Mehmet Aslan'a kulak verelim... Üniversitede psikoloji okuyan Özgecan'ın dolabında Kanadalı rock şarkıcısı Avril Lavigne'in fotoğrafları asılı. Kitaplığındaysa, Freud'dan Nietzsche'ye, Ahmet Hamdi Tanpınar'dan Hakan Günday'a, Halil Cibran'dan Adam Fawer'a pek çok yazarın kitabı var.

Özgecan'ın babası anlatıyor: "Böyle bir olay karşısında İyi olmak mümkün değil tabii ama yine de şükürler olsun. Bedensel olarak birtakım sıkıntılarımız var, sürekli ailemizden birileri hastaneye kaldırılıyor. Özge'nin gidişinden beri her akşam böyle, gündüz taziye çadırındayız, gece hastanenin Acil 'inde. Ama yaşadığımız acıya rağmen, yine de aklımız yerinde... Bu vahim olay yıllar önce yaşansaydı, ben de alışık olduğunuz tepkiyi gösterirdim. Yani aklım devre dışı kalırdı, içimde hangi duyguları beslemişsem, büyütmüşsem onlar açığa çıktı. Demek ki yıllar içinde ben değişebilmişim, acımı dışa vurma biçimim de değişmiş... Çabaladım. İyi bir insan olmak için çabaladım. Benimki bir iddia değildi, 30 yıllık bir çaba. Bu uğurda, 30 yıldır uğraş veriyorum. Egomu, mümkün mertebe sıfırlayabilmeye çalışıyorum. Egomun beslendiği bütün kanalları zayıflatmak için uğraşıyorum. Tabii bu söylediklerim kolay olmuyor.

İnsan değişmek istese bile değişemiyor. Değişimin nasıl olacağını anlaması bile 15-20 yılını alıyor... İçimde ne varsa, dilimde de o var. Dilimde ne varsa içimde olan da o... Böyle bir (katiller karşımdaymış gibi) empati kurmak istemiyorum. Sizin bu sorduğunuz soruyu ben de kendime sordum. Onları affetmek gibi bir düşüncem yok. Cezalarını çekmelerini istiyorum. Netice itibariyle dünyayı savaş alanına çeviren, insanı mutsuzluğa iten nefisle yıllarca mücadele ettim. Hep güzellikleri aradım. İnsanlara saygımda, sevgimde, hürmetimde kusur etmedim. En zor durumlarda dahi 'bilinçli sessizliği' seçtim.

Şöyle izah edeyim: Bir insan, toprağa bir tohum eker. O tohumun bir fidan, bir gül, bir ağaç olabilmesi ve meyve verebilmesi için zaman gerekir. Ama o tohumu ekmezsen, o neticeye ulaşamazsın. Bu, istemektir. Ama tek başına istemek de yetmez. Sulayacaksın, çapalayacaksın, çabalayacaksın, bakımını yapacaksın. Güneş görecek ve belli bir zaman geçecek. Meyveye ancak o zaman kavuşabilirsin. Aynı şey insanlar için de geçerli. İnsan, değişmek istiyorsa, iyiye, güzele yönelmek istiyorsa, kalbine sevgi tohumu ekmeli. İnsan değişmeyi istiyorsa, bir arayışa giriyor ama illaki bir yol gösterenin olması gerekiyor. Bu yol, mürşitsiz olmaz. Kendi başına arayarak bulunmaz. Seni değiştirecek olan kişi, gelir seni bulur ve toprağa ekilen tohum gibi senin kalbine güzel bir düşünce eker. Sen de o güzel düşünceye us verirsin. Yani toprakta su, kalbinde us dengesi var. Sonra da en önemlisi sabır. Bekliyorsun. E güneş de lazım. Buradaki güneş, kalbine o güzel tohumu eken kişi zaten. Güneş, Mürşit'in kendisi. Mürşitler Hurşitlere benzer. Hurşit, güneş demektir. O güneş, sizin değişim ve dönüşüm süreci içerisindeki yaptığınız bütün eksiklikleri, hataları, kusurları size bir bir anlatır. Yani kısaca, buna 'Ariflik mektebi' deniyor. Ariflik mektebine gitmeyen kişi asla içindeki o sevgi cevherini işleyemez. Nefsine yenik düşer sadece katiller değil ki. O belki, en son hali... En son aşama bir canlıyı öldürmek... Bir canlıya kıyabilmek... Çiçeği koparan da ağacı kesen de katil... Hayır, ruhani biri değilim. Kendi çapımda inandığım şeyler bunlar.

Bütün kutsal dinlerin ve öğretilerin çok temel bir prensibi var. Her iyiliğin içinde bir kötülük, her kötülüğün içinde de bir iyilik var. Biliyorsunuz, bizim dinimizde de hayır ve şer Allah'tan gelir. Hayrın, gerçekte hayır mı yoksa şer mi, şerrin gerçekte şer mi yoksa hayır mı olduğu sonradan ortaya çıkar. Hepimizin kalbinde rahman ve şeytan var. Yani 'nefis.' Rahman, her canlıya Allah'ın nurunu yayar. Ego ise hayatımızın yüzde 90'ını kapsar. Bundan kurtulmanın yolu da bütün uluların, evliyaların, ermişlerin, dervişlerin yaptığı gibi her şeyin azına rağbet etmektir. Az yemek yerler, az uyurlar, az konuşurlar. Çünkü nefis, dokunmaktan, güzel tatlardan, hoşuna giden sözler duymaktan, güzel kokular koklamaktan, yani beş duyu organımıza hitap eden güzel duyulardan hoşlanır... Bu kanalların her birini isteyerek bilinçli bir şekilde azaltırsanız, egonuz zayıflar ve içinizde depremler başlar. Çünkü o da savaşıyor, o da karşı çıkıyor. İşte birçok kez bu savaşı yaptım. Hepsinde de kaybettim. Ne zaman ki teslim oldum, şu gördüğünüz adam oldum. Çünkü nefisle yapılan mücadelenin hiçbir tanesini insanoğlu kazanamaz. Ben de kazanamadım.

Teslimiyeti Allah, ayet-i kerimede buyuruyor zaten. "Allah'ım" dedim, "Beni nefsimin eline bırakma. Benim gücüm yetmiyor. Ben fakirim, ben acizim. Bilen sensin, âlim sensin, sığınacak yerim yok. Yol gösterecek kimsem yok. Sen, bana yardım et. Sen, ilmimi arttır. Taşıyamayacağım yükü bana yükleme..." Kainat yaratıldığından beri, iyiyle kötünün bir savaşı var dünyada. Dünya bu ikilemden meydana geliyor. Eğitim olarak lise mezunuyum. "İnanç" farklı bir eğitim. Üç üniversite bitirmiş olsaydım da bu şekilde eğitilememiş olabilirdim. İrfanı mektebine gidip, bir mürşitten el almayan, bir mürşide bağlanmayan, sıdkı sadakat ile her şeye şükretmeyen, sabretmeyen, yanmayan bunu yapamaz! Başaramaz. Mürşit olmadan olmaz. Bu kadar anlattığım şeyin özü bu. Mürşit olmadan olmaz. Siz kendiniz kapıyı bulamazsınız. Mürşit size kapıyı gösterir, siz gidersiniz. Mürşit sizinle de gelmez. O sadece yolu gösterir. Siz gidersiniz. Söz konusu olan sizin ruhunuz, sizin tekamül seviyenizdir. Ruhsal tekamülünüzün yükselebilmesi için o yolda siz, her bir düşünceyi, her bir acıyı deneyimlemek zorundasınız. Yaşayacaksınız, düşeceksiniz, kalkacaksınız, canınız yanacak, ciğeriniz parçalanacak, her gün ağlayacaksınız ama yine de "Her halimize şükürler olsun!" diyeceksiniz. Allah'ın hiçbir şeye ihtiyacı yok. Onun bizden istediği tek şey, samimiyet... Ben hep böyleydim. 7-8 yaşlarındayken de "Allah'ım ben kimim?" derdim.

Tebrizli Şems'in hikâyesini biliyorsunuz değil mi? Babası, Tebrizli Şems için çok üzülüyormuş, "Oğlum ben haline çok üzülüyorum, sen niye böylesin!" dermiş. O da cevap verirmiş: "Baba. Ben bunun için doğdum. Sen diğer çocukların için üzül!" Demem o ki, ördek suya girdiği zaman boğulmaz. Fıtratında vardır. Kartal doğduğunda uçma içgüdüsü vardır. Uçmak için uğraşmaz. Çabalamaz. Sadece kanatlarını açar. Doğuştan hazırdır. Uçar...

Hangi dergaha gittim, kimlerle görüştüm? İsimlerini şu anda size veremeyeceğim, benim nazarımda güzel bir gönül ehli olan bir Allah dostuyla tanıştım. Ben zaten belli bir arayış içinde olduğum için, işin doğrusu ben onu ararken o beni buldu. Akıllı ya da zeki biri değilim. Ama bunun akıl ve zekâyla da alakası yok. Bu, nasiple ilgili bir şey. Bu arada ölüm bir son değil. Farklı bir enerji boyutuna girmek ve form değiştirmek... İsmini demek istemediğim kişi vefat etti. Kendisinin yazmış olduğu eşi benzeri bulunmayan kitapları var bende. Tüm insanlığa mal olabilmesi için onları bastırmayı düşünüyorum... Kızım da benim gibi herkesle, her şeyle empati yapardı. Psikolog olmayı istemesine katkım oldu. Çok yakındık. Her gün sohbet ederdim. Bir başlardık, en az 2-3 saat konuşurduk. Çok soru sorardı. Küçükken de öyleydi. Her şeyi öğrenmek isterdi. "Babacım, ben ne zaman senin gibi her şeyi bileceğim" derdi. Ben de "Vakti geldiğinde ben her şeyi sana tek tek anlatacağım. Ve sen dünyanın en iyi psikoloğu olacaksın" diyordum. Kendim grafik tasarımcısıydım... Diğer kızımın adı Beste. Benim koyduğum bir isim. Kızlarımın ismini ben koydum. Özge ve Beste. Müzikle ilgili biri olduğum için diğer kızımın adını Beste koydum. O da musikiyle ilgilenebilsin diye, nitekim konservatuvarda okuyor. Onlar, çok yakın iki kardeşti. Kötü şeyler hep başkalarının başına gelir sanırsınız. Ben de öyle hissediyordum. Aklımın ucundan geçmezdi.

İnsan, ölümü ne kendisine ne ailesinden birine ne de sevdiklerine yakıştırabiliyor. Ama illa ki her nefis, ölümü tadacak... Özge'nin çantasın taşıdığı biber gazına gelince... Bildiğiniz gibi ortam iyi değil. Annesi, olur ya... Bazen geç kalabiliyordu... Bazen arkadaşlarıyla kafeteryada bir şeyler yiyip içebiliyorlardı, tedbirli olsun diye taşımasını istemiş. Ama bir işe yaramadı.

Kızım, çok hırslı ve çok çalışkandı. Pes etmemeyi bilirdi. İnsanın, dış dünyasında bir hedefi, iç dünyasında da muazzam bir hayalinin olması gerekiyor. O da öyleydi. Ben, "Hayal et, gerçek olsun!" cümlesini ilk duyduğumda çok şaşırmıştım çünkü biz küçükken hayal ettiğimizde, çevreden bize, "Boş boş hayaller kurma!" derlerdi. Ben kızlarıma öyle bir şey söylemedim... O gün yanında cep telefonu olsa mıydı? Bakın, her şey Allah'ın takdiri. Ben inanıyorum ki, bunca yıl yaşadığım tecrübeler, bu ilahi tecelliye hazırlıktı. Sanki ben bu acıya dayanabilmek için eğitildim. Ve neticede, söylenecek söz yok. Bundan sonraki söz sadece sahibine (Allah'a) söylenecek. Ama tabii ki hayretler içinde kalıyorum. Bu olayda, tesadüf olamayacak kadar ilahi bir tasarım var. Normalde telefonunun yanında olması gerekiyor, değil mi? O arkadaşıyla birlikte vakit geçirdikten sonra hep durağa giderlermiş, önce Özge binermiş. Bu sefer, tersi olmuş...

Kızımın yaşadığı felaket, diğer kızların hayatını kurtarabilir mi? Böyle bir umudum var mı? Var. Olmaz mı... Tabii ki her insanın kaderi kendine özeldir. Ama Özge'nin bir şeyleri değiştireceği de kesin. Belki kadına şiddet konusunda daha duyarlı olacağız, toplu taşıma araçlarına kameralar konacak, idam tartışmaları belli miktarda caydırıcılık yaratacak, belki birbirimize daha merhametli yaklaşacağız.

Küçücük bir kelebeğin kanat çırpışı bile on binlerce kilometre ötede bir kasırganın oluşmasını tetikleyebiliyorsa, Özge de belki bu ülkede bir sürü şeyin değişmesine sebep olabilecek. İnşallah da olur. Bazen uyandığımda sanki bu olay hiç yaşanmamış gibi geliyor, sonra birdenbire hatırlıyorum. Onu çok sevdiğimi hatırlıyorum. İdama neden karşıyım? "İnsan, ideolojik olarak idama karşı olabilir, bunu anlıyorum ama kendi çocuğu söz konusu olduğunda akan sular durur" deniyor. Efendim netice itibariyle, benim kalbime ateş düştü, ben yandım. Evet, ilahi adalet tecelli edecek, buna da inanıyorum ama çözüm idam değil. İdam caydırıcı olabilir belki ama benim kızımın üzerinden tartışılması da beni rahatsız ediyor. Günlerdir, binlerce kişi taziye çadırına gelip Aslan ailesine başsağlığı diliyorlar. Özge'nin 'görevli' olduğunu mu düşünüyorum? Kadın cinayetlerine önlem alınmasını sağlamak için... Hayır. Onu Allah bilir...

Geçenlerde güzel bir insan Erzurum'dan aradı ve dedi ki, "Allah, Azrail'i bir küçük çocuğun canını almak için göndermiş. Azrail vazifesini yapmış ama çok üzülmüş. Çünkü çocuk çok güzel ve masummuş. Allah'a sormuş neden o çocuğun canını aldırdın bana diye. Allah da demiş ki, ormana git, bana bir ağaç kes getir. Azrail gitmiş, gezmiş, bir gonca gülle geri gelmiş. Allah sormuş, ormanda onca yaşlı, kuru, ağaç, dal varken neden bu gonca gülü getirdin. Azrail cevap vermiş, "Yarabbül Âlemin. Çünkü senin bahçene güzellik yaraşır!" Erzurum'dan başsağlığı dileyen kişi, "Evladım" dedi "Allah, Özge'yi kendisi için yaratmış. O bir melek. Geldi, görevini yaptı ve gitti..." Böyle düşünüyorum. Bu vahşi olaydan sonra bütün Türkiye bir oldu. Başka hangi güç bunu başarabilirdi ki? Sahip olduğum inanca göre, bu Allah'ın hikmetidir... Eşim onların cani olduğunu söyledi. Bana göre daha az bağışlayıcı konuştu. Doğrudur. Annelerdeki sevgi yoğunluğu, duygu yoğunluğu biraz daha fazla olabiliyor. Buna da saygı duyuyorum. Benim meleğimin kanatlarını koparttılar. Yarın sizin meleğinizin de kanatlarını kopartmaya gelecekler. Herkes kalbindeki sesi iyi dinlesin. Bana, yıllarca neler olabileceğini anlattılar ama ben anlamadım. Gözlerim kör, kulaklarım sağır, dünyanın peşinde koştum durdum... Daha önce de söyledim bunu. Yaklaşık 30 yıldır, 'gönül dostum, hatta manevi babam' dediğim o değerli insanla birçok rüyamı paylaştım. Sadece rüya değil, birtakım duru görüler, duyu dışı birtakım görüntüler. Her şeyi farklı bir yoğunlukta yaşıyorum.

Doğuştan sevgi donanımınız olabiliyor ama bilgi ve tecrübe sahibi olabilmek için zaman gerekiyor. Bende de onlar olmadığı için, gördüklerimi yorumlayamıyordum. Ama artık anlıyorum ki, o 30 yıl boyunca, bu olay için (acıya dayanabilmeye) hazırlanmışım. Bunu yapan insanlar sadece adalet karşısına çıkıp cezalarını çeksinler, dedim. Yeni işkence mişkence görmesinler, tecavüze uğramasınlar... İnsanlar hadım edilmesin. Allah onların analarına babalarına da yardımcı olsun... Bunları hep söylüyorum. Birçok güzel insan, kendini bizim yerimize koydu ve bizimle empati kurdu. Çektiğimiz acıyı, kendi yüreklerinde hissederek, içimizdeki yangını söndürmek için koşarak yanımıza geldiler. Hepsinin önünde saygıyla, hürmetle eğiliyorum. Ben de o kişilerin annesinin babasının yerine koydum kendimi. Evet, ben de böyle bir empati yaptım."

16

Özgecan'ın babası, gördüğünüz gibi, kendini teselli edebilmişse ne mutlu ona. Ben teselli olamıyorum. Toplumun şiddet karşıtı oluşu son olarak Emine Bulut cinayetiyle bir kez daha saman alevi gibi yanıp söndü... Bu böyle devam edip gidecek... Özgecan'ı büyüten acılı anne Songül Aslan da, "Devletimize inanıyorum ben. Hak ettikleri cezaları alacaklar. Kızımın kanı yerde kalmayacak. O bir masumdu. Suçsuz kızımı bu hale getirenler, insan değil. Caniler... İçinde sevgi olmayan insanlar yapabilir bunu ancak. Biraz sevgileri, biraz hoşgörüleri olsaydı bunları yapamazlardı. Demek ki içlerinde sevgi kalmamış" demekte. Dediği gibi de katiller cezasını buldu, asıl katil öldü; hiç tanımadığı biri tarafından hücresinde kurşunlanarak yaşamını kaybetti. Diğerleri, yardımcı olanlar, hapsi boyladı. Bir gün af gelir, aftan serbest kalırlar mı? Hiç belli olmaz. Burası Türkiye. Nice katiller var ki aramızda dolaşmaktalar.

Daha dün, İstanbul'da, iyi halden izin alıp dışarıya çıkanlar, hiç tanımadıkları üniversite öğrencisini para isteyip alamayınca "sarhoştuk" deyip öldürdüler. Birinin ifadesi şöyle: "Şu an Kırıkkale cezaevinde mahkumum. Olay zamanında parkta uyuşturucu içiyorduk. Erhan çocukluk arkadaşımdır. Onunla beraber takılıyordum. Evde bana hançer, bıçak gösterdi. Onları evime götürüp, asacaktım. Taksime çıkıp alkol aldık. Erhan ile onların tartıştığını gördüm. Ayırmak için yanlarına gittim. Onlar yanlış anlayıp, bana vurmaya başladılar. Aklıma hançer geldi. Onları korkutmak için çıkarıp salladım. İçkiliydim. Kamera kayıtları var. Ayırmaya giderken bana vurdular. Çok üzgünüm. Ben bugüne kadar kimseyi öldürmedim. Serbest kalmak istiyorum." Öldürüp sonra da hep böyle serbest kalmak isterler. Bilirler çünkü çok kişinin öldürüp öldürüp serbest kaldığını... Bazılarının kahraman olduğunu da bilirler.

Bu toplum var ya sevgili arkadaşlar, sürekli adam öldürenleri sonunda kahraman ilan eder. "İnsanın katiline aşık olması" deniyor buna... Ş cinayetinin 4. duruşmasına 35 gün kalmışken bunu da aklımızdan çıkarmayalım. Yenemediğimiz katilleri sonunda hürmetle seven bir milletiz. Sinirimden böyle söylüyorum. Doğru değil bu sözüm. Nasıl bir toplum olduk, nasıl bir ülkede yaşadığımızı görün diye kızgınlığımdan söylüyorum. Kuşkusuz her şeyi benden iyi görüyorsunuzdur. O zaman şu soruma cevap isterim: Dışarı çıktığınızda tanımadığınız birinin belki bir katilin kurbanı olmayacağınızdan emin misiniz? Değiliz. Ülkeyi bu hale getirenlere oy verip güçlerine güç katıp iktidar yapmamızdan belli. Her cinayeti, katliamı kanıksadık.. öyle değil mi? Üzülerek söylüyorum; bize bir haller oldu. Tek tek sorulunca kimse halinden memnun değil; daha adaletli bir memleket istiyoruz fakat ne hikmetse, 17 yıldır adil olmayan liyakatsiz kimseler devlet gücünü elinde bulunduruyorlar. Neyse... başınızı ağrıtmayacağım. Konumuza dönersek...

Özgecan'ın kardeşi Beste Aslan da, babasından biraz farklı olarak, "Ben inanamıyorum hala, yanımda sanki. İkimiz tek kişiydik. Türk halkına yalvarıyorum... ne olur biraz bilinçlensinler. Okullarda insanlık ve sevgi dersleri verilsin!" diye konuşmakta... Bilinçli bir toplum olmadığımızı bilip söylenmekte. Evet, en büyük sorunumuz "bilinçli bir toplum olamamak." Sorunlarımıza sahip çıkamıyoruz. Fakirken, mesela iş bulamayıp sadakayla yaşarken sosyal demokratlara değil, zenginin çıkarına siyaset yapan partilere;

dincilik yapanlara, milliyetçilik kavramının arkasına sığınanlara oy veriyoruz. "Kadın cinayetiyle ne ilgisi var?" diyeceksiniz yine. Çok ilgisi var. Ah güzel kardeşim. İlgisi olmaz mı hiç, çok ilgisi var. Böyle bir bilinç ortada dururken, devlet gücü, liyakatsiz kimseler elinde birilerinin yararına, toplumun zararına kullanılırken adalet kimseye eşit dağıtılmayacaktır. En çok da kadınlar ve çocuklar bundan zarar görecektir.

Demin söylediğim şeyleri kısaca tekrar edeyim. Yukarıdaki bazı bilgileri, Ayşe Arman'ın bir yazısından derledim. Sözlerime emeği geçen herkese teşekkür ederken bir kez daha dile getirmek istediğim şey şu: Siz de araştırıp öğrenin bu konuları. Benim sözlerimle yetinmeyin. Öyle geniş bir konudan söz ediyorum ki, tek başına üstesinden gelebileceğim bir mesele değil bu. Siz de araştırarak kendi okyanusunuzda çırpının biraz. Sonra beni suçlayıp "yanlış bilgi aktarmışsın, güpgüzel memleketi kirli göstermeye gayret etmişsin," demeyin.

Mesela daha önce bir ifadeden söz ettim... Özge'yi öldüren katilin ifadesinden.... Doğru muydu bakalım... Başka bir İnternet sayfasında, bu ifadenin tam metniyle karşılaşınca şok oldum. Siz de okuyun, her yorumu benden beklememelisiniz. Üzücü, korkunç sözler çıkacak karşımıza. Bilmesek de olurdu bu açıklamaları ama özellikle bizlerin bilmesi şart. Daha iyi bir dünya isteyenler bu kötü şeyleri okumak zorundalar. Neden olduğunu ilerleyen sayfalarda daha çok konuşacağız.

Şimdi sözünü ettiğim ifadeye bakalım. Neden toplum, Özge olayında bu kadar derinden sarsıldı görün diye bakacağız. Daha detaylı şekliyle, İşlediği cinayeti şöyle anlatmakta Suphi adlı katil: "Saat 20.05 sıralarında Tarsus şehir merkezinin önünde Cereciler Durağında bir erkek ve bir bayan bekliyordu. Erkek el kaldırdı. Ben de durdum. Bayan yanındaki erkeğe 'İyi akşamlar' diyerek araca bindi. Benim şoför koltuğumun arkasındaki koltuğa oturdu. Başka da binen olmadı, ikimizden başka kimse yoktu. Benim (Özgecan'ı) araca almamdaki amaç, Kleopatra Kapısı'ndaki nöbetçi araca teslim etmekti. Otobüs güzergâhı yolunu kullanarak, nöbetçi arabaya gidiyorduk. Yolda bayan bana "Mersin'e direkt siz mi gidiyorsunuz, aktarma mı yapacaksınız?" diye sordu. Aktarma yapacağımı söyledim. Mersin'e gidecek aracın ne zaman kalkacağını sordu. 20.30'da kalkacağını söyledim. "Benim acelem var" dedi. Ben de "Ya 20.30'u bekleyeceksiniz ya da sizi E-5'e çıkaracağım, Adana'dan Mersin'e giden direkt arabalara bineceksiniz. Daha da aceleniz varsa 100 TL verin, ben sizi 20-25 dakika içerisinde Mersin'e götürürüm" dedim. Kabul etti ve bana 100 TL verdi. (Daha sonra, Özge'nin babası "kızıma o sabah sadece 20 lira vermiştim, başka parası yoktu" deyince bunun yalan olduğu ortaya çıktı.) Hızlı gidebilmek için Çukurova İplik Fabrikası önünden otoban bağlantı yoluna girdim.

Bayan yol güzergâhını değiştirdiğimi görünce bana, "Ne oldu, bir terslik mi var?" diye sordu. Ben de "Hem daha erken ve hızlı gideriz, hem de aşağı yoldan gitmemiz yasak" dedim. Otoban bağlantı yolunda ilerlerken, "Senin niyetin ne de bu yola girdin?" dedi. Ben de "Ben size otobana gireceğimi söyledim, az ileride gişeler var" dedim. Bağırarak konuşmaya başladı. Arkadan başıma doğru eliyle vurdu. İlk vurduğunda ona karşılık vermedim. Tartışmalarımız Kaleburcu Köprüsü'ne kadar sürdü. Bağırmaya devam edince "Tamam sus" diyerek, kavşaktan geldiğim yola geri döndüm. Hala "Neden buradan gidiyoruz?" dedi. Ben de "Gıcıklandın sen, D-400 yoluna iniyoruz" dedim.

Daha sonra bana ikinci defa vurdu ve boynumu tırnaklarıyla cırmaladı. Dikiz aynasından, biber gazı çıkardığını ve sıktığını gördüm. Eğildim ve bana denk gelmedi. Frene bastım, aracı yolun kenarında durdurdum ve kapıdan inerek, yan kapıdan arka tarafa geçtim. Araç otomatik kapı olduğundan kumanda olmadan içeriden yolcular tarafından açılması imkânsızdır. İçeri girer girmez yüzümü cırmaladı. Çok sinirlendim. Ben de iki elimle saçlarından tutarak, itekledim. İkinci koltuk ile üçüncü koltuk arasında düştü. Bana saldırmak için geri kalkarken ayağımın tabanı ile karın ve göğüs bölgesine iki üç defa vurdum. Belki bir tanesi de yüzüne gelmiş olabilir. Tekme vurunca yerden kalkmak isterken boyun bölgesinde kan gördüm. Bir tekme daha vurdum. Bu defa orta koridora düştü. Düşerken kafasını bir yere çarpmış olabilir. Koridorda hareketsiz ve baygın yatıyordu. Ben şoför koltuğuna geçtim ve hareket ettim. D-400 karayoluna indiğimde hala yerde yatıyor ve hiçbir tepki vermiyordu. Arkaya geçmekteki amacım, bana vurduğundan dolayı ya arabadan indirecektim ya da konuşmak amacıyla arka tarafa geçtim. Cinsel ilişki gibi bir amacım yoktu. Otopsi raporunda da bu durum ortaya çıkacaktır. D-400'E indiğimde bayanı yolda indirecektim. Ancak baygın halde olduğundan panik yaptım ve arkadaşım Fatih Gökçe'yi aradım. "Fatih başım belada, neredesin?" dedim. Fatih'le konuşurken bayan ayağa kalktı. Aynadan gördüm ve refleksle elimin tersiyle itekledim. Tekrar koridora düştü. Bu sırada telefon açıktı ve konuşmaya devam ettik. Fatih'e "Gel" dedim. Beş altı dakika sonra ismini bilmediğim bir arkadaşıyla geldi. Ben aracın dışında bekliyordum. Fatih yanıma geldiğinde "Kavga ettik, koridora düştü" dedim. O zamana kadar öldürmeye niyetim yoktu. Ölü olup olmadığını da bilmiyordum. Kapıyı hafif açarak, yerde yatan şahsı Fatih'e gösterdim. Ayaklarını kısmen görünce "Kapat kapat" dedi. Benim araca bindi, "Sakin bir yere gidelim, konuşalım" dedi. Fatih. "Üniversitenin oraya gidelim" dedi. "Ne yapalım?" diye sordu, ben de ona sordum. "Ya bir yere atacağız ya da iz kalmasın diye yakalım" dedi. Fatih arkadaşını aradı, o da benzin getirdi. Saat 20.45 sıralarıydı. Ben arabadan inmedim. Fatih gitti ve benzini getirdi. Benim aracın ön tarafına koydu. Fatih benim araca binmedi. Arkadaşının Doğan marka aracına bindi, onlar önde, ben arkada, peş peşe Tarsus'a hareket ettik. Fatih'in evinin önüne geldik. Fatih'e

"Ben eve gidiyorum. Yengen merak etmesin. Sen de eve gelirsin" dedim.

Yolda seyir halindeyken babamı aradım, "Sokağın başına çıksana" dedim. İki dakika sonra geldi. Babama "Kavga ettim, arabada yatıyor, öldü mü, kaldı mı, bilmiyorum" dedim. Babam şaşırdı kaldı. "Hastaneye götürelim, baktıralım" dedi. Ben de "Fatih gelsin, ona göre konuşuruz" dedim. Arabaya binerek, babamın evinin olduğu sokağa geldik. Saat 21.30 sıralarıydı. Arabadan indik, ben eve gittim. Babam arabanın önünde bekledi. Ben elimi yüzümü yıkadım. Eşim yüzüme ne olduğunu sordu. Kavga ettiğimi söyledim. Birkaç dakika sonra Fatih arabasıyla geldi. Üçümüz bir aradayken, "Ne diyorsunuz, ne yapalım?" dedim. Babam "Fazla geç olmadan hastaneye götürelim" dedi. Fatih de "Ölmüşse veya hastaneye giderken ölürse başımıza bela olur, git bak yaşıyorsa ortadan kaldıralım" dedi. Ben aracın içine girdim, yaşayıp yaşamadığına baktım. Hızlı bir şekilde nefes aldığını gördüm. Dışarı çıkarak, "Fatih, yaşıyor, nefes alıyor ama boğazında kesik ve kan var" dedim. Fatih bana "Boğazı filan kesikse işini bitir. Şimdi ölsün, ortadan kaldıralım" dedi. Otobüste bulunan bıçağı sol kapı gözünden alarak araca girdim. Kapı açık bir şekilde bıçağı boğazına, boynunun şah damarına doğru soktum. O panikle bir iki defa daha boğaz tarafına sokup çıkardım. Araçtan indim. Sokakta kimse yoktu. Boğazını kestiğimi Fatih'e söyledim. Bıçağı ön tamponun içindeki boşluğa koydum. Bu sırada hala araçta bulunan bayandan hırıltılı bir şekilde nefes alıp verme sesi ve öksürük sesi geliyordu. Bu sesi Fatih de duyuyordu. Fatih sesi duyunca "Oğlum madem yaptın. Yüzünü cırmalamış. Kızın tırnaklarına kimliğini bırakmış gibisin" dedi. "Ne yapayım?" dedim. O da bana "Ellerini kes" dedi. Bu sırada Fatih aracın ön tamponuna koyduğum bıçağı aldı, bana verdi. Ben de o panikle tekrar araca girdim. Bu arada bayandan hala hırıltılı bir ses geliyordu ve yaşıyordu. Kapı da açıktı. Bayanın iki elini de bileklerinden kestim. Tam araçtan inerken babam yanımıza geldi. "Arabadan ses geliyor, hırıltı geliyor" dedi. Ben de kendisine "Poşet getir" dedim. Babam evden poşet getirdi. Araca tekrar girerek kesmiş olduğum elleri poşete koydum. Araçtan inerek babamın evinin alt katındaki kullanılmayan tuvaletin klozetin içine sakladım. Babam da bu poşeti koyduğumu gördü ancak içinde ne olduğunu görmedi. Babam da muhtemelen (Özgecan'ın) eşyalarını alarak evine götürmüş, avlunun içine koymuş. Üçümüz arabanın önünde ne yapacağımızı konuştuk.

Fatih, "Çuvala koyalım, birkaç gün bir yerde saklayalım, sonra icabına bakarız" dedi. Ben de "O kadar uğraşmayalım" dedim. Fatih de "Götürüp bir yerde gömeceğiz ya da çuvalda bekleteceğiz" dedi. Arabalara binerken Fatih, 40 TL para istedi. "Benzin alayım, o benzin yetmez, en iyisi bu" dedi. Ben de 40 TL verdim. Babam arabaya binerek evin önünden ayrıldık. Araçta hırıltı sesi yoktu. Saat 21.45-22.00 sıralarıydı. Köy yollarından geçerek eski Ankara yoluna çıktık. Yolda camı açarak, arabada kalan son bir poşeti yolun sol tarafına attım. İçinde yünlü bir şeyler vardı. Bir süre daha gittikten sonra Fatih yolun kenarında durdu, sinyal yaktı. Ben de yanında durdum. Almış olduğu benzini bana verdi. Ben de benzini alıp onun gösterdiği yerden ormana doğru girdim. Fatih jandarmanın gelip gelmediğini kontrol ediyordu. İçeri girdim, az ileriden U dönüşü yaptım.

Bayanı ayaklarından sürükleyerek indirdim. Aşağıda uçurum vardı. Uçurumun kenarına bıraktım. Kendisi 5-10 metre kayarak gitti. Tekrar yanına gittim ve bir iki kez daha itekleyerek yoldan yaklaşık 15 metre aşağıya indi. Yukarı çıktım. Babama, "Benzin bidonunu ver" dedim. Babam da 5 litrelik küçük şişeyi ve çakmağı uzattı. Aşağıya inerken panikle şişeyi ve çakmağı düşürdüm. Tekrar yukarı çıkarak büyük benzin bidonunu da babamdan istedim. Arabanın göğüs kısmında duran kendi çakmağımı ve bir miktar gazete parçası alarak tekrar bayanın yanına indim. Babam arabadan inmiş bana bakıyordu. Göz göze geldik ve yakma konusunda konuşmadan tereddüt ettik. Acele acele benzini üzerine döktüm. Gazete parçasını yakarak üstüne attım. Gazete yanıyordu ancak tam tutuşmamıştı. Ben yukarı çıkarken alevin parlamasını hissettim, sesini duydum."

İşte böyle arkadaşlar... Özgecan cinayetinde katilin konuşmaları kan donduruyordu. Sonradan indirimli ('tahrik var' gerekçeli) cezadan yararlanma umuduyla ifade değiştirme denemeleri yaptı. Karakoldaki sözlerinin aksine, mahkemede, tecavüze yeltenmediğini, levyeyle vurmadığını, kısa yoldan gitmeye kalkınca ilkin kızın kendisine vurup biber gazı sıktığını söyledi. Yetmedi, arkadaşı Fatih'in "işini bitir" demesi üzerine bıçağı eline alıp cinayet işlediğini dile getirdi. "Cinsel ilişki" amacı olmadığını, planlı eylemde bulunmadığını da sözlerine ilave etti. Babasını korumak amacıyla da sık sık "Babam hastaneye gitmemiz gerektiğini söyledi" diyerek yeni savunma biçimleri geliştirdi.

Demin de dediğim gibi, bugün itibariyle Ş davasının 4. duruşmasına 35 gün kaldı, sevgili arkadaşlar. Bir şey daha söyleyeyim... Olayları takibe başladığımdan beri dehşet içindeyim. İster istemez sizi de bu vahşetin içine çekmiş oldum. Kusura bakmayın... Keşke okunası şeyler yazabilseydim. Ama biliyorsunuz ki hayatta umut verici, güzel şeyler de var. Yazdıklarım yüzünden mutsuz olmayın. (Gülme!) Güzel bir dünyayı kurmak isteyenler, üzüntüyü sonuna kadar (kadavra gibi olsa dahi) görmeye mecburdur. Başka türlü acıyı bal eyleyemezsiniz...

Bugün günlerden Çığlık... (Salı diyecektim) Bazı TV kanallarına ya da İnternet sitelerine bakarsanız pek çok çığlık (öldürülmek istemeyen kadın yakarışı) duyacaksınız. Biri Konya'dan... Hamile... Yetkililere sesleniyor, iki çocuğu yanındayken... Okul yaşı gelmemiş yavrular ayakta dizine sarılı halde... Gecekondu gibi tek kat bir evin önünde durmuşlar... Kadın, (yüzü tanımasın diye buzlanmış) televizyon habercilerine, ayrıldığı kocası tarafından öldürüleceğini söylüyor. Sanıyor ki toplumsal duyarlılık artı, devlet önlem alacak. Yardım arayanlar savunmasız kalmayacaklar... Sizin umudunuz var mı? Benim yok. Düşünün... Şu anda mesela, kaç kadın cinayete kurban gitti; bu satırları yazdığım şu dakikada... kaçı katiline yalvararak canını kurtarmaya çalışıyor? Benim 2019 Türkiye'sinde kadınlara bir tavsiyem olacak: Evlenmeyin! Allah'ınızı seviyorsanız kendi ayaklarınızın üstünde duruncaya kadar evlenip çocuk doğurmayın. Anne olmayın. Çocuklarınızın gözü önünde dövülüp öldürülmek istemiyorsanız, ne olur, aşığınız olan erkeklere inanmayın. Sözlerimi iyi dinleyin. Sizi çocuk doğurma makinası gibi görenlere fırsat vermeyin... Neyse... Bu dediklerime gülenler olabilir. Daha güzel söz bilen varsa konuşun lütfen.

15 ay geriye Ş'nin öldürüldüğü güne gidelim şimdi. Maalesef bu yazı dizisinde o cinayetten bu cinsiyete sürekli konuşmamız gerekecek. Hep ben konuşamayacağımdan sözü size de vermek isterim. Farklı bir şey söyleyen olursa burada; kendi sayfamda yayınlayacağımdan emin olabilirsiniz. Şimdi tekrar Ş davasına gidelim... Benim gibi olayları takip etmekte olan merhametli kadın yazarlardan biri Ayşe Arman şöyle demekte: "Tecavüz edip, boğup basbayağı çuval gibi atmışlar. İnsanın kanını donduran bir vahşet bu! "Allah kahretsin!" dedirten... Kalbimizi parçalayan... İnsanı bu ülkede kadın olduğuna pişman eden... Kendi kız çocuklarımız için içimizi ürperten... Ş cinayetinden söz ediyorum. 23 yaşında gencecik bir kız, geçen mayıs ayında, iki erkek tarafından Ankara'da bir gökdelende cinsel saldırıya uğradı. Genç kıza tecavüz edildi. Sonra da "Gökdelenin 20. katından düştü" deniyor... "Atladı" deniyor... Ama yerseniz. Geçtiğimiz hafta ilk duruşması yapıldı. Ş, mayısta hayata veda etti, ama davanın hazırlık süresi 8 ay sürdü. Siz o ailenin acısını düşünün... Üstüne üstlük, mahkemede korkunç şeyler yaşandı. Şu an hayatta olmayan bir genç kadının bekâreti tartışıldı. "Allah sizi bildiği gibi yapsın!" demek istiyorum.

17

Koskoca Adli Tıp'ın tecavüz raporu ortadayken, bedeninde cinsel şiddet izleri ve salgılar varken, kafaları karıştırmak için, paçayı yırtmak için, "Kız yolluydu zaten!" demeye getiriyorlar. İğrençliği dik âlâsı! İnsan utanır. Ş'nin avukatı diyor ki "Bir genç kadın öldü. Önce tecavüz ettiniz, sonra boğdunuz, sonra çuval gibi attınız..." Geçen hafta mahkemede, ifadelerdeki çelişkiler ortaya çıktı. Bir: Camdan aşağıya kendini attı dedikleri kızın, o camda bir tek parmak izi yok. Sanıkların da yok. Temizlenmiş. İki: Alkol servisi yapılan bardaklar yıkanmış. Birinin ifadesine göre olaydan önce. Ötekine göre olaydan sonra. Resmen delil karartma! Zaten iki sanık birbirine düşüyor ve çözülüyorlar. Üç: İki sanık 18 dakika sonra aşağıya iniyorlar. Biri yanınızda atlasa ve sizin dahliniz yoksa hemen polisi ya da ambulansı aramaz mısınız? Ya da aşağıya koşmaz mısınız? Bunlar 18 dakika o ofiste duruyorlar... Dört: Bina güvenliğinden "Üç kişi geldiniz, şimdi iki kişisiniz. Üçünü kişiye ne oldu?" diye soran görevliye, "Kız çıktı! Görmedin mi?" diye azar çekiyorlar... Ve sonra da masum olduklarını iddia ediyorlar! Ve ortada Ş'nin mesajları var, "Bana asılıyor. Beni bırakmıyor" diye. Adamların da başkalarına yazdıkları mesajlar var, "Çok kötü şeyler oldu!" diye... Ve sanıklardan birinin DNA örneği Ş'nin tırnaklarının arasında bulunuyor... Tecavüzü ikisinin gerçekleştirdiği, birinin öldürdüğü ve aşağıya attığı iddia edilmekte. Ş'nin avukatına sordum:

-Mahkemede sanıklar birbirlerine düştü, değil mi?

-Evet. B, Ç hakkında itiraflarda bulundu. Ş, düştükten ya da atıldıktan sonra Ç, odaya geldiğini, sonra odadan çıkıp mutfağa gittiğini, bardakları yıkadığını, içki şişelerini topladığını, kısacası "bir düzeltme faaliyeti içine girdiğini" itiraf etti...

-Delilleri karartıyor yani? -Elbette. Tüm bunlar Şule düştükten ya da atıldıktan sonra, yani 03.50'den sonra gerçekleşiyor. Zaten 03.50 ile 04.08 arasında bu iki adam ofisten çıkmıyorlar...

-Kız aşağıda yatıyor, onlar yukarıda, öyle mi?

-Evet. Tam 18 dakika olay yerini düzeltme çabası içerisine giriyorlar. B'nin itirafıyla bu ortaya çıktı. Bunun üzerine sanık Ç'nin müdafisinin söyleyeceği hiçbir şey kalmadı. Duruşmanın sonuna kadar susmak zorunda kaldı.

-İkisinin avukatı aynı değil, değil mi?

-Hayır. B'nin 3 avukatı var, Ç'nin 2 avukatı...

-Ben normal bir dille soracağım, hukuki dille değil. B şunu mu demeye getiriyor: "Ben ne olduğunu bilmiyorum. Attı mı, düştü mü hiçbir fikrim yok. Ben uyuyordum! Ne yaptıysa Ç yaptı". B, kendi paçasını kurtarmaya mı çalışıyor?

-Aynen öyle. Hatta "Tüm bunları Ç yaptı!" havasında konuşuyor. Çünkü "Her şey yan odada oldu!" diyor. "Ş'nin düştüğünü bana söyledikten sonra bardakları ve içki şişelerini yıkadı" diyor...

-Peki, af edersiniz ama bunlar nasıl insanlar! Aşağı inip kıza ne oldu diye hiç merak etmiyorlar mı?

-Hayır. Düşme ya da atılmadan sonraki 18 dakika boyunca içerideler. Ne yapıyorlarsa o ara yapıyorlar. 20. katta verdikleri ilk görüntü o 18 dakikadan sonra... -Ne yapmışlar o 18 dakika? -Zaten bizim sorularımız arasında da vardı bu. Eğer ki bir insan yanınızda düşüyorsa ve bu sizin isteminiz dışında gerçekleşmişse, yapmanız gereken polisi aramak, ambulans çağırmak... Veya en kötüsü, aşağı inmek, gidip bakmak, yardım için birilerini çağırmak... Ama 18 dakika bu şekilde davranmak değil. Zaten bu meselenin üzerine gidince B, tarafından itiraf geldi. Ç'nin delilleri karartmaya yönelik faaliyetler içerisine olduğunu anlattı. Bunun üzerine sanıkların ikisi birbirine düştü ve çözülmeler başladı...

-Mahkemede Ş'nin ailesinden kimler vardı?

-Babası ve abileri. 3 abisi var, hepsi oradaydı. Beni bu davada en çok üzen ve zorlayan, babaya otopsi raporunu anlatmak oldu. Bir babaya bu durumu hangi kelimelerle anlatacağınızı bilemezsiniz. Nitekim de anlatamadım. Yarım saat lafı geveledim. Adli Tıp raporunu da anlatamadım. Bir babaya tutup da "Kızınıza tecavüz edildiğini gösteren bakın böyle belgeler var. Şu yırtıklar oluşmuş, şu emareler var!" diyemiyorsunuz. Ama o raporu anlatmam gerekiyor, bu benim sorumluluğum...

-Bir de o iğrenç bekâret meselesi var...

- Evet. Duruşmada maalesef özellikle Ç'nin müdafisi, mahkeme karar vereceği sırada kızın bakire olmadığını, aslında çok "rahat" biri olduğunu, sevgilisinin olduğunu, o saatte başka iki erkeğin iş yerine gelip yanlarında alkol aldığını söyledi, bunu söyleyebildi.

-Şuna getirmeye çalışıyor lafı değil mi: "İçki içmeye gittiyse bu adamlarla, bir de bakire değilse, başına gelecek her şeye razı gelmek zorunda!" Bu nasıl korkunç bir tutumdur. İnsanlık dışı!

-Yüzde 100 haklısınız. O kadar köşeye sıkışmış durumdalar ki bir yerden tutturmaya çalışıyorlar.

-Siz ne rapor sundunuz? Adli Tıp Anabilim Dalı Başkanlığından iki profesörün imzaladığı raporu sunduk. Bu raporda aslında mahkemedeki her şeyin cevabı var. "Cinsel saldırı var mı, yok mu?" noktasında soru yöneltmiştik üniversiteye. Üniversitenin cevabı şu şekilde: "Anal kısımda bulunan PSA..." PSA, sadece erkekten salgılanan bir sıvı, o yüzden altını çiziyorum. Yine aynı yerde tükürük amilazı bulunması. Yine aynı yerde yırtıkların oluşması. Bir de kalçasında ısırık var... Hepsini onlar tespit ettiler ve raporladılar. Buna ilişkin resimleri de koydular. "Bunların hepsi bir arada düşünüldüğünde, cinsel saldırının oluştuğu nettir!" dediler. Sonrasında yine sorduğumuz sorulardan birisi, "Şule öldürülüp atılmış olabilir mi?" şeklindeydi.

-Ona ne dediler?

-"Hiyoit" diye bir kemik var boğazda. Adli Tıp diyor ki "Hiyoit kemiği kırıklığı, normalde boğulma vakalarında görülür! Boğulma vakalarında o kemiğin kırılma ihtimali yüzde 80, asılma vakalarında kırılma ihtimali yüzde 40, yüzde 50. Ama düşme vakalarında o kemiğin kırılma ihtimali yüzde 5'tir!" Yani bu, Şule'nin boğularak öldürülmüş olma ihtimalini gösteriyor.

Aklınızda olsun, bu yazı dizisi boyunca daha çok, Ş'nin plazanın 20. katından atılarak öldürüldüğü 29 Mayıs 2018 tarihi ile 4. duruşmanın yapılacağı 16 Ekim 2019 tarihleri arasındaki olaylardan söz edeceğim... Ağustos 2019'a gidelim şimdi. 31 Ağustos günü İstanbul Sultanbeyli'de bir kadın, boşanma aşamasında olduğu eşi tarafından boynundan ve sırtından bıçaklanarak öldürüldü. Olay, gece saatlerinde meydana geldi. 4 çocuk annesi Zeynep Yavuz (35) ile boşanma aşamasında olduğu öğrenilen Ömer Yavuz arasında bilinmeyen nedenle tartışma çıktı, kadın, bıçakladı. Bina sakinlerinin çağırdığı sağlık ekipleri, talihsiz kadının hayatını kaybettiğini söyledi. Cinayeti işleyen adam gözaltına alındı. Zeynep Yavuz'un cansız bedeni otopsi yapılmak üzere Adli Tıp Kurumu morguna kaldırıldı. Kadının daha önce de defalarca şiddete maruz bırakıldığı belirtilirken Ömer Yavuz'un cinayetten önce 4 çocuğunu İzmit'teki ailesinin yanını gönderdiği öğrenildi.

Ağustos ayındayız hâlâ. Devam edelim: Konya'nın Ereğli ilçesinde Toros Mahallesi'ndeki bir arazide, Alaaddin Karasu (36), bir yıllık eşi Gülsüm Karasu'yu (41) eşarpla boğarak öldürdü. Eşiyle boşanma aşamasında olduğu ve ayrı yaşadıkları öğrenilen Alaaddin Karasu, olaydan iki saat sonra karakola gidip, suçunu itiraf etti. Polis, ifadenin ardından araziye giderek Gülsüm Karasu'nun cansız bedenini buldu. Gülsüm'ün cesedi otopsi için Ereğli Devlet Hastanesi'ne götürüldü. Bir yıldır evliydiler. Her ikisinin de ikinci evliliğiydi. Gülsüm'ün ilk evliliğinden 2, Alaaddin'in de ilk evliliğinden 3 çocuğu vardı... Devam edelim arkadaşlar. Denizli'ye gidelim şimdi de... Aynı ay içerisinde bir cinayet haberi de Denizli'nin Pamukkale ilçesinden geldi. Koca, boşanmak istediği eşini yanına çağırdı. Sokaktaydılar. Adam, uluorta vücudunun çeşitli yerlerinden yaralayarak karısının boğazını kesti. Olay sırasında kadının, 4 yaşındaki kızının da yanında olduğu ortaya çıktı... Yine aynı ay içinde başka bir olay: Esenyurt'ta bir kadın uzaklaştırma kararı olan eski eşi tarafından cadde üzerinde kurşun yağmuruna tutuldu. Ağır yaralanan kadın hastaneye kaldırılırken, polis ekipleri dehşet saçan şahsı yakalamak için çalışma başlattı.

Bu arada şunu da demeli: Meclisimiz hâlâ tatilde. Ortalık kan gölü, milletvekillerimiz dinlencede. Güler misin ağlar mısın... Kadın derneklerinden biri de 'Hedef sıfır kadın cinayeti olmalı' demekte. İstanbul Sözleşmesi'nin uygulanmasını isteyen İzmir Kadın Kuruluşları Birliği eski Başkanı Tülin K. Eraslan bu... Eraslan, son 6 ayda neredeyse günde ortalama 5 kadının öldürüldüğünü söyleyerek devletin sıfır kadın cinayeti konusuna daha fazla önem vermesini istemekte. Kadına yönelik şiddetin arttığını belirten Birlik Başkanı, kadınların her türlü şiddet ve ayrımcılıktan korunması, kadın erkek eşitliğinin yaygınlaştırılıp İstanbul Sözleşmesi'nin uygulanmasını da istenmekte. Eraslan, düne kadar Kadına Şiddetin Önlenmesi Yasası'na 'yuva yıkıyor' diye karşı çıkanlar olduğunu da dile getirip şöyle demekte: "Gerçekten şiddeti çözmede samimiyseniz çok basit, İstanbul Sözleşmesi'ni uygulayın. Kapalı kapılar ardında sevgisiz, paylaşımsız, çocukların da her gün psikolojik şiddet gördüğü birçok aile var. Hiçbir kadın mutluyken karakola gidip şikayetçi olmaz, uzaklaştırma almaz, hastanede darp raporuna başvurmaz, boşanmaz." Tülin Hanım, sorunun kadının güçlendirilmesiyle aşılacağını belirtip eğitimde ve istihdamda olması gereken fırsat eşitliğine dikkat çekmekte.

"Milli Eğitim Bakanı Sayın Ziya Selçuk'a sesleniyoruz, uzun vadede bu büyük toplumsal sorun eğitimle çözülür. Ders kitaplarında kadın algısını ikinci sınıf gören, kadını evde temizlik yapan, kocasının ve çocuklarının hizmetine adamış sınırlara koyarsak kadına saygı kalmaz... 6284 sayılı Ailenin Korunması ve Kadına Karşı Şiddetin Önlenmesine Dair Kanun, şiddete uğrayan veya şiddete uğrama tehlikesi bulunan kadınların, çocukların, aile bireylerinin ve tek taraflı ısrarlı takip mağduru olan kişilerin korunması ve bu kişilere yönelik şiddetin önlenmesi amacıyla alınacak tedbirlere ilişkin usul ve esasları düzenlemektedir. "Yuva yıkan yasa" diyenlere karşı aile içi şiddeti önlemekte... aileyi korumakta... Meclis açılır açılmaz süreli nafaka gündem konusu olacak. Bu konunun konuşulması için devletin şartları eşitlemesi gerekir.

Kadına da eğitim, istihdam gibi hayati konularda eşit fırsatlar sunulursa kadın, nafaka adı altında, zaten tahsil etmekte zorlandığı parayı istemez. Eğer devlet bu sorunu çözmek istiyorsa şartları eşitlemeli, eğer bunu kısa vadede yapamıyorsa o zaman bu nafakayı kadının şartlarını iyileştirene kadar devletin kendisi ödemelidir. Ayrıca bizler okuyup da çalışmayan kadına da karşıyız. Zengin eş asla hayatın garantisi değildir. Kısacası devlet kadın şiddetini çözmede samimi ve kararlı politikalar üretmelidir. Bizler de çözümün bir parçası olma adına her türlü desteğe hazırız. Tıpkı sıfır atık projesine verilen önem gibi sıfır kadın cinayeti konusuna da önem verilmesini istiyoruz."

Bir taraftan 2012 de kabul edilen 6284 sayılı kanunun uygulanmadığını söyleyenler varken bir taraftan da bu yasayı istemeyenler var. İstemeyenlerden biri de iktidara yakınlığıyla meşhur Yeniakit gazetesi. Ş'nin ölümünden 7 ay sonraki (04.12.1018 tarihli) haberde şöyle demekteler: "6284 yuva yıkıyor. Kadına şiddet olaylarının önlenmesi amaçlanan ancak Türk aile yapısına dikkat edilmeden hazırlanan 6284 Sayılı Kanun, 2012 yılından bu yana aile dramlarının ana kaynağına dönüşmüş durumda. Şiddet olmasa dahi kadının en ufak şikâyetiyle erkeklerin evlerinden 6 aylık süreyle uzaklaştırılması yuvaları yıkıyor, öfke patlamalarına yol açarak cinayet vakalarına sebep oluyor."

Bir de avukat bulmuşlar Ali Cahit Polat adında.. o da bu durumu destekleyerek şöyle diyor: "Kanunu tümden reddetmiyoruz ancak yol açtığı vahim olaylar ve mağduriyetler bulunuyor. Kanun kapsamında, en ufak şikayetle ilgili olarak dahi delil ve belge aranmaksızın erkek aleyhinde kararlar veriliyor. Erkeğin evden uzaklaştırılma süresi de oldukça uzun bir süre. Kadının şikayeti sonrası darp olsun ya da olmasın erkeğin 1 aydan 6 aya kadar evden uzaklaştırılması öngörülüyor. Avrupa'da bu süre en fazla bir hafta dolayındadır çünkü amaç tartışmış olan tarafları teskin etmektir, ayırmak değil... Şikayetçi olan kadının mahkemeye gitmesine bile gerek yok, polisi araması dahi erkeğin uzaklaştırılması için yetiyor. Kadının 'bana sesini yükseltti' demesi dahi yeterli bir sebep sayılıyor. Burada darp raporu gibi herhangi bir belge de aranmıyor ve erkeğin görüşüne başvurulmadan karar veriliyor. Şiddet uygulayanın tutuklanması gerekiyorsa tutuklanmalı ama ekonomik şiddet ve psikolojik şiddet tanımları oldukça vahim sonuçlar ortaya doğuruyor. Şu an yılda 120 bin ila 130 bin aralığında evden uzaklaştırılan baba modelleriyle (Bakın işte... model model olmakta bunlar. Boğarak öldüreni var. Bıçak kullananı var. Var da var...) karşılaşıyoruz. 'Eve yeteri kadar bakmıyor', 'Bana sesini yükseltti', 'Evdeki ışığı kapatmadı' gibi oldukça basit nedenlerle evler, 6 ay boyunca babasız kalıyor. (Ne kadar acı bir durum. Evde kavga sesi yok... Olacak şeyi değil. 6 ay sessizlik... Çocuklar mutlu...) Burada bir aile disiplininden bahsedemeyiz.

6284 sayılı kanunun getirisi olarak erkeğin, dolayısıyla babanın itibarsızlaştırılması söz konusu.. konuşulması, tartışılması gerekiyor..." Ardından avukat Begüm Gürel konuşup şöyle demekte: "Söz konusu yasa uyarınca; kararın hâkim tarafından verilmesi için herhangi bir belge ya da delile ihtiyaç duyulmadığı için, koruyucu tedbir talep eden kişinin kötü niyetli olması halinde kanun maddesi açıkça kötü amaca hizmet etmiş olacak. (Çoklarının da dediği gibi, kim durduk yere çocuklarının babasını şikayette gider? Aklınıza pek çok soru geldiğini biliyorum. Ben de üzülerek okuyorum. Devam edelim lütfen...) Kanun, eşinden ayrılma niyeti bulunan eş tarafından da kötü niyetli olarak kullanılabilmektedir. Örneğin şiddete uğrama tehlikesi olmayan eş tarafından diğer eş aleyhine otomatik olarak alınan koruma kararı, eşlerin boşanma davasında haksız yere 'şiddet uyguladığına dair delil' olarak sunulabilmektedir. Mevcut yasal düzenleme karşısında haklı itirazların netice alması mümkün görünmemektedir. Bu sebeple kötü niyete zemin oluşturan yasal düzenlemeler onarılmak suretiyle yeni düzenlemeler yapılana değin hâkimlere büyük görev düşmektedir. Önleyici tedbir kararının verilebilmesi için kesin delil aranmasa da aleyhinde tedbir kararı verilecek kişinin, mağdura yönelik en azından 6284 sayılı kanunun 2. maddesinde 'Şiddet olarak tanımlanan tutum ve davranışlarda bulunduğunu veya somut olayda böyle bir tehlikenin varlığını gösteren yeterli emarenin bulunduğunun mahkemece tespiti elzemdir."

Tuba Torun adlı Duvar gazetesinde yazan biri de yukarıdaki bakış açısına karşı çıkarak şunları yazmış: "6284 sayılı bir yasa var. Hani şu, kadınların erkek şiddetine ve cinayetlere isyanının bir nevi cisimleşmiş hali olan, onca uğraşla, mücadeleyle, emek emek, zar zor çıkarttıkları yasa... Adı da var "Ailenin Korunması ve Kadına Karşı Şiddetin Önlenmesine Dair Kanun". Yasa çıkarılırken her ne kadar "Ailenin Korunması" kısmı için bir talepleri olmasa da, o dönem muktedirlerin "öyle" uygun görmesiyle adı "böyle" oldu. Ve ilginçtir; bu yasa tamamen kadınların çabalarıyla, kadınları şiddetten korumak için çıkartılmış olmasına rağmen adından da anlaşılacağı üzere aslında erkeklerin de başvurabildiği bir yasa. Yazıda detaya girmeden önce üstüne basa basa, özellikle ve bilhassa tekrarlayalım; bu yasa, kadınları şiddetten ve ötesinde cinayetlerden korumak için çıkarılmış bir yasa... Fakat bir süredir bu yasaya saldırıyorlar. İlk olarak, Akit (gazete demeye dilim varmıyor), "6284 Yuva Yıkıyor" manşetiyle fitili ateşledi. Son derece taktiksel ve planlı bir girişimdi.

Bizler, mevcut iktidar döneminde öğrendik ki; malum kişiler yasaları değiştirmek istediğinde öncelikle yandaşlarına bir yerden fitili ateşle tip meselenin çığırtkanlığını yaptırıyorlar. Ya da bizzat malum kişi çıkıp değiştirmek istediği meseleye ilişkin laf arasında bir-iki cümle savur verip önden bir fırtına estiriyor (Çünkü popülist siyaset bunu gerektirir). Sonra küçük çapta bir kıyamet kopuyor. Bu ateşlemeler ve karşı kıyametler bir süre devam ediyor. Ta ki, yasa meclisteki sayısal çoğunluk kullanılarak "göstermelik demokratik" oylamayla değiştirilene kadar.

Sevgili arkadaşlar, şu bilinsin ki, 2019 Türkiye'sinde toplum olarak hastalandık; çaresi olmayan bir hastalığın kurbanı olmuş gibiyiz. Aslında yaranın teşhisi güç değil, güç olan soruna neden olan zihniyeti değiştirmek. Bu zihniyetin arkasında, muktedirlerimizin yanı sıra, dünyanın en zengin şirket patronları olduğunu da unutmayalım lütfen. Yaşamın bu şekilde olması için bizden topladıkları paraları bize karşı harcayanlar var. Aslında bu sorun (kadın ve çocuk sorunu), dünyayı ilgilendiriyor, sadece ülkemizle sınırlı değil. Kadına yönelik şiddette, okuduğum haberler doğruysa eğer (Neden böyle dediğimi hemen açıklayayım: İnternet verilerini, iktidarın ihtiyacı doğrultusunda manipüle eden çok sayıda trol var. Diyelim polis, cinayet işledi... "Dünyanın her yerinde olur böyle şeyler, yalnız biz de değil, polis her yerde cinayet işlemekte. Amerika'da da, İngiltere'de, hatta Fransa'da bile suç işleyen polisler var. İşte örnekleri" diyerek haber yapmaya başlıyorlar... Buna benzer haberleri yalan yanlış Türkçe' ye çevirip bilginize sunuyoruz. İnternet çıktı mertlik bozuldu, habercilik öldü. Yönlendirme, kandırma, oyalama, kullanma dönemi başladı" dersem az bile demiş olurum. Maalesef ki günümüz "yalan çağı.") dünyada da kadına yönelik şiddet hızla artmakta.

Teknoloji çağı iletişimi hızlandırıp kalitesini bozdu ya, ortaya haberleşme çöplüğü çıktı. Kendi fotoğraflarımız bile çöplük gibi çoğaldı, değerini kaybetti. Haber alma ortamlarımız çoğalırken aslında azaldı. Kirlenip pislikten görünmez hale geldi. Bence, bütün dünyada kadın cinayetlerinin arttığı yönündeki haberler doğru. Haberlerin bir kısmı bizdeki haberleri olağanlaştırmaya dönük olsa da genel olarak kadının çocuklarıyla birlikte zor bir dönemden geçtiğini söyleyebilirim. Gününüz aynı zamanda sömürünün kılık değiştirip yeniden artarak hortladığı bir çağ. İşsizlik giderek artarken, kazanamayanlar bile oturduğu yerden sömürülmekte. Aslında kimse ıssız değil, hepimiz İnternet kullanıcıları olarak birilerine para kazandırıyoruz. Özellikle de sosyal medyada... Beş kuruş almadan günde beş saat, altı saat çalışanlar var. Taşeron eleman olarak kazandığı üç kuruşu yıllarca taksit yapıp telefonuna, bilgisayara verenler var. Böyle bir dünyada yaşıyoruz artık. Tanımadığımız kimselerle üstünkörü ilişkiler kurarak... Ölüm gerçeği de eskisi gibi savaşa ve hastalıklara bağlı değil. Şehir terörüne bağlı... Sağlıklı suya, gıdaya ulaşamama, çareyi intiharda arama nedeniyle ölenlerin sayısı artmakta. Bir taraftan da "üreyin, daha çok çocuk doğurun... Devlet, çocuk başına her aileye para verecek' demekteler. Nitekim de veren ülkelerin sayısı da çoğalmakta... Şimdi tekrar Emine Bulut cinayetine dönelim. Okumanızı istediğim bir yazı var; Ayşe Arman'ın bir yazısı... 04 Eylül 2019 tarihli...

Şöyle demekte Arman: "Hepimiz bu haldeyiz: Emine Bulut adını duyunca çıldırıyoruz. Gözümüzün önünde katledildi, vahşice öldürüldü. Bir milat oldu hepimiz için. (4 yıl önce Özgecan öldürüldüğünde de aynı şeyler söylenmişti.) Başımızı kaldırıp artık bu cinayetlere "Dur!" demenin işareti oldu. Artık o kadar çok yardım çığlığı atan kadın var ki... (Ah bu çığlıkların ardı arkası hiç kesilmedi.) Emine Dirican (Emine Dirican Girişken) da onlardan biri. Onun öyküsü de şöyle: Şiddet gördüğü için eşinden ayrılmak istiyor. Sen misin ayrılmak isteyen! Eşi tarafından yılbaşında silahlı saldırıya uğruyor, ölümlerden dönüyor. "Potansiyel katil" eşinin her nasılsa sadece ifadesi alınıyor ve serbest bırakılıyor. Ve şimdi de

Emine'yi, Berfin gibi (Berfin'i bulacağım. Şimdilik kim olduğunu ben de bilmiyorum. Araştırıp anlatacağım size.) yüzüne kezzap atmakla ve öldürmekle tehdit ediyor. Eğer bir şey yapmazsak, bu kadının da ya yüzü tanınmaz hale getirilecek ya da tabutunu omuzlarımızda taşıyacağız. Pek çok yerde haber oldu ama bir dakikalık geldi geçti türünden haberler hiç etki yaratmadı. Şimdi bana da yazmış, yardım çığlığını herkese duyurmak istiyor, "Emine Bulut gibi ölmek istemiyorum!" diyor. Aile Bakanlığı'na, kolluk kuvvetlerine ve yargıya sadece seslenmiyorum; yalvarıyorum, göz göre göre kadınları ölümü mahkûm etmeyin! Bir şey yapın... Önlem alın... Bu canileri serbest bırakmayın, tutuklayın, yargılayın, caydırıcı ceza verin... Ve tabii ki bu zihniyeti değiştirebilmek için seferberlik başlatın! Geçen hafta Türkiye Kadın Dernekleri Federasyonu Başkanı Canan Güllü'yle yaptığım röportajda söylediği gibi, İstanbul Sözleşmesi'ni hayata geçirin. Önümüzdeki günlerde Emine Dirican'la yaptığım röportajı okuyacaksınız. Bu kadının kılına zarar gelirse sorumlular belli... Herkesi göreve davet ediyorum."

Arman sözlerine şöyle devam ediyor: Alın size bir vaka daha... Bu ülkede bütün bir gazete baştan aşağı kadına şiddet, istismar, tecavüz, cinayet haberleriyle çıkabilir. O kadar çok vakayla karşı karşıyayız. Bence bir gün öyle çıksa çok da iyi olur, beki o zaman durumun vahameti görülür. Aynı şekilde o cinayetleri işleyen erkeklere nasıl iltimas geçildiği de görülür. Sadece ifadeleri alınıp nasıl serbest bırakıldıkları, nasıl "iyi hal" ya da "tahrik indirimi" uygulandığı, nasıl tutuklanmadan serbest kaldıkları da bir gazeteyi baştan aşağı doldurabilir. İsyan etmemek, çıldırmamak mümkün değil. Yargının da kolluk kuvvetlerinin de zihniyet dönüşümüne ihtiyacı var. Bu eril kafanın değişmesi gerekiyor. Güldane Yırtıcı'nın yaşadığı vahşet de bu vakalardan biri. 8 yıl önce evleniyor, iki çocuğu oluyor. Üçüncü çocuğunu doğurmadan 6 ay önce, yaşadığı şiddet yüzünden ayrılmak istiyor. Hatta boşanma davası açıyor. Üçüncü çocuğunu doğurduktan birkaç saat sonra, şiddete eğilimli koca hastaneye geliyor, özür diliyor, barışmak istiyor. Güldane kabul etmeyince, yanında getirdiği bıçakla yeni doğuran eşine saldırıyor! Bu nasıl bir rezalettir! Bir hastanede böyle bir şey nasıl oluyor? O bıçağı oraya nasıl sokuyor! Kadıncağız ağır yaralanıyor ve yoğun bakıma kaldırılıyor. Olayın iğrençliğine bakar mısınız? Güldane'nin de hayatı tehlikede... Çünkü hepimiz biliyoruz ki bu saldırıyı gerçekleştiren bir adam, bununla kalmayacak! Şu anda tutuklu ama bir süre sonra serbest kalacak ve Güldane'nin kapısına dayanacak. Elinde başka bir bıçakla, silahla, kezzapla... Onu korumak bu devletin ve hepimizin görevi. Herkes vazifesini yapmalı ve Güldane yaşamalı! Bu ülkede bunca vahşet yaşanırken, kadınlar birer birer katledilirken, harcanırken, hayattan silinirken, eziyete, zulme uğrarken, bıçaklanırken, doğranırken, ölü bedenleri arı kovanlarına atılırken, yani bütün şartlar ve zihniyet kadınların aleyhineyken... Birinin, yani Ömür'ün çıkıp "O da o şortu giymesiydi!" demesi doğru değil. Çünkü o zaman, diğer bütün haksız gerekçelerin ekmeğine yağ sürünmüş olunuyor! "O şortu giymesiydi...", "O saatte orada olmasaydı...", "O kahkahayı atmasaydı...", "Şuh davranışlarda bulunmasaydı..." Ömür Gedik (Gazeteci yazar, hayvan hakları savunucusu) kötü niyetli değil biliyorum ama talihsiz açıklamalar bunlar. Çünkü hiçbir şey, kadınların saldırıya uğramasına gerekçe olamaz, olmamalı! İngiliz hâkimin şu meşhur anekdotunu aklımızdan çıkarmayalım. Gece sokakta yürüyen İngiliz kızlarını taciz eden bir erkeğe, 10 yıl 7 ay ceza veriyor! "Çok değil mi?" diyorlar. "Evet, o erkeğin işlediği suçun cezası 7 ay. Ama ben bütün İngiliz kızlarının geceleri sokakta özgürce yürüyebilmeleri için 10 yıl daha ekledim!" diyor. Ömür doğru yerde doğru kıyafeti giymeyi savunuyor ama ben de diyorum ki "Başkalarının kullanabileceği bir cümleyi de yanlış zamanda, yanlış ülkede kurmamak gerekiyor!" Çünkü bu kadınların aleyhine işliyor. Bu kalıp başkaları tarafından kullanılıyor... Dikkatli olmakta fayda var...

Berfin'in kim olduğunu araştıracağımı söyleniştim. Araştırdım. Bazı şeyleri ben de sizinle (size anlatayım derken) öğreniyorum arkadaşlar. Bu yazı dizisi kendime de okul oldu. Dersimiz: Kadın cinayetleri... Ağır bir ders. Her şeyden önce vicdana sığmıyor. Bu ödevim yüzünden, siz de şu âna değin öyle olaylar okudunuz ki, yoksa kızıyor musunuz bana? "Nerden bulaştık bu işe!" diyenler olabilir. Ben de kendime soruyorum; "başka konu mu yoktu?" diye. Konu çok ama inanın bu olaylar nedeniyle dikkatimi başka bir meseleye veremez oldum. Her gün üç beş kişinin vahşice öldürüldüğünü duyup okumak sinirlerimi bozuyor, "unut gitsin" diyemiyorum ama olmuyor. Fakat, önemli bir iş bu. Şunu da söylemeli: Merak etmeyin iyi bir yoldayız. Bu üzücü yolda, sıkıntıları azaltıp kanı durdurmaya çalışan vicdanlı insanlarla berabersiniz. Yolumuz açık olsun. Devam edelim şimdi... Berfin'in kezzapla yakılması olayı şöyle olmuş: Hatay İskenderun'da yaşayan Berfin Özek (19 yaşında), sosyal medyada tanıştığı Ozan Çeltik ile sevgili olur. Berfin hata yaptığını anladıktan bir süre sonra da konuşarak ayrılırlar. Ancak Ozan bir hafta sonra genç kızı arayıp tehdit etmeye başlar. Yüzünü atkıyla kapatan saplantılı biridir. 15 Ocak günü, dershaneden çıkarak evine dönen Berfin'in önünü kesip pet şişedeki 1.5 kilo kezzabı genç kızın yüzüne döker. Çığlık çığlığa kalan Berfin, "Yüzüm, gözüm, göğsüm ıslandı, cayır cayır yandım. Tarifsiz bir acı yaşadım. Sanki beni ateşe atmışlar da etim tutuşuyor gibiydi. Çevredekiler üzerime su döküp yardım etmeye çalışıyorlardı ama nefes almakta zorlanıyordum" der. Sonrasında anlattıkları ise daha kötü: "Yolda göz kapaklarım yapıştı, kapandı. Oksijenli suyla yüzümü yıkayıp jilet gibi bir aletle 2 saat gözlerimin içini kazıdılar. Bir gözümü kaybettim. Adana'da 2 ay tedavi gördüm. Beynime oksijen gitmediği için doktorlar, 'Çok yaşamaz' diyerek aileme bazı belgeler imzalatmışlar. Ama yine de direndim.

Her gün narkoz alıp ameliyata girdim. Bacağımla kasığımdan parçalar alıp, alnıma koydular. Bu kadar kötü olduğunu düşünmüyordum. 2 ay sonra bir gözüm görmeye başlayınca aynaya baktım. Bakar bakmaz da çığlık attım. Annem koşup geldi, sarılıp ağladık. Hiçbir şey eskisi gibi olmayacak ama en azından insan içine çıkabilecek bir yüzüm olsun istiyorum. Cumhurbaşkanımız Recep Tayyip Erdoğan başta olmak üzere bakanlar ve yetkililer benimle çok yakından ilgilendi. 14 Haziran'da Bodrum'da kök hücre tedavisinde uzman olan Mehmet Mutaf tarafından muayene olacağım, 17 Haziran'da da ilk ameliyatım gerçekleşecek. Bu süreç 1.5 yıl sürecek..." demekte.

Şimdi de A. Arman'ın sözünü ettiği Emine Girişken'e bakalım. Onu da şimdi, sizinle tanıyacağım... Bulduğum bilgiler şöyle: Emine evlidir. Kocası, İstanbul Kartal'da boşanmak isteyen karısını silahla yaralar. Karısının ailesine de silah doğrultur. Aile silahın tutukluk yapması sayesinde kurtulacaktır. Silahıyla yakalanan gözü dönmüş koca, çıkarıldığı mahkemece adli kontrolle serbest bırakılır. Kendisinin ve ailesinin hayatının tehlikede olduğunu söyleyen genç kadın, "Tutuklu hayatı yaşayan benim, o değil" der. Öte yandan şahsın silahıyla binaya girdiği anlar kameralara yansımıştır. 5 yıllıdır evli olan Emine Girişken 42, Murat Girişken 51yaşındadır. Çift, aralarındaki sorunlar nedeniyle boşanma kararı alırlar. İddiaya göre, ayrılmak isteyen adam, bir süre sonra barışmak istediğini söyleyerek genç kadını rahatsız etmeye başlar. 2 Ocak günü Emine Girişken'in ailesinin evine gider, kapıyı çalıp eve girer. Bir süre sonra hiçbir şey söylemeden silahı çıkarıp eşinin annesine doğrultur. Duruma müdahale etmek isteyen karısını saçından tutarak yere fırlatır, ateş eder, Emine ayağından vurulur. Ardından silahı eşinin annesine doğrultur. Şans eseri silah ateş almaz... Kayınpeder de silahın tutukluk yapması sayesinde kurtulur.

Olayın ardından Emine, 10 gün hastanede tedavi görür. Genç kadın ve ailesi, Murat Girişken hakkında şikayetçi olurlar.

Gözaltına alınan damat, sorgusunda eşinin kendisini aldattığını, bundan dolayı moralinin çok bozuk olduğunu, tartıştıklarını iddia eder. Şüpheli, çıkarıldığı mahkemece adli kontrol şartıyla serbest bırakılır. Bundan sonrası korku cehennemine girmek gibi... Eşinin tutuklanmamasına tepki gösteren genç kadın, "Boşanma kararı aldık, 15 gün geçmeden barışmak istediğini ve her şeyi yoluna koyacağını söyledi. Benden ailemle konuşmamı istedi. Telefonla konuştular, annem bir şans daha verdi. Ben işten çıktım, eve geldim, arkamdan o da geldi. Takip etmiş beni. Konuşmaya başladık, birkaç dakika sonra ayağı kalktı. Panjurları kapattı. Ondan sonra silahı çıkarıp anneme doğrulttu. Ben görünce üzerine atladım, çığlık atmaya başladık. Beni saçımdan tutup yere doğru fırlattı. Bana doğru ateş etti öldürmek için. Silahla gelmiş, hazırlıklı gelmiş zaten. Ben o anda baygınlık geçirmişim. Sonra anneme silahı doğrultmuş. "Tık" diye ses gelmiş, silah ateş almamış, bu sefer kabzasıyla kafasına vurarak yere düşürmüş. Bu sırada mutfaktan çıkarken de silahı babama doğrultmuş, silah yine ateş almamış... Allah'tan silah tutukluluk yaptı. Yoksa zaten katliam yapmaya gelmiş, hepimizi öldürmeye gelmiş. Ben yaralı olarak kurtuldum ama kan kaybından ölme riskim vardı. Ölümden döndüm diyebilirim. Tehdit de etti. Kendisi benden habersiz özel görüntülerimi çekmiş. Eğer ki davamı geri almazsam bu görüntülerimi yayacağını söyleyerek bana tehdit ve şantaj yapıyor. Tutuklu hayatı yaşayan benim, o değil... Benim ve ailemin hayati tehlikemiz var. Panjurlar kapalı, birinci katta olduğumuz için yukarı çıkabilir. Yarım bıraktığı işine devam edebilir, ailem tehlikede. Bir an evvel içeriye alınmasını istiyorum. Onun bu şekilde rahat rahat elini kolunu sallayarak gezmesini istemiyorum.

Kadına şiddet çok fazla ve inanılmaz derecede dehşet verici. Bu dehşetlerden birini de ben yaşadım. Bunların önüne geçilmesini istiyorum. Bunun son olmasını istiyorum. Bu konuda yardımcı olmalarını istiyorum, benim ve ailemin hayatı tehlikesi var" demekte.

Emine Girişken'in annesi Saniye Dirican anlatıyor: "Barışmak için geldi, meğerse plan hazırlamış. Bir kelime demeden panjuru ve camı kapattı. Bunlar saniyede oldu. Silahını çıkardı, şarjörü çekti. Silahı bana dayadı kızım da beni kurtarmak için hareket edince saçından çekip yere attı, ona doğru ateş etti. Ondan sonra bana tekrar ateş etti, ateş almayınca silahın arkasıyla başıma vurdu. Ben yere düştüm. Mutfaktan çıkınca eşimle karşılaşmış ona da silah doğrultup ateş etmiş, ateş almamış... Kızımın, eşimin, benim hepimizin hayatı tehlikede. Kızım da korkuyor, evde panjurların hepsi kapalı. Bir an önce tutuklanmasını istiyorum."

Dirican ailesinin avukatı Tuba Torun ise, "Olayda fail boşanmak isteyen eşi, müvekkil Emine Girişken'i ve annesi ile babasını öldürmeyi detaylı şekilde tasarlamış ve kadın cinayetlerinde klasik bir bahane olan barışma talebiyle müvekkilin ailesinin evine gitmiştir. Failin öldürme eylemi, silahın tutukluk yapması sebebiyle teşebbüs aşamasında kalmış, müvekkili, atar damarını patlatmak suretiyle ağır şekilde yaralamıştır. Bu yüzden mağdur kişi, inanılmaz şekilde ölümden dönmüştür. Tüm bu ağır suç teşkil eden eylemlerine rağmen fail, ifadesi alındıktan sonra adli kontrol hükümleri uygulanarak serbest bırakılmıştır. Bu derece tehlikeli ve halihazırda potansiyel katil olan bir kişinin tutuklanmayarak serbest bırakılması adeta bir hukuk skandalıdır," şeklinde konuşmakta.

Bütün bu korkunç olayların medyaya yansıması, herkesin gözü önünde konuşulup durması, "İyi mi kötü mü?" diye de, bu günlerde, yoğun bir tartışma yapılmakta. Mesela, cinayet haberleri yapılırken "çocuklar için zararlıdır sembolü kullanılsın, böylece aileler zararlı içeriklere karşı çocuklarını koruyabilsinler" denmekte... Fakat, şiddet içerikli filmler, diziler ne olacak? Ölüm, cinayet, şiddet üzerine kurgulanmış o kadar çok film var ki... Hangi birine işaret koyacaksın. Gerçi koydular; ne varsa her şeye işaret buldular. İçki kadehlerini bile buzlar oldular ama boşuna çaba... Bir tek haberler kalmıştı işaret koymadıkları. Yeri gelmişken şunu da demeli: Küfürlü konuşan siyasetçilerin görüntülerine de işaret konmalı... Mümkünse önerim olsun: Black Mirror adlı dizide anne çocuğuna şiddet içerikli olayları görmesin diye çip taktırıp çocuğunu istediği gibi kontrol ediyordu ama sonuç çok acı olmuştu. Çocuk bilmediği şiddeti annesine uygularken ilk kez kan akması görmüştü... Yani beyinlere görüntü engeli koyarak da bu sorun çözülecek gibi değil. "Bu konuda ne yapılabilir?" diye konuşanlardan biri de Doç. Dr. Burhanettin Kaya.

Gazeteci soruyor: "Bu tür görüntülerin (Emine Bulut'un kanlı görüntüsü gibi) bu kadar çok izlenmesi, bu meselede duyarlılığı artırmak adına olumlu bir rol oynuyor mu? Ya da sakıncalar taşıyorsa, bunlar nelerdir?"

Kaya: Bütün çabamıza rağmen medyada şiddeti meşru gösteren bir dil kullanılmasını önleyemiyoruz maalesef. Medya bunu anlamadığından mı yapıyor? Tabii ki değil, onlar da çok iyi biliyorlar ne yaptıklarını. Sol muhalefetin gazete ve dergilerinde, demokrat bazı yayınlarda (ki, kimi zaman onlar da yapıyorlar) genellikle dikkat ediliyor ama ana akım medyaya baktığımızda, yaygın olarak şiddeti örtük bir şekilde meşru kılan bir dil kullanıldığını görüyoruz. Bütün bunlar şiddetin artışını hızlandıran faktörlerdir. Evet, sosyal medyada Emine Bulut'un öldürülme anı açıklıkla sunuldu ve çokça paylaşıldı. Bunu çocuklar da izledi ve travma tize oldular. Bu görüntüleri paylaşmanın mağduru koruyucu bir yönü olduğu düşünülüyor. Oysa şu vardır; eğer şiddet anını açık ve aleni bir şekilde bütün detayıyla anlatırsanız bu mağdur olanı korumaz. Aksine mağdur olma potansiyeli olanları korkutur ve yılgınlığa düşürür. Mağdur etme potansiyeli olan ve bunu meşru gören erkek zihniyetinde, yapılamaz olanın yapılabilir olduğu algısı pekiştirilebilir. Hatta bu şiddeti daha uçta üretebilme gücü kazandırır ona. Bu yüzden, bu tür paylaşımları yapmamız mağduru korumaz, aksine mağdur edeni güçlendirir. Aslında bu pornografik bir şiddet sunumudur ve çok dikkat etmemiz gerekir.

Gazeteci: Bütün bunlardan "kutsal aile" kavramı adına bir sonuç çıkarabilir miyiz? Hukukumuzun çocukları "kutsal ailenin malı" olarak görmesi konusunda neler söylersiniz?

Kaya: Kadına yönelik şiddet daha çok aile içinde, güvendiklerinden, eş ve partnerlerden, akrabalardan geliyor. Ailenin kendisi üretiyor bu şiddeti. Aile, erkeğin sahipliğinde, onun arzularına, hazlarına hizmet edilen, onun kurduğu dünyaya uymak zorunda kalınan bir kölelik düzeni demek değil. Erkek, ideolojinin arzuladığı, yönettiği ve kendî isteklerine göre yön verebildiği bir kadını arıyor. "Kutsal aile" kavramı da bu temellerden yola çıkılan bir kurgudur. Aslında aile dediğimiz şey özgür, yetkin, kadın ve erkek bireylerin belli ilkeler ve değerler altında bir araya geldiği bir yapıdır. Kutsanamaz. Çiftler, ortak değerler üretir, bu ortak değerler etrafında bir araya gelirler ve farklılıklarını tol ere ederler. Dayanışmacı aile kavramı budur aslında. Böyle bir aileyi korumak dayanışma kavramını geliştirmekle mümkündür. Ancak bireyleri aşan, onlardan daha değerli, muhafazakâr bir ideoloji ile birleştirilmiş soyut bir aile kavramı hâkim kılınmak isteniyor. Kadın da çocuk da kutsal ailenin malıdır bu kurguda. Kutsal ailede, çocuk da kadın da hayatını erkeğin ihtiyaçlarına ve bakış açısına göre biçimlendirmek zorundadır. Bu şekilde kutsanan ailelerde şiddet yeniden ve yeniden üretilmeye devam eder.

Yeniden üretilip ölümle sonlanan şiddet olaylarından biri de geçtiğimiz 05.09.2019 günü Manisa'da yaşandı. Olay şöyle olmuş: Türkan adlı kadın, Manisa'nın Soma ilçesinde 4 yıldır resmi nikâhlı eşinden ayrıdır... Başka bir adamla dini nikâhlı olup ikici evliliğini yapar. 26 yaşındadır. Soyadı Kulu... Türkan Kulu... Karnında ikiz çocukları varken 7 bıçak darbesiyle öldürüldü. Katil kim? Soruşturma yeni başladı. M.K.'nın yakalanması için geniş kapsamlı çalışma yapıldığı söylenmekte. Cinayet, Anafartalar Caddesi'nde bir apartmanın 3. katında olmuş. Kadının dini nikahlı kocası Zakir B. 37 yaşında. Boğazından ağır yaralı... Hastaneye kaldırıldı. Türkan Kulu'nun cansız bedeni ise morga indirildi. Bu arada Türkan eski kocasından ayrılamadığı, ayrılma sürecinde olduğu bilinmekte. Ayrıca Türkan'ın iki kız çocuğu var. Çocukların da olay sırasında evde oldukları söylenmekte... Bu olayda ilginç olan şuydu: Katil sanılan eski koca M.K karakoldaki ifadesinde şunları söyledi: "Eşimle 5 yıldır boşanma aşamasındayız. Davamız devam ediyor. Ben eşimle evlerimizi ayırıp sonradan buraya yerleştim. Cinayetle ilgili herhangi bir bilgim yoktur. Olayı duyunca da büyük üzüntü yaşadım." O zaman Türkan'ı kim öldürdü? Jandarma, cinayetin işlendiği evin çevresindeki kamera kayıtlarını incelemeye başlıyor. İlk tespitlere göre, Türkan Kulu'yu Zekeriya B.'nin bıçaklayarak öldürdüğü, ardından intihara teşebbüs ettiği sanılmakta. Olay, geçtiğimiz Ağustos ayında (Bir ay önce) yaşandığından dava hâlâ devam ediyor olmalı. Ne oldu da Türkan'ın imam nikahlı kocası bu cinayeti işledi? Bıçaklarken adam, kadının, kendinden hamile olduğunu, hem de ikiz doğuracağını biliyor muydu? Nasıl biriydi? İşsiz miydi? Gördüğünüz gibi akla pek çok soru gelmekte ve hepsi de birbirinden korkunç.

Çağımız ne kadar karanlık bir çağ değil mi arkadaşlar? Siyasetinden başlayarak sanat anlayışına varıncaya kadar ne kadar karanlık bir dönemde yaşamaktayız. Siz ne düşünüyorsunuz bu konuda? Şirketler tarafından kıskıvrak esir alındığımızın farkında mısınız? Fransız halkı aylardır bu duruma "sarı yelekliler" adı altında isyan ediyor. Ne az haberleri duymakta. Hani iletişim çağındayız ya, ondan diyorum. Başka ülkelerden gelen isyan haberleri de sansürlenmekte... Polise direnirken ölen sarı yelekli sayısı, son okuduğum habere göre, 10'u geçiyordu. Daha iyi, daha adil bir dünya için ölüyorlar, bilin bunu... Bir de suikastlara kurban gidenler, sessizce toprağa verilenler var ki, ne yaparsak yapalım, kaç kişi olduklarını, ne yapıp ettiklerini öğrenemeyiz. Bilenler varsa da haberini yapıp paylaşmıyorlar. Onlar ki, sosyolojiyi, toplum psikolojisini çok iyi bildiklerinden artık toplumsal kahramanlar yaratmak istemezler. Che'den sonra bitti, halk önderlerinin de önünü kestiler. Yine de şunu diyeceğim: Bugün olmazsa yarın; belki 1 yıl sonra, belki 5 yıl, belki 15 yıl sonra Fransa'da ki gibi eylemler dünyanın pek çok yerinde görünür hale gelecektir. Olacak bu, göreceksiniz.

Eninde sonunda tarih yeniden tekerrür edecek; yeni bir devrim baş gösterecek. Sağ sol kavgası değil bu. "Yok olan dünyayı kurtaracak mıyız, yoksa birlikte ölecek miyiz?" Bütün bu cinayetler, pek çok şeye delalet olduğu gibi, yakın gelecekteki toplumsal isyanlara da delalettir diye düşünmekteyim. Dünyanın her yerinde her konuda, her alanda büyük bir bunalım (kirli bir buhran) yaşanmakta. Bu hal ruhlarımıza kadar sirayet etti... Bundan kurtulmamız gerekiyor ama nasıl? Bilinçlenerek elbette; insana, insanca bir düzen isteyerek. Bu düzen insancıl değil, hayvana bile uygun değil. Nitekim görüyoruz etrafımızdaki hayvanların nasıl can çeliştiğini. Pek çok şeyi görüp bir şey yapamıyoruz ama Vahit Tuna adına bir sanatçımız var... o, bir şey yapmış. 440 kadın ayakkabısını, 2018 yılında erkekler tarafından öldürülen 440 kadını temsilen, herkesin görebileceği bir duvara çivilemiş. Bu kadar ayakkabıyı bir araya getirip erkek egemen kültürün alnına çakma başarısını göstermiş. İstanbul'un Kabataş Meclis-i Mebussan Caddesi'nde bulunan bir kahve zincirinin sanat platformu olarak kullandığı bina duvarına isyan gibi 440 kadın ayakkabısı asmış... Demesi dile kolay; 440 kadın ayakkabısı... Haliyle sergi yoldan geçenlerin ilgisini çekiyor. Vahit Tuna, grafik tasarımcısı müzisyen, sanatçı... Bu günlerin anısına bu olayı da buraya not alıyorum... Yoldan geçen Melike Ünlüer, duvar boyu dizili ayakkabılara bakarak şöyle diyor: "İyi bir farkındalık çalışması olmuş. Keşke her yerde böyle değerlendirmeler yapılsa... İnsanlarımızın bu konuda duyarlı olması lazım. Erkeklerimizin biraz daha eğitimli olması lazım. Anneler ve babalar tarafından eğitilmeleri gerekir. En çok da toplumumuzun duyarlı olması lazım. Kadına şiddeti gördükleri zaman vatandaşlarımızın kafalarını çevirip gitmemeleri lazım" diyor. Sürekli kadın cinayetlerinin olduğunu ve artık son bulması gerektiğini söyleyen Gürsel Turan ise "Güzel bir uygulama, kadınların ölmemesi için bir şeyler yapılması gerekiyor. Son 5 senedir durmadan kadınları öldürüyorlar. Gazete ve haberlerde görüyoruz... Sürekli kadın öldürüyorlar. Böyle dikkat çeken projelerin sürekli olması lazım" demekte.

Benim fikrimi sorarsanız, ölenleri temsilen duvara ayakkabı asmanın yararı yok. Sigara paketlerine, nikotinden çürümüş ciğer resimleri basılınca "sigara satışları durdu, yakında iyice duracaktır" diyebiliyor muyuz?

Hayır. Bazı şeyler var ki, iyi para getirdiğinden asla bitirmeyeceklerdir. Sigara karşıtı kamu sporlarının sigarayı bitirmek için mi yapıldığını sanıyorsunuz? Sanmayın dostlarım. İyi insanlarsınız sizler. Renkli, umut dolu dünyanıza çomak soktuğum için bağışlayın beni. Ne kadar kızsanız da gerçeği aktarmaya devam edeceğim. Onca önleme rağmen sigara kullanımı devam ediyorsa bunun bir nedeni olmalı? Avrupa daha az sigara içiyor derseniz, onlar da başka bağımlılıkla, "ben merkezli" bir hayat anlayışıyla insanlıktan çıkarılmaktalar. Mesela daha çok alkol tüketip daha çok eroin, envayi çeşit uyuşturucu içmekteler. Gelir düzeyimiz artsa, her alandaki terör olaylarımız azalsaydı emin olun önemli sorunlarınızdan biri de eroin bağımlılığı olacaktı. Aslında şunu demeliydim: Eroin sorununun ne kadar büyüdüğünü biliyor ama haberini yapmıyorlar. Eroin bağımlılığı arttı mı? Arttı. Devletin, zorunlu izlettiği kamu spotlarından belli. Hızla büyümekte olan korkunç bir sorun bu; kasırga gibi büyüyerek gelmekte... Mesela soruyorum: Geçen yıl 440 kadın cinayeti oldu ya, kaç kişi eroinden yaşamını yitirdi? Kaç kişi iş kazalarında öldü? İnşaattan düşerek ya da maden kazalarından... Bir de yolda, trafikte yaşanan ölümler var. Terör olaylarını, toplu katliamları, şehit haberlerini de buna ekleyin. Bütün ayakkabıları asalım desek duvarlar yetmez.

Şundan emin olun ki bu gün; Eylül 2019'un şu günlerinde her evin duvarında birkaç ayakkabı asılı durmakta. Düşünün mesela, şehidi olmayan aile kaldı mı? Depremde ölenleri, maden kazalarında göçük altında kalanları da düşünün. Benim hatırlayamadıklarımı da hatırlayarak söyleyin. Her evde işsiz, üniversite bitirmiş bir ya da bir kaç kişi var mı? Var. İşsizlikte, hem de Meclis'in önünde kendini yalanlar var mı? Var. Sizin evinizde kimse yoksul değilse memleketi ailenizden ibaret saymayın... Gerçek şu ki, üzerimize kezzap dökülmüş gibi milletçe eriyoruz arkadaşlar. Vahit Tuna, bu çığlığın küçük bir bölümünü duvara yansıtabilmiş birisi. Her şeye rağmen önemli bir iş yaptığını kabul etmek lazım. Madem günümüzü daha iyi anlamamıza yardımcı oldu o halde kendisini tanıyalım; kim bu sanat insanı? Sorulduğunda kendisini grafik tasarımcı ve sanatçı olarak tanımlıyor. Türkiye'deki belli başlı pek çok sanat yayını ve sanatçı kitabının tasarımını üstlenmiş bir isim. Birbirinden ayırmadığı sanat ve tasarımın yanı sıra farklı mekânlara taşınabilen "Masa" adlı bir sanat inisiyatifinin kurucusu, blog yazarı ve müzisyen olarak çok yönlü bir kültür-sanat insanı olduğu söylenebilir. Çeşitli sanat etkinlikleri ve dans performansları için müzik ve ses düzenlemesi yapan Tuna, sanatsal projelerinde de sesi belirleyici unsurlardan biri olarak kullanır. Örneğin, kişisel sergisi için tüm mekanı kavrayan ve bütünlük hissi yaratan bir ses düzenlemesi kurgular. Fotoğraf, grafik, video ve yerleştirmelerinde genel olarak alışılagelmişi yapı bozuma uğratarak sorgulayıp, sorgulatmayı hedefler. Küresel sanat tarihinin başyapıtlarından pop ikonlarına kadar geniş bir referans havuzuna başvuran sanatçı; statüko kavramı, toplumsal normlar, milliyetçi refleksler, iktidar sorunsalı ve medya başta olmak üzere; iktidarın çeşitli propaganda aygıtları, ifade özgürlüğü, algı yönetimi gibi konuları kendine has bir estetikle yorumlar. Her zaman ince bir anlam ve eleştiri içeren yapıtlarının ilk bakışta basit, renkli ve hatta sevimli görünmesinin sebebi, üslubundaki muzip ve oyuncu yandır. Böylece, gündelik durum ve araçların örtük anlam ve işlevlerini yabancılaştırma yoluyla izleyiciye çağrıştırabilir; örneğin sıradan bir paspas, ekmek, kot pantolon veya kum torbası kullanarak toplumun belli bir dönemdeki kültürel ve siyasal kodlarını deşifre edebilir.

Yapıtlarında gerektiğinde kendine ait bir temsili tercih eden Tuna, kendi üzerinden sanatçı ve birey kimliğini absürtleştirme veya anlamlandırma yoluna gider. Sanatçı 2008 yapımı "Sunshine" adlı yerleştirmesinde de kendi figürünü kullanır. Vahit Tuna olduğunu anladığımız kilden bir erkek biblosu bir kum tepesinin üstünde oturmaktadır. Gündelik kıyafetleri içinde ellerini dizlerine kavuşturmuş, bir tepeden ufka bakmaktadır. Oysa bakıp durduğu yerde güneş yerine, parlayan, altın renkli bir megafon görülür. Megafondan çıkan tekrar halindeki buyurgan seslerin titreşimleri, kum yığının ön tarafını aşındırmıştır. Bu aşınma iktidarın gücünü ve yıpratıcı yanını temsil ederken, ses ve müziğin baskı ve iktidar aygıtı olarak kullanımına da işaret eder. Ne de olsa, bir ses kaynağı olarak megafon, seçim propagandalarından kitlesel anonslara kadar siyasal iktidarı temsil eden araçlardan biridir. Bir yere gitmeden güneşi seyretmeye devam eden ama bir direnç de göstermeyen figür üzerinden bireyin ya da sanatçının edilgin direnişi okunabilir. Melankolik bir yönü olan "Sunshine", yalnızlık hissi kadar, herhangi bir iktidar karşısında kendini koruma, soyutlama ya da sadece olan biteni izleyen tarafa ait olma arzusunu da çağrıştırır. Vahit Tuna'nın 2011'de Depodaki kişisel sergisinin başlığı için yazdıklarına bu çalışma için de yer vermek gerekir: "Hep seyirciyiz zaten, hep seyirci olmak için biletleri kapıştık, artık seyredecek daha fazla 'şey' var ve biletler tükenmek bilmiyor..."

Son sözleri beğendim: "Evet... Artık seyredecek daha çok şeyimiz var ve biletler tükenmek bilmiyor." Her gün yeni biletler alıp acımızı, başkalarına ait sanmak suretiyle duyarsızca izlemeye devam etmekteyiz... Mesela "iyi hal indirimi" var ya, cinayet işleyenlere, kafa kesenlere, kezzap döküp yakanlara... Kanun koyucular, adalet dağıtanlar da bir garip olmuşlar, en çok da onlar, acıyı uzaktan izlemekte. Mersin Barosu Başkanı Bilgin Yeşilboğaz var... O da bu konuya dikkat çekerek, kadın cinayetlerinde haksız tahrik ve iyi hal indiriminin kaldırılması gerektiğini söylüyor, tarih, 11 Eylül 2019 gününü gösterirken. Baro başkan yardımcısı Fatma Demircioğlu, yönetim kurulu üyesi Mahçe İnanoğlu Deprem, Mersin Barosu Kadın Hakları Merkezi Başkanı Şirin Güner ve merkez üyesi avukatlarla birlikte, 14 Şubat Sevgililer Günü'nde eski eşi tarafından öldürülen öğretmen Kübra Aşkın cinayetinin ilk duruşmasına müdahil olarak katıldılar. 2 yıl önce boşandığı eşini tabancayla vurarak öldüren Davut D. hakkında müebbet hapis cezası istemiyle açılan davanın 4. Ağır Ceza Mahkemesi'nde görülen ilk duruşmasına mahkeme heyeti, Mersin Barosu Kadın Hakları Merkezi'nin müdahil olma talebini kabul etti. Bilgin Yeşilboğaz, kadın cinayetlerinde haksız tahrik ve iyi hal indiriminin kaldırılması gerektiğini tekraren vurgulayarak, 'Kadın cinayetlerinin iyi hali olmaz. Hukuk kuralları, yasalar, kağıt üzerinde yazı metinlerdir. Onlara can veren, ruh katan yargıçların bunları uygulamasıdır. Kadınlar öldürülmeden, onları koruma altına alan İstanbul Sözleşmesi uygulamaya geçmeden kadına yönelik şiddetin ve kadın cinayetlerinin önüne geçilmesinin mümkün olmayacağını bir kez daha hatırlatmak istiyorum' dedi.

Kadın Hakları Merkezi Başkanı Şirin Güner ise kadın cinayetlerinin politik olduğunu belirterek, 'Kübra öğretmen için adalet istiyoruz. Sanıkların mahkeme heyeti karşısında, mağdurmuş gibi davranmalarına artık tahammülümüz kalmadı. Kadınlar olarak; öldüren sevgili istemiyoruz, ölüp eksilmek istemiyoruz' diye konuştu.

Sevgili dostlar, Kübra Aşkın'ı da şimdi, sizin için araştırıp öğrendim. Öğrendiklerimi paylaştıkça şunu anlıyorum: Pek çok şeyi çabuk unutmaktayız. Hatta çoğu olayı hiç duymadığımı görüyorum. Bildiğim şeyleri de unutarak yaşadığımı anlıyorum. Ne yapalım... Unutmak olmasa acıya dayanamaz, öldürdük. Kitleler halinde unutmasaydık bu, büyük şans olurdu; hatalarımızdan ders alır, aynı çukura tekrar düşmezdik. Neyse... İnsanoğlu acz içinde yaşıyor. Kendimize faydamız yokken başkalarına akıl veririz. Bu kadar söz yeter. Kübra öğretmene dönelim şimdi. Ne olmuştu? Kübra öğretmen, eşi tarafından öldürüldü. Dikkat! Yapılan bir araştırmaya göre cinayete kurban giden kadınların yüzde 53'ü kocaları tarafından öldürülmekte. Yüzde 53... Büyük rakam. Yarıdan fazla... Bu yüzden eşinizi seçerken (Allah göstermesin) katilinizi de seçmiş olabilirsiniz. Siz siz olun, insan evladı olanları tanımaya çalışın ama sakın evlenmeyin... Daha önce söyledim, bir kez daha söylüyorum, evlenmeyin! Anne olmayın! İş sahibi olmaya, ayaklarınızın üstünde durmaya bakın. Adalet kuruluncaya, insan hak ve özgürlükleri mümkün oluncaya kadar evlenmeyin. Biliyorum, zor bir öneri ama ne olur gülmeyin! Başka çare göremiyorum. Bu erkek egemen, bu vahşi kapitalist düzeni yola getirmenin bir çaresi varsa siz söyleyin. Var mı? Neyse... Bunu da geçelim. Kübra öğretmene dönersek.. ölümüne neden olan olay, 14 Şubat 2019 perşembe (sevgililer) günü akşam saatlerinde Mersin Yenişehir Menteş Mahallesinde meydana geldi. 36 yaşında, okul müdür yardımcısıydı. 33 EY 434 plakalı aracıyla İstemihan Talay Bulvarı üzerinde seyrederken başka bir aracın kendisine doğru hızla geldiğini gördü. Gelen eski kocası D. idi. D. D.' ye ait olduğu öğrenilen 33 ABF 028 plakalı otomobilin sıkıştırması nedeniyle hızla direksiyonu kıran Kübra öğretmen aracıyla yoldan çıkarak kaza yaptı. Yol kenarındaki bir binanın duvarına çarparak durdu. Koşarak otomobile yönelen gözü dönmüş koca, araçtan çekerek çıkardığı Kübra öğretmene 4 el ateş edip kaçtı. Durumun 112'ye ihbar edilmesi üzerine polis ve sağlık ekipleri olay yerine sevk edildi. Kübra, sağlık ekiplerinin müdahalesinin ardından Mersin Üniversite Hastanesi'ne kaldırıldı. Olay nedeniyle, İstemihan Talay Bulvarı bir süreliğine trafiğe kapalı tutuldu. Polis Kübra öğretmeni vurup kaçan şahsı, geniş çaplı arama sonucu yakalanıp gözaltına alındı... Bu arada Kübra, maalesef hastaneye kaldırıldıktan bir süre sonra hayatını kaybetti. Çamlıbel Mesleki ve Teknik Anadolu Lisesinde Müdür Yardımcısı olan Kübra Aşkın, Mersin Üniversitesi Hastanesi'nde yapılan tüm müdahalelere rağmen kurtarılamadı. Gözaltına alınan D.D'ın ise yargılama işlemlerinin devam ettiği söylenmekte. ilk olarak, Mersin Şehir Hastanesi morgunda yapılan otopsinin ardından, genç öğretmenin cenazesi, öğrencilerinin ve yakınlarının gözyaşları arasında, ikindi namazına müteakip kılınan cenaze namazının ardından Güney Kent Mezarlığı'nda toprağa verildi. Kübra öğretmen, evli kaldığı 10 yıl boyunca kocasından kötü muamele görüyordu.

Kübra öğretmenin eski kocası Davut D. Mersin 4. Ağır Ceza Mahkemesi'nde hâkim karşına çıkarıldı. Duruşmaya, aile yakınları haricinde, Aile Çalışma ve Sosyal Hizmetler Bakanlığı ile Mersin Barosu Kadın Hakları Merkezi de müdahil oldu. (Adı geçen bakanlığının, yani devletin, müdahil olmasını ilginç buluyorum. Kendini mağdur yerine koymak devlete yakışmaz da ondan. Devlet, sorun çözer, acz içinde mahkeme salonuna oturmaya gelmez.) Tutuklu yargılanan Davut D., mahkemedeki ifadesinde, eski eşiyle ailesinin vasıtasıyla 2006 yılında tanıştığını ve 2007 yılında da evlendiklerini söyledi. Birbirlerini sevdiklerini belirten Davut D., "O günden olayın olduğu güne kadar eski eşime ne bir şiddet uyguladım ne de bir kavgamız oldu. Tek sorunumuz çocuğumuzun olmamasıydı. Bu yüzden aramızda tartışma çıkıyordu, onun dışında aramız iyiydi. Ona karşı gizli saklı yaptığım bir şey yoktu. Ancak 2010 yılında eşimin bir ilişkisinin olduğunu fark ettim. Bunu da tabi 1-2 yıl önce öğrendim. Bundan dolayı boşanma davası açtım ve boşandık," diye konuştu. Eşinin kendisinden ne istediyse aldığını söyleyen sanık, "Tek suçum onu fazla sevmemdi. Keşke vazgeçecek kadar sevseydim. Olayın olduğu gün eski eşimi, ilişkisi olduğu erkekle gördüm. Bu beni iyice duygusal çöküntüye soktu. Yolda araçla giderken bir kez daha karşılaştık. Bir kere konuşmak istedim. O da 'beni takip et' deyince takibe başladım ama aracıyla bana çarptı. İkimiz de direksiyon hâkimiyetini kaybettik ve kaza yaptık. Daha sonra bana hakaretler edince gözüm döndü ve silahla vurdum. Kaç el ateş ettiğimi hatırlamıyorum. Şoktaydım ve kendimi kaybetmiştim. Olay yerinden kaçmadım, yürüyerek gittim. Zaten kendim teslim oldum. Yaptıklarımı inkâr etmiyorum, cinayeti işledim. Delil falan karartmadım. Bir anlık öfkeme yenik düştüm. Benim kimseyi öldürmeye niyetim yoktu" ifadelerini kullandı... Müşteki avukatları da artık kadın cinayetlerinin son bulmasını isteyerek, sanığın en ağır cezayı almasını istediler. İddia makamı da sanığın tutukluluk halinin devam edeceğini belirterek müebbet hapis cezası verilmesini talep etti. Mahkeme heyeti, işlemlerin ardından dosyadaki eksikliklerin tamamlanması için duruşmayı 19 Kasım 2019 tarihine erteledi... (Bugün günlerden 14 Ekim 2019 olduğuna göre dava devam etmekte...)

Geçtiğimiz Şubat ayında kadınlar (adı geçen lisenin öğrencileri de) Kübra öğretmen için eylem yapmıştı. Mersin Kadın Platformu üyeleri, Kübra Aşkın cinayeti üzerinden erkek şiddetini, buna yol açan nedenleri, kurumları protesto etmişlerdi. "Boşanmaları engellemek, kadınları eve, kocaya mahkûm etmek, erkeklerin insafına bırakmak cinayet değilse nedir?" diye sormuşlardı. Cenazeye katılan, sonrasında da basın açıklaması yapan kadınlar, davanın takipçisi olacaklarını duyurmuşlardı.

Platform adına konuşan Öznur Keleş şunları dile getirmişti: "Bir kez daha aşk bahanesiyle bir kadının aramızdan alınmasına öfkemiz büyük. Mersin'de çığırından çıkan erkek şiddeti karşısında yasta değil, isyandayız. Bu, erkek egemen iktidardan, erkek yargıdan güç alan erkek şiddetidir. Kübra'nın boşanması yaşam hakkının elinden alınmasıyla sonuçlanıyorsa, eğer yasalar kadını korumuyorsa, hukuk kadınlar için işletilmiyorsa bunun sorumlusu erkek egemen hukuk ve erkek adaletinin temsilcisi olan AKP iktidarıdır. Evlilik sözleşmesi kadar, bu sözleşmeyi iptal istemi de doğal bir haktır. Boşanmaları engellemek, kadınları eve, aileye, kocaya mahkûm etmek, erkeklerin insafına bırakmak, kadınları ölüme mahkum etmektir. Uzlaştırma ve boşanmayı önleme komisyonu kurarak, kadının nafaka hakkını gasp etmeye çalışarak, kadını şiddetten koruyan tek yasa olan 6284 sayılı yasayı erkekler mağdur oluyor diye uygulatmayarak ve ortadan kaldırmaya çalışarak Kübra'nın katledilmesinde olduğu gibi diğer kadınların katledilmesinde de asıl suçlu erkek egemen iktidardır. Kadınların kazanımı olan 6284 sayılı yasanın tartışılmaya açılması bile kadın cinayetlerinin politik olduğunun göstergesidir.

Biz kadınlar çaresiz savunmasız değiliz, hep birlikte, birleşerek güçleneceğiz."

11 Eylül 2019 günü çıkan bir habere gidelim şimdi. Haber, temel konumuz olan Ş hakkında. Ş davasının 4. duruşması beklenirken yeni bir gelişme oldu daha doğrusu "tekrar" yaşandı. Ankara 31. Ağır Ceza Mahkemesi'nin Mayıs ayında yaptığı keşfin ardından düzenlenen rapora göre, Ç'nin sağ el orta parmağında oluşan çıkık "tartışma ve mücadele sonucu olabileceği gibi aşağıya atlamaya çalışan bir kişiyi kurtarmaya çalışırken de oluşabilir." Hatırlarsanız, rapor düzenleyenler daha önce de demişlerdi bunu. Raporda ayrıca, "kişinin atılması ya da düşmesi halinde binadan ne kadar uzaklığa düşeceği net olarak bilinmediği değerlendirilmiştir" ifadesi yer aldı. Ş'nin düştüğü yerde sol ayakkabısının sağ kolunun

altında, sağ ayakkabısının ise sol ayağının 155 santimetre ilerisinde bulunmasıyla ilgili de söz söylendi: "Kişinin ayakkabı sol tekinin; iddia edildiği gibi sanıklar tarafından şahsın aşağıya atılmasından önce veya hemen sonra atılmış olabilir. Ayakkabı sağ teki ve çorabı ise kişinin atılmasından önce, atılması sırasında veya atılmasından sonra aşağıya atılmış olabilir. (Tekerleme gibi ama gülünmez buna.) Ancak Ç'nin savunmasında belirttiği şekilde kişiyi tutarak kurtarmaya çalışması sırasında çorap ve ayakkabıların kişinin ayaklarından sıyrılarak çıkabileceği ve olay yerinde tespit edilen pozisyonların olabileceği değerlendirilmiştir."

Bu konuyu şimdilik geçelim. Daha anlatılacak çok şey var. Ağustos 2019 ayına, Eskişehir'e bakalım bir de. Adam, imam nikâhlı karısını nasıl öldürdü? Olay, geçtiğimiz ay Tepebaşı ilçesine bağlı Şirintepe Mahallesi, Seymen Sokak'taki bir evde meydana geldi. 52 yaşındaki Ülviye İnci ile 42 yaşındaki Taceddin Y. arasında sabah saatlerinde tartışma çıktı. Kısa sürede büyüyen olay sonrasında tartışma kavgaya döndü. Darp edilen çaresiz kadın çığlıklar atarak 'beni kurtarın, öldürecek' diye bağırmaya başladı. Sesi duyan komşuları polis ekiplerine haber verdiler. Kapı çilingir yardımıyla açıldı. İçeri girildiğinde Ülviye'nin yerde kanlar içinde olduğu görüldü. 1'inci Ağır Ceza Mahkemesi tarafından kabul edilen iddianamede, Tacettin Yağız için 'kasten öldürme' suçundan ağırlaştırılmış müebbet hapis cezası istendi. Yağız, pişman olduğunu, doktorun verdiği psikoloji ilaçlarından 14 tane içtiği için olayı hatırlamadığını iddia etti. "Yaklaşık 5 yıldır psikolojik rahatsızlığım nedeniyle tedavi görüyorum. Üç yıldır da ilaç kullanıyorum. Ülviye ile tartıştık, beni çok bunaltıyordu, psikolojik baskıda bulunuyordu. Mutfaktan ahşap saplı bıçağı aldım daha sonra ne olduğunu hatırlamıyorum. Olaydan sonra doktorun verdiği ilaçlardan 14 tane içtim ve kendimi de bıçaklayıp intihar etmek istedim. Olay nedeniyle pişmanım" şeklinde konuştu... Ülviye'nin kardeşi Selman İnce, eniştesi olacak Tacettin'in daha önce de ablasını dövdüğünü ve bu yüzden şikâyetçi olduğunu söylemekte. "Ablam, 4 yıldır Tacettin'le yaşıyordu, dayak yiyordu. Görüşmeye gittiğimizde kardeşimi dövülmüş olarak görürdüm. Daha önce de bıçak çekti, bununla alakalı karakolda ifade verdik. Kendisinden şikâyetçiyim," demekte.

Eskişehir'de bunlar olurken, 6 Ağustos 2019 günü de Yozgat'ın Sorgun ilçesinde inşaat işçiliği yapan 45 yaşındaki Kerim Toprak, 43 yaşındaki eski eşi Nuray Toprak'ı işe gitmek için evinden çıktığı sırada tabancayla vurup öldürdü. Aynı silahla kendi yaşamına da son verdi. Olanlara inanamayan Nuray'ın kızları ve yakınları, olayı duyunca gözyaşlarına boğuldular. Cinayet, saat 10.00 sıralarından Karşıyaka Mahallesi'nde meydana işlendi. Kerim Toprak, bir süre önce boşandığı eşinin(3 çocuk annesiydi) evinin önüne gidip Sorgun Sosyal Yardımlaşma ve Dayanışma Vakfı'ndaki işine gitmek için evden çıkan Nuray Toprak'a tabancayla ateş etti. Olay yerinden uzaklaşan Kerim Toprak, yakındaki Ahmet Uslu Dutluk Parkı'nda aynı silahla kendini vurdu. Çevredekilerin haber vermesiyle gelen sağlık ekiplerinin yaptığı kontrolde Nuray Toprak ve Kerim Toprak'ın öldüğü belirlendi.

Polis ekipleri, cesetlerin çevresine güvenlik şeridi çekerek önlem aldı. Toprak ailesinin kızları, güvenlik şeridi çektiği alanda annelerinin cesediyle karşılaştılar. Aile yakınlarını polis ve sağlık ekipleri teskin etmeye çalıştı. Nuray Toprak ve Kerim Toprak'ın cesetleri, polisin incelemesinden sonra Sorgun Devlet Hastanesi morguna kaldırıldı. Olayla ilgili soruşturma devam etmekte.

Bu gün itibariyle Ş'nin ölümü üzerinden 474 gün geçti sevgili arkadaşlar. Ş'nin, başta babası olmak üzere, binlerce kadın "cinayetleri durduracağız" demeye devam etmekte. Yeni öğrendiğim habere göre Ağır Ceza Mahkemesi, telefon imajının alınması için Siber Suçlarla Mücadele Şube Müdürlüğü Adli Bilişim Büro Amirliği'yle iletişime geçmiş. Bilişim Büro Amirliği, kullanıcı şifresi çözülemediğinden Ş'ye ait telefonun imajının alınamadığını bildirmiş iyi mi? Şimdi siz, bu devletin açıp inceleyemeyeceği telefon yok sanıyorsunuz değil mi? Belki de hiç kimse, hiç bir kurum sandığımız kadar güçlü değildir ya da güç, adamına göre, olayın konusuna bakılarak uygulamaya sokulmakta. Mesela, Muktedire ya da Muktedirler familyasından herhangi birine hakaret ederseniz değil şifrenizi çözmek, hücrelerinize kadar girip bulurlar sizi, kaçamazsınız. O telefonu, bilgisayarı hiç bir yere saklayamazsınız... Konu, yoksul kızı Ş olunca akan sular duruyor. Ve yargı, "Mahkeme salonunda onların (Ş'nin katillerinin) bulunduğu ortamda bir an nefes alamayacağımı zannettim. Ama tüm gücümle durdum ayakta. Kızımın arkasında durdum. Eşim öldüğünde Ş 13 yaşındaydı. İki yavrum da annesiz kaldı. Oğlum Şenol'a da Ş'ye de hem annelik hem babalık yaptım. Şimdi de bırakmayacağım yavrumun hakkını. Onlar ceza alınca adalet bir babanın yüreğindeki yangına bir nebze olsun su serpecek. Kızım da mezarında rahat uyuyacak" diyen bir babanın önünde acz içinde kalabiliyor. Kıçı kırık bir telefonun şifresi dahi çözülememekte. Deniyor ki mahkeme dosyasına giren yazıda, "iPhone marka, kasasında ve ekranında deformeler bulunan cep telefonu imaj alma işlemine cihazın kullanıcı kilidinin bulunması ve parolanın bilinmemesi nedeniyle başlanılamamış, bu durumda kullanılan Jtag ve Chip-Off yöntemlerini cihazın desteklememesi ve ekran kilidi kaldırılmadan imaj alınmasının mümkün olmaması sebebiyle herhangi bir işlem yapılamamıştır. Cep telefonunda bantlı vaziyette bulunan sim kartta PIN ve PUK kilidinin aktif olması sebebiyle imaj alma işlemi yapılamamıştır..." Bu işlem nasıl oluyor? Okuduğum haberler doğru mu? Tam olarak bilmiyorum; ben de gazetecilerin yalancısıyım. Fakat tahminde bulunmak zor değil. Yaşanan pek çok olaya bakarak, adaletin kişilere göre değişiklik gösterdiğini, herkese eşit davranılmadığını, hapishanelerin esas olarak, "demokrasi, bilgi, robot teknoloji çağı" denen bu çağda bile, yoksullar için olduğunu kesin olarak söyleyebilirim. Buradan şunu anlıyoruz ki, tarihin hiçbir döneminde adalet önünde zengin ve yoksul eşit olmadı, olmayacak...

Bu günlerde ('son yıllarda' desek de olur) yalnız Ş için değil elbet, ülkenin pek çok yerinde kadınlar, ama bu zamanda, her türlü baskının acımasızca uygulandığı böyle bir dönemde konuşabilen korkusuz kadınlar, bir araya gelip açıklama yapmaktalar. Genel olarak hükümeti, "Ak yalaka" dedikleri hukuk insanlarını suçlu görüyorlar. Şu ara, hukukçu kılığına girmiş, diploma da almış, profesör de olmuş çok sayıda eğitimli ama hukuk tanımaz soytarı var aramızda, Allah tez zamanda hepsinin belasını verir inşallah. Bu tipler yüzünden insanın eğitime, eğitimle adam olunacağını olan inancınız kayboluyor. Senelerce tarikata gidenler şeyhin kulu olur da üniversiteye gidenler nasıl özgür iradesini terk edip Allah'ı bile unutup bir faninin kulu olur, oyuncağı haline gelir. Böylesi insanları çokça gördüğümüz bir dönemde yaşıyoruz. Bu gerçeği bilmeden hayatlarını devekuşu misali yaşamakta olanlara da çokça kızdığımı bilin isterim. Ne geliyorsa başımıza onların bilinçsizliği, takım tutar gibi siyasi parti tutmaları yüzünden geliyor. Kan gölünün içindeyiz fakat bunu görmeyen "Çok geliştik, Allah'ın izniyle çağ atladık, yakında kendi uçaklarımızı yapacağız inşallah" diyerekten yaşayabilenler var... Onlar, bırakalım da kendi aptallıklarına yansınlar, yattıkları çamurlara karışıp kurusunlar. Biz gerçeğe, sadece gerçeğe dönüp bakalım. Yönetilen bir ülke olmadığımızdan, liyakatsiz, çete benzeri bir kadronun eline kaldığımızdan bu kadar çok kadın cinayeti yaşanmakta. Mesela kocası tarafından bıçakla yaralanan bir kadın neden hastanede, yatağında yaralı yatarken bile korunamamakta? Bir gazeteci anlatıyor, önce onu dinleyelim:

"Katil elini kolunu sallayarak hastaneye girebilir" derken bu hiç de abartılmış bir şey değil. Çünkü Gaziosmanpaşa Taksim İlkyardım Eğitim ve Araştırma Hastanesine gittiğimizde bizim de karşılaştığımız manzara tam da bu oldu. Hastanenin acil servisinde bekleyen kalabalığın içinden geçerek ikinci kattaki yataklı serviste yatan anne Sibel'in yanına hiçbir kontrole uğramadan ulaştık. Servisin kapısında duran görevli sadece hangi odaya geldiğimizi sorarak bize odayı göstermiş, kim olduğumuzu, niye geldiğimizi ya da kimliğimizi sorma refleksi bile göstermemişti. İşte bu nedenle Cennet'in, annesinin ve yakınlarının korkusu hiç de abartılı bir korku değildi. Ama hastanede, saldırgan için aldığımız 'Tutuklandı' haberi hepimizin bir 'oh' çekmesini sağladı."

Bundan beş gün önceye gidersek, yani 12 Eylül gününe... duyarlı insanları da görüp az da olsa sevinebiliriz. Gazi Kadın Dayanışmasının üyelerinden söz ediyorum. Bu kadınlar, eski eşi S.G. tarafından bıçaklı saldırıya uğrayan Sibel Altunsöğüt'e destek olmak için birlik oldular. 7 yıl önce yaşanan olayı boşandığı eşi S.G. tarafından ölümle tehdit edilen Sibel Altunsöğüt'ün 23 yaşındaki kızı Cennet Göztepe sosyal medya üzerinden duyurmuştu... Bunu yapmasaydı belki de anasının nasıl öldürüldüğünü izleyen çocuklardan biri olacaktı. Kendini, ailesini anlatırken şunları demekteydi: "Ben ilkokula giderken babam askeri tersanede çalışıyordu. Çalışma koşullarının zor olduğunu ve işten ayrılmak istediğini söylüyordu hatta bir süre işe gittiğini söyleyip gitmemiş. Ama annem yine de anlayışlı davrandı, bazen 'olur' dedi, babamın cebine sigara parasını bile koydu. Sonra bir sürü kredi borcu çıkmaya başladı. Eve harcadığı bir şey yoktu. Evimize haciz geldi. Annem çok borcunu ödedi, hep düzelsin diye bekledi. Bizim için yuvasını dağıtmak istemiyordu. Kısa bir süre iyi oluyorduk sonra her şey yine başa sarıyordu. Bu kadar kötü olup bize zarar verebileceğini hiç düşünmezdik... Bu durum içindeki insanlar (yakınları tarafından saldırıya uğrayan kadınlar) nasıl konuşabiliyorlar diyordum televizyonda izlerken. Ama insan çıkmaza girince bunu yapmak zorunda kalıyor. Polis bile bize 'Siz medya baskısı yapmazsanız biz bir yere kadar etkili olabiliyoruz' dedi. Birçok akrabamız paylaşımlara, haber yapılmasına tepki gösterdi, 'Niye duyurdunuz, bizi niye rezil ettiniz' dediler. Biz kimseyi rezil etmedik, utanması gereken kişi belli. Ben annemi kaybettikten sonra hiçbir şeyin değeri yok. Annemi kaybettikten sonra 'ah, vah' etseler umurumda olur mu? Herkes evine gidecek yaşayan biz olacağız. Kimsenin susmaması lazım." Kadınlar bu sese, ses verdiler... Cemevi önünde toplanıp bir kez daha yöneticileri göreve çağırdılar. 6284 sayılı yasa ile Uluslararası İstanbul Sözleşmesi'nin uygulanmasını istediler. Açıklama sonrası zılgıtlar, alkışlarla ve sloganlarla Gazi Cemevi'nden Şair Abay durağına doğru yürüdüler. Sık sık, "Kadın, yaşam, özgürlük!", "Erkek vuruyor devlet koruyor!", "Erkek adaleti değil gerçek adalet!" sloganları attılar. "Bir kişi daha eksilmeyeceğiz, kadın dayanışması yaşatır!" dediler. Getirdikleri pankartı lisenin durağına asıp basına ve kamuoyuna şöyle seslendiler:

"Mahallemizde bir kız kardeşimiz, 7 yıl önce boşandığı Soner Göztepe tarafından bıçaklı saldırıya uğradı. Ev hapsi ve uzaklaştırma kararı bulunmasına rağmen Göztepe, hastane acilinde bulunan kız kardeşimize ve çocuklarına bıçakla saldırdı. O sırada gerekli müdahale yapılmazken, bu kişi ifadesi alındıktan sonra hemen serbest bırakıldı! Bizler kadınları sistematik şiddete teslim eden zihniyetle barışmayacağız! İktidarın uyguladığı kadın düşmanı politikaların ve saldırıların çetelesini tutmak artık neredeyse imkânsız. "Dolaylı" yolları çoktan geçen bu saldırılar, "doğrudan" kadınların hayatlarını hedef alıyor. Uzaklaştırma kararlarına rağmen erkekler kadınlara ulaşabilmekte... kadınlar, 'yakınım' dedikleri erkekler tarafından katlediliyorlar. Peki erkekler bu gücü nereden alıyor? Bugün 6284 sayılı yasayla İstanbul Sözleşmesi'ne saldıranlar, çocuk evliliklerin önünü açanlar; toplumsal cinsiyet eşitsizliğini derinleştiren politikalar, kadınları belirli kalıplara sıkıştırmalar, diğer yandan erkekliğin sırtını sıvazlayan söylemler, şiddeti meşrulaştıran uygulamalar ve cezai yükümlülüklerin uygulanmayışı; ayrıca kadın, LGBTİ+ ya da diğer tüm ötekileştirilenlere yönelik nefret söylemleri, patriarkal (ataerkil) kapitalizmi muhafazakarlıkla yeniden üreten hükümet ve uygulayıcıları kadına yönelik şiddetin suç ortaklarıdır. AKP iktidarı temsili yetindeki kadın düşmanlarının yasaları yok saymasına karşı biz kadınlar mücadele etmeye devam edeceğiz. Helin Palandöken'in, Özgecan'ın, Cansel'in, Emine Bulut'un, Ş'nin ve katledilen, şiddete uğrayan bütün kadınların isyanıyız. Biz kadınlar susmuyoruz! Bir kişi daha eksilmeye tahammülümüz yok! Yaşasın Kadın Dayanışması! Yaşasın Kadınların Örgütlü Mücadelesi!"

Sibel Altunsöğüt, hastane kamerasına da yansıyan olayı şöyle anlatmıştı: Hastanede kayıt işlemlerini yaptırıyordum, baktım kızımın sesi yükseldi. Bakınca, Cennet'in yakasına yapıştığını gördüm. Yumruğu havada kıza vuracak. İttim onu var gücümle. Yere düştü. Kalkar kalmaz cebindeki bıçağı çıkarıp rastgele salladı. İlkin burama vurduğunu hissettim ama kızıma da saldıracak korkusuyla gözüm bir şey görmedi. Bıçak darbesi almışım, almamışım hiç önemli değildi, amacım kızımı kurtarmaktı. Kalbimin hizasından, bir de karnımdan bıçak darbesi aldım. 2013 yılında tekrar yaşamıştım bunu. O zaman da hep öldürücü noktalardan yapmaya çalıştı. Gözaltına alındı o dönemden sonra serbest kaldı. Artık yeter! Şu anda bile bu adamın ev hapsi var. 2012'den bu yana kadar benim belki savcılıkta 50 tane dosyam var. Her kapıya gelişinde şikayette bulundum. Her iş yerime geldiğinde şikayetçi oldum, fakat hiç birinin sonucunu alamadım. Ev hapsi var, ev hapsi saatlerinde dışarı çıkıp beni öldürmeye kalkıyor. Savcı bunu neye dayanarak serbest bırakır? İlla benim ölmem mi gerekiyor? Lütfen sessiz kalmayın. Her yere müracaat edin! Bu insanlar elini kolunu sallayarak gezmesinler!"

Demin de dediğim gibi, bu anneyi kurtaran şey, kızının sosyal medya üzerinden kitlelere haykırışı oldu. Cennet, açtığı hesap üzerinden "Annemi kaybetmek istemiyorum. Yaralıyız. O adam bir daha gelirse kendimizi koruyacak durumda değiliz. Bu adamın cezasını çekmesini istiyoruz!" diye çığlık attı. Şunu diyordu: "Ne polis ne güvenlik hiçbir şey yoktu. Olsaydı belki bu duruma gelinmezdi. Babam alkollüydü... Söz dinlemiyordu... şu an konuşamayacağımızı ifade etmeye çalışırken bana vurmaya başladı. O sırada annem sesimizi duymuş, dışarı çıkmıştı, onu görür görmez cebinden bıçağını çıkardı. Bizi korumak için yaklaşırken bıçağı annenin karnına sapladı. Bu durumdayken birbirimizi korumaya çalıştık. Kimse müdahale etmedi. Dakikalarca boğuştuk orada. Babamın bugün tutuklanmış olması bir şey ifade etmiyor. Herkesin bir araya gelerek bir kamuoyu oluşturması lazım. Böyle kişilerin ceza almasını ve hapisten çıkmamalarını sağlayabiliriz." Bu da Ağustos ayı içinde yaşamış olaylardan arkadaşlar. Ya basına yansımayan olaylar? Benim, sizin duymadıklarınız? Onların sayısını bilmiyoruz. Dört duvar arasında, ailenin kutsallığı adı altında ne olaylar yaşanıyor. Keşke bunlar da bilinebilse! Keşke hiç bir zulüm dört duvar arasında saklı kalmasa.

21

Kocaeli'ne gidelim bir de... Yine aynı günlerde bu kez Kocaeli ilimizde olay oldu; farklı bir olaydı; vicdanlı hukukçular eylem yaptı. Cinayetlerin önlenemeyip adaletin neden sağlanamadığını anlamamıza da faydası olacağından, eylemin öncüsü olan avukatları mutlaka anlatmalı. Bu avukatlar, Kocaeli Barosu öncülüğünde, Kocaeli Adliyesi önünde, 15 ilden gelip "Bağımsız savunma, hukukun üstünlüğü, adil yargılanma hakkının kullanımı için; Adalet nöbeti" programı gerçekleştirdiler. Programda, Kocaeli Barosu Başkanı Bahar Gültekin Candemir, Adana Barosu Başkanı Veli Küçük, Ankara Barosu Başkanı Erinç Sağkan, Antalya Barosu Başkanı Polat Balkan, Aydın Barosu Yönetim Kurulu Üyesi Burak Özdemir, Bolu Barosu önceki dönem Başkanı Ferit Atalay, Bursa Barosu Başkanı Gürkan Altun, Çanakkale Barosu Başkanvekili İbrahim Cem Erbil, Diyarbakır Barosu Başkanı Cihan Aydın,

Düzce Barosu Başkanı Azade Ay, Hatay Barosu Başkanı Ekrem Dönmez, İstanbul Barosu Başkanı Mehmet Durakoğlu, İzmir Barosu Başkanı Özkan Yücel, Kırklareli Barosu Başkanı Turgay Hınız, Mersin Barosu Başkanı Bilgin Yeşilboğaz, Şanlıurfa Barosu Başkanvekili Vedat Karahan, Tekirdağ Barosu Başkanı Sedat Tekneci, Tunceli Barosu Başkanı Kenan Çetin, Van Barosu Başkanı Zülküf Uçar, Yalova Barosu Başkanı Fedayi Doğruyol, CHP İl Başkanı Cengiz Sarıbay ve çok sayıda baro üyesi avukat hazır bulundular. Önemsediğim konuşmayı bu insanlar (hepsi ayrı kahraman sayılır) dile getirdi.

Bir gün torunlarınız, "Muktedirler Zamanında ne oldu nine?" diye sorarlarsa bu olayı da anlatın: "Kahraman hukukçuların direnişiydi" diye... "Hukuk insanları, hukuk insanlarına (sözde hukukçulara) karşı adalet atıyordu yavrum," deyin. "Günde üç-beş kadın öldürülüyordu.. adil yargılama yapılmıyor, yargıçlara olan güven yerlerde sürünüyordu," deyin. "Bir çok savcı, hakim hükümetin adamı olmuştu. Birlikte tee Karadeniz'e özel uçakla çay toplayıp (çay üretenlerin oyunu almak için) fındık yemeye giderlerdi. Vicdanlı hukukçular da bu duruma dayanamayıp basın açıklamaları yapardı. Konuşan, yazan, hatta çizen hapse atıldığından, Muktedirlere tepki göstermek de kolay iş değildi. Susmayıp karşı gelen avukatlar, hapse girmeyi, bedel ödemeyi göze alırdı. İktidarı sevmeyenlerin meskeni hapishaneler olmuştu güzel yavrum, çiçeğim benim," demeyi de unutmayın.

Kocaeli'nde, milletimiz adına pek çok sorunu dile getiren hukuk insanı Bahar Hanımın, sizin de önemli bulacağınızı bildiğim şu konuşmayı yaptı: "Bugün, Çağlayan'da başlayan ve ilk adımı Bursa olmak üzere Anadolu illerini dolaşan Adalet Nöbetinin 86'ncısında Kocaeli'ndeyiz. (86 rakamına dikkat edin lütfen. Bu kadar zamandır nöbet var) Adana, Ankara, Antalya, Aydın, Bursa, Çanakkale, Diyarbakır, Düzce, Hatay, İstanbul, İzmir, Kırklareli, Tekirdağ, Tunceli, Van ve Yalova illerimizden

Baro Başkanlarımız ve meslektaşlarımız, adalet arayanların gönüllü sözcülüğünü yapmak için uzak yollardan geldiler. Hoş geldiler, sefalar getirdiler. Esas olan 'Vatan ve bu vatanda yaşayan tüm yurttaşlarımızın hukuk devletinin sağladığı güvence ile huzur ve barış içerisinde yaşamasıdır' diyen bizler, tarihi sorumluluklarımızın gereğini yerine getiriyoruz. Adalet arayan herkesin sesi olmaya devam ediyoruz. Ş davası, Ecem Balcı, Rabia Naz, Emine Bulut, Müzeyyen Boylu gibi nice şiddet mağduru, katledilen kadın için, çalışma hayatında engellenen, yok sayılan, cinsiyeti ya da cinsel tercihi sebebiyle baskılanan, haksızlığa uğrayan insanlar için, aklı ve emeği istismar edilen çocuklarımız için, FETÖ, DEAŞ, PKK, DHKP-C ve benzeri terör örgütlerinin hain saldırıları nedeniyle hayatlarını kaybeden Mehmetçiklerimiz, güvenlik güçlerimiz, yurttaşlarımız için buradayız. Faili meçhule kurban verdiğimiz Türkiye'nin aydınları Uğur Mumcu, Bahriye Üçok, Muammer Aksoy, Necip Hablemitoğlu için, görev şehidimiz Mehmet Selim Kiraz, Derik Kaymakamı Muhammed Fatih Safitürk, Tahir Elçi için, kalemlerine pranga vurulan, ifade özgürlüğü ve halkın haber alma hürriyeti için mücadele ederken özgürlüklerini yitiren gazeteciler için buradayız. İş cinayetlerinde hayatlarını kaybeden on binlerce işçi için, Çorlu tren kazası (İhmalden 25 kişinin öldüğü, yüzlerce kişinin ağır şekilde yaralandığı kaza. Hiç kimse istifa etmedi. Sorumluluğu birkaç işçinin üstüne yaktılar. Dava halen devam etmekte.) mağdurları için yani adalet arayan herkes için buradayız. Hain terör örgütünün kurguladığı kumpas davalarında özgürlüklerini ve hayatlarını yitiren insanlar için, OHAL döneminde çıkarılan KHK'lar ile görevlerinden ihraç edilen haklarında herhangi yargılama süreci işletilmediği, bir yargı kararı olmadığı veya beraat ettiği halde göreve iade edilmeyen KHK mağdurları, atanamayan öğretmenler, emekli olamayan emeklilikte yaşa takılanlar için biz buradayız. Hakkını elde etmek için yargı yoluna başvuran, bu uzun ve meşakkatli süreç sonunda ancak mezarda adalete kavuşan ya da yüksek yargılama giderleri sebebi ile hakkını arayamayan yurttaşlarımız için biz buradayız.

Duruşma salonlarından atılan, temsil ettiği tarafla özdeşleştirerek saldırıya uğrayan, özgürlüklerini ve hatta Avukat Mehmet Samim Geredeli, Avukat İbrahim Ergin, Avukat Özgür Aksoy gibi hayatlarını kaybeden görev şehidi meslektaşlarımız için, OHAL döneminde çıkarılan KHK'lar ve devamında yapılan yasal düzenlemeler ile yetkileri tırpanlanan; arabuluculuk, uzlaştırma gibi tasarruflarla görev alanları daraltılan; çalışma yeri olan adliyelerde kırmızı alanlar yaratılarak savunma hakkını temsil etmesi engellenen meslektaşlarımız, dolayısıyla savunma hakkı engellenen yurttaşlarımız için biz buradayız. Her yıl binlerce mezun arasında var olma savaşı veren, yargı reformu strateji belgesinde de çalışma yasağı kaldırılacağı muştulanan ancak yine kendi kaderine terk edilen stajyer meslektaşlarımız, insanlık onuruna aykırı ücret politikaları ile hayallerini yitiren genç meslektaşlarımız için buradayız. Özlük haklarına ilişkin talepleri yıllardır yok sayılan kamuda çalışan meslektaşlarımız için buradayız. Kandıra Babaköy, Gebze Ballıkayalarda 200 milyon yılda oluşan ama bir gecede katledilen doğa parkı için, Kazdağları için; Muğla'da, İzmir'de; yurdun dört bir tarafında yakılan ormanlarımız, Atatürk Orman çiftliği ve katledilen doğamız için, yağmalanan tarihi zenginliklerimiz için, biz buradayız. Bağımsız yargı, yargıç teminatı ve hukuk devleti için olmazsa olmaz kuvvetler ayrılığı ilkesine sahip çıktığı için haksızca eleştirilen (kabul edilemez bir şekilde terör örgütleri ile ilişkilendirilmeye çalışılan), çeşitli baskılarla mücadele gücü zayıflatılmaya çalışılan meslek örgütlerimiz, barolarımız için buradayız. Bizler; yargı önünde temsil ettiğimiz yurttaşlarımız ile birlikte ve bir yurttaş olarak, hukuk devletinde insan onuruna yakışır bir biçimde yaşamak ve bu ideale kavuşmak amacıyla buradayız. Mesleğimizin hukuk devleti, demokrasi, temel hak ve özgürlüklerin teminatı olduğunun bilinç ve sorumluluğu ile cumhuriyetimizin temel ilkelerine bağlı kalarak tüm bu kutsal değerler için mücadele azim ve inancıyla buradayız ve hep burada olacağız. Demokrasi tarihimizde kara bir leke olan 12 Eylül askeri darbesinin yıldönümünde Ulu Önder Mustafa Kemal Atatürk'ün 'Egemenlik Kayıtsız ve Şartsız Milletindir' şiarı gereğince; demokrasinin vazgeçilemez olduğunu, savunma hakkı ve hak arama özgürlüğünün ise hukuk devletinin ve demokrasinin temel ölçütü olduğunu bir kez daha vurgulayarak hepinize en derin sevgi ve saygılarımı sunuyorum."

Vicdanlı avukatların dile getirdiği işte bu ahval ve şerait içinde öldürülmekte insanlarımız arkadaşlar; analar, bacılar... Sevdiklerimiz... en çok da kimsesiz, yoksul kadınlarımız sonsuz işkencelerin mağduru olmakta. Adaletsizlikten daha yakıcı zulüm nedir, bilen var mı içinizde? Bence yok... Adaletin olmadığı yerde her gün, her saat, her dakika işkence olur. Bu gün itibariyle mesela Ş'nin ölümü üzerinden 15 ay, 67 hafta, 475 gün, 11. 403 saat, 684.211 dakika geçti. (Üşenmedim bir programla bunu hesapladım. Hesabını tutmaya devam edeceğim.) Her saniyesini işkence olarak kaydettim buraya. Bunun gibi kaç ölüm oldu da hesabını tutan yok. Toplumsal işkencelerimizden biri de bu işte: Adil bir ülkede yaşamadığımızı bilmek... Bu cehennemde ölmeyip sağ kalan kadınlarımız (işsiz gençlerimiz) nefes alıyor ama nasıl? Cephede gibiler... ölüm kalım savaşı içinde çocuk büyütüyorlar ve bu hayat giderek ağırlaşmakta. Bir de saraylarda yaşayanlar, kendilerine adil olup devletin lüks uçaklarıyla seyahat edenler var. Günümüzün olaylarını konuşurken devlet kasasının nasıl çarçur edildiğini de unutmamalıyız. Aslında bir kitabın konusu da Muktedirlerin zenginliklerini, lükse olan düşkünlüklerini, bütün bunları yaparken dini nasıl siyasete alet ettiklerini anlatmaya ayrılabilir ama şimdi vaktimiz yok. Bunu da siz değerli dostlarıma ödev olarak vermek istiyorum. Yoksulken birden zengin olup Muktedirlik mertebesine ulaşan kaç siyasetçimiz var?

Hepsini bulup araştırmanızı öneriyorum. Tekrar konumuza bakalım: Bu günün en önemli olaylarından biri de demin sözünü ettiğim "Adalet Nöbetleridir." Cumhuriyet tarihimizde benzeri yok. Benim bildiğim hukuk insanları, dolayısıyla halk, adalet yolunda ilk kez bu denli; büyük kitleler halinde mağdur ediliyor. Hiç bu kadar şiddet, baskı, cinayet, bunalım, cinnet halleri, hukukçu isyanları, nöbetleri yaşanmamıştı. Üstelik, olayların çoğu halktan saklamakta... Haberiniz var mıydı mesela adalet nöbetlerinden? Nereden olsun? Bu iletişim çağında hukukçular bas bas bağırıyor da seslerini duyan yok. Hukuk fakültelerinin profesörleri bile sessiz.

Tekrar belirteyim ki, güzel olaylardan söz edemediğim için lütfen beni bağışlayın. Yazdıklarımı okuyunca bir süre dinlemeniz gerekebilir. Ama inanın gerçekleri bilmeniz ne kadar sancılı olursa olsun sizi geliştirecektir. Bu yüzden sözlerimi kızıp kenara atmayın. Ne yapıyorsam daha iyi bir ülke, dünyaya istediğimden yapıyorum. "Adalet Nöbetlerini duymadıysanız nedenini kısaca söyleyeyim: Basın organları gibi günümüzde hukukçular da ikiye bölündü, muktedir sevenlerle sevmeyenler olarak... Hükümetten yana değilseniz çığlık dahi atsanız kimse sesinizi durmaz. Yüzlerce hukuk insanı yıllardır "İmdat! Mülkün temeli adalet bitti, gitti!" diye bas bas bağırıyor da duyan yok. Medya ablukası yüzünden dönüp bakan, "ne oluyor?" diye soran yok? Pek çok şeyden gerçekten haberimiz yok... Neyse...

İstanbul'a bakmadık.. Bakalım orada neler olmakta...Tam 28 hafta olmuş... Çağlayan Adliye Sarayı'nda avukatlar her perşembe bir saat "Adalet Nöbeti" tutmaktalar. Diyarbakır, Ankara, Antalya, Hatay, Adana, Bursa, Kocaeli baro başkanları, çok sayıda gazeteci, hukukçu akademisyen İstanbul'daki meslektaşlarına destek açıklamaları yapıyor. Onca engellemeye rağmen Adalet Nöbeti, toplumsal bir tepkiye dönüştü, dönüşüyor. Bu örgütlenmenin ağır yükünü taşıyanlardan biri, avukat Kemal Aytaç... Diğeri avukat Gülendam Şan...

Kemal Aytaç Anlatıyor: Cumhuriyet soruşturması (Söz buraya gelmişken şu bilgiyi aktarmama izin verin: Cumhuriyet gazetesini, birçok yazarı ve çizeriyle Pensilvanya teröristlerini desteklemekle suçladılar bildiğiniz gibi. Yoksa bilmiyor muydunuz? Güldürmeyin beni. Ki, Cumhuriyet gazetenin tarihi, Uğur Mumcu'dan başlayarak, Pensilvanya teröristlerine karşı verilen mücadelenin tarihi demektir. Gerçek teröristler (devlete darbe düzenleyenler, Amerika'nın emir erleri, paralı askerleri, sahte imamları) iktidar partisinin içindeydi, bu günde aynı yerdeler ve fakat, bazı sözde hukukçular bunları, hükümetin talimatıyla başka yerde arayıp hiç olmayacak kişileri vatan haini olarak suçlamaktalar... Sustum...) başlayıp arkadaşlar tutuklanınca biz avukatlar bir araya gelip bazı eylemler düzenledik. O günlerdeki toplantılarımızın birinde, daha etkili olacağı için Adalet Nöbeti yapmamız gerektiğini önerdim. Çağlayan'daki Adalet Sarayı bizim işyerimiz. O binada Themis heykellerinin bulunduğu alanda toplanıp duralım dedim. Kimileri güldü. OHAL var, diye... sıradan bir basın açıklamasına bile izin verilmiyordu. Hele de nöbetin düzenli, her hafta yapılmasını önerdiğimde epey arkadaşın pek aklı yatmadı. O gün bir karara varamadık. Daha sonra tutuklanan gazetecilerin eşleri ve 25-30 avukat arkadaşımızla bir toplantı yaptık. Orada önerimi tekrar edip biraz daha açıkladım. Sonunda karar verdik, ilk nöbet için çağrı yaptık ve başladık. 6 Nisan 2017'de başladık. Dedik ki her perşembe Adalet Sarayı'nda Themis heykellerinin olduğu alanda toplanacağız. Cüppelerimiz ve yakamızdaki kokartlarla. Slogan, marş, bağırtı çağırtı yok. Hepimizi şaşırtacak kadar güçlü bir katılım oldu. Ama daha da önemlisi 80 yaşını aşmış meslektaşlarımız da oradaydı, 21-22 yaşlarında gencecik meslektaşlarımız da... Emniyet'le uzun bir görüşme sonucunda pazarlık yapıldı. Savcılık talimat vermiş. İlkin izin vermek istemediler. Biz zaten eyleme başlamıştık. Meşru bir eylemdi, bunu vurguladık ama başsavcılık kabul etmedi. Direniyorduk, polisler bize saldırdı. "Süpürme" diye tabir edilen bir yöntemleri var. Onu uyguladılar. Süpürdüler, dağıttılar gerçekten. Ancak o kadar kolay olmadı. Özellikle belirtmeliyim, yaşlı ve deneyimli abilerimiz ciddi bir direniş gösterdiler. Yerlerde sürüklendiler, coplandılar, kalkanlarla yerlere yıkıldılar. Çağdaş Hukukçular Derneği şube başkanı arkadaşımızın burnunu kırdılar, avukat Ersan Ünüvar'ın ayağı kırıldı. Ama direniş sürdü.

Dağıtmaya rağmen avukatlar oradaki geniş merdivenlerde yeniden bir araya geldiler. Ertesi gün yeniden toplandık. Eylemi, yani Adalet Nöbetini daha güçlü bir şekilde sürdürme kararı aldık. Çünkü o polis saldırısı sonrasında Adalet Nöbeti avukatlar arasında da, kamuoyunda da meşru ve korunması gereken bir eylem niteliği kazandı. Bu nedenle bir sonraki nöbeti daha güçlü yapma kararı aldık. Eğer bir saldırı olursa diye bir de proje geliştirdik. "Dal-yaprak" diye bir proje... Bu, polisin süpürmesine izin vermeyecek bir model. Meydanda herkesin dağınık durması. Birini almaya kalkarlarsa dahi orada toplanılmaması. Uzak durulması... O koskoca meydanda herkes ayrık durunca polisin bir süpürme yapması mümkün değildi. Ayrıca karşı çıkma, çatışma, slogan atma... Hiçbiri yapılmayacaktı. Katılım da iyiydi. Her yerden destek geldi. Gelemeyecek olanlar dahi işlerini bırakıp Adalet Sarayı'na koştular. Bu bir inanma meselesi, bir sahiplenme meselesi. Eğer bir eylemin meşruiyet çizgisini yakalayamazsanız başarılı olma şansınız yoktur. Biz bu meşruiyeti yakaladık işte. Üç avukattan, aynı zamanda Cumhuriyet'te de görevli üç tutuklu avukattan söz ediyoruz. Bülent Utku, Mustafa Kemal Güngör ve Akın Atalay. Bunlarla sınırlı değildi eylemimiz, ne avukat arkadaşlarımızla ne Cumhuriyet çalışanlarının tümüyle... Tüm haksızlıklara, tutuklu milletvekillerine, görevden alınan belediye başkanlarına, kayyum atanan belediyelere, işten atılan akademisyenlere... Bizler avukatız, Adalet Nöbetini adliyede tutuyoruz. Dolayısıyla üç avukat arkadaşımız sembol oldu. Bütün haksızlıkların, bütün hukuksuzlukların sembolü. Bakın, Adalet Nöbetinin tek sloganı şudur: Herkes için adalet! Adalet Nöbetini kendine görev bilenler her hafta pazartesi günü düzenli olarak toplantı yapmakta. Şu anda yaklaşık 50 katılımcı var. Bir WhatsApp grubu üstünden haberleşiriz. Pazartesi toplantısına en çok 20 kişi gelir. Gelemeyenlerin İşi vardır, duruşması vardır... Ama toplantıya gelmese de arkadaşlar üstlendikleri görevi yerine getirirler. Kimi sosyal medya çalışmasını yürütür, kimi pankartları hazırlar, kimi de bildirileri adliye binasına getirir. Mesela ben, sayıları az da olsa bazı arkadaşlarla hafta boyu bu hazırlıklarla uğraşırım. Başka işe zaman ayıramayacak kadar yoğun çalışıyoruz. Mesela Gülendam Şan Karabulut, Emek Güven, Gülsün Sop... Hepsini saymayım. Unuttuklarıma ayıp olur şimdi. Ama pek çok arkadaşımızın bu çorbada tuzu olduğu bilinmeli. Mesela başlangıçta eylemimizi meşru bulmayan İstanbul Baro Başkanı üçüncü nöbette sözcü yani konuşmacı olarak yer aldı. Çok önemli bir konuşmaydı. O konuşmayı dinlemenizi öneririm. Ben kendi adıma o kadar güçlü cümleler sarf edemeyebilirim yani... Ayrıca başka baro başkanlarımız var. Onların nöbette sözcü, konuşmacı olmaları çok önemliydi.

Mesela Diyarbakır, Ankara, ki Antalya, Hatay, Adana, Bursa, Kocaeli baro başkanları bu davaya, bu nöbet eylemine çok ciddi ve çok içten bir ilgi gösterdiler. Bunca emek bir işe yarıyor mu? Elbette. Bakın biz bir ağaç diktik. Her ağaç meyve vermeyebilir. Ama bizim Adalet Nöbetimiz meyve veriyor. Bugüne kadar Cumhuriyet gazetesi çalışanlarından sekiz kişi tahliye oldu. Bunda bizim payımız var. Bu başarıyı sahipleniyoruz. Meyve dediğim bu işte. Ancak daha toplamamız gereken başka meyveler de var. Bunlardan biri Akın Atalay (Hukukçu, medya yöneticisi)... Elbette

Murat Sabuncu (gazeteci), Emre İper (Gazete muhasebecisi), bizim için çok değerli ve çok ayrı bir yeri olan Ahmet Şık... (Gazeteci, yazar, milletvekili. Şimdilerde dışarıda diye biliyorum fakat, devam etmekte olan kaç davası olduğunu bilemeyeceğim.) Bu meyveleri de derlememiz, o arkadaşlarımızın da tahliyesini sağlamamız lazım. Adalet Nöbeti, Cumhuriyet davası ile yola çıkmış bir kervandır, çoban ateşidir... O gün (eylemin ilk günü) diyelim 200 avukat, hukukçu katıldı nöbete. Bir saat sürdü... "Tamam arkadaşlar, bitti eylemimiz. Artık dağılalım" diyoruz. 10 dakika geçiyor, bakıyorsunuz hâlâ alanda 200 kişi var. Yarım saat geçiyor, hâlâ 100 -120 kişi, belki 130 kişi var. Konuşuyor, ayaküstü sohbet ediyorlar. Adalet Nöbeti bizleri birbirimize yaklaştırdı kopmaz bağlarla... Bu çok ama çok önemli; avukatların işi gücü var... Duruşmaları var... Üzerinde çalıştıkları dosyalar var... Ama bir de mesleğimizin temeli olan adalet var; adalet duygusu ve vicdan var. İşte, Adalet Nöbetini güçlendiren şey de bu. 28 hafta boyunca duygusal anlarımız oldu. Birini aktarayım: Müşir Kaya Canpolat (1932 doğumlu. DİSK'in eski avukatlarından) ağabeyimizin katıldığı bir nöbetti. O gün Müşir Ağabeyimizin doğum günüydü. Düşün koskoca, mesleğimizin duayenlerinden, çınarlarından Müşir Kaya Canpolat. O gün adliye binasındaki baro bölümünde Baro Başkanımızın da katıldığı bir doğum günü pastası kestik; uzun uzun sohbet ettik. İşte o gün Müşir Ağabeyimiz bir cümle kurdu. Bence çok önemli, çok değerli bir cümle. Dedi ki; "Eylemli avukatlık artık savunmadandır." Haklıydı.. söyleri bize ışık tutuyordu. Yani artık duruşmalarda avukatlık yapmanın yetmediğini, dolayısıyla avukatların da eylem yapmasının savunmadan sayılması gerektiğini vurgulamıştı. Böylece Adalet Nöbetini tanımlamış oldu Müşir Kaya Canpolat... 90 yaşında bir avukat bu nöbeti böyle tanımlayıp nitelendiriyorsa, nöbete katılıyor, öneride bulunursa artık kimse bu eylemin değerini ve meşruiyetini tartışmamalı bence. Nöbet ne zaman biter?

Bu soruya şimdilik bir cevap verilemez. O gün geldiğinde Adalet Nöbetini oluşturan, yürüten, katılan unsurlar bir araya gelip bir karar vereceklerdir. Bunu şimdi yapmıyoruz. İçeride (hapiste) arkadaşlarımız var daha. Hele onlar çıksın, o zaman oturup konuşacağız. Adalet Nöbeti bu biçimiyle mi sürmeli, başka bir biçime mi evrilir bilemem... Ömür boyu nöbet tutmak istemiyoruz ama şu anda OHAL'de yaşıyoruz. Benim fikrim, OHAL kalkıp keyfi tutuklamalar son bulunca biz de nöbeti sonlandırırız. Ama bu birlikte vereceğimiz bir karar olacaktır.

Gülendam Şan Karabulut anlatıyor: "Bu eylem başlamadan kendi aramızda sorduğumuz bir soru vardı: "Bu, sürdürülebilir bir eylem olacak mı?" diye... Önemli bir soruydu. Salt bizim için değil, içerideki arkadaşlarımız için de önemliydi. İşte Alp Selek (60 yıllık hukukçu. Çok sayıda siyasi davada görev almıştır) gibi, Müşir Kaya Canpolat gibi meslek büyüklerimizin orada olması bu eylemin sürdürülebilirlik ve meşruiyet kazanmasında çok önemli etken oldu. Onlar sayesinde daha önce yaşamadığımız bağlar kuruldu meslektaşlarımız arasında. Sanki eyleme gelmemek ayıp, bir eksiklik gibi oldu. En azından ben öyle algılıyorum... Biliyorsunuz baro seçimlerinde birbirlerinden siyasal temelde farklılaşmış gruplar olur. Adalet Nöbeti bu konuda birleştirici, buluşturucu bir özellik taşıdı, taşıyor. İktidar destekçilerinin bir araya geldiği gruplar hariç, bütün gruplardan Adalet Nöbeti'ne katılım oldu, oluyor. Farklı kesimlerden avukatların bu şekilde buluşması çok önemliydi. Mesela Alp Abi, Alp Selek. Onun her hafta orada, nöbette hazır olması, dimdik durması... Düşünsenize mesleğimizin bir çınarı orada ve hep orada. Eğer Alp Abimiz buradaysa bizim on kat orada olmamız lâzım. O hepimizi etkileyen bir güç ve güven kaynağı oldu bizim için. Bakın mesela polisin saldırdığı ilk nöbet gününde 80 yaşını çoktan geride bırakmış Alp Selek, saldıran iki güvenlik görevlisini yakasından tutup yarım daire çevirmiş, "Ne yapıyorsunuz siz!" diye sormuş. Gelin de etkilenmeyin bakalım...

Sonra tahliyeler oldu. İlk yedi kişinin tahliyesi ardından nöbet çok değişti. Çok duygulu, çok sevinçliydik. Tabii yarım bir sevinç ve yarım bir mutluluktu. Daha beş arkadaşımız içeride kalmıştı. Yarım da olsa mutluyduk."

22

Adalet Nöbetini avukatlar tutuyor ya, bence yanlış, herkesin tutması gerekir. Maalesef milletimiz bunu da bilmez. Daha iyi eğitim için mücadeleyi öğretmenler verir, avukatlar da hukuk için mücadele veriyor. Daha iyi sağlık hizmeti için de doktorlar hükümetle karşı karşıya gelmekte. Bunlar olurken, yani polis, eylemcileri süpürüp dağıtırken, çocuklarını geçindirmekten başka bir şey düşünmeyenler bir köşede korku içinde bekler... Bu günlerde parasız okul bulamıyorlar. Ekonomik durumu iyi olmayanlara imam okulları dışında okul kalmadı neredeyse... Yine de halkımız sesiz. Kuşkusuz, "Bu çağda bu kadar imam mı olur? Ne yapacaksınız bunca imamı?" diye soran da var ama, kitleler halinde susulduğundan bir avuç kişinin konuşması işe yaramıyor. Ne zaman ki ateş düştüğü yeri yakıyor ancak o zaman uyuyanlar kendine gelmekte. Neyse... Yine de vatandaşımız iyidir bakmayın siz... Zamanı gelince ağır ellerini toprağa basıp doğrulmasını bileceklerdir. Bunu biraz zorlanarak söyledim fakat olsun... Umutsuz da yaşanmıyor. Sabır şart.

Konumuza dönersek... Geçenlerde bir çığlık da Eskişehir'den geldi. Kocası tarafından 15 yerinden bıçaklanan Öznur Sazlar adındaki kadının çığlığıydı bu. "Saldırgan ilk duruşmada tahliye edildi" diye yazdı gazeteler. Olayı daha iyi anlamak için Öznur'un sözlerine kulak verelim: "Beni ambulansa bindirdiler. Saldırgan (eski kocası) o sıra, ambulansın kapısına gelip hâlâ tehdit etti. 'Beğendin mi, göreceksin sen!' diyerek... Sonra hastaneye götürüldüm. Ertesi sabah savcılığın geç kalan tutuklama kararı çıktı. "Çıkmasaydı keşke" dedim. "İş işten geçti, öldükten sonra kıymeti yok" dedim. 15 yerimden dikiş atıldı. Elimi kullanamıyorum... akciğerlerim söndü. Hakimin vermiş olduğu tahliye kararını da anlamadım. Kimseyi dinlemediler. Tanık da istemediler. Saldırganın İlk davada tahliye edilmesine de çok şaşırdım. Türk adaleti bu kadar aciz mi? Ben kime güveneceğim? Evimde banyo yapamıyorum. Hala kan görüyorum. Sordular... Anlatamadım belki... Sesimi duyan olmadı... çok iyi dinlenmediğime inanıyorum. Bugüne kadar ne savcılara sesimi duyurabildim ne de polislere. Biz, davanın ağır cezada görülmesini isterken tek duruşmayla asliyede görüldü... çok şaşıyorum. Adalet Bakanlığı'nın yardımına ihtiyacım var. Türkiye'de kadın olmak gerçekten zormuş... Bunu anladım... Yani 15 yerimden bıçaklandım... İlla ölmem mi gerekiyordu? Öldükten sonra mı ağır cezada görecekler davayı? Koruma istiyorum. Korunmam lazım. Ona (saldırgan kocadan söz edilmekte) asla güvenmem artık. İlk darbeyi kalbime vurdu zaten. O panikle ellerimi göğsüme koydum. Göğsümü koruyayım derken elimden darbe aldım. El kaslarım kesildi. Çok mücadele ettiğim için elim parçalandı. Akciğerime, bacağıma darbe aldım, çene altımda bıçak yarası var... kollarımda da var. Her yerime dikiş atıldı. Bu izler kalacak... Bundan sonra can güvenliğimin hiç olmayacağını düşünüyorum. Aile ve Sosyal Politikalar Bakanıyla Adalet Bakanlığına sesleniyorum. Bize yardım etsinler!

Söz buraya gelmişken bir TV dizisinden söz edeceğim... Amerikan yapımı... Dizi izlemeyi sevmeyen biri olarak bu kez yanıldığımı fark ettim; bu dizi başkaydı. Uzun da değildi. 8 kısa bölümden oluşuyordu. Adı: Unbelievable. "İnanılmaz" demekmiş. İnanılmaz tecavüz olayları anlatılmaktaydı. Senaryosunu Susannah Grant kaleme almış. Yönetmeni Lisa Cholodenko. (Yanlışım varsa düzeltin lütfen) Dizinin konusu, çokça kadına (İlginç vakalar bunlar: Mesela çocuk yaşta; 17 yaşında kız var, seksen yaşında kadın var. Kilo sorunu olan biri var. Böyle pek çok kadından söz edilmekte) tecavüz eden bir sapık ve bu sapığın yakalanması için neler yapıldığı. Özel becerileri olan tecavüzcü, delil bırakmadan suç işleme konusunda uzman biri. Eskiden askermiş, birkaç dil biliyor. Kafası çürük olsa da fiziksel olarak güçlü, sağlıklı... Ülkenin değişik yerlerinde seri tecavüz olayları yaşanmakta. Şehrin birinde 17 yaşlarında yuvada büyüyen bir kız var, Marie. Tecavüze uğrar ama delil bulunamadığından polis Marie'nin şikâyet dosyasını kapatır. Dedektifler bununla yetinmeyip "yalan söyledin, polisi oyaladın" diyerek kızı mahkemeye verip para cezasına çarptırırlar. Fakat, benzer yöntemle yapılan tecavüz olayları başka eyaletlerde devam etmektedir. Kızı mahkemeye verenler bu durumu sonradan öğreniyor.

Farklı şehirlerdeki polisler (İki polis var); kadın olduklarından belki, mağdurlara delil olmadığı halde inanırlar, şikayetlerini kapatmak istemezler. Araştırmalar devam derken eldeki bilgileri derinlemesine inceleyen kadın polisten biri gerçeği anlamaya başlar. Büyük uğraşların sonucunda seri tecavüzcü yakalanır. Filmin bundan sonraki son iki bölümü tecavüzlerin nasıl önleneceği, sokakların nasıl daha güvenli hale getirileceği üzerine... Yakalandığı gün derhal tutuklan sapığa 300 yıldan fazla hapis cezası verilir. Polisi gereksiz yere oyalama suçundan para cezasına çarptırılan Marie gelince... Kimseyi yaşadığı tecavüze inandıramadığından intihara sürüklenecek derecede ağır psikoloji sorunlar yaşar. Bütün ümidini kaybettiği bir gün tekrar karakola çağırılır ve gerçek yüzüne söylenir. Bir de çek alır, ödediği ceza miktarı kadar. Daha sonra genç kız tazminat davası açmaya karar verir. Bunun sonucu olarak eline yüklü miktarda para geçer. Hayatındaki bazı şeyler değişmeye başlar. Bir taraftan da yüzünü hiç görmediği kadın polisi düşünmektedir. Bir gün, ülkenin diğer ucundaki bu kadın dedektife telefon açıp teşekkür eder. Kadın polis aslında genç kızı intihardan kurtarmıştır. Ona, ölümüne nefret ettiği dünyayı, güzel yanları da olduğunu göstererek geri vermiştir. Hayatının baharındaki Marie, mesleğini severek yapan iki liyakatli polis sayesinde yeniden hayata döner. Tanımadığı insanlara, işlerini iyi yaptıkları için yürekten teşekkür ederek... Yeni bir hayata doğru yola çıktığında mutludur. İzleyin bu diziyi. Hayatta işini hakkıyla yapan liyakatli, iyi insanlar; polisler, yargıçlar olduğunu da göreceksiniz. Darısı ülkemizin başına deyip devam edelim.

Bırakın tecavüzü bizde bıçakla doğrananlar, "Hayatım tehlikede!" diye kan revan içinde hâkimlerin yüzüne bağırıyorlar da yine de korunmuyorlar. Tek örneğimiz Öznur Sazlar değil elbette, nice kadınlar var ki gerekli önlemler zamanında alınmış olsaydı ölmeyeceklerdi. Öznur da "Ölmek istemiyorum!" diye yalvaran kadınlardan... Milletvekili Utku Çakırözer geçenlerde ziyaretine gitti. Failin 1 ay tutukluluğunun "yeterli görülerek" serbest bırakıldığını öğrenince şaşırdı. Halkın tepkisi olmasa saldırgan belki de hiç tutuklanmayacaktı. Milletvekili hem siyasetçi hem de vicdanlı bir olduğundan şöyle dedi: "Öncelikle kadınların korunma taleplerinin bir an önce karşılanması lazım. Öznur Sazlar için koruma kararı alınmış. Kararın süresi dolduğundan bunun uzatılması gerekiyordu, fakat, Sazlar'ın 'beni koruyun' talebi zamanında yerine getirilmiyor. Bu yüzden saldırıya uğradı. Eşi, Öznur Sazlar'ı 15 yerinden bıçakladı. Skandallar zinciri bununla kalmıyor. Sormak lazım: Koruma kararının uzatılması talebine neden hemen karışlık verilmedi? Görevini yapmayanların bu vahşette sorumlulukları yok mu?

Olaydan 1 ay sonra, 3 Eylül'de, Eskişehir 7. Asliye Ceza Mahkemesi'nde ilk duruşma görülüyor. İkinci skandal da burada. Eşini 15 yerinden bıçaklayan biri neden ağır cezada değil de asliye ceza mahkemesinden yargılanır? Böyle durumlarda yargılamanın ağır cezada görülmesi gerekmez mi? Mahkeme başkanı bir kadın hakim. Saldırgan ilk duruşmada suçunu kabul etmiş. Öznur da kendisinden şikayetçi olduğunu söylemiş. İddianamedeki suçlama 'kasten yaralama.' Ama kadın hakim, saldırganın 1 ay tutuklanmasına karar veriyor. İlk duruşmada serbest... Tahliye gerekçesi ise daha büyük skandal. 'Cezaevinde geçirmiş olduğu süre dikkate alınarak' deniyor. 15 bıçak darbesine 1 ay tutukluluk... hangi vicdan buna 'yeterli' der. Saldırganın ikinci olayda tutuklanması olumlu ancak kaça da bilirdi. Kaçsaydı yaşanacak vahşeti düşünebiliyor musunuz? Böylece skandallar zinciri devam edip gidecekti. Bu vebal taşınabilir miydi? Öznur Sazlar adalet bekliyor. Benzer bir durumun yaşamasından korkuyor. Başka Öznur'lar, başka Emine Bulut'lar, Helin Palandöken'ler, Ş'ler olmasın istiyoruz. Bunun için yapılması gerekenler çok açık. Öncelikle kadınların 'erkek şiddetinden bizi koruyun' şeklindeki taleplerinin bir an önce karşılanması lazım. En ufak bir gecikme ölümle sonuçlanabilir. Öznur Sazlar'ın sürekli olarak korunması şart. Saldırganın mutlaka ağır ceza mahkemesinde tutuklu olarak yargılanması gerekir. Her kesimden sivil toplum kuruluşlarının kadınları yalnız bırakmaması, davalara müdahil olması çok önemli."

Görüyorsunuz değil mi? Ağlanacak haldeyiz. Bitmedi.. başka bir olay anlatacağım. Bugün Eylül'ün 19'u... Geriye gidip 1 Eylül gününe bakalım şimdi de. Çorlu'ya gidiyoruz. Olay, Çorlu'nun Muhittin Mahallesi Bağlariçi 1'inci Sokak'ta meydana geldi. Salih Durmuş adlı kişi, birlikte yaşadığı Melike Baştürk ile marketten alışveriş yaptıktan sonra eve dönmek üzere yolda yürüyordu. Bu sırada arkalarından gelen kişi, elindeki tabancayla ikiliye kurşun yağdırdı. Durmuş ile Baştürk kanlar içinde yere yığılırken saldırgan kayıplara karıştı. Çevredekilerin ihbarıyla gelen sağlık görevlileri ambulansla Salih Durmuş'u Çorlu Devlet Hastanesi'ne, Melike Baştürk'ü ise özel hastaneye kaldırdı. (Neden ayrı hastane olduğunu ben de anlamadım arkadaşlar. Gerçekten çok garibime gitti. Birinin parası yoktu, diğerinin az çok vardı da ondan mı acaba?) Tedaviye alınan Melike Baştürk, dün doktorların tüm müdahalelerine rağmen kurtarılamadı.

Olayın ardından Tekirdağ Emniyet Müdürlüğü Cinayet Büro Amirliği ile Çorlu Emniyet Müdürlüğü Asayiş Şubesi ekipleri, geniş kapsamlı çalışma başlattı. Yapılan araştırma sonucu Melike Baştürk'ün eşine boşanma davası açıp, evi terk ettiği, Salih Durmuş'un da karısından boşandığı belirlendi. Polis, cinayet anının yansıdığı güvenlik kameraları ile çevredeki diğer kameraların kayıtlarını saatlerce incelemeye aldı. Nihayet katilin, Melike Baştürk'ün boşanma davası açtığı kocası Nazım Baştürk (Salih Durmuş'un da asker arkadaşı) olduğu tespit edildi. Nazım Baştürk'ün olaydan 1 gün önce Yalova'dan otobüsle Çorlu'ya geldiği, Melike Baştürk ve Salih Durmuş'u uzun süre takip ettiği öğrenildi. Polis, Baştürk'ün olay günü akşam saatlerinde Yalova'ya dönmek için otobüs bileti aldığını, ancak otobüse binmeden Yalova'ya başka yola gittiğini saptadı. İhbar üzerine Yalova Emniyet Müdürlüğü ekipleri, Baştürk'ü Adnan Menderes Mahallesi'ndeki evine girerken yakaladılar. Baştürk, Tekirdağ'dan giden polis ekiplerine teslim edilerek soruşturmanın yürütüleceği Çorlu Emniyet Müdürlüğü'ne getirildi. Nazım Baştürk'ün yakalanmasının ardından olayın detayları da ortaya çıktı. Baştürk'ün, cinayet günü tanınmamak için şapka ve gözlük taktığı, saldırıyı gerçekleştirdikten sonra ise kıyafetlerini değiştirdiği, 2 sokak sonra üzerindekileri değiştirip ilçeden ayrıldığı belirtildi. Emniyette susma hakkının kullanan Nazım Baştürk, çelik yelek giydirilip, (Bu da garip arkadaşlar. Hasta yatağında bıçaklanan yaralı kadına koruma yok, katile çelik yelek var. Gülünç değil mi?) güvenlik önlemleri alınarak, adliyeye sevk edildi. Gazetecilerin "Neden vurdun?" sorusu üzerine Baştürk, "En yakın arkadaşımla beni aldattı" dedi. Zanlının savcılıktaki sorgusu sürmekte. Melike Baştürk'ün cenazesi, memleketi Zonguldak'ta Çaydamar Mahallesi camisinde öğle namazına müteakip kılınan cenaze namazının ardından toprağa verildi. Melike'nin kardeşi Muharrem, yaşananlar hakkında şunları dile getirdi: "Ablamın son bir senedir herhangi bir sorunu yoktu, ne olduysa son bir ayda olup bitti. Ayrılma aşamasındaki kocası kimle olduğunu, nerede, ne yaptığını biliyordu. Ailevi sıkıntıları vardı. Son bir yıldır sıkıntıları şiddetlenmişti. Bu yüzden, bir sene önce ablam ayrılmak istedi. İlk zamanlar biz de kimle olduğunu bilmiyorduk, daha sonra öğrendik. Bu süreçte yanında olmaya çalıştık, yaptıklarını tasvip etmiyorduk ancak olan olmuştu. Ne yapacaksa resmi olarak boşandıktan sonra yapması gerektiğini söyledik. O da korkuyor, kocasıyla yüzleşmek istemiyordu. Bir sene zarfında davası başlayacaktı ama o mahkemeye gidemedi.

İkinci mahkeme için adres soruldu, yeni adresler verildi. Son bir ay sorunsuz geçti. Kocası Trabzon'a gidene kadar... Trabzon'dan dönünce bazı kişilere 'onu vuracağım, öldüreceğim' demiş. Buradakiler 'yapma etme' diye telkinde bulunmuşlar. Sonra Çorlu'ya gittiği ortaya çıktı. Ablamı bulmuş... Bir saat takibe almış. Rahmetli Ablam markete girip çıkmış. Takip edildiğini anlamamış. Kocası olacak basmış tetiğe. Bu iş Nazım'ın tek başına yapabileceği bir şey değildi. Biz böyle düşünüyoruz. Emniyet ekipleri bu konuda gerekli çalışmalarını sürdürüyor. Aile olarak bildiğimiz isimleri verdik. Yakında ne olup bittiği ortaya çıkacak. Tasarlayarak mı işledi bu cinayeti tasarlamadan mı? hepsi ortaya çıkacak. Kolay değil bu işler, insanız, şaşar beşeriz. Televizyonlarda izlediğimiz olaylar bize uzaktı. Kadın cinayetlerinin bu kadar çokça cereyan etmesi de ailenize uzak gelirdi. Kendinizi içinde bulduk. Şimdi artık "benim başıma bu gelmez' demiyorum. İnsanların duyarlı olması lazım. Bizim yaşadıklarımızdan herkesin ders alması gerekir."

Bir önerim daha var: Ş davasını siz de takip edin arkadaşlar. Hayatınızda böyle bir takip olsun. Kimlerin, diploması bile yokken işe alındığını, devleti yönetenlerin, başta bakan çocuklarının nasıl birden zengin olduğunu takip etmiyoruz ya da edemiyoruz, doğru mu? Bırakın bunu, her gün kaç şehidimiz olduğunu da takip etmiyoruz. Futbolcuları, dizi oyuncularını bildiğimiz kadar kendi hayatlarımızı bilmiyoruz. Babasının ne iş yaptığını bilmeyen pek çok öğrenci var günümüzde. Kimseye ders verecek değilim. Aklıma geldi de söyleyiverdim. Unuttun dediklerimi. Sadece Ş davasını unutmayın yeter. 4. duruşmaya 27 gün kaldı. Bu defa merak edin. Bu davayı değilse başka bir davayı takip edin. İnanın her şehrimizde, bu ay itibariyle mesela, bir kaç kadın cinayetinin duruşması yapılacak. Bunlardan birini takip edin. "Takip" deyip geçmeyin, o kadar önemli ki... İnsan hayatı takip etmediğinde bir süre sonra kendine, kendi dünyasına yabancılaşıyor. Daha güzel bir hayatımız olsun istiyorsak ki, istiyoruz, insan, insana yakın durmalı. Kimse kimseye uzaktan bakmamalı. Uzak durunca insan, başkalarının sorunlarına da yabancılaşıyor. Acılar, hissedilip anlaşılmaz hale gelmekte. İnsan, insanı nesne gibi görmeye başlayınca yaşamlarımız buz kütleleri gibi katılaşıyor. Neyse... "Ders vermeyeceğim" dedim ama kafanızı şişirdim. Serde öğretmenlik var. Yine de mümkün olduğunca ders verir gibi konuşmamaya çalışacağım. Öğretmene de ihtiyaç kalmadı günümüzde... (Öfkemden böyle söylüyorum) Şunu da belirtmeli ki, Muktedirler zamanında gözden düşen, ev çok kirlenen meslekten biri de öğretmenlik oldu. Eğitime, eğitimli insanlara karşı öfke birikti. "Cahillikte feraset var, okumuşlar vatan haini oluyor" diyenler oldu. Daha pek çok şeyi olmaya devam etmekte. Sorarsanız neden olduğunu anlatırım. Şimdilik geçiyorum. Ş davasını konuşmalıyız. Emine Bulut cinsiyeti gibi Ş'nin ölümü de parlayıp söndü.

Olayın sıcaklığını kaybetmediği günlerde köşe yazarı Fatih Altaylı şöyle demişti: "Ş'nin davasında benim son yıllarda duyduğum en iğrenç, en aşağılık, en şerefsizce cümlelerden biri kuruldu. Sanık Ç, Ş'nin ailesine dönerek, "Siz de kızınıza sahip çıksaydınız" diye bağırdı. Yani bu alçak, kızcağızı anası babası sahip çıkmadı diye öldürmüş. Söylediği bu. Böyle birini bir anne doğurmuş olamaz. Böyle bir yaratık doğumla dünyaya gelmiş olamaz. Bunu anası olsa olsa "s.çmıştır" çünkü doğumla insan dünyaya gelir. Böyle bir aşağılık cümleyi edebilen birinin insan olması, can taşıyan biri olması mümkün değildir. Bu ancak fosseptiğe boşaltılacak cinsten bir şey olabilir. O yargılamayı yapan mahkemenin hakimlerinin alacağı kararı bekliyorum şimdi. Kim suçludur, kim suçsuzdur bilemem. Böyle bir cümleyi kurabilen birinin suçsuz olma ihtimalini görmüyorum ama sonuçta karar yargının. Ancak bu pislik eğer mahkum olur ise eğer... Ve mahkeme heyeti bu pisliğe bir de, duruşmalarda kravat taktı, elini önünde bağladı, heyete saygılı davrandı gibi abuk sabuk nedenlerle bir "iyi hal indirimi" verir ise eğer... O mahkeme heyetinin attığı her adımı, aldığı her kararı ömrümün sonuna kadar takip ederim. Bu tehdit midir? Hayır! Bu insaniyet adına, fikri takiptir." Herhangi bir yorum yapmayacağım F. Altaylı'nın bu yazısı için. Sadece okuyup düşünelim istedim. İsterseniz ilk yorumu siz yapın. Sonra da ben söyleyeyim söyleyeceklerimi.

23

Bu arada şunu da demeli: Hâlâ tecavüz ve cinayet sanığı Ç'nin (B'nin de) babasından söz eden yok. Anne görünüp bir şeyler söylüyor bazen. Ağırlaştırılmış müebbet ve 39 yıla kadar hapis istemi ile yargılanan oğlunu avukatların dışında bir de o savunuyor. Ç'nin masum olduğu üzerine pek çok şey diyor da, en çok sosyal medyadaki konuşmalar üzerinde duruyor. Sosyal medyada üretilen algı operasyonuyla oğlunun tutuklandığını ileri sürmekte. Ş'nin hayatını kaybetmesinden büyük üzüntü duyduğunu belirtirken intihar delillerine (Ş'nin intihar ettiğine inanmakta) rağmen oğlunun tutuklu kalmasına tepki gösterip şöyle demekte: "Kesinleşmeyen raporlara bakarsanız oğlum iftiraya uğramış, hedef gösterilmiştir. (Kim hedef gösteriyor ve neden? Sanıkların düşmanları mı var? Varsa kim bunlar ve ne istiyorlar?) Ş'nin avukatı, yaptığı açıklamalarla oğlumu katil ve tecavüzcü ilan ediyor, hakkı yok. Milleti kışkırtarak hukuk olmaz, bu şekilde kendini haklı göstermeye çalışıyor. Mahkemeye sunulan raporda, kesinlikle tecavüz edildiğine ilişkin bir ibare yer almıyor. Bizler de gerçeğin ortaya çıkmasını istiyoruz. Sosyal medya, yalan yanlış haberlerle işleri çığırından çıkardı. İstemezdik fakat, dosyadaki gerçekleri açıklamaktan başka çaremiz kalmadı. Sizlerin de bu konuda sabırlı ve sağduyulu olmanızı isteriz. (Gazetecilere seslenmekte...) Çünkü, adaletin cinsiyeti olmaz; kadın olsun, erkek olsun, herkese eşit olmalı. Onca suçlamaya rağmen o geceye ait videoları aileye ve merhumeye saygısızlık olur diye sosyal mecrada paylaşmadık. Söz konusu belgelerin hepsi dava dosyasında mevcut. Zengin bir iş adamı olarak gösterilen oğlumun ne bir işi var ne de sanıldığı gibi mal varlığı... Hatta olayın gerçekleştiği ofis bile bize ait değil. Gelelim ailemize; kirada oturan emekli kişileriz. Olayların basına yansıması hep yalan, çoğu yanlış bilgi..."

Yukarıdaki sözlerin doğru olup olmadığını bilmiyoruz. Bu aşamada ben de kimseyi suçlamıyorum... Sadece kadın cinayetlerinin mahkemelerde nasıl ele alındığını ve halkın yargılama süreçlerine neden güvenemez hale geldiğini anlatmaya çalışıyorum... Neyse... Devam edelim anneyi dinlemeye: "O gün olay incelemesine gelen savcı, cinayet büro, olay yeri inceleme 155 ve 112 numaralı ekiple bütün çalışmayı yapıp durumu kayıtlara "intihar" olarak geçirmişti. Bu ekiplerden herhangi biri, cinayeti doğrulayan şüpheli bir şey görmüş olsaydı anında tutuklama kararı çıkarmaz mıydı? Medyada bahsedildiği gibi delil karartma ve yüksek mercileri araya sokma gibi bir durum söz konusu değil. Zaten ailemizin de böyle bir gücü yok. Ş'nin çalıştığı dükkan haciz nedeniyle kapanınca oğlum başta olmak üzere bütün çalışanlar işsiz kaldı. Yani Ş işten çıkarılmadı. Kesin olmayan raporlarla evladım iftiraya maruz kaldı. Tepkiler sosyal medyada kontrol edilemez boyutta. Biz de herkes gibi adalet istiyoruz ama mahkeme sonuçlanmadan oğlumu tecavüzcü, katil olarak gösterip fotoğraflarını yayınlıyorlar. Ş'nin abisi, kardeşinin alkol kullanmadığını söylüyor ama kanında etanol bulundu; 113 promil alkol tespit edildi. Bunlar elimizdeki video görüntüleriyle belgelenmiştir. Ayrıca Ş'ye uyku ilacı verildiği iddia ediliyor, buna dair bir bilgi yok. İdrarda çıkan Mirtazapin adlı madde antidepresanlarda bulunan bir maddeymiş. Ş'nin sağ ve sol el olmak üzere 9 tırnağında öncelikle kendi DNA'sı bulundu. Bulunan erkek geni ise çok az miktarda olup herhangi bir karşılaştırmaya müsait değil. Oğlum, bizzat kendisi DNA testi yaptırmak istediğini söyledi ama karşılaştırma yapılacak bir veri yok ortada... Ş'nin sosyal medyada paylaştığı bir video var. Bu videoda, açık bir pencerenin önüne gelen bir kız direkt pencereden aşağıya atlıyor. Bunun altına da yorum olarak 'ruh modum' yazmış. Evet bizler de adalet arayışındayız. Bugüne kadar ölen kişiye saygımızdan olumsuz hiçbir paylaşım yapmadık. Bunların hepsi dava dosyasında mevcut. Herkesin sabırlı olması gerekir."

Şunu da söylemeli: Tekrar olacak ama altını bir daha çizmeliyim: Ş davasındaki sorun, sosyal medya değil, kitlelerin yargıya olan güvenini yıkan hükümet; iktidar partisi... Yargıçları ve yargılama süreçlerini güvenilmez hale getirenler hâlâ ülke yönetmekte... Bu sorun aşılmadığı sürece mahkemelere olan güvensizlik devam edecektir. Muktedirler hâlâ yargıyı ellerinde tutup ne istiyorlarsa onu yapabilmekte... Zengine, siyasi çevresi olanlara özel hukuk var. Bilinen gerçekler bunlar. Hükümet yargısı marifetiyle iptali sağlanıp tekrar edilen İstanbul seçimleri bir kez daha görüldü ki Türkiye'de adalet diye bir şey yok. Sadece sarayın istekleri, bir de bu isteklere direnen halkın gücü var. Herkes adaleti burada; halkın gücünde, vicdanında arıyor, arayacak. Halk direndiği için kimi davalar Muktedirlerin arzu ettiği gibi sonuçlanmıyor. Kimsenin haberi olmadığında hazırladıkları sözde kanunlarla yapamayacakları şey kalmadı. Detaylarına girmeyeyim. Vaktim yok. Konumuzu dağıtmak da istemem.

Bugün Eylül'ün 20'si. 20 Eylül 2019. Ş davasına 26 gün kaldı... Günler, her çeşit hukuksuzluk haberiyle geçip gitmekte. Daha dün, ana muhalefet partisi lideri Kemal Kılıçdaroğlu'nu öldürmeye teşebbüs etmekten tutuklu olanların tamamı, planlarını gerçekleştiremedikleri için serbest bırakıldılar. Yanlış duymadınız; yargının verdiği karar böyle... Yaa... Bazı kişilerin canına kastedenler suçlu bile sayılmıyor? CHP lideri Kemal Bey'e yumruk atan biri vardı. Bırakıp uzun süre hapiste tutulmasını bu davranışından dolayı kahraman olup İktidar mensuplarının takdirini kazanmıştı. "Bütün bunların konumuzla ne ilgisi var?" diye sormuyorsunuz değil mi? Kadın cinayetlerinin durdurulamaması tek başına erkek kapitalizmiyle, ataerkil kültürle açıklanabilecek bir iş değil. Dünyanın her yerinde kadına yönelik şiddet var fakat bizdeki gibi mi? Bizdeki, şiddetin katmerlisi... Kimi cinayetler var ki IŞİD vari yöntemlerle işlenmekte... Neyse... Kapatalım bu konuyu... Şunu diyeceğim: Hukuksuzluk öyle bir boyuta geldi ki mesela, zengin olsaydınız, sadece iktidar karşıtı olduğunuz için bütün varlığınıza el konabilirdi. Doktor, öğretmen, asker, polis olsaydınız bir sabah terörle suçlanıp işten atılabilirdiniz. Bir gün bana, "gün gelecek bu ülkede insanlar, mahkemeye dahi çıkarılmadan suçlu bulunup işlerinden atılacaklar. Terörist, vatan haini ilan edilecekler," deseydiniz asla inanmazdım. Hangi çağda yaşıyoruz değil mi? "İleri demokrasi" vâdini dilinden düşürmeyen bir iktidar döneminde böyle şey mi olur, "ufak atın da civcivler de yesin" dersiniz değil mi? Bütün bu yaşananlara bakınca şöyle kanaatler gelişti bende: Teknoloji, bilim çağı dediğiniz bu çağ, insanoğlunu, vicdanen bozup çürütmekte. Yanlış mı gözlüyorum? Sizin düşüncelerinizi de bilmek isterdim. Ben mi yanılıyorum yoksa? Neyse...

Konumuz nasıl bir kan gölünün içinde yaşadığımızı görmek, görmeyenlere göstermek... Az önce okuduğum 2 Eylül tarihli haber de bu konuyla ilgili. Dedim ya, bu kitabın sayfaları boyunca güzel bir şey okuyamayacaksınız. Bağışlanma dileğimi tekrar ediyorum. Ama üzülmüyorum. Siz de bilin ki ancak ve ancak birlikte acı çekebilenler, daha güzel bir dünyaya giden yolun taşlarını döşeyeceklerdir. Bu bağlamda hepinizi yol arkadaşlarım kabul ediyorum. Söz uzamasın... Ş davasına kadar, yani 16 Ekime, (olmadı Kasım'ın ilk haftası içinde) anlatacaklarımı bitirmek istiyorum... O zaman yola devam: Ankara'ya bakalım şimdi de... Mamak ilçesindeki çiğ köftecinin işlediği kadın cinayetinden söz edeceğim. 40 yaşındaki köfteci, 4 çocuk babası İbrahim Köksal'dı. Köksal, 17 yıl evlilikten sonra 38 yaşındaki karısını boğarak öldürdü, sonra da karakola gidip teslim oldu.... Sevgili arkadaşlar, şuna dikkat edin ki, katiller, savcıdan, mahkemeden korkmuyorlar. Daha önce söylediğim şeyi tekrar etmek istiyorum: Kimi insanlar için dışarıdaki hayat, içeridekinden daha korkunç... Öyle insanlar var ki gittikleri yerlerde zerrece değerleri yok.

Bu insanlar cinayet işleyerek önemli hale geliyorlar. Can alarak, bir süre için de olsa, ilgi odağı oluyorlar. Kim bilir belki de kendilerini adam yerine saymayanlara (topluma) şu mesajı iletmekteler: "Evet ben, İtibarım için cinayet işledim. Görüyorsunuz... Param yok, pulum yok, işsizim, yeteneksizim, babalık yapıp ailemi geçindiremedim, sorumluluklarım var ama yerine getiremiyorum, beş para etmezin tekiyim... insan bile değilim fakat beğenip adam yerine koymadığınız ben, yeri geldiğinde can alabiliyorum. Korkun benden. Adamdan saymadığınız ben, ölü mü dirimi kalacağınıza karar verebilirim. İş vermeyip aç bıraktığımız ben, itibarım için senelerce hapis yatmayı göze alabilirim. Gelmeyin üzerime, daha fazla ezmeye kalkmayın, bir cana kıydım, gerekirse daha fazlasına da kıyabilirim. Evet, bu şekilde mesaj veriyorlar ama bunu bilinçle söyleyip yapmıyorlar. "Niye öldürdün?" diye sorulduğunda "Sevgilisi vardı, beni aldatıyordu!" diyorlar ya da başka bir şey bulup söylüyorlar. Genellikle sevdikleri için(!) ya da kıskandıklarından öldürüyorlar.

Kimse bu insanları bilinçaltı süreçleri üzerinde durmuyor. Kimi diyor ki, "Asalım. En ağır cezaları verelim. İdam şart. İdam cezasını geri getirelim. Olmadı hepsini hadım edelim. Adama benzemesinler, insanlıktan çıksınlar. Zindanlara atalım sürüm sürüm süründürelim. " Kimi de çözüm için mevcut yasaların uygulanmasını istemekte; "Yasalar gerektiği gibi uygulansa bunların hiçbiri olmaz" demekteler. Geçici çözüm elbette ki yasaları en doğru şekilde uygulamaktan geçiyor fakat kalıcı çözüm: Yaşamı, herkes için daha iyi, daha insancıl, kimsenin kimseye kulluk yapmayacağı, herkesin özgür olarak yaşayabileceği bir hale getirmemize bağlı. Haksız mıyım? Siz ne düşünüyorsunuz bu konuda? Lütfen yazın, konuşun, bir şey söyleyin.

Sözünü ettiğim kan gölüne dair başka bir haber de şöyle: Tarih yine 2 Eylül. Niğde'de 41 yaşındaki 4 çocuk annesi Sibel Çetinel ile boşanma aşamasındaki erkek (Ben söylemiyorum bunu, haberde böyle yazıyor. Yazarken "kocası" demiyor bazıları. "Kocalık mertebesini" mi kirletmek istemiyorlar anlamadım.) Murat Çetinel arasında kavga çıktı. Kavga sırasında talihsiz kadın tabancayla başından vuruldu."

Bazı haberler de böyle işte; hiç detay yok. Kadın silahla kafasından vuruldu ama, kaç kurşunla vuruldu? Çocuklarının gözü önünde mi öldürüldü? Kurşunlar kafasına geldiyse et parçaları duvara mı sıçradı, oda kan içinde mi kaldı?

Bütün bunları yazmak doğru mu peki? Kuşkusuz değil, kötü haberleri verirken çocukları düşünmemiz gerekir ama, bunu için koşulların normal olması lazım. Cinayet toplumu olunmasına yol açıp her gün daha fazla sorunun, kargaşanın, kaosun yaşanmasına zemin hazırlayıp sonrada, "Çocukları şiddet söylem ve görüntülerinden uzak tutmak gerekir" diyorsanız bu işte bir sakatlık, samimiyetsizlik var demektir. Savaş çıkaranların, çocuklara kadavra, cenaze, tabut göstermiyor olması hayatın bundan sonra daha güzel olacağı anlamına gelmez... Haklısınız...

Gerçekten hakkınız var; niye söylüyorum ki bunları? Sanki benden başka kimse bilmiyor. Söylüyorum çünkü öğretmenliğin kötü alışkanlıklarından biri de bu: Herkesin bildiğini biraz daha basitleştirip tekrar anlatmak... Bir keresinde, bozulmuş asansörün açık duran kapısı için şikâyetçi olmuştum da sevdiğim kadınlardan biri, "senden başka adam yok ya, her şeye müdahale et böyle!" demişti, haliyle neye uğradığımı bilememiştim... Neden durup dururken bunu hatırladıysam... Sanırım şimdi de benden başka kadın cinayetlerinin nasıl durdurulacağına kafa yoran kimse yokmuş gibi konuşup millete akıl vermeye çalışıyorum. Kendime haksızlık mı yapıyorum yoksa? Size soruyorum. Susayım mı? "Bütün bunları ve daha fazlasını yazan var, hem de senin gibi ünsüz değiller, dünyaca tanımışlar, adları bilinen, marka olmuş kişiler var" diyerek bir kenara çekilip oturayım mı? Ne yapayım ben arkadaşlar? Herkes her şeyi biliyorsa bunları yazmamın neye faydası var?

Kime söylüyorum? "Ne kadınlar sevdim zaten yoktular" diyen şair (Atilla İlhan) gibi hissediyorum şuan, şu dakikada. "Ne okurlar tanıdım zaten yoktular," diyerekten... Kaç gün oldu yazmaya başlayalı hatırlamıyorum. İki ay olmadı sanırım. Bugün itibariyle 64 takipçim var. Okuyanım var mı bilmiyorum. Bir kişinin yorum bölümüne bir kaç kez kalp işareti (emojin) bıraktığını hatırlıyorum. Bir kişi de yazarak, böyle bir ülke kadın olmanın zorluklarından söz etmişti. Gördüğünüz gibi ancak iki kişiden söz edebiliyorum. Ama olsun, yazmaya devam edeceğim. En azından şunu biliyorum: Bu konular tekrar tekrar yazılıp konuşulmalı... Okurum yok diye üzülmüyor değilim. Daha önce de tecrübe ettim bunu. Tekrar edilen İstanbul seçimlerini yazarken de yalnızdım. O zamanlar, fotoğraf sitesi olan Instagram da yazıyordum iyi mi? Herkes anılarını, ne kadar güzel ve mutlu olduklarını paylaşırken ben yazılarımı paylaşıyordum. Kimsenin durup bakıp okumayacağı yazılarımı. Orda da milyonlarca insanın arasında tektim. Şimdi buraya Wattpad'e geldim. Burada da yalnız olacağımı bilerek yazıyorum. Bazen iyi şeylerin alıcısı yoktur. Şunu da bilin ki kartallar daima yalnız uçar. Bunu da kendimden kendime bir teselli cümlesi olarak yazmış olayım... Neyse arkadaşlar böyle dediklerime bakmayın siz, kalbim her yerde, dünyanın her yerinde benim gibi düşünüp hissedenlerle beraber... O insanlar ki yüzlerini bir kere bile görmeyeceğim ama kalplerimiz hep birlikte çarpacak. Demem şu ki, yalnız olduğumu söylemekle hata yaptım: Kartallar yalnız uçmaz. Birlikte uçmak için ayrı düştükleri başka kartalların yanında giderler... Öyle işte... Neyse, bu dar zamanda sözü boşuna uzatıyorum.

Zaman tüneline dalıp 3 Eylül 2019 gününe gidelim şimdi de. Konya'da yaşanan olaya bakalım: Adamın biri, bir akşam cezaevinden kaçıp Konya'ya doğru yola çıktı. Şehre girip aradığı eve varınca kendisinden ayrılıp başka biriyle yaşamaya başlayan eşini, pompalı tüfekle öldürdü. (Pompalı tüfeği nereden buldu? Mesela bugün kaç evde, kaç kişinin elinde pompalı tüfek bulunmakta ya da tabanca, fark etmez? Silaha ulaşmak ne zamandan beri bu kadar kolay oldu? Yiyecek ekmeği olmayanların evinde çifter çifter tabanca, pompalı tüfek çıkıyor ya, neden, niçin, nasıl? Bütün bunlardan ne anlamamız gerekir bilmiyorum. Haberciler olayları yazarken buna benzer konuları görmüyorlar, neden? Devam haberi okumaya...) Pompalı tüfek saldırısıyla yaşatılan vahşet, saat 05.30 sıralarında Merkez Meram İlçesi Sahibiata Mahallesi Balıklı Çeşme Sokak üzerindeki bir evde meydana geldi. İddiaya göre, eşinin başka birisiyle yaşamaya başladığını öğrenen Ali Mıngır, hükümlü bulunduğu Afyonkarahisar açık cezaevinden firar ederek Konya'da eşi Birsen'in yaşadığı eve gitti.

Ali, ilkin pencereden attığı Molotof kokteyli ile yangın çıkardı. Öfkeli koca, panikle evden dışarıya çıkan 48 yaşındaki karısına pompalı tüfekle ateş etti. Ağır yaralanan kadın tüm müdahalelere rağmen kurtarılamadı. Cinayetten sonra hızla olay yerinden uzaklaşan katilin neden olduğu yangın, itfaiye ekipleri tarafından güçlükle söndürüldü.

Şunu söyleyeyim arkadaşlar, bu haberleri kaçırmayıp tümünü bir dosyada toplayabilseydik ortaya ansiklopediye benzer kalınca bir kitap çıkardı. Daha önce, (Instagram'da yazarken) bir yazımda siz değerli okurlarıma, "Muktedirler Zamanında Bize Ne Oldu?" Adında, son 17 yılın olaylarını konu alan ciltler dolusu bir kitaptan söz etmiştim. Böyle bir kitabın mutlaka hazırlanması gerektiğini söyleyip oldukça detaylı açıklamalarda bulunmuştum. Şimdi aynı kitabı size de önermek isterim. Neden? Böyle bir kitap ancak, yüzlerce kişiden oluşan bir kadroyla hazırlanabilir. A'dan Z'ye bir kitap çalışmadan söz ediyorum. Bu kitaplardan birinin adını isterseniz, "Öldürülen Kadınlar" koyun, isterseniz de "Erkek Şiddetinin Kurbanları. Kesilerek, Vurularak, Boğularak, Asılarak Katledilen Kadınlar" koyun, siz bilirsiniz.

Bu günümüzün önemli özelliklerinden biri de cezalarını çekmeden serbest bırakılan katillerle, hırsızlarla, dolandırıcılarla birlikte yaşıyor olmamız. Uzun zamandır konuşulmakta olan af konusunu geçtiğimiz günlerde tekrar gündeme taşıdılar. Bu arada söyleyeyim: Meclis hâlâ kapalı. Açılmasına 9 gün var. Milletvekillerimizin dinlenmesi her zaman böyle uzun sürer. Okullar, mahkemeler, kısaca kış sezonu diyelim, açıldığı hale Meclis açılmadı. Neden? Saray var çünkü? Meclis'e gerek kalmadı. Halkımız hâlâ Meclis var sansın. Meclis kapalıyken af meselesi nasıl gündeme geldi değil mi? İlgili Saray, saraya bağlı bakanlar iş başında siz hiç merak etmeyin. Onlar sayesinde af bir kez daha gündemde. Kadına, çocuğa şiddet uygulayıp tecavüz edenlerle, devlete karşı suç işleyenlerin (hükümete karşı desek daha iyi olur) aftan yararlandırılmayacağı söylenmekte. Mesela plan yapıp birini öldürmeye çalıştınız ama başarılı olamadınız... Tutuklanmıyorsunuz bile, aftan yararlanmanıza hiç gerek yok, ifadenizi alıp serbest bırakıyorlar.

İzninizle, şu bilgileri de buraya kaydedeyim: Türkiye İstatistik Kurumu'nun verilerine göre, 2010 ile 2013 yılı arasında cezaevlerindeki tutuklu ve hükümlü sayısı 24 bin arttı. 2014 ile 2017 yılları arasındaki artış: 88 bin. 2017 yılının sonunda 232 bin olan cezaevlerindeki hükümlü ve tutuklu sayısının, 2019'un ilk altı ayının sonunda 270 binlere ulaştığı belirtilmekte. Son yıllarda Türkiye'de en iyi çalışan kurumların başında cezaevleri geliyor! Her yıl bir önceki yıldan daha fazla kişinin cezaevine düştüğü Türkiye'de resmi rakamlar korkunç. Mahkumlar suçları bakımından incelendiğinde 2017 yılında hırsızlık yüzde 17,3 ile başı çekerken bunu, yüzde 12,3 ile adam yaralama takip ediyor. İcra, iflas kanununa göre suç işleyenlerin oranı: yüzde 7,7, en çok eğitim düzeyi düşük olanlar suç işlemekte. Sıralama İlkokul, ortaokul, lise, üniversite diye devam etmekte. Gazete haberine göre, Adalet Bakanlığı, 2018 Mayıs ayı itibariyle cezaevinde 250 bin 764 erkek, 10 bin 285 kadın ve 2 bin 982 çocuk olduğunu açıkladı. Annesi mahkum olduğu için cezaevinde kalan çocuk sayısı 677. 2019 geldiğimizde haziran ayı itibarıyla 864 çocuğun annesiyle cezaevinde olduğu biliniyor.

Öte yandan Pensilvanya teröristlerinin darbe girişiminin ardından cezaevlerindeki doluluk oranının yüzde 120'lerin üstüne çıktığı ifade edilmekte. Bu rakamlara göre cezaevlerindeki tutuklu ve hükümlü sayısı bir çok ilimizin nüfusunu aşmış durumda. Adalet Bakanlığı'nca darbe girişimi sonrası yapılan afla binlerce mahkûmun tahliye edilmesi sağlanmıştı hatırlarsanız... Bu da yetmedi. Bir türlü hapishanelerdeki sıkışıklık giderilemiyor. Bu yüzden bakanlık mevcut 389 cezaevinin aslında 111 bin 135 olan kapasitesini, ek yatak ilave etmek suretiyle 213 bin 322'ye yükseltti. Fakat yetmedi, yatak koyacak yer kalmadı, haliyle nöbetleşe uyuma dönemi başladı. Cezaevlerindeki doluluk oranı geçtiğimiz 28 Aralık itibarıyla yüzde yüzün üstüne çıktı... İşte bu ahval ve şerait içinde yeni bir af daha gündeme geldi. Neler olacak, bekleyip göreceğiz. Görünen şu ki, her gün bir önceki günü aratmakta.

Bu arada şunu da demeli: Hâlâ tecavüz ve cinayet sanığı Ç'nin (B'nin de) babasından söz eden yok. Anne görünüp bir şeyler söylüyor bazen. Ağırlaştırılmış müebbet ve 39 yıla kadar hapis istemi ile yargılanan oğlunu avukatların dışında bir de o savunuyor. Ç'nin masum olduğu üzerine pek çok şey diyor da, en çok sosyal medyadaki konuşmalar üzerinde duruyor. Sosyal medyada üretilen algı operasyonuyla oğlunun tutuklandığını ileri sürmekte. Ş'nin hayatını kaybetmesinden büyük üzüntü duyduğunu belirtirken intihar delillerine (Ş'nin intihar ettiğine inanmakta) rağmen oğlunun tutuklu kalmasına tepki gösterip şöyle demekte: "Kesinleşmeyen raporlara bakarsanız oğlum iftiraya uğramış, hedef gösterilmiştir. (Kim hedef gösteriyor ve neden? Sanıkların düşmanları mı var? Varsa kim bunlar ve ne istiyorlar?) Ş'nın avukatı, yaptığı açıklamalarla oğlumu katil ve tecavüzcü ilan ediyor, hakkı yok. Milleti kışkırtarak hukuk olmaz, bu şekilde kendini haklı göstermeye çalışıyor. Mahkemeye sunulan raporda, kesinlikle tecavüz edildiğine ilişkin bir ibare yer almıyor. Bizler de gerçeğin ortaya çıkmasını istiyoruz. Sosyal medya, yalan yanlış haberlerle işleri çığırından çıkardı. İstemezdik fakat, dosyadaki gerçekleri açıklamaktan başka çaremiz kalmadı. Sizlerin de bu konuda sabırlı ve sağduyulu olmanızı isteriz. (Gazetecilere seslenmekte...) Çünkü, adaletin cinsiyeti olmaz; kadın olsun, erkek olsun, herkese eşit olmalı. Onca suçlamaya rağmen o geceye ait videoları aileye ve merhumeye saygısızlık olur diye sosyal mecrada paylaşmadık. Söz konusu belgelerin hepsi dava dosyasında mevcut. Zengin bir iş adamı olarak gösterilen oğlumun ne bir işi var ne de sanıldığı gibi mal varlığı... Hatta olayın gerçekleştiği ofis bile bize ait değil. Gelelim ailemize; kirada oturan emekli kişileriz. Olayların basına yansıması hep yalan, çoğu yanlış bilgi..."

Yukarıdaki sözlerin doğru olup olmadığını bilmiyoruz. Bu aşamada ben de kimseyi suçlamıyorum... Sadece kadın cinayetlerinin mahkemelerde nasıl ele alındığını ve halkın yargılama süreçlerine neden güvenemez hale geldiğini anlatmaya çalışıyorum... Neyse... Devam edelim anneyi dinlemeye: "O gün olay incelemesine gelen savcı, cinayet büro, olay yeri inceleme 155 ve 112 numaralı ekiple bütün çalışmayı yapıp durumu kayıtlara "intihar" olarak geçirmişti. Bu ekiplerden herhangi biri, cinayeti doğrulayan şüpheli bir şey görmüş olsaydı anında tutuklama kararı çıkarmaz mıydı? Medyada bahsedildiği gibi delil karartma ve yüksek mercileri araya sokma gibi bir durum söz konusu değil. Zaten ailemizin de böyle bir gücü yok. Ş'nin çalıştığı dükkan haciz nedeniyle kapanınca oğlum başta olmak üzere bütün çalışanlar işsiz kaldı. Yani Ş işten çıkarılmadı. Kesin olmayan raporlarla evladım iftiraya maruz kaldı. Tepkiler sosyal medyada kontrol edilemez boyutta. Biz de herkes gibi adalet istiyoruz ama mahkeme sonuçlanmadan oğlumu tecavüzcü, katil olarak gösterip fotoğraflarını yayınlıyorlar. Ş'nin abisi, kardeşinin alkol kullanmadığını söylüyor ama kanında etanol bulundu; 113 promil alkol tespit edildi. Bunlar elimizdeki video görüntüleriyle belgelenmiştir. Ayrıca Ş'ye uyku ilacı verildiği iddia ediliyor, buna dair bir bilgi yok. İdrarda çıkan Mirtazapin adlı madde antidepresanlarda bulunan bir maddeymiş. Ş'nin sağ ve sol el olmak üzere 9 tırnağında öncelikle kendi DNA'sı bulundu. Bulunan erkek geni ise çok az miktarda olup herhangi bir karşılaştırmaya müsait değil. Oğlum, bizzat kendisi DNA testi yaptırmak istediğini söyledi ama karşılaştırma yapılacak bir veri yok ortada... Ş'nin sosyal medyada paylaştığı bir video var. Bu videoda, açık bir pencerenin önüne gelen bir kız direkt pencereden aşağıya atlıyor. Bunun altına da yorum olarak 'ruh modum' yazmış. Evet bizler de adalet arayışındayız. Bugüne kadar ölen kişiye saygımızdan olumsuz hiçbir paylaşım yapmadık. Bunların hepsi dava dosyasında mevcut. Herkesin sabırlı olması gerekir."

24

Söz mü? Dönemin olaylarını kitaba dönüştürürken hapishaneleri unutmayacağınıza da söz verin. Bir şey diyeyim mi? Bakmayın siz bana, isteseniz de unutamazsınız. Olay o kadar büyük ki, unutulamaz. "Muktedirler Zamanında Bize Ne Oldu?" adlı kitap unutamayacağınız kadar önemli. İnanın, gerçeğe dönüştüğünde böyle bir çalışma torunlarımıza, mutlaka üzücü fakat, bir o kadar da eğitici, miras niteliğinde, kaynak bir eser olacaktır. Ne olur ihmal etmeyin, yazın bu kitabı! Ciltlerinden birini de mutlaka Ş'ye, Özgecan'a, daha yirmisine bile basmadan tecavüze uğrayıp öldürülenlere, çocuk gelinlere, annelere ayırın. Varsa resimlerini de koyun. Hepsini, her şeyi, bütün ayrıntılarıyla anlatın. Cinayete, psikolojik işkenceye kurban gidenlerin, ruh sağlığını kaybedip intihar edenlerin hayat hikayelerinden söz edeceksiniz. Mağdurları, tutunamayanları, tutunsalar bile yaşamalarına izin verilmeyenleri anlatacaksınız. Bahar çiçeklerinin nasıl açmadan solduklarından söz edeceksiniz. Çoğu anneydi. Çocukları yanlarındayken öldürüldüler... Yazın bunları, nasıl yaşama yenik düştüklerini bütün yalınlığıyla dile getirin. Vurularak mı, bıçaklanarak mı, boğularak mı öldürüldüler? Ne biliyorsanız yazıp anlatın. Unutmayın ki bu da bizim Hiroşima'mız: Bir gün bir de baktık ki, demokrasimiz, binlerce yıllık devlet geleneğimiz, hukuk düzenimiz, sosyal hayatınız, dinimiz, inancımız, insanlığımız, anılarımız bile yerle yeksan olmuş. Devleti ayakta tutan liyakatli insanların tümünü "darbeci" diye hapse atıp aslan payını sırtlanlara, çakallara verdiler. Yazın bunları sevgili gençler. En erken zamanda yaşadığımız her şeyle; kimin kime ne yaptığıyla, bütün cinayetlerle, devletten bireye uzanan toplumsal işkenceyle yüzleşmemiz gerekiyor. Birbirimize, kadınlarımıza, çocuklarımıza, kızlarımıza, gençlerimize yaşattığımız vahşetle yüzleşmezsek hayatımızı sürekli zevksiz hale getiren yanlışların sarmalından kurtulamayacağız. Yeter! Buna daha fazla izin vermemeliyiz. İnsan gibi yaşamak istiyorsak nasıl yandığımızı, küllerimizden nasıl doğacağımızı öğrenmek, öğrendiklerimizi anlatmak, aktarmak zorundayız. Önem verin bu sözlerime!

Hatırlarsanız sanatçının biri, bir yılda (2018'de) öldürülen 440 kadını temsilen 440 kadın ayakkabısını, İstanbul'da herkesin rahatça durup bakabileceği bir duvara asmıştı... farkındalık yaratmak için... Vicdanlar uyansın, unutanlar kim olduklarını hatırlayıp vicdana gelsinler diye. İzlerken düşünelim, nasıl bir vahşetin içinde yaşadığımızı görelim diye... Sözünü ettiğim ciltler dolusu kitap çalışması da bu, ayakkabı sergisi gibi bir çalışma olacak; toplumsal farkındalık çalışması... Cevap verin şimdi, sizce 440 kadını anlatan bir kitap kaç sayfa eder? Hadi "beş bin sayfa" diyelim. Her yıl, öldürülen kadınların haberi beş bin sayfa ediyorsa, on yıl boyunca öldürülen kadınların haberi kaç bin sayfa eder? Bunu da siz hesaplayın... Bir şey daha ekleyeceğim: Sözünü ettiğim kitaplar satılık olmayacak. Kent ya da ülke hafızası diyebileceğimiz bir kütüphanede bulunacaklar. Bu kütüphaneyi okul gibi düşünün... Bir zamanlar nasıl bir vahşetin içinde, nasıl bir hukuksuzlukla yaşadığımızı anlatan bir okul. Japonların, her yıl çocuklarını Hiroşima'ya, atom bombasının düştüğü yere götürmesi gibi, biz de her yıl öğrencilerimizi bu kütüphaneye getirmeliyiz. Fotoğraflara bakıp kitaplardaki dehşetli günleri anlamaya çalışmalıyız. Bu kütüphanede çeşit çeşit değil, binlerce sayfadan oluşan terk bir kitap bulunacak cilt cilt. Hepsinin adı: Muktedirler Zamanında Bize Ne Oldu? Ne oldu da bu kadar hukuk bilmez, dindar görünüp Allah'tan korkmaz vahşi bir toplum haline geldik? Bizden sonraki nesiller bu kitapları okuyup kötü hayatımızdan ders alacaklar. Şunu da ekleyim (bilmez değilim) belki de bu dediklerim; kitap çalışması hiç olmayacak. Boşuna hayalini kurduğum pek çok şeyden biri de bu, ama olsun. En azından ben bunu söylemiş ve istemiş oldum. Siz de isteyin. Hep birlikte istemeye devam edersek hayallerimiz gerçek olabilir. Saçmaladım mı yoksa? Kızgınlığıma verin lütfen. Kendime de çok kızıyorum bazen. Hayatı fazla mı ciddiye alıyorum, diye. Benim cehenneme benzettiğim dünyayı güzel bulup mutlu olanlar yok mu? Belki de bütün sorun bendedir. Diyebilirsiniz ki, "Başka çağlar daha mı iyiydi sanki?" Haklısınız. Her çağın kendine göre büyük sorunları vardı. O zaman? Susalım mı? "Dünyanın kanunu böyle" deyip unutalım gitsin mi her şeyi?

Ş davasının 4. duruşmasına 22 gün kadı. Dün bir gelişme oldu. Habere göre sanık avukatları davanın basına yani halka kapatılmasını talep etmişler. Henüz hakimler, bu talebe karşılık vermedi. Şunu da bilmiyorum ama öğreneceğim. Davaları, halktan gizleme kararını kim veriyor? Adalet Bakanlığı mı ilgili mahkeme mi? Sanırsam Adalet Bakanlığı... Avukatın talebi kabul edilirse Ş davasının 4. duruşması hakkında yeterli bilgiye sahip olamayabiliriz. Bu konuyu da takip edip ilerleyen günlerde sizleri bilgilendireceğimi umut ediyorum. Şimdilik bu konuyu unutalım. Umarım yetkililer, gelişmeleri bizlerden gizleme yoluna gitmezler. Şimdi gizlenemeyen olayları okumaya devam edelim. Neler oldu bir kaç ay içinde ona bakıyoruz.

Bugün 24 Eylül. 3 Eylül tarihli bir gazete haberine bakıyorum. Başlık: Niğde'de kadın cinayeti: Bir kişi boşanma aşamasındaki eşini tabancayla vurdu. Ajansın haberine göre M.Ç adlı şahıs, Aşağıkayabaşı Mahallesi Öğretmenler Okulu 4. Sokaktaki bir apartmanın 4. katındaki evinde boşanmak istediği 36 yaşındaki eşi Sibel Ç'yi, tartışma sırasında tabancayla vurdu. Silah sesini duyanlar durumu polise bildirdiler. Gelen polis ve sağlık ekipleri, Sibel'in öldüğünü belirtip cesedi ambulansla hastaneye kaldırdılar. Polis, kaçan katili yakalamak için çalışma başlattı... Güvenlik kamerası ve plaka takip sisteminden şüphelinin gidebileceği Karaman, Konya ve Ankara yol güzergahları takibe alındı. M.Ç'ye yardım eden şüphelileri de bularak ifadelerini alan polis ekibi, şahsın Ankara'da bir inşaat alanında saklandığını tespit etti. Zanlı, Niğde ve Ankara Emniyet Müdürlüğü ekiplerinin düzenlediği operasyonuyla 3 gün sonra yakalanarak gözaltına alındı. Sibel'in yaşları 4 ila 11 arasında değişen 5 çocuğu vardı. Çocukların koruma altında alındığı öğrenildi.

Bu cinayeti şimdilik geçiyorum. 18 Eylül'e gidiyoruz... Ş davasındaki bir gelişmeye bakacağız. Daha önce söylemiş miydim? "Şifresi bilinmediği için ilgili kurum Ş'nin telefonunu okuyamıyor" diye haber çıkmıştı. Ş'nin avukatına göre bu haber doğru değil. "Karşı taraf Ş'nin telefonunun incelenmemesi için elinden geleni yaptı" diyen avukat, şu sözlerle duruma açıklık getirmekte: "Cinayetin ardından olay yerine gelen karakol polisleri, profesyonel ekipmana sahip olmadıkları için orada Ş'nin telefonunu açamamışlar. Daha sonra "Siber Suçlar Amirliği" duruma el koydu ve cep telefonunun şifresi çözüldü. Görüşme kayıtlarını inceleyen bilirkişi yaklaşık 300 sayfalık rapor hazırladı. Raporda, sanıkların iddia ettiği gibi Ş'nin intihar ettiğine dair tek bir bilgi bulunmamakta. Maktulün olay gününe kadarki tüm mesajları incelendi. Ama son gün (cinayetten sonraki gün olsa gerek) bağlantısı olmadığından o mesajları okuyamadık. Okunamayan mesajlar bunlardır. Biz de bu mesajları öğrenmeyi çok isterdik. Ş'nin telefonu iddia edildiği gibi olaydan sonra ailesine teslim edilmedi. Hiçbir şekilde aileye geçmedi telefon. Şu an ikinci defa incelenmek üzere Jandarma Kriminal'e yollandı ve bunların hepsi mahkeme kayıtlarında var. İkinci incelemede olay gecesi kayıtlarının ortaya çıkma ihtimali bulunuyor. Biz de bunu istiyoruz. Umarım bütün kayıtlar gelir... Çünkü son gün, bana göre, o telefonda Ç ile B'nin Ş'ye yaptıklarının bir videosu da çıkabilir... Kamuoyuna, Ş'nin telefonu açılmıyor yeniden incelenecek gibi haberlerle algı operasyonu yapmak istediler. (Gerçek değil, iftira raporu düzenlendi algısı, belki...) Şunu belirteyim ki gerçeği anlatan raporlar hazır zaten. Evet, telefon ikinci defa incelemeye gönderildi. Bu tamamen karşı tarafın ve bizim istediğimiz bir durum. Yeniden yapılan incelemede de çok fazla değişen bir şey olacağını sanmıyorum."

Bu bilgileri veren Ş'nin avukatı, aynı zamanda 16 Ekim'de görülecek olan 4. duruşmada savcının esas hakkında mütalaayı açıklayabileceğini, böylece davanın yakın zamanda sona ereceğini belirtmekte. Yani? Sanıklar, önümüzdeki duruşmada kesin olarak suçlu bulunacak mı? Yoksa (kafaları iyice karıştırmak için) yeni raporlar, yeni bilirkişi görüşleri mi istenecek? Bekleyip göreceğiz...

Nagihan Alçı'yı tanır mısınız? Siyasi düşünceleri, hükümet ne derse o yönde gelişen, iktidar partisinin çağdaş görünümlü ama çağ dışı gazetecilerin biridir fakat, Ş davasının birinci duruşmasından sonra yani 15 Şubat 2019 günü dile getirdikleri fena değildi. O gün güçlüden yana değil, yoksuldan yana tavır aldı ve söyle yazı: "29 Mayıs'ta, bugünden yaklaşık 9 ay önce, bir sabaha karşı öldürüldü Ş. 23 yaşındaydı. Moda tasarımı okumak için Ankara'ya gitmiş, hayat dolu, çok güzel bir gençti. Annesini 13 yaşında kanserden kaybetmiş, emekli bir babanın bir tanecik kızı. Babası ve abisi ile İstanbul'da yaşayan, Giresunlu bir ailenin evladı. Ş'nin başına gelenleri basından takip etmişsinizdir. 8 ay boyunca dava açılamadı bir türlü. Nihayet geçen hafta ilk duruşma görüldüğünde ise mide bulandırıcı gelişmeler yaşandı. Bu süreci dikkatle izleyen, hem Ş'nin avukatı hem de babası ile konuşan Ayşe Arman'ın röportajlarını okumanızı tavsiye ederim. Evladını kaybeden bir babanın yürek burkan çığlığını ve karşı tarafın zalimlik ve pervasızlıkta nasıl sınır tanımadığını görüyorsunuz. Dava dosyasına giren hem Ş'nin ev arkadaşına attığı mesajlara hem de sanıkların 3. şahıslara gönderdiği yazışmalara ve o gece binanın güvenliğinden sorumlu olan görevlilerin beyanlarına da bakın. Bu davada her şey son derece net bir şekilde ortada. Size bugün, yaşananları somut beyanlar ve tanıkların ağzından kısaca özetleyeceğim. Bu dava hepimizin sınavı. Gencecik bir kadın bir binanın 20. katından atıldı. Sonuna kadar takipçisi olmalıyız. Ş, geri gelmeyecek ama bu vahşetin bedelini suçlulara en ağır şekilde adaletin önünde sordurmalıyız. Sanıkların mahkemeye sunduğu utanç verici raporların bir daha mahkemelere sunulamadığı, kadınların "bekâret"inin tartışma konusu ve hatta hafifletici unsur olarak gösterilemediği bir Türkiye'ye kavuşana kadar mücadeleye devam etmeliyiz... Ç, Ş'nin yarı zamanlı çalıştığı işyerinin ortağıydı. Bir süre önce Ş'yi işten çıkarmıştı. Üstelik maaşını ödememişti. O akşam da "Yeni ortağımızla konuşuruz, yeniden işe dönersin, ofiste buluşup konuşuruz" diyerek genç kadını yemeğe çağırdı.

Yemeğin ardından bir binanın 20. katında bulunan ofise gittiler. Oradan Ş'nin ev arkadaşına attığı mesajlar var. O mesajlarda "Allah'ım salmıyor", "Bırakmıyor" deyip geldiğine pişman olduğunu ifade ediyor. Kayıtlar 1.48 ile 2.16 arasında 3 kişinin de telefon kullanmadığını gösteriyor. Kanıtlar ve hikayenin bütünü o sırada Şule'nin önce tecavüze sonra da şiddete uğradığını gösteriyor. B, 02.16'da kız arkadaşını aramış. 20 dakika konuşmuşlar. HTS (baz istasyonu analizi) kayıtları var. B, daha sonra aynı kişiye "Çok kötü şeyler oldu. Telefonu aç, bana geri dön" mesajı yollamış. Ancak bu şahıs mahkemede açıkça yalan beyanda bulundu. Kayıtlarda konuşmalar net bir şekilde göründüğü halde "Hiç konuşmadık ertesi sabah mesajları gördüm" dedi. Ş ise 02.45'te ev arkadaşına "Of analog", "... keşke gelmeseydim..." yazmış. Ş'nin avukatı bu mesajdan önce yani 01.48 ile 02.16 arasında genç kadının tecavüze uğradığını iddia ediyor. İlginç bir detay daha var. Ş'nin avukatı Mersin Tıp Fakültesi Adli Tıp'tan bir rapor almış. O raporda Ş'nin dilin tutunduğu kemik olan Hyoid kemiğinin kırık olduğu ve bu kemiğin boğulma durumlarında kırılma olasılığının yüzde 80'in üzerinde, düşmede ise yüzde 5 dolayında olduğu söyleniyor. Bu arada sanıklar, Ş, 20. kattan düştükten sonra 18 dakika bekliyor, aşağıya daha sonra iniyorlar. Bu arada yukarıda temizlik yapıldığı B'nin kendi beyanı. Ç de bardakları ve etrafı temizlediğini söyledi mahkemede. Yani B, "Ben suçsuzum, Ç, tecavüz etti ve öldürdü" demeye getirdi. Düşünün bu korkunç beyanları Ş'nin babası ve abisi dinledi. Üstelik bu insan demeye dilimin varmadığı yaratıklar öncesinde de mahkemeye utanç verici bir rapor sunmuşlar. Akılları sıra aldıkları bir şaibeli tutanak ile Ş'nin "bakire olmadığını" kanıtlayacaklar ve buradan "hafifmeşrepti" ye getirip, tecavüze uğrayıp öldürülen bir kadını suçlu ilan etmeye kalkacaklar! Böyle bir çaba bile tek başına bir suç olmalı! Üstelik adli tıp raporu Ş'nin anal bölgesinde yırtık olduğunu gösteriyor. Ş'nin avukatına göre bu, tecavüzün ve cinsel saldırının en büyük kanıtı. Sanıkları çürüten diğer önemli bir ayrıntı da Ş'nin intihar ettiği söylenen pencerede hiçbir parmak izine rastlanmamış olması. Ş, 20 kat aşağıda binanın 4-5 metre ötesinde bulundu. Halbuki istatistikler serbest düşmede bedenin yalnızca 1-2 metre ileriye düşeceğini gösteriyor. Bu da atılmış olduğunu kanıtlıyor. Kısacası onlarca kanıt, sayısız mesaj ve birçok tanık aynı şeye işaret ediyor: Ş tecavüze uğradı ve öldürüldü. İkinci duruşma Mayıs'ta. Bu işin peşini bırakmayalım.

Şurası net ki, Ş davası farklı kesimleri siyasi görüşlerine bakmaksızın bir araya getirdi ancak şu farkla: Böylesi davalarda iktidara sorumluluk yüklemeyeceksin, kurumları, "bu nasıl devlet yönetimi" diye eleştirmeyeceksin. Her şeyi söyleyeceksin ama yargının bu hükümet zamanında yerlerde süründüğünü, mahkemelere duyulan güvenin hızla azalmaya devam ettiğini, kimsesizler için adalet diye bir şey kalmadığını, devletin çivisinin çıktığını dile getirmeyeceksin... Mesela şunları sormayacaksın: Neden bazı davalarda bu kadar bilirkişi raporu isteniyor. Neden uzman görüşlerinin ardı arkası kesilmiyor, raporlar havada uçuyor? Üstelik de rapor, rapora, bilirkişi, bilirkişiye karşı? Nasıl oluyor da bilimsel bulgular akşamdan sabaha bu kadar çabuk değişebiliyor? Yoksa birileri, birilerine rüşvet mi veriyor? Parası olanın raporu diğer raporun önüne mi geçiyor? Neler oluyor böyle?" Bunları sormak yok. "Her ülkede olur böyle şeyler" diyerek düşüncelerini ifade edeceksin... Şimdi devam edelim Ş davasına kaldığımız yerden. Sanık Ç ne demekte bir de ona bakalım.

Ç'nin mahkemedeki konuşmasından : "Böyle bir suçlamayla karşınızda olduğum için özür dilerim. Önce Allah'ın sonra sizin vicdanınıza güveniyorum. Herkes gösteriş amacında bir şey bilmeden bizi suçluyorlar. Biz dükkanları devraldıktan sonra Ş ile tanıştım. Ş, durumunun kötü olduğunu, bu işe muhtaç olduğunu söyledi.

Dükkanın eski sahibi ile Fevzi Ocakbaşı adlı iş yerinde, Ş kasada çalıştı. Bu dükkanları devraldığımızda yüksek miktarda borç çıktı. Çalıştıramayıp kapattık. Konuşmalarda (ne konuşulduğu duyulmayan video konuşmalarını kastediyor herhâlde) yardıma ihtiyacının olup olmadığını sorduğumuzu görebilirsiniz. Ramazan olduğu için dükkan erken kapandı. Ben de Ç ve Ş'ye ofise geçip içebileceğimizi söyledim. Ş de kabul etti. Ş'nin ilk defa geldiği yer değildi (gidilen yeri kastediyor olmalı). Bizim çeşitli işlerimizi hallettiğimiz bir yerdi. Ş ile patronu dışında ağabey kardeş gibiydik. Masada sürekli sorunlarından bahsetmişti. İşsizliğinden sınıfta kaldığından bahsediyordu. Biz de biraz kafası dağılsın diye... Restoran dışında bir kere görüşmemiz yok bizim... Ş benim aracıma bindi sonra markete gittik. Biz viski aldık o bira istedi. Hatta parasının olmadığını bildiğim için üç paket sigara aldım. Bütün gece müzik dinlemekten başka bir şey yapmadık. Önceleri Ş'nin psikolojisi iyiydi. Aramızda yakınlaşma olmadı. Kendisinin elini koyup omzuma yatması söz konusu. O durumda da benim kafamı Ş'nin tam tersi tarafa (yüzünden uzağa) kaçırmam şeyimin ('abice hislerimin' demek istiyor olabilir) belirtisi. Merve Özbey'in 'Vuracak' şarkısı çalıyordu. Sabaha karşı 3.59'da odadan çıktı. Bir süre sonra peşinden gittim. Ben gidiyorum tarzı bir şey duydum. Çantası ve telefonu masada duruyordu. Odaya gitti. Ben gördüğümde sarkık vaziyetteydi. Düşer vaziyetteydi. 'Napıyorsun sen?' deyip sol elimle tutmaya çalıştım. Tuttuğum sırada Ş "Ben gidiyorum" dedi. İçeriye koştum B'ye "Ş gitti" dedim. Olayın şokuyla Ş gitti sandım. Normal olarak gitti sandım. B o sırada uyanıktı. "Ş gitti, atladı, tutamadım" dedim, inanmadı bir süre. Aşağıya indiğimiz vakit onun da anladığını düşünüyorum. Güvenlik görevlilerinin yanına indik. Aklımda nereye düştüğünü kestirmek vardı. Sonra araca bindim yanımızda bulunan hastaneye gittim. Balgat iş makinalarının olduğu bir yerdi, ölmedi diye onu kurtarmak istedim."

Mahkemede hâkim Ç'ye sürüyor: Ş'nin, 'bu adam bana kafayı takmış' mesajına ne diyorsun?

Ç'nin cevabı: Ev arkadaşına bahane uydurdu.

Ş'nin avukatı mahkemede sanık Ç'ye soruyor: Rıfkı'da otururken Ş'yi kim davet etti?

Ç: Ben içki içelim diye ortaya söyledim. B tarafından tekrarlandı bu... Bunlar nasıl sorular? Siz dedektif misiniz avukat bey? Bu gülenler haklarını nasıl ödeyecekler göreceğiz acaba?"

Sanık B: Rıfkı'ya girdiğimde Ç, tek başına oturuyordu. Mustafa'ya konum attım. İçmeye başladık, muhabbet ettik. Ben lavaboya indim o sırada Mustafa abi "Ç'nin yanına bir kız geldi" dedi. Ben de Mustafa abiye Pınar diye bir arkadaşım vardı onu anlatıyordum. Ş, Mustafa abiyle benim fotoğrafımı çekti. İnstagram'da paylaştım. Lokanta kapanıyordu, söylemeye utanıyorum. Ramazan'dı bir biz içiyorduk orada. Sonra çıktık. Yolda Ç'ı aradım. Ş çıktı telefona. 'Marketteyiz' dedi. Gittim buldum, Ş ile Ç marketten çıkıyordu... Ş'nin Ç'nin omzuna yaslandığını görünce onları çekip, 'Şunlara bak şunlara. Şunlar gibi olmadık' diye Pınar'a yolladım... Ş'nin, Ç tuvalete gidince mesajlaştığını gördüm. Nasıl olduğunu sordum (Ne nasıl?) fakat yanıt alamadım.

Daha sonra sanık B ağlayarak şunları söyledi: Müzik dinlerken içimin geçtiğini hatırlıyorum. İlk hatırladığım Ç'nin bağırıp beni dürttüğü. Işıklar açıldı ama gözümü açamadım. Önce müzik kapandı. Windows'un kapanış sesini duydum. Şişe şıngırdama, bardak yıkanma sesi duydum. Ç ofisten çıkıyordu, arkasından gördüm. Ben boş boş bakarken yıkama sesleri gelmişti. Ş'nin nerede olduğunu bilmiyorum. Sonrasında Ç geldi. Ş, 'ben gidiyorum' dedi gitti, hadi biz de gidelim' dedi. 'Camdan atladı, gitti' deyince 'saçmalama!' dedim. Parmağını gösterdi. 'Tutarken böyle oldu' dedi. 'Biz de gidelim' derken kapıya koştum. Asansörden çıkınca güvenlikçilerle karşılaştık. Ç'e bakıyorum sakin. Kapıda Ş yok. Güvenlik 'patlama sesi duyduk' dedi. 'Ne patlaması?' diye çıkıştım. Sonra Ç'ye 'nerede kız, sen neredeydin?' diye sordum. Sonrasında karakola götürüldük. Ç'ye döndüm, 'ne oldu adam gibi anlat' dedim. 'Yarı beline kadar sarkmıştı tutmaya çalıştım tutamadım' dedi yine. İfademiz alındı bu şekilde ifade verdim.

25

Mahkemede Ş'nin babasına ait sözler: Kızım 3 yıl önce Ankara'ya geldi. Gazi Üniversitesi'nde okuyordu. Her ay düzenli harçlık gönderiyordum. 500 lira kendim, 400 lira da burs alıyordu. Bana erkek arkadaşı olduğundan bahsetmedi. Ekonomik sıkıntısı yoktu.

Ş'nin ağabeyi anlatıyor: "Yüksekten düştü" diye aradılar. Önce, "Kız kardeşiniz yüksekten düştü" dediler bana. Aramız gayet iyiydi, tatil zamanı hep İstanbul'a gelir, bizde kalırdı. Ekonomik anlamda ara sıra elimden geldiği kadar ona destek oluyordum. Çok zorlandığı zamanda söylerdi... Ben de yardım ederdim.

Güvenlik görevlisinin mahkemedeki sözlerinden: 28'ini 29'a bağlayan geceydi. (Aylardan Mayıs) Ç adlı şahıs 00.30 civarı Konya yolundan binaya giriş yapıp otopark giriş kapısının neden kapalı olduğunu sordu. "Arkadaşlar ofise dolap getirecekler" diyerek... Ben de kapıyı açamam sabah getirmelerinin uygun olacağını söyledim. Beş dakika sonra diğer arkadaşıyla Ş geldi. 'Madem öyle sizin dediğiniz olsun, arkadaşlara yarın getirmelerini söylerim' dedi.

Sahurumuzu yaptık ve devriye sırası bendeydi. Otoparka indim, 03.50 civarıydı. Murat aradı, "Bir kütleme (gürültü) oldu yukarıdan, gel" dedi. Ben de devriyemi yarıda kesip gittim. Arkadaşla mütalaada bulunurken Murat'ı gönderdim ve ekranları kontrol ettik. Konya yolu tarafına baktık, bir şey yoktu. Ekranda, benim görev yaptığım yerde, B'nin asansörden çıkıp diz çöktüğünü gördüm. İlkin asansör kapısı açıldığında B'nin asansörde oturduğu görünmüştü. B bizi görünce "Ne var?" dedi. "Patlama oldu" dedim. "Yok bir şey" deyip asansörden çıktı... Daha sonra Ç isimli şahıs arkadaşına "gidelim" dedi. "Hanımefendi nerede?" diye sordum. B, "Çıktı gitti görmedin mi lan!" dedi. Devriye arkadaşım sonradan "kadın düşmüş" dedi bana. Ç aracına binip ayrıldı. Ben de ekrandan gördüm gittiğini. B geldi o sıra "Abi bir şeyler yapın" dedi, sonra da B, Ç'e 'Neredesin lan!' diye kızdı. (Her halde telefonla konuştu.) Daha sonra ambulans polis ve itfaiye geldi. Ç çok rahattı "hadi gidelim" derken...

İkinci güvenlik görevlisi mahkemede: Kaydı Akif aldı. 12'den sonra (gece) birer saat devriyeye gideriz. 03.50 arası gümleme sesi geldi. Akif'i çağırdım patlama sesi duydum diye. Dışarıda bir şey göremeyince Akif abi 20'nci katta hareketlilik olduğunu söyledi. B, sallanıyordu, sarhoş gibiydi. Akif abiye "bir şey mi var lan!" derken asansörde oturmuş vaziyetteydi, telaşlıydı... Ç sakindi. B'yi tutup dışarıya çıkardı. Arkadaşımın üzerine yürüdü B, kızın nerede olduğunu soruyordu. Ç, "düştü" dedi. Akif abi, "polisi ara" dedi o sıra. Ç'nın arabayla olay yerinden ayrıldığını kamera kaydından gördüm. Ç, gittikten yaklaşık on dakika sonra geri geldi."

Ş'nin ev arkadaşı (kadın) L mahkemede: Ş'den köpek sahiplendim. Üç ay önce tanışmıştık. Mayıs ayında ev bulduk, birlikte taşındık, onun da eve ihtiyacı vardı. İş yeri kapanınca Ç'ın yanından ayrılmıştı. Bahçeli'de beraber oturuyorduk. Ben de Ş gibi iş arıyordum. Ş'nin bir erkek arkadaşı vardı Furkan diye. O sadece ben köpeğe sahiplendiğimde bize geldi. Ortak ev tutunca gelmedi hiç. Yemek yedik. 8 (20:00) gibi Ş arayıp durdu. "Ne yapayım gideyim mi?" diye sordu. "Sen bilirsin" dedim. "Ç, içince asılıyor bana" dedi. Daha sonra mesaj attım "Ne yapıyorsun?" diye, "Oturuyoruz' dedi. Sonra bir daha haberleştik, ofise geçiyorlarmış. Ben de "niye ofis?" diye sordum. Üzgün değildi, her zamanki Ş gibiydi.

Sanık B'nin kız arkadaşı P mahkemede: B ile yakın arkadaşlığım yoktur. Onunla en son bu olay olmadan 10 gün önce görüştüm. O gün, "Arkadaşlar var" deyip beni de çağırdı. Ertesi gün işim olduğundan gelemeyeceğimi söyledim. Videolar gönderdi. "Oturalım gel" diyordu. Aramaları sıklaşınca telefonu saat 01:00 gibi sessize aldım. Bir mesajında "Kötü şeyler oldu" diye yazdı. Saat 02:30 gibiydi. Sabah da "Beni ara" diye mesaj attığını fark ettim. "Böyle bir olay oldu" dedi, ben inanmadım. Sonradan haberlerde görünce ne olduğunu anladım."

Tanık beyanlarının ardından, Ş'nin avukatı, Mersin Üniversitesi'nden iki profesörün (bilirkişi olarak) hazırladığı rapordan söz etti. Bu raporda Ş'ye, atılmadan önce tecavüz edildiği değerlendirmesi yer almakta.

Mahkeme salonundaki olay: Ç, ifadesinin sonunda "Şule'yi öldürmedim. Onun psikolojisi bozuktu, intihar etti. Tahliyemi değil beraat imi istiyorum," deyince salonundaki bazı tipler alkış yapıp "Helal abi!" şeklinde ses çıkardılar. Bunun üzerine mağdur yakınları, davranışı kınayan sözler dile getirdi.

Bu arada Ankara Kadın Platformu üyeleri de şunları söylemekte: "Ş, harçlığını çıkarmak için çalışması gereken üniversite öğrencilerinden biriydi. Katiller, ceza almamak için olaya, intihar süsü vermeye çalışıyor. Yapamayacaklar. Bunun cinayet olduğu belli. Bugün burada olmamızın nedeni, kadın mücadelesini yalnız bırakmamaktır. Biz olmasaydık "intihar" deyip olayı örtbas edeceklerdi. Buna izin vermedik. Ş'nin, intihara değil, cinayete kurban gittiğini göstermek için elimizden geleni yaptık, basın açıklamaları düzenledik. Bu yöndeki çabalarımıza devam ediyoruz. Kadın katillerinin bulunması için kamuoyu baskısına gerek kalmayıncaya kadar da devam edeceğiz, o gün gelene kadar bu mücadelemiz sürecek, asla vazgeçme olmayacak!"

Sevgili arkadaşlar, başta da belirttiğim gibi, bu yazı dizisine sadece Ş'yi anlatayım diye başlamıştım fakat olayları okuyup, öğrendiklerimi yazayım derken kendimi kan gölünün içinde buldum. Psikoloji de "seçici algı" diye bir şey var. Bende de bu algı türü ortaya çıktı. Nereye baksam kadına yönelik şiddet haberleri dikkatimi çeker oldu. Ş davası, sizin de bildiğiniz gibi, kan gölünü oluşturan damlalardan sadece biri. Bu yüzden hangi birini anlatmalı ben de şaştım kaldım.

19 gün geriye gidelim mesela, 6 Eylül gününe. İzmir'in Çiğli ilçesinde emekli polis memuru Erdoğan Sarıyıldız önce eşini, ardından aynı silahla kendi vurdu. Olay, sabah saatlerinde, Çiğli'deki Atatürk Mahallesi 8930/1 Sokak'ta meydana geldi. Erdoğan ile boşanma aşamasındaki eşi Özlem arasında, oturdukları apartmanın önünde tartışma çıktı. Büyüyen tartışmada Erdoğan, karısını öldürüp başına dayadığı silahla intihar etti...

Erkek şiddetine maruz kalanlar yalnız Türk kızları değil elbet, yabancı uyruklu kadınlar da feryat etmekte... Kurbanlardan biri Kazakistanlıydı mesela... Geçtiğimiz yıl, 33 yaşındaki Altay Aksoy, Antalya'da, Kazakistan uyruklu kız arkadaşı Nailia Nutfullina'yı döverek öldürmüştü. 19 Ekim 2018 gecesi, (Ş'nin öldürülmesinden 5 ay sonra.) Antalya'nın Kundu Oteller Bölgesi'ndeki 5 yıldızlı bir otelde olmuştu olay. Gaziantep'te yaşayan Aksoy, bir Rus arkadaşlık sitesinde tanıştığı Kazakistan uyruklu Nailia Nutfullina ile sevgili olup tatile çıkmışlardı. Nailia, ülkesinden, Aksoy da Gaziantep'ten gelerek Antalya'daki bir otele yerleştiler. Fakat, aksilik oldu; gençlik, bir anlık şaşkınlık, ne istediğini, niye böyle davrandığını bilememek bu ya, (Allah bilir daha başka neler oldu) Nutfullina, Aksoy'a ayrılmak istediğini söyledi. Aksoy şaşırdı, kızdı, tartışmaya başladı. Otelin havuz başında oturuyorlardı. Küçük seslerle başlayan konuşmaları büyüdü, kavgaya dönüştü. İtiş kakış oldu. Altay yere düşen Nailia'yı (kadın, kız, misafir bile demeden) tekmelemeye başladı, genç kızın başını defalarca yumruklayıp, yere çarptı. Durduramadılar... Güvenlik görevlilerinin müdahale ettiği kavganın sonunda Aksoy tutuklanırken Nutfullina ağır yaralı halde hastaneye kaldırıldı. Durumu kötüydü. Yoğun bakımda tedaviye alındı fakat 21 gün sonra hayatını kaybetti. Aksoy, tutuklandı. Antalya 6. Ağır Ceza Mahkemesi'nde yargılaması yapılıyordu. Karar duruşması günü, olay tarihi itibariyle akıl sağlığının yerinde olup olmadığının tespiti için adli tıptan raporu alınmasını istedi iyi mi? Akıl sağlığı yerinde değilse serbest kalacağını umarak... Mahkeme, bu talebi reddetti. Sanığa son sözü sordu. Nailia'nın ölümünden dolayı üzüntülü olduğunu söyleyen Aksoy, "Keşke ben ölseydim. 11 aydır cezaevindeyim. Pişmanım. Tahliyemi talep ediyorum" dedi. Mahkeme katili 'kasten öldürme" suçu'ndan ömür boyu hapse mahkûm etti fakat adamın "iyi hali" vardı. (Nedir bu iyi hal derseniz. Orasını biz bilemeyiz. Hâkimlere sormalı...) Bu yüzden cezası düştü mü 25 yıla?... Daha da düşer bu... Göreceksiniz o da kısa sürede özgürlüğüne kavuşup yeni arkadaşlar aramak için internetin başına geçer. Teee Amerika'dan bile başka sevgililer bulur kendine.

20 gün geriye dönelim... 5 Eylül gününe... Manisa'nın Soma ilçesinde 26 yaşındaki Türkan K., boşanma davası sürerken ayrı yaşadığı eşi Mehmet K. tarafından bıçaklanarak öldürüldü. Alınan bilgiye göre Mehmet K. evine geldiği Türkan K.'ı öldürmekle kalmadı, beraber yaşadığı Zekeriya B.'yi de ağır yaralayıp kaçtı. Soma Devlet Hastanesi'ne kaldırılan Zekeriya B.'nin hayati tehlikesinin sürdüğü söylendi. Mehmet K. ise kayıp. Kim bilir nereye saklandı. Arama, tarama çalışmaları devam etmekte.

Şimdi de 16 gün geriye gidelim, 9 Eylül gününe...

Adapazarı'nda 62 yaşındaki Erol A., tartıştığı eşi Ayten'i mutfaktan aldığı ekmek bıçağıyla defalarca sırtından bıçakladı. Yaralı halde evden kaçmaya çalışan Ayten evine yaklaşık 50 metre uzaklıkta bir ağacın altına yığılıp kaldı. Olay, Adapazarı Camili Mahallesi'nde meydana geldi. İhbar üzerine yaralı kadın hastaneye kaldırıldı. Durumu ağır olan Ayten şu anda Sakarya Eğitim ve Araştırma Hastanesi'nde tedavi görmekte.

Yine günlerden 9 Eylül. Zonguldak'ın Çaycuma ilçesinde bir kişi birahanede çalışan yabancı uyruklu kadını öldürdü. Ölen kişi Ozodkho Abdıkarımova'ydı. Olay, ilçeye bağlı Çay Mahallesi'ndeki birahanede meydana geldi. Bir süre önce cezaevinden çıkan Vedat K. birahanede çalışan Özbekistan uyruklu 24 yaşındaki Ozodkho Abdıkarımova'ya pompalı tüfekle ateş etti. Başına isabet eden kurşunlar nedeniyle yere yığılan Ozodkho feci şekilde yaşamını yitirdi. Tüfeği olay yerinde bırakarak kaçan Vedat hâlâ aranmakta. Öldüğü belirlenen Ozodkho'nun cesedi Cumhuriyet Savcısının incelemesinin ardından hastane morguna kaldırıldı. Cinayetle ilgili soruşturma sürüyor.

Yüzlerce (belki binlerce) soruşturma var ki senelerdir sürmekte. Hâlâ kapatılamayan dosyalar hangisi acaba? Siirt'te küçük yaştaki 7 kız çocuğuna 2 yıl boyunca tecavüz edildiği iddiasıyla 15 kişi gözaltına alınmıştı, aralarında iki kamu görevlisi olduğu söyleniyordu. Olaya karışanların sayısının 100'ü bulabileceği belirtilmişti. Ne oldu o davaya? Milletvekilinin biri meclise soru önergesi vererek şu soruları sormuştu: "Siirt'te yaşanan cinsel istismar olayının uzun süredir bilinmesine ve olayın 6 ay önce Emniyet Müdürlüğü'ne intikal etmesine rağmen cinsel istismarın devam ettiği iddiaları doğru mudur? Cinsel istismar konusunun iki senedir bilinmesine rağmen, olaya gereken ilgiyi göstermeyip sessiz kalan ve olayı görmezden gelen kamu görevlileri hakkında kapsamlı bir soruşturma açılacak mıdır? Soruşturma tamamlanana kadar ilgili kamu görevlileri açığa alınacak mıdır? Emniyet Genel

Müdürlüğü'nün cinsel suçlarla ilgili hazırlamış olduğu rapor, 2007 yılında gerçekleşen bin 268 tecavüz vakasında, 800 çocuğun cinsel saldırıya uğradığını ortaya koymuştur. Cinsel istismara uğrayan çocukların %70'i küçük yaştaki çocuklardır. 2008-2009 yılları arasında cinsel istismara uğrayan çocuk sayısı kaçtır? Cinsel istismara uğrayan çocukların yaş gruplarına göre dağılımı nasıldır? Cinsel istismardan korunma konusunda, çocuklara ve ailelerine yönelik bilgilendirici çalışmalar yapılmakta mıdır? Bu konuda Milli Eğitim Bakanlığı nezdinde herhangi bir girişimde bulunulmuş mudur? Çocuklara yönelik cinsel istismar vakalarının ortaya çıkarılması ve gizlenmesini önlemek için, okullarda ve Sosyal Hizmetler Çocuk Esirgeme Kurumu yetiştirme yurtlarında özel tedbirler alınması veya bunun için özel bir mekanizma oluşturulması gündemde midir?"

"Değildir", bir şey deyim mi? Bu sorulara verilecek en güzel cevap bu bence. Milletvekilleri de boşuna soruyor. Bazıları meselenin konuşularak halledilebileceğini sanmakta. Böyle bir sorunun çözümü evet, önce yasaları etkili uygulamaktan geçer fakat, daha yaşanır bir toplum için yeni bir düzen gerekmekte... Bu düzenin sosyalizm olacağını düşünüyorum. Gelecekte kimseyi işsiz, ekmeksiz, aç, açıkta bırakmayan, kadın özgürlüğüne dayalı, din düşmanı da olmayan, yeni bir sosyalizm kurtulması şart. Gelecekte İnsanı ve doğayı koruyan devletlerin sayısı umarım artar. Böylece insan yeniden insan olur, dünya bir gün baştan tekrar kurulacak diye düşünmekteyim... Bu meselede fazla iddialı konuşursam doğru olmaz ama doğru olan bir şeyi var: Yaşadığımız düzen ruh ve beden sağlığına iyi gelmiyor. Demir kafeslerde büyütülen fabrika civcivlerinden farkımız kalmadı. İnsan, yeni dünya şirketlerinin ev hapsinde, sadece çocuk büyütüp sosyal medyada bir şeyler paylaşarak mutlu olamaz. İnsan üretmek, kazanmak, gezmek, bütün dünyayı öğrenip yeni insanlar görmeyi istemekte. Bu günün mutsuzları, dünyanın evimiz gibi olup herkesin güvende, huzur içinde yaşamasını da çok ister. Biraz da siz anlatın arkadaşlar. Haksız mıyım?

Bu kötü olayları anlatmamın bir nedeni de çürümekte olan düzeni, biraz daha ışık altına çekerek görünür kılmaktır. Size değil, kendime yapıyorum bunu merak etmeyin. Kuşkusuz kimsenin benden gelecek bir bilgiye ihtiyacı yok. Herkes her şeyi en az benim kadar görüp biliyor. Benimkisi gevezelik. Kimseye bir şey öğretemeyeceğimi bilmez değilim. Ama siz, sözlerimi önemseyip okumasanız bile daima kendi kendime düşünüp soracağım şey olacak. Şu anda yaptığım şey de bu; görünürdeki fani dünyaya dair kendimce bir günlük tutmaktayım. Bu günlüğün, eski günlüklerden farkı şu: Sözlerimi saklamıyorum, yazılarımı okuyabiliyorsunuz. İsterseniz görüş de bildirebilirsiniz. Beğenmeyenler okumaz, herkes kendi yoluna gider. Böylece onlarla da anlaşmış oluruz. Bu kadar gevezelik yeter. Konumuza dönersek...

Ş davasının 4. duruşmasına bu gün itibariyle 20 gün kaldı. Şimdi de 12 Eylül günü okuduğum habere bakalım. Hep kadınlar öldürülecek değil ya, bu defa öldürenler anayla kızı... 13 gün önce Afyonkarahisar'da korkunç bir olay yaşandı. Kıymet Albayrak isimli kadın imam nikahıyla yaşadığı Abdullah Gazi'yi ekmek tandırında yaktı. Cinayeti, Albayrak'ın kızı G.A., üstlendi. Kıymet Albayrak, durdu durdu, diğer kızının ihbarı üzerine kocasını öldürüp bahçede bulunan ekmek tandırında yaktığını itiraf etti, yargılandı, 16 yıl ceza alıp hapse atıldı. Cinayete yardım eden kızı G.A. ise 2 yıl 9 aya mahkum edildi ancak, tutukluluk süresini göz önüne alıp tahliyesine karar verdiler. Kıymet, cinayetten sonra 28 Ocak tarihinde ilçe emniyet amirliğine giderek kayıp başvurusu yapmıştı. Bunun üzerine polis 10 gündür bulunamayan Abdullah'ı aramaya çıkmıştı. Arama çalışmaları sürerken evin küçük kızı A.A., cinayeti annesinin işlediğini söyledi. Sonrası daha ilginç arkadaşlar.

O ara Kıymet, İstanbul'a TV programı için gitmişti. Anlaşılan cinayet işlemekle kalmıyor bir de televizyona çıkıp "Kocam, nerede, bulamıyoruz, kocamı bulmak istiyorum" oyunu oynamaktan (milletin zekasıyla dalga geçmekten) keyif almaktaydı. Lakin kızı oyunu bozdu. Konuşunca, cesedin evin arkasındaki tandırda yakıldığı ortaya çıktı. Bunun üzerine evde inceleme yapıldı. Cinayeti, annesinin yerine üstlenen G.A.'nın ifadesi şöyle: "Anneme senet imzalatmak istemişti. İmzalamayınca dövmeye başlıyordu. Silah dayayıp vuruyordu. Sonra ben araya girdim, silah ateş aldı. Kime geldiğini anlayamadım, tabanca babamın elindeydi. Baktım, babam birden yığıldı. Öldüğünü anlayınca korktuk, polise gidecektik, korkudan gitmedik. Annen, ben, kardeşim cesedi evin arkasına taşıdık. Orada ekmek yapılan, "tandır" dediğiniz bir yer var. Cesedi orada yaktık. Küçük kardeşim ne olduğunu bilmiyordu. Anlayacağı kadarını söyledim, 'Olay çıktı vuruldu' dedim. Annem bize hem annelik, hem babalık yapmıştır. Ona bir şey olsun istemedim. Eğer anneme vurmasa, dövmeye kalkışmasaydı silah patlamayacak bu kaza da olmayacaktı."

26

İç Ege'ye bakalım birde. Tarih 13 Eylül. Habere göre, Manisa'da 18 yaşındaki Gamze adındaki genç kadın evinin mutfağında av tüfeğiyle başından vurularak öldürüldü. Söz konusu silah olay yerinde ele geçirilirken 3 kişi gözaltına alındı. Yunusemre ilçesine bağlı Fatih Mahallesi'ndeki cinsiyeti, 24 yaşındaki G.C., 28 yaşındaki Ş.C.C. ve 30 yaşındaki H.Y. adlı kişilerin işlediği sanılmakta. Yapılan incelemelerin ardından Gamze'nin cenazesi adli tıp morguna kaldırıldı. Şüpheliler de ifadeleri alınmak üzere karakola götürüldüler.

Başka bilgiler de buldum. Şöyle demekte gazete haberi: Olayla ilgili soruşturma yürüten polis ekipleri, hayatını kaybeden Gamze Kurt'un olaydan bir gün önce, 17 yaşındaki kuzeni Gülsüm C., (Yukarıdaki haberde 24 yaşında olduğu yazılı) 30 yaşındaki arkadaşları Hüseyin Y., ve 28 yaşındaki Şerif Can C. ile evde birlikte olduklarını belirledi. Gamze Kurt ve Gülsüm C.'nin mutfakta yemek yaptığı sırada av tüfeğiyle oynayan Hüseyin Y. ve yine evdeki pompalı tüfeği kurcalayan Şeref Can C. şakalaşmak niyetiyle silahlarını Gamze Kurt'a doğrulttular. Bu sırada Hüseyin Y.'deki av tüfeğinin ateş alması sonucu Gamze Kurt başından vuruldu. Olay sonrası evden çıkan üç kişiden Gülsüm C. ve Şeref Can C. polis ekiplerine teslim oldu. Hüseyin Y. ise Ankara'ya gitmek üzere Manisa Büyükşehir Belediyesi şehirlerarası otogarında polis ekipleri tarafından yakalanarak gözaltına alındı.

Dikkat ederseniz bu haber üzerine pek çok soru sormanız gerekir. Niye bir evde bu kadar çok silah var? 17 yaşındaki (ilk haber doğruysa) Gülsüm'ün 30 yaşında arkadaşı varmış... Bu nasıl olmakta? 28 yaşındaki Şeref polise teslim olmayıp kaçmış. Kaza olduğuna göre kaçmaması gerekirdi. Kaçtığına göre sebebi neydi? Karakola gidenler olay hakkında nasıl bir açıklama yaptı? Önemli bir soru da şu: Ev kimindi? "18 yaşındaki genç kadın kendi mutfağında" deniyor haberde? Gamze evli miydi? 18 yaşında olduğuna göre, çocuk yaşta mı evlendirilmişti? Nikahlı olduğunu kabul edersek, kocası kimdi ve sırada nerede, ne yapıyordu? Eve gelip silahla oynayan kişilerle karısının arkadaş olduğunu biliyor muydu? O halde kimdi bu evdeki erkekler. Gamze'nin ailesi nasıl bir aileydi mesela? Ölenin yakınları adı geçen adamları tanır mıydı? Bu soruların şimdilik cevabı yok. Karıştırsan olayın altından neler çıkar, Allah bilir... Şimdilik karıştırmayalım... Demek istediğim şu ki Gazete haberlerine daima kuşkuyla bakmak lazım. Tek kaynaktan değil, birçok kaynaktan, (İnternet sitesinden de) olayları takip etmeli.

Böyle işte... günler cinayet haberleriyle geçiyor sevgili dostlar, bugünlerde böyleyim... başka şeyler de okuyorum ama gündemimde, eskiden 3.sayfa haberleri diye bilinen bu konular yer alıyor. Neyse... Tekrar Ş davasına dönersek... Dün, yeni bir gelişme daha oldu. Hani sanık avukatları, "Hacettepe Üniversitesi Adli Tıp Anabilim Dalı Başkanlığı ile Ortadoğu Teknik Üniversitesi Fen Edebiyat Fakültesi Fizik Bölümü'nden birer akademisyenin de dahil olacağı bir kuruldan yeniden rapor (olay yeri incelemesi raporu) alınmasını talep etmişlerdi ya, bu talep kabul edilmiş. Yeni raporu düzenleyenler, maktule ait eşyaların duruş pozisyonu hakkında şöyle demekteler: "Yukarıda analiz edilen mevcut veriler ışığında olayın iddia edildiği gibi Ş'in pencereden atılması halinde ceset, çorap ve ayakkabılarının olay yerinde tespit edilen pozisyonu alabileceği gibi olayın, sanıkların savunmasında belirttiği şekilde meydana gelmesi halinde de ceset, çorap ve ayakkabılarının olay yerinde tespit edilen pozisyonu alabileceği; mevcut verilerle aralarında kesin bir ayrım yapılamadığı kanaatini bildirir bilirkişi raporudur." Yani şunu demek istiyorlar: "Ş'nin avukatı da haklı, sanıkların avukatları da... biz bir şey diyemeyiz..." Maksat ne? Hâkimlerin, milletin kafasını karıştırmak mı? Bütün bunlar, "Gördünüz mü her şey olabilirmiş" diyenlerin sayısını artırma çabası mı?

Haliyle Ş'nin avukatı, bu tuhaf ötesi rapora itiraz ederek şöyle demekte: "Söz konusu rapor ile hakikatin gün yüzüne çıkması için yapılan mahal (yer, yöre, olay yeri inceleme) keşfinden beklenen fayda elde edilememiştir. Raporda mevcut deliller bütün halinde değerlendirilmek yerine iki ihtimalli saptamalar yapılarak sonuç çıkarmamız beklenmektedir. Bütün delillerin incelenmediğine yönelik örnek vermemiz gerekirse; sanıkların maktulün atladığını iddia ettikleri pencerede neden hiçbir parmak izinin bulunmadığı yönünde bir değerlendirmede bulunulmamıştır. (Mesela 'Ş, önce boğulup sonra atılmış olabilir' deniyordu. Bu iddiaya da mı cevap verilememekte?) Bu nedenle Hacettepe Üniversitesi Adli Tıp Anabilim Dalı Başkanlığı ile Ortadoğu Teknik Üniversitesi Fen Edebiyat Fakültesi Fizik Bölümü'nden birer akademisyenin de dahil olacağı bir kuruldan yeniden rapor alınmasını talep ediyoruz."

Ben size söyleyeyim... bu dava bitmez. 05.01.2018 günü öldüren Ecem Balcı'nın davası da bitmedi, devam ediyor. 3 Ekim'de (6 gün sonra) 6. duruşması yapılacak. Pek çok dava var ki bu şekilde devam etmekte, bitmek bilmiyorlar. Bu hâl karşısında mağdur yakınları ne der, ne düşünürler, bir de ona bakalım. Özgecan'ın babası mesela... Şöyle demekte: "Bu konuyla ilgili söyleyebileceğim tek şey var; artık yasalara ve devlete olan inancımı kaybettim. Hiç kimse kadına karşı şiddetle ilgili çaba göstermiyor. Sadece olduğu anda olayı yaşayan ailenin acılarını paylaşıyorlar. O küçük 10 yaşındaki çocuğun (katilin çocuğunu kastediyor her hal) artık geleceği yok, o çocuğun hayatı da bitti. Bu nedenle kadın cinayetleri konusunda herkes riyakar ve ikiyüzlü. Bu acıların ve sıkıntıların son bulmasını istiyorum fakat sadece yasaların artırılması ya da idamın gelmesiyle bir çözüme kavuşmaz. Çünkü bu olay tek boyutlu bir olay değil. Çok boyutlu bir olay, çözüme ulaşabilmesi için geniş çaplı bir şuranın oluşması gerekiyor. Bu da hemen olacak bir şey değil, uzun vadede olacak bir şey."

Konuşan başka mağdur yakınları da var kuşkusuz... Sözlerine önem verilmesi gereken kişiler bunlar. 19 yaşındaki Özgecan'ın, minibüsün içinde boğazı kesilerek nasıl öldürüldüğünü bilirdim, çıkan haberleri okuyordum da mesela Aslan ailesinden başka bir kızın (Özgecan'ın kuzeninin) ölümünden haberim yoktu. Dedim ya, "ben de bu yazı dizisinin öğrencisiyim" diye... Yazarken, ülkemde olan olaylara dair pek çok şeyi bilmediğimi fark ediyorum. Ben ki her gün gazete okuyup olayları takip eden biriyimdir. Bırakın cinayetleri, bugün ülkemizde Atatürk'ü tanımayan, Peygamberimizin ölümünden bile Cumhuriyeti sorumlu tutan, beyinsiz, insan görünümlü fakat, özel uçakla seyahat edip, pahalı otomobillere binebilen tipler var. Onlar gibi tarikat üyesi olmayıp belli konularda araştırma yapan biri olduğum halde benim dahi bilemediğim, haberini hiç alamadığım konular oluyor. Neyse... Bunları fazla konuşunca sinirlerim bozuluyor. Özgecan'ın kuzeni

Cemile Ertürkoğlu'dan söz ediyordum. Cemile'nin de geçtiğimiz yıl Kasım ayında (28 Kasım 2018, Ş cinayetinden 6 ay sonra) boşanma aşamasında olduğu eşi Mustafa Ertürk tarafından öldürüldüğünü öğrendim. Eşi olacak adam, Cemile'yi bıçakla öldürdükten sonra parçalara ayırıp, kıyma makinesinden geçiyor, sonra da bunları poşetleyip Mersin'in farklı yerlerine çöp diye atıyor. Cemile'nin ağabeyi Cem Aslan şöyle demekte: "Her geçen gün bu cinayetlerin artmasının sebebi; caydırıcı cezaların olmaması. İşlenen cinayetlerde 'Pişman mısınız?' sorusu soruluyor. En sorulmayacak şey. Bu, hırsızlık yapmadı yalan söylenmedi, belki bunların pişmanlığı olabilir, cinayetin pişmanlığı olmaz. Çünkü, giden geri gelmez. Bir insanın canına hele bu şekilde vahşice kıyan, birine bu sorulmaz. Bunlar hep bir başka cinayetin önünü açıyor. Kadın cinayetleri sürekli artıyor."

Kocaeli Gölcük'te 17 yaşındayken öldürülen Ecem Balcı'ya bakalım birde. Ecem, annesinin erkek arkadaşı Süleyman Kara tarafından geçtiğimiz yıl Ocak ayında (05.01.2018, Ş cinayetinden 4 ay önce) katledildi. Genç kızın babası Gökhan Balcı, "Çok zor bir duygu, canınızdan bir parça artık yok. Tarifsiz bir acı. Özellikle Ecem'in ölümü ardından o kadar fazla kadın cinayeti haberi duydum ki, bu da binlerce acı demek. Yasalar yeterli olmadığı için de bu acılar katlanarak artıyor, tek temennim bu ölümlerin son bulması" demekte.

İstanbul Sultanbeyli'de özel bir bankada çalışan 24 yaşındaki Ceylan Timuroğlu, Ataşehir Ferhatpaşa Mahallesi'ndeki evine gelen ağabeyi 38 yaşındaki Erhan Timuroğlu tarafından 2017 yılında tabancayla vurularak öldürülmüştü. "Katiller hep tanıdık" diyen baba Adem Timuroğlu şöyle demekte: "Benim kızım da annesinin ve benim gözlerimin önünde zalim ağabeyi tarafından öldürüldü. Kızım gibi her gün biri öldürülüyor. Tüm katiller bu kadınlara yaşattıklarının daha ağırını yaşasın ki, bizlerin acısı dinsin."

Helin Palandöken var bir de... İstanbul Pendik'te lise öğrencisiyken arkadaş olmayı reddettiği Mustafa Yetgin tarafından 2017 yılı ekim ayından pompalı tüfekle başından vurularak öldürülmüştü. Pelin'in babası, Nihat Palandöken, "Kızım öldüğü günden beri, başka Helinler ölmesin, caydırıcı yasalar çıksın diye uğraştım. Caydırıcı yasalar çıksın, katiller alacakları cezaların yüksek olduğunu bilsinler. Helin'in acısı hala yüreğimde yaşarken, Helin'den sonra yüzlerce Helin öldü ve caydırıcı yasalar çıkmazsa kadınlar öldürülmeye devam edecek. Diğer taraftan eğitim çok önemli. Kadın kimsenin malı değil. Ama ne yazık ki farklı bahanelerin arkasına sığınıp rahat bir şekilde kadınları öldürmeye devam ediyorlar" demekte.

İstanbul'da yaşayan üç çocuk annesi 51 yaşındaki Fatma Şengül de geçen Mart ayında (Ş cinayetinden 3 ay önce) iş arkadaşı Zeynel Akbaş tarafından 4 kurşunla katledildi. Şengül'ün kızı 25 yaşındaki Açelya Şengül bitmeyen acısını, "Maalesef ki ben de Emine Bulut'un kızı gibi annesinin ölümünü izlemiş bir kız çocuğuyum. Annemin kurşunlanırken attığı ah çığlığı, son nefesini verdiği o an halâ gözümün önünde. Katil, annemi 4 kurşunla katlettikten sonra 'iyi hâl' indirimi almak için kendini yaraladı. Cinayetin 'iyi hâl' i olabilir mi? Hangi iyi hâl 25 yaşından sonra bir daha gülemeyecek olan beni değiştirebilir? Hangi iyi hâl bana annemin gülüşünü geri verecek?" diyerek anlatmakta.

Sevgili arkadaşlar, bunları okuyorsanız bilim ki siz de ağır işçisiniz; kendinizi yetiştirme konusunda ağır işçilik yapmaktasınız. Nicedir bu, acıları büyük insanların dertlerine kulak veriyorsunuz. Okurken içiniz kararıyor biliyorum ama iyi bir şey yapıyorsunuz. Kendi çalışmam, araştırmam diye söylemiyorum... İnanın ben de şu anda kendimi yazdıklarımın öğrenci gibi hissediyorum. Olayları uydurmadığımdan, okuduğunuz pek çok şey gerçek. "Zor bir iş bu bilgileri derleyip yazmak ama iyi ki de yapıyorum" diyorum. Bir de gerçeği sadece gerçeği bilmek isteyenler varsa aranızda... ki, var, ne mutlu bana... Devam edelim o zaman. Ecem Balcı cinayetinden önce Özgecan'ın kuzeninden söz etmek istiyorum.

Olayın özeti şöyle: Mersin'in merkez ilçelerinden Akdeniz'in Bahçe Mahallesi'nde oturan katil, 28 Kasım'dan, yani cinayetten iki gün sonra karakola gider. Lojistik firmasında çalışan bu katilin adı Mustafa Ertürkoğlu... ilkin karakola giderek bankacı eşi Cemile'nin kayıp olduğunu söyler. Fakat, ifadeleri tutarlı değildir. Durum polisin, haliyle ilgili savcılığın dikkatini çeker. Aileden birçok kişinin ifadesine başvurulur. Sanığın evinde yapılan aramada, bütün temizlik çalışmasına rağmen kan izleri olduğu görülür. Mustafa Ertükoğlu şüphe üzerine gözaltına alınır. Soruşturma devam ederken sonunda 36 yaşındaki zanlı konuşmaya başlar. Hakkında 'canavarca hisle veya eziyet çektirerek öldürme' suçlamasıyla iddianame hazırlanır. 'Müebbet hapis cezası'yla yargılanacaktır. Zira anlattığı olaylar korkunçtur. Eşini öldürüp cesedini parçaladıktan sonra çocuğunu okuldan alıp komşusuna çay içmeye gittiğini dile getirmiştir. Cumhuriyet Savcılığınca hazırlanan iddianame, Mersin Ağır Ceza Mahkemesi tarafından kabul edilir. Sanık, 'tasarlayarak öldürme', 'canavarca hisle veya eziyet çektirerek öldürme' ve 'eşi kasten öldürme' suçlamalarıyla hâkim karşısına çıkacaktır. İddianamede pek çok ayrıntıya yer verilmekte. Evlilik yıldönümü olduğu için eşine hediye aldığını söyleyen Mustafa, ayrılmak üzere olduğu karısının kendisini sevmediğini söyler. Zanlı, hediye verme bahanesiyle karısını eve çağırmıştır. İçeriye giren eşinin gözünü şalla bağladığını, onu yatak odasında kapattığını, boğazını maket bıçağıyla kestiğini, bütün bu işleminse 2-3 dakikada bittiğini anlatır. Karısının öldüğünden emin olduktan sonra yakındaki bir mağazadan kıyma makinesi alır. Parçalayıp makineden geçirdiği cesedi poşetleyip şehrin farklı yerlerindeki çöp kutularına atar. Ayrıca, cesedin bazı parçalarını Şehir Mezarlığındaki kayınvalidesinin mezarının yanında bulunan 'Elazığlı' olarak hatırladığı mezara gömdüğünü ifade eder. Daha sonra, yem olarak kullandığı çocuğunu okuldan aldığını, birlikte markete gidip alışveriş yaptıklarını dile getirir. Oğluyla çocuk parkında biraz oyalandıktan sonra komşu evine çay içmeye giderler. Burada 20.30'a kadar oturduktan sonra 21.00 gibi eve geçtiklerini dile getirir. Çocuğunun 23.00 sularında uyumasıyla birlikte eşini parçalamaya devam ettiğini söyler. Büyük parçaları yok ettikten sonra oğlu okuldayken tekrar eve döner. Evdeki kalıntı ve izleri görünmez kılmak için banyoyu, tuvaleti çamaşır suyuyla yıkadığını anlatır. Fayansları arasını diş fırçasıyla temizlemiştir. Üzerinde cesedi parçaladığı halıyı da 10 santimlik parçalar halinde kesip, ayrı ayrı poşetlere koyarak evin yakınındaki çöp konteynırına attığı ifade edilir. Bu işi de yaptıktan sonra polis merkezine giderek karısını kayıp olduğunu söyler. Öldürmüştür çünkü sevgisine karşılık bulamamıştır. Karısı tarafından sevilmediğini söylerken, yargılama sürecinde faydalı olacağını bildiğinden, cinayeti planlayarak işlemediğini belirtir.

Fakat İddianameyi düzenleyenler, plan konusunda katilin söylediklerinin tersini ileri sürülerek şöyle derler: "Böyle bir cinayeti işleyen normal bir kişi (gazeteden aldığım haber böyle arkadaşlar. Normal bir kişinin nasıl böyle bir cinayet işleyeceğini ben de anlamış değilim. Türkçe'nin azizliği belki... 'Normal şartlar altında' demek istediklerini varsayalım lütfen. Bu da olmaz ya...) geçirdiği şokun etkisi ile olayın detaylarını tam olarak anlatması mümkün olmaz. Buna rağmen şüpheli, cinayet anını saat saat ve tüm ayrıntıları ile hiç bir anını atlamadan anlatabilmektedir. Cinayeti işlemeyi önceden tasarladığı belli. Karısını kimsenin olmadığı bir yerde savunmasızken ele geçirmeyi tasarlanmıştır. Bu amaçla WhatsApp uygulaması üzerinden telefonla ısrarla arayarak olay günü eşini eve çağırmıştır. Maktul eve geldikten sonra planladığı şekilde önceden temin ettiği ve yatak odasına bıraktığı maket bıçağı ile kadının boğazını kesmiş, vücudunu ayırıp, etini kıyma makinesinden geçirmek suretiyle vahşice bir yöntemle bu cinayeti işlemiştir."

Olaydan bir gün sonra akşam, Cemile'nin ağabeyi Cem Aslan, eniştesinin karısını aradığını söyler. Mustafa, karısına: "Cemile 2 gündür eve gelmiyor. Ben karakoldayım. İfade veriyorum" demiştir. Cem Aslan sözlerine şöyle devam etmekte : "Eşim beni aradı. Birlikte karakola gittik. Mustafa'nın karakolda ifade verdiğini duydum... o andan itibaren polislere, 'Mustafa, kardeşimi öldürmüş olabilir' diyerek şüphelendiğimi anlattım. İfadem alınırken eşim, Mustafa'ya 'Mustafa oğlum Cemile iki gündür kayıpsa sen ne yapıyordun? Niye bize bildirmedin? Nasıl bu kadar rahat uyudun?' diye sormuş. O da 'Abla ben rahat yatmadım ki, hatta hiç yatmadım. Sabaha kadar evde temizlik yaptım' demiş. Eşim de 'Mustafa ne temizliği bu?" diye sorunca, 'Battaniyeleri, halıları, yollukları yıkadım. Evi temizledim' şeklinde cevap almış."

Cem Aslan, eniştesinin, kardeşini planlayarak öldürdüğüne de kesin olarak inanmakta. "Bölgedeki tüm kamera kayıtlarının yerini biliyor ve ona göre hareket etmiş... hiçbir görüntüye takılmamış..." demekte.

Cemile'nin ölümüyle ilgili (2 Aralık 2018 tarihli) Meclis'e verilen bir de soru önergesi var. Kadın cinayetlerinin geldiği boyutu anlamamız için bence önemli. Önergenin gerekçesi şöyle: "Mersin Akdeniz ilçesine bağlı Mahmudiye mahallesinde yaşayan Cemile Ertürkoğlu'nun, boşanmak istediği Mustafa Ertürkoğlu tarafından 28 Kasım 2018 tarihinde öldürüldüğü basına yansımıştır. İddialara göre Mustafa Ertürkoğlu, cinayetin sonraki gününün akşamında Cemile Ertürkoğlu'nun ağabeyinin eşini arayarak "Cemile 2 gündür eve gelmiyor. Ben karakoldayım. Cemile'nin eve gelmemesiyle ilgili de şu anda karakolda ifade veriyorum" demiş, ağabey Cem Aslan ise karakola giderek, kardeşinin Mustafa Ertürkoğlu tarafından öldürülmüş olabileceğine yönelik ifade vermiştir. Cemile Ertürkoğlu'nun kayıp olduğu süre boyunca

Mustafa Ertürkoğlu'nun evde temizlik yaptığını beyan eden Cem Aslan, Mustafa Ertürkoğlu'nun, bölgedeki tüm güvenlik kameralarının yerini bildiğini ve ona göre hareket ederek, hiçbir görüntüye de girmediğini iddia etmiştir. Soruşturmayı yürüten Cumhuriyet Başsavcılığı tarafından dosyaya gizlilik kararı getirilmiştir. 2015 yılında tüm kamuoyunu ayağa kaldıran Özgecan Aslan cinayeti ile gündeme gelen Mersin'de yine bir kadının vahşice öldürüldüğü anlaşılmaktadır: 1-Cemile Ertürkoğlu'nun adli mercilere şiddet gördüğü yönünde yapmış olduğu herhangi bir başvuru var mıdır? 2-Cemile Ertürkoğlu cinayeti nasıl işlenmiştir? 3-Soruşturmayı yürüten Cumhuriyet Başsavcılığı hangi gerekçeyle dosyaya gizlilik kararı getirmiştir? 4-Vahşice işlendiği açıkça anlaşılan Cemile Ertürkoğlu cinayetiyle alakalı, ilgili makamlarca kamuoyuna açıklama yapılacak mıdır? 5-Kadın cinayetlerinin durdurulmasında bir milat olarak kabul edilen Özgecan Aslan Cinayeti sonrasında Mersin'de kaç kadın cinayeti işlenmiştir? 6-2002 yılından bu yana Türkiye genelinde işlenen kadın cinayetlerinin yıllara göre sayısı ve oranı nedir?

Mehmet Barlas'ı bilir misiniz? Gazeteci, köşe yazarı... Kendileri, daima güçlüden yana olan ünlü bir isimdir. Zerrece sevmem ama anlattığımız konuda söylediği sözleri var. Şöyle demekte (okuyacağınız makalesi günümüze, nasıl bir dönemde, neden böyle sorunlar içinde yaşadığımıza da ışık tutmakta): "Okurken insanın kanını donduran cinayet haberleri herhalde çok rağbet görüyor ki, bunların sayıları artarken, bir yandan da haberleri vahşete kaydıran sahneler daha da kanlanıyor. (Hatırlatayım da arkadaşlar... Barlas'ın her sözünü ciddiye almayın. 'Laf olsun torba dolsun' şeklindeki sözleri çoktur. Şekilde gördüğünüz gibi...) Kocası tarafından bıçaklanan Emine Bulut'un can vermeden önce kızı ile insanın içini yakan diyaloğunun etkisinden henüz kurtulmamışken, şimdi de Mersin'li Cemile Ertürkoğlu'nun eşi tarafından öldürüldükten sonra nasıl parçalandığını dava dosyasını okuyarak öğrendik... Aramızdalar... Kısacası gazeteci Cemal Kaşıkçı'nın konsolosluk binasında boğazlanıp parçalanmasını planlayan Suudi Arabistan yetkililerini gözden geçirirken, bunların benzerlerinin bizde her gün sokaklarda ve aramızda gezdiğini ister istemez düşünmüyor muyuz?... Boğazını kesmiş... şu Cemile Ertürkoğlu cinayetine baksanıza...

Mersin'in Tarsus ilçesinde 11 Şubat 2015'te minibüste tecavüz edilmek isterken öldürülen Özgecan Aslan'ın (20) kuzeni olan bankacı Cemile Ertürkoğlu, merkez Akdeniz ilçesi Bahçe Mahallesi'nde 28 Kasım 2018'de boşanmak üzere olduğu eşi lojistik firması çalışanı Mustafa Ertürkoğlu tarafından boğazı kesilerek öldürülüyor... Sonra da çay içmiş...

Cinayet sonrasında cesedi eşi tarafından parçalara ayrılıyor. Cinayete ilişkin savcılık iddianamesi hazırlanırken, katil zanlısı Ertürkoğlu'nun ifadeleri de ortaya çıkıyor.. Buna göre Ertürkoğlu, hediye verme bahanesiyle eve çağırdığı eşinin boğazını maket bıçağıyla kestiğini, kıyma makinesine atarak parçaladığı cesedin bir kısmını kentin farklı noktalarındaki çöp konteynerlerine attığını, bir kısmını ise şehir mezarlığındaki bir mezara gömdüğünü ve daha sonra oğlunu okuldan alıp komşuya çay içmeye gittiğini, cinayet izlerini yok etmek için de evi çamaşır suyu ile temizlediğini anlatmış... Bu bizim hayatımız... Bu tür haberlerle günlük hayatın diğer sahnelerini yansıtan haberleri birlikte yaşıyoruz. Ve aklıma sürekli Refik Halit Karay'ın "Bu Bizim Hayatımız "romanında anlattıkları geliyor. O romanın kahramanı Mazlum Sami'nin de iki hayatı vardır. Birinci hayatı, bir konakta geçen gençliğinde aşk yaşadığı konağın hizmetçisi Hüsniye'ye endekslidir.

İkinci hayatı ise şimdiki eşi Şehriyar Hanım'la yaşadığı sosyetik yaşamdır. Mazlum Sami bir dedektif tutarak Hüsniye'yi aramaya başlar. Ama sonunda bugünden kurtulmasının mümkün olmadığını anlayacaktır. Bizler de birer Mazlum Sami değil miyiz?

Ne yaparsak yapalım bugünden ve özellikle cinayet haberlerinden kurtulamıyoruz."

27

İşte bu dur: ünlü yazara göre hepimiz birer roman karakteri Mazlum Sami'yiz. Ne şiş yansın ne kebap... Bu kafa yapısına göre rahat yaşamak istiyorsanız, ne olursa olsun zerrece hükümete laf söylemeyeceksiniz, "bunlar olur, olağan şeyler, Amerika'da da oluyor, hatta bu ne ki, İnsanın aklı durur, ne olaylar yaşanmakta..." deyip geçeceksiniz. Sayın yazar bu işlerin ustası olmuş. Büyük kentlerde canlı bombaların patladığı günlerdi, hatırlarsanız. O zaman da "Ortadoğu ülkesiyiz, bomba patlıyormuş, patlayacak tabii, Bağdat'ta da her gün patlıyor..." şeklinde sözler söyleniş, yine hükümeti, emniyeti, güvenlik güçlerini suçlu göstermemek, "ihmal var, devlet iyi yönetilmiyor" dememek için elinden gelenin en iyisini yapmıştı. O zaman neden yazısını okumanızı istedim? derseniz nedeni şu arkadaşlar, Bugünümüze giden yolun taşlarını döşeyen birileri var. Bunlar görevlerini vicdanla yapsalardı bugün, kimsenin yerinden kımıldatamayacağı ağırlıkta, taş gibi sağlam, güvenilir bir yargı sistemimiz olacaktı. Bu yargı gerektiğinde devleti yönetenleri de yargılayıp hesap soracaktı. İşte o zaman her türlü suçun oranı azalır, mala, cana zarar gelmezdi. Parası olanlar da yargıdan kaçamayacaklarını bilir, suçtan uzak dururlardı, hayatımız daha insanca bir hayat olurdu. Böylece toplum rahat bir nefes alırdı. Bu yüzden şeytanı ve avukatlarını tanımamız lazım. Sayıları o kadar çok ki... Şu âna kadar ancak bir kaçından söz edebildim. Sadece gazeteci değiller... her alanda, her konuda, şahsi menfaatleri uğruna şeytana kulluk, yeri geldiğinde de avukatlık edenler var. Bunlardan biri geçenlerde, dünyanın en güvenilir yargı sistemine sahip olduğunuzu söyledi. Vekillerden biri de "Yasama bizde, yürütme bizde, yargı bizde, her şey bizde..." diyerek aslında nasıl bir demokraside yaşadığımızı çok net bir şekilde dile getirdi.

Öyle insanlar var ki sevgili dostlar, Allah hepsinin belasını versin... Sözlerini duysanız aklınız şaşar, "Biz nerede yaşıyoruz? Dünyanın en demokratik ülkesi burası ise acaba dünya nasıl bir cehennem?" diye sormaktan kendinizi alamazsınız. Bunların bir kısmı avukat, bir kısmı sanatçı, iş adamı, bilim insanı... En hayal kırıcı olanları da bunlar zaten. Üniversitelere kadar sızmışlar, bilim insanı cüppesi giymişler... Kimi hoca olmuş camileri doldurmuş... Bu kadar şeytanla mücadele etmek elbette kolay değil. Bu yüzden toplumsal sorunlarınız çözülemeyip çürümekte, yara kangren olmakta. Şunu da demeli yeri gelmişken: Arkadaşlar, sorunlarınız üzerinden geçinenler, hatta zengin olanlar var. Bir sorun yıllarca çözülmemiş, "çözülemedi", "çözülecek inşallah" deniyorsa sebebi budur. Sorunlar çözülemediğinden değil, çözülmek istenmediğinden devam etmekte. Bunu da aklımızdan çıkarmayalım... Neyse... vaktinizi aldım. Konumuza dönersek...

Ş'nin avukatı bugünlerde, "Sanık Ç ile B'nin kamera kayıtları var elimizde ama konuşmalarını çözemedik... Sözleri duyulmuyor. Ağız hareketlerinin dudak okuma tekniği ile okunması lazım lakin, uzman kişi bulunamamakta. Geçen gün başka bir davada gördüm, dudak okuma uzmanı vardı, görüntüleri izleyip değerlendirme yapıyordu. Bildiğim kadarıyla kelime kelime okuma yapıyorlar. Tek bir cümle ya da paragraf okuması değil bu. Kelime okuması bile yapılsa o gece yaşananlar ortaya çıkacak. Uzmanlar çağrılınca her davaya gider. Bize gelince "uzman yok" deniyor. Neden? Ben bunu anlamıyorum..." demekte.

Biz de anlamıyoruz. Gerçekten yeter artık! Sanık Ç ile B nasıl insanlar? Arkalarında nasıl bir güç var bir türlü çözülememekte. Bütün bunlar yetmezmiş gibi bir de davanın basına kapalı yapılması talebi var. Pes artık! Karar vericiler henüz bu konuda açıklama yapılmadı... Talep kabul edilir mi bekleyip göreceğiz. Daha önce oldu bu; pek çok davayı, 'duyulmasında sakınca var' deyip gizlediler. Gerekçe; elbette toplumu, bireyi, çocukları korumak. Ş'nin avukatı davaların gizliliği konusunda da konuşup şöyle demekte: "Soruşturma zaten gizli yapılır, kovuşturma aşaması ise alenidir. Daha önce de gizlilik talebi vardı. Bu talep kabul edilmedi o süreçte. Dava dosyalarına gizlilik kararı verilmesi iki şekilde mümkün: Birincisi kamu güvenliği söz konusuysa, ikincisi de genel ahlaka ilişkin bir durum varsa. Ama bizim dosyamızda her iki durum da yok. Bu nedenle gizlilik talebinin kabul edileceğini sanmam. Fakat, gizlilik talebi girişimi ayrıca düşündürücü bir konu. Hukuk işletilmediğinden sanıklar, sizin de bildiğiniz gibi, iki kez gözaltına alınıp bırakıldılar... Tutuklama kararı, sonraki süreçte, kamuoyu baskısı ile mümkün oldu. Ayrıca davanın önemli delilleri vardı, "kayboldu, bulamıyoruz" dediler. Delillerin bulunup mahkemeye getirilmesi için ayrı bir mücadele verdik, veriyoruz. Dosyaya bakan ilk savcı değişti. Durum böyle iken kapalı kapılar ardındaki bir yargılamayı kabul edemeyiz.

Ş davasını, kamuoyunun gündeminden düşürmek istiyorlar. Ama siz de biliyorsunuz Avrupa İnsan Hakları Mahkemesi'nin de bizi destekleyen kararları mevcut; 'yargılama açık yapılır' diye... Şu da var ki ceza sadece mahkuma suçun karşılığı olarak verilmez, toplumun sarsılan adalet duygusunu onarmak için de verilir. Biliyorsunuz, baştan beri yargılama şekli vicdanlarda rahatsızlık yarattı. Duruşma süreçleri boyunca, adalet duygusunun zedelenmesine neden olan olaylar meydana geldi. İnsanlar "bu kadar da olmaz" dediler, diyorlar. Verilecek cezalarla kamuoyunun adalete olan güveni yeniden tesis edilmeli. Bu olmadan "adil yargılama yapıldı, herkes hak ettiği cezayı aldı, dosya kapandı" diyemeyiz. Yargı önünde kimsenin üstün olamayacağı gösterilmedi henüz. Herkesin eşit olduğunu söyleyenler bunu göstersin istiyoruz. "Dudak okuma uzmanı yok" diyorlar ya, bunun gerçeği yansıtmadığı o kadar açık ki... Elimizdeki görüntüler, bu görüntülerdeki konuşmalar (duyulmayan sözler) gerçeğe ulaşmanız için çok önemli. Dudak okuma uzmanları yargılamanın gidişatını değiştirebilirler. Ç ile B arasındaki diyalogları net bir şekilde ortaya çıkarmak mümkün. O gece neler yaşandıysa öğrenebiliriz... Ama nasıl oluyorsa 80 milyonluk Türkiye'de uzman bulunmamakta... Bunu kabul etmemiz mümkün değil. Bu sorunun ivedilikle çözülmesi lazım."

15 Şubat 2019... Ş'nin ölümünden 3 ay önce Kocaeli'nde bir cinayet daha işlendi. Ecem Balcı cinayeti... Daha önce sözünü ettiğin bu olayın (Facia mı desem...) üzerinde biraz daha duralım istiyorum. Hayatının baharında toprağa gömülü halde, yarı çıplak bulunan Ecem daha 17 yaşındaydı... İlkin eve gelmediği, kayıp olduğu söyleniyordu. İhbar üzerine polis, her yerde Ecem'i aramaya çıkmıştı. Arama işlemleri devam ederken bir acı haber daha geldi. Ecem'in annesi, 41 yaşındaki Esra Ercömert intihar etmişti. Geride bir intihar mektubu (doğruysa tâbi) bırakarak kendini, Kandıra'ya bağlı Kerpe kayalıklardan denize attı. Polis ekipleri, bu ölümü şüpheli bulup inceleme başlattı.

Ecem Balcı'nın kaybolması hakkında Kocaeli Cumhuriyet Başsavcılığından yapılan açıklamada şöyle dendi: "İlimiz Gölcük ilçesinde E.B. isimli kız çocuğunun kaybolduğuna ilişkin Gölcük Cumhuriyet Başsavcılığımıza yapılan 9 Ocak 2018 tarihli müracaat sonucu, Gölcük Cumhuriyet Başsavcılığımızca adli soruşturma başlatılmıştır. Soruşturma kapsamında elde edilen bilgiler doğrultusunda, kız çocuğunun bulunması için titizlikle yapılan araştırmalarımız bugün sonuç vermiş ve kayıp E.B.'nin cesedine ulaşılmıştır. Soruşturma işlemleri devam etmekte olup gerek duyulması halinde ayrıca bilgilendirme yapılacaktır."

Biraz geriye giderek polis aramasına eşlik eden duyarlı bir kesim vardı. Bunlar, koyu Beşiktaşlı olduğunu öğrendikleri Ecem'in bulunması için Çarşı Grubu olarak Beşiktaş Çarşı'da gösteri düzenlemekteydi. (İzninizle araya gireceğim arkadaşlar, bu haber beni hem sevindirdi hem rahatsız etti. Böyle bir durumda kişini, hangi takımı tuttuğunun ne önemi var? Futbolu çağrıştıran bir haber, olayı magazinleştirmiyor mu? Bir yönüyle de iyi; toplumsal sorunlara karşı duyarsız olmakla suçlanan futbol taraftarları bir kez daha bunun doğru olmadığını göstermiş oldu. Aslında nice zamandır stadyumlar, spor salonları siyasi sloganların da atıldığı mekanlara dönüştü. Öyle ki ülkeyi yönetenler, bundan rahatsız olup önlem almak zorunda kaldılar. Özellikle Muktedirler, kitlelerin "Mustafa Kemal'in Askerleriyiz sloganı yüzünden spor salonlarına, stadyumlar giremez oldular... Neyse yine çok konuştum. Devam edelim...) Ecem'in bir videosunu hazırlayarak sosyal medyadan yayımlayan Çarşı Grubu, genç kızı gören ya da yerini bilenlerin polise veya yakınlarına haber vermelerini istediler Ancak aradan geçen 1 aya rağmen Ecem'i bulmak mümkün olmamıştı.

Ceset bulunmuş, katili arama çalışmaları başlatılmıştı. Kimdi cinsiyeti işleyen. Annenin sevgilisi Süleyman Kara üzerinde duruyordu. Şüphe üzerine S. Kara gözaltına alındı, sorgulaması yapılıyordu. Ceset bulunduğunda 16 Şubat gecesi olmuştu. Ecem'in cesedini Gölcük'e bağlı Ayvazpınar Köyü Yapraklı Deresi mevkiinde gömülü haldeyken bulup çıkarmışlardı. Kara sorgusunda Ecem'i öldürerek gömdüğünü itiraf etmişti. Suça yardım edenler olduğu da ortaya çıkmıştı. Delilleri yok etme veya değiştirme, suça yardımdan gözaltına alınan N.K., Y.K., R.Ö.Y., K.A. ve İ.D. adlı şahıslar kontrol şartı ile serbest bırakılmışlardı.

Olayla ilgili olarak Kocaeli 7. Ağır Ceza Mahkemesi'nde açılan davanın 4. duruşması yapılacaktı. Tanıklar dinlendi. Bir ara tarafların yakınları arasında sözlü tartışma çıktı. Ece'nin öz babası dayanamadı, bağırıp hakaret etti. Tartışma üzerine mahkeme heyeti duruşmaya ara verdi. Aradan sonra davaya kapalı olarak devam edildi. Hâkimler Gökhan Balcı (Esra'nın öz babası) hakkında suç duyurusunda bulunulmasına (mahkemedeki davranışından dolayı), otopsi raporunun beklenmesine ve Süleyman Kara'nın tutukluk halinin devamına karar vererek duruşmayı 11 Haziran'a erteledi.

Ecem Balcı'nın talihsiz anneannesi Selma K. mahkemede şunları dile getirmişti: "Ecem, kaybolduğu gün yanımdaydı. Öğlen saatlerinde Süleyman geldi arabasıyla... alıp gitti torunumu. Gece saatlerinde annesine, 'Ben İzmir'e gidiyorum' şeklinde mesaj atmış. Son görüşmemiz oldu. Bir daha da görüşmedik. Esra eşinden ayrıldıktan sonra bize gelmiş, birlikte yaşamaya başlamıştık. 1 buçuk yıldır beraberdik. Kızımın Süleyman'la ilişkisi olduğunu bilmiyordum, sonradan haberim oldu. Ecem bu ilişkiye şiddetle itiraz ediyordu. O gün evden giderken yanına bir şey almamıştı... sadece telefonu vardı yanında... çantası dahi yoktu..."

Duruşmaların birinde, adliye önünde Ecem'in babası Gökhan Balcı, avukatı Aslıhan Şen ve Kadın Cinayetlerini Durduracağız Platformu temsilcisi Ayşen Ece Kavas ile bir açıklama yaptı. O sırada sanık yakınları sözlü sataşmada bulundular. İki grup arasında kavga çıkınca polis araya girdi, kavga güçlükle yatıştırıldı.

Kadın Cinayetlerini Durduracağız Platformu temsilcisi Ayşen Ece Kavas, yaptığı açıklamada şunları söyledi: "Biz provokasyonlarla (yanlış bilgi vererek kışkırtma) değil, adaletin sağlanmasıyla ilgi mücadele edeceğiz. Bu zamana kadar davalarda gördüğümüz şey, zaten türlü bahaneler uydurmaları oldu. Konumuzla alakası olmayan bazı ithamlarda bulunuyorlar. Bu şekilde gerçeğin üstünü örtme çabası içine girdiler. Bizim tek amacımız gerçeklerin ortaya çıkması. Sanık ilk ifadesinde öldürdüğünü kabul edip daha sonrasında öldürmediğini dile getirdi. Bu zamana kadar şüpheli ölümlerden cesaret alındı. Bu ülkede yasalar var. Görecekler. Gizlenenleri görünür kılacağız."

Gölcük'te yaşayan Ecem Balcı, geçen yıl soğuk bir kış günü (5 Ocak'ta) kaybolmuştu. Annesi Esra rahim kanseriydi. Bir şeyler düşünüyor kızının kaybına dayanamıyordu. Sarsılan ruh sağlığı giderek bozulmaya başlamıştı. Eve gelmediği bir gün, kayalıklardan kendini denize attığını söylediler. Cesedi 2 gün sonra ortaya çıktı.

Ecem Balcı, en son annesinin erkek arkadaşı Süleyman Kara ile mesajlaşmıştı. Süleyman mesajda Ecem'e define bulduğunu artık çok zengin olduklarını dile getirmişti. Kara'nın, 'tarihi eser kaçakçılığı' suçundan daha önce cezası olduğu daha sonra ortaya çıktı. Kazma, bulamayınca kapatma işlerinde epey mesai harcamıştı. Anneannenin sözleri üzerine ifadesi alındı. Karakolda sorguya çekildi. Bir şekilde ikna oldu. Cesedi gömdüğü yeri göstermek için yola çıktılar. 15 Şubat gecesi Gölcük'ün Ayvazpınar köyündeki ormanlık alana vardılar. Gösterdiği yerde yapılan kazıda Ecem'in yarı soyunuk cesedi ortaya çıktı.

Dava, Ağır Ceza Mahkemesi'nde görülüyordu. Süleyman Kara mahkemede "Ecem'e ben bakıyordum. Ona babalık ediyordum. Şimdi öldü badem gözlü oldu" deyince Ecem'in öz babası Gökhan Balcı ve Süleyman Kara arasında sözlü tartışma çıktı. Sanık yakınları da tartışmaya dâhil oldu. Duruşmaya bir süre ara verildi. Aranın ardından sanığa son sözleri söyledi. Sanık, "Suçlamayı kabul etmiyorum. Maktulü ben öldürmedim. Aksine bütün ihtiyaçlarını karşılıyordum... babası bendim. Onu hastanelere ben götürdüm. Babasından çok ben ilgilendim" deyince, sinirleri bozulan baba Gökhan dayanamayıp "Yeter be Allah belanı versin. Kızımı öldürdün hala konuşuyorsun. Şerefsiz!" diye bağırdı. Bunun üzerine zorla dışarı çıkarıldı. Sinirliydi. Kendine hakim olamıyordu, tekne atıp mahkeme kapısı kırmıştı. Duruşmaya tekrar ara verildi.

Aranın ardından yargılamaya kamuya ve basına kapalı olarak devam edildi. O gün mahkeme heyeti, baba Gökhan Balcı hakkında suç duyurusunda bulunulmasına, otopsi raporunun beklenmesine ve Süleyman Kara'nın tutukluluk halinin devamına karar vererek duruşmayı 11 Haziran gününe erteledi.

Duruşmanın ardından adliye önünde açıklama yapan baba Balcı şöyle konuştu: "Kızım hakkında aşırı iğrenç ifadelerde bulundular. Dayanamadım... Mahkeme salonundan dışarı çıkarılmam istendi. Diyorlar ki tehdit alıyorlarmış... can güvenlikleri yokmuş. Can güvenlikleri olmayan insanlarla ben aynı yerde bulunuyorum. Doğru değil... Olsaydı şimdiye kadar gereği yapılırdı. Biz adalete güvendiğimizi her zaman söyledik. Yine söylüyorum. Benim kızımı öldüren katil bu işten yırtamayacak... Bu işin sonunda ağırlaştırılmış müebbet cezasını alacak! O ve kardeşleri de bunu görecekler. Bugün burada beni doldurup taşırdılar, daha fazla dayanamadım. İnşallah en ağır cezayı alırlar... inanıyorum, adalete güveniyorum... Mahkeme başkanından da özür diliyorum... yapmamam gereken şeyler yaptım..."

İlerleyen günlerde sanık, cinsiyeti kabul edip sonra reddetmişti. İlgili avukat, sürekli mahkemenin uzaması yönünde talepler dile getirip yeni kişilerin dinlemesini istiyordu. 5 kişi hakkında soruşturma başlatılmıştı. Duruşmaların birinde Ecem'in annesi Esra'nın sırt çantasından çıkan mektup okundu: Söz konusu mektup uydurma değilse eğer anne mektubunda kızına şöyle seslenmişti: (Mektubu okuyacaksınız ama durun bir dakika... Benim aklıma şu da geliyor: Acaba sanık anneyi de intihar süsü vermek suretiyle öldürüp çantasına böyle bir mektup mu koydu? Zira mektup bir annenin, yetişmekte olan 17 yaşındaki evladına diyemeyeceği ifadelerle dolu. Şöyle ki...) "Bu mektubu bulduğunuzda ölmüş olacağım. Hakkımı herkese helal etmiyorum. Ecem, yıllarca bana çektirdin. Parayı sevdin. Para nerede sen orada. O yüzden benim yokluğum sana fazla gelmeyecek. Özlem Hanım, sen öldün geberdin. Gökhan ve Öznur, Allah sizin belanızı versin. Ecem seni hiç affetmeyeceğim. Allah'ım beni ne olur affet. Kara Ailesi'nden tüm bunları yaşadıkları için çok özür diliyorum. Beni affedin..." Gerçekten üzerinde çokça durulması gereken bir mektuba benziyor. Özellikle Kara ailesinden özür dileniyor olması ne kadar ilginç. Şimdilik gerçeğin ne olduğu bilinmiyor. Adı geçen sanık Süleyman Kara suçsuz da olabilir. Keşke mahkemelere olan inancımız sarsılıp yerlere saçılmamış olsaydı da gerçeği, vakit kaybetmeden, gereksiz işlem yapmadan hukuk insanlarımızın bulacaklarına güvenebilseydik.

Kuşkularımızın yersiz olmadığını Ecem'in babası da gösterdi. Baba, Gökhan Balcı'nın avukatı, mektubun, maktulün annesi tarafından yazılıp yazılmadığının araştırılmasını isteyerek şöyle dedi: "Anne tarafından yazılmış olsa bile kendisinin baskı altında bunları yazdığını düşünüyoruz."

Sanık Kara, başka bir duruşmada, tutuklu bulunduğu Bandırma 2 No'lu T Tipi Cezaevi'nden SEGBİS (Ses ve Görüntü Bilişim Sistemi) aracılığıyla duruşma salonuna bağlanarak, Ecem'in annesine mektup konusunda baskı yapmadığını söyledi. Ayrıca işkence konusunda ısrarcı davranıp karakoldaki ifadesine ait (o sırada işkence gördüğüne dair) görüntülerin mahkemeye getirilmesini istedi. İfadesi alınırken kedisine iyi davranılmadığını savunup "Görüntülerde yaşadığım kötü muamele görülecektir. Yakalanmadan önce İçişleri Bakanlığı'na ve Cumhurbaşkanlığı'na giderek Ecem'i ve sim kartını teslim edecektim ama buna izin vermediler" dedi. (Gazeteciler haber metnini böyle yakmışlar arkadaşlar. Ben de sordum kendime "bu ne demek?" diye. Ecem'i sim kartıyla Cumhurbaşkanına, başbakanlığa teslim etmek ne demek?)

Neyse... devam edelim... Kara'nın avukatı, savunma sırasında yeni bir iddiada bulundu. Ecem Balcı'nın, teyzesinin kocası tarafından cinsel istismara uğradığını ileri sürüp konunun araştırılması gerektiğini söyledi. İddiasını doğrulamak için Ecem'in günlüğünden bazı bölümler okudu. Ecem'in günlüğünden şu ifadeler dile getirildi: "Eniştem tarafından tacize uğradım. Gece ben uyurken benden faydalanmaya çalıştı. Hiçbir şey yapamadım. Çok korktum. Bunları uzun uzun yazmak istemiyorum. Bunları başka zaman okuduğumda hatırlamak istemiyorum. Bir de psikopat babam var. O yaşanan enişte olayında bana o... gözüyle baktı. Babam hayatımdaki hiçbir şeyden memnun değil. Yaptığı tek şey de durup dururken arayıp bağırmak. İntihar etmek istiyorum. Hem de çok fazla. Bir amacım yok, sevenim yok, param pulum yok, mutsuzum. Ölsem her şey çok güzel olacak. Ama ölünce de sıkılırım. Gerçi burada da sıkılıyorum da neyse yoruldum. Yine patlama derecesine gelecek olursam yaparım."

Duruşmanın sonunda Cumhuriyet savcısı mütalaasında, sanık Kara'nın tutukluluk halinin devamına karar verilmesini istedi. Mahkeme heyeti, Kocaeli Cumhuriyet Başsavcılığına yazı yazılarak, Ecem Balcı hakkında cinsel istismar davası açılıp açılmadığının sorulmasına, gelecek celsede bazı tanıkların dinlenilmesine ve sanığın tutukluluk halinin devam etmesi gerektiğine hükmederek duruşmayı 30 Nisan'a erteledi.

Ecem'in babası, sanığın mahkemeyi boş sözlerle oyaladığını dile getirip şöyle demekte: "Kızımı polis 1,5 ay aradı bulamadı ama sanık, noktasına, virgülüne kadar detay anlattı, cesedin burada (ormanda) olduğunu söyledi. Şimdi olayı başka yerlere çekmeye çalışıyorlar. Katil, mahkemeyi ne kadar uzatırsa uzatsın, içeriden çıkamayacak. Orada çürüyecek. Annenin (Ecem'in annesi Esra'nın) yazdığı mektup konusunu daha önce söylemiştim. Ruh hali bozuk olduğu için herkesi suçlardı. Ecemi de suçlamış. Mektubun araştırılmasını istedik."

28

Balcı'nın avukatı Aslıhan Şen de Balcı davasının üçüncü duruşması sonrasında şu açıklamayı yaptı: "Bugün dikkatimizi çeken konu, sanık Süleyman Kara'nın karakol soruşturması sırasında baskı gördüğünü, bu yüzden doğruyu söyleyemediğini ifade etmesi oldu. İfadesi zorla alındıysa, Ecem'in dağların tepelerin arasındaki yerini, konumunu, kafasının hangi yönde olduğunu nasıl biliyordu? Şimdi de davayı uzatmak için yeni tanıkların dinlenmesini istiyorlar. Adli tıp raporu geldi... Fazla bir şeyi kalmadı fakat bazı talepleri var. Bu yüzden yargılama aşaması geçilemiyor. İnşallah yakında biter."

Sanığın, "Baskı altında verdim" dediği ilk ifadesi şöyleydi: 'Ecem ile konuştuğumuz esnada bana dediği sözleri ağırlaşmaya başladı. O esnada yan koltukta oturduğundan üzerine çullanıp iki elimle boğazına yapıştım. Son nefesini verdikten sonra cesedi kucağıma alıp aracın bagajına koydum. Ardından Esra'yı (Ecem'in annesi) iş yerinden alarak evine bıraktım. Üzerini değiştirmesini bekledim. Çünkü akşam Körfez ilçesinde bulunan yeğenimin evine gidecektik. Esra araca bindi ama Ecem ile ilgili bir şey sormadı. Daha sonra annemin evinden kız kardeşimi ve çocuklarını aldım. Körfez ilçesine yemeğe gittik. Bu sırada bagajda hâlâ Ecem'in cesedi bulunmaktaydı. Yemekten sonra Gölcük'e döndük. Esra'yı evine bıraktım. Daha sonrasında sizlere göstermiş olduğum çukuru kazdım. Çukuru kazdıktan sonra telefonu parçaladığım bıçak ile Ecem'in elbiselerini kestim ve tamamen soydum, sadece sütyeni kaldı. Sütyeni çıkarmamamın sebebi, bir göğsünün ameliyatla alınmasıdır. Daha doğrusu göğsü alındığından bir büyüğü olarak ben göğsünü görmek istemedim. Kıyafetini siyah bir poşete doldurdum. Sonrasında Ecem'in sim kartını kendi cep telefonuma takarak, Esra'ya Ecem'in ağzından mesajlar atmaya başladım. Ecem sanki yaşıyormuş gibi imaj vermek istedim. 3-4 mesaj attım. Herhangi bir cevap gelmeden cep telefonundan Ecem'in sim kartını çıkartarak pantolonumun cebine koydum. Eve gittiğimde herkes uyuyordu. Sabah saat 07.00'de kalkarak oğlumu işe gitmesi için uyandırdım. Daha sonra H.G.'nin bağ evinden kazma ve kürek alarak aracıma koydum. Cesedi Ayvazpınar Köyü'nün 3 kilometre ötesine götürdüm. Çukur kazdım. Çukurun içerisine cesedi koydum. Kıyafetlerini siyah bir poşete içerisine doldurdum ve çukuru ceset görülmeyecek şekilde kapattım."

Ecem'in anneannesinin mahkemedeki ifadesinden: "Süleyman'ın define işleri uğraştığını, ayrıca 'üç harfli' olarak tabir ettiğimiz cinler ile irtibatlı olduğunu sık sık kızım Esra bana söylerdi. Bu durumu Ecem de biliyordu. Süleyman, Esra'dan duyduğum kadarıyla 'Yakında defineyi bulacağız, külçe altınlar çıkacak. Bir külçe altını sana vereceğim. Bu da 10 trilyon ediyor. Devlet yarısını alınca geri kalan 5 trilyon sana kalacak, her şey yasal' şeklindeki beyanlarına kızım çok inanmıştı. Ayrıca Süleyman'ın cinler ile ve gizli güçler ile irtibatlı olduğuna da çok inanmıştı. Gözü ne beni ne Ecem'i görüyordu. Son bir yıldır sadece Süleyman'a inanıyordu. Ona körü körüne bağlanmıştı. Ecem'in 5 Ocak tarihinde kaybolması üzerine Esra, Süleyman'a Ecem'in kaybolduğunu söylemesi üzerine Süleyman, Esra'ya, kendi eline bakarak, 'Şu an cinler ile irtibata geçtim. Ecem şu an İzmir iline giden bir otobüste merak etme' demesi üzerine kızım herhangi bir şekilde polis merkezine Süleyman'a inanması nedeniyle gitmedi. Bu durumları kızım bana anlattı. Ayrıca Esra 10 Ocak tarihinde polis merkezine kızı Ecem'in kaybolduğunu bildirene kadar Süleyman kızıma, 'Cinler ile irtibattayım, şu an paralı, zengin bir adamın yanında merak etme. Dönecek ama içki içtiği ve de Ecem'in içkili olduğunu gördüğümden cinlerimi gönderemiyorum' dediğini, bu nedenle polise ihbarda bulunmadığını kızım bana söylüyordu. Esra'ya polise gitmesi konusunda telkinde bulunmama rağmen, 'Anne Süleyman her şeyi görebiliyor, üstün güçleri var. Ecem nasılsa geri gelecek' dedi. Süleyman'ın tutuklandığı gece, 'Ecem yüzünden Süleyman tutuklandı, Süleyman'ın hayatı bitti' şeklinde beyanları oldu. Kızımın intihar etmesinin nedeni Süleyman'ın cinleri olduğunu düşünüyorum. Çünkü kayalıklara kadar kızımı Süleyman'ın cinleri yürütüp kayalıklardan aşağıya attıklarını düşünüyorum."

Mahkemede, Ecem'in erkek arkadaşına attığı 'Süleyman amca geldi aldı beni, define çıkmış, zengin olduk. İşleri vardı ya, o iş olmuş işte. Taç gösterecekmiş bana, bana verecekmiş tacı' şeklindeki mesajının sorulmasının üzerine Süleyman Kara, "Ecem kime, ne zaman, nasıl mesaj atacağı belli olmayan biriydi" diye cevap verdi. Cinsel ilişkiye girmeye çalışıp çalışmadığının sorulması üzerineyse şu cevabı verdi: "Kesinlikle cinsel ilişkiye girmeye çalışmadım. Benim kesinlikle tecavüz etmek gibi bir amacım olamaz. Beni çevremdeki herkes tanır."

Dava sürerken mahkeme salonunun dışında da Kadın Meclisi üyeleri vardı. Kadınlar, açtıkları, 'adalet istiyoruz' şeklindeki pankartlarla ve Ecem'e ait fotoğraflarla adil yargılama istediklerini haykırdılar.

İddianamede, tutuklu sanık Kara için, "Çocuğa karşı tasarlayarak, canavarca hisle, eziyet çektirerek, kasten öldürme" suçundan ağırlaştırılmış müebbet istenmekte. "Suç delillerini yok etme, gizleme, değiştirme" suçlaması yöneltilen diğer sanıklar için ise 6 aydan 5 yıla kadar hapislik talep ediliyor.

Ecem, Değirmendere Hacı Halit Erkut Lisesi 10. sınıf öğrencisiydi. Kanser tedavisi nedeniyle okul yönetimine başvurdu, 27 Aralık 2017'de eğitimine ara vermişti. Baba, kızının hastalığı hakkında şunları söylemekte: "Ecem'e 16 yaşında göğüs kanseri teşhisi kondu, ameliyat olması gerekti. Kanseri yendi. Her zaman çok başarılı, heyecanlı ve asi biriydi. 'Biz Beşiktaşlıyız, o yüzden asiyiz' derdi, maçları kaçırmazdı. Bir ölçüde Beşiktaş sevgisiyle kanseri yendi. Kızım bir tek katilini yenemedi. Çünkü tanıdığı biriydi, hiç beklemediği bir anda saldırıya maruz kaldı, cinayete kurban gitti. 43 gün sonra katilin itirafıyla cesedi bulundu. Ecem, gömüldüğü yerden 43 gün sonra çıkarıldı.

Talihsiz lise 10. sınıf öğrencisinin otopsi raporunda şunlar yazıyordu: "Kişinin ölümünün ifadede belirtildiği şekilde boyun ve göğüs basısına bağlı mekanik asfiksi sonucu meydana geldiğinin kabulü gerektiği oy birliği ile mütalaa olunur." Buna göre Ecem, boyun ve göğüs bölgesinden baskı uygulanmak suretiyle yani boğularak öldürüldü. Sanık Kara, emniyetteki ifadesinde, maktulün kendisine ağır sözler söylediğini, bu yüzden Ecem'i araçta üzerine çullanıp nefesi kesilene kadar boğazını sıkarak öldürdüğünü itiraf etmişti. Kara, "Müebbet hapis cezası" ile tutuklu yargılandığı davanın ilk duruşmasında ise emniyetteki ifadesini kabul etmeyerek beraatını talep etti. Davanın 6'ncı celsesi 3 Ekim günü Kocaeli 7. Ağır Ceza Mahkemesi'nde görülecek. Duruşmaya, bugünü saymazsak 4 gün var. 13 gün sonra da Ş davasının 4. oturumu yapılacak.

Daha önceki duruşmalarda Ecem'in, annesinin sevgilisinden (Yalan değilse, kim bu? Annenin başka biriyle de mi ilişkisi vardı? soruları akla gelmekte... sanık yalanlarına yenilerini mi eklemekte?) hamile kaldığını söyleyen katil zanlısı Süleyman Kara, aynı savunmayı tekrarladı. Kara, "Ecem zaten bakire değildi" diyerek, olayın üzerine yıkılmaya çalışıldığını iddia etti.

Söz alan sanık avukatı ise Ecem'in günlüklerinin kendisine ait olup olmadığına ilişkin rapor alınmasını talep ederek, "Ecem'in ölümüne ben de üzüldüm. Hepimiz üzüldük. Müvekkilim Ecem'i öldürmemiştir. Emniyette baskı altında ifade vermiştir. Bu olayın aydınlatılmasını ve Ecem'in gerçek katillerinin bulunmasını istiyoruz" dedi.

Karakolda işkence gördüğünü iddia eden sanık Kara, polislerin Cumhurbaşkanı'na hakaret ettiğini de sözlerine ekledi. "Ben define hastasıyım. Beni karakolda çırılçıplak soydular, kameralar açıktı. Polisler bana hakaret edip işkence yaparken hem İçişleri Bakanı'na, hem Cumhurbaşkanına küfür ettiler" şeklinde sözler kullandı. Daha önceki duruşmalarda Ecem'in, annesinin sevgilisinden hamile kaldığını söyleyen sanık, aynı savunmayı tekrar edip çirkin konuşmalarına devam etti.

Mahkeme heyeti, savunmaların ardından Kara'nın tutukluluk halinin devamına, Ecem Balcı'ya ait adli tıp raporunun akıbetinin sorulmasına ve sanığın emniyette alınan sorgusu sırasında kaydedilen kamera görüntülerini talep edilmesine karar verdi.

Ecem Balcı'nın cenazesi, Sakarya'nın Hendek ilçesinde toprağa verildi. Bu arada davaya, kadın örgütlerini ikna etmeyen bazı gerekçeler öne sürülerek yayın yasağı getirildi. Baba Gökhan Balcı, Facebook'taki hesabından yaptığı açıklamayla kızının ölümüne sessiz kalınmamasını isteyip gizlilik kararının kaldırılmasını talep etti. Balcı, paylaştığı mesajında 10 Mart günü düzenlenecek adalet konvoyuna herkesi davet edip şunları söyledi: "Kızım Ecem için, 10 Mart Cumartesi günü saat 14.00'te Denizevler Sahil Parkı'nda toplanarak, yayın yasağına sessiz kalmadığımızı göstermek amacıyla araçlarımızla konvoy düzenleyeceğiz. Beni bu davada yalnız bırakmak istemeyen, 'ben de ses vermek istiyorum' diyen tüm arkadaşlarımı, dostlarımı, Gölcük halkını ve duyarlı olan herkesi konvoya bekliyoruz. 'Yayın yasağı kalksın' diyorsanız, adalet istiyorsanız, Ecemler ölmesin diyorsanız bu yazıyı beğenmek yerine paylaşarak tüm halka duyurabilirsiniz. Onlar rahatlıkla öldürebilir ve gömebilirler ama benden susmamı istiyorlar. Susmayacağım! Kızım için adalet istiyorum! Unutma! Unutturma!"

Takip etmemiz gereken cinayetlerden biri de bu, Ecem Balcı cinayeti sevgili dostlar. Annenin intiharı olayı da çok enteresan... bence mutlaka araştırılması gerekir... Hatırlarsanız, Ş davasında da sanıkların kim olduğu hakkında yeterince bilgi bulunamıyor, demiştim. Araştırdım, 'cinlerle çalışan bu şahıs kim?' diye... Siz de araştırın... "Süleyman Kara kim?" diye internette sorarsanız karşımıza cinayet bilgisi dışında bir şey çıkmıyor. Çıkmalıydı. Hoca mı, hacı mı? Cinli minli işlerle uğraştığına göre dinle kandırma konusunda özel becerileri olsa gerek. Merak ediyorum, aranızda bu konuları bilen var mı? Varsa paylaşın arkadaşlar. Ben de sizden öğrenmiş olurum. Kozmik odalara kadar girebilen gazeteciler nedense kimilerinin özel hayatları hakkında bilgi toplayamıyor. Her şeyi didik didik edebilenler bazı kişiler söz konusu olduğunda dut yemiş bülbül olduklarından demir kapıları, duvarları zorlayamıyorlar... Ya da Süleyman Kara gibilerin cinleri var ya, bu yüzden özel hayatlarına girilemiyor. Neyse... Kadın cinayetleri sadece Türkiye'nin sorunu değil. Türkiye'de kadın öldürme oranı yüksek fakat aynı derecede tehlikeli, hatta daha tehlikeli ülkeler yok mu, var. Mesela Hindistan, Brezilya... 2015 tarihli haber doğruysa İngiliz Daily Mail Gazetesi kadın cinayetlerinden hareketle tatile gitmeyi düşünen kadınlar için riskli olabilecek ülkelerin bulunduğu bir liste yayımladı. Bu listede, son aylarda otobüste toplu tecavüz, ağaca asılma, tecavüz edilip gömülme gibi olaylar sıralamasında Hindistan birinci oldu. Çeteleri ve tacizci polisleriyle bilinen, tecavüz vakalarının 2009'dan bu yana yüzde 157 artış gösterdiği Brezilya ikinci sırada yer aldı. Bu listenin üçüncü sırasında ise bıçaklandıktan sonra yakılarak öldürülen Özgecan Aslan örnek gösterilerek Türkiye'ye yer verilmekte. Gazeteye göre en riskli diğer ülkeler sırasıyla Tayland, Mısır, Kolombiya, Güney Afrika, Fas, Meksika... Öte yandan Londra merkezli uluslararası online anket şirketi YouGov, dünya genelinde yaptığı son anketle kadınlar için en güvensiz başkentleri belirledi. Bu ankete göre, dünya genelinde kadınlar için en tehlikeli 15 başkent şöyle sıralanıyor: Bogota (Kolombiya), Mexico City (Meksika), Lima (Peru), Yeni Delhi (Hindistan), Jakarta (Endonezya), Buenos Aires (Arjantin), Kuala Lumpur (Malezya), Bangkok (Tayland), Moskova (Rusya), Manila (Filipinler), Paris (Fransa), Seul (Güney Kore), Londra (İngiltere), Pekin (Çin), Tokyo (Japonya)...

Gördüğünüz gibi Ankara sıralamada yer almıyor. Demek ki beterin beteri var. Fakat, düşündünüz mü? "Böyle bir haber doğru olabilir mi?" diye... Mesela Ortadoğu... İslam ülkelerindeki kadının durumu neden yok? İnsan sormaz mı? Paris de kadın cinayeti oluyor da Bağdat'ta olmuyor mu? Habere göre olmuyor. Siyasal İslamcıların iş başında olduğu ülkelerde erkekler tarafından öldürülen kadınların hattı hesabı yok fakat habere konu edilmiyorlar. Bazı haberleri hiç okumamak lazım bence... ya da şöyle söylemeli arkadaşlar: Bu çöplükte gerçek bilgiye ulaşmak için yolumuzu kendimiz bulmak zorundayız, aklımızı kullanarak... Bilimsel bakış açısı dışında hiç bir fikre bağlanmadan sadece gerçeği arayarak doğru yolda kalabiliriz.

Profesörün biri de Amerika'da kocasını öldüren kadınların meşru müdafaa içinde görülüp ceza almadıklarını iddia etmekte. Şaştım kaldım. Gerçek mi diye merak etmekteyim. 26 Eylül 2019 tarihli yazısında şöyle demekte sayın profesör: "... Cinayet cinayettir. Nitekim Türk Ceza Kanunu "Hayata Karşı Suçlar" bölümünde ne ölen ne de öldüren açısından kadın-erkek ayrımı yapmamıştır... Gerek adalet, toplum psikolojisi, gerekse suç sosyolojisi açısından olaya baktığımızda farklılıklar ortaya çıkarken, toplum psikolojisini de hesaba katmalıyız. O nedenledir ki kadına şiddet toplumda infial uyandırırken, yargı da ister istemez bu gibi olaylarda olabildiğince kısa sürede davayı sonuçlandırarak toplumun tepkisini aşağıya çekme yoluna gitmektedir. Eşlerini öldüren kocalar ile eşlerini öldüren kadınlar yönünden ceza adaleti farklı işlemektedir... Türkiye'de kadınlar eşlerinden, eski eşlerinden, birlikte yaşadıkları kişilerden, nişanlılarından, akrabalarından şiddet görmekte ve onlar tarafından öldürülmektedirler. Bu doğrultuda da genellikle eşleri, eski eşleri ya da akrabaları tarafından öldürülen kadınlara odaklanılmaktadır. Eşlerini öldüren kadınların durumuna baktığımızda: Kadınlar ve çocuklar ev içinde şiddet görüyor. Bu durumla da çeşitli şekillerde mücadele etmeye çalışıyorlar. Ailesine, polise, savcıya, mahkemeye gidiyorlar. Boşanmak istiyorlar ama bunun için de şiddet görüyorlar. Sonuçta da eşlerini öldürebiliyor ve mahkemede de dertlerini anlatamıyorlar. Gördükleri fiziksel şiddeti anlatsalar bile özellikle cinsel şiddeti duruşma salonunda anlatamıyorlar. Yaklaşık çeyrek yüzyıl önce böyle bir olaya tanık oldum. Avukat olarak üstlendiğim bir davanın duruşması için sıramı beklerken bir boşanma davası izledim. Bir köylü kadınımız kocası aleyhine şiddetli geçimsizlik nedeniyle boşanma davası açmış ve davayı kendisi takip ediyor. Davalı koca ise bir avukatla temsil ediliyor. Duruşmada hâkim kadından boşanma sebebini sorduysa da cevap alamadı. Kadın susuyordu, sonrasında suskunluğunu bozup hıçkıra hıçkıra ağlayarak, bu kez soruyu hâkime o yöneltti: Hâkim bey, ayağınızdaki ayakkabıyı çıkarın ve tersinden giymeye çalışın, giyebilir misiniz? Yargıç durumu anladı... Kadının anlatmak istediği, kocasının kendisini ters ilişkiye (anal ilişkiye) zorlamasıydı. Neyse ki bu kadınımız kocasını öldürmemiş, boşanmayı yeğlemişti... Eşlerini öldüren kadınlar açısından tartışılması gereken bir diğer husus ise, yıllar boyu şiddete maruz kalan kadınların, gördükleri şiddetten ötürü eşlerini öldürmeleri durumunda tipik bir cinayet suçundan yargılanmalarıdır. Oysa Amerika Birleşik Devletleri'nde geliştirilen "şiddete uğramış kadın sendromu" doktrini çerçevesinde, eşlerini öldüren kadınların eylemi meşru müdafaa kapsamında görülmektedir. Gündemdeki yargı reformu planında, devletin bu konuda üretebileceği sosyal politikaları görmek isterdik!"

Aranızda hukukçu var mı? Ya da Amerika'daki hukuk sistemini bilen? Neyse... Böyle bir yasa mümkün mü, aklım almadı doğrusu. Bence olması gereken şey şu: Yasalar evrensel hukuk kurallarına uygun olacak ve herkese eşit şekilde işletilecek, kadın erkek ayrımı olmaksızın herkese eşit adalet... Bir de toplumlarının kadın özgürlüğü konusunda eğitilip yeniden yapılandırılması şart. Bu çivisi çıkmış dünyamıza yeni bir toplum, haliyle erkek, kadın gerekmekte. Bunun için ekonomik alandan başlayarak pek çok alanda yeni bir yaşam şekli için yola çıkılmalı. Bence kurtuluşa giden bir yol var. Yeter ki bu yolu yürümeye niyetli insanlar olsun.

23 Eylül Pazartesi günü, eski asker ve AKP İstanbul Milletvekili Şirin Ünal'ın, Ankara'daki malikânesinde, 'Ünal'a ait

silah ile' intihar ederek, yaşama veda ettiği söylenen 23 yaşındaki Özbekistan vatandaşı Nadire Kadirova ile ilgili şüpheler var. Kamuoyu, olayın yeni bir Şule Çet ya da Rabia Naz (Rabia'nın başına gelenleri bilmiyorum ama öğreneceğim arkadaşlar. Bu konuyu da araştıracağım) vakası olduğunu tartışmakta... Olayın ardından, Ankara Emniyet Müdürlüğü, apar topar yazılı bir açıklama yaptı. Buna, 21.00 sıralarında Ünal'ın ikametinde gerçekleşen intihar olayı ile ilgili olarak yapılan sosyal medya paylaşımları nedeniyle ihtiyaç duydu. Açıklamada, olayın kesin kesinlikle 'intihar' olduğu ifade edilmekte.

Peki... Nadira Kadirova'nın arkadaşı Leyla Niyazova ne demekte bir de onu dinleyelim: "22 Eylül'ü 23 Eylül'e bağlayan gece beni aradı, iki saat konuştuk. Çok ağlıyordu. 'Leyla, ben çok yoruldum, her şeyden bıktım' dedi. Ne oldu diye sorduğumda 'anlatamıyorum' deyip ağlıyordu. 'Ben kendimi öldüreceğim' dedi. 'Biri kötü mü davranıyor?' diye sordum. 'Sıkıldım' dedi. 17 Eylül'de yanıma gelecekti. 'Patronumun kızı (Ünal'ın kızı) izin vermedi' dedi. 'Garibanım diye her şey üzerime geliyor' diye konuştu. Israrla ne olduğunu sorunca, 'Bundan iki hafta önce odada yatıyordum. Patronum içeri girdi, kapıyı kilitledi ve arkama yattı, bana sarıldı' dedi. 'Tecavüz mü etti?' dedim. 'Yok, dokunmadı' dedi ama peşinden ağladı. 'Hayallerim bozuldu, şimdi ben abimin yüzüne nasıl bakacağım' diyordu. Kimseye anlatma, diye söz verdirdi. 'Ben patronumun tabancasını buldum. Bir de kurşun sakladım, ayakkabımın içine' dedi. Hayatında bir bıçak bile tutmamış. Böyle konuşunca şaka yapıyor sandım. Böyle bir şey yapacağını tahmin dahi etmedim. Öldüğü gün kursa başlaması gerekiyordu."

29

Olaydan iki gün sonra "intihar" diye açıklama yapan Ankara Emniyet Müdürlüğü'nün ise henüz Leyla Niyazova'nın ifadesini almadığı ortaya çıktı. Kadirova'nın cenazesi dün Özbekistan'da toprağa verildi. Otopsi işlemlerini bizzat Şirin Ünal'ın şoförünün takip ettiği ve Adli Tıp'ta normal koşullarda daha uzun süren işlemlerin bir günde tamamlandığı öğrenildi. Leyla Niyazova, evdeki çalışanlardan birinin kendisine, Nadira'nın ölmeden önce not bıraktığını, ancak emniyettekilerin bunun intihar mektubu olmadığını söylediğini aktardı. Kadirova'nın bir diğer arkadaşı Nigar Abdurrahmanova da taciz olayını emniyette dile getirdiklerini söyledi. "Ancak onlar bizim ifademizi almadı" diye konuştu.

Herkes de bilir ki böylesi durumlarda kuşkuları gidermesi gereken kurum emniyet değildir. Nadira olayında, ilgili emniyet müdürlüğü savcılıkla kalmıyor, mahkemenin görevini de üstleniyor. Telaşla açıklama yapıp bir de "intihar" diyerek kesin hüküm vermekte, neden? 'Konuyu kapatalım, üstünde durmaya değmez,' der gibi bir tavır değil mi bu?

Gazeteci Ümit Zileli de meraklı. Dalgalı, zor sularda gezip sorular sormakta. 27 Eylül tarihli yazısında şöyle diyor: "Nadira Kadirova, 23 yaşındaydı... Özbek asıllıydı, 4 yıldır Türkiye'deydi ve son bir yıldır emekli general, AKP İstanbul Milletvekili Şirin Ünal'ın Ankara'daki evinde hasta olan eşine bakıyordu... Önceki gün, akşam 20:48'de milletvekiline ait silahla odasına kapanıp intihar etti!.. Polisin açıklaması da bu yöndeydi... Acilen Bilkent Hastanesi'ne kaldırıldı ancak kurtarılamadı. İddiaya göre silahı göğsüne doğrultup ateşlemiş, kurşun kalbinin hemen üstüne saplanmıştı!..

Haber duyulduktan sonra yetkililer bir açıklama yapmaz, sessiz kalırken, Nadira'nın ağabeyi Muhammed Ali Kadirova, arkadaşımız Saygı Öztürk'e konuştu ve şüphelerini anlattı: "Kardeşimin intihar etmesini gerektirecek bir durum yoktu. Önümüzdeki günlerde üniversite sınavı için kursa başlayacaktı. Herhangi bir sorunu da yoktu!.." Muhammed Ali, Adli Tıp'taki işlemlerin Milletvekili Şirin'in devreye girmesi ile jet hızıyla tamamlandığını ve cenazeyi uçakla memleketlerine götüreceklerini de söyledi... Acılı ağabeye intiharla ilgili hiçbir bilgi verilmemiş, apar topar ülkelerine dönmeleri için her şey çabucak halledilmişti!..

Eldeki verilere bakıldığında, intiharın gerçekleşmesiyle, Adli Tıp incelemeleri, polis soruşturması, savcılık incelemesi olabilecek en hızlı şekilde sonuçlanmış, Nadira güle oynaya ayrıldığı ülkesine tabut içinde geri dönmüştü!..

İntihara ait iddialar ertesi gün bizzat Nadira'nın ağabeyi Muhammed Ali tarafından dile getirildi... Kardeşinin cenazesini ülkesine götürmeden birkaç saat önce RS FM'de Atilla Güner'in programına katılarak anlatan Muhammed Ali, kardeşinin ölmeden bir gün önce, bir arkadaşına milletvekili Ünal'ın tacizine uğradığını anlattığını iddia etti!.. Olay olmadan yalnızca 5 dakika önce Şirin Ünal, Muhammed Ali'yi aramış, silahının kaybolduğunu, Nadira'nın silahını alıp odasına kapandığını, kapıyı da kilitlediğini söylemişti!. Sonrasını şöyle anlatıyordu Muhammed Ali: "O esnada Şirin Ünal'ın kızı kapıyı çarptı, ses geldi. Hemen taksiye atlayıp Çayyolu'na gittiğimde olan olmuştu. Şirin Ünal çıktı, "Manyak sıktı" dedi! Şehir hastanesine geldiğimde doktorlar "Başın sağolsun" dedi oracığa yığılıp kalmışım..." Acılı ağabey bir türlü anlayamıyordu, "Bir kız birinin evinde çalışıyor, silahı buluyor, şarjörü takıyor, ateş ediyor! Akıl var, mantık var, imkanı yok yani" diyordu!...

Daha sonra, Muhammed Ali o korkunç iddiayı dile getiriyordu: "Leyla diye bir arkadaşıyla telefonda konuşmuş; bunu bana öldükten sonra söylediler. Devamlı ağlamış, sonra da anlatmış, odasındayken Şirin Ünal'ın içeri girip kapıyı kilitlediğini arkadan kendisine sarıldığını söylemiş!.. Atilla Güner'in "Doğru mudur bilemiyoruz", sözlerine karşılık Muhammed Ali "Evet o doğru mu bilemiyorum, Allah bilir" dedikten sonra şöyle devam ediyordu: "Ama telefon konuşması var. Özbek dilinde. Kayıtlarda vardır. Çıkarılabilir!.. Kardeşim "Ben abimin yüzüne nasıl bakacağım, ben mektup yazarım, evi de yakarım, kendimi de öldürürüm" demiş Leyla Hanımefendi'ye!.. Suçlamalar ve sorular!..

Takdir edersiniz ki ağır suçlamalar!.. Sorulara geçmeden önce hemen belirteyim; yukarıda da anlattığım gibi Adli Tabip'teki inceleme jet hızıyla bitirildikten sonra, konsoloslukta "Masrafları kim ödeyecek" diye sorulduğunda, Şirin Ünal'ın şoförü "Ben karşılayacağım" diyor, bin 450 dolar kardeşinin cenazesi, 482 dolar da ağabey Muhammed Ali için bilet parasını ödüyor, uçağa binene kadar her şeyle de o ilgileniyordu!.. Bu radyo söyleşisinden birkaç saat sonra ağabey ve kardeşinin cenazesi memleketleri Özbekistan'a doğru yola çıktılar!.. Ankara Emniyeti, ortaya çıkan şüpheler nedeniyle olayın intihar olduğunu şöyle açıkladı: "Söz konusu intihar olayı sayın milletvekilinin, eşi, kızı ve evin diğer yardımcısının birlikte ikamet ettikleri esnada meydana gelmiştir. Olay yerinde yapılan teknik incelemede intihar harici herhangi bir şüpheli durum müşahede edilmemiş, ayrıca odasında intihar eğiliminde olduğuna dair bulunan geçmiş tarihli notlar da dahil tüm bulgular soruşturma dosyasına eklenmiştir." Açıklamada ayrıca, konuyla ilgili soruşturmanın Cumhuriyet Savcılığı tarafından çok yönlü olarak sürdürüldüğü de kaydediliyordu...

İyi, güzel de nasıl?.. Maktul, ülkesine gönderilmiş, belki de toprağa bile verilmişti?.. Üzerinde yeni bir inceleme yapmak için teşebbüse geçilse bile uzun bir prosedür gerekeceği açıktı!.. Öyleyse şu sorulara yanıt var mı onu anlayalım: Adli Tıp, maktul üzerinde detaylı bir otopsi gerçekleştirdi mi?.. Cinsel taciz ile ilgili bir inceleme yaptı mı?.. Yapmadıysa, bu ağır iddialardan sonra yapması gerekmez miydi?.. Nadira'nın cenazesi niçin bu kadar büyük bir hızla ülkesine gönderildi? Soruşturmanın selameti açısından bekletilmesi gerekmez miydi?.. Polis, Nadira'nın arkadaşı Leyla'nın ifadesine başvurdu mu?.. Bu ifadeden sonra ağabeyin iddiası göz önünde tutularak Nadira'nın Leyla ile Özbekçe yaptığı konuşmanın kayıtlarına bakıldı mı?.. Benim aklıma gelen sorular şimdilik bunlar... Bu haliyle, bu intihar olayından ne çıkar, ne çıkmaz göreceğiz!.. Dikkatimi oldukça çeken bir ayrıntıyı da eklemeliyim; yandaş medya da bu konuyla ilgili ne bir satır gördüm ne de bir cümle duydum!.. Sanki bir genç kız, bir milletvekilinin evinde, onun tabancasıyla canına kıymamıştı!.. Halbuki böyle bir olay dünyanın her yerinde birinci sayfa haberidir; sağcı, solcu, dindar, ateist hiç fark etmez!..

Şirin Ünal, 11 Ağustos 1954'te Sinop Ayancık'ta doğdu. Babasının adı Hamdi, annesinin adı Cemile'dir. Hava Pilot, Tümgeneral... Hava Harp Okulundan mezun oldu. Harp Akademileri Komutanlığı Hava Harp Akademisi ile Silahlı Kuvvetler Akademisini bitirdi. 1977'de jet pilotu oldu. 1978'de Harbe Hazırlık Eğitimini tamamladı. 1992'de Filo Komutanlığı, 1993'te NATO Karargâh Subayı AFSOUTH Napoli, 1996'da 5. Ana Jet Üs Harekât Komutanlığı, 1998'de Hava Kuvvetleri Komutanlığı Subay Şube Müdürlüğü görevlerinde bulundu. 2000 yılında tuğgeneralliğe, 2004 yılında ise tümgeneralliğe terfi etti. Plan Harekât Daire Başkanlığı, 4. Ana Jet Üs Komutanlığı, Hava Kuvvetleri Komutanlığı Harekât Başkanlığı, 1. Hava Kuvveti Komutan Yardımcısı ve Genelkurmay Komutanlığı Kontrol Daire Başkanlığı görevlerini yürüttü. Öğretmen pilot ve test pilotluğu yaparak, 1992'de "Üstün Başarı Kıdemi", 2009'da "Kıt'a Komutanlığı Brövesi" ile ödüllendirildi. 24. Dönem AK Parti İstanbul 2. Bölge Milletvekili seçildi. Çok iyi düzeyde İngilizce, orta düzeyde Fransızca bilen Ünal, evli ve 3 çocuk babasıdır.

Başka bir habere göre de; eski asker Ünal, olayla ilgili açıklama yapmadı. Fakat genç kadının aile üyeleri, endişelerine rağmen (kolay değil bu kadar mühim kişilerin karşısında hak aramak, birine gözünün üzerinde kaşın var demek... öldürdükleri evladın da olsa, geri de kalanları, geçim derdini düşünüp korkarsın.) çarpıcı detaylar vermeyi sürdürüyorlar. Türlü iddialar gündemden düşmezken, Kadirova'nın ailesi, gazeteye konuşarak Nadira'nın

"Konuşursam yer yerinden oynar, bu evi de kendimi de yakarım" dediğini dile getirdiler. Savcı, tanık Leyla Niyazova sorgusunda fuhuş imasında bulundu. Aile üyeleri, delilerin karartıldığını, olayda çok fazla çelişki olduğunu ileri sürmekte. Ağabey Muhammed Kadirova'ya göre, teşhis sırasında maktulün göğsünde yanık izi yoktu, oysa ateşli silahla yakın mesafe atışta, yanık ve barutun bıraktığı iz olmalıydı. Aileye ilkin, emniyette "Şarjör ve silah ayrıydı" bilgisi verildi. Silahın Belçika yapımı 14'lü olduğunu ve şarjör ile ayrı bulunduğunu söylediler. 1903'te üretimine başlanan silahın özelliklerinden biri de, şarjör olmadan çalışmasına izin verilmeyen güvenlik önlemiydi. Aileye göre, bu detay ortaya çıktıktan sonra emniyet ağız değiştirdi. Bu kez silahın Beretta olduğunu öne sürdüler. Ancak bu silahın da bir yere dayandığında çalışıp ateş almadığı iddia edildi. Yani silahla ilgili yapılan her iki açıklama da şüphelerin artmasına neden oldu. Nadira'nın, şarjöre mermi takamayacağını düşünen aile ayrıca şunları söylemekte: "Özbekistan'da polis bile silah taşımaz. Genç bir kadının bilgi sahibi olmadan tek bir mermiyi şarjöre yerleştirebilmesi bize çok mantıklı gelmedi. Ayrıca bizi odasına sokmadılar. İçinde daha çok defter ve kitap olan 3 koli verdiler. Nadire günlük tutardı, içtiği çayı simidi bile yazardı. Bütün günlükleri bulduk. Ancak kolilerin içinden son dönem günlüğü çıkmadı."

Bu arada belirtelim: Evin her yerinde kamera olduğu söylenmekte. Kamera kayıtlarının çıkıp çıkmayacağı da merak edilen konular arasında. "Nadira'nın telefonu da aileye teslim edilmedi" denmekte. Fakat telefonun emniyette olma ihtimali var. Maktule ait bir de kulaklıktan söz edilmekte. Aile, "Bu özel bir kulaklıktı. İngilizce çalıştığı için almıştı. Her sesi kaydediyordu. Bu bize teslim edilmedi" demekteler. Öte yandan Özbekistan'a giden cenazeyi teslim alanlar, (Maktulün yakınları) cesedin ayak kısmında bir yara izi olduğunu dile getiriyorlar.

Sevgili arkadaşlar, gördüğünüz gibi durum karışık... Nadira'nın ölümü intihar da olabilir... Neden olmasın... Fakat pek çok kişinin de dile getirdiği gibi ortada şüpheli haller var. Bütün kuşkuların giderilmesi, gerçeğin olduğu gibi delilleriyle birlikte gösterilmesi lazım. Adaletsiz ülkelerde, bu tür vakalar söz konusu olduğunda tartışmaların ardı arkası kesilmez. Bu yüzden zenginler, kendini beğenmişler de, halkın parasıyla zengin olup milletten kopanlar da sarayında, villasında hizmetçileriyle yaşayan siyasiler de şunu bilmeli: Adalet bir gün herkese lazım olacak. Bir ülkede adil yargılama yoksa, suçlu olmasanız bile üzerinize atılan çamur çıkmaz, yapıdır kalır. Ne yapsanız da vicdanlarda sonsuza kadar suçlu kalırsınız. Diyelim aklandınız, kim inanır böyle bir yargının verdiği karara. O zaman ne yapmalı? Adaleti yok edenler her kimse, (Bilinmiyor değil, herkes biliyor bu kişilerin kim olduğunu) önce onları oturdukları koltuklardan kaldırmalı. Zengin fakir, sağcı solcu demeden herkes bunun için çalışmalı... Affedersiniz... Yine öğretmenlik yapmaya başladım. Bildiğiniz şeyleri anlatarak canınızı sıkmak istemem ama o kadar çok şey var ki hepimizin bilip de durduramadığımız.

Sevgili arkadaşlar bugün Meclis'in açılış günü 1 Ekim. Toplumsal sorunlarımızın çözüleceğine umudunuz var mı? Her sıkıntı Meclis çatısı altıda çözülebilir diyor musunuz? Yok. Benim zerrece umudum kalmadı. Yeni bir siyaset, yeni bir demokrasi gerekiyor ülkemize ama şimdilik ufukta bir şey görünüyor. Sözde seçilmiş seçkinlerin (Muktedirlerin) değil, hakim söz sahibi olduğu yeni bir demokrasiye ihtiyacımız var. Güne başlarken aklıma bu gün Meclisin açılacağı geldi, haberiniz olsun istedim. Bir işe yaramasa da önemli bir konu. Cumhuriyetimizi kuran Gazi Meclisimizi mutlaka çalışır hale getirmek zorundayız. Cinayetleri durdurmanın başka yolu yok. Şimdilik geçelim bunu. Konumuza dönersek... Ş davasının 4. duruşmasına da az kaldı, 16 gün. Ecem Balcı cinsiyetinin 6. duruşmasına bugünü saymazsak, 3 gün var.

Takip edelim diye söylüyorum. Başka davalar da var kuşkusuz. Şu an Türkiye'nin pek çok mahkemesinde (belki tümünde) eminim yoksul bir kadının nasıl öldürüldüğüne dair sorular sorulup cezalar düşünülmekte. İmkanım olsaydı sadece bu konu üzerine belgesel hazırlamak isterdim. Bir uçtan diğerine ülkenin bütün mahkemeleri gezerek... farkındaysanız bu günlerde bir sessizlik var: Kadın cinayetleri olanca hızıyla devam ediyor ama haberler haberlerdeki, "bu kadar da olmaz ki canım!" diyen sesler azaldı. Çünkü çocuğunun gözü önünde boğazı kesilerek öldürülen Emine Bulut'un ölümü üzerinden 43 gün geçti. Olay, soğumaya başladı. Her cinayetin tesadüfen çekilmiş bir videosu ya da kamera kaydı yok. Bu yüzden her şey, kısa zamanda normale dönüyor.

Bir şey soracağım. İstanbul'un Meclis-i Mebussan caddesinde cinayet kurbanı 440 kadın için sergi açılmıştı, ne oldu, duruyor mu yerinde? Kabataş'a, Meclis-i Mebussan Caddesi'ne gidip o, ayakkabılar asılı sergi duvarını gören var mı aranızda? Varsa söyleyin, duruyor mu yerinde? Yoldan geçenler durup bakıyorlar mı? Ne düşünüyorlar 2018 yılının cinayet (Sadece kadın cinayetleri. Diğerlerini demiyorum bile) bilançosu hakkında. 2019 yılının faturasını tahmin edebiliyorlar mı? Bu süreçte dikkatimi çeken bir olay oldu. Adamın biri duvara asılı 440 ayakkabıdan birini çalmaya yeltenmiş iyi mi? Ancak kahraman güvenlikçilerimiz adamı yakalayıp ayakkabıyı da yerine asmışlar. Haber metninde başka bilgi yoktu. Mesela neden yüzlerce ayakkabıdan birini istememiş de çalmaya kalkmış? Parası mı yokmuş? Kimin için çalmak istemiş? Bir kadın için olmalı...

Kimdi bu adam, utanmaz hırsız? Bence erkekti. Sizce? Kadın da olabilir elbet. Daha önemli bir sorum var. Ayakkabısı olmayan, uğruna hırsızlık yapılan kişi kimdi? Çalanın sevgilisi miydi? Kızı mıydı, annesi miydi, kız kardeşi miydi, kimdi bu kadın? Ya işsiz bir delikanlı duvarda boşu boşuna asılı olduğunu düşündüğü bu ayakkabılardan birini alıp (Allah'ın ayakkabıları diye) annesine götürmek istediyse, annesinin ayaklarındaki yırtık terlikleri hatırlayıp... Bunları düşünen oldu mu hiç? İlgililer, ayakkabı hırsızını yakalayıp sordular mı hiç? Bu kadar erkek, kadın öldürülürken ya işinden atılmış bir baba, ayakkabısı olmayan kızı için (karısı için ya da) hırsızlık yaptıysa? Toplumsal duyarlıktan söz ediyoruz ya, yok böyle bir şey. Olayların altındaki nedenlere bakmıyoruz. Gazeteciler zaten hiç bakmaz, bakmaları işleriyken (Kalemini Muktedirlere satmamış olanları ayrı tutuyorum.) Gazetecilik de kalmadı günümüzde. Olayları ana hatlarıyla kabaca öğrenip geçiyoruz. Vaktimiz yok. İşsiz ama çok meşgul bir millet olduk. İnsanlar yakınlarıyla bile ilgilenmeyip vaktini internette geçiriyor. Bu arada internette, sosyal medyaya karşı olduğumu sanmayın.

Muktedirler, şimdilik sanal ortamlarımızı tamamen ele geçiremedi. Geçirdiklerinde sosyal medya, medya olmaktan çıkacaktır. Haliyle halkın ilgisini kaybedecek. 'Şimdilik dört dörtlük devlet güdümlü sosyal medyaya izin verilmiyor' diyelim. İzin verilirse dünyanın en büyük şirketleri zarara uğrar. Ayrıca kitleleri denetlemek güçleşir. Bu yüzden az da olsa özgür olduğumuz yalanına inanmak zorundayız. Özgür olduğumuz hissi büsbütün kaybetmemizi istemeyeceklerdir. Şirketlerin maaşsız elemanları olduğumuzdan şimdilik nefes almanıza karşı değiller. Neden olsunlar ki... Kaz gelen yere tavuk bile vermedikleri halde sürekli zengin oluyorlar... Neyse... konuyu dağıtmayım yine...

Ayakkabı çalan kişiye dönersek... Okuduklarımdan anladığım şu: 440 kadın ayakkabısı sergileme projesinin sahibi sanatçı bile bu adamla ilgilenmemiş. Şöyle söyleniş gazeteciye: "Bilgim yok..." sözlerini şöyle sürdürmüş: "Geçtiğimiz yıl öldürülen 440 kadını temsilen 440 çift ayakkabı koyduk. Buna kadın cinayetlerine farkındalık oluşturmak diyebiliriz. Toplumda birçok insanın bilmediği, duymadığı ve buradan öğrendiği bir şey bu... o yüzden de bu farkındalığın iyi olacağını düşünüyorum. Ayakkabının çalınması olayına gelirsek... bilgim yok.. aslında ulaşılması zor bir yer ama niyeti varsa ona da yapacak bir şey yok. (Demek ki kimse ulaşamasın diye ayakkabıları yükseğe astılar. Daha iyi bir proje söyleyeyim mi size? Ayakkabıları yükseğe değil, insanların ulaşabileceği yerlere asın. Göreceksiniz, her gün bir kaç tanesi eksilecektir ya da hepsi... İzlemeye değil de ayakkabı almaya gelen kişileri "hırsız" deyip yakalamayın bayım! Eksilen ayakkabıların yerine her gün yenilerini koyun. Böylece yoksul bir kadına, anneye, babaya, sevgiliye yardım etmiş olursunuz. Farkındalık olsun istiyorsunuz ya... İşte size farkındalık. Kız evladına ya da yakını olan bir kadına ayakkabı alamayan işsiz bir adamın elinden tutun. Üstelik bir seferlik değil, kadın cinayetleri son buluncaya kadar yapın bunu. Şehrin her yerine kadın ayakkabıları asın. En çok da yoksulların yaşadığı mahallelere... Ayakkabısı olmayanlara yardım edin ki biz ayakkabısı olanlar, ayağınıza bakıp insanlığımız utanarak gezmeyelim.) Sonuçta bir sanat yapısı, öyle bakmak gerekiyor ama bunun önüne geçmek zor. Ayakkabıyı tekrardan yerine asacağız." Sayın sanatçıya saygım var ama benim projem de yabana atılmayacak kadar güzel olmadı mı?

30

Şaka bir yana ben ciddiyim arkadaşlar... Cahillikle ve yoksullukla mücadele şart. Bildiğiniz gibi cahillik artık okuma yazma bilmemekle sınırlı değil. Nice okur yazarlar hatta yabancı dil bilenler var ki zırcahil... Kimi de üniversitelerde ders veriyor. Olacak şey değildi ama çağımız da bu da mümkün. Geçenlerde profesörün biri, (demiş miydim? hem de psikoloji bölümü başkanı...) bir bacağını kanserden kaybeden genç kızın (Neslican Tay'ın) ölümü ardından "sekülerdi, (sanki laik olmak dinsiz olmak demek) dindar biri olaydı bu kadar acı çekmezdi" şekilde bir şeyler söyledi. Oysa Neslican daha 20 yaşındayken, mutsuz olduğunu söyleyenlere en ağır hastalıkla bile nasıl yaşanabildiğini, zamanı gelince ölüme nasıl teslim olacağını, gülerek, çok istediği yaşama nasıl veda edeceğini gösteriyordu. Bitmek bilmeyen yaşam enerjisiyle herkese örnek olmuştu. Yüksek diplomalı adam, cahilliğinden bunu görmedi, çünkü Neslican laikliğe, kadın özgürlüğüne inanan biriydi. Bu bağlamda konuşmalar yapıp videolar paylaşıp güç sarhoşu ve gücün kölesi olan tipleri insan olmaya davet ediyordu, yani yobazların hoşuna gitmeyen ne varsa hepsini milyonlarca insana ulaşıp internet üzerinden söylemeye başlamıştı. Uzamasın konu... Demem o ki, gördüğünüz her okumuşu, profesör bile olsa adam sanmayın... Osmanlı İmparatorluğu'nun son yılları da böyleydi... Medrese hocaları bilimin değil, karanlığın emrine girmişlerdi; bin yıllık çınarın gövdesinde kurt gibi Osmanlı devletini ta dibinden oymaya başlamışlardı. "Bu ihaneti de araştıracağız" deyip geçelim şimdilik...

Birkaç gün önce Ş davasında yeni bir gelişme oldu. Çok şükür, kamera görüntülerinin incelenmesi için aranan dudak okuma uzmanı bulundu. Hacettepe Üniversitesi'nden emekli olduğu söylenen bu uzmanın, şu anda İstanbul'da bulunan bir üniversitede öğretim üyesi olarak görev yaptığı bilgisi de geldi. Bakalım kamera kayıtlarını izleyip sanıklar arasındaki konuşmaları kağıda aktarabilecek mi? Şunu tekrar edeyim: ilgili mahkeme, uzun zamandır aranan dudak okuma uzmanı için 19 Ağustos'ta Milli Eğitim Bakanlığı'na, Bakanlık bünyesinde uzman kişi bulunup bulunmadığını yazı ile sormuş, olmadığı cevabını almıştı. Bunun üzerine TRT'ye yazı gönderilmiş oradan da "yok" cevabı gelmişti. Son olarak Emniyet Genel Müdürlüğü Kriminal de ellerinde uzman kişi olmadığını belirtmişti. Ş'nin avukatı da buna inanmayıp açıklamalar yapmıştı... Şimdi... bazı sorunlar geliyor akla: mesela mahkemenin elindeki kamera kayıtları ilk günkü gibi sağlam mı? Neden bulunamayan uzman, bir yıldan fazla bir süre sonra ortaya çıktı? Buna benzer başka sorular da düşünebilirsiniz, çünkü, güvenimiz kalmadı; özellikle hakim ve savcılara... Yine de olumlu düşünelim derim. Bakalım ne olacak? Az bir zaman kaldı demiştim ya, bugünü saymazsak 12 gün var davaya... İzleyip göreceğiz. Dudak okuma uzmanı bakalım nasıl bir iş çıkaracak?

O gün gelinceye kadar bizler, olayın vahametini anlamak için kadın cinayetlerini okumaya devam edelim. 27 Eylül 2019 tarihli başka bir habere gidelim şimdi de: Adana'nın Kozan ilçesindeyiz. 19 yaşındaki Melike, 24 yaşındaki Sezer'le nikahsız yaşıyordu. Uğrunda baba evini terk edip kaçtığı sevgilisinden yediği 4 bıçak darbesiyle hayatını kaybetti. Olay, saat 18.00 sıralarında ilçenin Tufanpaşa Mahallesi'nde meydana geldi. Melike 15 yaşındaydı evden kaçtığında, kendinden 6 yaş büyük olan Sezer Çelik'in nikahsız eşi olduğunda... Bir süre sonra da anne olmuştu. Buna rağmen hukuki anlamda karı koca olmadan yaşamaya devam ettiler. Belli ki kocası olacak evlenmeye yanaşmıyordu. Günler geçip gitmiş, zaman içinde şiddetli geçimsizlik başlamıştı. Çocuk biraz daha büyüyüp 3 yaşına gelince Melike babasının evine dönmeye karar verdi. Sezer, "ayrılmam" diyordu. "Barışalım, gel konuşalım" deyip Melike'yi eve çağırmıştı. Buluştular. Evlerinin önünde konuşuyorlardı ama yüksek sesle... Aslında konuşmuyor, kavga ediyorlardı. Sezer, o sıra, üzerinde bulunan bıçağı çıkarıp Melike'ye sapladı. 4 yerinden ağır şekilde yaralayıp kaçtı. Olayı görenler durumu polise bildirdi. Polis aracı, ambulans geldiğinde Melike yerde kanlar içinde yatıyordu. Sedyeye koyup araçla hastaneye taşıdılar. Yakınları hastanenin bahçesinde ağlayıp sinir krizi geçirdi... Polis, olay yerinde inceleme yaparken Melike'nin ilk bıçak darbesinden sonra ancak 15 metre kadar kaçabildiği tespitinde bulundu. Sonradan ortaya çıkan şeylerden biri de Melike'nin korkudan katilini terk edemediğiydi. Babasına da söylemişti ayrılmak istediğini. Neden ayrılamadığını "korkuyorum, beni keser" diyerek dile getirmişti. Sezer adlı katille dönersek... Kayıptı, bir süre sonra yakalanmıştı. Yargılanmak üzere hapse gönderilmişti. Melike'nin babası, hastaneye cenazeyi almaya geldiğinde ağlıyordu.

Defin işlemleri yapılacaktı. Gazetecinin biri sorunca acılı baba anlatmaya başladı. Kızının defalarca tehdit edildiğini söyledi. "Kendisi (Sezer) çalışmıyordu. Kızım butikte işe girmişti. Çalışıp evinin geçindirmeye uğraşıyordu. Dayak yiyor yine de sesini çıkarmıyordu. Kocası olacak kızımı aşırı derece kıskanırdı. 'Oraya gitme, buraya gitme' diyerek baskı uyguluyordu. Öldürmesinin sebebi de bu: kıskançlık... benim dediklerimi yapacaksın... 'yapmazsan, ayrılmaya kalkarsan çocuğu keserim' dermiş. İnsan olsa der mi? Bunu kimse karısına demez, diyemez. Kızım bırakacaktı... 'Keserim seni!' dediği için gitmeye korkuyordu. 3 yaşında bir de çocukları vardı. Baktık olmayacak, torunumla alıp evime getirdim. Bu kez de eve geldi. Melike'yi kandırıp dışarı çıkarttı. Dediği gibi de yaptı, kesip kaçtı. Bu çile bitmez, kanser gibi bir şey; namussuzlar, namus uydurup cinayet işliyorlar. Kızımı o gün motosikletin arkasına bindirmiştim. Bir sokak kala inmek istedi. Dedim 'kızım döneyim, ben de geleyim... 'Yok baba acele etme, sen burada bekle, ben çocuğu alır gelirim' dedi. Beklemesem, o sokakta durmasam... yanına gitseydim görürdüm. Zanlı oraya gelmiş, öldürecek... sinmiş bekliyor. Beni gördüğünde ya kaçar ya da bana da saldırırdı. Ben 20 dakika, bir sokak geride kızımın bıçaklanmasını görmeden bekleyip duruşum. Bir baba için ne demek bu... Oradaki kadınlar söyledi; katil kovalarken 'baba, baba' diye bağırmış kızım..." Baba ayrıca, kızının haftada bir gün olan izin gününde öldürüldüğünü, Sezer'in bazen Melike'nin çalıştığı iş yerine gidip olay çıkarttığını, işletme sahibini bile tehdit ettiğini dile getirdi. Bu yüzden 3 ay Melike'ye yaklaşmama cezası almış. Baba ayrıca katillere verilen cezaların artırılmasını isteyerek, "Devlet de çağrı yapıyor zaten. Cezalar biraz daha arttırılsın. Benim yüreğim yandı, başkasınınki yanmasın" demekte.

Sevgili arkadaşlar, unutmadım, bugün 3 Ekim... Ecem Balcı cinsiyetinin 6. duruşması başladı, şu saat itibariyle devam ediyor olmalı. Mahkemede neler konuşulduğunu gazete haberlerinden okuyacağım. Affedersiniz... Şimdi hatırladım; duruşmaya yayın yasağı getirilmişti. Bazı gazeteciler, yine de bir şeyler duyup sorup araştırıp yazabilirler. En azından Ecem'in yakınları onlarla konuşur... ya da sosyal medyada paylaşırlar. Araştıracağım... Bu konuyu şimdilik geçiyorum... Siz de olayı takip ediyor musunuz? Ne olur edin! Adil bir ülkede yaşamak istiyorsak böyle konuları, unutup kaderine terk edemeyiz. Karar makamında oturanlar, güçlerini halktan aldıklarını bilmek zorunda... İstersek, ölçüsüzce kendi çıkarları doğrultusunda kullandıkları devlet gücünü ellerinden alabiliriz. Dosta düşmana, adil olmayanları, kanunları paspas yapıp "kadın cinayetlerini de durduramadık gitti canım. Eğitim şart!" diyenleri, milletin aklıyla dalga geçenleri bir daha iktidar yapmayacağımızı gösterebiliriz... Siz de hayatı (sahte hayatları, kurmacaları değil) izlemeye devam edin. Edin ki kimse meydanı boş sanmasın... Yapılan kötülüklerin er ya da geç hesabının sorulacağını kimse unutmasın. Halkın Saray'ını, milletten alınan geçici yetkileri kendi gücü sananlar, hukuk tanımazlar zamanı gelince yerle yeksan olacaklar... bu da unutulmasın... Geçiyorum...

27 Eylül 2019 tarihli başka bir olaya gidiyoruz. Bu kez Yalova'dayız. Olay yeri: Bahçelievler Mahallesi Donanma Sokak'ta bulunan Arslan 1 Apartmanı... Uzun süredir Yalova'da yaşayan biri vardı, İran'dan gelmişti, evliydi; 34 yaşındaydı, Abdulmuhammet A. olarak biliniyordu. 30 yaşındaki eşi Seher'le Aslan 1 apartmanındaki daireye taşınmışlardı. Kıskanç biriydi. Kıskançlık yüzünden karısıyla tartıştığı oluyordu. (Son yıllarda göçmeni bol bir ülke olduğunuzdan özellikle Ortadoğu kökenli göçmenler arasında da çok sayıda kadın cinayeti yaşanmakta. Kadın kanıyla sulanan bu yıllar, bir günü hatırlandığında, Ortadoğu savaşlarından kaçan, kaçamayan, kaçarken çocuklarıyla birlikte Akdeniz'in sularına gömülen kadınlar da hatırlanmalıdır. Yalnız topraklarımızın değil, etrafımızı çevreleyen denizlerin de kadın

mezarlığı olduğu unutulmamalı.) O gün de tartışmışlardı fakat, bu defa Seher belayı ucuz atlatamayacaktı. Kocasının elindeki bıçak boğazına saplanırken kendini koruyamadı. Abdulmuhammet karakola gidip eşini öldürdüğünü söyleyip teslim oldu. Eve giden polisler, Seher'in kanlı bedeniyle karşılaştılar. Seher'in cansız bedeni savcılık incelemesinin ardından otopsi için Bursa Adli Tıp Kurumu'na gönderildi. Daha sonra şu ayrıntı ortaya çıktı. Seher, biri 4, diğeri 11 yaşında iki çocuk annesiydi ve çocuklarının yanında öldürülmüştü. İki çocuk olaydan sonra koruma altına alınıp yuvaya yerleştirildi.

Arkadaşlar, saat 12.14... demin aldığım habere göre Ecem Balcı cinayetinin sanığı müebbet hapisle cezalandırılmış. Ecem'in babası duruşma öncesinde basın mensuplarına şöyle konuşmuş: "Biz altıncı seferdir burada, adliye binası önündeyiz. Beklediğimiz Adli Tıp raporu geldi, inşallah bugün ağırlaştırılmış müebbet hapis cezasının açıklandığını duyarız. Kızımın katilinin en ağır şekilde cezalandırılması gerektiğini her platformda söyledim yine söylüyorum. Gerekenin yapılacağını biliyorum. Adalete güvendim ve her zaman güvenmeye devam ediyorum. Umuyorum ki kızımın katili bir daha dışarı çıkamaz." İlk öğrenebildiğim haber böyle dostlar. Başka bir gelişme olur mu, dava kapandı mı henüz bunları bilmiyoruz ama takibe devam...

Bir gazeteden okuduğum habere göre, geçen aylar içinde en çok Eylül ayında kadın cinayeti işlendi. Yapılan araştırmaya göre 53 kurban var. Kadınlar genellikle yakınları tarafından öldürüldüler. Kadın Cinayetlerini Durduracağız Platformu' nun 2019 Eylül ayı verileri söyle: 11 kadının ölümü şüpheli... 31'inin neden öldürüldüğü bilinmemekte. 2 kadın fakirlikten... (ekonomik nedeni böyle anladım) 9 kadın, boşanmak istediği veya kocasıyla (sevgili, nikahsız eş de olur) barışmadığı ya da arkadaş olmayı kabul etmediği için cinsiyete kurban gitmiş. 17'sinin kim tarafından öldürüldüğü bilinmemekte. (Faili meçhul oluyor o zaman) 15'inin katili çocuk ya da çocuklarının babası... 6'sınınki tanıdık, akraba... 5'ininki birlikte olduğu erkek yani sevgili, 3'ününki erkek evlat, 2'sininki ağabeyi, 2'sininki eski kocası, 1'ininki kocasının ailesi, 1 diğer kişininki evli olduğu erkekle onun erkek kardeşi, 1'ininki de tümden belirsiz.

Neyle ve nerede öldürüldüklerine gelirsek... Kadınların 18'i kesici aletle, 12'si ateşli silahlarla, 2'si boğulmak suretiyle, 1'i boğularak ve bıçaklanarak, 1 başkası düşürülerek, 1' diğeri kimyasal maddeyle, 1'i de yakılarak... 17'sinin nasıl öldürüldüğü bilinmemekte... Kadınların 30'u evinde, 6'sı sokakta, 2'si parkta, 1 diğeri ahırda, 1'i bahçede, 1 diğeri eğlence mekânında, 1'i iş yerinde, 1'i manavda, 1 diğeri otelde... 2'si barajda, 2'si ormanda... (cansız bedenleri bulundu) 5'ninse nerede öldürüldüğü tespit edilemedi.

Şimdi tekrar kanlı Eylül'e gidelim, 27 Eylül'e... Bilançodaki cinayetlerden biri de bu: Alanya'da oldu olay. 43 yaşındaki damat, kayınbabasını arayıp "kızını öldürdüm" dedi. Hilmi adındaki katil, eşi Gülseren'le boşanma aşamasındaydı. 15 yıldır evliydiler. Geçinememeye başlamışlardı. Karakola gidip teslim olduğunda zanlının üzerinde kanlı bir gömlek olduğunu söylüyorlar. Gazeteciler, "Eşinizi neden öldürdünüz?" diye sorunca susuyor. Neyin hıncıysa öfkesini alamamış, iki çocuğuna annelik yapan karısını 14 kez bıçaklayarak öldürmüş. İlçenin Kestel Mahallesi Kızılkuyu Mevkiindeki müstakil bir evde oturuyorlardı. Daha önce de çokça kavgaları olmuştu. Eşe şiddet uygulamaktan bir de cezası almıştı. Karısına yaklaşmaması gerekiyordu. Ceza da işe yaramayınca Gülseren babasının yanına sığınmıştı.

Devlete güvenememişti. Hakimlerin koruma kararına güvenlerini başına neler geldiğini biliyor olmalıydı. 32 yaşındaydı. Bundan sonra yaşlı babasının koruması altında yaşayacaktı. Fakat, Hilmi bir gün, saat 11 sularında, Gülseren'i görmeye kayınbabasının evine gitti. Kapıya vurdu, açan olmadı, camı kırıp içeri girdi. Gülseren evdeydi, korkmuştu, konuşmak istemiyordu. Hilmi konuşmak istediğini söylüyordu fakat konuşacak bir şeyi kalmamıştı. İtiş kakış olmuş bahçeye çıkmışlardı. Belki de Gülseren kaçmak istemişti. İşte o sıra Hilmi, yanında taşıdığı bıçakla 2 çocuğun annesini 14 yerinden bıçaklayıp kaçtı. Gülseren kanlar içinde yere düştü. Olayı görenler, bağırış çağrış sesleri arasında jandarmaya haber verdiler. Olay yerine gelen jandarma ve sağlık ekipleri, ağır yaralı kadını ambulansla Alanya Alaaddin Keykubat Üniversitesi Eğitim ve Araştırma Hastanesi'ne götürdü. Yoğun bakım ünitesinde tedaviye alınan Gülseren doktorların tüm müdahalesine rağmen kurtarılamadı. Katil, teslim olmadan önce bir şey daha yaptı: Kayınbabasını arayarak "kızını öldürdüm" dedi. Neden? Bu kadar kindar olmak için ne yaşadı? Ne oldu da katil, ruh sağlığını bu derece kaybetti? Gülseren'in cansız bedeni savcılık incelemesinin ardından otopsi yapılmak üzere Antalya Adli Tıp Kurumu'na gönderildi.

Karakoldaki işlemleri tamamlanan Hilmi bu sabah adliyeye sevk edildi. Gülseren'in kızı 12, oğlu ise 6 yaşındaydı. Zavallı kadın bugün, Cuma namazından sonra Kestel Hanönü Mezarlığı'nda toprağa verilecek.

Yanlış bir şey söylediğimi fark ettim arkadaşlar. Ecem Balcı'yı öldürmekle suçlanan sanığın, suçlu bulunup müebbetle cezalandırıldığını sandım. Öyle değilmiş, doğrusu şöyle: savcı müebbet hapis istemiş, yargılama devam etmekte. 7. duruşma için 19 Kasım'a gün vermişler. Ecem'in otopsi sonucu için sanığın avukatı şöyle demiş: "Bu rapor, sanık Kara'nın daha önceki beyanlarına (karakoldaki) bakılarak oluşturulmuş olup tıbbi tespitler içermekte. Oysa eldeki verilerle maktulün ölüm nedeni tespit edilemez. Bu nedenle bir üst kuruldan rapor alınmasını talep ediyoruz." Mahkeme bu talebi kabul etmemiş. Müebbet isteyen savcı da, sanığın, cinayeti tasarlayarak işlemediğini, delilleri karartmaya çalışmadığını ve fakat "çocuğu öldürme" suçundan ağırlaştırılmış müebbetle cezalandırılmayı hak ettiğini söylemiş. Ayrıca tutuksuz sanıklar Kezban A., Rıfat Ö. Y., Yusuf K. ve İbrahim D. hakkında da suç delillerini gizlemeye çalıştıklarından dolayı ayrı ayrı hapis cezası verilmesini talep etmiş. Davaya taraf olan Aile Bakanlığı vekilleri de söz konusu sanıkların, ceza indirimi uygulanmayıp üst sınırdan cezalandırılması talebinde bulunmuş. Balcı'nın avukatı, savcının sözlerinde çelişki olduğunu görerek "Mütalaada, sanıkla maktulün annesi arasında ilişki olduğu, bu ilişkiden maktulün rahatsız olması sonucu cinayetin işlendiği iddia edilmekte... Buna rağmen "tasarlanmış cinayet yok" deniyor, bu tespiti kabul etmiyoruz," demekte...

Ecem'in babası duruşmadan sonra konuşuyor ve şöyle diyor: "19 Kasım'da tekrar burada olacağımızı söylediler. O gün kararın verileceğine inanıyorum. Verilecek olan kararda, cinayetin tasarlanmış olduğunun altını çizmek istedik ama savcı mütalaasını bu şekilde vermedi. İtirazımızı yaptık. Katilin ağırlaştırışmış müebbet cezası alacağına inanıyorum. İnşallah bu dava başka davalara emsal olur, başka Ecemlerin canı yanmaz."

Şimdi sevgili dostlar... Siz de not alın. Ecem Balcı cinsiyetinin 7. duruşması 19 Kasım 2019 günü, Kocaeli'nde, saat 10.30 da yapılacak. Takibe devam...

Takdir edersiniz ki bu kadar olayı tek başıma takip edemem; soruna, nasıl çare bulunacağını tek başıma bilemeyeceğim gibi... Bu yüzden başkalarının ne dediği de önemli, hatta çok önemli. Sizin fikriniz nedir? Neden kadınlarımız bu kadar çok ve hınçla öldürülmekte? Meseleye kafa yoran da çok. Bir şey daha diyeyim mi? Şiddetle içi içe yaşayan bir toplum olduğumuzdan yaşadığımız dehşetin büyüklüğünü göremediğimizi düşünmekteyim. Gerçeği bütün yalınlığıyla görebilseydik her halde çıldırırdık. Ne kadınlarımız evlenmek istedi ne de erkeklerimiz yuva kurmak için can atardı... Dün akşamdı sanıyorum, televizyon açıktı, adamın biri silah verdi yanındakine, "kardeşini vur, ancak o zaman bana bağlı olduğuna inanırım" dedi iyi mi? Adamın kardeşi yanında duruyordu. Silahı doğrulttu ama mermiyi kardeşine değil, 'bağlılığını kanıtlamak için kardeşini öldür' diyen patrona sıktı. Şimdi ne olacak diye beklerken bir mermiyle de kendi kafasını dağıttı. "Filmdir olur böyle şeyler" diyeceksiniz. Haklısınız, bunlar film... sanat eseri olsalardı, anlatacakları olay neyse, pisini çıkarmadan düzgünce, pornografiye kaçmadan, insana insan olduğunu hatırlatacak biçimde anlatırlardı. Amaçları sanat yapmak değil ki, reklam pastasından daha çok pay almak. Uzun zamandır tartışılıyor, 'dizilerdeki şiddet, toplumsal şiddeti körüklüyor mu?' diye... Bence körüklüyor...

Demin de dediğim gibi konuyu başka insanlardan da dinlemek istiyorum. Bu bağlamda 1 Ekim tarihli, dikkatimi çeken bir yazı oldu. Aslı M. Sarı yazmış. Şöyle diyor Aslı Hanım: (Yazıyı olduğu gibi değil, bazen de anladıklarımı aktaracağım.) Bugün, son zamanlarda hızla artan kadın cinayetlerini, beynimi yakan, 'nasıl yayınlanır' dediğim sosyal medya paylaşımlarını ve dizileri konuşacağız. Medya, toplumdaki şiddet ve cinsiyetçilik eğilimlerini para kazanmak adına tetikliyor, isteseydi dizginleye de bilirdi... hatırlamalılar, medyanın, dizi yapımcılarının sorumlulukları var. Bu sorumluluklarını bilip bireyden başlayarak ailede, mahallede, okulda, işyerlerinde kısaca gündelik yaşamın hemen her yerinde var olan şiddeti, cinsiyetçi değerleri körüklemek yerine durdurmaya çalışmaları gerekirdi. Özellikle sevilen dizilerin karakterleri, toplumdaki şiddetin azaltılmasında rol oynayabilirlerdi... Böyle olmadı... Pek çok cinayet var da son olarak Adana'nın Kozan ilçesinde bir cinayet işlendi.

Kısaca değinirsek... Körpecik bir kızımız (19 yaşındaydı) cinayete kurban gitti. Haber şöyle: Adana'nın Kozan ilçesinde tartışma yüzünden evi terk eden Melike, Sezer adındaki nikahsız kocası tarafından bıçaklanarak öldürüldü. Kızın babası R, Melike'ye baskı ve şiddet uygulandığını anlattı. Kızının bu yüzden ayrılmak istediğini, kocasınınsa, 'beni terk edersen seni keserim' dediğini dile getirdi. Cenazeyi almak için Adli Tıp Kurumu'na gelen R, Sezer'in kızını defalarca tehdit ettiğini belirterek şöyle konuştu: "Kızımı öldüren katil işsizdi. Melike bir butikte işe başlamıştı. Anne olmuştu. Tek başına evini geçindiriyordu. Dayak yiyor, sesini çıkarmıyordu. Kıskanç kocasını idare edecek hali kalmamıştı. Sezer olacak kızıma 'oraya gitme, buraya gitme' diyerek baskı yapıyordu. Öldürmesinin sebebi: benim dediklerimi yapacaksın... 'benden ayrılırsan çocuğu keserim' demiş. İnsan olsa der mi? Kimse böyle bir sözü demez, diyemez. Evladımın suçu, boşanmak istemesi... 'Keserim seni' dendiğinden korkuyordu. Torunum üç yaşına girince evden ayrılmaya karar vermişti. Baktık olmayacak... kızın dedim, korkma, arkanda ben varım, bırak onu, gel beraber yaşayalım. Tamam, dedi. Bundan sonra birlikte yaşayacaktık. Bu kez eve geldi katil, kızımı kandırıp dışarı çıkarmış... Yavrumu kesip kaçtı... Bu yara, bitmez tükenmez kanser gibi bir şey. Millet, namus anlayışını kendine göre uyduruyor."

Evet, baba R haklı, bu namus değil. Hem dünyada hem de Türkiye'de her yıl binlerce kadın yaşamını yitirmekte. Şu satırları yazarken bile kim bilir kaç kadın kocasından, ailesinden, sevgilisinden şiddet görüyor ya da öldürülüyor Allah bilir. Özellikle son yıllarda artış gösteren korkunç olaylar sosyal medyanın da etkisiyle geniş kitlelere yayılmakta. Suçlulara yeterli cezalar verilmediğinden maktul yakınları sosyal medya üzerinden kamuoyu oluşturmakta. Hukukun yetersiz görüldüğü durumlarda, öldürülen ya da tecavüze uğrayan kadınlar için protestolar düzenlenip yürüyüşler yapılmakta. Buna rağmen kadın cinayetleri devam ediyor. Münevver Karabulut, Özgecan Arslan, Ayşe Paşalı, Şule Çet, Leyla Aldemir, Hatice Kavak ve niceleri... Türkiye'de bu yılın başından beri 241 kadın öldürüldü...

Benim fark ettiğimi siz de fark ettiniz mi? Dizi sektörü belki de kadınların en çok istihdam edildiği alanlardan biri. Üstelik en üst pozisyonlarda. Senaryo yazarlarının büyük bir çoğunluğu kadın. Kanallarda ve yapım şirketlerinde dizi projelerini seçen, sipariş eden, belirleyen drama müdürlerinin neredeyse tamamı kadın. Yönetmenlerin önemli bir kısmı, yardımcı yönetmenlerin çoğu da aynı şekilde kadın... Oyuncu kadrolarında da kadınlar en az erkekler kadar var. Diziler seçilirken ağırlıklı olarak kadın izleyicilerin beğenileri hedeflenmekte... En çok reyting alan diziler kadınların tercih ettiği diziler çünkü. Şimdi resim böyleyken, dizilerin kadına şiddet ve kadın cinayetlerini teşvik etmesi, körüklemesi biraz tuhaf görünüyor değil mi?

Resmi araştırmalarla hazırlanan rapora göre, Türkiye'de son 3 yılda 932 kadın cinayete kurban gitti. En çok cinayet İstanbul, Ankara ve İzmir'de işlenirken, faillerin ve maktullerin yüzde 46'sının ilkokul mezunu olduğu belirlendi. Kadın cinayetlerinin yarısından fazlası ateşli silahlarla gerçekleşiyor. Bu silahların yüzde 83'ünün ruhsatsız olduğu bilinmekte. Bireysel silahlanmayı defalarca yazılarıma taşımıştım. Bu hususla ilgili ülkemde çok büyük yasal boşluklar var. Silahtan sonra ikinci sırada yüzde 31,9 ile kesici ve delici aletler geliyor. Kadın cinayetlerinin 72,8'i konut ve metruk binalarda, yüzde 15'i ise sokak ortasında işlenmekte. Cinayete kurban giden kadınların yaş ortalamaları ise sınır tanımıyor; her yaştan olabiliyorlar. Öldürülen her dört kadından biri 26-35 yaş aralığında.

Son 3 yıldaki en yaşlı kurban 88 yaşındaydı. En küçüğü ise henüz bir yaşına basmamış bir bebek... Evet... Televizyon dizileri cinayetleri körüklüyor. Yapılan araştırmalar da bunu doğrular nitelikte... Yazarken her tuşa vurduğumda inanın bir suçlu arıyorum. Çözüm için kime yürüyeceğimizi bulmaya çalışıyorum. Ve emin bir hissiyatla şunu söylüyorum: sosyal medya, TV haberleri, diziler kadına yönelik şiddet ve cinayetleri arttırıyor. İzleyip "gerçek âşık, ölümüne sevdalı, adam gibi adam" deyip sevdiğimiz erkekler, senaryo gereği başka erkeklere, hayatta ise kadına karşı bir gün mutlaka şiddete başvurmaktalar. Aslında gelecek felaketin işaretlerini baştan veriyorlar, görmek işimize gelmiyor. Medyada sistematik şekilde üretilen toplumsal değerler ve özellikle öne çıkarılan cinsiyetçi ayrımcılık artarak devam ediyor. Medya konusundaki eleştirel yaklaşımlar ve özellikle kadın çalışmaları, kadın ve erkek için geleneksel değerlerin medyada nasıl yeniden üretildiğine dikkat çekmekte... medya içeriklerinin ideolojik olanı nasıl gizlediği ve ataerkilliği nasıl normalleştirdiği de bilinmekte. Toplumda, bu açıdan yaratılan şiddet konusundaki her farkındalık önemli... Özellikle yerli dizilerin kahramanları, özdeşim kurulan kimseler olduklarından, kadına yönelik şiddet, dizi ve senaryoları kapsamından çıkarılmalılar. Bunu yapmak da mı zor?

31

Aslı M. Sarı da yukarıdaki sözleriyle "Neden bu kadar vahşiyiz?" sorusuna cevap aramakta. Gördüğünüz gibi şiddetin pek çok nedeni var. Şimdi şunu diyeceğim ben: şiddet konusunda da en çok devlete sorumluluk yüklüyorum. Devletler, çete devleti değil de demokrasinin tarif edildiği kitaplardaki gibi olursa toplumsal sorunlar mutlaka çözülür. Kimi de der ki, "sizin sorununuz, çözüm üretmek değil, devleti dövmek..." Ben de bunu anlamam: toplumun bir kesimi, kendileri gibi düşünmeyenleri devlet düşmanı olmakla suçlar ya, pes doğrusu... Niye düşmanlık edelim ki? Vergi verdiğimiz, sorun çözme gücünü elinde tutan, 'milletin şahsında vücut bulmuş' dediğimiz devlete neden kötü söz söyleyelim ki? Suçlamalarımız, devleti devlet gibi yönetemeyenlere arkadaşlar. İnanın böyle açıklamalar yapmaktan bıktım. Gazeteci Nagehan Alçı var, (bilirsiniz) geçenlerde "katil devlet" diye bir tabir kullandı cahilliğinden... Devletler katil olmaz, devleti yönetenler katil olur, suç işlerler. Devlet, halk demektir. Benim siyasal anlayışıma göre dünyanın bütün halkları kardeştir. Devleti yönetenler, kardeşi kardeşe düşman eder.

Bu yüzden Nagehan Alçı gibilerin sözlerine itibar etmeyin. İktidara yaranmak için ne diyeceklerini bilemezler... Kimi de, "Devletin devlet gibi olmadığını anladık da ne zaman uygar olduk ki?" diye sormakta. Haklısınız. Avrupa'da uygar değil. Hem de çok çok haklısınız. Onların da (bilimle uğraşsalar bile) uygar olmadığını bilerek söylüyorum. En uygarı, başka milletlere zulüm ile meşhur. Yani diyeceğim şu, bakmayın "bilim, İnternet çağında yaşıyoruz" dendiğine... İlkeliz.. İnsan evladı olarak insanlık yolunda gelişmiyoruz. Bu mevzuda bir arpa boyu yol alıp insan olamamışız. Bireyler gibi toplumlar da bencil. Gücü olan başkasını ezerek, 'benden sonra tufan' diyerek hayatını sürdürmekte. Tâbi şu da var: her toplum kendine göre uygar. Anadolu hakları olarak biz de uygardık bir zamanlar; tarih sahnesindeki yerimiz azımsanacak gibi değildi. Ama bugün dünya milletleri arasında yerlerde sürünüyoruz. Şunu da eklemek isterim başınızı ağrıtan sözlerime: Aslında ben dünya milletlerinin tümüne tek bir aile olarak bakılmasından yanayım: insanlık ailesi bu... Hepimiz birbirinizden sorumluyuz aslında. A ülkesi çok zengin de B ülkesi fakirse bu bir utançtır. Hepimizi ilgilendirir. Ne yazık ki insanlık ailesi, medeniyet yolundaki yürüyüşünü sağlıkla sürdüremiyor. Bilimde ilerliyor fakat insanlık meselesinde hep sınıfta kalmakta. Bunun da nedenleri var... Bitmek bilmez bir tartışmaya girmeyelim şimdi.

En iyisi dünyayı bir kenara koymak... Aile olmayı bırakıp kendi kapımızın önünü temizlemeye bakalım. Kimiz, neden ilerleyemiyoruz onu konuşalım... Geçenlerde ünlü şarkıcılarımızdan Müslüm Gürses geldi aklıma. Ne ilgisi var diyeceksiniz. Demeyin, anlatacağım. Göreceksiniz ilgisi olduğunu. Milletimizin yapısıyla Müslüm Gürses karakteri arasında benzerlikler olduğunu görmekteyim. Siyasi parti seçimlerimizi de belirleyen bir özellik bu. Amacım kimseyi küçük görmek değil. Neden olsun... Müslüm Gürses de şiddet mağduru, eşi tarafından öldürülmüş bir annenin oğluydu. Gürses'in hayatındaki olaylar, aslında uzun zamandır kafamı meşgul ediyor. Sahi unuttum... Aranızdan bazıları popçu, rakçı olup Müslüm Baba'yı, haliyle arabeski sevmiyor, bilmiyor da olabilir. "O ne? Allah Allah... hiç duymadım, nasıl bir müzik?" diye soran olur mu orasını bilemeyeceğim. Siz bilmeseniz de babalarınız bilecektir.

Kadınlar arasında da sıkı arabeskçiler daima ola gelmiştir. Tamamen erkeksi (erkek egemen) olan bu müziğin kadınlar tarafından da sevilerek dinlenmiş olmasını içinden çıkılması güç sosyolojik meselelerden biri olarak görmekteyim. Pek çok, bu müzikleri dinleyip kendini "acıların kadını" olarak tarif eden ablalarımız, teyzelerimiz, annelerimiz olmuştur. Genelev müziği olarak da bilinirdi... Ne kadar tuhaf değil mi? Genelevlerin önünde bolca çalınır, kasetleri satılırdı.

Bir kaç yerden aynı anda duyulan şarkılar birbirine karışır, çarşı pazar uğultudan geçilmezdi. Dolmuşlar, taksiciler bangır bangır bu müzikleri çalar, dinlemeyenlere de dinletmiş olurlardı. Ne kadar gürültü olursa olsun kimse kimsenin müziğine "öte git!" diyemezdi, diyenler kavgayı (cinayetle de sonuçlanabilirdi) göze alıyor demekti. O günlerde de "anama küfür etti, ben de durur muyum, soktum bıçağı karnına şerefsizin!" diyenler vardı... Bunların sayısı hiç bir zaman azalmadı. Azalmadığı gibi aralarına üniversite bitirmişler de katıldı. Hapishaneler namuslu katillerle dolup taşmakta. Karısını, kızını kesip doğrayanlar namuslarını temizlemekle övünmekte... Televizyon dizilerinin işlevini de Yeşilçam Sineması üstlenmişti. Mesela bu filmlerde tecavüze uğrayan kadınlar mutlaka öldürülüyordu. Yönetmenler, senaristler, film icabı bile tecavüz mağduru bir kadının yaşamasına izin vermiyorlardı. Öldürülmeyenler, senaryo gereğince intihara sürükleniyordu... yani filmde bile mağdur kadına yaşama hakkı yoktu, ölüm kaçınılmazdı. Kadınlar, "ölümcül derecede kirlendim, bu utançla yaşayamam" fikriyle gururlu kadın olup ailesinin başını öne eğdirmeyip ölmeyi yeğliyordu. Böylece yanlış olan değerler sinema yoluyla tekrar tekrar üretiliyordu.

Şurası kesin ki mantıkla yönetilmeyen bir milletiz dostlar. Aile hayatımız da eğitim hayatımız da mantık dışı. Herkes gırtlağına kadar namussuzken başkalarında namus aramakta... En namussuzlar öne geçmekte... "Kanlarınızla duş alacağız" diyen biri bile siyaset camiasında adam yerine konmakta. Eli kalem tutanlar sürünürken, silahsız sokağa çıkmayanlar baş tacı edilmekte... Öldüren, hapishanede koğuş ağası, sokakta mahallenin namus bekçisi, kabadayısı, ağabeyi olmakta. Bunu pekiştiren TV dizileri yapılmakta.

Şimdi sevgili arkadaşlar, bu kafa, Müslüm Gürses'i 'Baba' olarak isimlendiren kafadır. Kimseye babalık yapacak hali yokken Müslüm abimiz, kedini milletin kalbinde "babalık" makamında bulmuştu. "Baba" kavramı da sorgulanmaya muhtaç. Niye baba? Babaya ilişkin çok mu güzel hatıralar var zihnimizde?

Diyeceğim şu ki, toplumun büyükçe bir kesimi Müslüm Gürses'in hayatında kendini görmekte... Herkesin babası, anne katili değil kuşkusuz ama kimi anneler çoktan ölmüş; psikolojik anlamda yaşamıyorlar, çocuklarının, ev işlerinin, ekmek parasının peşinde yok olmuş durumdalar. Bu yetmezmiş gibi bir de şiddete, aşağılamaya maruz kalıyorlar. Yani biraz etrafınıza bakarsanız göreceksiniz: Müslüm Baba biraz da sen, ben hepimiz değil miyiz? Bizler de şiddet mağduru kitleleri temsil etmiyor muyuz? Müslüm Baba'ya bakıp aslında kendimiz için gözyaşı dökmüyor muyuz? Toplumlar dönem dönem birini seçip ağlama duvarı yapar. Müslüm Baba da bize, isteyip de yaşayamadığımız hayatımıza ağlama duvarı olmadı mı?

Rahatsız olmadınız değil mi? Bir şey daha diyeceğim... size göre değil genel olarak söylüyorum: 'Baba' kavramı toplumumuzun önemli bir kesimi için sıcak duyguların karşılığı değil. Siz farklı olabilirsiniz fakat, toplum genelinde 'baba' iktidarın evdeki zabıtası gibi görev yapmakta. Geceleri anamızın koynuna girip günün her saati, çoluğa çocuğa terör estirmekte... Kafayı iyice sıyırdıklarında da cinayet işlemekteler.

Bu düşüncelerimi paylaşmanız gerekmez. Yaşadığımız olaylar, sağlıklı düşünmemi engellediğinden saçmalıyor da olabilirim. Hep dedim... herkes bu konularda okuyup araştırıp kendi fikrini bulmalı. Bana göre "baba", yağmurdan kaçarken korkarak sığındığımızdan hemen kaçıp kurtulmak istediğiniz bir çatı altı demektir. Benzetmemi mazur görün, daha iyisini bulamadım ama ne demek istediğimi anlamışsınızdır. Baba problemi gerçekten hem benim için hem toplumumuz için büyük sorun. Demin de dediğim gibi siz, bize benzemiyor olabilirsiniz, saygı duyarım... İyi babaları olanlar bu gün konuşmayıp sadece dinlesinler. Ne düşündüğünüzü merak etmiyor değilim... keşke fikrinizi kızmadan yazsaydınız bana. "Yazın!" diye yol gösterdiğim oluyor ya bazen (saygısızlık etmiyorumdur umarım) fakat kimsenin bir şey yazdığı yok. Bu durumda yalnızım demektir? Okuru olmayan kendi halinde bir yazarım... Yazdıklarımı en çok kendim okuyorum... kendi kendime konuşuyorumdur belki de... Olsun... Kimse olmadığında kendimizden de bir şeyler öğrenebiliyoruz. Bu sözümü yabana atmayın. İnsan, kendine öğretmen olabiliyor, hem de en iyisinden, en hoşgörülü olanından... inanın bu sözüme. "Kendime yazıp kendime söylüyorum," dedim ya, üzülmüyorum. Böyle de iyim ben.

Bakmayın arada "arkadaşlar" dediğime, biri varmış gibi seslenmeme... Bu günlerde kendime arkadaşım. Bunu da kendimden öğrendim, yaşayarak keşfettim. Bu aralar hep böyleyim. Nedenini düşünüyorum fakat bulamıyorum. Kendime eğitmenim, kendi kendime dostum. Belki de yazdığım olayların dehşetinden böyleyimdir. Her neyse... Baba konusuna dönersek... Babasız büyüyen çocuklar, bizim gibi ülkelerde şanslı bile sayılırlar. Bir çocuğun, (gencin de) gelişimi önünde babadan daha büyük bir engel düşünemiyorum. Çocukların mutluluğu için cahil bir babanın varlığı (inanın), cahil bir anneden daha tehlikeli. Cahil anne içgüdüleriyle doğru şeyleri görüp gösterebilir ama bir babanın içgüdüleri genellikle bozuktur, çocukları söz konusu olduğunda çalışmazlar. Kendine dahi faydasızdır bu içgüdüler. Çocukluğumda, mutlu kadın görmediğim kasabamızda "s.k.nin düzüne girmek" diye bir tabir vardı. Erkek milleti böyledir. En akıllısının aklı uçkuruna bağlı. Kadın arar, döner dolaşır bulamaz, uçkur peşinde perişan olurlar. En güzel kadına sahip olmak isterler ama hiç birinin değerini bilmezler. En alımlı kadın, bir süre sonra ellerinde çöp olur. Daha yenisini, daha tazesini aramaya çıkarlar. Ele geçirdiklerini değersiz, geçiremediklerini bulunmaz Hint kumaşı sanırlar. İnsan demek mümkün mü böyle bir yaratığa?

Şu da var ki bütün istek ve arzuları kurdukları düzenle de çatışma içindedir. Bu, öyle yaman çelişkidir ki insan düşünemez olur, düşünenin elektrikleri patlar, beyni yanar. Erkek milleti değil mi?.. Ne demek istediğimi, pek çok kadınla olmayı arzu edip bakire kadınla evlenmeyi istemelerinden anlayabilirsiniz. Her neyse... Bitmedi daha... yeri geldikçe bu meseleyi konuşalım istiyorum. Tekrar annelerimize dönersek... Ev denen hapishane dışında gidecek yerleri yok onların... Olsaydı inanın giderlerdi. Ev kadınlığı aldatmacası içindeki esarete pek çok kadın itiraz etmekte, hem de yardım eden kimseleri olmadığı halde... Bir sözüm daha var: Doğduğumuz anda, ne yazık ki annelerimizi köleleştirilmiş halde buluyoruz. Birini gösteriyorlar bize... evin reisini... Bıyıklı biri bu... Gösterip, "Baban! Baba, de bakalım. Babalar sevilir... Sen de sevmelisin!" deyip zorlayarak nihayet "baba" demeyi de öğretiyorlar, yalandan sevmeyi de... İşkenceci zalim bir babanın bile kutsallığı üzerinde durup Allah ile kandırıp korkutarak baba sevgisi aşılamaya çalışırlar. Tutuyor mu? Şaşıracaksınız ama bence tutuyor... ortaya doğal olmayan eciş bücüş bir sevgi çıkıyor. Katilini sevmek gibi bir şeyi bu...

Müslüm Gürses de tattı bu sevgiyi... annesini öldürüp hapisten çıktıktan sonra da evlenen babasını büyük olasılıkla sevmiyor, sevemiyordu fakat, toplumda hayırsız evlat sayılmamak için en azından annesinin katiline para yollamak zorunda hissediyordu. Neden böyle bir şeyi yapmaya mecburdu? Neden "böyle bir babam yok benim" diyememişti? Belki de hepimizin bilinçaltında şöyle bir mekanizma var: Kol kırılır, yen (elbise) içinde kalır... Müslüm Baba da hayatını gizlemenin gayreti içindeydi. (O yıllarda internet olmadığından bu kadın cinayetini bilenlerin sayısı azdı. Bu olay yüzünden hayatının filme çekilmesini de istememişti. Hatta bu onun, söz verildiği halde yerine getirilemeyen vasiyeti oldu.) Allah her kulunu bağışlasın... Belki de başka bir şey olmuştur. Nasıl desem bilmem ki... Kafam da karıştı. Babalık öyle bir şey ki, yapana da yazık... Erkek olmak da zor. Bu dünyada insan, kendine ait değil: Herkes kapitalizmin uşağı olup onun ihtiyacına uygun yaşamak zorunda... Bu yüzden mağduruz. Başkalarına olduğu gibi kendinize de hem melek hem şeytanız.

Neyse... Dedim ya, böylesi olayları yorumlamak da kolay iş değil. Müslüm Gürses de milyonlarca genç gibi çocukluğunu yaşayamayıp şiddet mağduru oldu. Geçirdiği trafik kazasından sonra da kendinden 21 yaş büyük bir kadınla; Muhterem Nur'la evlenmişti. Muhterem Hanım, iliklerine kadar erkek egemen olan Yeşilçam Sineması'nda her bakımdan sömürülmüş bir kadındı. Yugoslavya göçmeni olan, geldiğinde Olga ismini taşıyan Aysel Muhterem Hanım, Müslüm'ün Annesi yaşındaydı. Belki de ünlü şarkıcı, Aysel Hanım'ın varlığında, babasının elinden çekip kurtaramadığı annesini görüyordu. Bu iğrenç hayattan kurtarmaya karar verdiği kadın belki de annesiydi, kim bilir... Müslüm Baba, Adana'nın sinema salonlarında izleyip çocukluğundan beri tanıyıp aşkla sevdiği Muhterem'i annesiymiş gibi korumaya çalışmıştı. Daha fazla kurda kuşa yem olmasına izin vermemişti. Aysel de annesi gibi gidecek yeri olmayan kadınlardan biriydi. Müslüm

Baba'nın kanatları altına aldığı bu kişi bana sorarsanız (bilinçaltında elbet) annesi Emine'ydi... Onu "baba" yapan olaylardan biri oldu Nur'a olan bağlılığı olmuştu. İsteseydi, onunla parası için evlenecek kadın mı yoktu... Nice genç ve güzel kadınlar varken Müslüm Baba, aşkına(!) İhanet etmedi. Ezilenlerin, aldatılmışların, sevilmeyenlerin arzu ettiği bir baba gibi yaşamaya çalıştı.

Peki, gerçek soyadı Akbaş olan Gürses şiddet mağduruydu da şiddetten uzak mı durdu? Hayır. Zaman zaman Aysel Hanım da şiddete maruz kalıyordu. Müslüm'ün, bu yorgun, eski sinema oyuncusu eşine kimi zaman (sürekli olmamış bu) şiddet uyguladığı bilinmekte. Yine de onun kalbimizde bir yeri vardı ve bu yerin adı: Babalıktı. Müslüm Baba, neden şiddet mağduru, yoksul çocukların kalbinde yaşadı sanıyorsunuz... Kendisini de bir şarkısında söylediği gibi: "Her şeyin bir bedeli var." Boşuna değildi onların "Müslüm Baba" demesi...

Psikologlar bu durumu nasıl açıklıyor acaba? Bu bağlamda Freud'un fikirleri de sözlerimi destekler nitelikte. Freud da demez mi "Annelerimizi babalarımızın elinden almak isterken (kıskançlığımızdan, sadece beni sevsin diye...) babalarımıza kin duyup düşman oluruz," diye... Sonra bu pişmanlıkla kötü duygularınızdan kurtulmak isterken başka şeylere yönelirmişiz. Bu da yaratıcılığımızın gelişmesine yardım edermiş. "Böylece kötü bir şeyin altından iyi şeylerin çıkma ihtimali var" demekte. Kötü duyguların, iyiliğe doğru transferi diyelim buna. Bunu başaramayanlar suça yönelmekteymiş. Mesela Müslüm Gürses, suçlu biri olup babası gibi hapislerde sürünecekken sanatçı olup insan içine çıkarak herkesin beğenisini kazanmıştı... Şunu da eklemek isterim: Freud deyip geçmeyin o da erkek egemen kültürün en güçlü pekiştirenlerinden biri. Penise verdiği büyük önemi söylemeye gerek var mı? Kadınlığı görmeyip fikirlerini bunun üstüne oturtmaya çalışmıştı. Erkek toplumunda yaşadığımızdan Freud da bu kültürün ürünü bilgiler ortaya atmıştır. Her neyse... Son olarak şunu söylemeli: Kimse, bazı görüşlerine bakıp "Freud bilim insanı değildi" diyemez... hele de ben... Sadece şunu biliyorum ki Freud, ruhumuzu örümcek kafalı, cinli, yobaz din adamlarının elinden kurtarıp akılla gözleyip anlamak isteyen modern psikolojinin temel taşlarından biri, belki de en önemlisidir... Bazı fikirleri eskidi diye hiç bir zaman yok hükmünde biri olarak görülmeyecektir.

Arabesk kültürle sosyal yapımız arasındaki benzerlik önemli... kadın cinayetleriyle çok ilgisi var bunun. 'Arabesk müzik en çok nerelerde dinlenmişse orada ölüm oranı, cinayet sayısı artmıştır' diyebiliriz. Bilmeyenler için söyleyeyim: bu enteresan şarkıların sözleri, sevilmeyen mahcup delikanlılarla, aşk mağduru yoksul kadınlarla, işsizlerle, kimi kimsesi olmayanlarla, şansa kadere isyan edenlerle doluydu. Her söz, toplumsal bir yaraydı ve çözülmeyen, çözülmek de istemeyen problemleri anlatırdı. Sevgi, aşk, yalnızlık, çaresizlik, yoksulluk, gurbet, hasret, özlem üzerine umutsuzluk dolu, salya sümük ağlayıp kendini yerden yere vuran, intihar kokulu şarkılardı. O günlerden bu güne bakıyorum da 'ne değişti?' diye, değişen bir şey göremiyorum. Toplumsal sorunlarımız, duygusal yıkıntılarımız hep aynı. Kadınlarımız hâlâ şiddet mağduru, hem de en ağırından... Gerçek ne mi? Söyleyeyim: Anneleri, babaları tarafından öldürülen bir milletin evlatlarıyız. Yıllardır utanç verici bu gerçeği çözemediğimiz yazılıp konuşulmakta.

Çocuklarımız, kadın cinayetlerinin ortasında annelerinin çığlıklarını duyarak büyümekte. Müslüm Gürses ne yaşadıysa, daha fazlasını milletimiz yaşamaya devam etmekte. Söylemenize gerek yok. Biliyorum: sizin evinizde ya da mahallenizde herkes sevgi dolu... ama bu sorun hepimizin... kaçamazsınız. Hepinize ait bir problemden söz ediyorum. Sevgiye çok ihtiyacımız var fakat, güvenli sevgiler içinde büyümediğimizden başkalarını da istediğimiz gibi sevip saramıyoruz. Çoğumuz, cinsel ihtiyaçların, üreme duygularının nedeni olan dürtüleri sevgi sanıp aşık olup evlenip yuva kurmaya devam etmekteyiz. Aşk sanılan cinsel açlık yüzünden cinayetler işlemekte ki, filmlere, aşk cinayetiymiş gibi konu edilmekte. Cinsel açlığını gideremeyenler, elde edemedikleri kadınları, aşk maskesi adı altında kezzap döküp yakmakta. Kimi de "sevgilisi vardı, aşkıma ihanet etti" deyip öldürüp kaçmakta. "Bana yar olmayanı kimseye yar etmem," anlayışıyla nice cinayetler işlenmekte ki, hakimlerimiz üzülüp ceza indirimine bile gitmekte.

Nicedir yobazlaşan bir toplum olduğunuzu aklımızdan çıkarmayalım. Kız erkek arkadaşlığı üzerindeki baskılar giderek artıyor. Kızlarımız her geçen gün daha tutucu hale gelmekte. Hayat şartları zor, işsizlik çok ağır... Üniversite bitirenler bile parasızlıktan evlenip aile olamamakta. Tutuculuk, her şeyden önce kadınla erkeği bölüp ayırmakta; onları sadece evlilik düşünen kişiler olarak görmemize neden olmakta. Bu yüzden kimse karşı cinsle arkadaş olup birbirlerini tanıyamıyor. Aile korkusuna, din engeline takılıp birlikte gezemiyorlar. Paraları olsa bile doğru evlilik için gereken bilgilere sahip olamıyorlar. Okullarımız ne hale geldi görüyorsunuz. Din adına kapanan kız öğrenci sayımız giderek aratmakta. Doğru din bilgisi alamayanlar Emevi dinini İslam sanmakta. Kadın kimliğinin tek güvencesi olan demokrasiye inanmayanlar ülke yönetmekte...

Geçenlerde yeni bir arabesk patlaması oldu, fark etmişsinizdir. Fatih Bulut isminde biri "Çok Sevdim Yalan Oldu" diyerekten bir şarkı icra etmekte. Duydum ki çok beğenilmiş bu şarkı, müzik dünyasında trend olmuş. Şarkının sözlerini bilmeyenler için paylaşmak istiyorum: 'Arabesk, eskisi kadar ilgi görmüyor' denen bu günlerde, bu çok beğenilen şarkı şunları dile getirip haykırmakta:

Umut ışıklarım bir bir söndüler

Dost bildiğim kalleşler yoldan döndüler

Her topluma girdim onlar ittiler

Ezdi tükenmedik bilmez yordu geceler
Her topluma girdim amma onlar ittiler
Ezdi tükenmedik bildi zalım geceler
Uykular haram oldu gençliğim bak,
Talan da oldu çok sevdim yalan oldu zalım geceler
Geceler geceler yıktı geceler
Geceler geceler zalım geceler
Umudum gecem, gecem de gündüz oldu oldu
Demir mazgallar dört duvar oldu
Demir de kapılar dört duvar oldu
Sayamadım vallaha billaha seneler oldu
Oldu oldu çok sene oldu
Geceler geceler yıktı geceler
Geceler geceler yaktı geceler
Annem yanına vallaha gelecem
Ölmeden gitmeden babam elin öpecem
Yar Allah nasip etse kıymet bilecem
Ezdi tükenmedik bildi ama yordu geceler
Mevla nasip etse hatır bilecem bilecem
Ezdi tükenmedik bildi yıktı geceler
Uykular haram oldu gençliğim bak,
Talan da oldu çok sevdim yalan oldu zalım geceler
Geceler geceler dümen geceler
Geceler geceler yordu geceler
Umudum gecem, gecemde gündüz oldu oldu
Demir mazgallar dört duvar oldu
Demir de kapılar dört duvar oldu
Sayamadım vallaha billaha seneler oldu
Oldu oldu çok sene oldu
Geceler geceler yıktı geceler
Geceler geceler yaktı geceler

Diyeceğim şu ki arkadaşlar, "İnternet geldi, çok şey değişti" deseniz de bence fazla bir şey değişmedi. Haa... "Herkesi izleyip İnternet marifetiyle kontrol altına aldılar" derseniz bu konuda haklısınız ama, mesela terör hiç değişmedi, artarak devam etmekte. "Devletin malı deniz yemeyen domuz" anlayışı da hiç değişmedi... Biz böyleyiz: Sorun ne olursa olsun yönetenlerden çok kadere isyanımız var, bu da hiç değişmedi. "Yönetenlerimiz iyi insanlar, onlarda sorun yok, mutsuzsak şansınız olmadığından, kaderimiz kötü bizim(!) Yazımızı yazan böyle yazmış. Elden bir şey gelmiyor... Allah sabredeni görür, burada değilse cennetinde görecektir," demekte değişmedi sevgili dostlar. Ne olsa talihimize kızar, halimize yanarız. Kanunları bozup işletmeyenlere kızmaya korkarız. Haksızlık olmasın şimdi. Bu uğurda ölen insanlarımız da oldu. "Gelir dağılımı çok bozuk. İşsizlik aldı başını gidiyor. Okuyup üniversite diploması alıp evde oturmak istemiyoruz" diyen yok mu? Çok ama bir şey yapan yok... Tuhaf değil mi?

Herkesin sevdiği şarkı da tuhaf... İlkin Türkçesi bozukmuş gibi geliyor. Aslında değil, bilerek böyle yapmışlar bana kalırsa:

"Uykular haram oldu gençliğim bak,

Talan da oldu çok sevdim yalan oldu zalım geceler..."

Şuna da bak: "Ezdi tükenmedik bildi ama yordu geceler

Mevla nasip etse hatır bilecem bilecem

Ezdi tükenmedik bildi yıktı geceler

Uykular haram oldu gençliğim bak..."

Bu diziler bir şeyler sezdiriyor... diyecek gibi oluyor fakat demiyor. Gençliğimizin ziyan olduğunu söylemekte... Müziktir olur böyle şeyler diyelim ama sözler neden bu kadar kapalı? Belki de yeni arabeskin özelliği budur? "Ezdi, tükenmedik, yıktı, talan oldu, dört duvar oldu" diyor, gerisini demiyor ya... Pek çok şey söylüyor aslında... Bence (yine bilerek) düzgün cümle de kurmuyor ki ne demek istediği anlaşılmasın. Herkes anladığı kadarıyla, hissedebildiği çağrışımlarla yetinsin. Böylece Muktedirler sussun, dava açamasınlar. Önceki arabeskçiler de müziklerini böyle yaptı. Doğrudan Muktedirleri hedef alamazlardı. Alabilenler için "devrimci türkücüler" tabirini kullananlar oldu ki hâlâ kullanılmaktadır. Tekrar Fatih Bulut'un şarkısına dönecek olursak... Türkçe konuşulan ya da İslam coğrafyasında da trend oldu diye duydum. Doğrudur... Oralar da bize benziyor. Oralar da kendi kendini yönetemeyen haklarla dolu. Ortak yanlarımızdan biri de Emperyalizmin seçip başınıza diktiği adamları meşru yöneticilerimiz sanmamız. Bu yüzden de birimize benziyoruz.

32

Geçtiğimiz çarşamba günü itibariyle yani 9.10.2019 tarihinde, dünya basınına bakarsanız Suriye toprağını işgal ettiğimiz konuşulmakta. Hükümetin diliyle söylersek, sınır dışında bize karşı silahlanıp devlet olma hevesiyle ülkemize zarar veren terör örgütlerini yok etmeye çalışıyoruz. Tartışmalı bir konu... Milletimize karşı terör örgütü çok da, besleyip büyütenler kim? Anlatmakla bitmez. Kaç gündür bütün televizyon kanallarında bu mesele var. "Kim haklı?" diye sorarsanız şöyle özet yapayım: Elbette biz haklıyız... ülkeyi bu duruma getirip Mehmetçiği Suriye topraklarına sürenler haksız... Harekâtın adı da "Barış Pınarı"... Şaka gibiler. Daha önce "Barış" diyenleri terörist sayıp hapse atıyorlardı, şimdi kendileri, hem de teröre karşı "Barış" demekte, üstelik de pınarlısından söz etmekteler. Neyse... Olayın pek çok boyutu olduğundan fazla uzatmamalı. Sadece savaş neleri örter onu söyleyeyim. Şu anda yazmakta olduğum kadın cinayetlerini örter mi, örter... İşsizliği, yoksulluğu, pahalılığı, kısaca toplumu ilgilendiren her meseleyi halının altına süpürür mü, evet... Mesela, Kazdağları ormanları kesilmesin, altın arama faaliyetlerine son verilsin diye miting yapılacaktı, "Savaş var", pardon, "Terör örgütlerine karşı Barış Pınarı Harekâtı yapıyoruz" diyerekten iptal ettirdiler. Buradan bilin savaşın nelere kâdir olduğunu. Hükümete söz söyleyen herkes bundan sonra "teröre destek" suçundan hapse atılacak. Dün okuduğum habere göre 80'e yakın kişi gözaltına alınmış, çoğu gazeteci, kimi de sosyal medya kullanıcısı... Gerekçe, askerimizi işgalci gösteren yazılar yazmak, bu yönde haber yapıp yayınlamak... Aman deyim arkadaşlar... Benim böyle bir kastım yok. Ordumuzun yanındayım... başarılı olmalarını istiyorum. Ne demek? Bütün kalbimle Mehmetçiğin ayağına taş değmemesini dileyen biriyim. Kimsenin bundan kuşkusu olmasın. Teröristlerin bir daha örgütlenemeyecekleri biçimde yok edilmelerinde insanlık adına büyük yarar var. Fakat terörü besleyenlerin de güçlü devletler olduğunu aklımızdan çıkarmayalım.

Hükümete de rica ediyorum, terör örgütleriyle masaya oturmasınlar, ülkemizi iyi yönetsinler. "Biz iyiyiz de kandırılıyoruz. Biz ne yapalım... İyi niyetimizi suiistimal ediyorlar. Verdikleri sözleri tutmuyorlar," diyen iktidarlardan, sizi bilmem ama bana pes geldi... Her neyse artık... Bundan sonra vatandaşlar olarak bizlerin daha az siyaset konuşması gerekecek. Konuşsan neye faydası var, her itiraz görmezden gelinmekte. Savaştan önce ele alınması gereken önemli konulardan biri de, hazırlıksız yakalanacağımıza kesin gözüyle bakılan deprem konusuydu. O da kaşla göz arasında güme gitti. En önemlisi de hukuk... Zamanında erişemediğimiz adalet... Daha demokratik bir ülke için dile getirilen vaatlerin tümü başka bahara kaldı. Her alandaki hukuksuzluk, olağanüstü denilen bu dönemde, olduğu gibi devam edecek. Bir de aklıma şu soru gelmekte: Terör örgütleriyle barış olmayacağına göre harekâtın adı neden "Balyoz, Tokmak, Balta değil de Barış? Allah'ım sen aklıma mukayyet ol... Neyse... Geçiyorum bu konuyu. Hayat devam etmekte...

Bu durumda ne yapacağız arkadaşlar? Her gün şehit haberleri gelirken, sağa sola bombalar düşerken... ne yapacağız? Harekâtın ilk gününden beri topraklarımıza bombalar atılmakta. Aralarında bebek de olan yirmiden fazla sivilin öldüğü söylenmekte. Dün de Nusaybin şehir merkezi bombaların altında kaldı. Ortadoğu ülkelerinde gördüğünüz savaş manzaraları artık ülkemizde de yaşanmakta. Ülkeyi kim bu hale getirdi, diye sormayalım mı? Bundan sonra hep böyle mi olacak? Karşılıklı bombalar atılıp senelerce hastanelere ölü ve yaralılar mı taşınacak? Kaç yıl bu böyle, "tavşan kaç, tazı tut" misali devam edip gidecek? Bilemeyiz... Biz faniler ancak sürü psikolojisine ayak uydurup "vatan, millet, Sakarya" demesini biliriz. Her şeye rağmen umutlu olmaya çalışmalıyız fakat, bu son olay bana, boşu boşuna yaşadığımız duygusu veriyor. Şimdiden herkes sustu... Konuşulamıyor... İktidara, "Demokrasiye dön! Her şeyi ben bilirim demekten vaz geç!" denemiyor. Demek, terörist faaliyet sayılmakta. Bu korku içinde, hükümet sever görünüp savaşın kaçınılmaz olduğunu söyleyenlerin sayısı da hızla artmakta. Ben de kendimce bir şeyler yazıp söylüyorum ya, elbette boşu boşuna... Elbette sözlerimden umutlu değilim. Bundan sonra ne yapsam? Daha çok kadın cinayeti olacağı kesin... daha çok işsizlik, daha çok pahalılık kadermiş gibi yakamıza yapışacak. Çığlık atsan kim duyacak ki? Yine de yazmaya devam edebilecek miyim?.. "Boşu boşuna" demeden yazmayı sürdürebilecek miyim? Dün, aynı zamanda, 4 yıl önce Ankara'daki 103 kişinin ölümüne neden olan canlı bomba katliamının da yıl dönümüydü. O insanlar da ölüp gitti, boşu boşuna... Peki ne yapalım bizler? Savaş başladı diye diyeceklerimi demekten vaz mı geçeyim? İçimde derin bir hiçlik duygusu var ancak, yazmaktan vaz geçemem. "Yazmalısın" diyen kimsem de yok... inanın bu sözüme...

Dediklerim gibi diyeceklerimin de zerrece kıymeti yok ve hiç olmayacak. Buna rağmen, benden önce de, en kanlı savaşların ortasında dahi söyleyip yazmaktan vazgeçmeyenler olduğunu hatırlıyorum. Bu da bir savaş: Yazmak da her şeye rağmen direneceğimizin işareti. Yalana karşı dile getirilen her doğru söz hayata tutunma savaşı değil midir? Hep öldürmek isteyenlerin mi silahı olacak... Bizim silahımız da "söz" değil mi? Bu yüzden kendime diyorum ki "pes etme, yazmaya devam et. Her yanda bombalar patlasa bile..." Ortadoğu savaşları bitmez. İnsan gibi olmayalım diye savaşsız bir günümüz olmayacak, buna izin vermediler, vermeyecekler. Ama biz umutsuzluğa kapılıp sözlerimizi haykırmaktan vazgeçmeyeceğiz. O halde kaldığımız yerden devam... "Gücünüz yetmez!" diyenlere inat haykıralım: "Savaşı da durduracağız elbet! Kadın cinayetlerini de..."

Çok konuştum değil mi? Bugün günlerden Cumartesi. Ş davasının 4. duruşmasına 4 gün kaldı. Pek çok 'kadın cinayeti davası' an itibariyle devam etmekte. Toplam sayı nedir, her gün kaç duruşma yapılmakta bilemem. Tahminimce mahkeme sayısı kadar dava var. Yeni öğrendiğim bir şey de şu: 28 Eylül (Benim kanlı Eylül dediğim ay) Bireysel Silahsızlanma Günüymüş.

Umut Vakfı'nın şiddet vakaları temelinde hazırladığı Türkiye'nin Silahlı Şiddet Haritası adlı 2018 yılı Raporu'na göre, ülkemiz genelinde en az 25 milyon silah bulunuyor ve bunların yüzde 85'i ruhsatsız... Meclis'te silahlanmayı araştırma komisyonu kurulması yönünde daha önce reddedilen bir önerge vardı, bunun yeniden meclis gündemine getirilmesi, önlemlerin masaya yatırılması uzmanların öncelikli çağrıları arasında.

Böyle bir coğrafyada, vahşet içinde yaşar da insan, silaha ilgi göstermez olur mu?

Umut Vakfı Yönetim Kurulu Üyesi Uzman Psikiyatr Dr. Ayhan Akcan, TV dizilerinin bireysel silahlanmayı körüklediğine dikkat çekmekte... "Silah görüntülerinin buzlanması dışında da silahsızlanmayla mücadele edilmesi gerekiyor. En çok izlenen dizilerin tek bir bölümde dahi çokça silah sahnesi var," diyen Akcan, Fransa, Finlandiya gibi bazı Avrupa ülkelerinde uygulanan referans sistemine değinip, "Silah ruhsatı alacak olanlar, eşinden, taşıma ruhsatı alırken de avukatından yazılı onay almalı... koleksiyoncular hariç silah edinim sayısı en fazla iki ile sınırlandırılmalı... ruhsat alırken silah alma isteği ve kızgınlığının ortadan kalkabileceği düşüncesiyle ruhsat alma dilekçesi örneğin,

45 güne kadar işleme konmayıp bekletilmeli," demekte. Silah ruhsatı almadan önce detaylı kişilik taramasının yanı sıra, e-rapor kapsamında ciddi bir sağlık muayenesinin uygulanmasını, ruhsat öncesinde silah taşımanın yasal, hukuki ve sosyal yönlerine dair eğitimler verilmesini, silahın muhafaza edilmesi için evde kasa zorunluluğu getirmesini önermekte. "Halk, açık hava toplantıları, düğün ya da asker uğurlamalarında havaya ateş açtığında bundan kimsenin zarar görmeyeceğini düşünüyor. Ancak mermi, havaya sıkıldığında yere düşerken aynı hız ve şiddetle gelir... (Bunu bilmiyordum arkadaşlar. İnternette videosu var, izledim. Havaya ateş edilmemesi gerektiği söyleniyor. Sonuç ölümcül olabiliyormuş.) Bu ve benzeri bilgilerin verileceği kamu spotları önemli. Ayrıca düğün ve Açıkhava toplantılarına polis timi gelirse, silah kullanımı da caydırıcı olur," demekte. Akcan, sözlerini şöyle sürdürmekte: "Okullarda ve Cuma hutbelerinde en azından yılda bir kez silahın sosyal yönüyle ilgili bir bilgi akışı sağlanmalı; kadına karşı şiddet, boşanma süreci, iflas gibi durumlarda kişilerin silahlarına geçici süreli el konmalı..."

Cumhuriyet Halk Partisi milletvekili Murat Emir, bireysel silahlanma konusunu Haziran ayında Meclis gündemine taşıyıp önleyici politikaların geliştirilmesi için araştırma önergesi vermişti. Önergeye göre, "silahla öldürme ve yaralama suçlarında son 4 yılda yüzde 69 artış olduğu, silahlanmanın bölgelere göre farklılık gösterdiği, en çok Marmara ve Orta Anadolu bölgesinde silaha rağbet olduğu dile getirilip ruhsatsız silahların çokluğuna dikkat çekilmişti. Konu hakkında çalışan sivil toplum örgütleri de, silaha dair farklı yönetmeliklerin tek bir yasa altında bir araya getirilmesi gerektiği üzerinde durup ilgili hükümeti uyarmakta, "Silah reklamı yasaklanmalı, silahın kargo ile taşınmasına izin verilmemeli. Bu tür önlemler alınırsa beş yıllık bir süre zarfında silahlanmada yüzde 60 azalma olur. Silahlı suçlar, kişisel olmanın ötesinde toplumu ilgilendirmekte. Sosyal bir problem olduğundan nasıl çözüleceğine ilişkin görüşler gündemden düşürülmemeli... Silah kullanımını, ölümle sonuçlanan olayları kişi bazında düşünürsek yanlış olur. Toplumun geleceği için farkındalık yaratmalı, konu sürekli gündemde tutulmalı," demekte...

İletişim akademisyeni ve Umut Vakfı yönetim kurulu üyesi Prof. Yasemin Giritli İnceoğlu da bu konuya değinerek, Türkiye'de ortalama beş silahlı olaydan birinin kadınlara yönelik olduğunu belirtmekte.

Euronews Türkçe' ye konuşan İnceoğlu, "Daha dün üç kadından ikisi ateşli silahla, biri bıçakla katledildi. Kadının yaşadığı şiddeti anlayabilmek için toplumdaki güç ve otorite ilişkilerine, cinsiyete dayalı konum farkının olup olmadığına bakmamız gerekiyor. Televizyon dizilerinde silaha yapılan güzellemeler şiddeti özendirip meşrulaştırıyor. Erkek şiddetinin arka planında "namus" var. Türkiye'de namus; kadın, kadın bedeni, kadının cinselliği ve kadınların kontrol edilebilmesi biçiminde algılanmakta... büyük ölçüde de evlilik dışı cinsel ilişki, bekâret, zina veya sadakatsizlik ile ilişkilendirilen bir kavram. Erkek, geleneksel olarak kadın davranışı üzerinde egemenlik kurmak istiyor. Kuramamak utanç, erkek kimliğine ters bir davranış. Kadını denetleyememe utancını körükleyense aile ve mahalle baskısıdır. Bunun sonucu, kadına yönelen şiddet olarak karşımıza çıkıyor" demekte...

İnceoğlu'na göre; nefret söylemleriyle şiddeti tekrar üreten, katili adeta haklı çıkaran, cinayet haberlerini adli bir vaka gibi vererek şiddeti normalleştirip meşrulaştıran medya, kadını ve kadın cinayetlerini sansasyonel biçimde sunup olayın magazin yönüne odaklanmakta. Dolayısıyla, kadın cinayetleriyle sonuçlanan bireysel silahlanma konuları ele alınırken, medyanın toplumsal cinsiyet eşitliğini gözeten kadın hakları odaklı bir gazetecilik çizgisi benimsemesi şart... İnceoğlu bu tabloyu birkaç örnekle ele alarak şöyle diyor: "Medyada kimi tanımlar, ölçüler, öngörüler üzerinden kadınlara karşı hoşgörüsüz ve olumsuz bir haber dili ve/veya haber söylemi kullanılıyor. "Korkunç infaz!", "Kafasından 7 kurşunla vurdu!" gibi başlıklar ile "Ayrılmak isteyen sevgilisini başından vurdu", "Boşanmak isteyen eşini kurşunladı" türünden şiddet uygulayan erkeklerin açıklamalarına dayandırılarak kurulan nedensellik ilişkileri şiddeti dolaylı olarak meşrulaştırırken bireysel silahlanmayı da özendiriyor." İnceoğlu, "cezasızlık kültürü" nün gelişmesi sonucunda, kabullenme ve korkunun ortaya çıktığını ve her şeye biat etmenin normalleştiğini belirtiyor: "Faillerin cezasız kalması, kadına yönelik şiddet olaylarının artmasına neden olur. Hukuka ve kamu kurumlarına olan güvenlerini yitirmesine ve böylece daha da tecrit olmalarına yol açar," demekte.

İstanbul Barosu Başkan yardımcısı Avukat Nazan Moroğlu ise Türkiye'de bireysel silahlanmanın, özellikle de ruhsatsız silahlara ulaşmanın çok kolay olduğunu, internette dahi bunların satışlarının yapıldığını söylemekte. Euronews Türkçe 'ye konuşan Moroğlu, "Bu şekilde silah sahibi olan çok sayıda insan bazen bir anlık öfkesine yenik düşerek ya da kimi zaman planlayarak cinayet işliyor. . Ruhsatsız elde edilen bu ateşli silah yakalansa bile cezası çok düşük. Bu nedenle bireysel silahlanmanın engellenmesi konusunda toplumsal ve özellikle yasal denetimlerin sıklaştırılması ve cezaların caydırıcılığının sağlanması gerekiyor," diyerek görüşlerini dile getirmekte. Kadın cinayetlerinin çoğunun kolayca edinilen silahlarla işlenmesi ve bireysel silahlanmanın kadın cinayetleri üzerindeki etkisi de Moroğlu'nun dikkat çektiği unsurların başında geliyor: "Ülkemizde yasalarda eşit haklar olsa da kadını birey olarak görmeyen erkek egemen zihniyet hâlâ değişmedi. Cinsiyet eşitliği anlayışının yerleşmesi için gerekli adımlar atılmadı. Erkek egemenliği, kadınların kendi yaşamları hakkında karar vermelerine şiddetle karşı çıkıyor. Kadınlar, genellikle boşanmak istediği veya boşanmış olduğu ya da evlenmek istemediği erkekler tarafından öldürülmekte. Bu nedenle, bireysel silahlanma kadınlarımızı ilgilendiriyor."

Bu durumda "cinayetleri durduracağız" diyenlerin öncelikli görevlerinden biri de kuşkusuz silahlanmayı engellemek olmalı. Demek ki neymiş? Büyük oranda silahlanmış bir toplum haline gelmişiz. Bir de şunu düşünün: ortada kayıt tutan sağlıklı bir devlet var mı? Bence yok. Artık devletler arası görüşmelerden tutun da ticari faaliyetlere varıncaya kadar pek çok şey kayıt dışı. Bu durumda gerçeği anlamak için şunu yapmalıyız: Olumsuz bir konuda oran, yüzde 10 olarak mı veriliyor? Siz bunu 2 ile hatta 3 ile çarpın... İşsizlik rakamları da böyle, açıklanan pahalılık da.... İnternet çağında yaşıyoruz ama doğru bilgi yok bundan sonra... Herkes kendine bilge, kendine gazeteci olacak. Kanal kanal, site site dolaşıp doğru bilginin ne olabileceğine karar vereceğiz... Neyse..

Kanlı Eylül'e dönüp 27 Eylül'de başka ne oldu ona bakalım. Sadece cinayetleriyle değil, davalarıyla da dikkat çeken bir aydı Eylül. Hatırlar mısınız, Ceren Damar isimli genç bir akademisyen vardı, hem de hukuk fakültesinde görev yapıyordu; Çankaya Üniversitesi Hukuk Fakültesi'nin hocalarından biriyken öğrencisi tarafından öldürülmüştü. Bu cinayet davası da Eylül ayında Ankara 33. Ağır Ceza Mahkemesi'nde başladı. Sanık: Hasan İsmail Hikmet... Niye öldürdün diye sorulunca: Ceren ile ilişkisi olduğunu, kopya çektiği için hocasının kendisinden intikam almak istediğini, ihraç edilen annesine (Fetöcü olduğu iddiası ile polislikten atılmış.) iftira atıldığını öne sürdü.

Ceren'in babası, kızının hukukçu yetiştirdiğini, kopyaya yeltenen öğrencilerin ileride hakim, savcı olacağını dile getirdi. Ceren'in eşi ise "Ceren Hoca hiç tanımadığı öğrencilerin de hakkını savunarak son dersini vermiştir," diye konuştu. Ceren'in arkadaşları öğrencileri, avukatlar, kadınlar, eğitimciler, mahkeme salonuna sığmadı. Çok sayıda kadın örgütü, eğitim sendikaları ve barolar müdahillik talebinde bulundu fakat, sanık avukatı müdahillik talebinde bulunanların doğrudan zarara uğramadıkları öne sürüp bu taleplerin reddedilmesini istedi. Mahkeme heyeti de zaten, Aile Çalışma ve Sosyal Hizmetler Bakanlığı ile Çankaya Üniversitesi dışındaki diğer müdahillik taleplerinin kabul edilmeyeceğini dile getirdi. Adliyeye gelenlerin duruşma salonuna sığmadığı görüldü. Duruşma, hâkimin kimlik tespiti ile başladı.

Müdahillik talebi reddedilen Eğitim ve Bilim Emekçileri Sendikası, İzmir Barosu, Türk Eğitim Sen, Ankara Barosu Başkanlığı Gelincik Merkezi, Çankaya Üniversitesi avukatı, Kadın Cinayetlerini Durduracağız Platformu, Bursa Barosu Kadın Hakları Merkezi'nin yanı sıra çok sayıda dernek ve kurum, kurum yetkilileri de salonda hazır bulundu. Sanık Hasan, takım elbiseyle salondaki yerini aldı. İlk ifadesinde, kopya yüzünden (tutanak tutulduğu için) cinayet işlediğini söylemişti. Bu ifadesini değiştirip öğretmeni Ceren'le ilişkisi olduğunu söylemeye başladı... Çok pişman olduğunu belirterek olay öncesi ve sonrasında psikolojik tedavi gördüğünü de sözlerine ekledi. "Size belki inandırıcı gelmeyecek ama sevdiğim kadını kaybetmenin derin üzüntüsü içindeyim. Yaşadığım acının tarifi yoktur," dedi. Bunun üzerine salon hareketlendi, kızıp sesini yükseltenler oldu. Sanık ayrıca, polislerin karakolda kendisini darp ettiğini, cinayeti 'kopya' nedeniyle işlediği yönünde zorla ifadesini aldıklarını öne sürdü.

Sanık, Ceren'in, eşi ile sorunları olduğu yönündeki ısrarını sürdürüp şöyle demekte: "Yakın zamanda kadar evlendiğini ama beni unutamadığını dile getirirdi. Ben de başkasıyla ilişkim olduğunu söylüyor, kendisiyle olamayacağımı dile getiriyordum. Başımı belaya sokmasından korkuyordum." Mahkeme başkanının kopya çekip çekmediğini sorması üzerine sanık, sınav sorularının WhatsApp grubunda paylaşıldığını ancak Ceren'in sadece kendisi hakkında işlem yaptığını dile getirmekte. Olay günü yaşananlar hakkındaki beyanı da şöyle: "O gün, eski günlerin hatırına ona, hazırladığım kopyaları gösterdim. Sınav başladıktan sonra da çıkarıp yazdım. Görünce hemen gelip kâğıdıma el koydu. Sınav bitene kadar da vermedi, bekledim. Neden böyle yaptığını sordum. İntikamını aldığını ve bu şekilde davranmaya devam edeceğini dile getirdi. Çıkıp gittim. Evden babamın silahını aldım. Asla cinayet için plan ve tasarlama yapmadım. Kızgındım. Saat 14.00 civarı okula döndüm."

"Odasına yöneldim, kapı kapalıydı. Arkadaşlarımla bir şeyler yiyip içtik. Zaman geçince tekrar gittim. Sinirliydim. Odasında oturuyordu. Anneme ve bana 'Fetöcüsünüz deyip iftira atmıştı. Bunu nasıl yaparsın?' diye sordum. Annemin meslekten atılmasında eşinin parmağı olduğunu söyledi. Onu da hiç tanımam. Aradık ama eşi telefonunu açmadı. Maktul, o sıra bana bağırdı ve beni de ailemi de harcayacağını söyledi. Bıçakla yaralamak amacıyla saldırdım. Bağırmasıyla 6-7 hoca girdi içeriye. Silahı kafama dayadım, gelenlere bakarken silah ateş aldı. İsteyerek yapmadım. Sonra karakola teslim oldum."

Ceren'in babası anlatıyor:

"Kızım, gözetmen olduğu sınav sırasında bir hareketlenme olduğunu görüyor. Önce çevresinde (sanığın) biraz dolanıyor, kopyayı bırakması için. Ama bu, 5 tane şeffaf tükenmez kalemin içini çıkarmış, oraya yerleştirdiği kâğıtlara bakarak göz göre kopya çekmeye çalışıyor. Kaşarlanmış bir tip olduğundan aldırmıyor. Ceren, daha sonra tükenmez kalemleri ve kimliğini alarak diğer sınav gözetmeninin yanına gidiyor. Dışarıya çıkarak dekanı arıyor. Kopya olayını tespit için tutanak tutulmasını sağlıyor. Bu sırada sanık 'tutanak tutulmasa olmaz mı?' diyerek 'Tükenmez kalemlerimi alabilir miyim?' diye soruyor. Erkek gözetmen de kalemlerin delil olduğunu, bu yüzden verilemeyeceğini söylüyor. Kızım sınıfa girdiğinde de herhangi bir tartışmaya girmeden sınıfı terk edip gidiyor..."

Bundan sonrasını tanıklardan biri şöyle anlatmakta: "Hasan Hikmet, sınıftan çıktıktan sonra bir arkadaşını arayarak 'kopyada yakalandık, eve gidip silah alıp, Ceren Hocayı öldüreceğim' demiş.

Gölbaşı'ndaki evine giderek babasına ait beylik tabancasını ve 28,5 santim uzunluğundaki özel yapım bıçağı alıp, okula geri geldiğini duydum."

Kızının olay günü 17.00'de odasına girdiğini anlatan Ceren'in babası: "İki el kalleşçe sırtına yakın mesafeden öldürücü bölgelerine ateş ediyor. Yere yığılan kızımı 28,5 santim uzunluğunda özel imal edilmiş bıçakla 17 bıçak darbesiyle bıçaklıyor. Söylemesi bile sabır ister. Peki... yavrum o an ne yaşadı, ne çekti? Silah ve inleme sesleri üzerine içeri girenler oluyor. Katil vahşice, eziyet ederek cinayet işledi, sonra da otomobiline binip kaçtı," diye konuşmakta.

Baba, sanığın aracında bulunan intihar mektubuna dair de şunları söylemekte: "Katilin, olaydan sonra hiç binmediği otomobilinde intihar mektubu bulundu. Mektupta 'silahla planlayarak asla öldürmedim, o anki sinirimle hareket ederek oldu her şey' diye bir ifade kullanmış. Bu ifade mektubun cinayetten sonra yazılarak arabaya konulduğuna işaret... Bence annesi delilleri karartmaya çalışıyor," şeklinde konuşmakta. "Babası gibi annesi de polis kökenli. Anne, 2016'da FETÖ'den ihraç edilmiş. Yani olay tarihinde ihraç edilmiş (Darbeden sonra olağanüstü hal dönemi sırasında herhâlde...) Bir anne düşünün ki polis, oğlu katil olmuş. Olayı öğrenir öğrenmez bir saat içinde oğlunu kaçırmaya gidiyor. Otomobilini durduran polisler, yakalama kararına rağmen aracı aramamışlar. Bu işte de annesinin parmağı olduğuna inanıyorum. Olmayacak şeydi... Bu cinayet, herhangi bir yerde değil, hukuk fakültesinde yaşandı. Fakülte mezunları ileride sizin gibi (mahkeme heyetine hitaben) hâkim savcı olacaklar. Sıradan bir vatandaşa yapılmayacak muamele, bir hukukçuya, hukuk fakültesinde yapıldı. Anne baba emniyetçiyken... Kendileri gibi meslekten ihraç polislerden yardım aldıklarını düşünüyorum. Sen kimsin de kızımın odasına 'görev gereği' deyip girersin! Eymir'de (Eski Mitçilerden 76 yaşındaki Mehmet Eymür'den söz ediyor olmalı) gelmiş, gezmiş, arabada bilmem ne yapmış, oğlum sen neymişsin ya! İntihar mektubu cinayetten önce yazılmış deniyor ama mektupta 'Bilerek öldürmedim' ifadesi kullanılmakta... Yahu sen müneccim misin?"

Ceren'in eşi ise 30 Eylül'ün evlilik yıldönümleri olduğunu, eşiyle birlikte hazırlık yapması gerekirken mahkeme salonunda ifade verdiğini söyledi. Şenel, sevgi, saygı ve güven dolu bir ilişkileri olduğunu dile getirdi.

Cinayetten hemen sonra sanığı kaçarken koşup yakalamaya çalışan biri daha vardı. Bu tanığın İfadesinden: "O gün merdivenlerden yukarı çıktık... 'Yakalayın şunu' diye bağırıldığını duydum. Biri kaçıyordu. Kimden söz edildiğini anlayınca kaçanın üstüne atıldım ama yakalayamadım. Sonra silah sesi geldi... Evet... Sanığın babası benimle konuşmak istedi fakat ben kabul etmedim..." Avukatın, zanlıyı nasıl teşhis ettiğini sorusu üzerine tanık, kovaladığı kişinin Hikmet olduğunu, bakarak tekrar dile getirdi. Bunun üzerine sanığı savunan avukat, hukuki teşhis için gereken kişi sayısının 8 olması gerektiğini hatırlattı.

33

Duruşmaya, öğle arasının ardından avukat beyanlarıyla devam edildi. Ceren'in avukatı sanığın zaten çelişkili olan beyanına yeni bir senaryo eklendiğini söyleyip "Bir kişi, intihar edeceği sırada içeri girenleri görünce yerde bıçaklanmış şekilde yatan birini silahıyla yanlışlıkla iki kere nasıl vurur?" diye sordu. Sanık avukatı soruyu, "Balistiğe sormanız lazım" diyerek cevapladı. Sanıksa "Birden panikledim.. O sıra içeride maktulle benim dışımda kimse yoktu," karşılığını verdi. Bu arada sanık avukatının, "Bugüne kadar hiç mağdur yakınlarının duruşmadan iki gün önce basın açıklaması yaptığını görmedim" demesi tepkilere neden oldu. Avukat, "Cinayetin görgü tanığı yok. Kendisi teslim olmasa biz şu an sanığın kim olduğunu konuşuyor olurduk," dedi.

Duruşmadan önce basın açıklaması yapanlardan biri de Ankara Kadın Platformunun çağrısıyla adliye binası önüne gelen kadınlardı. "Erkek adalet değil gerçek adalet" sloganı atan kadınlar, Ceren için adil yargılama istediklerini söylediler. Kadın Platformu adına açıklama yapan Hande Köse, Ceren'in öldürülmesinden 4 ay sonra sanığın ceza indirimi almak için ifadesini değiştirdiğini hatırlatarak, "Bu durum kadın katillerinin aklanmasına hizmet eden iyi hal indirimlerinin bir sonucudur" dedi. Sanığın, beş yıl önce de eski sevgilisini tehdit ettiğinden yargılandığını belirtip "İstanbul Sözleşmesinin kaldırılmak istenmesi, daha nice kadını erkek şiddetine göz göre göre kurban edecek" şeklinde konuştu. Bireysel silahlanmanın önünü açan söylem ve uygulamaların kadınların can güvenliğini tehlikeye attığını da sözlerine ekledi. Bireysel silahlanmaya karşı önlem almayan iktidar nezdinde yaşamın, özellikle de kadın yaşamlarının çok ucuz olduğunu, bu ülkede silah taşıyıp gezmenin erkeklik sayıldığını, okula bile silahla girilebildiğini söyledi. Ceren'in öldürülmesiyle kadına yönelik şiddetin geldiği aşamaya dikkat çeken Köse, kadın cinayeti davalarında iyi hal ve haksız tahrik indirimi uygulamalarına son verilmesini istedi. Platform olarak Ceren'in davasını sahiplendiklerini vurgulayan Köse, gelişmelerin takipçisi olacaklarını da sözlerine ekledi.

Sanığın okul arkadaşlarından biri: "Hikmet'le 8-9 saat beraber olduğunuz günler var. Ceren öğretmenler bir ilişkisi olduğunu duymadım."

Olayda kullanılan silahın kendi üzerine kayıtlı olduğunu söyleyen sanığın babasına avukat: "Siz gözaltında lahmacun yerken, oğlunuz emniyette işkence gördüğünü söylüyor. Olabilir mi bu?" diye sorunca baba, "Olabilir" yanıtını verdi.

Sanığın, ifadesini değiştirdikten sonraki sözleri: "23 yaşındayım. Bu vahim olaydan dolayı çok pişmanım. Kimse benim yaşadığımı yaşamak istemez. Olaydan önce psikolojik tedavi görüyordum. Unutkanlık sorunum var... ifademi okumama izin verin. Yaşadığım pişmanlığın tarifi yok. Medyanın konuyu farklı şekilde ifade etmesi beni etkiliyor. O zaman da emniyetteki ifademi hemen değiştirmek istedim ama yapamadım. Polisler bana kötü davrandı. Sanki siyasi suçluymuşum gibi hangi partiye oy verdiğimi sordular. Sözlerimi istedikleri gibi değiştirdiler. Ceren'le 2015 yılında tanıştım. İşi ile ilgili deneyimsiz olduğundan tartışmalarımız olmuştur. Yanlış tercihleri yüzünden eğitimleri uzayan arkadaşlarımız da var. Evlenene kadar kendisi Incek'te, ailesiyle yaşadı. O zamanlar Gölbaşı'nda ikamet ettiğimden aynı yolu kullanıyorduk. Bir gün bir adamla tartıştığını görüp durdum. Odasına geçince bana teşekkür etti. O esnada eski kız arkadaşım (bu arkadaş Fransız herhâlde) aradı. Fransızca konuştuğum için dilimi geliştirmem konusunda bana yardımcı olacağını söyledi. Samimiyetimiz buradan geliyordu. Sporcu olmamız da ortak noktamızdı. Benden hoşlandığını, kız arkadaşımdan ayrılırsam bunun kendisi için sorun olmayacağını söylüyordu. Kibarca reddediyordum. Birkaç kez cinsel birlikteliğimiz mevcut. İlk ilişkimiz onun arabasında oldu.

O günden sonra bana baskı yaptı. 'Kız arkadaşından ayrılacaksın' baskısı... Reddedersem okuldaki nüfuzunu kullanacağını söylüyordu. Bunun üzerine kız arkadaşımdan ayrıldım. Bu ayrılık tepki çekti. Ceren ile aramızdaki ilişki zorlama idi. Kendisi çok kıskançtı. İlişkimizi kimseyle paylaşmıyordu. Benimse beraberliğimizi saklama çabam olmadı. Yakın dostum bu konuda tanıklık yapabilir. Antrenmanlarda beni izlemeye gelirdi. Bana tesbih almıştır. Bu kadar samani idiniz de neden fotoğrafınız yok derseniz? Benim başıma geçmişte kötü bir olay geldi. Fotojenik olmadığımdan fotoğraf çektirmiyorum. Ceren'in telefonunda bir kaç fotoğrafım olacaktı. Tek hatam ilişkimizi aileme söylememem oldu. Birlikteliğimiz yaklaşık 6 ay devam etmiştir. Ayrıldıktan sonra da baskı yapmayı sürdürdü. Bu yüzden psikolojik tedavi gördüm. Arabası ile evime gelmişliği de var."

İfade böyle sevgili arkadaşlar. Çat pat... Saçma sapan... Daha önce de dediğim gibi bunları değişik kaynaklardan toplayıp okunur hale getirip aktarıyorum. Bulup aktardıklarım, herhangi biri kişiyi haklı ya da haksız gösteren hukuki metinler olarak görülmemeli. Olaylar kamuoyuna nasıl yansıyor onu görüp anlamaya çalışıyoruz. Belki de gerçek, görebildiklerimizin ötesinde bir şeydir. Bu durumda herkes kendi gerçeğini bulmaya çalışmalı. Mesela sanığın konuşmaları bana samimi gelmedi. Elbet mahkeme heyeti, durumu en doğru haliyle görüp adaleti tecelli ettirecektir... Bütün umutlar bu yönde... Devam edelim...

Sanık, mahkeme başkanının "Sen kopya çektin mi?" sorusuna, "herkes çekti. Ben de çektim. Yakalayınca Ceren Hoca, kopyalarımı vermek istemedi... Bana eşi ile de sorunları olduğunu söylerdi. Ayrılmıştık, artık ilişkimiz olamayacağını söylesem de ikna edemiyordum. Eşinin kendisini cinsel anlamda mutlu edemediğini söylediğinde başımı belaya sokacağını dile getirdim. Ne yapsam da ikna olmadı... Sınavda kopya çekerken yanıma geldi. Üzerimde kopya olduğundan haberdardı. Kopyaya baş vurduğumda mezuniyeti unutmam gerektiğini söylüyordu. Neden böyle yaptığını bilmiyorum. Sorduğumda 'anneni nasıl FETÖ'den işlem attırdıysam, aynısını sana da yaparım," diyordu. Bu yüzden sinir krizi geçirdim. Benimle nasıl uğraştığını Berk de bilir. Beni tahrik etti. Berk'e "onu öldüreceğim" şeklinde bir söz söylemedim. Kopya olayından sonra eve gittim. Canımdan çok sevdiğim annem hakkında söylediklerini aklımdan çıkaramıyordum. Geçirdiğimiz zor zamanları düşününce daha çok öfkeye kapıldım. Eve gidip babamın silahını aldım. Plan yapacak durumda değildim. Cinayeti tasarlayarak işlemedim. Ceren Hoca annemi karıştırmasaydı böyle bir olay hiç yaşanmayacaktı.

Ceren'e anneme atılan iftirayla ilgisi olup olmadığını da sordum, o da "evet" diyerek olduğunu söyledi. Saat 15.00 civarıydı.

"Odasında baktım, yoktu. Gelince tartıştık. Sinirlendiğimi görünce FETÖ suçlamasıyla alakası olmadığını tekrar etti fakat suçu, eşinin üstüne yıktı. Eşini çağıracaktı. Telefon etti ama eşi açmadı. "Eşimi de seni de harcayacağım" şeklinde tehditte bulundu. Çok sinirlendim, cinnet geçirdim. Bıçakla yaraladım. Sonra da silâhı kafama dayadım. O sıra odaya bir kaç kişi girdi. Heyecanlandım, silah ateş aldı. Kendimde değildim. Korkup kaçtım. Biri arkamdan koştu. O sırada havaya ateş açmadım. Annemi arayıp intihar edeceğimi söyledim. Annem beni vazgeçirdi. Teslim olmaya karar verdim. Olayda kullandığım bıçağı hep yanımda taşırdım. Silâhı yanıma alma amacım intihardı. Ceren'i öldürmek istemedim. Üzgünüm. Bu arada benden önce bir kız (Bu kız kim? Kız kardeşim mi demek istedi anlamadım.) intihar etmiş ve gizlemişler."

Sanık, emniyet ifadesinde yer alan "Ceren bana hakaret ettiğinde ateş ettim," şeklindeki açıklamasını da reddetti. polislerin ailesine zarar vermesinden korktuğunu, bu yüzden kendi sözleri olmayan ifadeyi baskı altında kabul etmeye mecbur kaldığını söyledi.

Ceren'in babası:

"Senaryosu iyi yazılmış ama aktörün başarısız olduğu bir dizi izlettiler. Kızım iyi yetiştirilmiş bir bilim kadınıydı. Görev yaptığı yer DSİ'nin deposu değildi. Eğitim gören kişilerin bulunduğu bir kurumda çalışıyordu. Sözü edilen hikayeyi nereye koyacağız anlayamadım. Aklımızla dalga geçiliyor. Öncelikle zavallı katile emniyette neler çektirmişler, çok üzüldüm. Yazıktır civan gibi delikanlı. Daha önce de belirttim. Katil, polis kökenli bir aileden geliyor. Babası 2016 yılında emekli olmuş, annesi FETÖ'den ihraç edilmiş. Biz acımızla baş edemezken katilin annesiyle babası emniyette cirit atıyorlar.

Bir anne düşünün oğlu cinayet işlemiş. Olayın üzerinden bir saat bile geçmeden katilin otoparkta bıraktığı aracını kaçırmaya gidiyorlar. Arama yapılamayan araba kayboluyor. Savcının arama kararı böylece boşa çıkıyor. Bir gün sonra da aracın torpido gözünde intihar mektubu bulunduğunu söylüyorlar."

Duruşma sırasında baba, "sanık" yerine "katil" ifadesini kullanıyordu. Sanık avukatı bu duruma itiraz ederek "sanık" denilmesi talebinde bundu. Bunu üzerine acılı baba sinirlerine hâkim olmaya çalışarak: "Türk Dil Kurumu'nun sözlüğüne göre insan öldürene katil denilir," deyince salondan alkış sesleri yükseldi. Baba, sözlerine şöyle devam etti: "Hukuk fakültesinin hocaları da var aramızda. Olayı bilenler tanık olarak ifade veriyor. Hukuk bilen insanlar bunlar. Katilin anne, babasıysa polis... Onlar da hukuk bilir. Mağdur olan bizken maalesef polis katilin ailesine merhamet duyuyor. 'Annesi FETÖ'den ihraç edilmiş yazık bunlara' diyerek.

Aslında katil çok fazla detay verdi... teşekkürler... İlişkimiz vardı diyor ama sen önce aynaya bak. Kızım ile ilgili ipe sapa gelmez neler anlatıyor. Her sözü yalan. Kızımın bilmediğimiz becerileri varmış. Tanımadığı polisin meslekten atılmasına neden olmuş mesela... Böyle bir şey mümkün mü? İftira atmak insanlığın en alçak seviyesidir. Annesi, polis arama yapmasın diye otomobili kaçırdı. İntihar mektubunun olaydan önce yazıldığı iddia ediliyor, değil. Neden mektupta, 'bilerek, isteyerek öldürmedim' ifadesi yer almakta? Katil emniyette bir şeyler yaşamış. Kimi sözlerinde haklı olabilir fakat mektubun (intihar mektubu olsa gerek) polis gözetiminde yazdığı kesindir. Polislerin bu işe yardım ve yataklık ettiği gibi bir düşüncem var. Medyaya da yansıdı, katil şımartılmış bir kişilik. Daha önce işlediği suçlardan hak ettiği cezayı almış olsaydı nasıl davranacağını bilirdi. Suç işlemiş ama hep sırtı sıvazlanmış. Gerekli cezalar zamanında verilmediğinden bugün bu noktaya gelindi.

Adalet tecelli edecektir demiyorum, kesin edecek diyorum... Katil hak ettiği cezayı aldığında adalet tecelli etmiş olacak. Bu arada, akıl hocasına bu kadar beceriksiz bir senaryo yazdığı için bir kez daha teşekkür etmeliyim. Bu canilere, mahlukatlara izin verilirse hiç bir hukukçu görev yapamaz. Onlarca kez kopya çekmiş. Diğerleri korkmuş, yakalamamışlar. Ama benim kızım gereğini yaptı. Haklının yanında durdu, çünkü evrensel bir kültüre sahipti. Yanlışla mücadele eden bir insandı." Babanın bu sözlerine de salondan alkış sesleri geldi.

Duruşmada söz alan Ceren'in annesi, sanığı kastederek, "Cımbızla eti yolunsun, bu acı benimle mezara gidecek. Yaptıkları onun ne kadar şerefsiz bir insan olduğunu gösteriyor. Kızım hakkında söylediği şeyler beni acıtmadı. Benim kızım süt kadar temiz. Saçma sözlerinden ancak çok güzel bir Türk filmi olur." dedi.

Ceren'in eşi: "Üç yıldır evliydik. Üçüncü yıl dönümünüzün tatlı telaşını yaşamamız gerekirken bugün burada cinayet nedeniyle ifade vermek durumunda kaldım. Ceren'le tanıştığımda "bu bir mucize" demiştim. İlişkimiz, arkadaşlığımızla birlikte 8 yıl kesintisiz sürdü. Bu süre zarfında Ceren bana sayısız mutluluk yaşattı. Ona duyduğum saygı, sevgi ve güven bugün de devam etmektedir... Karşımda kendi emeğiyle okul bitirme kapasitesi olmayan, not hırsızı, kopyacı, kalleşçe arkadan vuran biri duruyor. Ağzından çıkan sözler, şahsım nezdinde hiçbir şey ifade etmez, etmiyor. Söyledikleri tamamen yalan. Ceren'in hayalleri vardı. Doktorasını bitirip anne olmak istiyordu. Bir bilim kadını olarak memlekete hizmet edip haysiyetli öğrenciler yetiştirecekti.

Herkesin hayatında tercihler var. Ceren kopyayı görmezden gelebilirdi. Böylece yaşamı seçmiş olurdu. Ama o, sonu ne olursa olsun korkmadı, başkalarının hakkı için de zor olanı seçti. Böylece son dersini vermiş oldu. Ceren Hoca bıçakla değil kalemle, silahla değil kitapla yaşayan biriydi. Kalleşçe saldırmak, yalan söyleyip zarar vermek nedir bilmezdi. Vicdanlı bir aile tarafından yetiştirilen İlkeli biriydi. Bu yüzden kopya çekilmesine izin vermedi. Bu gün bu acıyı yaşarken eşimle gurur duyuyorum. Ceren Hoca bedenen aramızda olmayabilir ama tüm Türkiye onunla.

Bundan sonra insanlar kızlarına Ceren adını koyarken daha çok mutluluk duyacaklar... Sen kimsin?! (Sanığa hitaben) Ceren Hocayı öldüremedin. İşte, binlerce Ceren Hoca var, buradalar! Adaleti yanıltamayacaksın. Ahirette mağdur ettiklerin seni bekliyor olacak. Acım ve ızdırabım en ufak şekilde azalmadı, azalmıyor. Bu şahıstan şikayetçiyim! En ağır şekilde cezalandırılmasını istiyorum. Hakkımı helal etmiyorum!"

Cinayet anını yaşayan bir öğrencinin ifadesinden:

"Hukuk fakültesinde öğrenciyim. Sesler geldi. Silâh sesini duyunca koştuk. Fail gayet sakin şekilde hızlanıp kaçtı. Önce kim olduğunu anlamadım. Yardım çağırmaya giden biri olduğunu düşündüm. O sıra hocalarımızdan biri "yakalayın!' dedi bağırdı. Ardı sıra koşmaya başladım. Yetişemedim. Elimdeki kitapları üzerine doğru fırlattım. Güvenliğe bağırdım fakat güvenlik tutuklama yapmadı. Tekrar bir silâh sesi geldi. O zaman koşmayıp yavaşladım. Köşeye ulaştığımda sanık kaybolmuştu."

Ceren'in avukatı: "Sanığın beyanını kabul etmiyoruz. Bu yargılama sonunda adalete duyulan güven yeniden tesis edilmelidir. Sanık savunmasını yaptı. Olayın nasıl olduğunu tekrar etmek istiyorum. Cumhuriyet Savcılığı, cinayetin, tasarlanarak, canavarca hisle işlendiği sonucuna vardı. Sanık çelişkili beyanlarda bulunmakta. 2016 yılında da kopya çekerken, Ceren tarafından yakalanmış. Pişmanlık duyacağına Ceren'i tehdit etmiş, aralarındaki husumetin buradan kaynaklandığı söylemekte. Bunları Ceren, eşine de anlatmıştır. Sanık, 15 Temmuz sonrasında (FETÖ darbesinden sonra), Ceren'i üniversite yönetimine şikayete kalkar. Photoshoplu bir paylaşımı, sosyal medyada, Ceren'in paylaşımı gibi göstermek suretiyle iddia ettiği suça delil oluşturmaya çalışır. Ceren hakkında FETÖ'den soruşturma açılması için çaba harcar. Bunun üzerine fakülte inceleme başlatır ve soruşturmaya gerek olmadığı ortaya çıkar. Sanığın dosyasında eski sevgilisine ilişkin de Photoshopla oluşturulmuş ahlak dışı görüntüler var. O gün sınav olmasa olaya müdahale eden üç hoca okulda bulunmayacaktı. Hocalar sınıfta olduğundan kopya çekerken suçüstü yakalandı. 17.03'te eşini arıyor Ceren, odasına girer girmez sırtından vuruluyor. Silâh çok güçlü. Daha sonra 17 kez bıçaklanmış. Olay bu kadar açıkken sanık neden böyle bir yönteme başvurup ifade değiştirdi? O da biliyor ki kamu görevlisini görevi başında tasarlayarak öldürmenin cezası çok ağır, müebbet hapis... Şimdi bu cezadan kurtulmak için ne diyeceğini şaşırdı."

Sanığa, Ceren'i neden okul yönetimine bizzat şikayet etmediği de soruldu. Cevap: "Okul idaresi onu koruyordu."

Sanığın avukatı duruşma sırasında: "Maktulün, acılı yakınlarını anlıyorum fakat özgürlüğüm tehdit ediliyor. Yemek yemeye çıkamadım. Ara verildiğinde savunmanın güvenliğine de dikkat edilmeli" dedi.

Ceren'in avukatı sanığa: "Emniyetteki ifadenizde tanık Bahadır Berk'e Ceren'i vuracağınızı söylediğiniz yer alıyor. Okuldan çıkış saatinizi dikkate alırsak koridorda Ceren ile hiç rastlaşmadınız ve size hiç hakaret etmedi. Ayrıca yine aynı ifadede intihar mektubundan bahsedilmiyor. Anneniz 18.30 da aracınızı okuldan alıyor. Mektupta 12.00 ibaresi var, mektup iddianıza göre 12.00 de yazılmış. Öncesinde kamera görüntülerinde yoksunuz. Bunu nasıl açıklarsınız?" diye sorunca sanık şu cevabı veriyor: "Kameralar görüntü almamış... İntihar mektubunu olaydan hemen sonra yazdım..."

"Silahla doğrudan ateş etmediğinizi söylüyorsunuz, Ceren'in vücudundaki mermileri nasıl açıklıyorsunuz?" Cevap: "Olay sonrasına ilişkin görüntü varsa getirsinler..."

Sanık avukatı: "Paralı üniversitelerde eğitimin haksız düzeyde yürüdüğünü görüyoruz. Kopya olayı çok yaygın. Whatsapp grubunda sorular paylaşılırken, kopya işlemi sadece size mi yapıldı? Mobbing yapıldı mı?"

Sanık: "Evet...mobbing mağduru oldum...

Üniversite yetkilisi: "Üniversitede delil gizleme söz konusu olamaz. Sanığın iddia ettiği dilekçeler bizde yok..."

"Savcıya talimat geldiğini iddia ettiniz, bu süreçte yanınızda hangi avukat vardı?"

Sanık: "Hatırlamıyorum..."

Sanığın babası: "Silah bana ait. Oğlum 2015 yılında bu fakülteye yatay geçiş yaptı. Ceren isminde bir Hocayla sıkıntısı olduğunu, sınavlarda başında beklediği için tedirginlik olduğunu anlatırdı. Bir de kız arkadaşı vardı. Ceren, asistan hocası olduğundan onunla sürekli görüşürdü."

Ceren'in avukatı sanığın babasına: "Gözaltında olduğunuz süreçte cep telefonuyla eşinizle konuştuğunuz HTS kayıtlarında var. Nasıl yaptınız? Gözaltındayken telefonla konuşmanıza izin veriliyor mu?" Cevap: "Yapmış olabilirim."

34

Sevgili arkadaşlar, bu satırları yazdığım şu dakikada hâlen TV kanallarının neredeyse tamamında Suriye topraklarına yönelik başladığımız Barış Pınarı Harekatı konuşulmakta. Bu gün 7. gün... Kadın cinayetleri konusu, kumda yazı gibi savaşın dalgaları arasında kaybolup gitti. Arada sırada, yüzlerce TV kanalından bir ya da ikisi, Özbekistanlı Nadira Kadirova'nın eski milletvekilinin evinde intihar ettiğini (edip etmediğini) haber konusu yapıyor. Nadira'nın ağabeyi sosyal medyaya görüntülü konuşma yapıp yetkililere dosyayı kapatmamalarını, kardeşinin intihar etmediğini, kafasının değişik yerlerinden darp edildiğini, vücudunda birden fazla kurşun yarası olduğunu, intihar eden birinin kedini defalarca ateş edip vuramayacağını yalvararak dile getirmekte. Bu konuyla ilgili gelişmeleri de ilerleyen sayfalarda aktarmaya çalışacağım. Tekrar kanlı Eylül'e dönersek...

Nevşehir'e gidiyoruz... Olay, saat 05.00 sıralarında merkeze bağlı Göre Beldesi Afet Evleri Mahallesi'nde meydana geldi. Haber, Eylülün 26'sında medyaya konu oluyor. Psikolojik sorunları olduğu iddia edilen 63 yaşındaki Mustafa Taşkıran, 40 yıllık eşi, 59 yaşındaki Melahat Taşkıran'ı uyuduğu sırada, karnından ve göğsünden bıçaklayarak öldürdü. Evin tek evladı 30 yaşındaki Ayhan'ın durumu jandarmaya bildirmesi sonucu anne morga, baba karakola götürüldü... Görüyorsunuz değil mi... haber bu kadar. Detay yok. Bulabilirsen ayrıntılarıyla aktarırım belki. Pek çok haber var ki böyle: Birinin cinayet işlediği söyleniyor o kadar. Kuşkusuz her cinayetin altında onlarca belki yüzlerce neden bulunmakta. Hiç birinin haklı gerekçesi olamaz elbet, fakat, insanlar neden cinnet geçirir, kendine ve çevresine bu derece zarar verir, cana kıyacak denli kendini kaybedip suç makinasına dönüşürler? Zamanı gelince ülkeler de böyle davranır ama ekonomik nedenlerle.

Güçlü olan zayıfı, yılan gibi yutmak ister. Günümüzün (geçmişin de) en önemli olaylarından biri bu olsa gerek. Kuşkusuz, olayların hiç biri sürpriz değil, dünyanın pek çok yerinde korkunç işler olmakta. Okuduğum yazıların birinde dünyanın suç oranı en yüksek ülkesinin Amerika olduğu bilgisi vardı. Şaşırmamışsınızdır. Amerika'nın Sesi Sitesi'nden aldığım habere göre sırf 2017 yılında, ABD eyaletlerin toplamında 60 bin silahlı saldırı olup 15 bin kişi hayatını kaybetmiş. Diyeceğim şu ki çağımızın en korkunç hastalığı: vahşet. Bildiğiniz gibi ülkeler artık vatandaşına "çocuk yapmayım, bakamazsınız," demiyor, aksine" yapın, bakamayanlara para veriyoruz," diyorlar. Bütün ekonomilerin, şirketlerin, devletlerin yeni çocuklara ihtiyacı var. İnanın kadının doğurması da enerji kaynakları gibi kapitalizmin önemli konularından biri oldu. Kara kara düşünüyorlar şimdi 'ya insanlar doğurmaktan vazgeçerlerse' diye. Bilinçli insanlar çoğunlukla gelişmiş ülkelerde yaşıyorlar ve çocuk yapmak istemiyorlar. Bu yüzden sistem, eğitim yoluyla zihinleri köreltmeye çalışıyor. Üniversite mezunları artık eskisi gibi sosyolojik analizler yapabilen kimselerden oluşmuyor. Herkes bir konuda "uzman" oldu. Uzmanlaşmış meslekler suskun, dünya yok olurken hallerinden memnun görünmekteler. Nice doktorlar, psikologlar var ki, şahane uzman olmuşlar. Dünyanın her yerinde şirketler, daha çok insan kaynağına ihtiyaç duymuyormuş gibi olayları ele alırlar. Ah sevgili analar... Keşke doğurmasanız. Keşke daha fazla beslemeseniz bu vahşet düzenini. Keşke ağır ellerinizi toprağa basıp doğrulabilseniz... Bu kölelik düzenini keşke yıkıp dünyayı baştan kurabilseniz. Paranın patronları, doğanın yok edilmesi pahasına ürettiklerini satamazlarsa yok olup gidecekler. Bir çeşit kısır döngü içindeler şu sıra... Daha çok kazanmak uğruna insan başta olmak üzere her şeyi bozuk para gibi harcıyorlar. Sonuç ne olur? Kuşkusuz yıkım olacak. Belki de ilk ABD yıkılacak, başka bir düzene evrilecekler... kim bilir.

Amerika: Çağımızın en enteresan ülkesi... Dünyayı her konuda dize getiren, doğruysa, en çok bilim yürüten bir ülkenin, seri katilleriyle, cinayet olaylarıyla listenin başında olması ne kadar ilginç değil mi? İnsanoğlu, atalarının neden olduğu olayları (vahşetin her şeklini, hatta daha fazlasını) bir şekilde tekrar üretip yaşamakta. Bilim öncesi çağlarla, bugünümüzün bu kadar birbirine benzememesi gerekirdi. En büyük hayal kırıklıklarımızdan biri de bu oldu. Din gibi bilim de hayatlarımıza huzur, barış, mutluluk getirmedi, getirmiyor. "İnsana yakışan en ideal rejim" dediğimiz demokrasi de hayallerimizi yitirmemize neden oldu, adaleti sağlamakta yetersiz kaldı. Kadınla erkek arasındaki eşitsizliği bile gideremedi. Öyle olaylar oluyor ki insanın aklı durmakta... Mesela cep telefonu kullanıp pahalı uçaklarla seyahat edenler "Allah'ın emri" deyip taşlayarak cinayet işleyebilmekteler. Bir kadını onlarca kişi linç edip sonra da görevimi yaptım deyip vicdanı bir sorumluluk duymadan yaşayabilmekte. Öyle kadınlar var ki kara çarşafın altında dünyayı göremeden, soyunup bir kere bile kızgın kumları geçip denize girmeden, "çok şükür dünya varmış" diyemeden yok olup gitmekte.

Müslümanlık adına (Hıristiyanlık, Yahudilik adına da) ne cinayetler işlenmekte. Çocuk bile demeden ne canlar alınmakta...

Benim iddiam şu (Şaşıracaksınız belki) : Bütün bunlar değişebilir, kaderimiz sandığınız şeyler bu değil, yeni bir dünya mümkün... Bu yüzden buradayım. Bu yüzden yazıyorum. Bazen çok umutsuz olsam da bu yüzden pes etmiyorum. Ama şunu da bilin ki, her zaman umutlu olamıyorum. "Ölsem de bitmese bu saçma rüya" dediğim çok oluyor. Bir çeşit gel git arasındayım...Ya siz? Siz ne düşünüp yapmaktasınız? Keşke bir yerde oturup bu konular üzerine sohbet edebilseydik. Birbirimizin acısını alıp rahatlamaya ihtiyacınız yok mu? Var. Neyse... şimdilik unutalım bunları... Sonra tekrar konuşuruz.

Bir araştırmadan söz edeceğim şimdi: Türkiye'de son beş yılda medyaya yansıyan kadın cinayetlerinin sayısından... Kadincinayetleri.org adresli internet sitesinde yer alan bilgi şöyle: 2010-2015 yılları arasında 1134 cinayet var. Savaş gibi... Sadece Adana'da 65 cinayet işlemiş. Birinci sırada İstanbul, ikinci sırada İzmir, üçüncü sırada Ankara, dördüncü sırada Adana yer alıyor. Kadınların öldürülme nedeni bazen sudan bir nedene bağlı. 'Saçını kızıla boyatmak', 'yeni elbise almak', 'patates köfte yapmamak', 'tuzluğu uzatmamak' veya sadece 'gıcık olmak' gibi nedenler...

Bir de kadın kahramanlarımız var, onları da unutmayalım.

Bu yazı dizisinin amaçlarından biri de yılmadan mücadele eden kadınlarımızı tanıtmak olmalı. Binlerce kadın, bozuk para gibi hiç uğruna harcanırken, bu düzene, canı pahasına direnen, ne yaptığını bilen, erkeklerin düzeninde onlarca adamı(!) cebinden çıkaracak kadınlarımız da mevcut çok şükür. Bunlardan biri Gülsüm Kav. "Kadın Cinayetlerini Durduracağız Platformunu" kuran isimlerden biri. Üstü örtülen, "intihar, kaza" denilip kapatılan cinayet dosyalarını bulup suçluların yeniden yargılanmasını sağladılar, sağlıyorlar. Yeter ki aileler müracaat etsin. Ülkü şartları içinde kim bilir kaç aile var ki, cinayette kurban giden yakınlarının haklarını arayamıyorlar. Bunların istatistiğini tutan var mı? Kaç ailenin umutsuzluktan pes ettiğini bilen var mı? Yok. Hiçbir zaman da olmayacak ama biz hep bileceğiz.

Daha öncede dediğim gibi "şu kadar kadın öldürüldü" dediklerinde bunu en az ikiyle çarpmalıyız. İşte bu haksızlığı görüp dayanamayanlar var. Çağımızın isimsiz kahramanları bunlar. Çoğunun adını bile duymadınız. Kimdir Gülsüm Kav? Önce ondan başlayalım. Kadın Cinayetlerini Durduracağız Platformunun genel temsilcisi... 1971 doğumlu. Platformun kurulduğu 2010 yılından bu güne mücadele veriyor. Kadını koruyan yasalar çalışsın diye yıllardır çaba sarf etmekte. 96 yılında Anadolu Üniversitesi Tıp Fakültesi'nden mezun oldu. Uzmanlık sınavına girdi. 2002 yılında İstanbul Üniversitesi Cerrah Paşa Tıp Fakültesi Deontoloji Anabilim Dalı'nda uzman oldu. Tıp Uzmanı olarak işe başladı. 2003-2012 yıllar arasında İstanbul Sağlık Müdürlüğü Hasta Hakları Koordinatörlüğü görevini yaptı. 2012 yılından beri Şişli Etfal Eğitim Araştırma Hastanesi Etik Kurulu'nda görev yapmaktadır. Ayrıca Ankara ve İstanbul Tabip Odaları İnsan Hakları Komisyonu'nda, İstanbul Tabip Odası yayın organı Hekim Forumu'nda, Kadın Hekim Komisyonu'ndan ve Etik Kurulu'nda görev üstlenmiştir. Halen Türk Tabipler Birliği Kadın Hekimlik Kolu Temsilcisidir. İstanbul Tabip Odası, Türkiye Biyoetik Derneği, Tıp Etiği ve Hukuku Derneği üyesidir. Kadın haklarına dikkat çekmek üzere Yarın Gazetesi'nde ve diğer gazete ve dergilerde yazıları yayınlanmaktadır.

Şimdi sözü kendisine bırakıyorum. Gülsüm Hanım, okuduğum bir konuşmasında şunları söylüyor: "Kadın Cinayetlerini Durduracağız Platformunu 2010 yılında, Münevver Karabulut cinayeti sonrasında kurduk. Karabulut ailesinin adalet arayışı ve genç bir insanın ölümü söz konusuydu, kamuoyunda cinayetin üzerinin örtülmekte olduğu yönünde haberler çıkıyordu, bu durumdan (yasaların işlememesinden) çok rahatsız olduk. O yıllarda genel olarak kadın cinayetleri ya adli bir konu ya da magazin haberiymiş gibi ele alınmaktaydı. Bu bilinçsizlikle cinayetler örtülüp kısa sürede gündemden düşürülebiliyordu. Hem gerçeği açığa çıkarıp adaleti sağlamak hem de acıları durdurmak için kimseden davet beklemeden öldürülen kadınların aileleri arasına karışıp onlarla birlikte mücadele vermeye başladık. Zaman içinde yaşam hakkı başta olmak üzere her türlü kadın hakkı ihlaline direnen bir örgüte dönüştük. Adana, Afyonkarahisar, Amasya, Ankara, Antalya, Bursa, Eskişehir, Gaziantep, İstanbul, İzmir, Kahramanmaraş, Kayseri, Kocaeli, Konya, Manisa, Mersin, Niğde, Samsun, Tekirdağ, Uşak, Yalova'da temsilciliklerimiz oluştu. Aydın, Burdur, Çorum, Denizli, Muğla, Rize'deki temsilciliklerimiz yeni... Yurtdışında; Kanada, Almanya, İsviçre temsilciliklerimiz olup, Amerika'dan, Hollanda, Fransa, İngiltere'den çalışmalarımıza katılanlar olmakta... 2015 yılında en çok kadın cinayeti işlenen ilimiz 44 cinayetle İstanbul'du. Onu, 20 cinayetle İzmir izledi. Ankara'da ve Diyarbakır'da 13, Antalya ve Bursa'da 12, Adana, Gaziantep ve Muğla'da 11, Kocaeli'nde 10, Mersin'de 9 cinayet yaşandı. Kadınlar, haklarını ararken hayatlarını kaybetmekte. Ayrıntılı analizleri, sitemizden (www.kadincinayetlerinidurduracagiz.net) yayınladığımız raporlardan elde edebilirsiniz...

Bizimle temas kuran, gönül bağını eksik etmeyen binlerce üyemiz var, bu üyelerimizden yüzlercesi de çalışmalara aktif katılıyor. Üye dinamizmi döneme göre değişiklik gösterir, örneğin, Özgecan cinayeti gibi toplumu sarsan bir olay meydana geldiğinde bir anda büyüyoruz, üye sayımızda ciddi artış olmakta... İfade özgürlüğüne baskı uygulandığında da aynı şey olur... Kadın cinayetleri aslında herkesin sahiplendiği bir sorun. Bu yüzden mücadelemiz hep aktif... Platformumuzun faaliyetlerinde, geniş katılımlı toplantılar ve bu toplantılarda alınan kararlar esastır. Bulunduğu ilin, okulun (kurumların) koşullarına bağlı olarak çalışmalarımızın tanıtımı, stant açılması, eğitim toplantıları, gösterimler, eylemler, dava takipleri, basın açıklamaları, eylem biçimleri, ortaklaşa gerçekleştirilecek işler ve faaliyetlere nasıl katılım sağlanacağı gibi çeşitli konular, öneriler geniş çaplı toplantılarında belirlenir. Önerilerin uygulanması için de, her ilde ve üniversitede, çalışmalara katılanlar arasından, gönüllülük esasına dayanarak yönetimler oluşturulur. Yönetimlere, sayı sınırı olmaksızın aday olan gönüllüler girer ve platform temsilcisi olurlar. Bu temsilciler, toplantılarda alınan kararların hayata geçirilmesinden sorumludur. Aynı zamanda gerektiğinde ani gelişmeler karşısında, hızlı ve etkin toplantılar yapıp karar alabilirler. Bütün çalışmalarımıza esas olarak kadınlar katılır, eşitsizliğin ve şiddetin mağduru olduklarından söz, yetki, karar onlarındır. Gerçek eşitlik ve adalet için bütün mağdurların birbirleriyle güvenli ilişki kurup kuvvet oluşturarak örgütlenmeleri, güç kazanmaları şarttır. Kadınların varlığını ve haklarını tanıyan, mücadelemizle dostça ilişki kuran erkekler elbette bize katkı sağlayabilirler. Kendi çevrelerindeki kadınları harekete geçirebilirler, kendi olanakları çerçevesinde (mesleki, mali, vb.) destek ve dayanışma gösterebilirler, bunlar elbet de kıymetlidir...

Kamuoyu bizi Türkiye'nin dört bir yanında kadın cinayeti davalarına sahip çıkmamızla tanıyor. Devlete sığınan ya da sığınamayan koruma altındaki kadın kardeşlerimizin hayatta kalmasını sağlamak için de ciddi bir mücadele içindeyiz. Yaralama, tehdit, hürriyetinden alıkoyma, cinsel saldırı davalarını da takip ediyoruz. Daha çok önemsediğimiz de işin bu kısmı; yani cinayete doğru adım adım tırmanan süreci durdurup ölüm tehdidi altındaki kadınların hayatta kalmasını sağlamak... Tehdit ve şiddet karşısında hiçbir kadın kardeşimiz yalnız olmadığını bilsinler, haklarını kullansınlar istiyoruz ve bu zor süreçleri birlikte göğüslemeye çalışıyoruz. Buna bağlı olarak "asla bu yolda yalnız yürümeyeceksin" diyerek onlara güven aşılıyoruz. Bu yüzden bize başvuruyorlar. Derneğimize katılanlar, acılı ailelerle beraber korunma kanunları uygulansın diye uğraşıyorlar, davaları takıp ediyorlar... Yasalarda gördüğümüz boşluklar için öneri geliştiriyor, kamuoyu oluşturuyor, çözüm için elimizden geleni yapıyoruz. Sorumlu kurumları göreve davet ediyoruz. Yalnızca protesto eden değil, çözüm üreteniz, bunu önemsiyoruz, önerilerimizi sunmak için ilgili makamlarla yaptığınız çok sayıda görüşme var. Dolayısıyla yolculuklara çıkıp çok toplantı, çok eğitim ve eylem yapmamız gerekiyor. Haliyle mekan kiralama, ulaşım masrafları, doküman bastırma gibi pek çok giderlerimiz oluyor. Bu giderleri aidatlarla, gönüllü bağışlarlarıyla zaman zaman da konser, kahvaltı gibi dayanışma etkinlikleriyle karşılamaya çalışıyoruz. Aslında dernek olduğumuzdan tüzel kişiliğe sahibiz. Öldürülen kadın kardeşlerimizin aileleri ile beraber derneğimizin "kamu yararına dernek" statüsü kazanması için uğraşıyoruz, bu yöndeki çalışmalarımız devam ediyor, tamamen kamu yararına çalıştığımızdan milletin kaynaklarından faydalanmaya hakkımız var ancak, kamudan hiç destek alamadığımız halde, ilgili kurumlar, bizim güçlükle, dayanışma amacıyla yaptığımız konser gibi faaliyetlerden çok yüksek oranda vergi alıyor... bunun adil bir durum olmadığını düşünüyoruz. Bu süreçte elbette diğer dernek ve vakıfların, elinde imkanları olanların kadınların yaşam hakkı için seferber olup bize de gönüllü bağışta bulunmalarını arzu ediyoruz... bizim de dayanışmaya ihtiyacımız var...

Şurası kesin ki şiddetle mücadele bütünseldir. Bu konuda İstanbul Sözleşmesi çok yol gösterici olmuştur... İstanbul Sözleşmesi, şiddetin nedenleri ve nasıl önleneceği konularında 4 temel ilke sayar: Önleme, koruma kovuşturma, dördüncü olarak da politika geliştirme... Bu ilkelerin uygulanması devletin görevi olduğundan "devletin özel yükümlülüğü" olarak tanımlanır. Bu bakımdan sorumlu olan ve tüm imkanları elinde bulunduran hükümet, görevini yapmalı, kadınları korumalıdır. Öncelikle "şiddete sıfır tolerans" gösteren bir siyasi irade şarttır. Bu basamakların her birini, ihmal etmeden hayata geçirdiğimizde sorun çözülür. O zaman kadın cinayeti yaygın suç olmaktan çıkacak, "cinayet vakası" olarak ele alınacaktır. Bunun için kısa ve uzun vadeli yapılması gerekenler var. Kısa vadede mesela, dava takip ve mücadele tecrübemizden süzerek oluşturduğumuz 5 temel tespitimiz, buna ilişkin de taleplerimiz var. Bu taleplerin daha fazla geciktirilmeden kabul edilmesini istiyoruz: İlkin, cumhurbaşkanı, başbakan ve meclisteki bütün parti liderleri kadına yönelik şiddeti kınamalı, adalet yolundan çıktı, düzeltilmeli... İkinci olarak 6284 sayılı kanunun etkin bir şekilde uygulanması gerekir. Üçüncüsü Ceza Kanunu'na "ağırlaştırılmış müebbet" şeklinde teklifimiz vardı, yerine getirilmesi istiyoruz. Dördüncü, Kadın Bakanlığı'nın kurulması... Beşincisi de cinsiyet ve cinsel yönelim eşitliğini esas alan yeni bir anayasa... Her fırsatta TBMM bünyesinde, tüm partilerin grup başkanlarına ve ilgili komisyonlara mağdur ailelerle ziyarette bulunup önerilerimizi aktarıyoruz. Bazen de komisyonlar tarafından davet ediyoruz... Pek çok konuda müzakere yapıyoruz.... Kimi konulardaki görüşlerimiz hakkında bilgi vermemiz isteniyor. Bakanlık ile Fatma Şahin döneminde çözüm üreten görüşmeler yapılabilirken son dönemde yapıcı bir diyalog ortamımız kalmadı. Daha doğrusu kadınlar lehine somut adımlar atılamaz oldu. Takip ettiğimiz davalara Bakanlığı biz davet ediyoruz... bazılarına kendileri katıldı, bu olumludur.

TBMM'de yaptığımız görüşmelerden umutluyuz ama henüz somut bir adım atılmış değil, geçen sene şiddetle mücadele için kurulan komisyon bizim de görüşlerimizi içeren bir rapor istemişti, bu rapor yayınladı ama ne yazık ki seçim ortamında gündeme gelemedi. Meclis'te benzer komisyonların bu sene de kurulması ve alınan kararların sahipsiz kalmaması gerekir. Çalışmalara katılan kurumlar bölgeye, çalışmanın içeriğine göre de değişiklik arz etmekte... Örneğin dava takibi ve eylemi yapılan bir ilde-bölgede kadın haklarına duyarlı aktif kurumlar kimlerden oluşuyorsa biz, o kurumlarla davayı sahipleniriz. Çalışmanın türü -uluslararası imza kampanyalarımız gibi- genele yayılan türdense çok daha geniş bir kamuoyu ile hareket ederiz. Sonuç olarak çalışmalarımıza, daha çok muhalefet partileri olmak üzere, TBMM'de grubu bulunan dört siyasi partiden de, Meclis'te olmayan birçok parti, demokratik kitle örgütü, meslek örgütü, kadın örgütü, çocuk örgütü, LGBT Örgütü, engelliler için kurumlar, sanatçılar vb. birçok kurumdan ve bağımsız bireylerden de destek gelmekte... Hükümet kadın cinayetlerinin neden arttığı konusunda doğru cevabı vermiş değil.

Aslına bakarsanız çok dramatik olarak yaşadığımız bu sorunun temelinde olumlu bir dinamik de var, şöyle ki; Türkiye toplumu ilerliyor, kentleşme artıyor, her eve televizyon, İnternet giriyor, dünya gerçeklerini kadınlar daha iyi izler duruma geldi. Ne kadar engellense de kadınlar sosyal hayata dahil olmaya çalışıyor. Değişime uyum gösteren kadınlar, geçmişe göre daha aktif ve haklarını kaybetmek istemiyorlar. Türkiye'nin her yerinden ve her kesiminden bizimle çalışmak, eğitim almak, mutlu değilse boşanmak ya da ayrılmak isteyen, herhangi bir şeye zorlandığında tepki gösteren, hayatı hakkında başkasının değil, kedisinin karar vermesi gerektiğine inanan kadınlarımız var. Bu kaçınılmaz ve geri çevrilemez bir gerçek. Bu var, bunun için bedel ödemek gerekmiyor. Sorun, kadınlara haklarını teslim etmeye ayak direyen erkek egemenliğidir. Kadının eşit birey olması ve hakları konusunda güçlü politikaların olmayışı da, şiddete eğilimli erkeklere cesaret vermekte. Toplum, bu gerçeği doğru okuyup kadınların hak arayışını desteklerse, kararlı bir siyasi iradeyle erkek şiddetine karşı tutum alırsa kadınlar yaşayacaktır. Sorunun temelinde, "giderek bilinçlenen kadın" gibi olumlu bir dinamik olduğundan dolayı da tüm Türkiye iyileşecek, sağlığına kavuşacaktır. Hükümet ise bu gerçeği görmek yerine ya üzerini örtüyor ya da kendisi de kadın hak ve özgürlüklerinin önünde engel oluşturuyor. Kadınların eşitliğine kendisi inanmıyor, çözümü artırmak yerine sürekli sorunu çoğaltan adımlar atılmakta. Örneğin son dönemde savaş ortamının ve Diyanet fetvalarının kadın cinayetleri üzerinde doğrudan olumsuz etkileri olduğunu gördük... 2015 yılında erkeler 303 kadın öldürdü, düşünün... savaş ortamında 75 kadın can verirken bu sayı korkunç... Türkiye'de 2015'te kadın cinayetleri önceki yıla göre artışa geçti... Kadın mücadelesi de arttı... Mücadeleyi toplumun tümü sahiplenir hale geldi. Ama bugün savaş gibi ülke çapında süren bir şiddet var ve bu şiddeti doğuran koşullar içinde yaşıyoruz.

Diyanet'in kız çocuklarını hedef gösteren kadın düşmanı fetvası var mesela... (Böyle fetvalardan çokça mevcut. Hepsini bir araya getirsek kitap olur. Hatırladığım fetvaların birinde kız çocuklarının 9 yaşında hamile kalabileceği dile getiriyordu... Akla zarar sözler...) Aile Bakanlığı, bu gibi durumlarda Diyanet'i soruşturmuyor, aksine ziyaret edip arka çıkıyor. Bu ortam nedeniyle kadın cinayetleri ve şiddet giderek artıyor. Temmuz ayında terör gerekçesiyle özel bir savaş başlatıldı. İlk mağdurları kadınlar ve çocuklar olduğundan, yaşamı savunduğumuz için savaşa karşıyız. Ne Kürt ne de Türk, hakkımız huzur içinde olsun, kimse ölmesin istedik. Bunun için eylemler yaptık. Savaş ortamının kadına, çocuğa yönelik şiddeti artıracağını biliyorduk. Nitekim bu süreçte kadın cinayetleri çok arttı. Artmakla kalmadı vahşi bir görünüm aldı. O günden biri ne yazık ki şiddet ortamı artarak devam etmekte. Bir dönem Kürt vatandaşlarımızın çoğunlukta olduğu illerde sokağa çıkma yasakları uygulandı ve bunlar olağan hale getirildi. Sokaklara tanklarla girilip ateş açıldı. Bu olağanüstü süreçte, insan hakları örgütlerinin kayıtlarına göre 75 kadın, 44 çocuk ve bebekler dahil olmak üzere her yaştan ve cinsiyetten yüzlerce sivilin insanımız can verdi. Yüzlercesi ağır yara aldı. Bütün bunları biliyoruz. "Terör" dendi fakat, Kürt kökenli sivil vatandaşlarımız zarar gördü. Neredeyse hareket eden her şeye ateş ettiler. Üç aylık bebekle dedesi... sofrada yemek yiyen annelerin... genç yaşlı birçok insanın can verdiğini de biliyoruz...

Bütün bunları kabul etmemeli, tüm Türkiye ve kadın örgütleri harekete geçmeli. İtirazımız şiddete, barıştan yana olmalıyız bizler... Dernek olarak 2015 yılında artan kadın cinayetlerine dikkat çekmek için planladığımız "303 Kadın" eylemlerinin kapsamını bu düşünceyle genişlettik; savaşta can veren yetmiş beş kadını da anarak... Savaşın sorunu çoğalttığını vurguladık... Diyanet'in saldırılarına da verdiğimiz cevaplar oldu. İlk eylemimiz dün Ankara'da kamuoyunun desteğiyle yaptık. Benzer eylemlerimiz diğer illerimizde de devam edecek... Kadınların özgürleşmesi için mücadele etmekten başka bir yol yok bizim için. Aslına bakarsanız mücadelenin seviyesi de arttı; "ölümüne" bir artış, yükseliş yaşanmakta. Yani kadınlar, kendi hayatlarına karar vermek için ölümüne mücadeleyi göze alır hale geldi... Dünya da değişti, değişiyor... Hem Türkiye'de hem de dünyada erkek egemen iktidarları abluka altına alan, büyük kadın isyanları, ayaklanmalar olmakta. Kadınlar biraz da bu yüzden hedef haline geliyorlar diye düşünüyorum. Bir yıl içinde farklı ülkelerde birçok kadın hakları savunucusunun öldürülmesi de bunu gösteriyor. Tarihin en eski eşitsizliğini yaşayan kadınlar o kadar çok görmüş geçirmiş ve mücadele deneyimleri de o kadar artmış durumda ki, onları durdurmaya kimsenin gücü yetmez artık... yetmeyecek diye düşünüyorum..."

35

Sevgili arkadaşlar, dün şunları yazmıştım, yayınlamaya bu gün fırsat bulabildim: Daha önce Ş olarak ifade ettiğim Şule Çet davasının 4. duruşması yapılacak bugün. Tarih: 16 Ekim 2019. Saatler 10.20'yi gösterirken an itibariyle mahkeme salonunda nelerin konuşulduğunu bilemiyorum. Öğrendiklerimi en kısa zamanda aktaracağımdan emin olabilirsiniz.

Neden "Ş" demekten vazgeçtim? Kısaca bunu da açıklayayım. Dedim ya "yazarken kendimden öğreniyorum, insan kedine öğretmen olabiliyor," diye... Başlangıçta yalnızca Şule Çet cinayetini yazacağımı sanmıştım. Okuyup araştırdıklarımdan öğrenerek bir süre daha ele aldığım isimleri Ş, B, Ç diye yazmaya devam ettim. Sonradan fark ettim ki yüzlerce, belki binlerce dava var ve çoğu sonuçlanmamış. Birini gizli, diğerlerini açık yazmak zamanla saçma geldi. Ayrıca medyada fark ettiyseniz isimleri, benden başka kimse kapalı ya da yarı açık yazmaya çalışmıyor. Gizleyen varsa bile çok az. Doğrusu nasıl olmalı peki? Bunu da bilen yok. "Hukuken kural var, o da şöyle" desen, hangi hukuk? Kimine işleyen, kimine işlemeyen hukuk kuralı mı? A gazetesinin yazdığını, B gazetesi yazamıyor mesela, yazınca suç oluyor. Her iş böyle? Sonuç olarak şunu söyleyeyim: bu ortamda anlamlı bulduğum bir şey yok. Her şey akıl dışı. Kaos içindeyiz. Adalet, doğu işlemediği sürece kimi suçlasanız boş... Neyse... Bundan sonra Ş yok; Şule diyeceğim. Ç, Çağatay. B de Berk oluyor. Devam edelim... Bakalım sanıklar Çağatay ile Berk ikilisi bugün mahkemede ne anlatacaklar...

Kadın cinayetlerini anlamak ve çözmek için hepimiz biliyoruz ki, zengine de fakire de gözü kapalı, para ve siyasi güç karşısında çelik gibi sağlam, eğilip bükülmeyen bir yargı düzenine ihtiyacımız var. Benim birinci tespitim bu yönde... Kadınlarımızı, çocuklarımızı başka türlü koruyamayız... Rabia Naz cinayeti de yargı sistemimizin, adli tıp kurularımızın, emniyetçilerimizin ne halde olduğunu gösteren önemli olaylardan biridir... Rabia daha 11 yaşındaydı. Bir yıldan fazla zaman geçti nasıl öldürüldüğü hâlâ araştırıyor. 13 Nisan 2018 (Şule Çet'in ölümünden bir buçuk ay önce) günü evinin yakınında ölü bulundu...

Bilginiz gibi "Rabia" aynı zamanda iktidar partisine ait işaretin adı olarak da kullanılmakta. Bir elin baş parmağını kapatıp diğerlerini açınca Rabia oluyor. Rabia, Mısır'da bir meydanın adıymış. Bu meydanda, mahkemede yargılanırken kalp krizi geçirip ölen, kimine göre kapalı kabinde ölmesi için beklenen, hastaneye zamanında yetiştirilmeyen Mursi'nin iktidardan indirilmesini istemeyenler protesto eylemlerine başlamıştı, yaşı büyük olanlar hatırlayacaktır. Dört parmak işaretinin o günlerde doğup Müslüman ülkelere hızla yayıldığı söylenmekte. O günden beri ülkemizi yönetenler de bu işareti kullanıp "Rabia" demekteler. Yılmaz Özdil de gazetedeki köşesinde sormuş: "Rabia'nın (Rabia Naz) önemli olabilmesi için Mısırlı mı olması gerekiyor? Bizim Vatan'ımızdaki bizim Rabia'mıza kimse sahip çıkmayacak mı?" diye. Önemli bir yazı. Bazı davaların neden uzadığını anlamak için birlikte bir daha okuyalım:

Özdil, talihsiz Rabia Naz üzerinden şöyle özetlemiş konuyu: "Asrın liderimiz her mitinginde Rabia işareti yapıyor. Parmaklarıyla dört gösteriyor. Kısaca özetlemek gerekirse... Mısır'daki siyasal dinci Mursi'nin taraftarları Rabiatü'l Adeviyye Meydanı'nda toplanıyordu, Rabia işareti yapıyordu, Mursi'ye karşı olanlar da Tahrir Meydanı'nda toplanarak, iki parmaklarıyla zafer işareti yapıyordu.

Rabia, 1200 yıl önce Basra'da yaşamış kadın sufiydi, hayatını dine adamıştı, ailesinin dördüncü çocuğuydu, zaten Rabia kelimesi de Arapça dördüncü manasına geliyordu.

Asrın liderimiz hem Mursici Müslüman Kardeşler örgütünün taraftarı olduğu için, hem de Sisi'ye karşı çıkıyorum ayağıyla demokrat pozu verebilmek için, habire Rabia işareti yapmaya başladı. Malum, el işaretleri Türk siyasetinin geleneğinde vardı... Devrimciler sol yumruklarını havaya kaldırırken, ülkücüler bozkurt işareti yapıyordu, Kürtçüler zafer işaretini benimsemişti, Turgut Özal kollarını kaldırarak başının üstünde birleştirirdi, Erbakan başparmağını yukarı kaldırarak pilotların tamam işaretini yapardı. Akp'nin işareti yoktu.

Asrın liderimiz 2011'den itibaren Rabia'yı icat etti.

Rabia 11 yaşındaydı. Giresun'un Eynesil ilçesinde yaşıyordu. Bir yıl önce, nisan ayında, evinin önünde ağır yaralı halde bulundu, hastaneye kaldırıldı, kurtarılamadı. Haber ajansları DHA ve İHA bu hadiseyi abonelerine servis etti. Yerel muhabirlerin derlediği o haberde, "Rabia'ya bir aracın çarptığı" ve "kimliği belirlenemeyen sürücünün kaçtığı" ifade ediliyordu. Buna rağmen, Rabia'nın ölümü polis kayıtlarına "intihar" olarak geçti. "Evinin beşinci katındaki terastan atladı" denildi. Rabia'nın babası, kızının intihar etmiş olabileceğine inanmadı, ikna olmadı. Çünkü hayat dolu, mutlu, hiçbir psikolojik sıkıntısı olmayan, arkadaşlarıyla ilişkisi gayet normal, neşeli bir çocuktu. Baba, dedektif gibi iz sürmeye başladı. Çok soru işareti vardı... Rabia'nın düştüğünü gören yoktu. Ne çığlık duyan vardı, ne de yere çarpma sesi duyan vardı. Rabia beşinci kattaki terastan atlamış bile olsa, giriş katındaki işyerinin 4.5 metrelik çatısına çarpması gerekiyordu. 70 kilo ağırlığında ve 1.55 boyunda olan Rabia'nın sıçrayarak 4.5 metrelik çatıyı geçip, onun da iki metre ilerisine düşmesi mümkün müydü? Olay yeri inceleme ekipleri, babanın ısrarları üzerine, 70 kilo ağırlığındaki bir çuvalı beşinci kattan fırlatmaya çalıştı. Olmadı. Giriş katındaki işyerinin metal çatısına düştü.

İki polis gerinerek fırlattı, yola düşürmeyi başardılar ama, hem çok ses çıktı, hem de zeminde hasar oluştu. Hâlbuki Rabia'nın ağır yaralı bulunduğu noktada, yere çarptığını gösteren herhangi bir hasar belirtisi yoktu. Rabia'nın sol ayağı kopma noktasına gelmişti, bacağındaki atardamar parçalanmıştı, ama yerde hiç kan izi yoktu! Bu mümkün müydü? Etrafa fıskiye gibi kan fışkırması gerekmiyor muydu?

Rabia'nın kıyafetlerinde talaş ve saman vardı. Evde veya evin önünde talaş veya saman olmadığına göre, nereden gelmişti? Hemen yakında ahır olarak kullanılan metruk bir bina vardı. Baba, Rabia'ya o binanın önünde çarpmış olabileceklerini düşündü.

Şak... Belediye sürpriz şekilde o metruk bina hakkında yıkım kararı aldı. Baba, avukatı aracılığıyla savcılığa başvurdu, yıkılmadan önce inceleme kararı çıkarttı. Ama anca göz kararı bakıldı, DNA testi yapılmadı. Baba çırpınıyordu, Hacettepe Üniversitesi'nden otopsi talebinde bulundu.

Hacettepe Üniversitesi Adli Tıp Kurulu rapor hazırladı, "Rabia'nın trafik kazasına bağlı çarpma sonucu ölmüş olabileceğini" açıkladı. Bu çok çok önemli bir tespitti. Çünkü, kulaktan kulağa "olay yerinde siyah renkli bir Doblo'nun görüldüğü" konuşuluyordu.

Kimse açık açık cesaret edip "evet gördüm" demiyordu ama, adeta herkesin bildiği sır'dı... Rabia'nın babası mahalledeki oto yıkamacıya gitti. Evet, olay günü siyah renkli bir Doblo yıkamacıya gelmişti, sahibi çok telaşlıydı, sürekli heyecanlı şekilde cep telefonuyla konuşuyordu. Eynesil yedi bin nüfuslu küçücük bir yer, herkes herkesi tanıyor. Rabia'nın babasına göre, bu siyah Doblo, Eynesil'in Akp'li belediye başkanının yeğenine aitti. Polise anlattı, savcıya aktardı. Nafile... Herhangi bir işlem yapılmadı, sonuç alınamadı. Tanıklar dinlenmedi. Araştırılmadı. İntihar tutanağını hazırlayan polis memuru ve o güne kadar olaya bakan savcı, zart diye başka yere tayin edildi! CHP ve Saadet Partisi, babanın bu iddiası üzerine TBMM'de soru önergesi verdi. Nafile... Bir yıl geçmesine rağmen, Eynesil'in Akp'li belediye başkanı çıtını çıkarmadı, konuşmadı, açıklama yapmadı. Rabia'nın babası, Akp genel başkan yardımcısı Nurettin Canikli ve Akp milletvekili Cemal Öztürk'ün bu olayı örtbas etmeye çalıştıklarını öne sürdü. Nurettin Canikli çok sinirlendi, "hakkımdaki iddialar doğru değil, siyasi hesaplaşma olduğunu düşünüyorum" dedi. Şak... Rabia'nın babası gözaltına alındı! Tehdit ve hakaret suçlarından hakkında şikayet olduğu söylendi. Giresun devlet hastanesi psikiyatri polikliniğe götürüldü. "Sosyal medyada paylaşımlar yapıyormuşsun" diye sorular soruldu! Ruh ve sinir hastalıkları hastanesine yatırılması yönünde rapor hazırlandı. Apar topar adliyeye götürüldü. Nöbetçi mahkemeye çıkarıldı. "Üç hafta süreyle ruh ve sinir hastalıkları hastanesine yatırılması"na karar verildi.

Avukatı itiraz etti, bu karar geçici olarak durduruldu. Rabia'nın bir yıldır bu mücadeleyi veren babasının, psikiyatri kliniğinde 10 gün boyunca yattığı iddia edildi.

Akıl hastanesine yatırmak için bu iddiayı sanki somut belgeymiş gibi, delilmiş gibi kullandılar. Yalan çıktı!

Rabia'nın babası, böyle bir klinikte yatmadığını kanıtladı.

Bir yıl oldu kardeşim... Bir yıl oldu. Rabia nasıl öldü? Ekstra hazin tarafı... Rabia'nın soyadı Vatan. Miting meydanlarında Rabia işaretini yapan arkadaşlara soruyorum... Rabia'nın önemli olabilmesi için Mısırlı mı olması gerekiyor?

Bizim Vatan'ımızdaki bizim Rabia'mıza kimse sahip çıkmayacak mı? Eynesil belediyesini değil, istersen Kahire belediyesini kazan...

Bu vicdan kangreniyle iktidar olunur mu?

Söz verdiğim gibi Şule Çet davasının 4. duruşmasıyla ilgili detayları öğrendim. Hemen aktarıyorum. Bilirkişi olan profesör, yeni bir şey söylemeyip şunları dile getirmekte: "Düşme olayının gerçekleştiği odada yapılan inceleme sırasında 1.62 boyunda (Şule'nin boyuna yakın) bir hanımefendi bize yardımcı oldu. Şule'nin daha kısa boylu olduğunu biliyoruz. 'Balıklama' tabir edilen şekilde atlama için gördük ki sehpanın üzerine çıkılması gerekmekte. Fakat sehpa üzerinde ayak izi yok, dolayısıyla Şule'nin oraya çıkıp atladığı iddiası çürük... Haliyle sanığın 'kurtarmaya çalıştım' ifadesi de sağlam değil... Sözü edilen intihar girişimi saniyeler içinde gerçekleşeceğinden bu kadar kısa sürede müdahale edilemez. Düştükten sonra söz konusu ayakkabının Şule'nin kolunun altında olması da fizik kurallarına aykırı... Mümkün olmayan ifadeler söz konusu..."

Şule'nin avukatı: "Gazi Üniversitesi rapor hazırladı. Bunun için önce Şule'nin sosyal çevresi incelendi ve intihara eğilimli biri olmadığı yönünde rapor hazırlandı... Bu konuda durum şu dostlar: Davayı boş yere uzatıyorlar. Gerçek şu ki, kimden rapor alırlarsa alsınlar Şule'nin ruh sağlığında sorun bulunmamakta...

Maktulün ruh sağlığıyla ilgili rapora sanık Çağatay'ın itirazı var: "Bunları söyleyenler Şule'yi çok iyi tanıyanlar değil. Ben de neşeli derdim... öyleydi çünkü... Sosyal medya yüzünden tutuklandık. Canlıyken onu zorla mı artık? Mümkün mü böyle bir şey? Senaryolar, senaryolar, senaryolar... İlk gün 300 promil alkolle ifade verdim. Tüm dediklerim çıktı. Bir insan neden intihar eder diye okudum. (Galiba 'araştırdım' demek istiyor.) Taşınma (ev taşıması) bile intihar nedeni olabilirmiş. Bana diyorlar ki Şule'yi taciz ettin... Mümkün mü? İşe gelmedi, soruyorum, 'Babam bilmiyor çalıştığımı' dedi bir gün. Sır dolu bir dünyası vardı. Bu raporlar (ruh sağlığı iyi diye) hazırlanırken avukatlar, uzmanlara baskı yapıyor olmalı... #ŞuleÇetİçinAdalet diye aleyhime kampanyalar yapılıyor. Kim yapıyorsa davacıyım. Bir gecede aleyhte 11 milyon tivit atılır mı, atıyorlar..."

Daha önce B diye tarif ettiğim sanık Berk'in avukatı: "Şule'nin psikolojik durumuyla ilgili rapora itirazımız yok. Maktulün psikolojik durumunu değil, bunun bir cinayet olup olmadığını araştırıyoruz. Furkan vardı Çet'in erkek arkadaşı... Duruşmaya getirilmesini istiyoruz. Berk'in annesinin sağlık durumu iyice bozuldu, iyi durumda değil. Annesi de kendisi de maddi yönden kötü günler yaşıyor," demekte.

Kadın örgütleriyle adliye önünde açıklama yapan Şule'nin babası: "Sanıklar hâlâ delilleri karartmaya çalışmakta. Adalete güveniyoruz. Ağır ceza alacaklar. Adalet Bakanına sesleniyorum. Bu dava bitsin. Ben "sanık" demiyorum, yargılanan bu katillerin ağır ceza alması şart. Umarım 20 Kasım'da biter bu iş... son duruşma olsun... Acımız büyük..." demekte.

Davaya gösterilen ilgi yine yüksekti. Duruşmayı izlemeye gelenler koridora sığmadı. Yoğun kalabalık nedeniyle ekteki salonun da açılması gerekti. Dışarıda kalanlar buraya alındılar. Şule'nin ev arkadaşı L de tanıklar arasındaydı. L, ifade verirken daha önceki sözlerini tekrar etti. Olay günü Şule'nin, "Çağatay alkol aldığında bana asılıyor, yine asılırsa ya..." dediğini, sanıkta parası olup alacağının verilmediğini, maktulün 'iş görüşmesi' diyerek buluşmaya gittiğini anlattı.

Sanık Berk'in avukatı, L'nin olaydan birkaç saat sonra Şule'ye gönderdiği iki mesajı sildiğini, bu mesajları takip eden mesajlarda Şule'nin erkek arkadaşı Furkan'dan bahsedildiğini ileri sürdü. L, bu iddiayı yalanlarken avukat, mesajların silindiğinin HTS kayıtlarıyla kanıtlandığını iddia etti. Bu sırada sanık Çağatay: "Şule'nin erkek arkadaşının bir tehdidi olabilir," şeklinde amacı karışık bir ifade kullandı.

Arkadaşlar, nedir bu 'karışık' dediğim ifade? Sevgilisi Şule'yi neden tehdit etsin? Bir şey deyim mi? Tehditten kasıt, anladığım kadarıyla şu: Sanık iyice çaresiz. Bu hal içinde "Şule, erkek arkadaşından korkuyordu... İşsizlik, parasızlık dışında ruh sağlığını bozan bir ilişki yaşıyordu" manasına gelecek sözler sarf etmekte... Yeter ki dava uzasın... Gerekli, gereksiz her konu araştırılırken halkın, özellikle de kadınların duruşmalara olan ilgisi dağılsın... Sonrası kolay... Toplumsal ilgi yok olunca her derdin çaresi var. Zor olan millete rağmen haksızlığı sürdürmek... (Demokrasi iyice rafa kaldırıldığında bu da onları dizginleyemeyecek.) Bence utanmasalar "İçimize cin kaçtı, araştırılsın bakalım biz mi öldürmüşüz cin mi?" diyecekler... Neyse... Sinirlerim bozuldu yine...

Şunu da demeden geçemeyeceğim: Hiç mi suçsuz olma ihtimalleri yok? Ya varsa? Yeri geldiğinden bir film önerisinde bulunacağım, Ava Duvernay yazıp yönetmiş. Netflix dizisi. Bitmek bilmeyen dizilerden değil, 4 bölümden oluşuyor. Aslında uzun bir film gibi... 1989 yılında 14-15 yaşlarındayken adları, bir kadın cinayetine (parkta bir kadın spor yaparken tecavüze uğrayıp öldürülüyor) karışan, işlemedikleri bu suç yüzünden senelerce hapis yatan, önyargılı beyazların işkencesine maruz kalan beş zenci çocuğun hayat hikayesini anlatıyor. Dizinin adı: When They See Us (Bizi Gördüklerinde)... İzleyin derim. Herkesin adalete olan büyük ihtiyacını göreceksiniz. Adil yargılamaya, adil polise, adil adli tıp kurumuna olan büyük ihtiyacınızı daha iyi anlayacaksınız. Adalet işlemediğinde ya da yanlış işlediğinde ne büyük haksızlıkların doğabileceğini bilmez değiliz ancak, bunları sanat yaptı olarak izlemek daha farklı bir etki yaratıyor.

Hukuk okuyan herkes böyle filmler izlemeli bence. Hukuk derslerinden biri de bu olmalı... Erken yaşta hapse giren bu beş zenci çocuk, on beş yıl sonra hapisten çıkabiliyorlar. O da gerçek suçlunun vicdan azabıyla suçunu itiraf etmesi sonucu... Ne var ki o güne kadar bir sürü felaket yaşanıyor. Geçen on beş yılda okul gibi, meslek sahibi olamamak gibi, arkadaşlık gibi, aşk gibi, gençken sevmek, sağlıklıyken sevişmek gibi, iyi günde kötü günde yakınlarınla bir arada olamamak gibi, hayata, insana, geleceğe güven duyarak yaşamak gibi yitirilmiş, telafisi mümkün olamayan pek çok kayıp yaşanıyor... Hikayesi yaşanmış bir olaydan alınan bu dizinin bir de belgeseli var dostlar. Onu da izleyin. Olayın gerçek kahramanları, oyuncular yönetmenle bir araya gelip o günün olaylarını konuşuyorlar. Duygusal anlar yaşanıyor. Demek istediğim şudur: Adalet herkese hava gibi, ekmek gibi, su gibi lazım bir şey... Şule Çet cinayetini konuştuğumuz bu günlerde bu filmi de aklımdan hiç çıkarmıyorum. Herkes suçlu değil; maalesef ülkemiz ve hapishanelerimiz adalet mağdurlarıyla dolup taşmakta. Böyle bir ortamda yargılama yapmak da büyük sorun. Yargıç olsanız, önünüze sürekli uydurulmuş deliller gelse nasıl doğru kararı uygulayacaksınız? Bu yüzden yetkili makamları bir kez daha uyarmış olalım: Ne olur para düşkünü, kanlı ellerinizi yargıdan, adaletten çekin. Ne olur yargılama süreçlerine müdahale etmeyin.

Birazcık insanlık varsa içinizde bunu yapmayın... ne olur vicdana gelin, kimseden korkunuz yoksa Allahtan korkun da biraz insan olun. Bu yargı, bu haliyle bir gün sizi de yargılayacak, unutmayın, aklınızdan çıkarmayın. Neyse... konuyu burada kapatıyorum. Ş davasına dönelim tekrar.

36

Şule'nin ev arkadaşı L, o gece Şule'nin erkek arkadaşı F ile iletişim kurmadığını söylüyor, buna rağmen kurduğu yönünde iddialar ortaya atılmakta. (Ayrıca kursa ne olur?) Böylece silindiği iddia edilen mesajlarla F arasında ilişki kurulmakta. Bir de L'nin, gittiği yerden (Çağatay'ın götürdüğü plazadan) çabuk dönsün diye Şule'ye, F'nin adını vererek attığı bir mesaj olmuş sanırım. L bunun için şunu diyor: "O mesajı Şule eve erken gelsin diye attım." Sanık Çağatay, L'ye itiraz edip şöyle diyor: "O mesajı korkutma amaçlı attığınızı kendiniz söylediniz. Demek ki burada F'nin bir tehdidi vardı" demekte.

Bilirkişi olan Profesör: "Şule pencereden atlamış olsa parmak izi ya da ayak izlerinin çıkması gerekirdi. Bu durumda sehpaya çıkıp atlaması lazımdı. Fakat sehpada da herhangi bir ize rastlanmadı. Eğer biri ortalığı toplamamışsa sehpanın üzerindeki tavlanın düşmüş olması gerekirdi. Olay yeri incelemelerinde sehpa ve tavlanın düzgün şekilde durduğu görülüyor... Maktulün ayakkabısı bedeninden önce atılmış olmalı. Yarı çıplak haldeki cansız bedenin sonradan giydirildiği kanaatindeyim," demekte.

Daha önce de dile getirilen bu iddialar, sanık avukatları tarafından, diğer raporlar öne sürülerek bir kez daha reddedilmekte. Yani davada ilerleme sağlanamamakta.

Şule'nin avukatı, Gazi Üniversitesi'nden üç uzmanın maktulün psikolojik durumu ile ilgili hazırladığı rapora değindi. Raporda Şule'nin intihara eğilimi olmadığı, aksine iyi bir ruh hâli içinde olduğu bilgisi yer alıyordu. Sanık Çağatay'ın avukatı, rapora itiraz edeceklerini söylerken daha önce üç uzmandan ikisinin bu raporun aksi yönünde görüş bildirip yazılar yazdığını belirtti.

Sanık Çağatay ise bugüne kadar yaşadıklarını şu sözlerle anlattı: "Bu dosya nasıl buraya geldi? Söylerim... Tutuklanmamızdan bir gün önce bir haber çıktı. Şule'nin cinsel saldırıya uğradığı ve tırnaklarında ve anal bölgesinde benim DNA'mın olduğunu yazıp söylediler. Ardından bir gecede 11 milyon tweet atıldı ve tutuklandık. Ancak ben o zaman DNA örneği bile vermemiştim."

Sanık bir kez daha Şule'nin intihar ettiği iddiasını yineledi. Maktule daha önce majör depresif ve X44 tanısı (X44: İlaçlar, haplar ve biyolojik maddelere maruz kalma ve kazayla zehirlenme) konulduğunu, panik atak nöbetleri geçirdiğini, bunu doğrulayan mesajlar attığını, o gece elindeki bir tutam saçın (Cinsiyet günü, olay incelemesi sırasında Şule'nin elinde kedisine ait saçlar olduğu tespiti yatırılmış.) intiharın kanıtı olduğunu söyledi. Ayrıca, "Şule'de sorun olmayan bir şey yoktu, ne ararsanız vardı," deyince salonda gerginlik had safhaya yükseldi. Sanık yakınları ile izleyiciler arasında söz dalaşı yaşandı. Bu sırada Şule'nin babası sanıklara, "Siz çıkıp da başkalarının kızını da mı bu hâle getireceksiniz?" diye sordu.

Sanıkların asansör beklerken yaptığı konuşma bir kez daha dile getirildi. Söylenenler doğruysa eğer, söz konusu videoda sanık Berk, sanık Çağatay'a, "Ne yaptın, ne oldu?" diye sormakta. Çağatay'dan "Tutamadım" yanıtını vermekte... "Nasıl tutamazsın, niye gücün yetmedi?" diye sorulunca da Çağatay Berk'e, "Berk parmağım koptu nasıl tutayım" cevabını vermekte.

Duruşmanın ilerleyen saatlerinde sanık avukatlardan biri: "Berk'in her söylediği doğru çıktı, tahliye talep ediyoruz," dedi. Müvekkilinin olay anında diğer odada olduğunu, bu yüzden intihara yönelik tartışmalara girmeyeceğini belirterek Berk'in ifadelerinin şu ana kadar alınan bütün raporlarla örtüştüğünü söyledi. Müvekkilinin tutuksuz yargılandığı iki ay boyunca bütün adli kontrol yükümlülüklerini yerine getirdiğini de sözlerine ekleyerek tahliye talebini bir kez daha yeniledi.

Sabık Çağatay'ın avukatı da ortada somut bir delil olmadığını öne sürüp masumiyet karinesinin hiçe sayıldığını belirterek tahliye talebinde bulundu.

Şule'nin avukatlarından biri sanık Berk'in sosyal medya hesabından 'crush fetish'i (karşı cinsin ya da kendisinin ufak yaratıkları -böcekler, minik hayvanlar- ezerek öldürmesi ile cinsel uyarılma) beğendiğini ve bunun da o gece neler olduğuna ışık tutabileceğini söyledi.

Böylece sanıkların tutukluluk hâllerinin devamına karar verildi. Bir sonraki duruşma 20 Kasım 2019 tarihine ertelendi. Önümüzdeki süreçte sanıkların asansör beklerken ne konuştukları dudak okuma yöntemiyle çözülüp dava sürecine eklenecek. Şule'nin iki tırnağında bulunan Berk ait dokuların hangi yollarla geçebileceği yeniden araştırılacak. 17 Temmuz 2019'da olay yerinde yapılan keşifte bulunan vücut sıvılarının kime ait olduğu bir kez daha uzmanlara sorulacak. Sanık Çağatay'ın mahkemeye gelemeyen telefon kayıtları vardı, bunlar da dosyaya eklenecek.

Duruşma sonrası sanık Çağatay'ın annesi sinir krizi geçirdi. Kameralara bakarak bağırdı: "Oğlum 15 aydır tutuklu, dayanacak gücüm kalmadı benim! Yeter! Adalet istiyorum. Adalet yok mu?!" diye bağırarak yere yığıldı. Daha sonra ambulansla hastaneye götürüldüğü bildirildi.

Duruşmanın ardından kadın örgütleri adliyenin önünde basın açıklaması yaptı. Açıklamaya Şule'nin babasından başka, öğrencisi tarafından, hukuk fakültesinde, silahla sırtından vurulup 17 kez bıçaklanarak öldürülen Ceren Damar Şenel' in babası Mustafa Damar da katıldı. Şule'nin acılı babası İsmail Bey, medyaya, sivil toplum kuruluşlarına, Adalet bakanlığı ile İçişleri bakanlıklarına seslendi, "Bu davanın ağır bir cezayla bir an önce bitirilmesi gerekiyor" diyerek... Mustafa Damar da sivil toplumun bu davanın her zaman arkasında olacağını söyleyerek acılı aileye destek oldu.

Bu sırada sanık Çağatay'ın annesi basına bir açıklama yaptı. Uzaktan Şule'nin avukatına seslenerek şöyle dedi: "Biz zenginsek, savcıya rüşvet verdiysek ortaya çıkaracaksın! Benim oğlum karıncaya zarar vermez!"

Şuanda kadar okuduğum haberler bu yönde. Sanıkların, kamera görüntülerinde duyulmayan konuşmaları vardı. Dudak okuma uzmanı bulunamadı demiş, bir yıl sonra "bulundu, nihayet kamera kayıtlarındaki sesler çözümlenebilecek" diye açıklama yapmışlardı. Ne oldu bu konuya? 4. Duruşmada konuşulur sanıyordum, konuşulmadı herhalde... Ya da uzman kişi, henüz işini bitirip hazırlanması gereken raporu mahkemeye sunamadı... Bu dava, raporların savaşına dönüştü adete. Bilimsel olduğu iddiasıyla alınan bir raporun karşısına, başka bir rapor, daha bilimsel olduğu iddiasıyla mahkemeye sunulmakta... Dudak okuma uzmanının vereceği rapor da böyle olacaktır. Biri de çıkıp "dudak hareketleri öyle okunmaz, böyle okunur" diyecektir. Bulunamayan uzmanlar birden çoğalıp tartışma başlatacaklardır.

Haber spikeri var, bilirsiniz belki: Ece Üner... Ertelenen Şule Çet davası için o da şöyle demekte: "Yalnızca bu dünyaya değil öbür dünyaya da sığdıramadık Şule'yi. Rahat vermedik. Öldükten sonra ön yargılaması başladı. Dava ertelendikçe ertelendi ama unutturulamadı. Bu dava her kadının davasıdır. Arz talep meselesi değil, ırz talep meselesidir..."

Bugün Suriye'ye yönelik başlatılan, "savaş" denince kızılan Barış Pınarı Harekatı'nın 9. günü. "Amerika'yla görüşüldü, ateş kes sağlandı. Masada Türkiye kazandı, dünyanın en büyük devletlerini dize geldik. Meşhur yabancı gazeteler de bu yönde haberler yapmakta, herkes Türklerin başarısını konuşuyor" deniyor. Önce şunu diyeyim: Külliyen yalan, yalanın bini bir para... Şunu aklınızdan hiç çıkarmayın: adaleti, bilimi olmayan, üretimden elini çekmiş bir ulusun zaferi olmaz. Çocuk kandırırmış gibi haberler yapılmakta. Büyük zaferin üstün liderlikle kazanıldığı konuşulmakta. Hükümet medyasının bu yöndeki sözleri hem gülünç hem de üzüntü verici... Yalan haber olur da bu kadar mı olur arkadaş... Gerçekleri örtüp milleti masalla avutmak için ellerinde ne geliyorsa yapıyorlar. Gazeteler, internet haber siteleri herkesi aptal yerine koyan haberler yapmakta.

Görürsünüz... Bir gün bu sözlerime hak vereceksiniz. "Gerçek şu: Dünya medyası, bizim Barış Pınarı dediğimiz bu askeri harekatı, dünya kamuoyuna "Türkler, Kürtleri öldürüyor, terör bahanesiyle masum Kürt halkına, sivillere, hatta bebeklere katliam yapılmakta" şeklinde servis etti. Hangi zaferden söz ediyorsunuz? Yani Amerika dünyanın gözünde Kürtlerin kurtarıcısı oldu. "Binlerce insanın ölümüne engel olduk" dedikler. Pek çok Amerikan başkanının yüz karası Trump söyledi bunu. O bile bile bu işten katkı çıktı. Türkiye, dünyaya bir kez daha Kürt düşmanı (o Kürtler ki ülkenin neredeyse yarısı) bir ülke olarak tanıtıldı. "Türk-Kürt birlikte Osmanlı'nın küllerinden, ırkçılıktan uzak yeni bir devlet, yeni bir Cumhuriyet kurdular. Bugün, Türkler gibi Kürtlerin de en büyük sorunu insan haklarına dayalı demokrasiyi tanımayan Saray hükümetidir," diyen olmadı, olmayacak. Kürtleri ayırmak için ellerinden ne geliyorsa bu güne kadar yaptılar, bundan sonra da yapacaklar. Bizler, istediğimiz kadar "Kürt düşmanı değiliz, terörle savaşıyoruz" diyelim, güçlü devletler; yeni çağın global emperyalistleri "böl, parçala, yut" taktiğiyle ülkeleri dağıtmaya devam edecekler...

Biliyorum, istemeden sözü uzattım. Şunu da dememe izin verin: Mevcut iktidar nedeniyle maalesef dünya milletlerine doğru tanıtılmıyoruz. Böyle devam edersek; eş, dost, akraba, damat, emmioğlu bürokrasisinden vazgeçip işi ehline veremezsek yakın gelecekte emin olun bölünüp parça pinçik olup silinip yok olacağız. Bir milletin gücü, ilkin hukuk düzeninden, bilim, sanat, teknoloji üretmesinden, kaliteli eğitim veren üniversitelerinden, araştırma merkezlerinden gelir. Öyle değil mi dostlar? Gözünüzü seveyim... Kim buna itiraz edebilir? Bu durumda şu sorulmaz mı? Mülkün (devletin) temeli adaletse, kalkınma ancak bilimle, sanatla mümkünse biz, nasıl her dediğini yaptıran güçlü bir ülke olduk? Görün işte: her türlü baskıya, müdahaleye açık bir ülke haline gelmişken bizi nasıl kandırıp avutuyorlar? Zayıf ülkeler, en çok silaha sahip olanların başlattıkları: 'siviller baskı altında, insanlar işkence görüp katlediliyorlar' denilerekten tamamen yalnızlaştırılıp işgale açık hale getirilmiyorlar mı? Ama korkmayın... Askerî işgalden söz etmiyorum. Bir ülkeyi toptan ucuza köleleştirmenin yeni yolları bulundu. Amerika bunu daha önce keşfetseydi inanın o kadar zenciyi, dünyanın bir ucundan, mal gibi gemilere bindirip ülkelerine getirmezlerdi. Onları Afrika'da, kendi topraklarında köle yapar, köpek gibi çalıştırır, ürettiklerini de ülkelerine taşıtırdı. O günün koşullarında bunu bilemediler. Mesela bizi düşünün bir; an itibariyle işgal edilmedik nemiz kaldı? Üretim araçlarımızın neredeyse tümünü, bütün fabrikalarımızı yabancılar aldı mı? Aldı.

Milletimiz bu büyük şirketlerin sendikasız, ucuz işçisi oldu mu? Oldu. Siyanürle altın aramak için ormanlarımızı kesen Kanadalı şirket bile utanmadan "Türkler iyi taş taşıyor," dedi mi? Dedi? Daha ne anlatayım... Yeni bir şey söylemiyorum ama şunu tekrar etmek zorundayım: Ülkeler artık askerle değil, dolarla işgal edilmekte. Neden gençlerimiz üniversite mezunuyken iş bulamaz? Düşündünüz mü? Neden "devletin görevi herkese iş bulmak değildir" denir? Her şey çok açık: Kurtuluş Savaşı'yla denize döktüklerimiz paralarıyla ve mühendisleriyle döndüler. Cumhuriyetin yıktığı sarayı yeniden kurup ülkemizi ele geçirdiler. Şu anda istedikleri tek şey var: Kimse saraya, saray hükümetine dokunmasın. Kendi şahsi menfaatlerini işgalcilerin çıkarlarıyla birleştiren işbirlikçiler ülke yönetmeye, daha doğrusu yönetiyormuş gibi görünmeye devam etsinler. Barış Pınar Harekatı'yla halkın önemli bir kesimine, sabah akşam canlı yayın yaparak şu mesajı verdiler: Hükümetimiz ne Amerika tanıdı ne Rusya... Her istediğimizi yaptık, yapıyoruz. Müsterih olun! Güçlü Türkiye, güçlü liderlikle yoluna devam etmekte. Suriye'de emperyalizm kaybetti, haklı taleplerimizi kabul etmek zorunda kaldılar... Bilin istiyorum: Gerçek bu değil... O kadar büyük bir senaryonun içindeyiz ki, yine de bunu anlamak zor iş değil ancak kimilerine zor, adeta imkansız. Osmanlı zamanında da böyle olmuş; halkın büyükçe bir bölümü sarayın işgal edildiğini, padişahın görevini yapamadığını kabul edemiyormuş. O zamanlar medya yaygın değildi ama bugün de "algı operasyonu" denen yanıltıcı haberler çağında yaşıyoruz. Her şeyi anlatamam... Vaktim yok... Anlatırım da önyargılarla baş edemem. "Saray" deyince el pençe divan durup secdeye gelenler var. Kim baş edebilir ki böyle bir zihniyetle... Ne desek boş. Ben de çenesini boşuna yoranlardanım. Benim kara, hatta zifiri karanlık dediğime, "güneş" diyen milyonlar var. Yalnız biz de mi, dünyanın her yerinde böyle olaylar var. Amerika'da Trump var mesela. Tüm dünyada liderliklerin ne kadar bozulduğuna, halkın ne kadar kandırılabildiğine işaret... hem de en büyük kanıt... Her neyse...

Bu konuyu neden açtım derseniz, şundan: Görünen o ki kadın cinayetleri artırarak devam edecek... Dikkat edin kadınlar: Evlenirken, severken, âşık olurken kılı kırk yarın. Adam sanıp katilinizle evlenebilirsiniz... Öyle çok olay oluyor ki? Bakalım Kadın Cinayetlerini Durduracağız Platformu'nun bu ayki raporuna kaç cinayet haberi yer alacak. Daha önce dedim, önceki ay 53 kadın cinayeti vardı. On beş yirmi gün sonra yeni rapor açıklanacak... Üzülerek takip ediyorum... Her gün birbirine eklenerek devam eden ölümleri, karıştırmadan, hepsi hakkında konuşmak da çok zor... İnternete düşen şiddet içerikli haberleri e mail adresime yönlendirmiştim... Her gün üç beş haber ve bu haberlerden söz eden yazı içerikleri okuyordum. İnanın yoruldum. O kadar çok ölüm var ki... Bugünlerde Barış Pınarı Hareketi yüzünden hiç biri duyulmuyor. Elbet savaş haberleri, evde ya da sokakta annelerinin ölümünü izleyen çocukların çığlığından daha önemli. Biri ülke geleceğini ilgilendiren "beka" sorunu, diğeri küçük çaplı sosyal bir mesele. Hangi birini yazayım. Yetişemiyorum artık... Önümüzdeki Kasım ayından itibaren genel takibi bırakacağım. Seçerek anlatmak istediğim olaylar, daha doğrusu kadın cinayetleri var. Ağırlıklı olarak Eylül, Ekim aylarını ele alayım diyorum. Böylesine büyük seri cinayetler zincirini toptan takip etmek çok zor fakat bunu yapabilen "Kadın Cinayetlerini Durduracağız Platformu" var. Bu yüzden gayretleri, çalışkanlıkları karşısında saygıyla eğildiğimi söylemeden geçemem. Tek başına bu kadar büyük işe kalkışmamalıydım. Çabuk yoruldum ama dediğim gibi seçtiğim vakalar üzerinden sözlerimi sürdürmeye devam edeceğim... Hep de cinayet olmasın istiyorum anlattıklarım. Kadın kahramanlardan söz etmiştim, Gülsüm Kav ve arkadaşları gibi... Cesaretiyle, insana umut veren çok değerli, bilgili kadınlarımız var. Onları da anlatayım istiyorum. Herkes yalanı konuşup yazıp çizerken iyi insanlarımızı tanımıyoruz bile. Ölüp gidiyorlar da duyan olmuyor. Mücadele eden kadınlar da öyle, onlarında bileni, dilden dile taşıyanı yok denecek kadar az. Bu yüzden Gülsüm Kav'ın bir yazısını paylaşmak istiyorum. Herkes sustuğunda bile konuşmaya devam edecek olan, Muktedir'i ve sahip olduğu zihniyeti eleştiren bu yazıyı gururla aktarıyorum: "Kadına Yönelik Şiddet İle Uluslararası Mücadele Günündeyiz, sene 2014. Türkiye'deyiz. "Ölü Kadınlar Memleketi" diye kitaplar yazılan ülkedeyiz, kadın cinayeti haberleri ana haber bültenlerinin ayrılmaz parçası olmuş.

KADEM adlı bir kadın derneği, (Saray tarafından kurdurulmuş bir dernek) adı: "Kadın ve Adalet" olan bir zirve düzenliyor. Bir yerde kadınların can meselesi var ise elbette bu davaya sahip çıkanlar da var. Kadınların kendi hayatlarına karar vermek uğruna can vermesini Türkiye'de feminist mücadelenin başlıca konusu kabul edenler için, bu sorunun muhataplarının katılacağı bu toplantı önem kazanıyor. Kadın Cinayetlerini Durduracağız Platformu'nun temsilcileri, soru sormak üzere oradalar. Ancak bir tek soruya bile tahammülü olmayanlar, kadınları zor kullanarak dışarı çıkarıyorlar. Ardından da Erdoğan anayasayı, evrensel hukuku ve kadın haklarını ihlal eden ayrımcılık dolu bir konuşma yaparak, suç işliyorlar. Danışmanları ona (Muktedir'e) muhtemelen Rawls (1921 doğumlu Amerikalı düşünür) gibi birkaç liberal felsefeciden ve liberal kadın akademisyenden yarım yamalak şeyler anlatmış, "eşdeğerlik" diyor, "adalet" diyor felsefe yapıyor. Öyle bir yere varıyor ki bir ara; kadınlar kadınlarla, erkekler erkeklerle eşittir diyor, tarihin en derin farkını "sınıf farklarını da" bir çırpıda ortadan kaldırıyor. Ama Erdoğan'ın (Mukedir'in demek istiyor. Gülmeyin...) esas fikri böyle olmadığı, felsefeyle de bir alakası bulunmadığından o noktada bile duramıyor, kendini tutamıyor, "fıtrat" çıkıyor sahneye, eşitliği tümden reddediyor, feministleri hedef gösteriyor, hızla dünyaya, yüzyıla, tarihe ters kendi özel fikirlerine geçiyor...

Birincisi, bütün bunlar normal kabul edilemez. Erdoğan'ın bulunduğu makamdan yeni kadın cinayetlerinin önünü açacak şekilde konuşmaya hakkı yoktur. Evet, kendi fıtratı bu olabilir. Ama bu çağdışı fikirlerini cumhurbaşkanı olarak konuştuğu hiç bir yerde kamuoyu ile paylaşmamalıdır. Emine Erdoğan, Sümeyye ve kendi çakma kadın dernekleri ile sohbetlerinde dilediği kadar konuşabilir, basının önünde böyle konuşamazlar. Hele de Türkiye son raporlara göre kadınların eşitliği için gösterilen çaba konusunda, Suudi Arabistan'dan bile geriye düşmüş iken bir cumhurbaşkanı ağzını toplamalı, aklını da başına almalıdır. Mesela TBMM'de, Kadın Erkek Fırsat Eşitliği Komisyonu var. Onu ne yapacak Erdoğan? Bakanlığın adından "kadının" çıkarıldığı gibi o komisyonu da "yeni bir ahlakla" düzenlemeye kalkışacak ise, boşuna yorulurlar. İşte kadınların dışarıda ve içerideki mücadelesi sonucunda, bir yeni komisyon daha kuruluyor; "Kadına Yönelik

Şiddet ile Mücadele Komisyonu". Nihayet ne zamandır olması gerekeni kazanan kadınlar, elbette komisyonun görevini yapması için de ve ayrı bir "Kadın Bakanlığı" kurulması için de, sonuna kadar mücadele edecekler... İkincisi; Erdoğan feministleri hedef gösterip ayrımcılık yapamaz. Kutuplaştırma siyasetini kadınlar için de deniyor, konuşmasında "feministlere anlatamadık, anlayanlarla devam edeceğiz" diyerek bu sefer de kadınları bölmeye çalışıyor. Ona en güzel cevabı omuz omuza mücadele veren kadınlar veriyor. O bölmeye çalıştıkça, kadınlar birleşiyor. Ve bu kadınlar, bir feministin kılına bile zarar gelirse, Erdoğan'dan hesap soracaktır... Üçüncüsü anne olup olmamak tabi ki fıtrat değildir, seçilebilir bir tercihtir. Kadınların eşit haklarına kavuşması için mücadele eden her kuşaktan kadın arasında da, anne olan da vardır, olmayan da. Erdoğan'ın burada saldırdığı şey; kadınların modern dünyada hayat tarzlarının çeşitlenmesi, çalışma hayatına daha çok kadının katılması, doğum yaşının yükselmesi daha da önemlisi kadınların anne olup olmamaya içgüdüyle değil "akılları" ile karar verebilmesidir. Muhtemelen o salonda konuşurken dinleyiciler arasında da böyle kararlar almaya çalışan kadınlar vardır ve onlar adına da, hiçbir kadın adına da Erdoğan konuşamaz. Kadınlar özgürce konuşacak, Erdoğan' sız bir ortamda kararlar alacak, bu saçmalığı durduracaktır. Bir gün o salonlardaki kadınlar anlar herhalde. Erdoğan'ın bugün yaptığı gibi kadınlar için adalet konuşurken birden ihalelerle ilgili dert yanma haline tanık olanlar arasında, "Galataport" konusuna nasıl geçildiğini soranlar olmalı değil mi? O kadar maneviyattan dem vururken birden rant, para ve son derece maddi konulara nasıl geldi sahiden? İşte Erdoğan'ın konuşmasının tam bu noktası ise mantık zincirinin tam olarak bütün zerreleriyle ortadan kalktığı andı. Psikanalisttik olarak çözümlemeler yapılabilir; Erdoğan annesini kaybettikten sonra, kendisine oy veren kadınlar toplamını anne yerine koyup dert yanıyor, iç döküyor gibi yorumlanabilir bunlar. Çünkü öyle bir "poz", öyle bir karakter atmalar "X liderle barışmam", "ben şöyle bir insanım" filan... İyi ama o salonda "düşünce" namına bir kırıntı varsa der ki; bunları burada niye anlatıyorsun? İnsan böyle dertlerini ailesine, arkadaşlarına o da olmaz ise terapistine anlatmalıdır.

Hele de Erdoğan "hukuk başka, yasa başka" dediğinde tam olarak ne kastettiği sorusunu o salonda soran yok mudur? Kaçak yapılan "bin odalı (bin 150 küsur olacak) saltanat" (Ak Saray diye bilinen sarayı kastediyor) ile başını sokacak bir oda bulamadığı için öldürülen kadınları, bir lira için yasadışı madenlerde çalışmak zorunda kalıp orada ölen işçileri hatırlayan yok mudur? Erdoğan "vicdan" diyor, ben "düşünce" diyorum "düşünce". Hani kadın, erkek tüm insanlar için, insan olmamızı sağlayan esas. Bir vicdandan söz edilecek ise o "toplumun vicdanı"dır ve onu harekete geçirecek esas soruları sormamızı bize sağlayan şey "düşünce"dir. Düşünceyi, soru sormayı unutmayan mücadele eden kadınlar elbette var. Ne Erdoğan, ne AKP ne de hiçbir sorumlu bu kadınlardan, bu sorulardan kaçıp kurtulamayacak. Kadınların eşitliğine, tüm insanların eşitliğine inanan kadınları kimse susturamaz... Kadınlar yaşasın diye, kadınlar konuşacak."

37

25 Kasım'ın ne olduğunu da böylece öğrenmiş bulunuyorum. Dikkat etmediğimiz çokça "özel gün" var, öyle ya... Bunlardan biri de Kadına Yönelik Şiddete Karşı Uluslararası Mücadele ve Dayanışma Günü... Okuyup yazarken bunu da öğrenmiş oldum. Neden bir güne ihtiyaç duymuş? Hikayesi söyle: 25 Kasım, soy isimleri Mirabsl (Mirabel diye yazanlar da var) olan "Kelebekler" diye de bilinen Patria Mercedes, Minerva Argentina ve Maria Terasa isimli üç kız kardeşin ölüm yıl dönümü. Neden üçü aynı gün ölmüş? Dominik Cumhuriyeti'nde Trujillo diktatörlüğüne karşı gelip adalet, insan hakları, demokrasi istemişler, yıl 1960. Bedeli, hayatları olmuş. Vahşice katledilmişler. Diktatörün askerleri

tarafından zorla araçtan indirilip sopalarla dövülüp tecavüz edildikten sonra da araçla uçurumdan aşağıya atılmışlar. Ertesi gün gazeteler bunun bir "kaza" olduğunu yazmış... (Yabancısı olmadığımız, benzerini sıkça dinlediğimiz bir hikaye değil mi? Dominik Cumhuriyeti'nin satılmış medyası da her fırsatta iktidarı yüceltip halkı doğru bilgilendirmiyormuş.) Erkek egemen kültür dünyanın her yerinde kadını ve kadın önderlerini sindirmeye, sindiremediklerini de öldürmeye, böylece insanca yaşamak isteyen kadınlara sopa saklayıp "Devlete baş mı kaldırıyorsunuz? Sonunuz böyle mi olsun istiyorsunuz?!" demekteler. Mirabal Kardeşler, bu olayın ardından tüm dünyada kadınlara uygulanan şiddetin sembolü oldular.

1981 yılında Latin Amerika'da Kolombiya'da toplanan bir Kadın Kurultayı'nda 25 Kasım, "Kadına yönelik şiddete karşı mücadele ve uluslararası dayanışma günü" olarak önerildi ve kabul olundu. Onlar, vazgeçmeyen iradeleriyle kadın mücadelesinin sembolüydü. Öldürülmelerinden çok kısa bir süre önce Diktatör Trujillo üçünü birden hedef göstererek, "ülkede iki tehlike vardır: kilise ve Mirabal Kardeşler" demişti. O yüzden bugün 25 Kasım, sadece Mirabal Kardeşler'i anma günü değil, faşizme karşı omuz omuza mücadele günü. Onların gösterdiği cüret ve cesaretle dünyanın bütün kadınlarına örnek oldu, olmaya da devam etmekte. Şu sözleri unutulmadı, unutulmayacak: "Belki bize en yakın şey ölüm; fakat bu beni korkutmuyor. Haklı olan her şey için savaşmaya devam edeceğiz" (Maria Teresa Mirabal) "Bunca acıyla dolu ülkemiz için yapılacak her şeyi yapmak bir mutluluk kaynağı. Kollarını kavuşturup oturmak ise çok üzücü." (Minerva Argentina Mirabal) "Çocuklarımızın, bu yoz ve zalim sistemde yetişmesine izin vermeyeceğiz. Bu sisteme karşı savaşmak zorundayız. Ben kendi adıma her şeyimi vermeye hazırım; gerekirse hayatımı da!" (Patria Mercedes Mirabal)

Sevgili dostlar. Lütfen dinleyin bu sözlerimi. Dünyanın pek çok ülkesinde kadın kahramanlarımız var. Ölmüş olanları demiyorum, bugün hala yaşayanlar var. Kaldı ki ölenler için de "öldü" demek zor. Onlar da manevi varlıklarıyla erkek egemen bu vahşi düzene, kültürel anlayışlara karşı mücadele vermeye devam ediyorlar. İnanın bu sözde demokratik düzenleyenler ayakta kaldığı sürece ne kadın ne erkek huzur içinde yaşayacaktır... Savaş ve ölüm için değil, hayat ve sevgi için yaşayabilmemiz kadınlarımızın başarılı olmasına bağlı...

Mirabel kardeşleri unutmazsınız artık değil mi? Bende unutmayacağım. Bu nedenle yaşadıkları dönem hakkında biraz daha araştırıma yaptım. Serpil Güvenç (çevirmen, siyasetçi, yazar) adına biriyle karşılaştım. Kim bu kadın yazar? Hakkında en çok Wikipedia bilgisi çıkıyor ama biliyorsunuz bu bilgi sitesi saray rejimi kurulduğundan bugüne bize yasak. Farklı yollardan erişmek mümkünmüş ama önemli olan neden yasak olduğu. Herkes yasağı delmek için uğraş vermek istemiyor. Neyse uzun zamandır canımı sıkan bir konu bu. Ne zaman aklıma gelse Muktedirlere ve kurdukları yasalarla dolu bu yeni düzene lanet ediyorum... Serpil Güvenç'in anlattıklarını dönelim. Aralık 2018 tarihli yazısında Mirabel Kardeşlerin yaşadığı dönem hakkında önce şunları söylüyor: "25 Kasım, 1981'de Latin Amerikalı ve Karayipli Kadınlar Kongresi'nde Kadına Yönelik Şiddete karşı Uluslararası Mücadele günü olarak ilân edildi. Dominik Cumhuriyeti'nin ABD destekli diktatörü Trujillo'ya karşı çıktıkları için 25 Kasım 1960'da dövülerek öldürülen devrimci üç kız kardeş, Patria Mercedes Mirabal Reyes, Maria Argentina Minerva Mirabal Reyes ve Antonia Teresa Mirabal Reyes' in mücadelelerinin anısına adanan 25 Kasım'da bir çok ülkede kadınlar, düzenledikleri gösterilerle süregelen şiddeti protesto etmekteler."

Serip Güvenç sözlerine şöyle devam ediyor: "Ne var ki, 1970'li yıllardan itibaren, neoliberalizmin ideolojik alana da egemen olmasıyla birlikte birçok konuda olduğu gibi kadına şiddet sorununun sınıfsal niteliği göz ardı edilmekte. Bu yıl bu körlüğe bir başka boyut da eklendi. Konuya ilişkin bir kaç makalede, üç kız kardeşin katledilmesi, ailenin karşı karşıya kaldığı zulüm ve vahşet diktatörün Minerva Mirabal'e duyduğu karşılıksız cinsel istekle açıklandı ve olay faşizme karşı verilen Dominik halkının ve kardeşlerin verdikleri savaş bağlamından kopartılarak bir TV dizisi tadında sunuldu okuyucuya. O nedenle, bu yazıda, Dominik Cumhuriyeti'nde yaşananlara biraz daha yakından bakmaya çalışacağız... Fransa ve İspanya başta olmak üzere birçok sömürgeci ülkeye ev sahipliği yapan bu küçük Karayip ülkesi, öncelikle Panama Kanal'ına ve sosyalist Küba'ya yakınlığı ve daha birçok nedenle ABD'nin de ilgisini çeker. 1916'da Dominik'i işgal eden emperyalist güç, kendi denetiminde bir hükümet kurar. Dominik'li bir telgraf operatörü olan Trujillo, 1918'de Amerikalıların kurduğu Ulusal Muhafız Birliği'ne (UMB) girer ve 1924'de ABD deniz piyadeleri Dominik'i terkettiklerinde bu birliğin başına geçer. 1930'da başkanlık seçimlerine giren Trujillo kazanmak için her türlü hilenin yanı sıra UMB'deki gücünü de seferber eder. Başkan olur olmaz doğrudan kendisine bağlı bir gizli polis örgütü kurar ve ABD destekli otuz yıllık iktidarı boyunca muhaliflerine karşı uyguladığı gözaltı, tutuklama işkence ve öldürme işlemlerinde bu gücü tepe tepe kullanır. Reis lakabıyla da anılan, yatları, sarayları dillere destan olan diktatör ve ailesi ülkenin şeker sanayiinin % 65'ine, ülkenin en verimli topraklarının ise % 60'ına sahiptir. Dominik işçilerinin % 80'i Trujillo'nun topraklarında ve işletmelerinde çalışmaktadır. İktidara gelmesini izleyen yıllarda, uyguladığı şiddet ve baskıyı "demokratik" bir kılıfa sokmak isteyen Trujillo 1947'de kukla bir Komünist Partisi kurdurur ve seçimlere girmesine izin verir. Aslında diktatör büyük bir anti komünisttir, Castro kuvvetlerine karşı Batista'ya yardımını esirgememektedir. Ülkedeki komünistler, sosyalistler, Kastro yanlıları, ilerici ve demokratlara olduğu gibi ülkedeki egemen sınıflardan yandaş olmayanlara da işkencenin, tutuklamanın, ölümün eksik olmadığı bir cehennem hayatı yaşatır. Küba'daki sosyalist rejimden ve bu rejimin kendi arka bahçesi saydığı diğer Latin Amerika ülkelerine sıçramasından korkan ABD, anti komünist Trujillo'yu destekler. Dominik'teki en güçlü muhalefetin Küba Devrimi'ni ve Castro'yu destekleyenler ve komünistler olduğunu bilen ABD'nin o dönemdeki dışişleri bakanı "O bir piç olabilir ama bizim piçimiz" ifadesiyle duygularını ortaya koyar.

Bu desteğe rağmen Dominik halkı diktatöre karşı büyük bir savaş verir. Başında bir komünist olan Manuel Tavares'in bulunduğu 14 Haziran Hareketi'nin yanı sıra birçok direniş gurubu tüm güçleriyle ülke çapında Trujillo'ya karşı savaşırlar. Direnişçiler ülkedeki tüm kamu kaynaklarının sermayeye peşkeş çekilmesine, ülkedeki ABD etkisine ve sömürüye de karşı çıkmaktadırlar. Dominik'te 14 Haziran Hareketi'nden başka komünist grup ve partiler de vardır. 200-300 üyeli Moskova yanlısı ve Küba Komünist Partisi ile iyi ilişkileri olan PSPD ve Castroite Movimiento Popular Dominicano (MPD) gibi... Trujillo'nun 15 bin Haiti'li toprak işçisini katlettiği olay sonrasında direnişe katılan ve Trujillo'nun daha sonraki yıllarda "Ülkenin en büyük sorunu Mirabal kardeşlerdir" dediği üç devrimci kardeş kısa bir süre sonra sembolleşirler. 14 Haziran örgütünün kurulmasına ön ayak olurlar, diktatörün katlettiği insanların isimlerinin yer aldığı broşürler dağıtır ve gelecekteki bir devrimci kalkışma için silah ve malzeme biriktirirler. Artık Minerva'nın yeraltı çalışmasındaki takma adı olan "Las Mariposas" (kelebekler)'ı kullanmaktadırlar. Tutuklanırlar ama Trujillo'ya karşı oluşan uluslararası muhalefet sayesinde işkence görmezler. Bir süre sonra serbest bırakılan Mirabal kardeşler'in 14 Haziran örgütünde mücadele veren eşleri de Santo Domingo'da bir hapishanede tutulmaktadır. 25 Kasım 1960'da eşlerini ziyaretten dönerken Trujillo'nun gizli polisine bağlı eli sopalı bir kaç katil tarafından durdurulur ve dövülerek öldürülürler. Cansız bedenleri bir arabanın arkasına konulup bir uçurumdan aşağı atılır. Trujillo olayın "bir trafik kazası" olduğunu söyler. ABD Trujillo'ya karşı direnişin gittikçe güçlendiğinin, halkın diktatörün zulmüne ve yolsuzluklarına daha fazla tahammül etmeyerek onu devireceğinin farkındadır. ABD'nin Küba'ya karşı uygulamayı düşündüğü yaptırımlardan önce Trujillo'nun iktidarının sona erdirilmesi de emperyalist ülkenin çıkarlarına uygun düşmektedir. Ne var ki, CIA raporlarında Trujillo'nun bir sol devrimle iktidardan alınmasının an meselesi olduğunu belirtilmektedir. ABD Trujillo'yu kendisi devirmeye ve yerine ABD yanlısı bir başkan getirmeye karar verir. Venezuela başkanı Betancourt ile ilişkiye geçen CIA, bu ülkedeki Dominikli sürgünler için bir eğitim kampı oluşturur. Daha sonra 1 Mayıs 1961'da bir grup silahlı adam Trujillo'nun arabasını makinelilerle tarayıp diktatörü öldürürler. CIA herhangi bir girişimde bulunmadan önce Trujillo'nun oğlu Fransa'dan gelir ve kendini başkan ilan eder. 6 ay boyunca babası gibi o da muhalifleri katletmeyi sürdürür. 19 Kasım 1961'de 2000'e yakın ABD deniz piyadesi Dominik Körfezi'ne çıkartma yapar, oğul Trujillo ve destekçileri ülkeden kaçarlar. Baba Trujillo'nun eski bir savcısı olan Joaquin Balaguer seçimler öncesinde geçici Dominik yöneticisi olarak ABD tarafından başa geçirilir. İlk işi belli başlı tüm sol kanat liderlerini sınır dışı etmek olur. Yine de Ocak 1962'de istifa etmek zorunda kalır ve yerine Rafael Bonelly geçer.

Ağustos 1962'de kamulaştırmayı yasaklayan, mülkiyet haklarını devlet korumasına alan, kiliseye saygının özellikle vurgulandığı tutucu bir Anayasa yapılır. Askerler, büyük toprak sahipleri ve egemen sınıfın büyük bir kesimi mutludur. Artık ABD denetiminde "demokratik" seçimler yapılabilecektir. Seçimler öncesi Trujillo'nun sürgüne yolladığı Dominik Devrimci Partisi lideri Juan Bosch ülkeye döner ve 20 Aralık 1962'de yapılan seçimlerle cumhurbaşkanı seçilir. Partisi Meclis'te de çoğunluk sağlar. Korkulan olmuş, Dominik'te sol eğilimli bir başkan başa geçmiştir. 1963 şubatında göreve başlayan Bosch 1962 Anayasası'nı bir kenara atar ve yeni bir Anayasa yapar. Anayasada toprak reformu, büyük toprak sahiplerinin mülklerinin sınırlandırılması, devlete kamulaştırma yetkisi tanınması, emekçiler için düşük kiralı evlerin inşa edilmesi, belli işkollarının kamulaştırılması gibi önlemler yer almaktadır. Kilise konusuna hiçbir atıf içermeyen ve ordunun halkın hizmetinde olduğunun belirtildiği Anayasada hükümetin temel amacı, insan onurunu korumak ve ona saygı için tüm önlemleri almak olarak ifade edilir ve "Dominiklilerin eşitlik ve özgürlüğünü kısıtlayan ekonomik ve sosyal engeller ortadan kaldırılacaktır" bu belgeye göre. İnsan haklarına önemli vurgular yapılan Anayasada artık yasa dışı hiçbir gözaltı, tutuklama ve infaz yapılamayacağı da belirtilmektedir. ABD, ordunun üst kademesi, Katolik kilisesi, aralarında büyük toprak sahiplerinin de olduğu egemen sınıflar yeni başkana karşı bayrak açarlar. ABD basını Castro'ya benzettiği Bosch'a saldırır da saldırır. Ordu mensupları "şiddetli anti- komünist uygulamalar" yapmadığı takdirde kendisini desteklemeyeceklerini açıklarlar. Bosch bir TV kanalında yaptığı konuşmada "ordu demokratik toplumlarda siyaset dışı kalmalı" diyerek yanıtlar generalleri. Aslında Bosch, Castro'ya tüm sempatisinin yanında, demokratik solculuk savunusu yapmakta, reformist bir tutum izlemektedir. 25 Eylül 1963'de CIA destekli bir darbeyle Bosch devrilir. Darbeciler yayınladıkları bildiride ülkenin komünizmden kurtarıldığını, sosyalizm, komünizm ve Castroculuğun ve açık ya da gizli Marksizm'i destekleyen tüm kuruluşların yasaklandığını açıklarlar. 1963 Anayasası iptal edilir ve 1962 Anayasası yeniden yürürlüğe sokulur. Nisan 1965'de bir karşı darbe ile ABD yanlıları devrilir ama birkaç gün içinde deniz piyadeleriyle Dominik'e müdahale eden ABD, 1966'da "demokratik" seçimlerle Balaguer'ı yeniden seçtirir. Hileyle seçimi alarak 1978'ye kadar iktidarda kalan Balaguer'i Dominik Devrimci Partisi adayı Antonio Guzman yenmeyi başararak başkanlığı alır. Guzman anayasal güvenceleri yeniden sağlar ve genel af ilan eder. Onu Jorge Blanco izler. Ne var ki, ekonomi çöküntü içindedir, IMF'e başvurur iktidar. Uygulanan uyum programları sonucunda işsizlik artar, grevler yükselir. Sendikalar askerlerce devre dışı bırakılır, solcu parti liderleri tutuklanır, sansür yeniden devreye girer. Bu koşullarda yapılan 1986 seçimlerini Balaguer bir kez daha kazanır. 1996'ya kadar iktidarda kalan Balaguer'in yerini Dominik Kurtuluş Partisi lideri Fernandez alır.

2012'ye dek aralıkla başkanlık yapan Fernandez aynı partiden Danilo Medina'ya yerini bırakır 2012'de. Medina 2016'ya dek başkan olabilmek için Anayasayı değiştirecektir. Gelinen nokta, Haitili göçmenlere ve Haiti kökenli Dominiklilere ayrımcılık politikalarının uygulandığı, linç ve şiddet vakalarının yaşandığı, her yaştan kadın satışının yapıldığı, polisin hala sokakta insanları infaz ettiği, muhalif basının tehlikede olduğu bir ülkedir... Öykü bir çok Latin Amerika ve çevre ülkesinin de öyküsüdür aslında. Verilen sınıf mücadelelerinde de önemli ortaklıklar bulunmakta. Bu bağlamda, Mirabal kardeşler' in öyküsü de Dominik'in ABD destekli faşizme karşı verdiği mücadeleden ayrı düşünülemez ve hiçbir şekilde salt bir "cins" betimlemesine sığdırılamaz. Bunu yapmak en hafif ifadeyle o üç devrimci kadına ve verdikleri kahramanca savaşa karşı haksızlıktır.

Dikkat ediyor musunuz? Ben bilmediğimden bugüne kadar dikkat edemedim. Birçok özel günler geldi geçti ben farkında olmadan. Mücadele günü olarak bildiğim en önemli gün 1 Mayıs... Elbet, emperyalizme karşı Mustafa Kemal'in önderliğinde verdiğimiz Kurtuluş Savaşı'nı, Bolu Beyi'ne kafa tutan Köroğlu'nu, Bir Sultan Abdal'ı da, Musa'yı, İsa'yı, Muhammet'i de hep saygıyla, minnetle hatırlarım fakat kadın kahramanlarımız yok muydu? Onlar nerede? Onların üstünü örten zulüm bugün de görevine devam etmekte. Dünyanın her yerine zulme karşı direnen kadınları da bilmek, öğrenmek isterdim. "Okullara bir ders konulmasını söyle, bir öneride bulun" derseniz bana, ilkokuldan itibaren bütün okullara "cinsiyet ayrımı olmadan zulme direnen halk önderleri dersi" konsun derdim. Dünyanın her yerindeki halk önderlerini anlatan bir ders önerirdim. Sadece ünlü olanlar değil, bilmediklerimiz de anlatılsın, hatta en çok onlardan söz edilmesini isterdim. Mesela kadın erkek nice Kızılderili lideri var ki vahşice katledildiler, ne adları, ne mücadeleleri ne de uğruna öldükleri hakları kaldı. Köpek gibi görüldükleri yerde kurşunlanarak yok edildiler. Ve daha nice insanlar var ki hala aynı kaderi paylaşmakta... Örnek mi? İşte Müslümanlar... Çağımızın Kızılderilileri ya da Amerika'nın "zenci köpekleri"(!) gibi muamele görüp öldürülmekteler. Bu kez katliamı yapanlar geri planda durup Müslüman'ı Müslüman'a kırdırıyorlar. Onlar da salak gibi tuzağa düşüp birbirinin katili olmakta... Caniler, daha önceki; Kızılderili katliamındaki hatayı tekrar etmiyorlar; en önde ellerinde silahla görünmüyorlar. Silahı başkasına verip "tavşana kaç, tazıya tut" diyorlar... Neyse... Yoksa bildiğiniz şeyleri mi anlatıyorum yine? Ama şu dediğimi bir kez daha söyleyeceğim: kendimle konuşuyorum ben. Sözlerime önem vermek zorunda değilsiniz.

Bir bakıma, dedim ya, bu ilerleyen yaşımda kedime eğitmenlik yapmaktayım. Yazmaya başladığımdan beri üzülerek neleri bilmediğimi de fark ediyorum. İlginç değil mi? Bu yazı dizisiyle kurduğum (zihnimde oluşan) üniversitenin de öğrencisi oldum. Şunu diyeceğim: 25 Kasım gününü de bir köşeye not edip bekleyelim, kim ne diyecek diye takip edelim. Anladığım kadarıyla Muktedirler ve bağlı bulundukları saray, anlam ve önemini bilmeden, Mirabal Kardeşleri tanımadan her yıl 25 Kasım nedeniyle etkinlik düzenliyorlar. Muktedir, kürsüye çıkıp milyonlarca mağdur kadının karşısına geçip konuşma yapıyor. Kızlarından biri sosyal faaliyet olarak kadın sorunuyla ilgilenen bir dernekte yönetici olduğundan olsa gerek... Bu güne kadar kaç konuşma yaptı bilmiyorum ama birini bulup okudum. İki yıl önce, 2017 tarihli bir konuşma bu.

38

Muktedir, kadınların şiddete karşı uluslararası dayanışma gününde ilkin, saray düzenini tehdit edip "demokrasiye döneceğiz, seni yıkacağız" diyen CHP lideri Kemal Kılıçdaroğlu'nun erkek şiddetine ilişkin şu sözünü hatırlatıp eleştirmekte: "Erkek işsizse, eve para gelmiyorsa, akşam tencere kaynamıyorsa, bu erkek de gelir hıncını karısından alır..." Şiddetin, öldürmenin bahanesi olmaz ancak şunu da görmezden gelemeyiz: ekonomiyle insani bozulma arasında paralel ilişki var. Kılıçdaroğlu bu sözle giderek artan işsizliğe, üretemeyip kendini var edemediğinden bunalan insana, ucuz işçi olarak köleleşip çok çalıştığı halde geçinemeyen toplumun ruh sağlığına vurgu yapıyor. Demokrasi'yi gavur icadı, laikliği dinsizlik sanan Muktedir, aynada kedine bakmadan Kılıçdaroğlu'nu bir şey bilmez, cahilin teki olarak gösterip bu yönde sözler dile getirmekte. Tarihe not edilen şu sözlerle de dünya kadınlarının şiddeti önleme gününe katkı sunmakta:

Demekte ki: "Kadına yönelik şiddet asla kabul edilemez. Bu ihanetin içine giren herkes cezasını çekmelidir. Lise mezunu her 4 kadından birinin, üniversite mezunu her 5 kadından birinin maalesef aile içi şiddete maruz kaldığını görüyoruz... Asıl mesele insana verilen değerdir. Medeniyetimiz, her işin başına insanı koyar. İnsana bakışın bozulduğu bir yerde kadına bakışın sağlıklı olması mümkün değil. Her kim kadına şiddeti öven bir söz söylüyor, tavır içine giriyorsa bilin ki onun zihin kodlarında bir sorun vardır. Bu kişinin çoban olması, üniversite hocası ya da ateist olması arasında fark yoktur. Her birine ayrı övgü dile getiren 4 kız çocuğu sahibi bir peygamber... Ümmetine ne buyuruyor? 'Cennet; annelerin ayakları altındadır.' Annelerin konumu çok farklı. Annenin ayakları altına cenneti seren bir inancın mensupları olarak kadınlarla ilgili yanlış algıların dinimizle ilişkilendirilmesini asla kabul edemeyiz. Toprağa bizler; yani ecdadımızı kast ediyorum: Ne demişiz? "Anavatan" demişiz. Kadını yar olarak, canan olarak tarif eden bir kültürün şiddet üretmesi işin tabiatına aykırıdır. Ülkemizde insana ve özellikle kadına dair yanlış algılar, kabuller, yanlış uygulamalar varsa bunun sebebini dinimizde veya kültürümüzde değil daha derinlerde aramak durumundayız...

Kadın konusunda, hak ve adalet temelinde, eğitim, çalışma, ayrımcılık, şiddet gibi sorunlarını çözememiş bir toplum olamadığımızı da biliyoruz. Kadın yoksa, toplumun yarısı yoktur. Kadının olmadığı bir toplumun kalan yarısı da zaten yok oluşa doğru gidiyor demektir. Siyaset hayatım boyunca kadınları, hem siyasetin hem hayatın içinde görmek istedim. Her alanında hak ettikleri şekilde temel taşıyıcı olmalarının mücadelesini verdim. Cumhurbaşkanı olarak da aynı mücadeleyi veriyorum. Bugün burada sizlerle birlikteliğim, sadece bir protokol görevi değil, kadınların mücadelesine verdiğim samimi desteğin bir nişanesidir... AK Parti iktidara geldiği günden beri kadınlarımızın önündeki engelleri kaldırmak için tarihi reformlar gerçekleştirmekte... 2012 yılında çıkardığımız Ailenin Korunması ve Kadına Karşı Şiddetin Önlenmesi'ne dair kanun var. Bu kanun, şiddete maruz kalan kadınlarla ilgili tarihi bir dönüm noktasıdır. Şu ana kadar şiddete uğramış 20 bin kadının davasına müdahil olduk."

Bir dakika arkadaşlar. Duralım burada. 20 bin kadından söz edilmekte. Aradığım rakam buydu: "Muktedirlerin iş başına geldiği 2002 yılından 2019 yılında kadar kaç kadın şiddet mağduru oldu?" diyordum ya... 2017'ye kadar olan sayı 20 binmiş. Devletin en yetkili kişisi diyor bunu. 20 bin çift ayakkabıyı yanyana bir şehrin duvarlarına asılı olarak hayal edin. Hani sanatçının biri sadece 2018 yılında öldürülen 440 kadını temsilen, yoldan geçenler görsün diye İstanbul'daki bir duvara 440 ayakkabı aşmıştı ya, onun gibi işte... 20 bin kadın ayakkabısının duvarlara aşıldığını düşünün.

Anladınız değil mi? Sözünü ettiğimiz sorun o kadar büyük ki savaştan beter... Dahası var: 2017 yılına kadar bu sayı 20 binse, 2 yıl daha eklersek yani 2018 ile 2019 yıllarıyla birlikte açılan dava sayısı kaç olur? Demek ki neymiş? Sadece bakanlığın müdahil olarak izlediği toplam şiddet davasının sayısı 22 bine yakınmış. Bir de duyulmadığından "intihar, kaza, doğal ölüm" dendiğinden devletin müdahil olmadığı davalar var. Bunları da düşünürseniz 22 bin sayısını 2 ile çarpmamız gerekecek... Bu durumda en az 40 bin davadan söz edebiliriz. Yani son 17 yılda mahkemelerimizde bu kadar dava görüldüğünü söylemek mümkün. O zaman kadına yönelik şiddetin 17 yıllık bilançosunu gösterip soruna dikkat çekmek için duvarlara asmamız gereken 40 bin kadın ayakkabısı var demektir. Neyse... Devam edelim... Bakalım bilmediğimiz başka ne söyleyecek...

"Yeni bir eylem planı hazırlandı. Kadına yönelik şiddetle mücadele için hazırlanan bu planı hassasiyetle uyguluyoruz. Eğitim çalışmalarıyla yüzbinlerce kamu görevlisine ve askerimize ulaşıldı. Şiddeti önleme merkezlerini, kadın konuk evlerini 81 ile yaygınlaştırdık. Aynı şekilde kadınların, hak fırsat ve imkanlardan eşit şekilde yararlanarak ekonomik ve sosyal hayattaki etkinliklerinin artırılması konusunda çok önemli adımlar attık. İnşallah yılbaşından itibaren uygulanmaya başlanacak yeni bir eylem planımız var. Erken yaşta ve zorla evlilik artık geride bırakmamız gereken bir başka sorundur. Günümüz şartlarında erken sayılabilecek 14-15-16 yaşlarındaki evlilik oranı toplam evlilikler içinde yüzde 4'lere kadar geriledi. (Öncesinde ne kadardı? Yüzde 10 mu, 20 mi?) Bu sonucu almanızda ortaöğretim kademesindeki kız çocukları oranının yüzde 45'ten yüzde 83'e çıkmasının çok önemli katkısı bulunuyor...

24 Kasım Dünya Öğretmenler Günü değil mi? Ana muhalefetin başındaki zat (Kemal Kılıçdaroğlu'nu kastetmekte) çıkmış konuşuyor. Bak ortaöğretimde neredeydik, nereye geldik?

Okuma yazma oranlarının yüzde 100'lere yürümesi iktidarımız döneminde oldu. Kadınların okumasının yazmasının artması iktidarımız sayesinde. Eşimin Şanlıurfa'da başlatmış olduğu "Haydi Kızlar Okula" kampanyası da bu dönemde oldu. Bizim ordumuzun bayanlar ayağı da çok sağlamdır. Bizim ordumuzun Nene Hatun'ları var, Hatçe bacıları var. Eğitim hayatına devam eden kız çocuklarımız evliliğe zorlanmıyor... Eyyy Kılıçdaroğlu! Burayı iyi dinle! Yüksek öğrenim oranının yüzde 13,5'tan yüzde 44,5'a çıkmış olması da sevindiricidir. Eğitimin her kademesinde kız öğrencilerimizi teşvik etmek için pek çok proje uyguluyoruz. İstihdamdaki kadın oranının 2005 yılındaki yüzde 23 seviyesinden, bu yılın Temmuz ayı itibariyle yüzde 34'e çıkması bana göre gerçek bir devrimdir. Hedefimiz 2023 yılında bu oranı en az yüzde 41'e ulaştırmaktır. Esasen 2005'ten bugüne kadar istihdam sayımızı 9 milyon 200 bin artırmış olmamıza rağmen işsizliğin hale çift haneli rakamlarda gezmesinin sebebi kadınlarımızın işgücüne katılımındaki artıştır. Demek ki daha çok istihdam oluşturmamız gerekiyor. inşallah onu da başaracak, erkeğiyle kadınıyla genciyle herkesin çalışabileceği bir ekonomiyi inşa edeceğiz. Sadece mikro kredi uygulamasından 160 bin kadın yararlanmıştır. Kadınlarımızı hayatın her alanında desteklemeye yönelik daha yüzlerce örnek sayabilirim. Burada önemli olan şiddet başta olmak üzere, tüm meselelerin çözümüne yönelik bir iradenin bulunuyor olmasıdır. Türkiye'nin sadece cumhurbaşkanı değil, başbakanı, bakanı, bu iradeye sahiptir. Kadınlardan isteğimiz bizim bu mücadelemize destek olmalarıdır.

Bizim şu veya bu ideolojiye değil, sadece ve sadece kadınların haklarını savunmayı amaçlayan herkese yüreğimiz ve kollarımız açıktır. Ama diğer pek çok konu gibi kadın meselesini silah gibi kullananlara da hiç kimse kusura bakmasın eyvallah etmeyiz. Mesela, ana muhalefetin başındaki zatın (Kemal Kılıçdaroğlu), geçtiğimiz günlerde kullandığı skandal ifade bunlardan biridir.

Üstelik de kadınlara yönelik toplantıda bu zat aynen şöyle diyor. 'Erkek işsizse, eve para gelmiyorsa, akşam tencere kaynamıyorsa. Bu erkek de gelir hıncını karısından alır' bunu diyen kim? Bay Kemal! Böyle çarpık bir zihniyet olur mu ya? Bu kadına şiddeti insanlığa ihanet değil, alenen meşru görmek... Her seçim yenilgisinden sonra evde neler yaptığını düşünmek bile istemiyorum. E ne olacak? Az önce bakanımız da söyledi. Çanakkale'de AK Partili bir meclis üyemiz. Seçimle gelmiş bir meclis üyesi orada konuşmasını yapamadı. Belediye başkanının işine gelmediğinden o bayan üye susturulmak istendi. "Sus, sus, sus" diyerek şiddet uygulandı. Mikrofonu kesildi, Meclis'i terk etmesini söylendi. O bayan AK Partili bir meclis üyesi... Demokratik yollarla halkın oylarıyla oraya gelmiş bir bayan. Arkasından ne oldu? Bir de baktık ki CHP'nin kadın mensupları gelip gösteriler yaptılar. Kime? Kendi belediye başkanlarını alkışlayarak haksızlığa destek oldular. Bu nasıl bir kadına saygıdır? Sen napıyorsun ya? Sen böyle bir saygısızlığı nasıl yaparsın deyip yuhalamaları gerekirken tam aksine bunu alkışladılar. Bu da CHP'deki kadın zihniyetinin nasıl olduğunu gösteriyor. Ben de dedim, bak şimdi yine söylüyorum. 18 Mart'ta Çanakkale Şehitlerini Anma Yıldönümü yapılacak. Talimatı verdim, o gün Çanakkale Belediye Başkanı'na orada söz verilmeyecek. (Gülmeyin, ağlanacak haldeyiz dostlar...)

Söz burada iyice yolundan çıkarak ülkeyi kasıp kavuran yolsuzluk tartışmalarına geliyor ve konuşmacı yine Kemal Kılıçdaroğlu'na hitaben şöyle diyor: "Yurt dışında hangi bankada Tayyip Erdoğan'ın hesabı var, bunu ispatla İspatlayamadığın takdirde senin siyaseti bırakman lazım. İspatlarsan, ben hem siyaseti hem cumhurbaşkanlığı makamını bırakacağım. Hodri meydan!"

İşte size örnek bir konuşma. Toplum cinnet geçirip kadınlar, çocuklar katledilirken uluslararası bir günde Saray'ın yaptığı konuşma böyle. İslamcı siyasetçiler diye de bilinen saray ve çevresi kadına yönelik şiddeti durdurabilir mi? Bu soruya kafa yoran isimlerden biri de Ruken Çakır. Temmuz 2019 tarihinde şunları yazmış. Aynen aktarıyorum:

"Sümeyye Erdoğan Bayraktar'ın (Cumhurbaşkanının kızı) başkan yardımcısı olduğu KADEM (Kadın ve Demokrasi Derneği), kadın hakları üzerine çalışmaları nedeniyle İslami kesimden bazı kişi ve çevrelerin saldırısına maruz kaldı. Bu olay İslami kesimin en hassas konusunun kadın sorunu olduğunu bir kez daha gözler önüne seriyor. İlginç bir tartışma... Adına "tartışma" demek pek de doğru olmayabilir. Bir kesim başka bir gruba saldırmakta... İslâmî camia içerisinde yaşanan bir olay bu. Saldırının hedefinde KADEM adı verilen Kadın ve Demokrasi Derneği var. Dernek 8 Mart 2013'te kurulmuş. Kuruluş tarihine özellikle dikkat çekmek lâzım. Bu, iktidara yakın bir kadın derneği, ki, başkan yardımcısı da Sümeyye Erdoğan Bayraktar. Kurulduğu tarihte yanılmıyorsam henüz evli değildi. Sonra Bayraktar soyadını da aldı; ama adını çift soyadla yazıyor, öyle tercih etmekte. Sümeyye Erdoğan Bayraktar, Babası Tayyip Erdoğan'a çok yakın bir isim ve hâlâ yakın olduğunu biliyoruz. Dolayısıyla bu bir anlamda siyasî iktidarın bilgisi dahilinde ve onayıyla, belki de teşvikiyle kurulmuş bir dernek. Ve bu dernek kadın hakları konusunda, özellikle kadına yönelik şiddet konusunda bayağı ciddi bir faaliyet yürütüyor. Israrla yürütüyor. İçinde daha çok kentli, orta sınıf, üst-orta sınıf kadınların yer aldığı, ama toplumun tüm kesimlerinde kadınların haklarını gözetmek konusunda olumlu çalışmalar yaptığı bilinen bir dernek. Uzun bir süre bu dernek kendi çevresinde, kendi "mahalle" sinde diyelim, kadın sorunuyla ilgilenmeyi çok rahatsızlık yaratmayacak bir şekilde ama fazla taviz vermeden sürdürüyordu. Bir anlamda Cumhurbaşkanı Erdoğan'ın himayesinde olduğu varsayıldığı için de bir tür dokunulmazlığı vardı. Ama nedense birkaç gündür, özellikle 23 Haziran 2019 seçim hezimetinden sonra, (Büyük şehirlerin tamamını CHP'nin kazandığı, İstanbul seçimlerinin tarihte ilk kez kabul edilmeyip tekrar ettirildiği seçimleri kastetmekte...) KADEM'e yönelik çok ciddi saldırılar başladı. Ve hatta ilk ateşleyen kişi "23 Haziran'ın nedenleri aranıyorsa buralara bakılmalı" diye KADEM'i işaret etti. Bu kişinin adını vermek bile istemiyorum. Çünkü Türkiye'de İslâmî entelektüellerin önemli bir kısmı iktidarla özdeşleşip, ona entegre olup bu sıfatlarından uzaklaştı. Bir kısmı tamamen kendi köşesine, küskün bir şekilde kendi köşesine çekildi. Hâlâ kendini entelektüel olarak sunmaya çalışan az sayıda isimden birisi ve entelektüel seviyesinin çok da yüksek olduğunu düşünmüyorum. Zaten bu yaptığı da bunu gösteriyor. KADEM işaret edildi ve ondan sonra Pandora'nın Kutusu açıldı. Ve sağdan soldan dört bir yandan KADEM'e yönelik saldırılar geldi."

Araya girmeme izin verin dostlar. Bir açıklama yapmalıyım. Duydum ki, Uluslararası İstanbul Sözleşmesi de Muktedirleri birbirine düşürmekteymiş. Haber şöyle: AKP Kayseri Milletvekili Hülya Atçı Nergis'in başkanlığını yaptığı "İstanbul Sözleşmesi'nin Etkin Uygulanması ve İzlenmesi Alt Komisyonu" AKP içinde kavgaya neden olmakta. İstanbul Sözleşmesini "aileyi parçalama sözleşmesi" olarak nitelendiren AKP'li isimler, sözleşmeyi ve Meclis'teki çalışmaları destekleyen, Cumhurbaşkanı Erdoğan'ın kızı Sümeyye Erdoğan Bayraktar'ın Başkan Yardımcısı olduğu Kadın ve Demokrasi Derneği'ne (KADEM) ve diğer kadın örgütlerine tepki göstermekte. Yusuf Kaplan (Saray yanlısı gazeteci, yazar) Sümeyye Erdoğan Bayraktar'ın eşi Selçuk Bayraktar'ı sosyal medyada etiketleyerek "Tanzimat'tan bu yana en büyük tehdit ailenin çözülmesidir. Ailenin korunması millî güvenlik meselesi hâline gelmiştir! Ailenin çözülmesine yol açan Millî Eğitim, Aile Bakanlığı ve KADEM projeleri derhal durdurulmalıdır!" şeklinde mesaj yazaraktan millete akıl dağıttığı görülmekte.

Tekrar Ruken Çakır'a bırakalım sözü: "Burada tabii KADEM kendi halinde bir sivil toplum kuruluşu olsaydı, denebilirdi ki olay sadece kadın meselesiyle ilgili bir tartışma. Tabii ki bu boyutu çok önemli. Ama burada Sümeyye Erdoğan'ın da olup önemli bir yerde bulunması işi biraz daha ilginç kılıyor. Zaten bu saldırıların ardından Sümeyye E. Bayraktar'ın eşi Selçuk Bayraktar da devreye girdi ve saldırıları püskürtmeye çalıştı. Olay iyice karmaşık ve ilginç bir hal aldı. Şimdi burada iç içe geçmiş iki soru var. Biri, olayın kadın sorunuyla ilgili... ikincisi, Erdoğan'la yani siyasî iktidar ile ilgili... Bazıları Erdoğan'a bu bahane ile doğrudan saldırıldığı iddiasında ki, ben de böyle olduğunu düşünmüyorum. Yani KADEM'e saldıranların doğrudan ya da dolaylı olarak Erdoğan'a cesaretle saldırabilecek kişiler olduğu kanısında değilim. Ama şöyle bir husus muhakkak söz konusudur: 23 Haziran ile beraber Erdoğan krizi belirginleşip artık eskisi kadar güçlü olmadığı anlaşılınca, öteden beri sakladıkları bir kini, öfkeyi, tepkiyi dışa vurmalarının zamanının geldiğini düşünüyor olmalılar. Biraz tumturaklı bir cümle oldu, ama şöyle tekrar toparlayayım: KADEM öteden beri bazı kesimlerin, İslâmî camia içerisindeki bazı kesimleri çok ciddi bir şekilde rahatsız ediyordu. Ancak Erdoğan'dan çekindikleri için bu olaya çok fazla dokunmak istemediler. Ama Erdoğan'ın Haziran başında sivil toplum kuruluşlarıyla yaptığı bir toplantıda, tartışmanın kilit noktalarından birisi olan toplumsal cinsiyet eşitliği meselesine yönelik eleştiri getirdiğini biliyoruz. Bu da onlara cesaret verdi. Ve ardından 23 Haziran'da da bu yenilgi (Belediye başkanlarının önemli bir çoğunluğunun kaybedilmesi) yaşanıp Erdoğan'ın gücünün azaldığı belirginleşince olay hız kazandı. Buradaki mesele toplumsal cinsiyet eşitliği kavramı, ki, uluslararası alanda artık iyice yerleşmiş bir kavram, benimsenen bir kavram. Ama burada toplumsal cinsiyet eşitliği denince bir kadın-erkek eşitliği vurgusu var ki, bunu birtakım dinî yapılar, İslâmî ya da başka dinlerden, buna razı olmayanlar, bunu kabullenmeyenler var, buna direnç gösterenler var. Bir diğer husus da toplumsal cinsiyet denirken sadece kadın erkek değil, farklı cinsel yönelimlerin de bunun içerisinde olduğu kabulü var. İşte bu tartışmanın iki boyutu var. Bir tarafta KADEM'in toplumsal cinsiyet kavramını sıklıkla kullanmasından hareketle kadın erkek eşitliğini savunduğu ve bu nedenle de İslam'a aykırı olduğu yolunda bir tez; bir diğer husus da toplumsal cinsiyet kavramını kullanarak eşcinsellik ve diğer cinsel yönelimleri kabullendiği yolunda bir önerme var. Ve bunların asla kabul edilemez olduğu söyleniyor.

Açıkçası KADEM'e yöneltilen suçlamaların çok doğru olduğu kanısında değilim. Zaten yaptıkları açıklamada da bu konuya açıklık getirmişlerdi. Örneğin "toplumsal cinsiyet" kavramını kullanıyorlar. Ama eşitlik yerine adalet kavramından söz ediyorlar. "Adalet" kavramı da zaten acayip bir kavram. Eşitliği çağrıştırması gerekirken sanki eşitliğin bir ya da iki kademe altıymış gibi. Özellikle Türkiye'de İslâmî çevreler tarafından başka yerlerde de kullanılıyor. Yani eşitlik yerine adalet diyorsunuz. Eşit değiliz ama adil davranıyoruz. Yani "kadın erkekle eşit değil, ama erkekler kadınlara âdil davranmalıdır" gibi bir önerme öne sürüyorlar. Bir diğer husus da eşcinsellik meselesinde yaşanıyor. Çok net bir şekilde eşcinselliği ve diğer cinsel yönelimleri "sapkın eğilimler" olarak tanımlıyor KADEM'ciler. "Kültürel değerlerimize tamamen aykırı, bunu tartışmak bile abesle iştigaldir" diyorlar. Bu tartışmanın göbeğinde bir İstanbul Sözleşmesi var. İstanbul Sözleşmesi esas olarak kadına yönelik ayrımcılığı ve şiddeti bertaraf etmeye yönelik uluslararası bir sözleşme. Ama buna ülkelerin değişik rezervleri var. KADEM de Türkiye'de bunun hayata geçirilmesinin, sözleşmenin hayata geçirilmesinin takipçisi olan sivil toplum kuruluşlarından birisi. Ve bu yüzden de İstanbul Sözleşmesi sanki KADEM tarafından yapılmış gibi ve sanki Türkiye'de devlet tarafından benimsenmemiş gibi, bunun kendilerince olumsuz görünen bütün yönlerini onlara yıkıp, bunun üzerinden kendi erkek egemen iktidarlarını korumak istiyorlar.

Çünkü burada çok ciddi bir tehlike görüyorlar. Bu tehlike şu: Türkiye'de seküler birtakım kadın hareketleri var. Mesela feminist hareket var, her geçen gün çok şükür güçlenen. Ve bu feminist hareket İslâmî kesimden de kadınları kendine çekiyor. Bu, uzun zamandan beri süregelen bir eğilim. Ama İslâmî kesim içerisindeki kadın hakları savunucularının önemli bir kısmı, belki de ezici bir kısmı feminizm tanımından rahatsız olmakta... Bunu kabul etmek istemiyorlar. KADEM de bunlardan birisi... Feminizm karşıtlığı yapanlar da var. Daha çok kendilerine feminist demeden kadın hakları savunuculuğu yapma iddiasındalar. KADEM içinde de buna benzer değişik yapılar var. İşte bu yapıların doğal olarak feminizme evirileceğini gören birtakım erkek egemen zihniyet, ki, bunların illaki erkek olması gerekmiyor, bu olaydan ciddi bir şekilde ve haklı bir şekilde panikliyorlar. Bu panik nedeniyle her türlü argümanla, karalamayla, dezenformasyonla, kimi zaman pireyi deve yaparak saldırıya geçiyorlar. KADEM'in doğrudan Cumhurbaşkanı'nın himayesinde olduğu algısı onları daha da sinirlendiriyor. Ve bu nedenle onu öncelikli bir hedef olarak görüyorlar. Uzun bir zamandır böyle... öncelikli hedef olarak görmelerine rağmen saldırıya cesaret edemiyorlardı. Şimdi artık cesaret edebileceklerini düşündüler. Şu âna kadar olan gelişmelere baktığımız zaman, KADEM'in çok ciddi bir şekilde geri adım attığı söylenemez. Ama bir savunma durumuna geçtiği de bir gerçek. Çünkü karşı tarafta, yıllardır hâkim olan gelenekselci bir dil var, tahakküm dili var, tehdit var, aşağılama var. Her türlü şey var.

En çarpıcısı da, en komiği de KADEM'i Sorosçu olmakla suçlamaları. Bu Soros meselesi de gerçekten Türkiye'de her canı sıkılanın başvurduğu bir şey. Fetö'cülük yokken de modaydı. Özellikle ulusalcıların Türkiye'ye hediye ettiği bir kavram... Herkesi Sorosçu olarak tanımlayıp bunun üzerinden şeytanileştirme faaliyeti yürütülmekte... George Soros'un kim olduğu, ne olduğu, neyi neden yapmak istediği konularına çok fazla girmeyi tercih etmezler. Örneğin onun vakfının adını verdiği "açık toplum" kavramını ve bu kavramı geliştiren Karl Popper'ın ne demek istediğini falan, hiç bunları önemsemediler. Soros'u sanki küresel bir derin devletin başındaki kişi gibi tarif edip, tabii ki yalan, bunun üzerinden hoşlanmadıkları kişileri tasfiye etmeye çalıştılar. Ki bunları İslamcılar da yaptı. Şimdi bir bakıyoruz, bir grup İslamcı, İslâmî kesimde çalışan bir başka grup sivil toplum kuruluşunu Sorosçu olarak tanımlıyor. Bunu neye dayanarak yapıyor? Çünkü bu tür STK faaliyetleri dünyada ve Türkiye'de genellikle, ki, yakın zamanda biliyorsunuz, Açık Toplum Vakfı kendisini feshetti, feshedene kadar da kadın hakları konusunda çalışma yapan çok sayıda kuruma fon sağladı. Ama anladığımız kadarıyla Kadın ve Demokrasi Derneği böyle bir fon falan almamış. Zaten kendi açıklamalarında bunu söylüyorlar net bir şekilde. Ama bunu söylemenin çok da anlamı yok. Çünkü bu yalan, haber yapılıp söylediğinde üstünüze yapışıp kalıyor. Hepimizin başına geldi, daha da gelecek. Ama tabii burada ilginç olan, Sümeyye Erdoğan'ın da başını çektiği bir hareketin böyle suçlanıyor olması. Babası Soros'un Türkiye'deki en yakın isimlerini, mesela Osman Kavala başta olmak üzere, her gün her vesileyle hedef gösteriyor, onun içeri atılmasını sağlıyor ve dışarı çıkmamasını da sağlıyor. Ama kaderin garip bir cilvesi, kızı, çok sevdiğini bildiğimiz kızı da kendisine yakın olduklarını iddia eden birileri tarafından Sorosçu olarak tanımlanabiliyor. Böyle garip bir dünya ile karşı karşıyayız... Bütün bunlar bize neyi gösteriyor? Aslında genel olarak Türkiye'nin, ama özel olarak da İslâmî kesimin en hassas konusunun, konularından birisinin belki; belki değil, tam da kendisinin kadın sorunu olduğunu gösteriyor. Bu öteden beri böyle. Geçmişte yaşanan başörtüsü direnişinde de böyleydi. Orada da aslında kadınlar üzerinden yürüyen bir hareket vardı. Kadınlar üzerinden yürüyen ama kadına mümkün olduğu kadar hak vermemeye çalışan bir hareket vardı. O tarihlerde bir kitap yazmıştım "Direniş ve İtaat" adında, "İki iktidar arasında İslamcı kadın" alt başlığını taşıyordu. Burada iktidarın birisi sözüm ona laik siyasî iktidar, bir diğeri de İslâmî hareketteki erkek egemen iktidar. Bu ikisinin arasına sıkışmış bir kadın profili vardı. Hareketin taşıyıcısı kadınlardı; ama hareketin patronu olan, sahibi olan erkekler, kadınları hem hareketin dinamosu olarak kullanıp hem de onlara hiçbir yetki, sorumluluk, iktidar alanı tanımamaya çalışıyorlardı. Zamanla bu belli bir değişime uğradı, birtakım gelişmeler oldu, kadınlarla yine iyileşmeler oldu. Ve bu iyileşmeler, gelişmeler tam meyvesini verecek mi acaba diye düşünürken, büyük bir panik halinde erkeklerin ve erkeklere kayıtsız şartsız tâbi olan bazı kadınların panik halinde, kırmızı görmüş boğa gibi saldırıya geçtiklerini görüyoruz.

Burada hedef şu anda KADEM. İlginç olan, kendini feminist olarak tanımlayanlara, İslâmî camianın kadınlarına olduğu kadar sert yüklenmiyorlar. Çünkü onları bir şekilde zaten uzakta ve genel tabana, İslâmî kesimin kadınlarına ulaşması zor olan kişiler olarak görüyorlar. Ama KADEM gibi kendini feminist olarak tanımlamayan yapıların, hele bir de devletten bir şekilde onay ve destek aldığı gerçeğiyle beraber çok daha yaygınlaşabileceğini, çok daha geniş kitlelere kadın hakları konusunda, kadına yönelik şiddetle mücadele konusunda birtakım şeyleri aktarabileceğini düşünüyorlar ve bu onları korkutuyor. Korkutmasının nedeni, öncelikle tabii ki iktidarlarının elden gitmesi ve tabii ki eşlerinin ve kızlarının kendilerini evlerinde eleştirmeye başlama ihtimali, hatta belki de kapının önüne koyma ihtimali. Çünkü biliyoruz ki bugün bu karşı çıkışı dillendirenlerin büyük bir kısmı değişik vesilelerle kadına yönelik şiddeti de meşru ve mazur göstermeye çalışan kişilerle aynı. Evet, ilginç bir tartışma, çarpıcı bir tartışma ve ibret verici bir tartışma. Kimin kazanacağı belli, tabii kadın haklarında ısrar edenler kazanacak. Kimin kaybedeceği de belli. Ama bu arada kaybedecek olanlar bu hakkı savunanları bayağı zorlayacaklar, rahatsız edecekler, rencide edecekler. Şimdiden etmeye başladılar. KADEM'in yaptığı açıklamada da o rahatsızlığın izlerini görüyoruz ya da ben öyle okudum. Ve kendilerini savunma adına birtakım görüşlerini daha dolaylı olarak söylediklerini gördüm. Ama şunu söylemem lâzım: Bir teslim olma hali yok ve bu anlamda da takdiri hak ediyorlar. Evet, söyleyeceklerim bu kadar. İyi günler.

39

25 Kasım tarihi gelince... dünyanın pek çok kentinde "şiddeti" protesto için sokağa çıkılmakta. Geçen 2018 yılında, "cennet anaların ayakları altında" deyip kadına yönelik şiddeti kınayanlar, "kadına el kaldırılmaz" diyenler duydum ki 25 Kasım'ın kutlanıp Mirabal Kardeşler'in hatırlamasına izin vermemişler iyi mi? Tüm dünyada kadına yönelik şiddeti protesto eylemleri yapılırken bizde basın açıklamasına bile izin vermemişti. Bildiğiniz gibi 2018 yılı 440 kadın cinayeti işlenmişti. Çok sayıda sivil toplum kuruluşundan yüzlerce kadın, Taksim Tünel Meydanı'nda toplanarak Galatasaray Meydanı'na doğru yürümeye çalışmışlar ama çevik kuvvet kalkanlarıyla önlerine duvar olmuş. Eylemin izinsiz olduğunu söyleyerek "Dağılın!" çağrısı yapmışlar. Kalkanlarıyla yürüyenlerin önünü kesmişler. Dağılmadıkları için biber gazı sıkmışlar... O zaman sormak gerek: İktidarın İstanbul Sözleşmesini uygulamak gibi bir derdi var mı? Neden o zaman dernek kurup "kadına şiddeti durduracağız!" diyorlar. Çünkü kadınları da bölmeleri gerekmekte. Dindar kadınlara, özgürlük için, adalet için mücadele eden kadınları dinsiz göstermeye çalışıyorlar. Aksi durumda inanan-inanmayan, zengin-yoksul bütün kadınlar birleşecek... Özgürlük, demokrasi, insan hakları çatısı altında bir araya gelecekler. O vakit kimse yasalarla oynayamayacak herkes kanunların önünde eşit sayılacak. Muktedirlik makamı yerle yeksan olacak. Tek muktedir Allah olacak, bilim olacak... Herkesin eşit olduğu yeni bir dünya doğacak.

Bir de 2017 yılında baktım ne olmuş, 25 Kasım'ın anılmasına izin vermişler mi diye. Vermişler. Kadınlar yine İstanbul'da İstiklal Caddesi'nde bir araya gelmişler. Yürüyüş başlamış. Yaklaşık 2 bin kadın Hollanda Konsolosluğu önünde Türkçe, Kürtçe ve Arapça basın açıklaması yaparak şunları dile getirmişler: "Türkiye'nin ve dünyanın dört bir yanında ayağa kalkan kadınlarla beraber bir kez daha sokaklardayız. Sadece bugün değil yıllardır neredeyse aralıksız kentlerin meydanlarında itiraz ediyoruz, direniyoruz. Boşanıp boşanmayacağımıza, doğurup doğurmayacağımıza biz karar vereceğiz. Kaç çocuğu nasıl dünyaya getirip getirmeyeceğimize kimse karışamayacak. (Hatırlar mısınız bir ara hatta yıllarca, bugün de Muktedir en az 3 çocuk doğurun demişti... Kadınların özel hayatlarına müdahale niteliğinde daha pek çok isteği var ki unutulmaz...) Çocukların velayetini kimin alacağına, hangi mahallede, hangi çocukların imam hatip okuluna gideceğine, hangi okulun imam okulu olacağına, kimlerin din eğitimi alıp almayacağına hangi savaşta ölüp ölmeyeceğimize, şehit olup cennete gidip gitmeyeceğimize siz karışamazsınız. Kurduğunuz düzene itaat etmedik, etmeyeceğiz! Bilin ki, sivil araştırmacıların verilerine göre, 2017'nin ilk 10 ayında 240 kadın ve kız çocuğu öldürüldü, 77 kadına tecavüz edildi, 286 kız çocuğuna cinsel istismarda bulunuldu. Bilin ki bu düzen değişecek!"

Kadınlarımız her gün buna benzer sözler söylemekte... "Baskı var, hapishanelerde yer kalmadı, yalandan yargılayıp tutsak alıyorlar" diye korkup bir kenara çekiliyorlar mı? Hayır. Ülkenin her yerinde protesto eylemleri yapıyorlar. Kimi yerde az sayıdalar ama olsun, can suyunu eksik etmiyorlar, meydanı tamamen boş bırakıp evlerine kapanıp ölümü beklemiyorlar. Hiç ummadığınız yerlerden Kars'tan Edirne'ye kadar hep sokaktalar. Memleketin bir ucundan bir ucuna direnenler, işten atılma, bir daha iş bulamama pahasına sözünü söyleyenler var. Nasıl bir abluka altındayız ki, medya bu mücadeleyi göstermiyor. Mesela Kars dedim ya,

28.04.2019 tarihli bir haber var... ellerinden geldiği kadar kadın mücadelesine adeta çölde can suyu olmaya çalışan bir kaç kadınla ilgili... Şöyle deniyor haberde: Gamp Konağı yanında bulunan Kars Kent Meydanında iki kadın bir araya geldi. İki kadından biri Selma Topkaya'nın yerel basınına yansıyan ifadeleri şöyle: "Arkadaşlarımızı ve tüm Kars halkını davet ettik. Duyarsız kaldılar. Sadece birkaç bayan olarak buraya gelip unutmayacağımızı, duyarlı olduğunuzu göstermek istedik, sesimizi duyurmak istedik. Artık olanlara "hayır!" diyoruz, evlatlarımıza el uzatmasınlar. Çocuklarımızın küçük bedenlerine dokunup onları vahşice öldürmesinler! Kadınlarımız yaşasın istiyoruz. Şiddete karşıyız. Polislerimizin, askerlerimizin şehit edilmelerini istemiyoruz. Bu yüzden burada olup sesimizi duyurmak istedik. Kars halkından duyarlılık bekledik ama kimse gelmedi. Bir anne olarak kadın cinayetleri bağrımızda yaradır! Çocuk cinayetleri de içinizde yara! Protestoya eylemlerimize tüm kadınların gelip destek vermesini bekliyorduk ama gelmediler.. Desteklerini esirgedikleri için kendilerine teşekkür ediyorum (!) Demek ki ne kadın ne de anne olamamışlar. Cumhurbaşkanımıza sesleniyoruz buradan: idamı ertelemeyin. Erteledikçe sapıklara fırsat veriyorsunuz. Bu ülkede çocuğa, kadına yönelik pek çok sapıklık yapılıyor. Şu an çocuklarımız dört duvara mahkum... Türk milleti olarak bunun üstesinden gelmemiz lazım. Bu kadar duyarsız olmamamız lazım! Lütfen sesimizi duysunlar artık!"

Biraz aşağıya inip Van'a bakalım mesela. Yıl 2014. Kadınlara yönelik şiddet, Kadın Yaşam Merkezi tarafından düzenlenen yürüyüş ve basın açıklamasıyla protesto edildi. MSE isimli şahsın eşini öldürüp kaçması olayı hakkında açıklama yapıldı. Kadınlar, şahsı protesto için sokağa çıktılar. Ellerinde, MSE tarafından öldürülen TE'nin fotoğrafını taşıyarak yürüyüşe geçtiler. Fegiye Teyran (Yunus Emre zamanında yaşamış, Kürtçe yazıp söyleniş şairlerimizden) Parkı'na kadar süren yürüyüşün ardından Kadın

Yaşam Merkezi adına basın açıklamasını okuyan Evin Özgür, MSE'nin 1992 yılında Gürpınar'ın Koğan köyündeyken camide 7 kişiyi öldürdükten sonra 20 yıl cezaevinde kaldığını ve çıktıktan sonra da eşi TE'i vahşice, boğazını keserek öldürdüğünü söyledi. MSE'nin nerede ve kimler tarafından korunduğunun bilinmediğini dile getirerek şöyle dedi: "Kadına yönelik şiddetin bildik hüzünlü öyküleri, geleneksel ön kabullerle, toplumun ve devletin duyarsızlığıyla sürekli büyümekte. Şiddet yalnızca bedenlere zarar vermiyor, kadınların öz saygısını, haksızlığa direnme ve hak arama arzusunu kırıyor. Biz kadınlar öldürülüyoruz. Bıçak, balta, taş, ip, tel, tabanca gibi çok çeşitli aletlerle son nefesimize kadar yok ediliyoruz. Biz kadınlar evde, sokakta, iş yerlerinde sürekli yoğun bir şiddetle karşı karşıyayız. Taciz ve tecavüze uğrayıp dövülüyoruz, katlediliyoruz. Hep birileri, 'Biz kadınlar' adına kararlar alıyor, kurallar koyuyor. Hiç uymadığımız zamanda üçüncü sayfa haberi oluyoruz. Bu şiddet hiç bitmiyor. Ölümler durmuyor!" Ahlakın ve politik toplumun öncü gücü kadınlardır. Bu nedenle toplumsal sorunlar karşısında kadın demokratik, özgür yaşamı tercih eder, bu yönde kararlılık içinde olur. Kadın ve erkek yaşamın her alanında eşit bireyler olarak yer almalı. Bu duygularla her türlü şiddetten ve çatışmadan arındırılmış barış dolu bir dünyada yaşamak istiyor ve kadınlara yönelik artan şiddeti bir kez daha kınıyoruz..."

Aklınıza hangi il geliyor, söyleyin. Yozgat mı, Gümüşhane mi? Her yerden kadınlar ses vermekte. Aynı duyarlık medya da olsaydı, inanın yer yerinden oynar, "kutsal ana" kılıfı altında kadını hor görüp saray düzenine biat edenler kaçacak delik arardı. Ülkenin her yeri feryat eden kadın çığlıklarıyla dolu da duyan yok. 2017 yılında gidersek yalnız büyük şehirlerde değil, Mesela Yozgat'ın Sorgun ilçesinde de

Kadına Yönelik Şiddete Karşı Uluslararası Dayanışma ve Mücadele Günü kapsamında yürüyüş düzenlendi. Sorgun Toplum

Sağlığı Merkezi çalışanları tarafından düzenlenen yürüyüş, Hükümet Konağı önünden başlayıp, Hastane Caddesi'nde sona erdi. Şehir merkezinde toplanan kadınlar, ellerinde "Kadına yönelik şiddet suçtur", "Şiddete son", "Şiddet varsa 155,156,157,183'ü ara!" yazılı pankartlar taşıdılar. Grup adına açıklama yapan Toplum Sağlığı Merkezi hekimlerinden Melike Merve Güneş, 16 yıldır dünyanın her yerinde 25 Kasım'ın Kadına Yönelik Şiddete Karşı Uluslararası Dayanışma ve Mücadele Günü olarak belirlendiğini söyleyip bu yılın ilk 9 ayında erkekler tarafından 211 kadının öldürüldüğünü söyledi. Sözlerine şöyle devam etti: "Yine bu 9 aylık süreçte 97 kadına tecavüz edildi, yüzlerce kadın fuhuşa zorlandı, yüzlerce kadın da yaralandı, binlerce kadın tacize uğradı. Erkek egemenliğine karşı direnmekten ve yaşamı savunmaktan asla vazgeçmeyeceğiz!" Bu sözler İstanbul'un göbeğinde dile gelmiyor arkadaşlar, dikkat edin... Öyle şehirlerimiz, ilçe ve beldelerimiz var ki sokaklarında kadın göremezsin. Tek başına alışverişe bile çıkamıyorlar, bir yerde tek başlarına oturup çay içip dinlenemiyorlar. Böyle yerlerde bile sözünü söyleyen, erkek şiddetine hayır diyen kadınlarımız var. Bu yüzden umutluyum. Bu yüzden diyorum ki: "Atatürk Cumhuriyetini Ortadoğu ülkesi yapamazlar!"

Kadınlarımız pes etmeyip ölümüne direniyor çünkü. Onların ölümsüz destanını yazdığım için mutluyum. Köy deyip geçmeyin, orada bile direnen bir kadın var, kimse yoksa bir nine var. Buna benzer pek çok örnek var dostlar. Olayları duymadığınıza bakmayın, kadın mücadelesinin boyutları ülkemiz sınırlarını aşmış durumda. Medya, halkın sesi olmadığından kadına, çocuğa, insanın insana yaptığı şiddetin boyutları görünmüyor fakat, varsın görünmesin, kadın eti yiyerek beslenen çağımızın yedi başlı ejderhasına teslim olmayan şahin bakışlı, kaplan duruşlu kadınlarımız var.

Daha dün öğrendiğim habere göre Emine Bulut'u, sokak ortasında, çocuğunun yanında, boğazını keserek öldüren katil (eski koca) 24 yıl hapis yatıp çıkacakmış. Bugün 40 yaşında olsa 64 yaşında serbest... Çok gibi görünse de değil dostlar... Toplumda yaratılan korku, devlete olan güvenin sarsılması nedeniyle böylelerinin ölünceye kadar sokağa çıkmaması gerekir. Kaldı ki bizde bu tür cezalara af var. Bakarsınız 3-5 yıl sonra Meclis'e getirir yine af çıkarırlar... Burası böyle bir ülke maalesef. Ne katiller var ki (siz de duymuşsunuzdur, belki de gördünüz) cezalarını çekmeden serbest kalıp sokağa karışıp tekrar cinayet işleyip tekrar serbest kalmaktalar. İnanın öldüre öldüre yaşayanlar, hatta bunu meslek haline getirmiş olanlar var. Adam, "dinsizdi, orospuydu öldürdüm, cennete gideceğim... olduysam Allah için katil oldum," diyor. Böyleleriyle ancak bilimsel, laik, demokratik eğitimle mücadele edilir. Bu eğitimi yeniden, eskisinden daha etkili bir şekilde hayata geçirmeden kadın etiyle beslenen çağımızın dindar görünümlü, yeşil renkli, bu yedi başlı canavarını yenemeyiz, bunu da aklımızdan çıkarmayalım derim: Kadın cinayetlerini durdurmanın önemli araçlarından biri de kadın özgürlüğünü esas alan çağdaş bir siyaset anlayışıdır. Yani Atatürk'ün gösterdiği hedeflere yönelmeden insanca bir hayatımız olmayacak...

Emine Bulut'un davasına dönersek... 21 Ekim 2019 tarihli habere göre mahkemede bazı olaylar olmuş. Bulut'un yakınları (bana göre haklı olarak) korkunç suçu açıkça işleyen şahsa neden "ağırlaştırışmış müebbet" verilmedi diye tepki göstermişler. Şahsın üzerine yürüdüklerinden araya güvenlik elemanları girmiş. Çıkan arbedeyi güçlükle yatıştırmışlar.

Emine Bulut kimdi? Ah dostlar... Ne kadınlarımız, annelerimiz var ki kimse onları bilmeyecek... Adları, neden, nasıl öldükleri hiç konuşulmayacak ama biz hiç olmazsa bu gün, annesinin sözlerine kulak verelim: "Güzel kızın nereye giderse gitsin hakkını savunurdu, erkek gibiydi. Çocukluğu güzel geçti. Bize göre özeldi, özel yetiştirdik diye düşünüyorum. İyi öğrenciydi. Okulda hiç dövüşmezdi, kimseden şikayet gelmezdi evimize. Başarılıydı, çok efendiydi yavrum. Hep teşekkür, takdir alırdı. Amacı devlet işine girmekti. Şansızdı kızım. Halen dışarıdan üniversite okuyordu. Bilgisayar kursuna da gitmişti. Devlet işi bulmak istiyordu. Olmadı. Hayali devlet işiydi... üzülürdü hep... Her iş gelirdi elinden yavrumun... Evimin müdürüydü. Çalışkan müdürdü. Severdim "müdürüm" demeyi. Her şeye aklı yettiğinden evimi yönetendi. Aileyi çekip çeviren hepimizi idare eden oydu. Herkesi sever, sayardı. Babasına da kardeşlerini de yol gösterirdi. Sevgili müdürümüzdü bizim. Onu böyle diyerek seviyordum; "müdür" koymuştum adını. Babasını doktora götürürdü. Beni de o götürdü hep, ne zaman hasta olsam o ilgilendi. Mahallemiz de bilir; hepimizin çaresi oydu. Namazını hiç bırakmadı. Kuran okurdu. Hasta bakardı; bakıcılık yapmaya başlamıştı. İş güç peşinde koşup dururdu...

Bütün gün çalışırdı. Hasta bile olsa hiç yatmadı, "hastayım" demezdi yavrum. Çalışmak isterdi, hep kazanmak, evine, çocuğuna iyi bakmak isterdi. Yaşasaydı ayın 24'ünde sınava girecekti. Bilgisayar kursunu bitirecekti... "Devlet memuru olurum belki" derdi. Başka hayalleri de vardı ama en büyük hayali buydu. Güvenli bir işe girmeyi çok istiyordu. Yavrumun şansı hiç olmadı. Bir kızı vardı. Ayrı kalamazdı ondan. Bugün 11 gün oldu ayrılar. Akşam hep beklerdi torunum, yavrum... Dedesinin telefonundan arardı gecikince "anne ne zaman geliyorsun?" diye. Sabah 9-10 gibi gelirdi eve. Geceleri uyumazdı, hasta bakıyordu. Herkesin yardımcısıydı. Yemiyor yediriyor, giymiyor giydiriyordu. "Şu da benim olsun" demezdi. Üstüne yeni bir şey aldığını bilmem. Hep evini düşünürdü, bize bakardı. "Hep çocuğuma harcayayım" dedi. Böyleydi yavrum benim..."

Bir de Emine Bulut'un babasına kulak verelim: "Devlete çağrım var. Büyüklerimiz dinliyorsa idamı geri getirsinler. İdam olmadığı müddetçe acımız dinmeyecek. Ölüm cezası yoksa çocuk istismarının, tecavüzlerin, kadın cinayetlerinin durması mümkün değil. Milletin vebali, kadınların vebali önlem almalarını boynunda. Kurtulamazlar o vebalden. Yavrum iyi bir anneydi. Çocukluğundan beri her istediğini elimizden geldiği kadar yapmaya çalıştık, yapabildiğimiz kadar. Okul zamanı geldiğinde okulda, başka zaman başka işte... her zaman çok başarılıydı kızımız. Çalışkandı. Hiç düşük not getirmezdi. Devlet memuru olmak istiyordu. Olamadı. Kızını; torunumuz Bilge'yi iyi yetiştirip memur yapacaktı. Bunun hayalini kurardı hep... Kendi bu işe giremediğinden hayalini gerçekleştiremedi... Kızına çok düşkündü. Türkiye onu bağrına bastı. Hepsine teşekkür ediyorum. Hepsinden Allah razı olsun. Bir değil bin kere razı olsun. Bizim yaşadıklarımızı Allah kimseye yaşatmasın. Kimse bu acıyı çekmesin, tanımasın. Acımızı paylaştılar. Yalnız Türkiye'den değil, dünyadan mesaj geldi. Avusturya, Almanya, Fransa, Belçika... Buralardan arayanlar oldu. Demek ki her yerden yaşadıklarımızı görenler var. Televizyondan izliyorlar. Sağ olsunlar, acılı günümüzde bizi yalnız bırakmadılar. Allah razı olsun Türkiye'den."

Ben de şaştım dostlar. Bir kadın, çocuğunun yanında, sokak kameralarının önünde, boğazı kesilerek öldürülür de bunu yapan katil 24 yıl mı ceza alır? Ömür boyu ceza alması için daha ne yapması lazım gelir? Hukuk işlerine aklım yetmediğinden bilenler ne diyor ona bakalım. Bir avukatın yorumu şöyle: "Sanık hakkında canavarca hisle ve kasten öldürme suçundan dava açılmıştı. Gerekçeli kararı henüz göremedik ancak, "tasarlayarak cinayeti işletme" konusunda bir şey diyemesek de "canavarca his" açıkça görülmekte. Ceza Kanunu'nun 82. maddesinde böylesi cinayetleri, kasten öldürme suçunun nitelikli hali olarak belirtiliyor. Eğer bu suretle işlendiğine kanaat getirilseydi, ağırlaştırılmış müebbet hapis cezasına hükmolunacaktı. Kanuna göre "canavarca his" vahşi yöntemlerle öldürmek demek. Cinayetin nasıl işlediği kamera kaydı olarak da mevcut. Hepimiz görüp izledik. Eski eşini kızının önünde boğazından bıçakladı. Emine'nin feryadını duymayan kalmadı. Bu da vahşi yöntem değilse, hangi yönteme vahşi diyeceğiz? Bu nedenle kararın hatalı olduğuna inanıyorum. Kamuoyunda büyük bir tepki çekti... Emine Bulut'un ailesinin avukatları, kararı İstinafa taşırlarsa sonuç alacaklarını düşünüyorum."

Başka bir hukukçu: "Her ne kadar bir kadın ve avukat olarak sanığın en ağır ceza ile cezalandırılmasını istesem de hukuk tekniği, kanunun uygulanması, adil yargılanma ve Yargıtay kararları ışığında Kırıkkale 1. Ağır Ceza Mahkemesinin vermiş olduğu bu karar bence doğrudur. Sanığın işlediği suç Yargıtay'ın yerleşmiş içtihatları açısından ve suçun işleniş şekli kapsamında "canavarca hisle kasten adam öldürme" suçunu oluşturmamakta... Burada asıl tartışılması ve revize edilmesi gereken Türk Ceza Kanunudur. Eğer sanık eşi ile evli olduğunda bu eylemi gerçekleştirseydi ağırlaştırılmış müebbet alacaktı, evli olmadığından almadı. Ceza kanunu böyle diyor. Kadına karşı işlenen cinayetlerin çoğu boşandıktan sonra eski eşler tarafından gerçekleştirilmekte. Bu nedenle öldürme veya yaralama eylemi boşanmış eşe karşı olduğunda da suçun nitelikli hali oluşmuş sayılmalı. Bu yönde Türk Ceza Kanununda düzenleme yapılması gerektiğini düşünüyorum.

Gördüğünüz gibi arkadaşlar, yerel mahkemenin verdiği bu karar hukuk camiasını ikiye böldü. Alenen boğaz kesme şeklinde gerçekleşen cinayetin toplum vicdanını ağır yaraladığını, sanığa verilen cezanınsa vicdanları rahatlatmadığını belirten başka bir avukat da şöyle demekte: "Mahkemenin verdiği karar suçun karşılığı olmadı. Hakimler, sanık hakkında Ceza Kanunu'nun 81. maddesine göre "kasten öldürme" suçuna hükmettiklerinden müebbet hapis cezası verdi. Fakat kamuoyuna yansıyan, herkesin izlediği ve hatta benim gibi birçok kişinin belki de izlemekte zorlandığı görüntülere bakıldığında cinayetin nitelikli halinden hüküm kurulması, sanık hakkında 'ağırlaştırılmış müebbet hapis cezası' verilmesi gerekmekteydi. Şahsın canavarca hislerle ve hunharca öldürdüğü çok açık. Cinayetin tasarlanarak gerçekleştirilmiş olma ihtimali de irdelenmeliydi. Türk Ceza Kanunu'nun 82. maddenin hangi fıkrası değerlendirilirse değerlendirilsin burada sanık hakkında verilen kararın yanlış olduğu görülür. Uygun bulunan ceza, hem hukuka aykırılık oluşturmuş hem de toplum vicdanının biraz olsun rahatlamasına engel olmuştur. Bu tip kararlar kadına yönelik şiddet olaylarını engellemez, aksine artırır. Mahkemeler maalesef bu tip cinayetlerde vicdanları yaralayan kararları vermeye devam ediyorlar. Bu noktada halkın sessiz, duyarsız kalmaması gerekir. Tepki olmadığında değişen bir şeyi olmaz, mevcut durum olduğu gibi tekrar edip gider."

40

Bir kadını, kendi öz çocuğunun (öz olmasa da değişmez elbet) gözleri önünde, sokaktaki insanlara ve kameralara rağmen boğazından kesip öldürmek 'canavarca his' değil midir? Ya da şöyle demeli: Bir baba çocuğunun önünde nasıl olur da cinayet işler, çocuğunun annesini çocuğunun gözü önünde öldürür? Anladığım kadarıyla katiller gibi yasa koyucular da çocuğu adamdan, canlıdan saymıyor. Çocuk varken, annesi öldürülürken bunu canavarca bir durum olarak görmüyorlar ya da böyle bir hadiseye ihtimal vermiyorlar... Hatırladığım bir şeyi kısaca anlatmama izin verin... Askerliğimi yaparken komutanın biri, asker kıyafetiyle halkın arasında neleri yapamayacağımızı anlatıyordu. Uzunca bir listeden söz etmişti, yasaklarla doluydu bir listeydi ama neleri yapamayacağımız bu koca listeye sığmamıştı. Mesela, tezgah açıp çorap satamayacağımız yazılı değildi. Komutan bizden, mevcut yasaklardan yola çıkarak diğer yasakları da tahmin etmemizi istemişti. Şunu diyeceğim: Hakimlerin de bazı şeyleri bilmesi, yazılı olmasa bile neyin "canavarca" olduğunu vicdanla bulması gerekir.

Gözü dönmüş bir baba, herkesin önünde karısını; çocuğunun annesini (bu, herhangi bir kadın bile olsa) kesiyorsa canavarca davranıyor demektir. İnsan kendine sormalı: Bir çocuk, böyle bir cinayete tanık olur da sonrasında ne yapar, nasıl yaşar? Bu incinme (travma) geçer mi? Sadece anne mi ölüyor? O çocuk da ölmüş gibi olmuyor mu? Merak ediyorum, bu konu yasalara hiç mi girmemiş? Kaza yapınca trafiği durdurmanın bile cezası var. Cinayetin; bir çocuğu ya da toplumu nasıl etkilediğinin cezası yok mu? Başka ülkelerde var. Biz de neden yok? Nedenini biliyorsunuz. değil mi? Konuşturmayın beni...

Konumuza dönersek... Avukatın biri de Emine'nin katiline verilen cezayı yorumlayıp şöyle demekte: "Canavarca his gerçeğinin ortaya konulabilmesi için suçun öncesinde ve sonrasında fail ne yapmış ona bakılır. Planlayarak mı öldürmüş? Emine'nin ölümü olayında dosyanın içeriğini tam olarak bilmiyoruz. Kanuna göre canavarca hisle öldürme olgusunun tereddüt oluşturmayacak şekilde, somut delillerle ortaya konulması gerekir. Bıçaklama eylemi tek başına bu suçu oluşturmaz. Tasarlayarak öldürmeyi de kanıtlamak gerekiyor. Deliller yetersiz olduğunda mahkeme kanunun emrettiği şekilde hareket eder."

Görüyorsunuz ya dostlar, "çocuk vardı, herkes gördü, topluma korku verdi, ümitsizlik hislerinin artmasına neden oldu" diyen kimse yok. Sadece "planlı cinayet mi?" diye soruyorlar. Sonunda da spontane (!) bir cinayet olduğuna karar veriyorlar iyi mi? Öp babanın elini... başka ne deyim arkadaşlar? Ben de şaştım kaldım. Siz ikna oldunuz mu? Ben olamıyorum. Bu şekilde cinayet işleyen birinin 100 yıl sonra da olsa sokağa çıkacak olmasını kabul edemiyorum. İdam cezası olmasın ama hiç olmazsa şu bilinmesin mi? Bir çocuğun yanında cinayet işleyenler bir daha halkın arasına karışıp dolaşamazlar. Can almaya yeltenenler bunu bilsin. O zaman ellerine sinirliyim deyip öldürücü bir alet aldıklarında kırk kere düşünürler. "O an kan beynime fırladı, kedimden geçtim, ne yaptığımı bilemedim, ben bende değildim" deyip ceza indiriminden yararlanamayacaklarını kesin olarak öğrenmeleri gerekmez mi?

Kime diyorum... Bizim gibi ülkelerde saray düzeni olduğundan vatandaşın ne dediğine bakılmaz. Kendimiz söyler, kendimiz dinleriz. Ben de bildiğiniz gibi günlerdir kendime yazıp söylüyorum. Unutmadınız değil mi? Wattpad ortamında an itibariyle 64 takipçim var. Yanılmıyorsam bir ay kadar önce de söyledim bunu. Dert yandım diye hatırlıyorum. Benim de çok hatam oldu. Neyse... Kendime söz vermiştim: "iyi şeyler yapacağım ve sadece kendimle yarışacağım" diye. Aslında bir şey söyleyeyim mi? içimden kendimle bile yarışmak gelmiyor. Sadece bu günlerin; içine doğup büyüdüğümüz vahşetin arşivini oluşturmaya çalışıyorum. Bir gün her şey unutulup kaybolacak... olmasın istiyorum. "Yazan mı yok?" diyebilirsiniz. Var, olmaz mı... Ama olsun... Yazdıklarım beni de anlatıyor. Bilmez değilsiniz, herkes olayları farklı bir pencereden görür. Sosyal hayatın gerçekleri tek yönlü değil ki... Benim siyah gördüğümü başkası beyaz görebiliyor. Mesela Atatürk düşmanları var ki ne biçim... Ben "en büyük Türk Atatürk" diyorum, onlar Cumhuriyetimizin kurucusu Mustafa Kemal Atatürk'ü vatan haini olarak görüyor. Bu yüzden yazmalı. Meydanı boş bırakıp gitmemeli. Mesela Deniz Gezmiş'le arkadaşlarının asıldığı yıl anılarını yazan ünlü bir yazar, hazırladığı anı kitabında Deniz'in adını bile geçirmemiş. Her pisi yazmış da daha demokratik bir ülke isterken ölenleri yazmamış. Yaşamaya çalışmamın bir nedeni de bu. Ben de gördüklerimi yazıp aktarayım istedim. "Yazsan ne olacak, okuyan mı var?" diyebilirsiniz. Demeyin. Toplumun binde birinin okur yazar olmadığı yıllarda bile yazanlar, yaşadığı hayatı anlayanlar oldu. Bu bir görev, insan olmamızdan kaynaklanan bir sorumluluk. Gelenek kuşaklara karşı da sorumluluklarımız var. Ben asıl onlar için yazıyorum... Bazen kendimi toplama kampında gibi hissederim... Tek bir kurtuluş umudum var: yazmak. Kim olduğunu bilmediğim birisi için yazıyorum bunları, ona söylüyor, ona anlatıyorum. O da kendi gözlemlerini, kendinden sonrakilere hiçbir şey, bir karşılık beklemeden anlatabilsin, böylece insan olma sürecimize katkı sağlayabilelim diye...

Kusura bakmayın, söz uzadı gitti. Emine Bulut'un katiline verilen cezadan söz ediyordum... Görüş açıklayan başka bir hukukçu: Mahkemenin verdiği karar beklentilere cevap vermedi, doğrusu, hayal kırıklığına, umutsuzluğa neden oldu. Bence iddianameye yazılan suçların karşılığı ağırlaştırılmış müebbetti. Fakat karar vericiler 'canavarca his, planlayarak cinayet işleme yok' dedi. Böylece basit, 'kasten öldürme' dediğimiz Ceza Kanunu'nun 81'inci maddesi devreye girdi. Bundan sonra ne olur? İstinaf ve Yargıtay nezdinde temyiz davası açılır. Önce karara istinafta itiraz edilecek sonra da Yargıtay'a gidilecek. Yani umut kırıcı olsa da mahkemenin hükmü, kesin ve nihai sonuç doğurmuyor, en azından şimdilik. Failin, bıçağı yanında getirmesi 'önceden öldürme kastı yoktu' iddiasını çürütecektir diye düşünüyorum. Katilin, daha önceden 'seni öldüreceğim, gebereceksin' şeklinde mesajlar atması, maktulün bu durumu karakola şikayet etmesi gibi olaylar aslında eylemin "planlı öldürme" olduğuna kanıttır. Cinayetin şekli, öldürmede kullanılan araç da dikkate alınırsa kimse "canavarca hisle öldürme olmadı" diyemez. Benim de beklemediğim bir sonuç ortaya çıktı. Mahkeme, hangi gerekçeyle 'canavarca his yok, tasarlayarak öldürme yok' kararı verdi onu bilemiyoruz. Gerekçeli karar çıktığında öğreneceğiz. Böyle olaylarda bir de tahrik indirimi vardır. Mahkeme, bunu da uygulayabilirdi, en azından bunu yapmamışlar.

Bildiğiniz gibi sevgili dostlar, Emine Bulut cinayeti, videosu sosyal medyaya düştüğünden toplumun neredeyse en uykusu ağır kesimlerini bile ayağa kaldırmıştı. Buna rağmen katil, hak ettiği cezayı aldı mı? Bu katillerin, özellikle kadınlarımız üzerindeki etkisini tahmin edin. Bu yolla bütün kadınlara, "kocanız haksız bile olsa sakin sözlerinden dışarıya çıkmayın!" denmiş olmadı mı? Şimdi arkadaşlar... Hangisini demeli... çok fazla haksızlık var. Hepsini anlatayım derken unuttuğum olaylar oluyor... Annesini dinlediniz ya Emine Bulut'un... Kızının en büyük hayalinin devlet işine girmek olduğunu söylemişti. Aslında, devlet işi de eskisi gibi güvenli iş olmaktan çıktı. Mesela kadrolu öğretmen sayısı her geçen gün azalıyor. Güvenceli iş arayanlar Saray yandaşı olmakta. "Saraya ve Muktedirlere ne kadar çok biat edersem işe girme olanağım o kadar yüksek olur" diye düşünenler var... Çocuklarının ekmek parası için el etek öpen insanlara kızacak değilim. Toplumun neredeyse yarısı bu durumda. Kadın cinayetlerinin bir nedeni de bu: ekonomik nedenlerle tutsak alınmış olmamız. Şunu bilin ki, özgür olmayan insanlar haklarını etkili şekilde arayamaz.

Mesela bir kaç gündür Mukedir'in, maaşını 81 bin liraya çıkardığı konuşulmakta. (Yuvarlak hesap olsun diye niye 100 bin yapmadıysa...) Bir Cumhuriyet düşünün ki, adamın biri (ki, diploması bile olmadığı söyleniyor) ne kadar maaş alacağına kendisi karar veriyor. Hep diyorum ya dostlar, seçtiğimiz milletvekilleri artık hiç bir işe yaramıyor diye... Boşu boşuna Meclis var. Boşuna maaş alıyor 600 milletvekili. Hiçbiri olmasa, Meclis kapatılsa bugünkünden daha kötü olmayız... İnanın bu sözüme. Mukdedir'in yaptıklarına, maaşına itiraz eden yok mu? Çok! Toplumun belki de yüzde doksanı tepki duyuyor ama söz, yetki, karar çoktan milletin elinden çıktı...

CHP İstanbul İl Başkanı Canan Kaftancıoğlu var, adını mutlaka anmalı bu kadının. Geçtiğimiz seçimlerde, her türlü hileye rağmen İstanbul Belediye Başkanlığı'nı çekip aldı Muktedir'in elinden, dünya onu ve Ekrem İmamoğlu başkanlığındaki ekibini hayranlıkla izledi, yalnız Türkiye'ye değil, bütün Ortadoğu'ya, tek adam rejimine mahkûm, emperyalizmin doları altında ezilen bütün mazlum milletlere umut oldular. Muktedir rahat durmadı, yıllar önceki sosyal medya paylaşımlarından dolayı, bir de duyduk ki hakkında dava açmışlar. Söz konusu dava görüldü ve bu cesur kadın 9 yıl, 8 ay, 20 gün hapisle cezalandırıldı. Bu günlerde bu karar onaylanacak mı onaylanmayacak mı diye beklenmekte... Her neyse dostlar. Maaş olayına itirazı da yüksek perdeden bu kadın dile getirdi. Muktedir'in önceki maaşı 74 bin 500 TL'di diye yazıldı gazetenin biri. Şöyle devam ettiler: Muktedir'in 81 bin 250 liraya yükselmesi tepkilere neden olmakta. İktidara göre asılacak kadın olan Kaftancıoğlu, "Erdoğan'ın aylık maaşı ile asgari ücretli vatandaşın aylık geliri arasında tam 40 kat fark var. Geleceği belirsiz, güvencesiz yani temel vatandaşlık haklarını dahi kullanmayan vatandaşlar zamlar ve vergiler altında ezilirken saray sosyetesinin aldığı bu ballı maaşlar en hafif tabiriyle ahlaksızlıktır!" demekte ve devam etmekte:

"Dünyada vatandaşı ile devlet başkanı arasındaki maaş farkının en yüksek olduğu ikinci ülke Meksika'da bile bu fark 10 kat. Adaletsizlikte birinciyiz, her şey ortada olduğundan tekrar söylemeye gerek yok... Bu rezalete hep birlikte son vereceğiz. 18 yaşını doldurmuş ve öğrenci olmayan sosyal güvenceden yoksun vatandaşlarımız 2017'de 9 milyon 800 bin kişiydi, 2019'da 11 milyon 100 bin kişi oldu... AKP Genel Başkanı Erdoğan'ın maaşı: 2017'de 39 bin 071 liraydı, 2020'ye giderken maaşı 81 bin 250 lira oldu. Aylık geliri asgari ücretin 3'te 1'inden daha az olduğu için genel sağlık sigortası pirimi devlet tarafından ödenen vatandaşlarımızın sayısı 2018'de 10 milyon 585 bin 086 kişiydi, bu sayı, 2019'da 11 milyon 106 bin 635 kişiye çıktı.

AKP Genel Başkanı Erdoğan'ın maaşı: 2018'de 59 bin kirayken 2020'de 81 bin 250 liraya yükseldi. Türkiye'de genç işsizliği %27lere fırlayıp 1 yılda 7 puan arttı. İşsizlik almış başını giderken çalışanlar iyi durumda mı? Hayır. Bugün asgari ücretle çalışan işçiler de; plazalarda, şirketlerde çalışan üniversite mezunları da aynı sınıfın mensubu: Geleceksizler ve güvencesizler!

Değerli arkadaşlar, bu sorumlulukla bir çağrıda bulunmak istiyorum: Plazalarda, şirketlerde, ofislerde çalışanlar! Diplomaları hatırına üretilmiş süslü püslü sıfatların arkasında vasıfsızlaştırılmış gençler! Emekçiler! Güvencesizleştirilmiş bir geleceğe sürüklenenler! Esnek çalışma mağdurları! Üniversite mezunları! kadınlar! erkekler! merdiven altı atölyelerde emeği sömürülenler! Fabrikalarda hakları gasp edilenler! Asgari ücrete razı olmak zorunda kalanlar! İşsizler! Bedavaya işçi statüsündeki stajyerler! Sözleşmeliler! 'Semt bizim ev kira' diyenler! Sosyal hukuk devletinin bir gereği olarak kazandığımız en temel vatandaşlık haklarının bile neredeyse yarısına sahip olamayanlar; yani kısmi vatandaşlar! Birleşin! En temel vatandaşlık hakları dahi elinden alınanlar birleşin! Cumhuriyet Halk Partisi olarak bizler ortak akılla ve bilimsel metotlarla bu ülkenin güvencesiz, geleceği belirsiz vatandaşlarıyla yepyeni bir çıkış yolunu hep birlikte açacağız. Ya bir yol bulacağız, ya bir yol açacağız!"

Kadın cinayetlerini konuştuğunuz bu günlerde böyle bir kadının varlığı da umut verici. Umalım ki CHP'nin ağır topları denen ağalar bir çok kadını harcadıkları gibi Canan Hanım'ı da harcamaya kalmasınlar. Yeri gelmişken söyleyeyim; ben herhangi bir partinin taraftarı değilim, sadece doğrudan yana söz söylemeye çalışıyorum. Bu çağda sağ-sol siyasetini bırakıp bölücülük mecrasında siyaset yapanlara kalmayıp insanca bir yaşam için, hurafelerle değil, bilimle yönetilmek için birleşmek zorundayız. Canan Kaftancıoğlu'nun dediği gibi artık yeter! İçine sürüklendiğimiz bu ahlaksız hayatı durdurmaya mecburuz. Tarihin hiçbir döneminde zulme boyun eğmemiş atalarımızın ruhu hatırına, evlatlarımızın geleceği adına bunu yapmak, Alp Arslan'dan başlayarak Atatürk'e kadar uzanan zincirin ne kadar sağlam olduğunu bütün dünyaya göstermek zorundayız. Biz Anadolu'yuz; bütün medeniyetlerin bağrında yeşermişiz. Kolayca ezilip bir kenara atılamayız. Bunu bir kez daha göstermeye, "höt!"

denince dağılmayacağımızı kanıtlamaya mecburuz. Madem bir kez daha sınanıyoruz bunun da üstesinden gelip Cumhuriyetimizi yeniden kayıtsız şartsız milletin egemenliğine vereceğiz.

Coştum, milliyetçilik damarım kabardı da ondan böyle söylüyorum sanmayın. Elbet milletimizi seviyorum ama insanları birbirinden ayırmam. Benim için iyiler ve kötüler var, insanın hangi dinden, dilden olduğunun önemi yok, yeter ki vicdanlı insan olsunlar, mazlumun hakkını yemeyip yedirmesinler... Bir şey daha söyleyeyim mi? (Gülmece yok...) Ben bir gün insanlığın tek bir çatı altında yaşaması gerektiğine inanırım. Sınırlar, bayraklar olmadan... Dünya kaynaklarının sen, ben ayrımına girilmeden, 'çoğu bana, azı sana' denmeden herkes için eşit paylaşılması gerektiğini düşünürüm. Bunu başaramadan güzelim dünyamızı (bence cennet gibi yerdi) kirletmedik mi? Tabiatın nimetlerini, Allah'ın lütfunu har vurup harman savurmadık mı? Ne varsa hepsi insanlığa ait deyip milyonlarca canlı türünü yok ettik. Yazıklar olsun ki bize buna neden olanları yenemedik, kötüler gibi birlik kurup tabiat anamıza sahip çıkamadık, çıkamıyoruz. Onların yıkarken ki gözü karalığını bizler yapmak için, iyilik için gösteremedik, gösteremiyoruz. Cinayetler işleniyorsa bizim de yüzümüzden işleniyor. Denizler kirlenip sular kuruyup bütün canlılar can çekişiyorsa bizim de yüzümüzden... Kadına karşı şiddet önlenemiyor, her yıl yüzlerce kadın 'canavarca hisle' katlediliyorsa suçlu hep başkaları değil, bizim de yüzümüzden... Hayalini kurduğum dünyada petrol için, su için, toprak için ordular besleyip savaş yapmak yok ama neye yarar; patronlar bu kadar güçlüyken terör her yeri sarıp cehenneme çevirmişken... Mutlak sizin de benim gibi böyle güzel hayalleriniz var.

Bence herkes hayatının bir yerinde bu soruyu kendine sorup hayal kuruyor: "Neden farklı kültürler bir araya gelip harman olup öldürmeden yaşayamıyoruz?" diye... Öldürme kısmını saymazsak Amerika'da, Avrupa'da yaşanıyor. Demek ki daha iyi demokrasi, hukuk, insan hak ve özgürlükleri olduğunda kültürlerin bir arada yaşaması da sorun olmaktan çıkacak... Keşke başarabilseydik. Koca gezegen hepimize yeterdi. Bunu başaramadık ya, bu yüzden benim insanlıktan fazla umudum kalmadı. Yine de umut eder dururum. Biz görmeyiz fakat, evlatlarımız bir gün barış içinde yaşamayı başarsınlar istiyorum... Yok oluşa doğru sürüklenen gezegenimizi yeniden yaşanır hale getirmekte kolay iş değil. Aslında kolay iş, yeter ki uyanıp gerçeği görenler birlik olabilseler... En çok da, "Ya bir gün temiz su kaynaklarımız tamamen kurur, bizden sonraki nesiller doyasıya içip doyasıya su bulamazlarsa?" diye sorarım kendime, üzülürüm. Ya bu vahşi kapitalizm dünyamızı bir gün tamamen çöle çevirirse bunun sorumlusu hepimiz olmayacak mıyız? Her şeyi yeniden, baştan kurmadığımız takdirde, gidişat çok net: yok olacağız. Bu nedenle de iyi insanlar olup birleşelim. Kapitalizmi daralta daralta ortadan kaldırmaya mecburuz. Her sözümü hayal olarak gördüğünüzü bilmez değilim ama elden ne gelir... Boş konuşuyorum. Kendime söyleyip vakit dolduruyorum. Neyse... Tekrar kadın cinayetleriyle dolu gezegenimize dönersek...

Muktedir' in gücü en çok gariplere yetiyor dostlarım. Bize gelince aslan, başkalarına gelince kedi oluyor. Yunanistan'ı biliyorsunuz, burnunuzun ucundaki adaylara; kayalıklara kadar yerleştiler de "öte gidin, taşı da mı elimizden alacaksınız?" demedi. Senelerce sustu, şimdi de Ege'de petrol aramaya çıktı güya. Kendi toprağımızdaki altını bile çıkaramayıp Kanadalı şirkete verirken "denizde petrol arıyoruz" denilmesini doğrusu çok ilginç buluyorum. Ülkemiz elden çıktı, artık bunu görelim ve kabul edelim. Medeniyetler beşiği dediğimiz topraklarımız başka ülkelere çöplük oldu.

Plastik atıklarını ihraç eden ülkelerin başında ABD, Almanya, İngiltere ve Japonya var. Geçenlerde, Greenpeace Doğu Asya, 2016-2018 dünya plastik atık ticareti verileri ve Çin'in yurtdışından atık ithalini yasaklamasının etkileri başlıklı rapor yayımladı. Rapor, en fazla plastik atık ithal ve ihraç eden 21 ülkenin ithalat ve ihracat verilerini içeriyor. Deniyor ki, plastik atık ihracatı, 2016 yılında 12,5 milyon tondan 2018'de 5,8 milyon tona düşerek yaklaşık yüzde 50 oranında azaldı.

Ancak bu geçici bir durum, çöp üreten ülkeler, çöplerini atacak yer aramaya devam edecekler. Türkiye'nin çöp ithalatı 2016 yılının başında aylık 4.000 tondan, 2018'in başında aylık 33.000 tona yükseldi. İthalat, 2018 yılının ortalarında aylık 20.000 tona geriledi ve sabit kaldı. Türkiye'nin İngiltere'den ithalatı Ekim 2018'den itibaren 10.000 tona ulaşarak hızlı bir artış gösterdi.

Hükümet, plastik atık ithalatı konusunda herhangi bir kısıtlama getirmedi, getirmiyor. Ülkemize plastik atık ihraç eden 10 ülke var: İngiltere, Belçika, Almanya, ABD, Hollanda, İspanya, İtalya, Slovenya, Fransa, Japonya... Greenpeace Akdeniz Projeler Sorumlusu Deniz Bayram, Türkiye'nin plastik atık ithalatı ile ilgili kaygılarını şu şekilde dile getirmekte: "Atık yönetimi ciddi bir konudur, kapsamlı altyapı ve denetim mekanizmaları gerektirir. Çin'in plastik atık ithalatı yasağının ardından Türkiye birdenbire gelişmiş ülkelerin çöplerinin yeni adresi oldu. Peki bu çöplerin geri dönüşümünde %100 hedefe ulaşılıyor mu? Atık ithalatının çevresel etkileri değerlendiriliyor mu? Çevre ve Şehircilik Bakanlığı bir denetim uyguluyor mu? Bu soruların cevabı şimdilik yok. Türkiye henüz kendi çöpüyle baş edemeyen bir ülke. Bu yüzden kontrolsüz çöp ithalatı Türkiye'nin kendi geri dönüşüm sisteminde var olan sorunların daha da artmasına neden olabilir. Ülkemiz başka ülkelerin çöpünde boğulmadan Gümrük ve Ticaret Bakanlığı ile Çevre ve Şehircilik Bakanlığı'nın, plastik atık ithalatıyla ilgili politikalarını gözden geçirmesini talep ediyoruz."

Uzmanlar uyardı: "Plastik kirliliği el değmemiş bölgelere bile ulaştı" diyorlar. Greenpeace Doğu Asya Kampanya Sorumlusu Kate Lin ise plastik kirliliğine tek çözümün plastik üretimini sınırlamak olduğunu söylüyor: "Bir ülke plastik atık ithalatına düzenleme getirdiği zaman, ithalat akışı bir sonraki ülkeye geçer. O da düzenleyince, bir sonrakine geçer. Ancak giderek daha yetersiz hale gelen bu sistemin yıkıcı bir etkisi var. Çünkü bu plastiklerin akıbetini göremiyoruz. Bunu kabul etmek mümkün değil. Geri dönüşüm sistemleri plastik üretimine hiçbir zaman çözüm olamaz. Bugüne kadar üretilen plastiğin sadece yüzde 9'u geri dönüştürüldü. Plastik kirliliğinin tek bir çözümü var, o da daha az plastik üretmek."

Diyeceksiniz ki, "konumuz kadın cinayetleri, çöpü niye konuşuyoruz?" Hepsi birbirine bağlı, inanın... Toprağa, suya değer verilmiyorsa kadına da verilmeyecektir. Çöp ithalatını durduramayanlar (ki yaşamları söz konusu) kanunların düzgün çalışmasını sağlayabilirler mi? Yani demokrasi olmadan kadını koruyan kanunların hiç biri arzu ettiğimiz gibi adaletlice işlemeyecektir.

Çöp konusunu kapatmadan önce İzmir'in Kemalpaşa ilçesiyle ilgili meclise gelen bir soru önergesi var, çok ilginç... Milletvekilinin biri, haklı olarak, ilgili bakana şunları soruyor, sanki cevap veren olacakmış gibi: "Sayın Bakan, Tonlarca plastik atığın bulunduğu Kemalpaşa'daki bu alan kime ait? İlgili alanda İtalya menşeili plastik çöpler bulunmaktadır. Bu atıklar ithal midir? İthal ise ne zaman ve nereden getirilmiştir? Getirilen çöpler denetimden geçmekte mi? Geçmekteyse nerede, ne zaman ve hangi denetimlerden geçmekte? Bu kadar çöpün tarım arazilerinin bulunduğu bu yaşam alanına boşaltılmasına kim, nasıl izin vermekte. Sorumluların tespit edilmesine yönelik yürütülen bir çalışma var mı? İthal plastik çöplerin neden olduğu çevre sorunlarına engel olmak, halk sağlığını korumak için çöp ithalatını yasaklamayı düşünüyor musunuz? Bu konuda hangi adımları atacaksınız?

41

Şunu da söylemeli: Bugünlerde, dünya medyası (emperyalizmin medyası da diyebiliriz. Muktedir'in bile medyası olur da dünyayı yöneten patronların olmaz mı? Hem de en iyisi, en etkili olanları var.) yeni bir oyun içindeler. Ülkemizi çöplüğe çevirip küresel patronlarla en derin ilişkileri kuranlar, iktidardan gitmesinler diye eski gücünü kaybeden Muktedir'i tekrar parlatmaya, asrın lideri gibi göstermeye çalışmaktalar. Şu manaya gelen sözler konuşulmakta: "Türklerin lideri Sayın Erdoğan yapacağını yaptı; Barış Pınarı Harekatı'yla, Amerika ve Rusya gibi süper güçlere rağmen Suriye'de büyük başarı elde etti, öncelikle Kürtlerin devlet kurmasına engel oldu ki, bu çok önemli. İstekleri kabul edilmeseydi, Allah göstermesin, belki de katliama girişecekti. Türkleri bilirsiniz, katliamda bulunmayı pek severler. Bereket, buna gerek kalmadı. Kesin bilgi de vermeyelim... Kim bilir... belki de sayın başkan savaş suçu işlemiştir. Kaç bin kişiyi öldürdüyse şu anda bilmiyoruz. Bu yönde bazı duyumlar gelmekte... Bakılacak... Gerek duyulursa "terörist öldürüyoruz" deyip sivil öldüren katliamcılara karşı bazı kararlar alınacaktır. Amerika'nın madde madde sıralanan yaptırımları vardı, şimdilik rafa kaldırılmıştı, bu da Sayın Erdoğan'ın diplomasi başarısı olmuştur. Fakat Türkiye'ye bir ders verilmeli. Bir kez daha bu veya benzeri yaptırımları duyunca hizaya geleceklerdir, lakin Erdoğan yaman lider... Her derdin çaresini bulur o. Böyle liderler cesurdur, ne yapacakları bilinmez. Türkiye, bölgesinde etkili bir güç... Bir kez daha kanıtlandı ki Erdoğan' sız Ortadoğu memleketlerinde değişiklik yapmak, "şuraya Kürt devleti kuracağım, (Bence bu devleti kurdular. Irak'taki gibi yakında Kürt özerk bölgesi kuruldu diye duyarız.) şuranın yönetimini değiştireceğim" demek mümkün değil. Sayın başkan "Türkiye" deyip geçilemeyeceğinin altını kalın çizgilerle çizdi. Bu Türkler var ya, bilgi-teknoloji çağı dediğimiz günümüzde sadece taş taşımayacaklarını, savaşçı bir millet olduklarını da Erdoğan'ın gücü sayesinde gösteriyorlar. Bravo onlara..."

Bu, yalan haberler, yorumlar hep sana sevgili halkım! Bu hükümeti terk etme, başka partilere oy verme diye hep sana yazıp konuşuyorlar. Çünkü biliyorlar sen inanmadığında, "satılmış hükümet istemiyorum" dediğinde pek çok planları suya düşecek. "Böyle bir liderleri varken kim Türklere kafa tutabilir ki?" diyerek utanmazca seni bir kez daha uyutmaya çalışıyorlar. "Haddini bilmeyen güç Amerika bile olsa, Erdoğan gibi bir lider yenilmez" demeye getiriyorlar. Anlıyorsun değil mi? Gençlerimiz anlıyor. Neden diyanetin milli bayanlarımızda camilerde okuttuğu hutbelerde Atatürk'ün adı geçmiyor? Bu soruyu sorduğunuzu ve cevabını doğru verdiğinizi biliyorum. Aklımızla dalga geçildiğini, en azından beyni İslam adı altındaki Emevi diniyle sulandırılmamış gençlerimizin bunları ve daha fazlasını bildiğini düşünüyorum. Daha çok sömürülelim diye yıllardır bize masal anlatıyorlar. Saray düzenine mahkum olalım da Atatürk'ün tam bağımsız cumhuriyetine dönmeyelim, bu ideali unutalım diye ellerinden geleni yapıyorlar.

Bugün 27 Ekim dostlar. Şule Çet davasının 5. duruşmasına 24 gün kaldı. Bunu da unutmayıp takip edelim. İki gün sonra Cumhuriyetimizin 96. yılını kutlayacağız. Atatürk'ün isteğiyle kurulan Diyanet yine suskun, 2015'ten beri Mustafa Kemal'in adını ağızlarına almıyorlar. Yine almadılar. Cumhuriyetimizi kuranlardan söz edip Atatürk' süz cuma namazı kıldılar. Buna benzer pek çok hutbe var da birini olduğu gibi aktarıyorum. Geçtiğimiz cuma 25 Ekim'de okunan hutbe aynen şöyleydi: Tarihe mal olduğundan sizde okuyun... Ülkenin her köşesinde okunduğundan ne söylediklerini, nasıl söylediklerini bilmemiz lazım.

Şöyle hitap ettiler cemaate: "Aziz Kardeşlerim! Bu mübarek saatte, bu icabet ve bereket vaktinde bir tanıdığımdan bahsedeceğim size. "Vatan" deyince gerisini unutuveren bir delikanlıdan...

Siz de bileceksiniz; adını Fahr-i Kâinat'ın adıyla anıp "Mehmetçik" dediğimiz kahramandır o... Bazılarınız onu tarih sayfalarından tanırsınız. Güçlü, atılgan, zeki, becerikli ve gözü pekti. Daima ön safta olmak isterdi. Durmazdı, durmak nedir bilmezdi. Cepheden cepheye koşarken arkasında bazen bir bacağını, bazen bir kolunu, bazen bir gözünü bırakır, ama vatan sevgisini daima ileride, en önde tutardı. "Vatan sağ olsun!" derdi, "Yeter ki vatan sağ olsun!" Kıymetli Müslümanlar! Peygamberimiz buyuruyor ki, "Allah, sadece kendi yolunda cihat etmek ve kelime-i tevhidi doğrulamak üzere sefere çıkan kimseyi cennete sokmaya veya çıktığı evine sevap ve ganimet ile döndürmeye kefil olmuştur." Mehmetçiğimiz bu muştuyla yine yürüdü. Mevsimlerden en çok baharı, aylardan en ziyade Ağustos'u severdi ama şu Ekim günlerinde de yürüdü. Terörden bunalanlara barış, huzuru kaçırılanlara huzur, yüreği tutuşanlara serinlik dağıtmak üzere... Barış Pınarı dedi yürüyüşünün adına. Yanında da arkadaşları, eşten dosttan tanışları, kardeşleri... Kimimizin evladı, kimimizin kardeşi... Bizim çocuklarımız, hepimizin ciğerpareleri... Aziz Müminler! Mehmetçik, geceleri gündüze, gündüzleri geceye sığdırmak için zamanı ve mekânı unutmuş koşuyor... Mehmetçik, teriyle ve kanıyla dünya tarihini yeniden yazıyor. Onun koruduğu sınırlarımızda, yalnızca ülkemizin değil, bütün insanlığın kaderi hercü mercden kurtuluyor. Bu öyle bir insanlık mücadelesi ki, "Gevşemeyin, üzülmeyin. Eğer iman etmişseniz üstün olan sizlersiniz." buyuran Yüce Kitabımız, barış yolunda kahraman ordumuza umut oluyor. Bu öyle bir iman ve vatan aşkı ki, Kur'an bu aşkla toprağa düşen canları şöyle anlatıyor: "Allah yolunda öldürülenleri sakın ölü sanmayın. Bilâkis onlar diridirler; Allah'ın lütuf ve kereminden kendilerine verdikleri ile sevinçli bir hâlde Rableri yanında rızıklara mazhar olmaktadırlar." Değerli Kardeşlerim! Hiç şüpheniz olmasın ki, Cenâb-ı Hakk'ın yardımıyla, hainlerin oyunları bozulacak, zalimlerin tuzakları ayaklarına, hileleri başlarına dolanacaktır. Mehmetçik siperleri tuttukça, bütün düşmanlarımızın da, onların içimize saldıkları zavallıların da hayalleri hakikatlerimize; tuzakları imanımıza çarpacak, kışkırttıkları terör selinin içinde kendileri boğulacaktır. Ordumuz barış uğruna ilerledikçe, ay yıldızlı bayrağımızın gölgesinde masumlar, kadınlar, çocuklar güven ve huzura kavuşacaktır.

Aziz Müminler! Mehmetçik ki, bir sancağın gölgesinde, alnında yıldızlar parlayan cevherimiz, hazinemizdir... Mehmetçik ki, vatan, bayrak, millet ve devlet uğruna tek yürek olan kahramanlık destanımızdır... Mehmetçik, dünyanın iyiliği için cephede, insanlık adına siperdedir. Ve onlar omuz omuza, sırt sırtayken; mazlumların ve hakları ellerinden alınanların imdadına koşarken yerde ve gökte, uzakta ve yakında bütün dualarımız onlaradır, onlar içindir. Teri damladığında merhamet, kanı döküldüğünde rahmet olsun diye... Onlar içindir Fetihler, Fatihalar, Yasinler... Ve âminler onlar içindir... Âmin! Ey varlığın Aziz ve Kerîm olan Rabbi! Ey âlemlerin Rahman ve Rahim olan Rabbi!.. Yücelerden yüce olan bâbına geldik, rahmetini istemeye cenabına geldik. Adını andık ve huzuruna durduk. Askerimiz için yardım diliyor, ordumuza zafer istiyoruz. Canlarını koru meşakkatten, afetten; bedenlerini koru yorgunluktan ve gafletten... Ey dünyada orduları celal ile var eden, ey ahirette şehitlere cemalini ihsan eden Allah'ım! Varlığına inandık, birliğine inandık; Sana sığındık ve Sana güvendik. Gayrı, İslam ümmetini birbiriyle sınandırma İlahi, fitne ateşinde masumları yandırma İlahi. Terör elindeki mazlumları kurtar karanlık düşüncelerden, uyandır gaflettekileri sabahı olmayan gecelerden... Bu yolda dostlarımızı yerindirme, düşmanları sevindirme. Rahmetini kesme kahraman ordumuzdan, bereketini alma cennet yurdumuzdan. Tasasını çektiklerimizden emin eyle bizleri; karanlık yollarda rehber-i din eyle bizleri. Hezimete uğrat terörün uşaklarını ve efendilerini ve zalimlerin kendilerine kırdır yine kendilerini. Ey bütün noksanlardan münezzeh olan Allah'ım! Şehitlerimize ikramını, gazilerimize dermanını eriştir. Acısı olanların acısını dindir, umudumuzu zafere eriştir. Duamızı Kâbe'de edilen dualara say. Rahmetini kesme üzerimizden diye yalvarıyoruz; merhametini esirgeme bizden diye yalvarıyoruz... Ezanımızı dindirtme ya Rab! Vatanımızı böldürtme ya Rab! Bayrağımızı indirtme ya Rab! Başımızı eğdirtme ya Rab; Mehmetçiklerin ayağına taş değdirtme ya Rab! Bir an evvel zafer bulup şanla dönsünler; en kısa zamanda huzurla dönsünler. Devletimizi kuran, bu toprakları bize vatan kılan, şehit ve gazilerimizin ruhları şâd olsun. Âmin, ve'l-hamdülillahi Rabbi'l-Âlemin..."

Söz buraya gelmişken Yılmaz Özdil'den de söz etmeli. Yaşadığımız ihaneti ondan daha iyi anlatan yok. O da Diyanet'e büyük tepki göstermekte. Diyanet, 30 Ağustos Zafer Bayramı'nda da Atatürk'süz bayram hutbesi okutmuştu. Özdil de duramayıp gazetedeki köşesinde Atatürk'ten bahisle şöyle demişti:

"Dine, dindara saygılıydı. Din tüccarına, yobaza müsamaha göstermezdi. "Din, Allah ile kul arasındaki bağdır, softa sınıfının din simsarlığına asla müsaade edilmemelidir, dinden maddi menfaat temin edenler menfur (tiksinti verici) kimselerdir" diyordu. 1922... Saltanatın kaldırılması görüşmeleri yapılırken, bazı milletvekilleri "Mustafa Kemal halife olsun" teklifinde bulundu. Sinirinden acı acı gülümsüyordu. "Bunlar beni, başımda yeşil sarık, yüzümde uzun sakal, geniş bir cübbe içinde, elimde tespih, uhrevi bir adam yapmak istiyorlar. Hayrete şayandır, bunların kalın kafaları beni anlamıyor" diyordu. Kadir geceleri oruç tutardı. Ramazan'da içki içmezdi. Akşam sofraları iftara dönüşürdü. Yaşar Okur'u çağırır, Kur'an-ı Kerim okuturdu. Yaşar Okur özel hafızıydı. Sultan Reşad'ın, Vahdettin'in, halife Abdülmecid'in hanendesi ve baş müezziniydi. Cumhuriyet ilan edilince Ankara'ya gelmiş, Cumhurbaşkanlığı Fasıl Heyeti Şefi olmuştu. 1930'da emekliye ayrıldı ama, Köşk'ten ayrılmadı. Mustafa Kemal hiç kimsenin emeğini bedavaya getirmezdi... Gönüllü olarak çalışmaya devam eden hafızına 1930'dan itibaren ölümüne kadar her ay kendi cebinden 100 lira verdi. Emekli hafız maaşının iki katıydı. Ramazan ayı boyunca Hacı Bayram Veli ve Zincirlikuyu camilerinde şehitlerimizin ruhuna hatim indirtirdi. 1932... Sadettin Kaynak hatıralarında şu çarpıcı bilgiyi aktarıyordu: "Ramazan ayıydı. Dolmabahçe'de büyük muayede salonunda hafızları toplamıştı. Gazi'nin elinde Cemil Said'in Türkçe Kur'an-ı Kerim'i vardı. Evvela hafız Kemal'e verdi, okuttu, beğenmedi. Ver bana, ben okuyacağım dedi. Hakikaten okudu. Hâlâ gözlerimin önündedir, askeri kumanda eder gibi, emir verir gibi bir ahenk ve tavırla okudu." Referans aldığı kitaplardan biri, dönemin en ünlü şarkiyatçılarından Leone Caetani'nin "İslam Tarihi" eseriydi. Hazreti Muhammed'in liderliğinin, savaşlarının anlatıldığı bölümlerin altını çizmişti, "mühim" diye not düşmüştü.

Altını çizerek okuduğu diğer bölümler "oruç" ve "ramazan bayramının ortaya çıkışı"yla alakalı satırlardı. Bedir Savaşı'nı askeri açıdan incelemişti. Kendi elleriyle haritasını çizmişti. "Hazreti Muhammed'in peygamber olduğundan şüphe edenler şu haritaya baksınlar, Bedir Destanı'nı okusunlar, bir avuç insanla mahşer gibi kalabalık ve alabildiğine zengin Kureyş ordusuna karşı kazandığı büyük zafer, fani insanların kârı değildir, Hazreti Muhammed'in peygamberliğinin en kuvvetli delilidir" diyordu. Kur'an-ı Kerim'i tüm inceliklerle bilirdi. Orijinal Arapçası'nı defalarca okumuştu.

Türkçe ve Fransızca çevirilerini defalarca okumuştu. Tefsir ederdi. Mustafa Kemal'i tarih boyunca tüm devrimcilerden ayıran özelliği, dindi... İslamiyet'e, inanç kavramına entelektüel seviyede kafa yormuştu. Meclis kararıyla özel bütçe ayırarak, Kur'an-ı Kerim'i Türkçe'ye tercüme ettirdi, tefsir ettirdi, on binlerce bastırtarak halka ücretsiz dağıttı. Kendi dilimizde anlaşılarak okunmasını sağladı. İlk bilimsel hadis çalışmasını yaptırdı.

Temel hadis kaynağı kabul edilen Buhari'yi Türkçe' ye çevirtti, yine on binlerce ücretsiz dağıttı. Halkın kendi dilinde kavrayarak, kendi dilinde hissederek camilere yönelmesi için çaba harcadı. Türkçe Kur'an, Türkçe hutbe, Türkçe ezan okuttu. 1931... Ramazan'ın 15'inci günüydü. Hafız Yaşar Okur, İstanbul Yerebatan Camisi'nde cuma namazını müteakip "müşfik ve rahim olan Allah'ın adıyla" diye başlayarak, tarihte ilk kez Türkçe Kur'an okudu. Hemen ardından... Hafız Burhan, Hafız Kemal, Hafız Zeki, Hafız Nuri, Hafız Rıza, Hafız Fahri, Hafız Rıfat beyler, Sultanahmet Camisi'nde Türkçe Kur'an okudu. Cemaatin çok önemli bölümü, kadındı. Hafız Rıfat Bey, Fatih Camisi'nde tarihte ilk kez Türkçe ezan okudu.

İlk Türkçe hutbe, Süleymaniye Camisi'nde okundu. Kadir Gecesi'nde Ayasofya'da 30 hafız, Türkçe Kur'an okudu.

Ayasofya'ya 100 bine yakın insan gelmişti. Radyodan naklen yayınlandı. "Müslümanların toplumsal hayatında hiç kimsenin özel bir sınıf olarak varlığını korumaya hakkı yoktur. Kendilerinde böyle bir hak görenler, dini hükümlere göre hareket etmiş olmazlar. Bizde ruhbanlık yoktur. Hepimiz eşitiz. Dinimizin hükümlerini eşit olarak öğrenmeye mecburuz" diyordu. Tevrat ve İncil'i okumuştu. Eski Ahit ve Yeni Ahit, kütüphanesinde yer alıyordu. İbrani, Keldani ve Yunani lisanlarından tercümeydi. Agop Boyacıyan Matbaası tarafından 1886'da basılmıştı. Angelo Giuseppe Roncalli, piskopostu. İstanbul'da papalık temsilcisiydi. "Din adamlarının dini kıyafetlerini sadece ibadet yerlerinde giymelerine" dair kanun çıkarılınca, devrim kanunlarına tereddütsüz saygı gösterdi, hiçbir kurumsal imtiyaz talebinde bulunmadı, Türkiye'de sivil kıyafetle dolaşan ilk din adamı oldu. Mustafa Kemal, bu uyumlu davranışı nedeniyle piskopos Roncalli'ye iki takım elbise, bir pardösü, bir fötr şapka hediye etti. Piskopos, Türk dostuydu. Ders aldı, akıcı Türkçe öğrendi. Günlük tutuyordu. Yıllar sonra kitaplaştırılan hatıralarına göre, Mustafa

Kemal devrimlerini hayranlıkla takip ediyordu. "Burada yepyeni bir dünya var" diyordu. Türkiye Cumhuriyeti'nde son derece rahat yaşadığını, kendisini rahat hissettiğini, hatta, Hristiyan din adamı olmasına rağmen asıl sıkıntıyı Yunanistan'da yaşadığını, Yunanistan'a girmekte güçlük çektiğini anlatıyordu. Günlüğüne defalarca "Türkleri seviyorum" diye yazmıştı. 1953'te Papa oldu! Türkiye sevgisi nedeniyle "Türk Papa" olarak anıldı. "Hayatımın en güzel 10 yılını Türkiye'de geçirdim, barışçıl ve dingindi, beni bir tek kimse bile, bir tek gün bile kırmadı, sadece sıcak alaka, dostluk, samimiyet ve anlayış gördüm" diyordu. Mustafa Kemal döneminde kurulan dostane ilişki sayesinde, Mustafa Kemal'in takım elbise hediye ettiği Türk Papa sayesinde... Tarihte ilk kez Türkiye'yle Vatikan arasında diplomatik ilişki kuruldu.

1932-33 arasında Türkiye'de görev yapan Amerikan büyükelçisi Charles Sherrill, 1934'te kaleme aldığı Atatürk biyografisinde şunları yazmıştı: "Mustafa Kemal'in din bahislerinden hoşlanmadığı söylenirdi. Halbuki benimle bu konuya dair gayet serbest ve uzun uzadıya konuştu. Bütün Türkler kendi kendilerine okuyup anlayabilsinler diye Türkçeleştirmiş, Kur'an gibi büyük bir kitabın kapılarını ardına kadar açmıştı. Fevzi Paşa 22 gün 22 gece fasılasız devam eden Sakarya Savaşı boyunca bir tek defa bile namazını ihmal etmemişti, Tanrı'ya dualarını sürdürmüştü, bu ağırbaşlı cesur komutan askerlerinin moralini yükseltmek için mevziden mevziiye dolaşarak, erlerine Kur'an'dan parçalar okumuştu. Aynı derece soğukkanlı ve savaşta bir an bile cesaret ve azmini kaybetmemiş olan İsmet Paşa da Fevzi Paşa gibi dinine yürekten bağlı bir Müslümandı. Bu iki dindar komutan, Mustafa Kemal'in en yakın iki generaliydi." Sakarya Savaşı'nın en kanlı günleriydi. Çadırında harita üzerinde çalışıyordu. Yaverine emretti, "çok acele Fevzi Paşa'yı çağır" dedi. Yaver Muzaffer Kılıç atına bindi, dörtnala Fevzi Çakmak'ın çadırına gitti, içeri girdiğinde Paşa'yı yüksek sesle Kur'an okurken buldu, sırtı kapıya dönüktü. Ne yapacağına karar veremedi, seslenmedi, geri döndü, durumu anlattı. Mustafa Kemal "dokunma" dedi... "Kur'an okurken rahatsız etmeyelim." Kurtuluş Savaşı boyunca emrindeki paşalarla birlikte, hafızlara Kur'an okutup dinlerdi. Hatıra defterinde tarih tarih notlar vardı. "9 mart perşembe, İsmet paşa geldi, evvela yemek, sonra ertesi günün hareketi kararlaştırıldı, ondan sonra hafıza Kur'an okuttuk." "10 mart cuma, İsmet, Yakup Şevki ve Selahattin paşalar gelmişlerdi, beraber yemek yedik, hafıza Kur'an okuttum." "17 mart cuma, karargaha avdet, saat 8'e kadar yalnız kaldım, Mustafa Abdülhalik bey geldi, hafıza Kur'an okuttuk." "20 mart pazartesi, İsmet paşayla beraber bize geldik, Fahrettin paşa ve erkan-ı harbi yemeğe davet etmiştim, hafıza Kur'an okuttuk." Mevlevi felsefesiyle ilgiliydi. Harp okulunda öğrenciyken Selanik'e izne geldiğinde mutlaka Mevlevihane'ye gider, sema izlerdi. Sema sırasında Tanrı'ya dönerek yaklaşmayı "Türk dehasının bir ifadesi" olarak görüyordu. 1923'te Konya'da Mevlevihane'ye uğradı. Ziyaretçi defterine "Türk medeniyetinin ana kaynaklarından biri" diye yazdı. Mevlana'yı "büyük reformist" olarak nitelendiriyordu.

Ancak, Mevlana'nın oğlu Sultan Veled'i babasından bile üstün görüyordu. Çünkü "eserlerini Türkçe yazdı" diyordu. 1919... Sivas Kongresi'nden sonra Ankara'ya giderken, güzergahı bizzat belirlemiş, Hacıbektaş'ta konaklamıştı. Böylece, Osmanlı'nın yüzyıllardır Alevilere karşı yürüttüğü yok sayma, baskı ve kırım politikasını tarihe gömmüştü. Cemalettin Çelebi tarafından ağırlanmış, Cem töreni izlemişti. Dedebaba postunda oturan Salih Niyazi Baba'yı ziyaret etmişti. En yakın adamlarından olan Kılıç Ali'nin asıl ismi Asaf'tı.

İlk tanıştıklarında özgeçmişini incelerken, Asaf'ın üstünü çizmiş, nüfusa kayıtlı olduğu Beşiktaş'taki Kılıçali semtinin de altını çizmişti. "Artık Asaf masaf yok, sadece Kılıç Ali var, malumundur ki Hazreti Ali'nin diğer ismi Kılıç'tır, hem de Allah'ın keskin kılıcı... Böyle bir birleşme olur da insan başka ismi nasıl taşır?" 1926... Mekke'de İslam kongresi toplanacaktı. Türkiye Cumhuriyeti de davet edilmişti. Ankara'nın delege gönderip göndermeyeceği tüm dünyada merak konusuydu. Mustafa Kemal hiç tereddütsüz "elbette katılacağız" dedi. İstanbul milletvekili Edip Servet Tör'ü çağırdı. "Mekke'ye gidip bizi temsil edeceksin, Türk'sün ve Müslümansın, Türklük Müslümanlığın öncüsü ve kılavuzudur, Müslüman milletleri medenileşmekten alıkoyan batıl itikatları yıkmak için Mekke'ye şapka ile gireceksin, kara taassup seni parçalamaya bile kalksa, başını vereceksin, fakat eğilmeyeceksin" dedi.

Mesele tabii ki şapka değildi... Bağnazlığın dayatılmasına, dinle alakası olmayan konuların sanki din kuralıymış gibi kabul edilmesine karşı tavır koyuyordu. Mekke'de şapkayla dolaşılması yasaktı, hayal bile edilemezdi. Türkiye Cumhuriyeti'nin kararı dünya çapında haber oldu. Ve, Edip Servet Tör, Mekke'ye şapkayla girdi. Herhangi bir sorun yaşanmadığı gibi, tam tersine, dünyadaki tüm Müslüman ülkelerin en çok itibar gören delegesi oldu... Manevi kızı Nebile'ye Yasin okuturdu. Ezan dinlemeyi çok severdi. 1928... Mithat Cemal Kuntay hatıra defterine şu notu düşmüştü: "Uzun bir gecenin sabahında, güneş doğarken çok müstesna bir hadise oldu. Gazi, manevi kızından rica etti, Nebile hanım sandalyenin üstüne çıktı, sabah ezanı okumaya başladı. Bir ara baktım, Nebile hanımın ses damlalarına gözyaşı damlaları karışıyordu, Gazi ağlıyordu." Rahmetli olduğunda, vasiyetnamesi dışında kalan bazı değerli eşyaları iki kasa içinde Ziraat Bankası'na teslim edilmişti. Bu kasalar Anıtkabir'e aktarılmak üzere 1953 yılında açıldı. Değerli taşlarla süslü ağızlık, sigara tabakası, kol düğmesi, saat gibi eşyaların yanında, Ayet-el Kürsi'nin yazılı olduğu pirinç tanesi çıktı. Mustafa Kemal hakkında uydurulan en vahim yalanlardan biri, "dinsiz olduğu, din düşmanı olduğu, dindarlara baskı yaptığı" yalanıdır. Nesilden nesile tekrarlanan, sürekli gündemde tutulan bu yalanın kaynağı, Mustafa Kemal'in bileğini bükemeyen emperyalizmdir. Din düşmanı gibi göstererek halkın gözünden ve gönlünden düşürmeyi amaçlayan algı projesi, zannedildiği gibi vefat ettikten sonra değil, Mustafa Kemal henüz hayattayken başlatıldı. Lozan Antlaşması imzalanır imzalanmaz, devreye sokuldu. Ortadoğu uzmanı Alman diplomat Kurt Ziemke, 1930 yılında yazdığı "Yeni Türkiye" isimli kitabında, İngiliz projesini şöyle anlatıyordu: "Birinci Dünya Savaşı sonunda Almanya ve Türkiye mahvolmuştu, her iki ülke de teslim olmak zorunda kalmışlardı. Türkiye'de Türk milli mücadelesinden sonra Kemalizm'in temel prensipleriyle Türk milli devleti oluşturuldu. İngilizler Musul'da hedeflerine ulaşmak için bir yandan Türkiye'deki ayrılıkçı hareketlere destek verirken, bir yandan Kemalist akımın yayılmasını engelleyecek önlemlere başvurmuşlardı. Yapılması gereken, Kemalist Cumhuriyet'in hem din düşmanı, hem Kürt düşmanı olduğu temasını ortaya atıp, işlemekti." Ve dün, 30 Ağustos'ta... Diyanet işleri başkanlığının cuma hutbesinde, Mustafa Kemal Atatürk'ten, silah arkadaşlarından tek kelime bile bahsedilmedi... Diyaneti yöneten zihniyet, 30 Ağustos hutbesinde lafı uzun uzadıya eğip büktü, "vatan" dedi, "zafer" dedi, Mustafa Kemal Atatürk diyemedi. Ben hiç eğip bükmeden söyleyeyim bari... Bu diyanet, Türk milletinin diyaneti olamaz.

Emperyalizmin adeta ayakta alkışladığı bu diyanete karşı, tıpkı Börekçizade Rıfat gibi, yurtsever din adamlarımız tarafından Anadolu fetvası verilmesi lazım."

42

Bazen siz de kendinize şöyle der misiniz? Nasıl siyasi bir atmosferde yaşıyoruz ki Cumhuriyete, hukuk devletine, insanı sorunlara karşı bu kadar duyarsız hale geldik? Duyarsızlığın ulaştığı noktalardan biri de, Özdil'in de söylediği gibi, Kurtuluş Savaşı'nı verenlere zerrece saygısı olmayanlar tarafından yönetiliyor olmamızdır. Kimdi Cumhuriyet, demokrasi, kadın hak ve özgürlükleri, medeni kanun derdiyle yanıp tutuşanlar? "Kadına yönelik şiddet neden arttı ve neden önlenemiyor?" sorusu sorulurken bunu da düşünmemiz lazım. Demokrasiden, Cumhuriyetimizi kuranlardan uzaklaştıkça kadına yönelen şiddet de artmakta. Tanzimat'la birlikte düşünürsek Cumhuriyetimizin kuruluş süreci yüz yıla yakındır. Ne çok insan var ki bu yolda ölümüne mücadele verip hayatlarını kaybettiler. Gençlerimizi, onlarda ki bu azim ve ideal içinde okutacaktık? Ne oldu bize? Size de ilginç, bir o kadar da olanaksız gelmiyor mu bu? Ne oldu da terk ettik demokrasimizi? Nasıl oldu da "Atatürk hain, demokrasi gavur icadı, Mustafa Kemal kazanacağına keşke Yunan galip gelseydi" diyenler parti kurup iktidar oldular? Milletin oyuyla mı oldu bütün bunlar? Halk mı iradesini, Meclis'ten alıp yeni kurulan, maaşını bile kendi belirleyen Saray'a; tek bir kişiye teslim etti? Mustafa Kemal'e ve arkalarına ayyaş diyen, diploması bile olmayan bir tek kişi mi başardı bütün bunları? Hakaret dilini ağzından düşürmeyen, diplomasi nedir bilmeyen, bin yıllık devlet geleneğimiz, akraba, tarikat ilişkilerine dönüştüren o bir tek kişimi Cumhuriyetimizi yıkma kapasitesine sahipti? Bence hayır. Başka şeyler olmakta... Dünya medyasına bakıldığında da görüleceği gibi yalnız biz de değil, dünyanın pek çok ülkesinde "seçimli demokrasi" adı altında türlü oyunlar sahneye konulmakta...

Bir sözüm de şu olsun: Emperyalizm, her zamanki gibi yine işbirlikçilerini isabetli seçti... Önümüzdeki seçimler için, Suriye sorunuyla, iktidardaki Muktedirler kadrosuna epeyce yatırım yapıp destek oldular. Şurası kesin ki, Saray var olduğu sürece emperyal oyunlardan kurtulup demokrasimizi, yargı düzenimizi yeniden inşa edemeyeceğiz, buna izin vermeyecekler. Hukuksuz devlet olamayacağından Ortadoğu'da örneklerini çokça gördüğümüz gibi sözde bir devlet olarak her gün daha çok ezileceğiz. Saray ve çevresi lüks içinde yaşamaya devam edecek... Neyse... Daha fazlasını siz benden iyi bilirsiniz.

Dünya basını neden iki başlı mesela, bilirsiniz... Erdoğan "aptal, iktidarda kalma hırsı ölümcül seviyede yüksek, bunun için her şeyi yapar, memleket yansa umurunda olmaz" diyenler olduğu gibi "önemli bir lider, müttefik, akıllı adam, daima güçlüklerin yanında" diyenler de var. Haliyle bizdeki medya da bu görünüm içinde. Yazık! Çağımızın biten mesleklerinden biri de gazetecilik oldu. Dürüst gazetecilik bittiğinden kime inanacaksın? Elbette kendi aklına müracaat edip doğru yolu kendin bulacaksın.

Bütün bunlar olurken bir taraftan da (kafalar iyice karışsın diye) Muktedir' in şahsında milletimizin onuruyla oynanmakta; hakarete varan sözlerle atalarımızın kemikleri sızlatılmakta... Bunca yıldır tarih okurum inanın, hiç bir kitapta Amerikan liderlerinden birinin başka bir lidere mektup yazıp hakaret ettiği bilgisine rastlamadım. Bu da Muktedir' in şahsında bize isabet etti. Mektup, taralı sarı saçlarıyla meşhur, acayip adam Donald Trump tarafından bir ay önce yazılmış. Medyamız, medya gibi olmadığından Amerikan basınını takip edenler bu mektubu açığa çıkardılar. Meğer dünya ne zamandır, 1150 odalı sarayıyla meşhur Türk liderine nasıl hakaret edildiğini konuşurmuş. Aylardan Ekim 2019... bu tarihi unutmayın... pek çok olay var sözünü edemediğim. En önemlisini söyledim; Amerikan lideri, sokak kabadayısı gibi, "gözünün üzerinde kaşın var" diyenleri hapse gönderen bizimkine öyle bir hakaret etti ki ne biçim... Arada olmasak, bizi temsilen o makamda oturmasa var ya hiç umurumda olmayacak ama yalnız bizi değil ki, atalarımızı da temsil ediyor. Atatürk'ün makamında otururken, Alparslan'dan başlayarak, Fatih Sultan Mehmet'e varıncaya kadar ecdatları mızı dünyaya rezil etmekte. Fakat Müsterih olmalıyız... Bu ara dünya liderlerinin çoğu atalarını mezarında ters çevirip rezil eden tipler. En başta da Amerikan lideri... Ona bakıp düşünmeden edemem: Dünyaya bir şey oldu ama ne? İdeoloji üreten, daha insanca bir yaşam için proje geliştiren lider kalmadı. Rus lider Putin de yoksula değil, zengine başkan...

Hepsi şirket sever, patron dostu... Tümünün Allah'ı para olmuş. Putin de ülkesinin tek adamı. Biz kötüyüz diyelim, Amerika, Rusya da mı kötü? Bu ülkelerin halkına ne oldu? Onlar da mı bizim gibi iyi eğitilmemişti; kimseye bizi aratmayacak kadar cahil ve zavallı olmalarına ne demeli? Onlar da mı kendilerini yönetmeye doğru düzgün birini bulamamakta. Farkındaysanız, dünyanın her yerinde bu liderler yüzünden seçimli demokrasilere olan güven yıkıldı. Doğal liderlik devri bitti de seçimle lider olma devri de mi bitti? Benim bu işten anladığım şu: Seçimli demokrasiyi kullanarak iktidar olan şirket görevlisi liderler çağında yaşıyoruz. Ortadoğu'yu, şurayı, burayı düşününce demokrasinin neden işlemediği anlaşılırdı; "eğitim sistemleri kötü, insan yetiştiremiyorlar" derdik.

Amerika'yı, Rusya'yı düşününce insanın aklı karışıyor. Rusya gibi Amerika da mı insan kaynağını kullanamadığından böyle liderlere kaldı. Nasıl bir işse Sam Amca'nın torunları da kendilerine Trump kılıklı bir domuzu lider seçtiler. Hal böyle olunca, Muktedir'e hakaret dolu mektubun bir önemi yok ama yazmalı: En azından bize aslan olanların aslında kedi olduğu bilinsin ve gerçek unutmayıp senelerce yazılıp konuşulsun. Mektubu ilk olarak, FOX Business muhabiri Trish Regan bildiriyor. Regan, televizyonda haber programları yapan kadın bir gazeteci. Trump şeklindeki domuz, mektubunda bizimkine şöyle demekte: "Sayın Başkan, İyi bir anlaşma için çalışalım. Binlerce kişinin katledilmesinden sorumlu olmak istemiyorsun, ben de Türkiye'nin ekonomisini mahvetmekten sorumlu olmak istemiyorum ve ederim de. Pastör Brunson (casus olduğu söylenen papaz. İadesi yapılmayınca doların ülkemizde nasıl yükselişe geçtiğini, her şeye nasıl zam geldiğini kastediyor.) konusunda sana bir örnek sunmuştum... Sorunlarının bazılarını çözmek için çok çalıştım. (Bu cümle bugün de hala çok konuşuluyor ve sözü edilen sorunların Muktedir' in yurt dışındaki serveti olduğu ifade edilmekte.) Dünyayı hayal kırıklığına uğratma. Harika bir anlaşma yapabilirsin. SDG (biz buna PKK diyoruz)

Komutanı General Mazlum Kobani (Buna da terörist başı diyoruz.) seninle müzakere etmek istiyor ve geçmişte hiç vermediği tavizleri vermeye niyetliler. Bana gönderdiği bir mektubun bir kopyasını gizli olmak kaydıyla iliştiriyorum. (Bu mektubu bulamadım. Yayınlamadılar mı acaba?) Bunu doğru ve insani bir yolla yapabilirsen tarih senden yana olacaktır. Eğer iyi şeyler olmazsa seni sonsuza dek şeytan olarak göreceğim. Sert bir adam olma. Aptal olma. Seni daha sonra arayacağım."

Bu mektup üzerine çokça konuşup tartışanlar oldu. Mektubun, "Reis" diye de bilinen Muhatabına, "Şimdi de konuş bakalım, herkese 'eyyy!' deyip bağırıyordun ya... şimdi de Amerika'ya konuş, onlara da sesini yükselt, hakareti aynen iade ediyorum de de görelim! İstediğini hapse atıyorsun, sevmediğin kim varsa zindanlarda süründürüp hayatını mahvedebiliyorsun... iyi de Sayın Başkan, Trump'a bir şey söylemeyecek misin? Ona da haddini bildirip ne kadar güçlü liderlik yaptığını göstermeyecek misin? Gücün bize mi yetiyor yoksa? Amerika'nın küfürlerini sineye çekip milletin şerefiyle oynanırken hiç mi utanmıyorsun? Bu halinle lider olup ölünceye kadar o koltukta oturabileceği mi sanıyorsun?" şeklinde sözler söylendi. Bu ve benzeri eleştiriler üzerine Muktedir sustu, bir süre sessizlik oldu iyi mi? Birkaç gün sonra dayanamayıp basın toplantısı yapıp şöyle dedi Zat-ı Şahaneleri: "Trump'ın siyasi ve diplomatik nezaketle bağdaşmayan bir mektubu, medyada yer aldı. Elbette bizler bunu unutmadık. Unutmamız doğru değil ama bizim karşılıklı olan sevgi, saygımız da bunları sürekli gündemde tutmaya müsaade etmiyor. Bu konuyu bugünkü meselemiz ve önceliğimiz olarak da görmüyoruz. Vakti saati geldiğinde konuyla ilgili olarak gerekenin yapılacağının da bilinmesini istiyoruz."

Bu kadar işte... Açıklama da geçen "... aramızdaki sevgi, saygı..." ifadesine gelirsek anlatmakla bitiremeyiz. Bütün terör örgütlerini bize karşı silahlandırıp kışkırtan, ayrılıkçı sözde Kürtleri besleyip büyüten Amerika'yla aramızda nasıl bir "sevgi ve saygı ilişkisi" olduğunu ben anlamadım, ya siz? Bunun başka bir ilişki olduğunu anlayanlar elbette var fakat, bir bölüm seçmen var ki, sanırım "sevgi-saygı" ifadesinden diplomasi yapıldığı sonucunu çıkardılar. Bu günlerde Suriye'ye operasyon, ABD ile Rusya'nın ülkemize karşı yürüttüğü gizli ittifak, Trump'ın mektubuna dair tartışmalar Meclis'te de çokça dile gelmekte...

Veli Ağbaba var; CHP milletvekili, bilmem takip eder misiniz? Çalışkan biridir. Saraya karşı düzenlenen sokak eylemlerinde de sıkça yer alır. Mağdurlarla, seslerini duyurmaya çalışanlarla polis barikatlarının önüne geçip oturur. Hatırlarsanız, iki yıl kadar önce kadın örgütleri, müftülere nikâh kıyma yetkisi getiren yasa tasarısını protesto etmek için Meclis önünde eylem yapmak istemişti; Ağbaba orada da yerini almıştı. Polis izin vermeyince Meclis'in bahçesinde basın açıklaması yapmak zorunda kalmışlardı. Ülkenin dört bir yanından gelen kadınlar, Muktedirlerin yeni yasasını şiddetle reddediyorlardı; "Türkiye laiktir, laik kalacak! Medeni haklarımızı elimizden alamazsınız!" diyerek... Geleceğin çok daha kötü olacağını o günden gören kadınlardı bunlar. Meclis bahçesine girdiklerinde avuç içlerine kırmızı rujlarıyla kalp çizmişlerdi. Ellerini havaya kaldırıp hükümete "İmamların, müftülerin kıydıkları nikâhı, nikahtan saymıyoruz. Bu karanlığa engel olun!" demişlerdi. CHP Kadın Kolları Başkanı Fatma Köse de eyleme katılanlar arasındaydı. O da şu sözlerle kadınlara destek olmuştu: "Müftülerin nikah kıyması doğru değil. Bu tasarı, kadınların Medeni Kanun ile elde ettiği hakları ortadan kaldırılmaya dönük bir adımdır. Çocuk yaşta evliliklere imkân sağlıyorsunuz, yapmayın! Bundan sonra kimin nasıl nikah kıydırdığı üzerinden de ayrımcılık yapılacak. Medeni Kanun'da yer alan hakların din görevlilerine devredilmesi de laikliğe aykırıdır. Ülkemizde kadın ve çocuk cinayetleri gibi pek çok sorun varken yeni sorunlar üretilmekte. Yapmayın! Meclis önünde eylem yapmamıza bile izin verilmemekte. Kanun tasarısı Meclis gündeminden çekilinceye sesimizi duyurmaya devam edeceğiz!"

Veli Ağbaba'nın ne dediğine gelirsek... O da şunları söylemişti: "Türkiye'de olağanüstü hal gerekçesiyle her türlü hukuksuzluğun önü açıldı, açılıyor. İnsanların en demokratik hakları ellerinden alınmakta. Çağdışı kanunlar sorgulanmadan, talimatla meclisten geçirilmekte. Kadınlarımızla bu tasarıyı durduracağız..." Fakat çabalar boşa gitmişti. Yeni yasanın, Medeni Kanun'u tasfiye etme girişimi olduğu inancı, bundan sonraki adımın, kadınları, boşanma sonrası haklarından mahrum etmek olduğu kaygısı bugün de hâlâ devam etmekte. Dediğim gibi dostlar; fırsatını bulsalar Emevi Müslümanlığını bile mumla aratacaklar bize. Neyse...

Söz konusu yasaya karşı direnen kurumlardan biri de Türkiye Kadın Dernekleri Federasyonu'ydu. Federasyon Başkanı Canan Güllü, son dönemde halkın meclisine ziyaretçi olarak dahi giremediğinden Meclis bahçesindeki eyleme katılamamıştı. Neler olduğunu şöyle dile getirmişti: "Kadın sorunlarını ve iktidarın kadınlarla ilgili planlarını sürekli gündemde tuttuğumuz için bizi yasaklı ilan ettiler. Meclis'e ziyaretçi olarak bile girmemizi istemiyorlar. Şu unutulmasın ki, biz her türlü engele karşın kadın haklarını savunmaya devam edeceğiz. Çağdışı uygulamaların "kadın hakkı" diye dayatmasına izin vermedik, vermeyeceğiz. Bu yasayla müftülerin kadınları her konuda rahatça yönlendirebilmesinin yolu açılmakta. Benzer kanunlarla kadın yaşamını daraltmanın yasal yollarını genişletme çabası içine girdiler. Buna izin vermeyeceğiz ve her ortamda doğru bildiklerimizi söyleyeceğiz."

Her şeye rağmen bu yasa tasarısı meclisten geçip kanunlaştı. İl ve ilçe müftülerine nikah kıyma yetkisi geldi. "Canım ne var bunda diyenler var. Amacın, "Vatandaşların evlendirme işlemlerini kolaylaştırmak, daha seri bir şekilde hizmet alımını sağlamak" olduğu dile getirilmekte. Değil dostlar. Halkımızı gerip ayrıştırma hamlesinden başka bir şey değil bu. Toplumun bir kesimi din adamlarına karşıymış gibi göstermek istiyorlar. Önce dini siyasallaştırıp durmadan din eğitimine, imam yetiştiren okullara yatırım yapıp camileri de miting alanı gibi kullanmaya başladılar. Bugün "imam, müftü" dendiğinde akla sadece partinin adamları hatta devlet kadrosuna yerleştirilmiş maaşlı militanları geliyor.

Veli Ağbaba da demokrasi dışı yasalara karşı çok direndi ve hala direnir. Sesinin olanca tonuyla bağırdığı oluyor. Önemli eylemlerde duramaz, hep öndedir. Göstericilere dönük polis saldırısı olduğunda oluşan arbedenin ortasında kaldığı olur. İtiş kakış arasında 70'li yılların sendika liderlerine benzer. Bu halini severim. Hukuk düzeni kalmadığından siyasetin sokakta yapılması gerektiğine karar verdi diye düşünüyorum. Doğru şeyler söyler ancak biraz sert bir dil kullanmakta... Geçenlerde Meclis kürsüsüne çıktı, zaten düşük olan siyasi tartışma seviyesini iyice aşağıya çekti... Gerçi karşısındakiler beterin beteri... Bu kez o, kıraathane ağaları gibi, Muktedir'e ve adamlarına, iktidar partisine ve yöneticilerine öyle bir bağırdı ki gör ne biçim... "Dilin kemiği yok" deyip verdi veriştirdi. Konuşma üslubu, makamına yakışmadı ama olsun, sözü kırbaç yapıp savurdu, Meclis sıralarına çarptı, ortalığı inim inim inletti. Al birini vur ötekine; sadece Ağbaba mı nezaketle konuşmuyor? Onca eleştirilecek varken Ağbaba'ya söz söylemek de doğru olmaz. O günkü konuşmasını sakince yapsaydı belki daha güzel olacaktı ama yapmadı. Bu konuşma Meclis kayıtlarına şöyle geçti:

Saray'ın vekillerine hitaben Ağbaba: "Burada birine, demem de, "şeytanlık etme!" desem saldırırsınız. Bugün Suriye bataklığı varsa, IŞİD (Irak Şam İslam Devleti... Amerika tarafından kurulduğu söylenen İslami terör örgütü...) varsa sebebi sizsiniz! Suriye bataklığını besleyen de IŞİD'i büyüten de sizsiniz! Memleketi bu hale siz getirdiniz! Asker selamı çaktınız Putin'e! Hazır ola geçtiniz karşısında! Utanın! Trump'ı görünce süt dökmüş kedi gibisiniz!

"Aptallık etme!" diyor susuyorsunuz, utanın! Ancak bu sessizliğin sebebi var: Halk Bankası olayı var. Ne zaman Erdoğan ailesinin mal varlığı gündeme gelse düşmanla dahi anlaşma yapıyorsunuz!

Şunu kastediyor: Muktedir, 17 yıldır yaptığı ve yapmakta olduğu yolsuzlukların sonucunda dünyanın sayılı zenginlerinden biri oldu. Gizli hesaplarındaki para miktarını Amerika dışında bilen yok. Başta Beyaz Saray olmak üzere, emperyalist ülkeler, Zat-ı Şahaneleri'nin, bu mal varlığı sırrını silah gibi kullanarak ülkemizi teslim aldı. Her şeyin açığa çıkacağı korkusuyla Muktedir, yabancı şirketlerle, milletin zararına, pek çok anlaşma yaptı, yapmaya da devam edecek. Tarımdan tutun sanayiye varıncaya bütün ekonomik faaliyetlerimiz tümüyle Amerika'nın (Avrupa'nın da) ihtiyacına göre düzenlenmekte. Boynundaki yolsuzluk yularını yabancı devletlere kaptıran Muktedir, güçlü devletler "artık seni istemiyoruz" demediği sürece koltuğunu terk etmeyecek. İtiraz etmesi halinde soluğu hapishanede alacağını biliyor. Ama yağma yok! Bu hal, ölene dek gitmez... Yakın bir gelecekte, kendi yarattığı yargı canavarının eline düşeceği kesin... İktidar el değiştirdiğinde Saray zenginleri ve yakaladıkları yurtdışında kaçacaklar, kaçamayan parça pinçik olmak üzere adaletin eline düşecekler...

Bu yorum bana ait değilim dostlarım... bilginiz olsun, gerek yurt içinde, gerekse yurt dışında bu yönde yazılan çok sayıda kitap, makale bulunmakta... Neyse...

Ağbaba'yı dinlemeye devam edelim: "Bu mektubu (Trump'ın mektubu) genel başkanımız Kemal Kılıçdaroğlu yazmış olsa 2 Milyon TL'lik tazminat davası açardınız! İl, ilçe örgütlerinizi ayağa kaldırırdınız! Bir gazeteci yazsa cezaevine atardınız. Biri Facebook'ta paylaşsa dava açardınız. Ama Trump söyleyince süt dökmüş kedi gibisiniz! Mektubun kamuoyundan gizlenmesi de ayrı bir rezalet, hatta kepazeliktir. Ne diyor Trump? "Sert adam olma! Aptallık etme!" diyor. Bu sözler kavgada söylenmez!

Mahallede söylense kavga çıkar. Herkese gücünüz yetiyor ama Trump'ı görünce süt dökmüş kedi gibisiniz!

"Aptalsın!" diyor, susuyorsunuz ya! İnsan vallahi, biraz utanır, utanın!"

Konuşma devam ederken iktidar vekillerinin bulunduğu sıralardan itiraz sesleri gelir. İstanbul milletvekili laf çarpar: "Kedi sizsiniz!" diyerek. Adana Milletvekili: "Verilen cevap (Muktedir'in sözlerini kastetmekte) sizi şok etti, şok!" der. Kahramanmaraş milletvekili: "Yalan konuşuyorsun, yalan!" şeklinde söze karışır. Samsun milletvekili: "Bu kadar seviyesizlik olmaz ya!" diyerek sitem eder...

Fakat Ağbaba aldırmayıp sözlerini şöyle sürdürmekte: "Ayrıca birkaç şeyinizi daha yüzünüze vurayım! Suriye'de kahramanlık hikâyeleri yazıyorsunuz ya..." Kahramanmaraş milletvekili araya girer: "Zoruna mı gitti!" diyerek. Ordu milletvekili "Sana niye dokundu!" der. Söz düellosu devam ederken bazen de CHP sıralarından alkış sesleri gelir. Ordu milletvekili "Senin derdin ne?" diye sorar Veli Ağbaba'ya. "Sizsiniz!" cevabı gelince, Samsun milletvekili: "Hadi oradan, hadi oradan!" diyerek söze karışır. Ağbaba aldırmayıp "Ölen askerlerimizin ve olanların sorumlusu sizsiniz!" der. Ankara milletvekili: "Ölen değil, şehit olan. Asker şehit olur, ölmez" diyerek düzeltme yapar. Yerinde duramayan Çankırı Milletvekili de: "Biraz evvel bir hezeyanın yansımasını, bir iftiranın, bir aczi yetin yansımasını gördük. Yazık! Erdoğan ve AK Parti düşmanlığı millî meselelerde sizi teröristlerin ağzıyla konuşturmamalıydı! Hiç olmazsa şu millî meselede biraz dik durun ya! Teröristlerden değil, kendi ülkenizden, kendi milletinizden yana olun! Yazık, yazık!" derken Saraylı vekillerin oturduğu sıralarından alkış sesleri kopar. Söz konusu vekil: "Erdoğan ve AK Parti düşmanlığı vesilesiyle millî meselelerde sizin gibi yalpa yapmayız" diyerek sözlerine devam eder.

Ağbaba bu hengame arasında şu sözü kullanır: "Sayın Başkan, değerli arkadaşlar! Teröristin ağzıyla konuşanların Allah belasını versin! (CHP ve AKP sıralarından "Amin!" sesleri gelmekte...) Ağbaba sözlerine,"İstanbul seçimlerini kazanmak için "terörist başı" dediğiniz Abdullah Öcalan'ın mektubunu TRT'de yorumlayanların da Allah belasını versin!" diyerek devam eder. CHP sıralarından alkışlar gelirken Osmaniye milletvekili "Omuz omuza yürüyenlerin de!" der. Adana milletvekili de "Vatan hainleriyle kol kola gezenlerin de Allah belasını versin!" diyerek arkadaşına destek olur. Ordu milletvekili: HDP'lilerle gezenlerin de Allah belasını versin!" diyerek deminki söze; vatan hainlerin kim olduğuna açıklık getirir.

Ağbaba, yine de aldırmayıp konuşmasına devam eder: "Trump'ın mektubu devlet arşivine sokanların da Allah belasını versin!" der. Ordu milletvekili: "Kandilin de Allah belasını versin! deseydin" diyerek laf atar. Gaziantep milletvekili: Seviye bu. Seviyenizi tebrik ediyoruz!" diyerek Ağbaba'ya sitem eder. Çankırı milletvekili Barış Pınarı Harekatı'nı kastederek, "Bu, büyük bir zaferdir. Milletin zaferini hazmedemeyenlere yazıklar olsun!" diye bağrınca saraylı vekillerin bulunduğu sıralarından alkışlar kopar. Elazığ milletvekili: "Trump'ın mektubuna verilecek cevap 'kodum mu oturturum' du ve biz bunu yaptık. Cevap böyle verilir!" deyince tekraren saraylı vekillerin sıralarından alkış sesleri gelir. O sıra Ağbaba, "Ne diyorsun?" diye sorar. Elazığ milletvekili tekrar eder: "Koyduk mu oturturuz!" diyerekten... Ağbaba'nın karşılığı: "Anca gidersin, anca gidersin! Yürü taş arabası!" Elazığ milletvekili durup bakar: "Buradayım, burada. Bir yere gitmiyorum. Muhatabım değilsin!" diyerekten... Ağbaba sözünü tekrar eder: "Anca gidersin! Yürü, yürü!" der. CHP İstanbul milletvekili, tekraren "yürü, anca gidersin" diyen Ağbaba'ya destek için Elazığ milletvekiline "Gitme!" deyince, vekil, cevabı şöyle yapıştırır: "Ne yapacağım, sabaha kadar seni mi bekleyeceğim yani?" Veli Ağbaba: "Anca gidersin, yürü! Taş arabası!" der tekraren. Bunun üzerine Adana milletvekili: "Koskoca Genel Başkan Yardımcısısın "yürü" diyorsun adama, ayıp! CHP bu mu ya!" diyerek ders vermeye çabalar. Bu sırada Meclis başkanı araya girip "Sayın milletvekilleri!" der, "Sataşmayı bırakın, laf atmak kimseye yakışmaz, ayıp!" diyerek ortalığı yatıştırmaya çalışır.

Neden bunları ayrıntılarıyla anlatıyorum? Kadına yönelik şiddetin hat safhada olduğu günümüz bir gün iyice anlayışın diye... Ne yaşıyorsak bu siyasal çürümenin içinde yaşıyoruz. Böyle bir ortamda bütün sistem adaleti değil, güçlükleri savunmaya dönük olduğundan herkes kendine güçlü, herkes kendi adaletini arıyor."

43

Unutmadan dostlar, bugün 29 Ekim. Cumhuriyetimizin 96. yıl dönümü... Sabah televizyona bakarken, sarayında Amerika'nın tutsağı olmakla eleştirilen Muktedir'i Anıtkabir'de İstiklal marşı okurken gördüm. Daha önceleri, (24 yıl önce... 1995 yılıydı yanılmıyorsam) yaptığı açıklamada, "Saygı duruşu sap gibi durmaktır. Onun yerine dua edilmeli. Sap gibi durmanın manasını anlayamıyorum" demişti. Atatürk'ün şahsında bütün şehitlerimize, tarihimize saygı duruşunda bulunduğumuzu bilmeden ya da bilerek... İktidar olursam "Dua da okurum saygı duruşunda da bulunurum," diyemiyordu. O dönem Atatürk'ün partisine başkanlık eden CHP'li Baykal'ın desteğiyle Başbakanlık koltuğuna oturunca "hastayım" demeye ya da yurt dışındaki seyahatinden dönemeyeceğini belirterek Anıtkabir'deki törenlere katılamayacağını söylemeye başlamıştı. Son bir kaç yıldır (Pensilvanya'ya secde eden imamların darbe girişiminden sonra), Atatürk düşmanlığı yaptıkça oylarının azaldığını görüp bundan vazgeçti fakat, şimdilik... Fırsatını bulsun, emin olun şundan ki, Mustafa Kemal'in adını, görüntüsünü, bütün izlerini tümüyle ortadan kaldırmaya çalışacaktır; kedisine verilen görevlerden biri de bu çünkü. Aklındaki din devleti projesinin geleceğini emperyalizmle işbirliğinde gördüğünden bunu mutlaka yapmak isteyecektir. Bilirsiniz, öteden beri işgalcilerle, sözde dindarlar (Atatürk'ü sevgiyle, hürmetle anan hakiki Müslümanlara kurban olsunlar!) Atatürk'ü sevmediklerinden amaçlarının önünde büyük engel olarak görürler. Bu da senelerdir değişmeyen gerçeklerimizden...

Aklınızdan çıkmasın... İlginç bir şey söyleyeyim de unutmayın: 17 yıldır yani "Muktedirler Zamanı" dediğim yıllar içinde, daha önce gözlenmeyen ilginç bir şey oldu: Milli bayramlarda, ilkin bazı örgütlerin girişimiyle, daha sonraysa kendiliğinden Anıtkabir'e kitlesel ziyaretler başladı; 10 Kasımlarda ve bütün milli günlerimizde devam etti bu. Kendiliğinden bir gelişmeydi. Ülkenin her yerinden insanlar Anıtkabir'e doğru yola çıktılar, çıkıyorlar. Bu da kadın cinayetlerinin bir gün ama mutlaka durduracağımıza işarettir. Cumhuriyetçi olmadan, demokrasiyi haliyle Atatürk'ü ve hukuk devletini savunmadan kadın katillerini, cezasız suç işleyenleri durduramayız. Cumhuriyetimizi yeniden kurduğumuzda Anıtkabir'in demokrasi mücadelemizdeki yerini eminim gelecek kuşaklar da unutmayacaktır. Dünyada, Mustafa Kemal dışında öldüğü halde yaşayan lider yok; tek isim var: Atatürk. Gönül rahatlığıyla tekrar etmek isterim ki milletimizin, Kuruluş Savaşı yıllarından bugüne, tek bir önderi vardır, o da Mustafa Kemal Atatürk'tür. Bunu da bizden sonraki kuşaklar böyle bilecektir. Siz de her yerde anlatmayı sürdürün, bıkmadan, usanmadan... Bir saldırı anında Anıtkabir cephesinde bir araya gelmemiz, ölünün arkasına sığınmak değil, şehitlerimizle bir ve aynı olmamızdandır. Mustafa Kemal artık sizsiniz. Bir araya gelen halkın gücüdür Mustafa Kemal... Bu yüzden tekbir çatı altında kenetlenebilme kabiliyetimiz emperyalizme ve işbirlikçilerine büyük korku salmakta...

Bugünkü Anıtkabir'e gidişimi kısaca anlatmama izin verin dostlarım. Atamızın şahsında, toprağın altında, özgürlük, hak, hukuk, adalet uğruna, vatan, millet aşkına kefensiz yatanları anmaya Anıt Mezara gidenlerin ruh halinden söz edeceğim... Önce mutlu olduğum şeyleri söyleyeyim: Bazı gençler hep bir ağızdan İstiklal Marşı şiirimizi okuyarak Aslanlı Yola, oradan da Anıtkabir'e doğru ilerliyordu. "Mustafa Kemal'in Askerleriyiz!" diyen kimi lise, kimi üniversite öğrencisi olduğunu tahmin ettiğim kızlarımızı, "Yaşa Mustafa Kemal Paşa yaşa!/Adın yazılacak mücevher taşa!" diyerek coşkulu bir şekilde İzmir Marşını söylerken gördüm. Mutluluğumu tarife söz yetmez. Kızılay'a uzanan bulvardaki seyyar köftecileri geçince yaşlıca bir adamın bayrak, Mustafa Kemal rozetleri ve benzeri şeyler sattığı tezgahıyla karşılaştım. Ben de günün anlam ve önemi için kendime küçük bir hediye (yakaya takılan Atatürk imzası) alıp cebime koydum. Yaşlı amca üzgün, bir şeyler anlatıyordu. Kabahatler kanunundan 150 lira ceza kestiklerini söylüyor, bunu yapan polislere lanet okuyordu. Elindeki ceza makbuzunu göstererek kızmaya devam ediyor, "Bizi değil, Atatürk'ü istemiyorlar. Unutun diyorlar. Bayramdan rahatsızlar. Cumhuriyetle ilgili şeyler satıyoruz ya... Herkesi yıldırmak, korkutmak istiyorlar" diyordu ki, çok yerinde, doğru bir tespitti bu. Kimse sorsan ya da kimi dinlesen benzer bir şeyden yakınıyordu. Herkes bilir ki sokakta kontrolsüz satış yapana ceza verilmesi aslında belediyeyi ilgilendirir. Mali polislerin işi, simit satana ceza kesmek midir? Her neyse...

Vergisiz ticaret söz konusu olduğunda ceza uygulayacak merci her kimse önceliği büyük vergi kaçakçılarına vermeliler. Pek çok eylemlerinde olduğu gibi bu işte de samimi değiller. "Amaç üzüm yemek değil, bağcıyı dövmek" diye boşuna denilmemiştir. Benim bildiğim, polislerin işi, bayram vakti Anıtkabir'in önüne gelip Atatürk'le ilgili rozet satışlarını engelleyerek ticareti yoluna koymak değil, güvenliği sağlamaktır. Bu yapılmıyorsa nedeni kan uyuşmazlığıdır; birilerinin kanı Cumhuriyetle uyuşmadığından Atatürkçülere duyulan öfke bir şekilde açığa çıkmakta. Bu tavır, demokrasi karşıtlığının, saltanat aşkının denetlenemeyip polis üzerinden dışa vurumdur. Yoksa polis, ("Polise bu görevi verenler" dersek daha doğu olur.) bayraktan, Atatürk resmi satılmasından neden rahatsız olsun... Hatırlarsanız, benzer olaylar daha önce de çokça yaşanmıştı. Kaç kez bayramlarda seyyar bayrak (hele de üzerinde Atatürk resmi varsa) satılmasına ceza kesmişler, kanuna göre kabahatli buldukları satıcıların tezgahlarını dağıtıp bayraklarını, rozetlerini toplayıp götürmüşlerdi. Bu da vicdanlarda sızlayan bir yaradır. Üzülerek söylüyorum ki bazen işgal askerinin yapmayacağı şeyleri bize kendi polisimiz yapmakta. Bayrakları yere saçıp "emir var" deyip silaha bile sarılmaktalar. Muktedir de polise ateş edin emrini kendisinin verdiğini söyleyip övünebilmektedir.

İşte böyle bir ortamda korkmadan İzmir Marşı söyleyebilen gençlerimiz olduğunu görmek uzun zamandır yaşadığım iç sıkıntılarıma ilaç gibi geldi. Okuyup araştırarak, hayatı izleyerek kendilerini geliştiren yeni kuşaklara duyduğum inançla Atatürk'ü, dönemin aydınlarının, eski halinden eser kaplayan, "tam bağımsızlık ve kimsesizlerin kimsesi olma" iddiasındaki Cumhuriyetimizi düşünürken gözlerim doldu. Her zamanki gibi ziyarete gelenler Anıtkabir'e sığmıyordu. Sokaklar insan seliydi; görünürde mahşeri bir kalabalık vardı fakat Muktedirler henüz rahattı, hafiften canları sıkılsa da Atatürk'ün en haince bulduğu şeyi yapmaktan; şahsi menfaatlerini yabacı sermayenin çıkarlarıyla birleştirmekten korkmuyorlardı.

Anıtkabir'e doğru Arabayla ilerlerken şunu fark ettim: Bir sokak hariç bütün yollar belediyeye ait hafriyat kamyonlarıyla kapatılmıştı. Haliyle tek yoldan ilerlemek mümkündü. Şunu belirteyim; yolların kamyonla kapatılmasını güvenlik önlemi olarak değil, ziyaretçi olan bizlere (haliyle Atatürk'e de) saygısızlık olarak algıladım. Neden bariyer değil de kamyon koymuşlardı? Sokak başları tutulacaksa asker mi yok, polis mi kalmadı ellerinde? Bir kaç ay önce yeni çıkardıkları yasayla, bildiğiniz gibi, asker sayısını da azalttılar. Üstelik, "Ülkemizin geleceği büyük tehdit altında, beka sorunu yaşıyoruz." dedikleri bir dönemde. Asker azalırken polis sayısında büyük artış yaşanmakta. Bu da sorulması gereken önemli bir soru... Hani "polis devleti mi olduk?" diye soruluyor ya... bundan mı yoksa? Her neyse... Hafriyat kamyonlarıyla yol kapamak ne demek? Kamyon işini, Muktedir'in iktidar ortağı, tarikat mensubu darbeci imamların 15 Temmuz kalkışmasıyla hafızalarımıza kazıdılar. O gün iktidarı tümüyle ele geçirmek isteyenleri durdurmak için ülkenin pek çok yerinde, devlet binalarına giden yolları ve ordunun elindeki tankların önünü belediye ait kamyonlarla kapatmışlardı. Çöp kamyonlarına varıncaya kadar bütün kamyonları kullanaraktan devlet, devlete karşı güvenlik önlemlerini artırmaktaydı.

29 Ekim 2019 günü, yani bu gün, kamyon görüntüleri bir kez daha dikkatimi çekti. Tek bir yola müsaade edildiğinden haliyle Anıt Mezarın giriş kapısı önünde izdiham yaşanıyordu. Bu yetmiyor, girişi geçenleri, az ileride bir daha aramadan geçiriyorlardı. Görünüşte haklıydılar... Allah göstermesin de daha önce, özellikle büyük şehirlerimizde, canlı bombalar kalabalığın ortasında patlamıştı. Aynı şey olmasın diye güvenliği sıkı tutmak elbet doğruydu fakat, sağ gösterip sol vuruyorlardı. Daha iyisini insanları bunaltmadan yapmaları mümkünken saçma olanı yapıyor, kitlesel eziyeti güvenlik diye dayatıyorlardı. Doğal olarak ziyaretçiler gerilip bütün bu tedbirleri yıldırma hareketi olarak görmekte haklıydılar. Ben de kendimi başka bir şeye inandıramadım. Polisi kullanarak milleti bezdirmek istedikleri açıkça ortadaydı. İnsanları Anıtkabir yollarında perişan edeceklerdi ki bir daha gelen olmasın; kimse yağmur-çamur, soğuk-sıcak demeden buralara kadar yürümeye cesaret edemesin. Evet, bu niyetlerini hiç gizlememişlerdi. Takiye yapmışlardı ama açıkça söylemişlerdi de... İktidara gelmeden önce de sonra da Cumhuriyetle, demokrasiyle hesaplaşacaklarını anlatıp durmuşlardı. Anlamak istemeyenler, onların görünen köyünün

adını "takiye" koymuşlardı. Sonunda o köye gelindi. Şimdi her şey daha net görünmekte. Artık toplumun önemli bir kesimi iddia ettikleri "ileri demokrasi" yalanına kanmıyor, Saray'ı değil, Atatürk'ün kurduğu Cumhuriyeti istiyorlar. Bence bu, istek olmaktan çıktı, mutlak arzuya dönüştü. Yıllar önce atalarımızın "ya istiklal ya ölüm!" dediği gibi bir arzuya... Bu arzunun, demokrasiyi geri alacağı besbelli...

Anıtkabir'in önüne geldiğinde bu, gereksiz ya da kasıtlı sözde güvenlik önlemlerini kendi aralarında eleştirip kapı görevlilerine kızanlar oluğu gibi polisin karşısına dikilip uygun dille soru sorup açıklama bekleyenler de vardı. Güvenlikçilerden duyduğum cevaplardan biri şu şekil: "Beyefendi, talimatları yerine getirmeye çalışıyoruz. Kendi koyduğumuz kurallar değil bunlar. Yukarıya bildirin şikayetinizi. Daha anlayışlı olursanız işimiz uzamaz. Lütfen biraz da siz yardımcı olun!" Haklı sözler bunlar. Dedikleri gibi talimatları onlar vermiyor. Umarız ki durumdan vazife çıkarmamış olsunlar. Bir de bu var bildiğiniz gibi; kraldan daha çok kralcı olanlar, kralın neden hoşlandığını bilip ona göre davrananlar. Yani özetlersek durum şundan ibaret: Atatürk, Anıtkabir, bayram kutlamaları, konuşmaları ve törenleri söz konusu olduğunda halkın hükümete zerrece güveni yok, kalmadı. Gerçek amaçlarının demokratik parlamenter sistemi tamamen ortadan kaldırmak olduğu bilmeyen kaldı mı? Şimdilik göstermelik bir parlamentoya millete, "demokrasi var, yıkılmadı" oyunu sergiliyorlar. Millet bunu da görüyor. (İnşallah görüyorlardır.) Haliyle en ufak aksamanın altında (hiçbir şeyi olmasa bile) "acaba?" deyip kötü niyet aranmakta.

Ben de nice zamandan beri bu duygular içindeyim. Biliyorsunuz her yıl kaç kişinin Anıtkabir ziyaretine geldiği bilgisi açıklanır. Bu sayı nasıl tespit edilir bilmezdim. Biri söyledi Anıtkabir ziyareti sonrası, "çıkış turnikelerinden geçerken insanlar otomatik sayılmakta" diye.... Fakat, benim çıktığım yerde turnike yoktu, bir kişinin geçebileceği boş bir geçit vardı. Bekleme olmadığından burayı kullananlar çabucak soluğu dışarıda alabiliyordu. Böylece binlerce insan turnikeleri kullanmadığından sayılmamış oldu. Bu kapıda olmasa ziyaretçiler, insan seli içinde iyice bunalacaktı. O zaman şunu unutmayalım: Ne zaman "bu yıl Anıtkabir'i ziyaret edenlerin sayısı şu kadar oldu derlerse siz bu sayıyı en az 2'le çarpın...

Üzüldüğüm bir konu da sayılmadan çıkmak oldu. Ne olduğunu, insan selinin neden bir yerde aktığını, bir yerde tıkanıp kaldığını anlayamadan kendimi dışarıda buldum. Ben bilmesen de durumu bilenler bekliyor, bilmeyenler akıntıya kapılıp benim gibi sayılmayan ziyaretçi oluyordu. Yan yana iki turnike vardı ve bekleyenler için burası eziyetti. Keşke bilseydim de ben de bu eziyete katlansaydım. "Kalabalık akmış beni de hızlıca dışarı çıkarmıştı" dedim ya, geri dönemedim. Turnikelerin, ziyaretçileri saymak için olduğunu biri, yanındakine söyleyince bunun farkına vardım. Geri dönmeyi göze alamadığımdan sayılmayan ziyaretçi oldum. Sonra da neden acele ettim diye kedime kızdım. Ama şimdi rahatladım, yazmak; olanı biteni anlatmak iyi geldi. Aklınızda bulunsun; Anıtkabir'den çıkarken mutlaka turnikelerden geçin ki birilerinin uykuları kaçsın. Kaç kişi olduğunuzu görüp saymakla bitmeyeceğimizi akıllarından çıkaramasınlar.

Yine umutsuz şeyler mi söylüyorum yoksa? Umutsuz olmadığımı da görün istiyorum. Ya da şöyle demeli: Gece de var, gündüz de bende, güneşli güzel günler de var, cehennem karası geceler de... insanlık hali işte... Hepimiz inişli çıkışlı değil miyiz? Bazen dediklerimin aksi yönde şeyler söylersem hemen tutarsız olduğumu düşünmeyin. Kim dört dörtlük tutarlı ki? Hele de toplumların sorunları söz konusu olduğunda gerçeği tam olarak görüp kusursuz bir şekilde anlatmak mümkün mü? Neyse... Şu ana kadar güzel, umutlu şeyler de anlattım, anlatacağım. Umutsuz sözlerimin altında daima umut var, bunu hissettiremezsem deminki dediklerim aklınızda olsun. Her şeye rağmen umudumu korumanın gayreti içindeyim. Kadına yönelik şiddet konusunda da böyleyim. "Gün gelecek, devran dönecek Muktedirler halka hesap verecek!" diye meydanları çınlatan güzel bir slogan var, bilmem duydunuz mu hiç? Bu söz de tarihsel olarak hep doğru çıkmıştır. Zalimler, er yada geç hak ettikleri cezayı alır. Bugün kadınlarımız (çalışanlar da... emekçiler, işsizler, üniversite bitirip işe giremeyenler de...) hukuk olmadığından haksızlığa uğrayıp cehennem gibi hayatlar içinde ömür geçiriyorlar. Bilin ki her zulmün bir karşılığı var. Arı gibi çalışıp geleceği ören kadınlarımız var; zulüm arttıkça çevrelerine daha çok umut saçıyorlar. Mesela İzmirli kadın avukatlar var: Bu Avukatlar 100. Yıl Hukukun Üstünlüğü Derneği'nin üyeleri... Selçuk Belediyesi ile işbirliği yapıp, kadınların çalışma hayatına katılıp bilinçlendirilmesi adına 'Hakkımı Arıyorum' adlı bir proje hazırladılar. Kadınların ev düzeni içindeki görünmeyen emeğini görünür hale getirdiler.

Belediye sınırları içerisinde ikamet eden gönüllü kadınlar, gönüllü avukatlar tarafından bilgilendirilmekte. Medeni haklar, 6284 sayılı kanun, tüketici hukuku, iş hukuku gibi konulardaki eğitimlerle kendilerini yetiştirmeye devam etmekteler. Belediyenin desteğiyle ev kadınlarının çalışma hayatına katılabilmesi için bir kadın kooperatifi kurdular. Evde yaptıkları ürünleri hafta sonu Zübeyde Hanım Kadın Emeği Pazarı'nda satışa sunuyorlar. Kadınlarımız çalışarak, öğrenerek bilinçleniyor; bir araya gelip güçlerine güç katıyorlar. Bu yolda emek harcayan avukat Necmiye Ece şunları söylemekte: "Yaptığımız projelerin amacı yerelde kadını güçlendirmektir. Türkiye'de kadın olmak zor ve meşakkatli bir durum. Hemen her gün öldürülüyorlar. Artarak devam eden cinayet haberleriyle ne yazık ki duyarlılığımızı yitiriyoruz; her şey bir süre sonra normal görünmeye başlatıyor. Belki annemiz belki kardeşimiz belki de komşumuz olan onlarca kadın boşanmak ya da ayrılmak istediği için kocalarından, eski sevgililerinden, partnerlerinden ölüm tehdidi alıyor ya da öldürülüyorlar. Kadının beyanını sorgulayan, boşanmasını zorlaştıran, nafakayı kaldırmayı amaçlayan söylem ve politikalar kadınlarımızın hayatına mal olmakta. Sadece Ağustos ayı içinde 49 kadınımız cinayete kurban gitti. Ülkemiz genelinde kadınlar, yok hükmündeki kadınlarımızın sesi olmalı, el ele verip kadına karşı şiddete göğüs germeliyiz. Ölümler ancak toplumsal eşitsizlikler ortadan kaldırılarak durdurulabilir. Kadınlar haklarını savunmada yalnız değil... Bir damla, bir damla daha iki damla etmez, büyük bir damla yapar..."

Şule Çet davasının takip ediyorsunuz değil mi? Davanın 5. duruşmasına 17 gün kaldı. Sanıkların dudak hareketleri okunacaktı, bununla ilgili bilgi de dosyaya girmiş. Hazırlanan raporda şöyle denmekte: "Şüphelinin alkollü olmasına bağlı olarak dudaklarının ince motor becerilerindeki koordinasyon bozukluğu, sakal ve bıyık kullanması ve bunların dudakları kapatacak şekilde uzun olması, konuşmadaki dudak hareketleri sırasında ağız açıklığının dar olması nedeniyle ilgili fonemlerin ayırt edilememesi ve dudağın ışığının pozisyona bağlı gölgelenmesi, kamera çekiminin yüz ve dudakları net olarak göstermemesi nedeniyle görsel olarak görüşmenin içeriği net olarak tespit edilememektedir." Haydi bakalım. Rahmetli Kemal Tahir (Cumhuriyet dönemi roman yazarımızdan) ağabeyimiz gibi söylersek: "Ne denilmiştir? Dağ fare doğurdu diye boşuna denilmemiştir." Aylardır mumla aranan dudak okuma uzmanları da fare doğurdu iyi mi? Herkes kulağını dikmiş ne diyecekler diye bekliyordu, al sana rapor, hem de bilimsel...

Başka bir gelişme de şu: Hatırlarsanız, DNA örneklerinin laboratuvar incelemesi yapılacaktı. Şule'nin ölümü üzerinden bugün itibariyle 522 gün geçti, nihayet yapmışlar. Sonuç: "Maktule Şule Çet ile sanıklar Berk Akand ve Çağatay Aksuya ait olduğu belirtilen otozomal DNA profilleri, uzmanlık raporumuzun 2B paragrafından belirtilen 1 numaralı bulgunun AVD ile işaretlenen bölgeleri ve 2 numaralı bulgunun E, FVG ile işaretlenen bölgeleri üzerinde bulunan vücut sıvısı örnekleriyle 8 ve 15 numaralı svap (laboratuvara götürülmesi mümkün olmayan biyolojik numune) örneklerinden elde edilen genotiplerden farklıdır." Yani DNA örnekleri sanıklara ait değil.

Unutmadan, dudak okumayla ilgili diyeceklerim bitmedi. Şöyle: Şule'nin avukatı gibi, sanık avukatları da dudak okumanın başarısızlıkla sonuçlanmasından memnun olmamış. Zil takıp oynayacak değillerdi herhâlde... Mesela Berk'in avukatı mahkemeye verdiği dilekçede şöyle demekte: "Müvekkil ile Çağatay Aksu'nun aralarında geçen konuşma olayın sıcaklığı, panik ve heyecan unsurları göz önüne alınarak değerlendirilebilmeliydi. Bu, yargılamanın salahiyeti açısından oldukça önemlidir. Daha önce mahkemenizce ilgili kurumlara yazılan müzekkerelerde ısrarla dudak okuma uzmanı bulunup bulunmadığı soruldu. Muhtemel ki ilgili kurumlar, bünyelerinde personel olmadığından olumlu cevap veremediler. Ancak mahkemeniz tarafından tespit edilecek yeni kurumlara, bütün bilgilerle birlikte kamera kayıtlarının da eklenerek, iş bu görüntülerin çözümünün yapılmasının istenilmesini talep etmekteyiz. Israrla 'dudak okuma uzmanı' bulma arayışının devam etmesi gerekir. Aksi halde yargılama konusu olay maalesef ki açıklığa kavuşturulamayacaktır."

Başka bir gelişme de Şule'nin ders notlarıyla ilgili. Sanık avukatları ne zamandır bu belgeyi bulup maktulün "bozuktu" dedikleri ruh sağlığına kanıt olarak göstermek istiyorlardı. Amaçlarına ulaşmışlar. Mahkeme kararı olmadan belgenin dava dosyasına girdiği görülmekte. Kişisel veri kapsamına giren bu bilgi; "transkript" denen belge, ilgili üniversiteden nasıl alındı? Şule'nin avukatı şöyle demekte: "Mahkeme kararı olmadan kişisel verileri kamu görevlilerinden nasıl alıyorlar anlaşılır gibi değil, hukuka aykırı iş ve işlem yapıyorlar. Ben bile müvekkilimin kişisel bilgilerine ancak özel izinle ulaşabilirken sanık avukatlarının bu belgeyi izinsiz almasını nasıl açıklayacağız? Bu işte sorumluluğu olan, görevini yapmayan kim varsa bütün kamu görevlileri hakkında suç duyurusunda bulunacağız. Savcının ulaşamayacağı belgeyi "sanığın nişanlısı aldı" diyorlar. Elleri kolları çok uzun... Mesela daha ilk gün: Şule'nin öldüğü 29 Mayıs 2018 günü saat 18.00'de Berk Akad'ın nişanlısı Ölüm Bilgi Sistemi kaydının ekran görüntüsünü alıp Berk'e yollamış. O ekran görüntüsüne sadece otopsiyi yapan adli tıp uzmanı erişebiliyor. Ne doktor ne savcı, kimse erişemez ama her nasılsa sanığın nişanlısına açılmış. Bunun anlamı herhalde rahat ol (ölmüş konuşamaz anlamında) mesajı vermek. Nitekim onca uğraşa rağmen dosya 3 ay boyunca intihar diye yürütüldü."

Bu bilgiler ışığında bakalım, 17 gün sonra mahkeme ne diyecek? Daha önce söyledim, izninizle tekrar söylemek isterim. Sizlerin ilgisi olmasa var ya sevgili dostlarım, bu dava delil yetersizliğinden çoktan kapatılacaktı. Toplum vicdanı öyle yara aldı ki, kanamayı durdurmanın imkanı kalmadı. Bu liyakatsiz mahkemeler (işini hakkıyla yapan savcılarımızı, hakiminden avukatına kadar bütün hukuk insanlarımızı tenzih ederek söylüyorum. Onlar ki en acımasız hükümet yetkilileri karşısında yılmadan, bedel ödeyerek mücadelelerine devam ediyorlar. Hepsine selam olsun!) nedeniyle pek çok dava var ki vicdanlarda kanamaya devam etmekte. Devleti bu durumda düşünürler yerle yeksan olup gitmeden mahkemelere olan güvenimiz hep böyle yerlerde sürünecek... Şunu da belirteyim ki hayat daima olumluya doğru akmakta. Daha adil bir ülke için mücadele eden hukukçularımızın oranı da az değil. Bazıları bunu kabul etmez. Derler ki "Muktedirler, Kenan Evren sonrası yılları da içine aldığımızda, düzenin ihtiyacı olan nesli yetiştirmişlerdir." Bence yanlış bir düşünce. Mesela Rusya, Sovyet Sosyalist Cumhuriyetler Birliği diye bilindiği dönemde yüzyıla yakın, hem de zorla Ateizm eğitimi yaptı da insanların, günü gelince, kiliselere koşmalarına engel olamadılar. Adalet de din gibidir. Ne kadar zorlarsanız zorlayın insanları vicdanlı olmaktan yoksun bırakamazsınız. Günü geldiğinde hep birlikte ağır ellerini toprağa basıp doğrulup bağıracaklardır. "Nerede adalet?" diye sordukları gün her şey yeniden kurulur, hiç merak etmeyin, biz göremeyiz belki ama bu gerçeği kimse değiştiremez.

44

Baskının giderek ağırlaştığı bugün dahi adalet yolunda arı gibi çalışanlar var. İzmirli bir grup avukat var mesela, sadece 8 Mart'ı değil, her günü kadın günü yapmaya emek harcamaktalar. Hem de kuruş almadan, gönüllü olarak... Kadın Hakları Danışma ve Hukuk Araştırmaları Merkezi avukatları bunlar, kadınları şiddetten kurtarmak için harekete geçti ve ücretsiz danışmanlık hizmeti vermeye başladılar. Şöyle demekteler: "Sığınma evlerindeki koşullar o kadar zor ki, mesela son gittiğimizde Gürcistanlı iki kadın vardı, çocukları için çorap bulamıyordu, giyecekleri, mamaları yoktu. Sığınma evleri, barınma ve yiyecek dışında bir şey vermez. O nedenle şiddet gören kadınlar evde kalmalı, şiddeti uygulayan evden uzaklaştırılmalı, boşanma olmadan da şiddet mağduru bir kadın mutlaka nafaka alabilmeli... 4320 sayılı Ailenin Korunması Kanunu şiddetin önlenmesini amaçlıyor ama 4-5 maddelik çok kısa bir kanun, yeni önlemler eklenip yenilenmesi gerekiyor. Bizim işimiz bütün mağdurlara yardım edip haklarını öğretmek. Mesela parası olmayanlara Adalet Bakanlığı'ndan avukat verilir. "Adli yardım" diyoruz buna. Yardım alanların yüzde 70-80'i genellikle eşten, babadan ya da aile üyesi birinden şiddet görüyor. Pek çok kadın hakkını aramak için gittiği adliyede ne yapacağını, tehlike içindeyse bundan nasıl korunacağını, nereye başvurup destek alacağını bilmiyor. Biz burada devreye giriyoruz. Parası var mı yok mu demeden herkese gönüllü danışmanlık hizmeti veririz. İlkin Kadın Hakları Komisyonu olarak faaliyet gösterdik. Merkeze dönüşme tarihiniz aralık 2011'dir. Bayraklı İzmir Adliyesi'nde görev yapıyoruz. Büromuzda bir baro personeli ve her gün gönüllü bir avukat bulunuyor.

4320 sayılı kanunun eğitim çalışmasına katılan yaklaşık 400 avukat içinden 50 avukat gönüllü olarak bu işi yapıyor; her gün adliyedeki merkezde dönüşümlü olarak görev alıyoruz. Seminerlerimize erkek meslektaşlarımız da katılmakta, nöbet tutan erkek avukatlar az olsa da yine de varlar. Onlar da mağdurla görüşme teknikleri eğitimi aldıklarından nasıl davranacaklarını biliyorlar. Genel olarak tüm barolarda Kadına Şiddete Karşı bir komisyon bulunmakta fakat adliye içerisinde böyle bir merkez her yerde yok. Mesela İstanbul bizden sonra açtı. İzmir'deki bu çalışmalar bütün illerimize örnek olmakta... Uygulanan hukuktan memnun muyuz, hayır. Çifte standartlar var; adalette olmaması gereken bir şey bu. İnsan hakları için yaptığımız dosya taramasında şunu gördük: hakimlerimiz, şiddeti uygulayanın diplomasına önem veriyor. Eğitimsiz olanlar çabucak evden uzaklaştırılırken üniversite diploması olanlar aynı hızla evlerini terk etmiyorlar.

Kişinin sosyal konumuna bakılarak da karar verilmekte. Şu da var ki polis, asker gibi silah taşıyanlar şiddet uyguluyorsa bu kişilerin silahları mutlaka alınmalı. Böyle bir astsubay vardı, gece silahını bırakıp eve silahsız gitmesi yönünde karar çıkmıştı... "Şiddet ne?" dersek, bu da çok iyi biliyor. Ne yazık ki uzun süren evlilik ya da birlikteliklerde şiddet kanıksanmış olabilmekte... Hatta bazen çocuklar büyüyünce annelerini babalarının şiddetinden korumak için boşanmalarını öneriyorlar. Sürekli şiddete maruz kalan kişinin zamanla zihni karışıyor, zihinde bulanıklık başlıyor. Bir kadın vardı, önce şiddet görmediğini söyleyip sonra da kocasının arkasından bıçak fırlattığını anlatmıştı. Boşanma davasında şiddet görüyor musunuz denilince de "yok" demişti. O nedenle şiddetin öğrenilmiş çaresizliğe dönüşmesine engel olunmalı. İlk şiddeti gördüğünde kadının ayrılması gerekir. Genel olarak toplumun şiddet algısı sağlıklı değil... Avukat bile bir iki tekmeyi şiddetten saymayabiliyor. Okullarda "terbiye" deyip şiddeti mazur göstermeye çalışanlar var. Küçücük çocuğa "yapma!" diye bağırılmaz... söylemelisin ama bağırmadan... Sarsmak, dürtmek, itmek de şiddettir. Bunlar da dövmekle aynı etkiyi yapar. Psikologlar hep anlatıyor bunları ama uygulanmıyor. Psikolojik şiddet üzerinde yeterince durulmuyor. Bir davada karşı tarafın erkek avukatı şöyle yazmıştı: "Birkaç tokadı şiddetten sayamayız..." Düşünün artık. Yani toplum gibi hukuk insanlarımızın şiddete bakışı da düzeltilmeli.

Kadınlar, yaşadıkları eziyeti utanıp saklamamalılar. Şiddete maruz kaldıklarında hemen karakola ya da en yakın sağlık ocağına gidip rapor almalılar. Eğer cinsel şiddet gördülerse asla yıkanmamalılar. Sağlık kurumundaki doktorlar da gelen kadının, "dayak değil, merdivenden düştüm" demesine hemen inanmamalı, görmezden gelmemeli, takip etmeliler. Şiddet görmüş, risk altındaki kadını görmezden gelirseniz, daha sonra onu ancak otopside görebilirsiniz. Bilmem farkında mı toplum: ev içi şiddete son vermek için uluslararası bir anlaşma imzalandı. İlk imzalayan ülke Türkiye ama gereği yapılmayınca Uluslararası sözleşmeler de işe yaramıyor. İmzalanan her anlaşmanın gereği yapılsaydı bugün bunları konuşuyor olmazdık. Mesela neden Aileyi Koruma Kanunun adı Kadını Koruma Kanunu değil. Şiddeti uygulayan zaten aileden biri ve biz kadını ailesinden korumaya çalışıyoruz. İstatistiklere göre 3 kadından biri şiddete maruz kalıyor. Şiddeti yapanların tamamı erkek, yüzde 80'i de aile bireyi. E, bu durumda aileyi nasıl koruyacağız, kadını kurban ederek mi? Sadece fiziksel değil, psikolojik, ekonomik şiddet mağduru olanlar da bize geldiğinde dayanma sınırlarını kaybetmiş oluyorlar fakat, sığınacak yer bulamadıklarında terk ettikleri kabusa geri dönüyorlar, farklı nedenlerle katlanmaya devam ediyorlar.

Medya bu nedenle de bizimle ilgilenmeli, adımız duyulsun istiyoruz ki, o kadınlar bizi bulmakta zorlanmasın. Şu anki sisteme göre kadın sadece ailenin içerisinde tanımlanmakta; "kadına ne olursa olsun aile önce gelir" denmekte. Aile içi şiddet kadının değil, ailenin sorunuymuş gibi ele alınmakta. Kadın, insan değil sanki, birey değil, öncelikleri yok, olamaz, aile için kendini kurban etmeye mecburmuş gibi görülmekte. Ayrıca şunu belirtelim ki, kimse iki tokat nedeniyle merkeze gelmiyor. Tüyleri diken diken eden hikayeler var. 10 yıl, bazen 20 yıl devam eden şiddetten sonra güçlükle gelebilen kadınlar var. Umut veren öyküler de var; 22 yaşında bir kadına kocası hem şiddet uyguluyor, hem de onu fuhuşa zorluyordu. Avukat atadık, koca tutuklandı. Genç kadına anne babası sahip çıktı. Geçende pazarda gördüm; havlu kenarlarına nakış işleyip satıyormuş. İyi görünüyordu. Hayata yeniden tutunmanın mutluluğunu yaşıyordu. Yani ilk destek ve aile yardımı çok önemli. Bu ikisi bir araya geldiğinde kadın kurtuluyor. Bize genellikle eğitim ve kültür seviyesi düşük olanlar geliyor, ama üniversite mezunu olup olayın bilincinde olmayanlar da var. Sığınma evlerinden bize yönlendirilenler de oldu. Mesela devamlı arayan yaşlı bir kadın var. Soru soruyor ama bize gelecek gücü hâlâ kendinde göremiyor. Telefonla arar, bir şeyi sorup kapatır. Belli ki boşanmak istiyor... Eğer bir boşanma davası açılması gerekiyorsa adli yardım evraklarını doldurup avukata yönlendiriyoruz. Şiddet görüp gelmişse hastane tespitlerini yaptırıyoruz. Cumhuriyet Savcılığı'na götürüp şikâyetin zapta geçmesini sağlıyoruz. 4320 sayılı yasa gereği şiddet uygulayanın evden uzaklaşmasına dönük işlemleri başlatıyoruz. Koca ya da şiddeti uygulayan kişi her kimse silah taşıyorsa silahsız eve gitmesini sağlıyoruz. Şu da gerçek ki hukuk desteği olsa da sorunlar hemen çözülmüyor. Her alanda eşitlik olmalı; olayın eşitlikle ilgili sosyal boyutları var. Yeterli devlet desteği yok mesela; kadın karakola gidip kalacak güvenli yerim yok derse, tamam, sığınma evine alınıyor, 3 ay... 3 ay dolunca 3 ay daha.. 6 ayın sonunda süre doluyor. Kadın yine ortada kalıyor. Sığınma evleri zaten dolu, kapasitelerinin üstünde çalışıyorlar,

İzmir'de sadece 300 kadına yer var... O nedenle kadını evde koruma altına almamız lazım. Suçlu olanı, şiddet uygulayanı evde uzaklaştırmak gerekli. Diğer türlü mağdur cezalandırılmış gibi oluyor. Sığınma evleri çoğaltılmalı, bütçeleri, kapasiteleri artırılmalı, desteklenmeli... Kadın işsiz, geldiklerinde onlara iş bulunmalı. Tek başlarına ayakta nasıl duyacakları öğretilmeli."

Görüyorsunuz ya dostlar, kadınlarımız durmuyor. Ortadoğu genelinde durum nasıl onu bilmiyorum. Savaşın ortasında elbette şiddetten, kadına eziyetten ayrıca söz edilmez. Her yerde bombalar patlarken kadına, çocuğa ne olduğunun, aile içi şiddetin hiçbir önemi yoktur. Çok şükür ki, petrol ülkesi değiliz. Eğer olsaydık emperyalistler, Trump'un askerlerinin bir bölümünü Suriye'den çekerken "petrolü seviyorum, herkes kendi sınırını korusun, biz petrolü güvence altına aldık" demesi gibi petrol aşkına bombaları bizim kafamıza da yağdırır, canımızı okurlardı. Bugün az da olsa kadın konusunu konuşabiliyorsak sıcak çatışmalardan uzak olmamızdandır. Bu durumda Ortadoğu'yu, savaş bölgelerindeki şiddeti konuşamayız.

Şöyle yapalım o vakit... Bize en yakın ülke olarak Azerbaycan'a bakalım.

Azerbaycanlı aktivist, kadın hakları savunucusu Mihriban Zeynelova'nın adını ben de yeni duydum. Resmi var mı diye internette baktım, bulamadım. Adını soyadını yazıp İnternette sorunca ilk çıkan bilgi, "Mihribanım" şarkısı oluyor iyi mi? Şundan dedim: Dünyada o kadar değerli isimler var ki, kim oldukları bilinip toplumlara lider, yol gösterici olamıyorlar, iyilerin sesi hep kısılmakta... Zeynelova'dan öğrendiğim bilgi şu: Azerbaycanlı kadınlar işçi ya da hizmetçi olarak çalıştırılmak üzere özellikle İsveç, Kanada, Suriye ve Rusya'ya gönderilmekteler. Organ mafyası tarafından Avrupa'nın çeşitli ülkelerine mesela Fransa'ya ya da ABD'ye kaçırılmaktalar. Zeynelova, sekiz yıl boyunca bu işin araştırmasını yapmış. Bakü'de Clean World (Temiz Dünya) adlı bir örgütün yöneticisi. Ülkesinde ayyuka çıkan kadın ticareti konusunu ilk kez gündeme getiren kişi. Tacirlerin eline düşen kadınlarla ilgileniyor, onlara psikolog bulup bazen de işe girmelerine yardımcı oluyor. İlgilendiği sorunları uzun zaman Azerbaycan hükümeti görmezden gelmiş. Yaptığı araştırmalara göre fuhuşa zorlanan kadınlar daha çok Türkiye, Dubai, Pakistan, İran ve Rusya'ya satılmakta.

Sadece Türkiye üzerinden her ay 500 kadının Dubai'ye götürüldüğü, satılan bu kadınların yakınlarına; belki de kocalarına, erkek kardeşlerine, hatta babalarına susmaları için para verilmekte. Azerbaycan'da nüfusun yüzde 40'ından fazlası yoksulluk içinde yaşıyor, bu yoksulluktan her şeyi olur. Hükümet, kadını koruyan kimi anlaşmaları kabul etmiş ama sözde, icraat yok... Artan işsizlikten en çok kadınlar etkileniyor. 70 yıl boyunca Sovyetler Birliği'ne bağlı olan Azerbaycan'da kadın-erkek eşitliği temel ilkelerden biriydi. En azından devlet bu temel üzerine kurulmuştu. Sosyalizm yıkılınca uykudaki erkek egemen kültür uyandı, zaten hiçbir zaman tam olarak uykuya dalmamıştı, sosyalizm de olsa etkileri hep devam etmişti. Baskıcı erkek varlığı sosyalizm yıkılırken tekrar ortaya çıktı. Komşu Ermenistan ya da Dağlık Karabağ bölgesiyle sürüp giden gerginlik, savaş erkeklerin saldırganlık ve şiddet eğilimlerini körükledi. Erkekler tekrar eski kimliklerine döndüler. An itibariyle Azerbaycan'da kadına karşı şiddete ilişkin henüz hiçbir istatistik yok. Mesela bir tane kadın sığınma evi bile açılmamış. "Kadınlarımız satılıyor, kaçırılıyor," diyen Mihriban Hanıma ilkin kızmışlar ve kötü gözle bakmışlar. Daha sonra verdiği mücadele önemli bununmuş. Zeynelova, iyi niyetli devlet görevlileriyle işbirliği yapma şansı yakalamış. Bazı polisler, sınır koruma görevlisi ya da savcılar, onu arayıp neler yapılabileceğini sormaktalar.

Politik olarak da bazı küçük ilerlemeler olduğundan söz edilmekte. Devlet Başkanı İlham Aliyev mesela 2004 yılında insan ticaretiyle mücadeleyi kapsayan bir eylem planını yürürlüğe koymuş. Aynı zamanda insan ticaretini suç sayan bir yasanın kabul ettiği bilinmekte.

"Kadın ticareti" "kadına yönelik şiddet" başlığı altında ayrıca ele alınmalı. Bu konuda ülkemizde neler olmakta acaba? Bu da ilerideki ders konularımızdan biri olsun. Araştırıp öğrenelim derim. Meselenin ne kadar büyük olduğunu, tıpkı savaş gibi, devletler eliyle hayata geçirilip çözülmediğini herkes bilir. Amerika'sından Afrika'sına varıncaya kadar her yerde görmezden gelinen gizli izinlerle kadın ticareti yapılmakta. Bir taraftan da bu vahşetin sorumlusu olan bütün devletler, "kadına yönelik şiddet durdurulmalı, elbet herkes elinden geleni yapmalı" davulu çalıp sebebi başkasıymış gibi güm güm tokmak sallayaraktan haklının, adil olanın yayında olduklarını söylemekteler.

Gelelim geçtiğimiz aya... 53 kadın cinayetiyle kapattığımız Eylül ayından sonra Ekim de bitti, 36 kadın cinayetiyle. 53'ten 36'ya düşmüş, fena bir rakam değil, "en azından artış yok" deyip sevinebiliriz. Birazdan anlatacağım şeylerin kaynağı kadınlar; Kadın Cinayetlerini Durduracağız Platformu... Bildiğiniz gibi her ay rapor hazırlamaktalar. Dünyada örneği yok... Ananın kutsal sayıldığı "Anadolu" diye bilinen topraklarda korkunç kadın cinayetleri işlenmekte. Keşke gücüm yetseydi de bütün her şeyin senaryosunu yazıp filmini yapıp beyaz perdeye aktarabilseydim, gezegenimize örnek olsun, insanlık dersleri çıkarılsın diye... Bu kadınlar; Kadın Cinayetlerini Durduracağız Platformu'nun üyeleri gerçekten önemli bir iş yapmaktalar. Bilgi Edinme Kanunu'na güvenip devlete sorsanız, onlardan alacağınız bilgiyi elde edemezsiniz, emin olun bundan. Bir avuç kadın, güçsüzken devlet gibi çalışıp halkı, dünyayı (kimse istemediği halde) bilgilendirmekteler. İşte bu yüzden, buna benzer örnekleri çokça gördüğümden "umutluyum, mutluyum" diyorum. Türbanlı kızlarımıza bakıyorum da onlar bile Cumhuriyet, demokrasi,

Atatürk sevdalısı... "Biz de Ortadoğu gibi olalım, kadını eve kapatalım, sosyal hayattan dışlayalım, milletvekillerinin, bakanların görevlerini bir kişiye verelim, demokrasi olmasın, aile devleti kurulsun, bu ailenin emirleri altıda yaşayalım," diyen tek bir kişi yok, en azından benim çevremde... Bu yüzden karamsarlığa düşmeyelim. Şunu bilelim ki güneşin doğması yakın. Bugün olmazsa yarın, er ya da geç sabah olacak. O halde unutulmasın, bir daha kimse dönmeyi düşünmesin, demokrasi yolundan ayrılmasın diye bu kara günleri anlatmaya devam edelim.

Ekim Raporu şöyle: 36 cinayet arasında 8 şüpheli ölüm vakası var; Şule Çet davası gibi... 17 kadının neden öldürüldüğü tespit edilemedi. 5 kadın ekonomik nedenle, 6'sı boşanmak isteyip barışma önerisini reddettiğinden öldürüldü. Telefona cevap vermediği için öldürülen bile var. Yani kadınların kendi kararınca yaşamasına izin verilmemekte. Belki de katili bulunamayan kadın sayısının çok olmasından (bu durum aynı zamanda devlet organlarının yetersizliğini, devletin ne kadar liyakatsiz ellerde olduğunu gösterir.),öldürülenlerin neden, nasıl öldürüldüğünün tespit edilememesinden, adil yargılama yapılmayıp şüpheli, sanık ve katiller caydırıcı cezalar almadığından, önleyici tedbirler uygulanmadığından şiddet, boyut değiştirerek devam etmekte. Ekim ayıda katili bilinmeyen 14 kadın var. 36'da 14 çok yüksek bir rakam.

Katillerin kim olduğuna bakarsak... 8 kadın kocası tarafından, 6'sı birlikte olduğu sevgilisi tarafından (dikkat buyurun, koca sayısına yakın... Sevgiliniz, gün gelir katiliniz olabilir diye bu yüzden diyorum sevgili gençler... Karar sizin...) 1 kadın da eskiden beraber yaşadığı erkek tarafından öldürülüyor. 36 kadından 4'ünun katili tanıdık veya akraba, 2 kadın da babası tarafından öldürülmüş.

Nasıl ve ne şekilde öldürüldüklerine gelirsek... 13'ü ateşli silahlarla, 6'sı kesici aletle, 3'ü boğularak, 2'si yakılarak, 1'i darp edilerek, 1'i yüksekten atılarak, 1'i kimyasal madde kullanılarak, 1'i de sert bir cisimle vurularak öldürüldü. 8'inin nasıl öldürüldüğü henüz bilinmemekte. "En çok cinayet işlenen yer neresi?" derseniz, cevap, "yuva" diye de bildiğimiz ev. 36 kadından 22'si evinde öldürülmüş, 1'i arabada, 2'si iş yerinde, 1'i de sokak ortasında... Cesetlerden 1'i arazide, 1'i bahçede, 1'i denizde, 1'i mesirelik alanda, 1'i nehirde, 1'i otel odasında bulundu. 4 kadının nerede öldürüldüğü henüz bilinmemekte... Demek ki öldürüldükleri yerden taşındılar.

Bu 36 kadından kaçı çalıyordu? Raporda böyle bir bilgiye ulaşmanın çok zor olduğu tespiti yapılmakta ve "Neden?" sorusu önemle medyanın dikkatine sunulmakta. Ulaşılabilen veriye göre kadınların 5'i bir işyerinde çalışıyor, 2'si işsiz. 29 kadının çalışma durumu bilinmemekte. Bu da devletimizin ne kadar kayıt tutabilen güçlü bir devlet olduğunu göstermekte. Ülkemizde kayıt dışı ticaret gibi pek çok bilgi, belge kayıt dışı. Son zamanlarda buna ülkeler arası görüşmeler de dahil edildi. Bir gün Trump'la ne görüşüldü diye araştırmaya kalksanız Amerikan ya da Rus arşivlerine bakmanız gerekecek. Onlar bir şekilde açık ya da gizli ülkeler arasındaki bütün görüşmeleri kayıt altına alabilmekte...

45

Dostlarım, olmayan sevgili arkadaşlarım. Kısa bir ara verelim ne olur, yoruldum... Duygularım yoruldu ve sıkıldım bunları yazmaktan... Hep kasvet, ölüm, cinayet... Demin baktım da takip edenlerimin sayısı da azalmış; 64 olan takipçim 60'a düşmüş iyi mi? Neden? İster istemez sordum bu soruyu kedime. Eksik yaptığım bir şey mi var? Aşk hikayesi mi gerekirdi daha çok takipçiye ulaşmam için? 4 kişi neden takibi bıraktı? Saçmaladığımı bilmez değilim. Soruyorum ama geride kalan 60 kişi ne yaptığını, neden beni takip ettiğini biliyor mu bakalım? Şimdi yaptığım hesaba göre yazdıklarım okunmuyor. Takibe değer şeyler bulup anlatamayan biriyim. Bu nedenle her şeyi silmem, Wattpad hesabımı da kapatmam mı gerekir? Ama yok, yanlış anlamayın, okuyucu dilenmiyorum, dilenmem. Sadece soruyorum kedime: O zaman ne yapayım ben? Yaptığım iş değerli mi? Daha önce dedim, yine diyorum: bence değerli bir iş bu. O halde yola devam edeceğim... Ardımdan el sağlayanım olmasa, ne yazacağımı kimse merak etmese bile...

Ah sevgili dostlarım, olmayan canım arkadaşlarım benim... bilmez miyim, hepiniz benim gibisiniz. On binlerce sosyal medya kullanıcısı arasında bir dost selamına muhtaçsınız. Herkes yolunu kendi başına, desteksiz yürüyor; hayat yolu bu, güç olduğu kadar bezdirici de. Şunu bilin ki yazdığım şeyler kolayca söylenen sözlerden değil, hepsi benim yaşama nedenim. Acıdan boğulmayayım diye yazıyorum, inanın bu sözüme. Hepsi bu işte... Nefes almak için buradayım; başka bir şey için oturmadım klavyenin başına... Kendi bilgimce daha güzel bir dünyada yaşayabilelim diye konuşup duruyorum. Anlaşılan o ki takipçim olmadığından bu dediklerim kimseyi ilgilendirmez bir konu. Neyse... Wattpad dediğimiz bu yer gerçekten çok acayip. Buraya gelip aşk, korku, macera romanları yazıp ünlü olanlar oldu diye biliyorum. Pek çok kişi de aynı başarıyı yakalamanın çabası içinde. Elbette kötü bir şey değil bu emek, bu uğraş. Bir kere yazmanın kedisi iyi bir şey; en azından konuşup söyleşen iyi bir arkadaş. Yazmada ısrar eden kişi mutlaka kendini yetiştirecek demektir, tabi takipçisiz yazmaya devam edilebilirse. İyi şeyler yazmanın kaynağı iyi bir okur olmaktan geçiyor diye biliyorum. Okumadığı halde iyi yazanlar olduğunu da duydum ama ben okuma olmadan faydalı şeyler yazılamayacağına inanırım. O zaman şunu da kendime soruyorum: Demek ki henüz yeteri kadar iyi bir okur olamadım... Ama vazgeçmeyeceğim, okumaksa yapmam gereken daha çok okuyacağım. Çünkü diyeceklerim var. Orhan Veli'nin dediği gibi: Bütün güneşler batmadan bir türkü daha söylemek istiyorum bu yerde... Bu gök kubbenin altında yıldızlara bakarak...

Hangi sözü söylesem boş... hiç bir sözün faydası olmayabilir. Bir de şu var: İnsanların, değişmez kuralmış gibi her daim iyi şeylere ilgi duyduklarını sanmıyorum. Bu konuda da kafam hayli karışık. "İnsan nedir?" sorusu söz konusu olduğunda akan sular duruyor, sizce de öyle değil mi? Bizleri anlayıp tarif etmek kadar güç bir şeyi yok. Mesela nasıl oluyor da bu kadar niteliksiz kimseler tarafından yönetilmekte olduğunuza anlam veremiyorum. Yaşadığımız sorunlar çözülmesi imkansız sorunlar değil... sadece sosyal medyaya bakarak, sıradan insanları dinleyerek ülkenin pek çok sorununu çözmek mümkün... Neyse... Yine zor konulara döndüm. Şunu söyleyeyim: Bazen sosyal medyaya, kullanıcı olanlara da çok kızarım. Yanlış anlaşılmasın, Muktedirler gibi sosyal medyaya karşı biri değilimdir. Çağımızın bu yeni medyası, öteden beri bildiğimiz, kendi fikrini dayatmaya çalışan klasik medyadan iyi bile... Her yönüyle değil, bazı yönleri de var ki iğrenç. Mesela fikrinize, bir düşünceyle değil, küfürle hemen cevap verenler var... "Sosyal medyada kendimizi ne kadar özgürce ifade edebiliyoruz?" derseniz ona da doğru cevap veremem. Sizin de bildiğiniz gibi son zamanlarda düşüncelerinden dolayı binlerce kişi hakkında dava açtılar. Haliyle bu, toplum genelinde psikolojik baskıya dönüştü. Şurası kesin ki, fikirler baskı var diye yok olmaz. Mesela dinler; Musa'nın, İsa'nın, Muhammet'in fikirleri yok olmadı ama dönüştürüp zenginlerin, adil olmayanların hizmetine sundular. Ne yaparlarsa yapsınlar gerçeğin bir de aslı var. Üstü örtülen gerçek bugün yeşermezse yarın mutlaka yeşerecektir. Nedir yeşersin diye beklediğimiz şey? Adalet. Şahsen ben, daha iyi toplumsal hayat için adaletten daha yüksek bir fikir olduğunu düşünmüyorum. Bütün kavga da zaten adil olanlarla olmayanlar arasında verilmiyor mu? İnancım şu ki, sosyal medyanın sahipleri de adaletten yana değiller. Büyük paraları elinde tutanlar kimlerse onlar da adaletten yana değiller. Sosyal medya da hep kazanmak isteyen patronların sitesi. Bizler; yalnız kalıp bunalanlar, onların elinde kobay gibiyiz. İlgi alanlarımızı, siyasal eğilimlerimizi, hangi eğitimleri alıp almadığımızı, hangi ülkenin şehrinde, köyünde, kasabasında doğup büyüdüğümüzü, ne tür filmleri izleyip kitapları okuduğumuzu tespit ederek bize müşterisi olabileceğimiz şeyleri tanıtıyorlar. Hatta toplumları, yine bizlerin paylaşımlarını kullanarak, en çok o; muhalif paylaşımları görmemizi sağlayıp bizden istedikleri ülkenin atmosferini değiştirip kışkırtıcılık yapabildiklerini okuyorum. Sen, ben bilmeden bu patronların siyasal amaçlarına hizmet edebiliyoruz...

Niçin? Kobay olduğumuzdan mı? Ne oldu bize ki insan insana bu kadar yabancılaşıp şirketlerin elinde oyuncak oldu? Hiçbirimiz razı değilken böyle bir hayat nasıl oldu? İnsan, insandan yılıp iletişim alanlarımız daraldıkça sosyal medyaya olan ihtiyacımız da artmakta... Kaçalım derken istemediğimiz şeylerin içine itilmekteyiz. İnternet ortamında olduğu gibi gerçek mekanlarda da samimiyet yok, iyi hisler giderek azalmakta. İnsan birbirinden korkup uzaklaşmakta. Belediye otobüs şoförleri de insanların saldırısından yıldı, yolculardan ayrılıp kedilerini kabine kilitleyerek şoförlük yapmaya başladılar. Taksiciler de korku içinde çalışmakta. Yani şiddet yaşamın her alanında... İnsan, bir yerde durup çocuk yaştaki dilenciye bile yardım edemiyor, "tuzak mı var, arabadan inince biri üzerime mi çullanacak" diye... Teknoloji ilerlerken bütün sorunlarımız katlanarak artı, artmakta... Televizyon, İnternet yüzünden mi bu hale getirildik bilmem ki... Pek çok TV dizisiyle senelerce sadece şu mesaj verildi, verilmekte: "İnsan kötüdür, güvenilmez, fırsatını buldu mu ezer, yer, içer, dağıtır, paylaşmaz, sen de paylaşma, tetikte ol! Dikkat etmezsen her şeyini çalarlar. Cinayet işlerler. Çalınacak bir şeyin yoksa organlarına göz dikerler. Kimi kimsesi olmayanları takip edip evine girerler. Her şey beklenir bunlardan. Bunu bil. Her an ihanete hazır ol ki kim vurduya gitmeyesin!" "Yürüyen Ölüler" dizisi var mesela, bilir misiniz? Sanırım Amerikan yapımı, buna benzer pek çok dizi ya da film var. Ortak mesajları şu: "Kimseden kimseye fayda gelmez. Herkes katil ruhludur. İnsan daima tetikte olmalı... Dünya ne kadar boktan olursa olsun kimse paylaşmaz, bir lokma ekmek için sefil hayatlarını devam ettirmek uğruna adam keseler."

Diyeceksiniz ki, "sanki eskiden, yüz yıl önce mesela, herkes melekti, şeytan yanları şimdi şu yüzüne çıktı..." Yanlış bir şey dedim diye kızmayın hemen dostlarım, haklısınız. İnsan hiçbir zaman adil olmadı, şiddeti bırakıp sevgiye sarılmadı. Gücü gücü yetene bir dünya hep bu şekilde sürüp gitmekte... Ama düşünün bir zamanlar Mevlana da vardı. Günümüzde de varlar, yine haklısınız... Çok sayıda insan var ki sadece sevgiden söz edip sevgi içinde yaşamamız gerektiğini söylemekteler. Yani her dönemin iyi ve kötü yanları vardı. Eskinin kötü yanları da çekilir gibi değildi, bugün de öyle. Tekrar söylemek isterim ki "çok çok haklısınız!"

Sizi bilmem ama bazen kedime şöyle dediğim oluyor: "Madem bilim gelişiyor, hayat bu kadar kötü, teknoloji biraz daha ilerlese de mesela akşamları (filmlerde var bunlar) bir kutunun içine girip seçtiğimiz bir senaryonun parçası olsak; sinema görüntülerinin içine girip hiç bilmediğimiz ya da özlemini duyduğunuz bir hayatı yaşasak. Ne bileyim... Son zamanlarda, kedimi iyi hissedebilmek için bunun haricinde aklıma bir şey gelmez oldu. Savaşın, cinayetin olmadığı, adaletin herkese eşit dağıtıldığı, sevgilerin karşılıksız; paraya ya statüye bağlı olmaksızın yaşandığı bir dünyanın düşünü görmek, orada yaşamak istiyorum... hiç olmazsa bunu tatmak isterdim; sevmelerin, sevişmelerin, dostlukların korkusuzca yaşanabildiği bir rüyaya dalmak, mümkünse hiç uyanmamak isterdim. Bunun yakın bir gelecekte mümkün olacağı yazılıp çizilmekte...

Fakat bu dileğim felaketi istemek değil mi? Bin yıl önce bilirsiniz, Hasan Sabbah, müritlerine eroin verir, kadınlı kızlı eğlence düzenleyip onların kendilerini cennette gibi hissetmelerini sağlamış. Sonra da bu kendinden geçmişleri; zamanın canlı bombalarıymış gibi suikastlara yollarmış, her şeyden habersiz berduşlar, emir gelince yangına bile koşarak gidip kedilerini ateşe atarlarmış. Böylece Sabbah, kedisini Allah sananların gücüyle savaşa doymayan, yağmacı, talancı sultanların coğrafyasında dahi söz sahibi olmuş. Alamut diye bilinen, yüksek dağların doruklarındaki kalesinden Rahatça terör estirip saray yalakası muktedirlere gözdağı verip siyasi sonuçları olan cinayetler işleyebilmekteymiş.

"Ne biçim adamsın, nereden de hatırlarsın bunları?" diye sorarsanız, şundan dostlarım: Sözünü ettiğim; bilgisayar temelli hayal âlemi de mutluluk yanılsaması içinde yaşamaya razı olmayı gerektirmiyor mu? Yoksa bir gün hepimiz Hasan Sabbah'ın Haşhaşileri gibi mi olacağız? O gün geldiğinde "Daha güzel bir dünya nasıl olur, mümkün mü?" diye kimse kafa yormayacaktır. Oysa ben mücadeleden yanayım. Ot gibi yaşamayı savunmam mümkün mü? Duygusal halim perişan, ne dediğimi bilmez mi oldum yoksa? İçinde bulunduğum saçma durumu gördünüz değil mi? "Bazen olur" deyin, beni de hor görmeyin olur mu? Ben de sizi merak ederim hep, nasılsınız diye. Mutlaka istemeden söylediğiniz sözleriniz, düşünmeden kurduğunuz hayalleriniz oluyor. Kimi vakit der misiniz, "rüyaya dalsam, hatta Allah canımı alsa da her şeyi unutsam, bir varmış bir yokmuşum gibi olsam" diye... Sakin bu dediklerime bakıp da zayıf bir insan olduğum fikrine kapılmayın. Herkes çok mu güçlü? Bir ben mi dayanamayıp kendimi sözcüklerin uçurumundan aşağıya bırakıyorum. Hayır, kabul edemem bunu... Bakmayın her sözüme, aslında bendeniz büyük bir iddianın savunucusuyum. Hâlâ bunu hissettiremediysem daha anlatacak çok şeyim var demektir. Devam edelim o zaman...

Terörle ilgili sözlerim yarım kaldı. Müsaade edin de tamamlayayım. Hasan Sabbahların yerini terör örgütleri aldı. Bir de şehir eşkıyaları var ki Allah ellerine düşürmesin. Hepsi patronların hizmetinde köpek... (Kurban olsunlar köpeğe... Söz bulamadığımdan dedim...) Yeni dünya düzeninin patronlarına ve onların iğrenç düzenine hizmet edip itlik yapıyorlar. İtin yanından bile geçemeyeceği hainlikler bilip üç kuruş için insanları katletmekteler, hepsi zulüm makinası güçlüye hizmet veren... Böyledir bu işler; bir yerde eşkıyalık, terör varsa mutlaka arkasında paralı biri ya da birileri vardır. Hiç bir yerden bilmeseniz, Türk filmlerinden, Kemal Sunal sinemasından bilirsiniz; eşkıya besleyen ağaların diyarıdır bu topraklar. Her zaman dediğimi tekrar edeyim: Ağaların yerine şirketler ve onların patronları geçti. Çok eski yıllara gitsek bile bu gerçekle yüz yüze geliriz. Hasan Sabbah'ın tarikatı da böyleydi.. Tarih kitaplarında Şia olup Haçlı ordularına nasıl yardım ettikleri, Müslüman'ı Müslüman'a nasıl kırdırdıkları yazılı. Ta o zamanlardan beri İslam coğrafyası kendi içinden çıkan hainlerle, hainliklerle, Haçlı ordularına destek olanlarla doludur. Uzağa gitmeye ne gerek var... Bugün de aynı değil mi? Daha üç yıl önce 15 Temmuz 2016 tarihinde Haşhaşi benzeri bir örgüt, cemaat adı altında birleşip Haçlı Ordularından aldıkları destekle cumhuriyetimizi ele geçirmedi mi? Günümüzün Alamut Kalesi Pensilvanya da yer almıyor mu? Şaşarak okuduğumuz tarih nasıl da tekerrür etmekte... Kesin olan şu ki Hasan Sabbah zihniyetini de besleyip büyütenler aynı soya mensuptu. Her daim güç ve para peşinde koşanların eline silah verilmekte. Aradan bin yıl geçti. Geldik mi okunuşların, üniversite bitirmişlerin çokça olduğu yeni bir çağa... Her şey şekil değiştirip olduğu gibi devam etmekte. Çağımızın Haşhaşileri pahalı arabalar alıp uçakla seyahat etmekteler. Amerikan askerleri tarafından korunan Pensilvanya karesine gidip şeyhlerinin dizinin dibine oturup yeni emirler alıp uygulamaktalar. Önceden olmayan tek şey şu: İnsanlık iletişim teknolojileri sayesinde tümden denetlenebilmekte. Kutuların içine girip uyuyup seçtiğimiz bir senaryoda mutlu olmamıza az bir zaman kaldı. O gün geldiğinde Muktedirleri yenmekle değil sadece, kümeste tavuklar gibi, işimizi yapmakla meşgul olacağız; elimize verdikleri işimizi... "Başka şeyle uğraşmanıza gerek yok" dedikleri işimizi... Ya da her işi makinalar yapacağından çoğumuzu iyi görünümlü gıdalarla zehirleyip kalanları hizmet sektöründe kullanacaklar. Zira ne kadar zengin olurlarsa olsunlar, servetin; mesela çuvallar dolusu altının kıymetli olması arz talep işi. Talep yoksa arz ne işe yarar, çuvallar dolusu altının olsa da boş; işe yaramaz denir yığını gibi topla hepsini çöpe at.

Tabi ki unutmadım arkadaşlar; konumuz kadın cinayetleri... Ama olaya bütüncül bakmamız gerekir. Az çok beni de tanıyın istiyorum bu süreçte; yazarak kendime kurduğum bu üniversitede beni de tanımanızda yarar var. Şu ana kadar bir çok olaydan söz ettim ama kendi düşüncelerimi aktarmaya çok az fırsatım oldu. Lütfen müsaade edin... Bendeniz her yerde rahatça konuşan biri değilimdir. Şu an yüz yüze olmadığımızdan rahat hissediyorum. Kalabalık ortamlarda konuşmaz değilim ama insanlar, bilirsiniz, hep kendi diyeceklerini düşünüp söylerler. Size sıra gelmez. Gelse de sözünüz yarım kalır, merak etmezler ne diyeceğinizi. Bu yüzden bırakın da konuşayım... Gülmeyin "Ağzını tutan mı var" deyip... Çünkü ben sizi olmasanız bile canlı görüp insan yerine koyuyorum. Yokluğunuz da bile saygı duyup içimi size, sadece size açıyorum. Manevi varlığınızı yanımda hissedip derdimi anlatıyorum. Bu yüzden gülmeyin, idare edin bu günlerde beni. Anlaşalım bu konuda olur mu? Az kaldı diyeceklerim. Sonra tekrar Ekim 2019 kadın cinayetleri raporuna döneceğiz. Önemli bir rapor, paylaşıp üzerine konuşalım istiyorum. Bu arada şunu da unutmayın, Şule Çet davasının 5. duruşmasına 12 gün kaldı... Takip ediyorsunuz değil mi?

Ne diyordum demin? Bilgisayar yardımıyla acayip düşler göreceğimizi söylüyordum ya... Kesimhaneye götürülünceye kadar seçtiğimiz senaryoların birinde bir süre mutlu olacağımızı anlatıyordum. Kaybettiğimiz; çevre sorunlarıyla yok etmekte olduğumuz güzelim dünyamızdan gelen bazı sanal görüntülerle mutlu olmaya çalışacağız. Güzel bahçelerin birinde bir erkeğin ya da kadının sevgiyle elimizi tutup gülümsediğini göreceğiz. (Bize; beş para etmeyen bize gülümseyen bir sevgilimiz olacak ki dünyalar güzeli ya da yakışıklısı..) Bazen şunu sorduğum olur kedime: Neden gerçeklerle yüz yüze yaşamak istemiyoruz artık? Kimse kimseye çekemiyor ya da herkes tıpkı televizyon dizilerinde olduğu gibi birbirinin kuyusunu kazmaya çabalamakta. Çalıştığım okulun birinde öğretmenlere resmi yazı gelmişti, "öğrencilere dokunmayacaksınız, şu kadar mesafede durarak konuşacaksınız" diye. O zaman çok şaşırıp kızmıştım, şimdi hiç şaşırmıyorum. Kadın erkekten, İnsan insandan, öğrenci öğretmenden, doktor hastadan, şoför yolcudan, vatandaş polisten, devletten, hakimden, savcıdan korkar oldu. Teknoloji, özellikle de iletişim teknolojileri geliştikçe insan insanın kurdu oldu...

"Tüketim Toplumu" diyoruz ya... Paraya olan ihtiyaç arttıkça insanın, insana olan eziyeti de arttı. Menfaat, iyi ilişkilerin, tanış olmanın, insan gibi davranmanın önüne geçti. Çalıştığım kurumların birinde, bir ara öğretmen değil de müfettiş gibi bir şey olduğum sanılmıştı. Hatırlıyorum da ilkin herkes saygı duruşuna geçip selam vermişti bana. Ben de bunu, misafirperverliklerine, temiz kalpli olmalarına, güce tapmayıp parayla kirlenmemiş olmalarına vermiştim. Zamanla müfettiş olmadığım ortaya çıktı; kimseyi denetleyemeyeceğim anlaşılınca tebessüm ederek selamını esirgemeyenler yüzüme bile bakmaz oldular. Beni görünce nefes alamayanlar, yeni durum karşısında sırıtıp osurmaya başladı... (Gülmeyin...) Diyeceğim şu ki herkes, bir nedene bağlı olarak birbirinden çekinmekte... Ne yaptık da birbirimize, menfaat, her şeyin önüne geçti? İnsandan insana dokunuş git gide azalmakta. Sadece sistem mi suçlu? Bazen insanın yaratılışında yapısal bir bozukluk olduğunu düşünürüm. "Doğuştan kötü olduğumuz için her şey bu kadar kötü ve dünya bu yüzden kötüler tarafından yönelmekte..." dediğim oluyor. Kendi fikirlerim bile psikolojimi alt üst etmeye yeter. İnşallah bu dediğim doğru değildir. Eski filmlerde hep iyiler kazanırdı. Gerçek hayatta da olsa ya, olamaz mı? İnsan kötüyse de iyi bir sistem kuramaz mıyız? Mekanı cennet olsun, ünlü düşünür Karl Marks kafayı bu konuya çok takmıştı ve neredeyse başarılı olacaktı. Ama kötüler bir araya gelip Marks'ı yenip paranın düzenini yeniden inşa ettiler.

46

Bir de şunu diyeceğim dostlarım: yalnızız... Günümüzün büyük sorunlarından biri de bu. Evinde bir başına ölenlerin, günler sonra cesedi bulunanların sayısı giderek artmakta. Sizin de dikkatinizden kaçmamıştır, çok zaman sosyal medyada ölen aile yakınlarının fotoğraflarını, mesela babasının, annesinin resimlerini paylaşanlar oluyor. Altına da çok özlediklerini yazıp ağlıyorlar. Ya da bir saat önce resimdeki annesini, babasını kaybettiklerini söylüyorlar hiç tanımadıkları kişilerden teselli sözcükleri duymak için... Kuzenlerimden biri de yaptı bunu, hâlâ yapar. Ölen babasının kimi siyah beyaz olan eski fotoğraflarını paylaşmaya devam ediyor. Hatta bu fotoğraflardan birini (yaşlı babasının, bence çirkin görünen sakallı halini) profil resmi olarak kullanıyor. Sanki aralarında büyük bir sevgi, arkalarında da birbirinden güzel, yad edilesi anılar varmış gibi... Şahidi benim...

Kuzenimin babasıyla arası berbattı. Olması gerekenler olmadığından, çocukluğu gibi babasını da yaşayamadığından acı çekerdi. Yeri gelmişken şunu da söyleyeyim: Ben de tıpkı onun gibiyimdir. Baba sevgisine aç, muhtaç bir çocuk olarak büyüdüğümü üzülerek söylemek istiyorum. Hatta ben kuzenim gibi saçma da olsa bir şekilde harekete geçip zulüm makinası olarak gördüğüm babamın yasını tutmadım ama yas defterimi kapadım, her şeyi Allah'a havale edip kurtuldum. Neyse, beni geçelim. Kuzenim üzerinden neler yaşanmış olabileceğini anlamanızı rica edeceğim... Amcamla oğlu, yani kuzenim baba-oğul gibi değildiler. Pek çok olay olmuş kuzenim kayıplara karışmıştı. Evini barkını tek edip (karısıyla 4 çocuğunu) uzak bir şehre gitmişti. Aradan 25 sene geçti, (inanın buna) bu süre içinde hiç görüşmediler. Amcam, torunları olduğu için çok aradı oğlunu ama bulamadı. En son Adana'da buldu fakat, dönmeye, tekrar köylülerin alışveriş yaptığı dükkanının başında durmaya ikna edemedi. Sonunda amcam öldü. Okuması olmayan biriydi, senelerce Almanya'da işçilik yapmıştı. Yurtdışındaki gençlik fotoğraflarında sakalsız, takım elbiseli modern görünümlü biriyken sonradan sakal bıraktı, pantolonu çıkarıp şalvar giydi. Seksen yaşında geldiğinde gençlik yıllarındaki halinden zerrece eser kalmadı. Molla olup Ortadoğu'nun cahillerine benzedi. Atatürk'ü, Cumhuriyeti sevmeyen yobazlardan biri olup çıktı. Amcamın hayatını biraz da Cumhuriyetimizin tarihine benzetiyorum. Cumhuriyetimizin de gençlik yıllarında moderndi, sonrada takunyalı yobaz oldu.

Kuzenimin evi terk etme sebebine gelirsek... Babasından yediği dayaklar askere gidip gelip evlendikten sonra da devam etmişti. Yeri geliyor çocuklarının gözü önünde bile şiddete maruz kalıyordu. Daha fazla dayanamayıp otuzlu yaşlarındayken evi terk etti, ipini kırıp kaçtı. "Çocuklarım var, karım, evim, dükkanım, iyi kötü bir hayatım var" demedi, gitti... Gidiş o gidiş... Çocuklar dedelerinin yanında büyüyüp evlendiler. Kuzenim, babasının başlık parası verip davulu, zurnalı düğün yaparak köyden getirdiği karısını da hiç sevmemiş, sevememişti. Karısı da büyük olasılıkla ne yaşadığının, niye yaşadığının farkında değildi. Çocuk yaşta anne olup kaderine razı olmuştu... Baba dayağı yiyen bir adamla 4 çocuğunu büyütmeye çalışırken el evinde yalnız kalmıştı. Neyse... Kuzenimin hayatını yazmakla bitiremem... Konu uzamasın... Son olarak şunu söyleyeyim; kuzenim başka bir şehirde, çocukları olan dul bir kadınla evlenip kendine yeni bir hayat kurdu. Sosyal medya hesabını görseniz şimdi, "sevgi dolu bir babası varmış adamın" dersiniz hatta imrenirsiniz, insanların yobaz görünümlü de olsa ne güzel, vicdanlı babaları var deyip kahrolursunuz. Bu yüzden sosyal medyaya hatımızın pornosu olarak da bakılabilceğini düşünüyorum... Tamam... Kapatıyorum konuyu. Araya girip kuzenimden söz açmam iyi mi oldu kötü mü? Böylece beni de biraz tanınmış olursunuz... haksız mıyım? Merak edenim varmış gibi... Her neyse... Amcama, kuzenime bakıp umarım hakkımda kötü bir şey düşünmezsiniz. Ne bileyim... Akrabalarım arasında her görüşten insan var. Bir ucunda şeriatçı varsa, bir ucunda da sosyalist var. Şahsen ben Atatürkçülüğü de içinde barındıran sosyalizme inanırım. İnanırım dediysem, Haşhaşiler gibi değilimdir... "Adalet olsun da rejimin adı ne olursa olsun önemli değil" dediğim de oluyor. Farkındaysanız din düşmanı da değilim ancak şu anki dinlerin Musa'nın, İsa'nın, Muhammed'in dini olduğuna inanmıyorum. Zamanın devrimcileri olarak gördüğüm peygamberleri de yobazların elinden alıp Atatürk'ün, Mevlana'nın yanındaki yerimize getirmemiz gerekmekte... Gevezeliğimi bağışlayın. Şimdilik bu kadar yeter... Bir kaç günü önce Wattpad'deki 60 olan takipçi sayım, neden bilmem, 63'e çıktı. Üç kişi kim olduğumu, ne yazdığımı bilmeden beni takip etmeye başladı diye düşünüyorum. Neden ne olursa olsun kendilerine teşekkür ediyorum. Tekrar konumuzda dönersek...

Yarın 10 Kasım... Atatürk'ümüzün ölümünün 81. yıl dönümü. Kadın cinayetlerini konuştuğumuz bu günlerde Mustafa Kemal konusunu önemsiyorum, hem de çokça... Daha önce de buna benzer şeyler söyledim diye hatırlıyorum. 10 Kasım nedeniyle tekrar etmiş olayım. Kadınlarımızın erkek esaretinden kurtuluşu biraz değil (özellikle Ortadoğu topraklarında), çokça Atatürk'ün manevi varlığını yükseltmemize bağlı... "Atatürk" demek kadın hakları, evde sosyal alanlarda eşitlik, bireysel özgürlük, laik devlet anlayışı, demokrasi, insan hakları, adaleti, din ve vicdan özgürlüğü, Cumhuriyet (ki bu Cumhuriyet tam bağımsızlıktan başka kimsesizlerin kimsesi olma iddiasındaydı ve Atatürk'ün ölümüne kadar da böyle olmuştu...) hukuk devleti, kadın erkek eşitliği demektir. Bugün bunlar olmayıp devlet dairelerindeki Atatürk resimleri toplanıp çöpe atıldığından (yanlış anlaşılmasın, "her yere Atatürk resimleri asılsın, heykelleri dikilsin" demiyorum. Atatürk'le uğraşmasınlar, hak ettiği değeri versinler yeter. Gerisi boş iş... Aşırı önem söylemleri hainliğe bile dönüşebilmekte... Kenan Evren bunu yapmıştı; aşırı önem verip Atatürkçü görünüp Cumhuriyet değerlerini ayaklar altına almıştı. Demokrasi düşmanlarına yeni eğitim olanakları sağlamıştı.) kadınlarımız rahat değil, böyle şeyler olduğundan kadın cinayetleri giderek artmakta. Şunu kesin olarak görmeli: Kim ki bu topraklarda Atatürk'ten rahatsız olup adını anmıyorsa bilin ki, Türk'ün, Kürt'ün, Arap milletlerinin, İslam coğrafyasının, Türk dünyasının, Müslümanların dostu değildir. Türklüğün, Bakanlardan Çin seddine kadar tüm milletlerin; emperyalizme karşı mücadele verip ezilenlerin ortak çatısı Atatürk'tür. Bu yüzden Atatürk'ü unutturmaya çalışıyorlar. Pek çok yerde, 2015'ten beri milli bayramlar ve 10 Kasım öncesindeki cuma hutbelerinde Atatürk'ten söz edilmiyor. Diyanet İşleri dahi 10 Kasımlarda bir Fatiha'yı Atatürk'ümüze çok görmekte... Daha önce de dediğim gibi son dört, beş yıldır; 23 Nisan, 19 Mayıs, 30 Ağustos, 29 Ekim ve 10 Kasım'a denk gelen Cuma hutbelerinde "Atatürk" demiyorlar. "Bunu yapmaktaki amaçları ne?" diye insan sormaz mı? Maalesef milletimizin önemli bir kesimi bu soruyu görmezden geliyor. Türk, Kürt demeden Mehter Marşı eşliğinde kuyumuzu kazanların vatansever olduğu sanılmakta. Bir de toplumum diğer yarısı var ki, gerçeği bütün yalınlığıyla görüp kahrolmakta. Daha dün, vefa bilmeyenler, vefadan söz ettiler; Diyanet İşleri Başkanı Ali Erbaş imzasını taşıyan şu hutbeyi okudular bütün camilerimizde: "Muhterem Müslümanlar! Bugün Cuma; müminlerin bayramı. Bu gece Mevlid-i Nebi Gecesi insanlığa İslam'ı tebliğ eden, hakkı ve hakikati öğreten, cennete giden yolda rehberlik edip her haliyle en güzel örneğimiz olan

Sevgili Peygamberimiz Hz. Muhammed Mustafa (s.a.s.)'in dünyayı teşriflerinin yıldönümü.

Araya gireceğim izninizle... Daha önce "Kutlu Doğum Haftası" diyorlardı bu güne... İslam'da doğum günü kutlaması yokken Hz. Muhammet'e doğum günü kutlamaları icat etmişlerdi. Sonradan bunun Fetö'nun doğum günü olduğu ortaya çıktı. Devlet kurumlarında, pek çok okulda kutlamalar yapar dinci, İslamcı görünmeye çalışırlardı. Günlerce süren bu kutlamalar, "bizden başka Müslüman yok, Cumhuriyet bizimle Müslüman oldu" anlayışı içinde yapılıp milletin gözünün içine sokuluyordu. Bu günlerde Kutlu Doğum Haftası'nı Mevlid-i Nebi haftasına dönüştürmenin gayreti içine girdiler. Devam edelim tarihi önemdeki hutbeye...

Bizleri özü güzel, sözü güzel son Peygambere ümmet olmakla şereflendiren Yüce Rabbimize hamd ü senalar olsun. O'nun âlemlere huzur, rahmet ve güven elçisi olarak gönderdiği Resûl-i Zîşân Efendimize, âline ve ashabına salât ve selâm olsun. Aziz Müminler! Sevgili Peygamberimiz (s.a.s), insanlığı huzura ve kurtuluşa çağıran bir davetçi, hatadan ve isyandan uzaklaştıran bir uyarıcıydı. "Bir mümin neye inanır? Bir Müslüman nasıl yaşar?" sorusunun en mükemmel ve canlı cevabıydı. Muhabbet, şefkat, vefa, cesaret ve feraset gibi erdemler onun şahsında adeta ete kemiğe bürünmüştü. Zayıflar, güçsüzler, mağdur edilenler onunla yeniden insan olmanın saygınlığını kazanmıştı. O, öyle merhamet sahibiydi ki onu yok etmek isteyenler bile hidayete ererek onda hayat bulmuştu. Nitekim cehaletin ve zulmün esir aldığı, merhametin, erdemin, hikmetin kaybolduğu karanlık bir dönem, Peygamber Efendimizin gelişi ve kutlu mücadelesiyle, ilmin, adaletin, merhametin aydınlığında asr-ı saadete dönüşmüştür. Cahiliye girdabında yolunu ve değerlerini kaybeden insanlar, onun yolundan giderek, kardeşliğin, erdemin, ahde vefanın, güzel ahlakın ve bütün iyi davranışların en güzel örnekleri olmuşlardır.

Kıymetli Müslümanlar! Allah Resûlü (s.a.s) "Ben güzel ahlakı tamamlamak üzere gönderildim." buyurmuştur. Peygamberimizin hayatı, nice güzel söz ve davranışa sahne olmuştur. "İnsanlar Âdem'in çocuklarıdır, Âdem ise topraktandır." hadis-i şerifiyle, bütün insanların Allah katında eşit olduğunu beyan eden ve üstünlük ölçüsü olarak takvaya işaret eden odur. Kendisiyle konuşurken heyecanlanıp titreyen birine, "Korkma! Ben de senin gibi kuru et yiyen bir kadının oğluyum." buyurarak ümmetine mütevazı olmayı öğreten odur. "Allah'ım! Senden hidayet, takva, iffet ve gönül zenginliği istiyorum." yakarışıyla dünyanın geçici nimetlerinden ziyade, Rabbimizin rızasını amaç edinmeyi bizlere öğütleyen yine odur. Değerli Müminler! Yüce Rabbimiz, Kur'an-ı Kerim'de şöyle buyurur: "İçinizden Allah'ın lütfuna ve ahiret gününe kavuşmayı umanlar, Allah'ı çokça zikredenler için hiç şüphe yok ki, Allah'ın Resûlünde güzel bir örneklik vardır." O halde, Sevgili Peygamberimizi daha iyi tanıyalım, anlayalım ve onun aziz sünnet-i seniyyesinin hayatımızda belirleyici bir rol üstlenmesini sağlayalım. Düşünce dünyamıza onun zihniyeti ile yön verelim ve gönüllerimizi onun ahlakıyla arındıralım.

Peygamberimizin asla taviz vermediği ilkeleri biz de hayatımızın her alanında koruyalım. Unutmayalım ki Resûl-i Ekrem'i örnek aldığımız ölçüde imanımız, insanlığımız ve toplumumuz özlediği güzel günlere kavuşacaktır. İşte o zaman Peygamber Efendimizin mevlidi, hepimizin dünyasında gerçek anlamda yeniden doğuş olacaktır. Muhterem Müslümanlar! Her yıl olduğu gibi bu yıl da Mevlid gecesini takip eden hafta Mevlid-i Nebi Haftası olarak idrak edilecektir. Başkanlığımız bu yıl, Mevlid-i Nebi Haftası temasını "Peygamberimiz ve Aile" olarak belirlemiştir. Zira bencilliğin ve çıkar ilişkilerinin girdabında huzurun kaybedildiği, sevginin maddi kaygılar içerisinde hapsedildiği dünyamızda en çok aile değerlerimiz zarar görmektedir. Dolayısıyla ailenin kurulması, korunması ve sağlıklı bir şekilde geleceğe taşınması hepimizin sorumluluğudur. Her konuda olduğu gibi aile konusunda da en güzel örneğimiz Allah Resûlü (s.a.s)'dir. Mevlid-i Nebi Haftası boyunca gerçekleştirilecek etkinliklerle Sevgili Peygamberimizin hâne-i saadetindeki sevgi, şefkat, güven, huzur ve istişare ortamı toplumumuzla paylaşılacak, günümüzde aile kurumunun yaşadığı sorunlara Kur'an ve sünnet ışığında çözümler getirilmeye çalışılacaktır. Bu vesile ile Mevlid-i Nebi gecemizi tebrik ediyor, haftamızın aziz milletimize ve bütün İslam âlemine hayırlar getirmesini Yüce Rabbimizden niyaz ediyoruz."

Böylece bir kez daha görüyoruz ki, "Atatürk" diyemeyenlerin kadın cinayetlerinden anladıkları şey, ailenin korunması... "Kadınları en çok aileleri; eşleri, babaları, erkek kardeşleri öldürüyor" diye bilimsel yayın yapıyorsun hâlâ ailenin korunmasından, kadının eve hapsedilmesinden söz ediyorlar... Yarım kalan raporumuz vardı ya hani; Kadın Cinayetlerini Durduracağız Platformu'nun Ekim 2019 raporu... 36 cinayetten söz ediliyor demiştim. Devam edelim kaldığımız yerden...

Bu rapora göre öldürülen 36 kadından 33'ünün koruma kararı var mıydı, bilinmiyor. Sadece 2 maktule için "korunsun" kararı verildiği bilinmekte. Bir kez daha "yakın koruma gibi birçok tedbiri düzenleyen; şiddet mağduru kadını maddi açıdan güçlendirmekten tutun, olası katillerden korumak için kimlik değiştirmeye kadar önlem öngören 6284 sayılı kanun var... etkin uygulansaydı bu kadar kadın ölmezdi" denmekte. Eskişehir'de yaşayan, satırla kafasından yaralanan 45 yaşındaki 2 çocuk annesi Ayşe Tuba Arslan, evine giderken 6 ay önce boşanıp uzaklaştırma kararı verilen kocası Yalçın Özalpay tarafından satırlı saldırıya uğradı, şu günlerde hastanenin yoğun bakım bölümünde ölüm kalım mücadelesi vermekte. Kocası olacak, geçtiğimiz ayki ifadesinde, 'tahliye olurum' umuduyla şunları söylemişti: "Ayşe Tuba Arslan, boşandığım eşimdi. Beni geçmişte sürekli şikayet etti, olaydan bir gün önce mahkememiz vardı. Boşanmadan önce beni aldattığını öğrendim, birlikte olduğu kişiler, beni tehdit ediyordu. Hazırlıklı olmak için evde bulunan satırı yanımda bulunduruyordum. Olay günü sokakta gezindiğim sırada Ayşe Tuba Arslan ile karşılaştım. Kendisi beni tahrik edici cümleler kurdu. Ben de bunun üzerine cinnet geçirerek, yanımda bulunan satırla eski eşime vurdum, daha sonrasını hatırlamıyorum. Yapmış olduğum bu olaydan pişmanım." Hikaye hep böyle; saldırganlar sonradan pişman olur... Kendilerini nasıl savunmaları gerektiğini ezber etmişler. Bütün bunlar bir bakıma 6284 sayılı kanun etkin şekilde uygulanmadığından yaşanmakta. Ekim ayında da uygulanmadı... Bu nedenle 36 kadından beşinin çocukları vardı, annesiz kaldılar.

Başka neler oldu? Hayli ilginç gelişmelerden biri de pet markası Orkid ile ilgili... Evet, yanlış duymadınız, bunu da buraya kaydetmiş olalım.

Orkid'e göre, kadın cinayetleriyle ünlü ülkemizin kimi bölgelerinde "hijyenik ped" ayıp bir şeymiş gibi kolayca satın alınamamakta. Pedler bakkallarda gazete kağıtlarına sarılarak satılabilmekte.

Orkid'in Reklam filminde bir kadın sesi ilgilizce olarak (Türkçesi de var) utanç duyulması gereken şeyin ped satın almak değil, kadın öldürmek olduğunu söyleyerek Türkiye'yi dolayısıyla hepimizi aşağılayıp iyice kınamakta. İzleyin bu reklamı dostlarım. Pedin, rakı şişesi gibi gazete kağıdına sarılıp nasıl satıldığını göreceksiniz. O gazete kağıdı ki, kadına yönelik cinayet haberleriyle dolu. Orkid, hazırladığı bu video ile duruma isyan ettiğini duyurmakta. Öyle ki ürün ambalajını değiştirip naylon görünümlü gazete sayfası haline getirip adeta isyan etmekte. Bu tuhaf reklam, pedlerin bundan gayri market raflarında bu yeni ambalajıyla (üzeri cinayet haberleriyle dolu, gazete sayfası görünümlü naylon içinde) müşterileri bekleyeceğini haber ederek son buluyor. Yani elin adamları bile cinayetleri gözümüze sokarak,

"Eyyy öküzler! Pet almak değil, kadın öldürmek ayıp" demekteler... Ki, haklılar. Ama ilginç olan bir diğer şey de şu: ülkemizin pek çok yerinde bakkal kalmadı. Köy bakkallarında da pet satılmaz. Satıldığı yerler genellikle marketlerdir. Reklam filmi, ilk bakışta insancıl, mağduru koruyan, çarpıcı, kültürel anlam da öğretici, yobazlığa karşı gibi gelmekte. Evet, kimi bölgelerimizde içki almak gibi ped almanın da sıkıntıları var. "2019 yılındayız doğru söyle, hâlâ mı var?" Evet, hâlâ var. Mesela küçük bir köyde ya da kasabada babaysanız markete gidip karınıza ya da kızınıza kolayca ped alamaz, zorlanırsınız... Neler geliyor aklıma... Neyse...

Diyeceğim şu: Reklamı hazırlayanlar, daha çok kazanmak istemiyorlarmış gibi konuşmaktalar, sanırsınız para düşkünü kapitalist değil de kadın hakları örgütü olmuşlar. Ölçüyü kaçırıp zaten kötü olan ülkenizi dünyaya biraz daha kötü gösterme çabası içinde girmişler. Haliyle enteresan bir durum ortaya çıkmış; Amerikan şirketi, her yıl binlerce kadın cinayetinin işlendiği kendi ülkesi çok temizmiş gibi başka milletlerin değil de bizim kadınlarımızı düşünüp koruyan bir konuma yerleştirmiş kendini. Bu yüzden konu, sosyal medyada "Türkiye'yi barbar, 3. Dünya ülkesi gibi göstermeye çalışıyorlar şekilde ele alındı, alınmakta. Bir grup delikanlının şu şekilde tepki gösterdiğini görüp okudum: "ABD'li P&G firmasının Türkiye'de faaliyet yürüten şirketi Orkid, ürettiği pedler için reklam videosu hazırladı. İngilizce ve Türkçe olarak hazırlanan bu video, ürün reklamından ziyade milletimize karşı utanmazca yürütülen kara propagandaların küçük bir parçasıdır. Ülkemizin, kadına şiddet, ayrımcılık, adaletli olmamak, bilinçsiz toplum" gibi sözlerle aşağılanması düpedüz Türkiye düşmanlığıdır. Türk insanını topyekûn "kadın düşmanı" olarak göstermek istiyorlar.

Bu çirkin pazarlama hamlesine imza atan ABD'li şirketin derdi Türk kadınları değil, paradır; daha çok kazanma hırsıyla hareket ediyorlar. Tam da bu yüzden kadın cinayeti haberleriyle kaplı pedler yalnızca "İstanbul'un bazı yerlerinde" satışa sunulacak. Neden başka iller değil de sadece İstanbul? ABD'li şirketin derdi gerçekten kadınlar olsaydı bu reklamı, önce kendi ülkesinde yapardı. "Kadınları öldürmeyin, çok ayıp!" diye önce Amerikalılara seslenirlerdi. Bizdekinin 4 katı cinayet ABD topraklarında işlemekte, buna ses çıkarmayanlarda iyi niyet aramak saflık olur!"

47

Tekrar Ekim ayı olaylarına dönersek... Kadın, Barış ve Güvenlik Endeksi diye bir araştırma yapılıyor; bu araştırmaya göre 2019 yılında kadın için en yaşanılır ülke Norveç... 167 ülkeden gelen verilere bakıldığında Türkiye 114. sırada... En sondan 53. Lafı evirip çevirmeyelim... bu işin gizlenecek tarafı kalmadı: Mutsuz kadınlar, haliyle babalar, çocuklar ülkesiyiz ki ancak bu kadar olur. Kadın mutlu değilse bir ülkede kimse mutlu değildir, olamaz.

Yine Ekim ayı içinde Adana'da şiddetli geçimsizlik nedeniyle açılan bir davada mahkeme, iki tarafı eşit kusurlu sayarak kadının bütün tazminat taleplerini reddetti. Temyizde Yargıtay 2. Hukuk Dairesi, yerel mahkemenin bu kararını bozarak karı kocanın boşanmada eşit kusurlu sayılamayacağı tespitini yaptı. Öp babanın elini... Başka bir şey geldi de aklıma ondan böyle dedim... Mahkemenin ne demek istediğini anlayamadım. Mesela bundan sonra anlaşmalı boşanma olmayacak mı? Ayrılmak için ille de eşlerden birinin diğerine kötülük yapması mı gerekir? İnsanlar, neden göstermeden de ayrılamazlar mı? Temyize giden davada, iki tarafın birden kusursuz olamayacağı durumu, erkeğin aşırı cimriliğinin ekonomik şiddet olduğu değerlendirmesi yapılarak çözülmüş. Sizce de tuhaf bir durum değil mi bu?

Bugün 12 Kasım... 2019 yılının bitmesine az bir zaman kaldı. "Bu günlerde büyük olasılıkla biter" dediğim sözlerime maalesef devam etmek zorundayım. Şule Çet davası bittiğinde son sözümü söyleyip noktayı koyacaktım. Ne yazık ki dava bitmedi. Sonucu görmeden sözlerime son veremeyeceğimi düşünmekteyim. "Ne zamana kadar konuşmaya devam edeceksin?" derseniz, yeni yıla kadar, yani Ocak 2020 yılına girdiğimizde susarım... o gün ayrılalım isterseniz. Şimdilik bırakın da konuşayım... 2019 yılında toplam kaç kadın cinayeti işlendi? Toplam bilançoyu öğrendiğimiz gün ayrılırız... olur mu? Bana uyar. Böylece birbirimizi görmeyiz bir daha, karşılıklı kurtulmuş oluruz... Sizi bilmem ama ben bir süre kadın cinayetleri konusunu düşünmemeye çalışacağım. Ne yalan söyleyeyim sıkıldım... ama mevzu çok önemli. Ne yapalım ki hayatımızı konuşmaktayız. Yaşamlarımızı düzene koymak için bazı gerçekleri bilip değiştirme yolunda adım atmalı... Tamam... Yine öğretmenlik yapmaya başladım. Kusura bakmayın. Kendimi sınıfta gibi sandığımda uyarın beni. Niyetim kimseye bir şey öğretmek değil. Öğrendiklerimi sizlerle paylaşmaya çalışıyorum, hepsi bu... Zaten yoksunuz; olmayan çok değerli arkadaşlarımsınız... Nerede, hangi zaman diliminde olduğunu bilmediğim manevi varlığımızı seviyorum, hep onunla söyleşip dertleşiyorum. Bunun neresi öğretmenlik? Her neyse... ne demek istediğimi anlıyorsunuz...

Konumuza; sıkıcı bulduğunuzu bildiğim olaylara dönersek... Aylardan yine Ekim: İstanbul Büyükşehir Belediyesi, iki yeni kadın sığınma evi açılacağı müjdesini verdi... Maalesef böyle şeylere günümüzde müjdeli haber gözüyle bakılmakta. Temiz gıda, su bulmak nasıl müjdeli habere dönüşüyorsa sığınma evi bulmak, hatta hapishanelerde yatak bulup yatmak bile sevinçli haber... Allah daha beterinden saklar inşallah hepimizi... Daha geçenlerde sadece İstanbul'da elliye yakın kişi ıspanaktan zehirlenip hastanelik oldu. Resmi ağızlar, "Telaşa mahal yok, her şey kontrolümüz altında, bir miktar ıspanağa zehirli ot karışmış, durum bundan ibaret," dediler fakat kimse inanmadı. Kasım ayında olduğumuza göre bundan sonra daha çok ıspanak tüketilecek demektir, elbette zehirsiz olanını bulmak mümkün olursa... Yeminle söylüyorum ki kadınlar, çocuklarını büyütebilmek için (Kocaların canı cehenneme!.. Gülün diye söyledim, kızmaca yok!) ne alıp pişireceğini şaşırmış durumdalar. Tencerelerde yemek mi pişiyor, zehir mi belli değil. Etten başlayarak aklınıza gelebilecek her türlü gıdada hile var. Korkmadan tatlı bile yenemez oldu. Şekerli bütün gıdalarda artık glikoz şurubu kullanılmakta. İnternete bakarsanız görürsünüz; tonlarca ıspanak çöpe gitti, zehirli ot iddiası yüzünden ürününü satamayanlar kan ağlıyor. Vatandaş, sadece ıspanaktan değil, bütün gıdalardan yıldı ki nasıl... ama yemeye, içmeye mecburuz. Medyaya yansımayan gerçeklerden biri de şu: Kanser vakaları aşırı derecede arttı. fakat elde sağlıklı veri yok. Araştırma şirketlerinin tümü sözde "dürüst şirket"; parayla konuşan, göz göre siyaha beyaz diyen yalancılar... Bir konuda araştırma mı yapıyorlar? Şirketlerin, dolayısıyla da hükümetin ihtiyacına uygun sonuçlardan söz ediyorlar. Bilim insanları da paraya tapıp ahlaksızlıkla zenginleştiklerinden patronların amacına hizmet edip gerçekleri gizlemekteler. Tükürün yüzlerine! Lanetler okuyorum hepsine birden... Suyun, medeniyetlerin ana vatanında susuz kalmak üzereyiz. Hepiniz de buna şahitsiniz. Toplumun ne kadarı evindeki sudan içebiliyor bilmiyorum. Mesela siz, kaç yıldır musluk suyunu içmeyip sadece temizlikte kullanıyorsunuz? Biz 20 yılıdır kullanmıyoruz, korkumuzdan içemez olduk. Bu günlerde suyu arıtarak içiyoruz. Önceden damacana su alıp kullanırdık; güneşte, zararlı plastik içinde bekletilip satılan sulardan... Daha sonra arıtma cihazına sığındık ama ondan da memnun değiliz, bilmiyoruz ki nasıl bir alet? Sözde arıtma işlemi yapıyor; arıtılan su ne hale geliyor Allah bilir... Güvenilecek devlet kurumu yok ki, bilgisine müracaat edelim... Temiz, sağlıklı gıda, içilebilir su konusunda ne yaptığını, ne yapılabileceğini bilen varsa söylesin? Bu kaos ortamında insan nasıl yaşamalı? Toplumun neredeyse yarısı belki daha fazlası musluk suyunu tek edip satılık suya yöneldi. Ailelerin İçme suyuna yaptığı harcama elektrikle su faturası toplamından daha fazla. Bunu da Muktedirler zamanının önemli olaylarından, daha doğrusu toplumsal yıkımlarından biri olarak buraya kaydediyorum; 2019 yılını araştıranlar bir gün okusun diye...

Gördüğünüz gibi dostlarım, mesele sadece kadın cinayetleriyle sınırlı değil, bunu bilesiniz. Sorunlar zincirleme birbirine bağlı. Adaletin olmadığı yerde binlerce sorun olur. Vicdan, merhamet yoksa, açgözlülük sınır tanımıyorsa, su gibi kadın cinayetleri sorunu da çözülmez. Böyle söylediğimde kızanlar oluyor. Kızmayın... size demiyorum... sözüm kendini bilmeyip gerçeği görmeyenlere. Buraya gelip "ne diyor bu adam?" diyerek yüzünüzü bana çevirdiğinize göre vicdanlı biri olmalısınız. Öyle kişiler var ki, çölde kendilerini darı ambarında görüyorlar... Gerçekten var bu kişilerden. Aç tavuk olmuşlar, kızgın kumda yanmaktalar ama durumlarından şikayetçi değiller. En milliyetçi liderin yönetiminde hızla kalkınıp ilerlememizi çekemeyen ülkelere kafa tutup gözdağı vererek yönetildiğimizi, pısırık Cumhuriyet değil artık Osmanlı olduğumuzu sananlar var ya Allah hepsine akıl verir inşallah. Dua edin de şeytan görsün yüzlerini... Nereye gitseniz karşınıza çıkarlar.

Şunun altını bir kez daha çizmek isterim. Kadın cinayetleri sadece bizim değil, dünyanın sorunu; yüzyılımızın önemli problemleri arasında. Sosyologlar ne düşünür bu konuda bilmek isterim. Arsamızda sosyolog yok mu? Bir kaç şey de siz söyleyin ne olur? "İnsanlık hep böyleydi, kadın hep mağdurdu, değişen bir şeyi olmadı" derseniz olmaz... Bu kadar eğitimden, insan hakları söylemlerinden sonra bir şeylerin değişmesi gerekirdi. "Bütün suç teknolojinin ilerlemesinde" dersek, o da olmaz. "Bilim, insanı insana yabancılardı, nesneleştirdi de ondan böyle oldu" dese biri gülesimiz gelir. Bir şey oldu, kötü bir şey oldu ama ne? Erkek, kadını bilmez, anlamaz, tanıyamaz oldu... Erkeği büyüten kadınsa, bir kadın yavrusunu nasıl anlamaz? Ya da bir erkek ana kucağında büyüyüp bir kadına nasıl bu kadar uzaktan bakar, kalbinin sesini duymadan, bir şey hissetmeden... bu duyarsızlık nedeniyle gezegenimizde her yıl yüz binlerce kadın öldürülmekte.

Cinayetlerin oranı yıllar içinde artıyor mu azalıyor mu? Bence artmakta... "Demokrasinin, kadın haklarının beşiği" dediğimiz Fransa'da bile kadınların ayakta olmasından belli. Paris'te çok sayıda kadın geçtiğimiz aylarda sokağa çıkıp erkek şiddetini protesto ettiler. Avrupalı, bilinçli, emperyalizm karşıtı kadınlar da görüyor ki kadına yönelik şiddet ve cinayet oranları giderek artmakta. Fransız İçişleri Bakanlığı'nın verilerine göre, 2016 yılında 126 kadın aile içi şiddetin kurbanı oldu. 2017 yılına gelindiğinde eşleri tarafından öldürülen kadınların sayısı 130'a çıktı. Parisli kadınlar bu duruma sessiz kalmayıp basın açıklaması yaptılar. Gösterilere katılanlar arasında eski cumhurbaşkanlarından François Hollande'ın kız arkadaşı sinema sanatçısı Julie Gayet de vardı. Gayet, basına yaptığı açıklamada cinayetleri "katliam" olarak niteledi ve "Kadına yönelik şiddet konusunda duyarlılığı geliştirmeye ihtiyacımız var, toplum gelişse bile bu alanda geriye gidiyoruz ve eskisinden daha fazla kadın şiddet yüzünden hayatını kaybediyor." demekte...

Bir de şu olay var dostlar... bence kadınlarla dalga geçmişler, siz ne dersiniz: NASA var ya, meşhur; Amerikan Ulusal Havacılık ve Uzay Araştırmaları Merkezi... tamamen kadınlardan oluşan bir ekibi uzay çıkarmak istemekteymiş. 29 Mart'ta denemiş, uygun uzay kıyafeti olmadığından ertelemişler. Nihayet ekim ayı içinde bir kez daha deneyip başardık demekteler... Christina Koch ve Jessica Meir'in adlı kadınların uzay yürüyüşünü gerçekleştirdiği söylenmekte. Ah sevgili kadınlar! Gördünüz mü? Siz de erkekler gibi uzaya ayak basmış bulunuyorsunuz. Artık üzülmeye gerek yok, her alanda olduğu gibi uzay konusunda da erkeklerle yarışmaktasınız... Adını duyduğumdan beri NASA denen bu kurumu hiç sevmedim. İlkin (Ortaokul öğrenciliğim yıllarında sanırım.), "uzay araştırmaları" denince hoşuma gitmişti. Kurucuları eliyle dünyamız çürüyüp işe yaramaz hale gelirken NASA'nın bilim yuvası değil, zenginlere mümkünse kaçış kapısı olmaya çalıştığını iyice anlamış bulunuyorum. Ama boşuna uğraşıyorlar... Gezegenimiz yok olurken milletin parasıyla yaptıkları uzay araçlarına binip kendilerine sığınabilecekleri başka bir yer bulamayacaklar. Dünya gibi bir cenneti yok edenlerin bırakın yeni bir gezegeni, yatacak bir avuç toprağı bile olmaz, olmayacaktır. Neyse... Umarım en kısa zamanda Allah belalarını verir de cennet dünyamız kurtulur.

Şimdi dostlarım... Dünyanın bu hale gelmesinden de sorunlu (bence) NASA, kadını uzaya çıkarır da İran durur mu, şeriatçı, yobaz haline bakmayıp... (İran halkını, kadim kültürlerini tenzih ederim... Dünyanın bütün milletlerine saygım sonsuzdur. Sözüm, gezegenimizi bu hale getirenlere...) O da bir güzellik yapıp ilk kez Neşat Cihandari ile Feruz Firuzi adlı iki kadın pilota yolcu uçağı emanet etmiş bulunuyor. Hem de dolu, hem de hiç erkek pilot yokken... Kadın pilotların Meşhed-Tahran arasında başarıyla uçuş yapıp yolcu taşıdığını duyurdular. Bildiğiniz gibi Batılı ülkelerde kadın pilotun âlâsı var, savaş uçağından tutun, tarım uçağına varıncaya kadar pilotluk yapmaktalar. Bizde durum nasıl? Cumhuriyet yıllarında havacılığa, rahmetli Atatürk'ümüz sayesinde büyük önem verilirdi. Kadının, traktör yerine kullanılan öküz kadar değer görmediği yıllarda Atatürk kadının önemi üzerinde durup onu "seçmen" yapmıştı... pilot yapmıştı... milletvekili yapıp meclise sokmuştu. 17 kadın milletvekilimiz, sonradan bir kişi daha eklenerek 18'e çıkmıştı ki, bu oran dünyanın en birinci ülkesinden sonra ikinci sırada yer alıyordu. Yani Türkiye, kadınların da söz sahibi olduğu bir ülke olmuştu. Bunları biliyorsunuz. Hep anlatılan, yazılıp çizilen şeyler ama bu günlerde tekrar hatırlamalıyız. Bize ne oldu da böyle olduk deyip düşünmeliyiz. Kadın pilotlarımız yok değil, varlar ama devletimiz devlet olmaktan çıktı. Üniversite diplomalı kadın sayımız da artı ama üniversitelerimiz üniversite olmaktan çıktı. Tarikat, cemaat üyesi profesörler türedi. Gerisini siz düşünün artık. Özgürleşen köylü kadınlar döneminden geldik mi beyinsiz profesörler dönemine, aklı, vicdanı özgür olmayan üniversite mezunları çağına...

Her neyse... şunu söyleyim: "Ne kadar kadın pilotumuz var?" diye araştırırken bir haber dikkatimi çekti. Airnewstimes internet sitesinin Ocak 2018 tarihli haberine göre Türk Hava Yolları'nda 4 bin 429 pilot görev yapıyor. Bunlardan 765'i yabancı... 109'u Alman. 88'i Hollandalı (Gördünüz mü... Hollanda dünyaya sadece tarım ürünü ithal etmiyor. Futbolcu gibi pilot da satıyor.) Hollanda'yı, 82 pilotla İtalya takip ediyor. Aynı haberde 6 Türk kadın pilotun varlığından söz edilmekte; hepsi sosyal medyada fenomen olmuşlar. Resimlerini, poz vermelerini görseniz... Pilottan çok güzel mankenlere benziyorlar. Fotoğraf paylaşıp daha çok fenomen olmanın peşine düşmüşler. Instagram'da boy gösterip pek çok kişi tarafından takip edilip güzellikleriyle beğeni toplamaktalar. Sanki pilot değiller; uçak uçurmuyorlar da birilerinin talimatıyla direksiyon başında poz vermiş gibiler. Birileri de bu fotoğrafları haber yapıp "Türkiye uçuyor! Kadınlarımız hayatın her alanında görev yapmakta. Görün! Bakın! Ey genç kızlar! Çaresiz misiniz? Bize ne olacak deyip umutsuz bakmayın!... bu kuruyan ülkede ne iş yapacağız diye düşünmeyin... çalışana, isteyene iş mi yok?!... Var ki hem de ne güzel. Ey meslek arayanlar! Ne iş yapsam diye düşünüp duranlar! Gelin, siz de pilot olun! Gökler sizi beklemekte!" demekteler... Gerçek ne peki? Şu: Nasıl ki futbolumuzda tek tük Türk kaldıysa pilotluk işinde de durum böyle. Bazı sektörler var ki artık bu alanlarda bize; hele de kadınlarımıza hiç ihtiyaç yok. Birçok kadın, pek çok alanda vitrin süsü olarak kullanılmakta.

Bırakın uçak kullananı otobüs, taksi, minibüs sürebilen, bu yolla hayatını kazanan kaç kadınımız var acaba? Mesela İstanbul'da... Avrupa'nın 20'e yakın ülkesinden büyük olduğunu söylediğimiz İstanbul'da bile 2007 yılı itibariyle 6 kadın taksi şoförü olduğunu öğrendim. Geçen yıllar içinde bu sayı azalmış da olabilir. İsmini öğrendiğim kadın şoförün adı Nebahat Koçtemiz. Gazeteci Ayşe Arman sormuş o da anlatmış. Kulak verelim sözlerine...

Şöyle demekte: "Taksici oldum çünkü para kazanmam gerekiyordu. Daha önce bir mağazada çalışırdım, yöneticilik yapıyordum. Emeğimin karşılığı verilmediğinden ayrıldım. Bir gün bir gazete ilanı gördüm, kadın şoför arıyorlardı. Dobloları (otomobil markası) taksicilere tanıtmak için kadın şoföre ihtiyaçları varmış. Sabancı'nın (Sabancı: Türkiye'nin sayılı zenginlerinden... şirketleri olan bir ailenin soy ismi...) eski damadı Eran Tapan, Dobloları ticari araç olarak piyasaya sürmek amacıyla çalışma başlatmış. Reklam olsun diye de kadın sürücü bulma işine girişmişti.

Gittim. 15 kadındık... 2,5 ay sonra kala kala 3 kadın kaldık. Araçların reklamı yapıldı bitti, teknede kutlamalar filan, bir yılda satılması gereken araçlar, iki buçuk ayda elden çıkmıştı. Haliyle reklam amaçlı kadın sürücülere ihtiyaç kalmamıştı. Böylece araç sahipleriyle baş başa kaldık, artık onlar için çalışacaktık. Zorluklar başladı... Şundan: Araç sahibi için şoför kadınmış, erkekmiş fark etmiyor, parasını getirdiğin sürece hava hoş. Ama kazın ayağı öyle değil, erkek şoförler, kadın taksi şoförlerinden rahatsız oluyordu. Taksiciliği erkeklere özgü bir meslek olarak algılıyorlar ve sen yanlarında olduğun sürece rahat edemiyorlar. Benim yanımda istedikleri gibi küfür edemezler mesela. En azından ilk çalıştığım taksi durağında yaşadığım buydu. Sonra durak değiştirdim, Pera Taksi' ye geçtim. Mühendis Yıldırım, hem durağın hem de aracın sahibiydi. Yanlış anlamayın Mühendis ismi, mesleği değil. "Gel Nebahat Abla, bizim durakta çalış" dedi. Buraya geldiğimde de yadırgandım ama zamanla alıştılar. 2.5 yıldır birlikte çalışıyoruz. Ben geceleri çalışmayı tercih ediyorum. Şimdi mağaza yöneticiliği yaptığım zamankinden daha fazla kazanıyorum. Eski işimi bıraktığıma pişman değilim, iyi ki bıraktım. Taksicilik zor ama korkmuyorum. Allah'a bir can borcum var. O da vakti gelince onun olacak. Emanet taşıyorum bu canı, bedeni... Yeter ki Allah acı çektirmeden canımı bir solukta alsın. Gelişmiş ülkeler gibi değiliz biz. O ülkelerde taksicilere önlem var. GPRS sistemi var. Aracın nerede olduğunu, şoförün kim olduğunu hemen tespit edebiliyorlar. Ama bizde yok. Zaten plaka sahibi risk altında değil... kendisi çalışmıyor ki... Taksi dediğin üçüncü dördüncü ele düşebilir... Mesela Gülben Ergen'in (ünlü şarkıcı) bir sürü taksi plakası varmış. Plakalarını ticari araçlara takıp, "Oto Center" lara kiraya veriyor. Oto Centerlardan araç kiralayan müteşebbis taksiciler de o araçları başkalarına kiralıyor. Benim gibi şoförlere yani... Kullanıcısı, dördüncü ele düşen bir meslekte, ne kadar kalite bekleyebilirsiniz? Ne kadar iyi hizmet alabilirsiniz? Ama ben yine de işimi çok seviyorum... Korkularım olsa da kendime göre yöntemlerim var. Mesela geçen gün, Mecidiyeköy'den bir delikanlı aldım, geceydi, tam da göremedim tipini. Oturdu ve "Feriköy'e" dedi. Benden ter boşandı tabii. Anladım ki Hacı Hüsrev'e gidecek. Orası problemli bir semt. "İn kardeşim!" de diyemezsin. Falçatayı dayar boynuna, daha önce arkadaşlarımızın başına geldi. Onlar canı isterse telefonunu, canı isterse çantandaki paranı alır ve hiçbir şey olmamış gibi arabadan inerler. Ben de korktuğumu belli etmemek için, "Evladım senin adın ne? Ne iş yapıyorsun? Evli misin bekar mısın? Fener'in ve Beşiktaş'ın başarısına ne diyorsun?" diye bir muhabbet başlattım. Niyetim "anne rolü" yapmaktı. Söktü. Canımı sıkacak bir şey yapamadı.

Bir de tinerciler tehlikeli... Doluşurlar arabaya, "Götür bizi Bayrampaşa'ya... Esenler'e..." derler. Tiner ya da Bali koklayan bir çocuğun size ne kadar zarar vereceğini bilemezsiniz. Ama geçenlerde başka bir şey oldu ki, gerçekten ucuz atlattım... Akşam 5 civarıydı. Küçükçekmece'den Florya kavşağına doğru geliyorum. Rover bir araba dur işareti yaptı, arkadaşını benim taksiye transfer edecek. Durdum, aldım. Genç bir adam. Telefonda konuşuyordu...

Sonra karnını tutmaya başladı. İki büklüm duruyor ve inleme sesleri çıkarıyor. "Mideniz mi rahatsız?" dedim, "kusacak mısınız?" "Evet" der gibi bir işaret yaptı, "Dur" dedi, "Peki" dedim, sağa çektim, birden yakamdan tuttu, "Çıkar paraları" dedi, ben o esnada arabayı çalmasın diye kontağı kapatmış, anahtarı da elime almıştım. Sonra bir güç geldi bana, döndüm ve "Bak" dedim "Ben senin annen yaşındayım, bu güç koşullarda para kazanıp, ayakta durmaya çalışıyorum. Sen geleceksin benim oğlum yaşında, paramı alacaksın öyle mi?" Ve birden, ben de onun yakasına yapıştım, "Benim canımı alırsın ama paramı asla!" dedim. Boynuna da elimdeki anahtarın ucu değiyormuş, farkında değilim. Korku içinde, "Ne var elinde?" dedi, "Tahmin ettiğin şey" dedim, ekledim: "Seni tavuk gibi keserim, in arabamdan." "Tamam tamam" dedi ve indi. Bir baktım Rover önümde durdu, Rover'a bindi, gitti. Tezgahmış... Her gün farklı insanlar görüyorum. Gününe göre değişiyor. Ama 15'in altına düşmez. 15 ayrı insan, 15 ayrı öykü. İnanılmaz hikayeler dinlerim. Zaten ben de bu işi bu yüzden seviyorum. Film gibi. Sinemaya gitmeme gerek kalmıyor... arabama binip hikayeler, senaryolar, ümitler, ümitsizlikler, kırgınlıklar, sinirler, sevinçler anlatırlar... Sonuçta iyi bir dinleyici olup çıkıyorsunuz. Erkekler eşlerini anlatır, hanımlar kocalarını. Nasıl olsa beni bir daha görmeyeceklerini düşündükleri için, dökerler içlerini bir güzel. Bu sabah mesela, gümrükte çalışan bir beyefendi misafirim oldu. Karısını çok seviyor, kayınvalidesine de... Eşinin hatırına tahammül ediyormuş. Ama eşi ve kayınvalidesi bir olmuşlar, adamdan üçüncü kez elektrik parası istemişler. "Zaten esirgemiyorum ama beni bu kadar aptal yerine koymalarına inciniyorum," diyor. Yine de anlamaz lığa gelmiş, vermiş parayı... Cahide'den bir kız bindi dün gece. Biner binmez, boşaldı, hüngür hüngür ağlıyor, birden "Yapma yavrum" dedim, "Değmez ağlamana..." Hemen çözüldü. Evlenmek üzere olduğu erkek arkadaşını görmüş içeride, başka bir kızla öpüşürken... Böyle işte... İstanbul'un en renkli semti Elmadağ mesela. Travestiler çalışır, eğlenceli yerdir. Beni de çok severler, onların Nebahat Ablasıyım. Zaman zaman ısınmak için arabama binerler, inerken mutlaka dua ederler. Bir de onların arabalı olanları var, onlar daha zengin oldukları için daha pahalıdırlar. Yoldan geçerken, arabayla yanaşıp mutlaka selam verirler.

Geçenlerde bir tanesi, "Aynı kaderi paylaşıyoruz Nebahat Abla" dedi. "Yapma" dedim, "54 yaşındayım nasıl aynı kaderi paylaşırız, üstelik ben farklı bir iş yapıyorum." "Sana binen de para ödüyor, bize binen de!" demesin mi? Hemen kaçtım oradan... Sadece bunlar değil, bir de sarhoşlar var. Bir keresinde George Clooney tipinde biri bindi gece kulübünden çıkıp... Zilzurna... Yüzüme hiç bakmadan "Ataköy'e" dedi, "Peki efendim" dedim, sesimi duyunca, "Nasıl yani?" dedi, "İçkinin etkisiyle mi sizi kadın gibi görüyorum" dedi, "Hayır" dedim. Verdiği adrese geldiğimizde 10-15 hamle yaptı inmek için ama nafile, inemiyor, bir ayağı yerde, aracın kapısını tutuyor ama aşağı inmeyi başaramıyor. "Affedersiniz ben yardımcı olayım mı?" dedim. "Yukarı gelip kahve de yapar mısınız?" dedi. "Çok isterdim ama durağımızın kurallarına aykırı" dedim. "İyi geceler Nebahat Hanım" dedi ve gitti... Kadın müşterilerim daha ilginç! Onlar da çok severler beni. Karşılaşınca inanılmaz mutlu oluyorlar. Beni nasıl motive ediyorlar anlatamam. Nazar boncukları, okunmuş pirinçler nazar duaları veriyorlar, işim bozulmasın diye, nazar değmesin diye. Ayrıca, gece eğlencesinden dönen abone genç kızlarım var. Yolda anneleri "Ver bakayım Nebahat teyzeni" diye telefon eder. "Merak etmeyin efendim, getiriyorum" derim, kızlar Cahide'deyiz demişler, ama ben onları başka bir yerden almışım, bozmuyorum tabii... Çok az kadın taksici olduğundan şaşırmayan yok ki... "Bu saatte bir kadın taksi şoförü ha! Acayip şanslıyım. Bu şehirde kaç tane var ki, biri bana denk geliyor, yarın acayip iyi bir gün olacak" diyenler de oluyor... Ama ben kimseyle laubali olmam, genellikle "siz"li konuşurum. Bu meslekte insanlarla mesafe de yakın olduğundan soğan sarımsak gibi kokan şeyler asla yemem. Çantamda sürekli diş macunu ve diş fırçası vardır. Bir tırnaklarım bakımlıdır, oje sürmekten hoşlanırım. Kötü olaylar da haliyle çok oluyor. Bazen olaylara müdahale etmek istiyorsun ama çaresiz kalıyorsun. Reina'nın (ünlü eğlence merkezi) önünden bir çift bindi, kız bir içim su, ama adam çirkin, göbekli, kaba saba biri. Kız diyor ki, "Evde annem var, bu akşam gelmesen olur mu?" Adam bir taraftan, "Nasıl gelmem, o evi ben sana tuttum, annen gitsin" diyor, bir taraftan da tokadı basıyor. Hayatın böyle haksızlıkları var işte, sen de elin kolun bağlı seyrediyorsun. Eş cinsellerle de karşılaştığım çok oluyor. Gey barın önünde biniyorlar arabama mesela, öpüşmeye devam ediyorlar. Bir süre gittikten sonra fark ediyorlar ki, ben bir kadınım, nedense çekiniyorlar o zaman... "Ulan biz ne yaptık" diyerek...

48

Size de farklı geldi mi bu kadar cinayet haberinden sonra bir kadın taksicinin yaşam mücadelesi. Bana iyi geldi. Anlatsaydı da dinleseydik, daha ne hikâyeler vardır hayatında Allah bilir. Karşılaştığı bazı kadınlar, Nebahat Hanım'a işine devam edebilmesi için dua ediyorlarmış ya, ben en çok bundan etkilendim. Çalışıp para kazanmanın insan için, hele de kadın için, anneler için ne kadar önemli olduğunu en iyi, kimseye muhtaç olmadan yaşamaya, iş bulup para kazanmaya çalışan kadınlar bilir.

Rahmetli annem de hayatı boyunca işsizdi(!) Para kazanamamanın üzüntüsü içinde yaşamıştı. İş mi yoktu ona... o kadar çok işi vardı ki... Çamaşır makinamızın olmadığı yıllardı. Ahırdaki işleri; yoğur, peynir yapıp sattığımızı da düşünürseniz tek başına on kişinin yapamayacağı işleri yapardı, dur, durak bilmeden... 9 çocuk büyütmüştü. İkisi babamın ölen karısındandı... Bizden başka kimsesi olmayan garip annem inek sağar, yoğurt çalar, biz de bunları satılsın diye çarşıya, babamın tarif ettiği bakkala bırakırdık. O yıllarda para azdı ama kimse işsiz değildi. Hiç iş yapmayan ağaçlardan topladıklarını kurutur, kışa hazırlık yapardı.

Annemin de başını kaşımaya vakti olmazdı ama babama muhtaçtık. Gerçeği doğruca söylemek gerekirse parayı kazanan, evi çekip çeviren annem, efelik yapıp gezen, elini sıcak sudan soğuk suya vurmayan babamdı. Annemizin çatlak, nasır içindeki ellerini görseniz ağlardınız. Babamınkiler bu ellerin yanında beyaz ve yumuşak kalıyordu. Yıllar geçti ben bu hale hâlâ hayret ederim... Bir kadın çocukları için ne çileler çekiyor da aldırış edilmiyor. Annem şansız kadınlardandı. Hayatını yaşamıyor, sürünüyordu. Bu yetmez gibi bir de kocasının yumruları altında ezilmesi, dayak yiyip aşağılanması vardı. Bu yüzden annem ayrılmayı çok istemişti. Kimi zaman yemenisi başından düşmüş, saçları dağınık, burnundan kan akarken komşulara gittiği günler geliyor aklıma da hâlâ içim yanıyor, ağlamak istiyorum. Çocuklarına bakacak kadar kazancı olsaydı hiç durmaz ayrı ev tutar, bizi de yanında alırdı... Ama yapamadı...

Şimdi düşündüm de... Bu yazı dizisini tamamlayabilirsem anneme ithaf etmeliyim. Öldüğünde 58 yaşındaydı. Güzel annemiz, daha kırklı yaşlarındayken gözlerimizin önünde mum gibi eriyip bitmişti... Şeker hastalığına tutulunca gözünde ışık, dizinde derman kalmamıştı. Ondan 17 yaş büyük olan babam 70'li yaşlarında bir evlilik daha yaptı... Neyse... Bu konuyu yazılmak da bana zor. Son olarak şunu söyleyeyim, diploması olmayan kadınlarımız genellikle temizlik işlerinde çalışıyor. Annem bunu da yapamadı, kapıdan dışarıya çıkabilen biri değildi, insanlardan korkardı... Ne olduysa olmuş, yaşama dair bütün cesaretini kaybetmiş bir kadındı. Öğrenilmiş çaresizliklerin tutsağı olmuştu. Yeni bir hayat için babanın kurduğu düzenden çıkmak zorundaydı ama çok istediği halde çıkamıyordu, ne kadar çalışsa da eline kuruş geçmiyordu. Bütün anneler gibi o da gece gündüz uğraşıp hayatımızı temiz, yaşanır halde tutmaya ömür tüketiyordu. Ah kadınlar... Bir hafta temiz yapmasalar var ya feleğimiz şaşar, pisliğimizde boğuluruz da kurtaran olmaz... Haksız mıyım?

Annelerimiz var da açlıktan, pislikten ölmüyoruz. Mutfak işinden anlamayan, eve gelip malak gibi yatan, hazır yemeği bile ısıtıp yemesini beceremeyen erkeklerin sayısını düşünün bakalım... Kadınlar olmasa var ya, bunların hepsi birden, bir kaç yıl içinde (paraları olsa bile) sağlıksız beslenmekten, değilse pislikten telef olup giderdi. Öyle adamlar tanıyorum ki inanın bir yıl bile dayanamayıp ölürler. Diyebilirsiniz ki iş başa düşünce şimdi bilmedikleri her şeyi önerirler. Haklısınız. Değişmeden kalmaları varsayımı üzerinden düşününce hepsi için hastalık, ölüm kaçınılmaz olur. Sizi eşek yapıp sırtınıza binenler, eşek ölünce dağda kalırım, kurda kuşa yem olurum korkusuyla öyle bir kaçarlar ki, kurşun sıksanız yetişmez arkalarından...

Geçen ayın inanamadığım olaylarından biri de boşanamayan bir kadınla ilgiliydi. Yanlış duymadınız... Boşanmak istediğinizi beyan edince mahkeme hemen "olur" vermiyor. 17 yıldır eşinden şiddet gördüğünü söyleyen Meryem Karalök'ün yaşadığı gibi... Meryem beş yıldır boşanamaya çalışıyor ama mahkeme boşanmasına "olur" vermiyor. Kadının korunmasından çok, ailenin korunması esas ya, hakim beyler "hızlıca boşayalım gitsin, kurtulmuş olurlar, zorla güzellik olmaz" demiyor ya da diyemiyorlar. Meryem yalvarıyor, "Boşayın beni! Mağdurum! Bu adam; kocam olacak öldürecek beni!" dese de boşuna... İnternette bakarsanız elinde kartona yazılı "Boşanmak İstiyorum" yazısıyla, bazen tek başına, bazen de vicdanlı bir kaç kadının desteğiyle mahkeme önünde eylem yaptığını görürsünüz. Hayatını kurtarabilmek, her şeye yeniden başlamak için elinden ne geliyorsa yaptı, yapıyor. Sesini duymayan kaldı mı? Şöyle sorayım bir de: Televizyon haberlerine konu oldu mu? Mümkün olduğunca haberleri takip etmeye çalışırım, Meryem'in olayını internetten öğrendim. İnşallah yakın gelecekte televizyon haberciliği diye bir şey kalmaz da insanlar yanlış bilgilerle manipüle edilmekten kurtulurlar. Gazeteler de öyle... Gerçeği aktarmaktan ziyade bir fikir, ideoloji etrafında habercilik yapıyorlar. Sosyal medya tam da bu yüzden önem kazandı. Gerçeğin yeni adresi web siteleri olduğundan internete yönelen baskılar da arttı, artmaya devam etmekte. Neyse. Konu dağılmasın.

Şunu söyleyeceğim: Aklınızda olsun, "Mutlu olamazsam hemen ayrılırım. Hele evlenelim de gerisi kolay" demeyin. "Kutsal evlilik, evlilikte keramet var" deyip sizi birine öyle yapıştırıyorlar ki, çiviyle çakıp urganla, zincirle bağlıyorlar. Böylece ailelerin dağılmasını önleyip evliliğin ne kadar güzel bir şey olduğunu gösterecekler. Aman ha, olası sonuçları şimdiden görmeye çalışın. Evlenmeye mi karar verdiniz... Kırk kere düşünün. 41. kez düşünüyorsanız vazgeçin... En iyisi bu. Uzun süre arkadaşlık yapın. İşiniz yoksa önce meslek öğrenmeye bakın... İşsiz kadın olup evlendiğinizde şundan emin olun: Sevgi bitecek ve siz çocuklarınız yanınızdayken bir canavarla baş başa kalacaksınız. Evlatlarınız üzülüp ağlarken o canavardan dayak yiyip aşağılanacaksınız. Böyle şeyleri ne siz yaşayın ne de başkasına yaşatın. Hiçbir şeyin göründüğü kadar kolay olmadığını bilin... Meryem'in şu sözleri de kulağınıza küpe olsun: "Sevmediğim için boşanamaz mıyım? Sevmiyorum, istemiyorum. Yargıtay'da da aynısını söyledim. Buradaki hakime sesleniyorum. Bana bağladığı 300 TL'lik nafakayı sadece bir ay kendisi alsın bakalım nasıl geçinecek? Çocuğunun masrafını, evinin kirasını, elektriğini, suyunu bu parayla nasıl ödeyecek? Benim çalışarak aldığım evde o adam oturuyor, kira bile ödemeden... Bana bağladıkları 300 TL'lik nafaka ile çocuklarımla beni kaldırıp sokağa atıyorlar. Dünya kadar kadın ölüyor, haksızlık bu. Beni katil mi edecekler? Ya ben bu adamı öldüreceğim ya da burada üstüme benzin döküp adliyenin önünde kendimi yakacağım. O adamın elinden ölmek istemiyorum!"

"Sevmiyorum" dediği kocasından ayrılmaya çalışan Meryem'i bir de tutuklayıp hapse atılar iyi mi? Neden? Mahkemede çantayla kocasına vurmaktan suçlu bulundu. Yaa... Hakim beylerin önünde kadın, çantayı nasıl olur da kocasının başına geçirmeye cüret eder ya da yüzüne fırlatır. Adam yaralandı da ağzı, burnu kanlar içinde mi kaldı, hayır... Aşk olsun.. siz de bir şey bilmiyorsunuz. Şiddetin her türünü kınamak gerekir. Hakim beyler de bunu bilmekte ve yasaya göre ceza vermekteler. Önce, "150 gün hapis" dediler, daha sonra da bunu 3 bin lira para cezasına çevirdiler. Çok geçmedi polisler acilen kapıya dayandı, Meryem'in doğum günüydü... "Seni tutukluyoruz, bizimle geleceksin!" dediler. Böylece utanmaz saldırgan kadın, parayı hemen bulamayınca doğum gününü cezaevinde geçirmek zorunda kaldı. İstenen miktarı akrabaları vermese daha da yatacaktı. "Çanta vurmak suretiyle gururumu incitti" diyen kocasının şikayeti üzerine 150 günü (yılın yarısı eder) neredeyse hapiste geçecekti. Ancak ve ancak yakınları parayı çıkarınca serbest bıraktılar. Meryem, gazetecinin birine o gün derdini şöyle anlattı: "Çanta fırlattım diye bana 3 bin lira ceza kesildi. Ben çalışmıyorum, ödeyecek durumum yok. Tebligat da zaten elime ulaşmamıştı. Önceden haberim olsaydı o parayı bir şekilde bulur, buluşturur öderdim. Çocuklarım bana doğum günü hazırlığı yaparken cezaevine girdim. Sabaha kadar ağladım. Sesim falan kısıldı. Kocamdan 17 yıl şiddet gördüm. Kolumu kırdı, beni döverken karnımdaki çocuğumu öldürdü ve sıcak su dökerek beni yaktı. 40 yaşını geçtim hâlâ dayak yiyorum. Psikolojim alt üst oldu. Onun için boşanmak istedim. Evden dayak yiyerek ayrıldım. Polis beni alıp kadın sığınma evine götürdü. Bir daha da eve dönmedim. Çocuklarımla ev tuttum. 5 yıl bitti, 6'ncı yıla girdik... hâlâ ayrılamadım. Hala mahkemem sürüyor. O, bana bu kadar şey yaptı ama bir gün cezaevine girmedi. Ben ise bir çanta atmayla cezaevine girdim. Mahkemeler böyle kararlar verince eşime de cesaret geliyor. Bunun üzerine eşim beni öldürür. Böyle karar olmaz, olmamalı."

Sıkılmıyorsunuz değil mi? Bu günlerin önemli konularından biri de "yargıda reform".. Şaka sanacaksınız ama değil... Sorunları büyütüp yasaları uygulamayanlar, her suçu kanunların yetersizliğine verip ülkeye demokrasi getireceklerini söylemekteler, bas bas bağırıyorlar, "Türkiye'yi uçuruyoruz! Kendi uçağımızı kendimiz yapmaya başladık" diyerekten... Güler misin ağlar mısın... öyle bir ortam oluşturuldu ki aklı olan dayanamaz... kahrından ölürsün, geberip gidersin de kimsenin ruhu duymaz, umuru olmaz. Söz buraya gelmişken anmadan geçemeyeceğim: Dün, 61 Anayasası'nın mimarlarından ünlü hukukçumuz, hocaların hocası Mümtaz Soysal'ın cenaze namazı kılındı, ruhu şad olsun. 90 yaşındaydı. 11 Kasım gecesi öldüğü haberi geldi. 13 Kasım'da da sonsuz yolculuğa uğurlandı. 61 Anayasası Cumhuriyet tarihimizin en ileri yasası olarak bilinir. Amerika'nın emriyle hareket eden darbeci askerler tarafından yırtılıp çöpe atılmasaydı bugün bambaşka bir ülkede yaşıyor olacaktık... Bütün doğu ülkelerini kedine çeken, Müslüman olduğu kadar da laik, güçlü bir ülke olacaktık. Mümtaz hoca gibi Cumhuriyet değerlerine bağlı aydınlarımız birer birer çekip gitmekteler. Biz bize, cahiller ordusuyla baş başa kalıyoruz ki bu korkunç bir şey. Bugün bir araştırma yapsanız toplumun en az yarısının (belki de daha fazla) bir tarikata ya da cemaate mensup olduğunu görürsünüz. Partilere de tarikat gözüyle bakılabilir. Her partinin başında çoban gibi bir lider var ve bütün parti üyeleri bu çobana koşulsuz biat etmek zorunda. Etmeyen atılır, bir daha siyaset yapamazlar, yapsalar da kendi kedilerine yaparlar, bir süre sonra da bırakıp giderler. Parti liderine boyun eğmek önemli. Bunu yapmayan kendinin kapı önünde bulur. Darbeci askerler, 40 yıl önce sadece dinciliği destekleyip büyütmediler, çıkardıkları yasayla partileri de tarikat benzeri bir konuma getirdiler. 40 yıldır iktidara gelen partiler de hallerinden memnun olmalılar ki bu durumu değiştirip siyaseti özgürleştirmeye gerek duymadılar. Lafı çevirmeden söyleyim, şunu demek istiyorum: Siyaseti özgür olmayan bir ülkenin kadınları da, milleti gibi özgür olmaz, olamaz. Böyle bir ortamda önce kadınlar ve çocuklar, gençler ezilir. Ne tekim yaşayıp görüyoruz... Herkesin evinde mutsuz bir çocuk, haliyle anne, genç, diplomalı işsiz ya da bir şehit fotoğrafı var mı, var...

Neyse... Her şeyi kanıtlamak zorunda değilim. Biraz da siz söyleyin... Neden bu kadar mutsuz olduğumuzu, sevenlerine kıyacak kadar akıl ve ruh sağlığımızı kaybettiğimizi biraz da siz anlatın... Bakın, dinleyin ne olur. Yeni bir olaydan söz edeceğim. Geçtiğimiz on gün için de üç aile siyanürle hayata veda etti. Ortak özellikleri borç içinde olmalarıydı. "80 milyonluk ülkede olur böyle..." diyenler var. Toplumun düştüğü genel umutsuzluk halini bir tarafa bırakarak söylüyorum: nasıl olur da insanlar bu derece öldürücü siyanüre bu kadar rahat ulaşır? Ne kadar kötü yönetildiğimizi buradan anlayın. Demek ki biri kafasına koysa, siyanürü mesela, bir apartmanın, otobüsün, trenin penceresinden içeri fırlatıp yüzlerce insanın ölümüne neden olabilir. Bu maddeyle ölenlerin cenazesini camiye götürmüyorlar, özel kıyafet giyip hemen defnediyorlar ki başkaları zarar görmesin... Kimse bir süre mezarlığa yanaşmıyor. Olay apartmanda olmuşsa, dairelerde oturanlar tahliye ediliyor. Siyanürün etkisi geçinceye kadar çevrede oturan insanlar bile evlerine girmeye korkmakta. İşte böylesine ölümcül bir maddeyle yabancı şirketler dağlarımızdan altın çıkarıp temizleyip memleketlerine götürmekteler. Bize de kullanıp iflah olmaz şekilde katlettikleri ormanların kira bedeli olarak bir miktar para veriyorlar. Siyanür denen maddeyi isteyenler internette girip satın alabiliyormuş. "Silah satışı bu kadar kolay olsun mu olmasın mı?" diye tartıştığımız bu günlerde kim bilir daha ne tehlikeli kimyasallar var ki isteyen alabilmekte. Yeminle söylüyorum akıllı manyaklardan biri çıksa, hepimizi yok edecek kimyasal bir silahı kimsenin ruhu duymadan evinde üretebilir. Siz üstünüzde de metal var diye kemerinizi çıkarmadan havaalanının kapısından geçemezken başka biri evinde atom bombası yapar da kimsenin ruhu duymaz. Yeni Türkiye böyle bir yer oldu artık... Allah hepimizin yardımcısı olur inşallah...

Tekrar 13 Kasım'a dönersek... 13 Kasım aynı zamanda Muktedir'in, Trump'ın ünlü hakaret mektubundan sonra Amerika'ya gittiği gün olarak tarihe geçti. Bu da önemli... Zira Muktedirler Amerika'ya gide gele iktidarı ele geçirdiler, 17 yıldır da bırakmıyorlar, hâlâ da bırakmak niyetinde değiller. Son seçimler gösterdi ki, hileyle kazandıkları seçimleri, yeniden (hile yapsalar bile, büyük oy farkı yüzünden) kazanamayacaklar. Zira iktidarı destekleyenlerin oranı azalmakta... Oy farkı hileyle kapatılamayacak derecede büyüdü, giderek de büyümekte. Bunu gören saray yönetimi yeniden Amerika'ya sığınmanın arayışı içine girdi. Trump'la yeni bir oyun sahneye koymaya başladılar. Oyunun adı: "Türkiye güçlü bir ülke, adeta Osmanlı... Eski ödlek Cumhuriyet yıkıldı çok şükür, yenisi geldi ki ne biçim, yeme de yanında yat... Türkiye büyüyor... Bravo Türklere! Osmanlı'yla, İslam'la barıştılar, İngiliz uşağı Atatürk'ü bıraktılar. Özü, sözü din üzerine, laiklik istemeyen Mustafa Kemal Atatürk düşmanı, dindar bir lider buldular. Maşallah! Çok güçlü, çok zeki bir liderleri var!" Uzun bir isim oldu, isterseniz kısaltıp "Şahsi menfaatlerini düşmanın çıkarlarıyla birleştiren Türk siyasetçilerin Amerika'yla dansı" yapalım... Ne derseniz deyin sonuç aynı: Türkiye'yi Amerika'ya göbeğinden bağladılar. Bu siyasetçi zihniyetini yıkmadığımız sürece gerçek değişmez; felaketler artarak devam edecektir. Amerika her şekilde ülkemizi kullanmanın bir yolunu buldu, bulmaya da devam edecektir.

Kısaca söylersek... Yargı Reformu dedikleri şey, göz boyamaya dönük kuyruklu yalan. Sorun yasalarda değil, yasaları uygulayanlarda. Çör çöp yiyip ileri demokrasi yalanları yumurtladıklarından, bu günlerde tecavüzcüye, mağdurla evlenmesi halinde af getirileceği konuşulmakta, mağdur kişi, 18 yaşın altında olsa dahi... Bu yasa daha önce vardı ve kadınlar yıllarca mücadele verip iptal ettirmişlerdi. Şimdi yeniden "eski günlere dönülsün" diyenler var. 2019 yılının cesur kadınları bunun için de mücadele vermekte... Bir şey daha deyim mi? Habertürk kanalında yayınlanan "Gündem" isimli bir program var. Programın bu haftaki tartışma konusu "Cumhuriyet Kadını"ydı fakat stüdyoda 7 mükemmel erkek (!) vardı. Kadınsız, kadın sorununu tartışmak için bir araya gelen tipler...

Şimdi de Kayseri'ye gidelim dostlarım. Cevahir adındaki iki çocuk annesi, uzaklaştırma kararı bulunan kocası Mustafa Çay tarafından sokak ortasında bıçaklanarak öldürüldü. Adam, başkaları da varken otobüs durağında bıçakladığı karısının başında bekledi ki kimse yanaşıp yardım edemesin... Bir de bu çıktı: Kimi katiller, canı çıkıncaya kadar elinde bıçakla milleti tehdit edip ölmesini istedikleri kişiye yardım etmesine izin vermiyorlar. Biliyorsunuz, bir keresinde polise bile izin verilmedi, polis de tabancasını çekip o, ciğeri beş para etmez katile ateş edemedi. Elinde sapanla Muktedir'i protesto eden çocuğa silah sıkanlar, ortalık yerde cinayet işleyenlere ateş edemeyip yasaların acil müdahaleye engel olduğunu dile getirmekteler. İnsan en çok da buna kahrediyor; bir can, kurbanlık koyun gibi katilin ayakları dibinde ölürken, kimse müdahaleye yanaşamıyor ya, insanı en çok bu öldürüyor. Devletin müdahalesi geciktiğinden, çok da sıkı olmadığından vatandaş da kendini geriye çekip izleyici kalmayı tercih ediyor. Bir ülke ne kadar kötü olsa da (inanın buna... Allah sonumuzu hayretsin...) mafya düzeninde bile bu kadar insanlık dışı olay yaşanmaz. "Bize ne oldu? Nasıl böyle olduk?" diye sormam bundan... İki çocuk annesi Cevahir öldükten sonra telefonuna baktılar, cinayetten iki gün önceydi... 5 Ekim'de Cevahir Çay'ın yakınlarının yönlendirmesiyle Isparta Uyuşturucu Bağımlılıklarla ve Alkolizmle Mücadele Derneği Başkanı Yaşar Erbil'e ulaştığı, kocasının tedavisi için yardım ve destek istediği öğrenildi.

Cevahir Hanım, 5 Ekim günü sabah 09.08 sıralarında dernek başkanına attığı mesajda şöyle demekte: "Lütfen bana yardımcı olun, eşim kötü durumda, onu kurtarın, tedavi olmayı kabul etti, bir görüşelim. Ne olur zor durumdayım, yoksa boşanacağız, 2 çocuğum var... Bir aileyi kurtaracaksınız, çocuklarımla ailemin yanındayım..." Dernek başkanının da 'İnşallah kardeşim, her şey eşinizin elinde' diye cevap verdiği bilinmekte. Bu konuşmadan 1 gün sonra Cevahir Hanım eşinin ölümcül saldırısına uğradı. Kocası olacak, çevredekilere "Yaklaşmayın, bırakın ölsün!" derken ağlıyormuş iyi mi? Bu nasıl manyaklıksa... Hemen gözyaşı döküp "karım beni aldatıyordu, kıskanç biriyim, bu yüzden öldürdüm," demeye başlamış... Demek ki nasıl bir savunma yapması gerektiğini iyi öğrenmiş. Hakim Beyler haline acıyacaktır. "Yazık... Adam aldatılıyormuş, doğru bile olmasa öyle sanmış, demek ki ruh sağlığı bozuk, demek ki iyi düşünemiyor, demek ki olayları doğru değerlendirecek zihinsel kapasiteye sahip değildi" diyeceklerdir. Siz, "Eee?" deyip sorun: Adama Allah vurmuş zaten. Eee? Bir de biz mi vuralım yani? Hem hukukta düşünce kabiliyeti olmayanlara ceza öngörülmemiştir. Bak sen işe! Zaten siyasi mahkumlar yüzünden hapishanelerde yer mi kaldı?.. Eee? Üstelik koca adam hüngür hüngür ağlayıp "pişmanım" demiş. Mesela kim öldürebilir iki çocuk annesi eşini? Kim böyle bir utancı ölünceye değin göze alır? Sen alır mısın mesela? Elbette alırsın ama aklını yitirmek şartıyla. Böyle bir cinayeti başka türlü işleyemezsin. Sizin koca deyip katil saydığınız adamların hepsi deli, hem de zır deli olmuşlar. Bu yüzden ceza verirken iyi düşünmeli... Sevgili dostlar! Hep öfkemden böyle yazıyorum. İçimde bulunduğumuz saçma hali başka nasıl açıklayabilirim... Kadınlarımız sudan ucuz, çöp gibi yerlere dökülüp saçılmaktalar. Bilim, teknolojisi çağı denen bu çağda yaşananlar beni gerçekten derin uçurumların kıyısına getirip görmekte. Bilim ilerlerken insanlığın gerilemesi karşısında duyduğum öfkeyi, yaşadığım hayal kırıklığını sözle anlatamam. Çağımız maalesef "bilim, insan hakları" diye kucağınıza ölü bir bebek bıraktı. Bu bebek yüzünden umutlar yıkılıp hayallerimiz yerle bir oldu.

49

Ağrı'ya bakalım bir de... 52 yaşındaki 11 çocuk annesi Saime Solmaz, kuma (ikinci eş) istemeyince kocası tarafından ateşli silahla vurularak öldürüldü. 5 çocuk annesi kızı Kezban Kaya da olay yerindeydi. Kezban'ın, evlenme ısrarından vazgeçmeyen gözü dönmüş babasının elindeki silahı almaya çalışırken vurulup öldüğü öğrenildi. Katil Baba kaçtı, saklandığı mezarlıkta yakalanıp karakola götürüldü. İfadesini verirken "Silahtaki bütün mermileri boşaltım fakat, kızımı vurup vurmadığımı hatırlamıyorum. Vurduysam yanlışlıkla vurmuşumdur," dedi. Cenaze namazından sonra yeğeniyle ablasının tabutunu taşıyan Mahmut Demir şunları söyledi: "Ablam üzerine kuma getirilmesini istemiyordu. Çocukları da buna razı değildi. Birkaç kez mal varlığı yüzünden anlaşamayıp kavga ettiler. İlçede akaryakıt istasyonu ile beton santrali olan eniştem, mal varlığını sevgilisine bırakmak niyetindeydi. Eşi ve çocukları bu yüzden ikinci kez evlenmesine karşı çıktılar. İlkin "herkes payını alıp ayrılsın" demişlerdi. Ama eniştem buna yanaşmadı. Cinayet günü, oğulları ile ilçe merkezinde buluşup konuşmuşlar, arabulucu olarak bazı tanıdıklar da yanlarındaydı diye duydum. Çocuklar babalarıyla barışmaya çalışmış ama tartışarak ayrılmışlar. Eniştem köye gelip yeğeninin dükkânına gizlenmiş. Uygun zamanı bulunca da evinin yolunu tutmuş. Evde ne konuştuklarını bilmiyorum. Yeğenim de oradaymış. Önce ablama ateş etmiş, sonra yeğenime... Başka bir yeğenim daha var evde o sıra... O da silah sesini duyunca mutfak camından atlayıp kaçmaya başlamış. Dediğine göre eniştem yalnız gelmemiş, "evleneceğim" dediği kadını da getirmiş. Bence yakalandığı iyi oldu, yoksa o kadın için cinayet işlemeye devam ederdi diye düşünüyorum."

Eşiyle kızının katili baba da bir şeyler anlattı karakolda. Şöyle dedi: "Ekonomik sıkıntılarım vardı. Daha sonra bunlardan kurtuldum. Tüm mal varlığımı vermiştim, geri almak istedim.

Fakat çocuklarım ve eşim vermek istemediler. Yaklaşık 3 yıldır kazancımı yiyor, işe dahi gelmiyorlardı. Büyük oğlum Yakup ve annesi Fezile sürekli bana hakaret ediyordu. Bu sene başında eşimle çocuklarım beni evden kovdu. İki, üç ay otelde bazen de dostlarımda kaldım. Yanız yapamayacağımı düşünerek, geçen mart ayında hem yardımcı hem de yoldaş olsun diye Sabahat isimli kadınla yaşamaya başladım. 19 Nisan günü Patnos'ta bulunan markette eşim Fezile ile oğlum Abdullah, beni ve Sabahat'i darp edip hakaret ettiler. Polise başvurduk. Daha sonraları oğlum İlhami, imam nikahlı eşim Sabahat hakkında kötü sözler ortaya atmaya başladı. "Hayat kadını" gibi sözler kullandı. Bunlarla ilgili adli makamlarda dosyalarımız var. O gün kızım Menşure, torunum Furkan ve imam nikahlı eşim Sabahat'le beraberdim. Kızım bizi barıştıracaktı. Öğlenden sonra oğlum Yakup aradı, kafede buluştuk. Ona güvenmediğim için esnaf arkadaşlarımdan bazılarını da çağırdım. Oğlumun yanında diğer oğlum İlhami ile yeğenim İrfan da vardı. Biraz konuştuktan sonra Yakup, bana kül tabağı fırlattı. Sol elimden yaralandım. Diğerleri araya girdi, kendimi kurtarıp dışarı çıktım. Çok uzun zamandır esnaflık yaparım, oğlumun beni arkadaşlarımın yanında rezil etmesine dayanamadım. O sinirle kafama koydum. Resmi nikahlı eşim Fezile'yi vurmak için arabada bulunan kızım Menşure, torunum Furkan ve imam nikahlı eşim Sabahat ile Değirmendüzün'deki eve geldim. Yolda, kızım ve Sabahat beni sakinleştirmeye çalıştılar. Çok sinirlenmiştim. Fezile'yi vuracağımı bilmiyorlardı. Devamlı ağladılar. Evin önüne geldiğimde, arabadan inip içeriye yöneldim. Bahçesede kimse yoktu. Açık kapıdan girdiğimde karşıma kızım Kezban çıktı. 'Baba ne yapıyorsun?' diyerek, beni engellemeye çalıştı. Kızı'mı vurup vurmadığımı hatırlamıyorum, vurduysam o anda yanlışlıkla vurmuşumdur. Kezban ile aramda hiçbir sorun yoktu. Salon kapısına geldiğimde Fezile'yi gördüm ve ateş ettim. Neresine, kaç tane ateş ettiğimi bilmiyorum. Tabancamın içinde bulunan mermi bitene kadar ateş ettim. Evde bir gelinim ve bir kızım daha bulunuyordu. Tabancamda hatırladığım kadarıyla 7 adet mermi vardı. Olay sonrası silahı ne yaptığımı da bilmiyorum. Eşim hariç kimseye silah doğrultmadım, kimseyi tehdit etmedim. Evdekiler elimdeki silahı almaya çalışıyordu, vermedim. Eşimin öldüğünü anladıktan sonra gidecektim, arabada bulunan kızım Menşure ve Sabahat yanıma geldiler. Onları bırakıp araca bindim, yola çıktım. Kafama da sıkacaktım fakat silahı bulamadım. Arkadaşım C.S. aradı. Neden böyle bir şey yaptığımı sordu. 'Bir kere oldu' dedim, telefonu kapattım. Daha sonra 155'i aradım ve saklandığım yeri polislere bildirdim. Çok pişmanım."

Allah kimseyi bu durumlara düşürmesin dostlarım. Cinayetlerin çoğu cahillikten, yobazlıktan... Kayseri'de de yine bir koca eşini öldürüp "pişmanım" dedi. 27 yaşındaki Gizem Vural Dik, evli olduğu 32 yaşındaki klima tamircisi Mehmet Dik tarafından başından vurularak öldürüldü. Gizem, geçtiğimiz ay sosyal medyada, ölümle tehdit edildiğini söyleyen Kezban Ç.'nin isyanını görüp paylaşmıştı. Kimdi Kezban? Aksaray'da yaşıyordu, iki çocuk annesiydi. Yalvarıyordu, "durduran olmazsa kocam beni öldürecek" diye. 10 yıllık evli olduğu eşinin başka bir kadınla ilişkisi olduğunu öğrenmişti. İşsizdi, eşinin yaptıklarını öğrenince babasının evine sığınmıştı. O günden beri ölümle tehdit edildiğinden boşanmak istiyordu. Üstelik hamileydi. Yardım aramaya başlamıştı. Allah'tan bu kez jandarma erken hareket etti. Kocası olacak, ailesiyle helalleşip tüfekli, bıçaklı yola çıkmıştı. Şikayet üzerine kayınbabasının evine ulaşamadan tutuklandı. Kezban durumunu şöyle özetlemişti: "Yakalandı da kurtuldum. Dediği gibi beni vurmaya geliyordu. Durumu jandarmaya bildirdim. Allah'a şükür ki silahıyla yakaladılar. Çok korkuyorum, çocuklarım, ailem için de korkuyorum. Cumhurbaşkanımızdan yardım talep ediyorum. (Duyuyorsunuz ya... Tek adam rejimi kurulduğundan beri herkes çareyi sarayda arıyor. Devlet kurumlarına olan inancın yıkılması nedeniyle uzun zamandır böyle bir durum ortaya çıktı...) 2 oğlum var, ayrıca hamileyim. Sesimi duymasını ve yardım etmesini istiyorum. Ailemin de maddi durumu yok. Devletimizin yardımına muhtacım. Diğer kadınlar gibi ben de öleceğim, yaşamak istiyorum. Çocuklarım için yaşamak zorundayım."

Gizem Dik, sosyal medyadan bildiği Kezban'ı kedine yakın bulmuş olmalıydı. Ortak yanları olduğunu düşünüp Kezban'ın sesini duyurmak istemesine yardımcı olmaya çalışmıştı. Elinden ancak söz konusu haberi paylaşmak gelmişti. Olay, Kayseri'nin Melikgazi İlçesi'ndeki Tavlusun Mahallesi'nde yaşanıyor. Mehmet Dik, o gün ruhsatsız silahı ile 4 yıllık eşi, 1 çocuk annesi Gizem'i başından 1 el ateş edip öldürdü. Daha sonra polisi arayıp cinayeti işlediğini söyledi. 9 yaşındaki üvey kızının da o sırada evde olduğu dile getirilmekte... Cinayetten sonra çocukla birlikte olay yerinden uzaklaşıyor. "Karısına sıklıkla işkence yaptığından kaynanası, kızının yakınına bir daireye taşındı" denmekte... Daha geçen hafta katil damat zorla Gizem'in saçlarını kesmişti. Gizem, rasgele kesik saçlı halini Instagram'da paylaştıktan sonra kuaföre gidip düzelttirmişti. Ölmeden 4 saat önce de yaptığı sosyal medya paylaşımlarından biri de 'Bugün benim efkarım var, değme felek değme' adlı şarkıyı paylaşmıştı. Profil resmine bakınca şu yazı dikkat çekiyordu: "Evli, mutlu, çocuklu..." Mehmet Dik'in, Gizem'e sürekli 'seni öldürsem kim ne diyecek?' dediği de iddia arasında... Gizem, daha önce evlenip ayrılmış bir kadın... önceki evliliğinden bir çocuk annesi... katil, yanında 9 yaşındaki üvey kızı olduğu halde olay yerinden yaklaşık 15 kilometre uzaklıktaki Melikgazi ilçesi'ne bağlı Esenyurt Mahallesi Çeçenistan Parkı'na gidiyor aracıyla. Bir süre ne yapacağını bilemiyor. Saklamak istiyor. Bu amaçla Keykubat Mahallesi'deki arkadaşının evine gidiyor fakat polis, tabancasıyla birlikte saklandığı yeri buluyor... Sonrası şu: Gizem'i Talas ilçesi Çatakdere Mahallesi'nde öğle namazına müteakip kılınan cenaze namazının ardından mahalle mezarlığında toprağa veriyorlar. 9 yaşındaki kızı da cenazeye katılanlar arasında olduğu görülüyor.

50

Başka bir cinayet yine Ekim ayı içinde İzmir'de yaşandı dostlar... Güzellik salonu işleten 32 yaşındaki Birgül Bilal, eskiden birlikte olduğu erkek İrfan tarafından tabancayla öldürüldü. Fail, Birgül'ün kardeşi 29 yaşındaki Songül Bilal'i de yaraladıktan sonra intihar etti... Nedenin kıskançlık olduğu söylenmekte.

Sevgili güzel insanlarım benim... Müsaade edin... Bugün 17 Kasım 2019... Bence üzücü bir tarih; toplumumuz, özellikle kadınlarımız açısından önemli bir kaybımız var. Dün, örnek bir kadın olan Yıldız Kenter'i kaybettik... Bugüne kadar yaşamıyla, özgür düşünce tarzıyla özellikle kadınlarımıza ışık olup pek çok tiyatro sanatçısı yetiştirmişti. 91 yaşında hayata veda etti. Tiyatro, sanat tarihimizin ünlü isimleri arasında yer alıyordu. Oynayıp sergilediği oyunlarla "aklı hür, vicdanı hür" olmanın önemi üzerinde durup gezegenimizdeki tüm kadınlara onurlu bir duruş kazandırmaya çalışmıştı. Her türlü köleliğe, baskıya karşı, demokrasiden, insan hak ve özgürlüklerinden, aydınlanma girişimlerinden yana tavır sergilemiş, doğru bildiği yoldan hiç uzaklaşmamıştı. İlerlemiş yaşına rağmen sanatını, vicdanla yapıyordu. Bu yolda kendini sorumlu hisseden sanatçılarımızdan biriydi. Kanser hastasıyken yaşama veda etti. Sahneye koydu önemli eserlerden biri de "Ben Anadolu" ismini taşır. Anaların anası bir kadın üzerinden Anadolu'nun kadın kimliğini anlatan bir eser bu. Yıllar önce izleme şansım oldu. Ankara'da öğrenci olduğum yıllardı, çok seneler geçti üzerinden... Fakülteden sonra tiyatrolardan uzak illerde öğretmenlik yaptım. Yıldız Kenter'i sahnede görmem bir kere, o da tesadüfen nasip olmuştur. Daha sonra bazı filmlerini izledim. Müşfik Kenter'le kardeş olması benim için ayrıca önem taşıyordu... Neyse...

Kenter, 11 Ekim 1928 tarihinde İstanbul'da doğdu. Asıl adı Ayşe Yıldız... Annesi İngiliz Olga Cynthia... Turkiye Cumhuriyeti vatandaşlığını aldıktan sonra adını Nadide Kenter olarak değiştirdi. Babası Türk: diplomat Ahmet Naci Kenter... Yıldız Kenter, Ankara Devlet Konservatuarı Yüksek Bölümünü sınıf atlayarak bitirdi. On bir yıl Ankara Devlet Tiyatrosu'nda çalıştı. "Rockefeller" bursu kazanarak, American Theatre Wing, Neighbourhood Play House ve Actor's Studio'da oyunculuk ve oyunculuk öğretiminde yeni teknikler üzerine çalışmalar yaptı. Ankara Devlet Konservatuvarı'na hoca olarak atandı. 1959'da Devlet Tiyatrosu'ndan ayrıldı. Bir yıl Muhsin Ertuğrul ile çalıştı. Kardeşi Müşfik Kenter ve eşi Şükran Güngör ile Kent Oyuncuları Topluluğu'nu kurdu. Sonraki yıllarda uzun süre Amerika Birleşik Devletleri ve Birleşik Krallık'ta "Değişen Eğitim Metotları" ve "Oyunculuk Metotları" üzerine çalışmalar yaptı. 1962'de tiyatro hizmetlerinden ötürü "Yılın Kadını" seçildi. 1968'de İstanbul'da Kenter Tiyatrosu'nun inşaatını tamamladı. Sinema oyuncusu olarak üç kez "Altın Portakal" ödülüne layık görüldü. Sovyetler Birliği, Amerika Birleşik Devletleri, Birleşik Krallık, Almanya, Hollanda, Danimarka, Kanada, Yugoslavya ve Kıbrıs'ta İngilizce ve Türkçe oyunlar sergiledi. 100'ün üstünde oyunda oynadı. 100 kadar oyun sergiledi. Shakespeare, Çehov, Brecht, Inoesco, Pinter, Albee, Tennessee Williams, Alan Ayckbourn, Arthur Miller, Brian Freil, Neil Simon, Athol Fugard, Sergey Kokovkin gibi pek çok yazarların yanı sıra Melih Cevdet Anday, Necati Cumalı, Güner Sümer, Adalet Ağaoğlu, Zeki Özturanlı, Güngör Dilmen, Muzaffer İzgü gibi pek çok Türk yazarının oyunlarını da sahneye koydu, oynadı... 1984'te Roma'daki İtalyan Kültür Birliğince "Adalaide Ristori" ödülüne layık görüldü. 37 yıl sahne hocalığı yaptı. 1989 yılında, Korsika - Bastia Film Festivalinde "Hanım" filmindeki rolüyle "En İyi Kadın Oyuncu" ödülünü aldı. 1991 yılında tiyatro sanatına hizmetlerinden ötürü Uluslararası Lions Kulübü'nün "The

Melvin Jones"i ile ödüllendirildi. İki kez Ulvi Uraz "En İyi Kadın Oyuncu" üç kez de aynı dalda Avni Dilligil ödülüne laik görüldü. 1994'te "Konken Partisi" oyunundaki Fonsla rolü ile "Olağanüstü Yorum" ödülünü kazandı. Finlandiya Dünya Kadın Kuruluşu tarafından yüzyılın en başarılı yüz kadınından biri olarak onurlandırıldı. 1995'te Kültür Bakanlığınca, tiyatro sanatına katkılarından ötürü "Onur" ödülüne layık bulundu. Profesör Kenter'e aynı yıl tiyatro sanatına katkıları nedeniyle "Mevlana Kardeşlik ve Barış Ödülü" verildi. 1996'da Magazin Gazetecileri Derneği tarafından Ramiz ile Jülide'deki Jülide rolü için "En İyi Kadın Oyuncu" ödülünü aldı. 19 Mayıs 1997'de Uluslararası İstanbul Festivali tarafından verilen "ömür boyu tiyatro sanatına katkı" ödülünü Dame Diana Rigg'in (ünlü İngiliz sinemacı, tiyatro sanatçısı) elinden aldı. 1998'de Ankara Sanat Kurumu "Yılın Kadın Sanatçısı" ödülü, aynı yıl Muhsin Ertuğrul yaşam boyu tiyatro sanatına katkı onur ödülünü, yine aynı yıl içinde Cumhurbaşkanlığı Büyük Kültür ve Sanat Ödülünü aldı. "Martı" adlı oyunda Madam Arcadina rolüyle 1999 Afife Tiyatro Ödülleri En İyi Kadın Oyuncu ödülüne layık görüldü.

Sevgili Yıldız Kenter, 2008'de Odatv'ye yaptığı açıklamada hayatını kaybettikten sonra yakılmak istediğini söyleyip özetle şu ifadeleri kullanmıştı: "Ben yakılmak istediğimi söylüyorum. Bunun sebebi var... zaten mecbur olacaklar ileride bunu yapmaya... Mezarlıklar adam almıyor artık... Geçen gün benim yengem öldü. Ölüsünü ağabeyimin yanına gömdüler, üstüne gömdüler yani. Fakat yol diye bir şey yok mezarlıkta... yollara bile gömmüşler ve üstüne basıyorsun... yüreğin titriyor. Ölüye saygı nerede?.. çöplük gibi, bakımsız Karacaahmet'in o bölümleri... Şey yaptırdık, adamlara para veriyoruz, temizlesinler bilmem ne diye... yok... olmuyor, olmuyor ve oraya gittiğim zaman ama her zaman zor buluyorum yolu... Şey yok... saygılı yerler değil maalesef...

yakışmıyor bize... bu kadar bakımsız, bu kadar çöplük gibi... tinerci çocukların dolaştığı ürkünç, tehlikeli yerler... çoğunlukla böyle..."

Sevgili Kenter'in son fotoğrafları da ortaya çıktı. Fotoğrafın birinde yalnız, yaşlı, hastalığın izleri görünmesin diye başı kapalı, iyice zayıflamış ama ölüme giderken bile güçlü, dimdik ayakta, oturduğu koltukta gülerken görülüyor... diğer fotoğrafta uzun yıllar yanında çalışan Ali Kır'la eşi Yıldız var... bir de bakıcısı Esma Hanım... Hepsi birlikte aynı karede yer alıyorlar.

Sanat programları yapımcısı gazeteci, yazar Seval Deniz Karahaliloğlu'na kulak verelim bir de... Yıldız Kenter, kadına yönelik şiddet vakalarıyla dolu, "uygarlıklar diyarı" dediğimiz bu topraklarda nasıl bir kadındı? Kibele yalnızca erkek doğurmuş, erkek tanrıçalara mı analık etmişti? Tanrılar doğuran bir ananın da en az evladı kadar büyük olması gerekmez mi? Ya kızları?.. Onlar da anaları kadar güçlü, taktir edilesi değiller mi? İşte Yıldız Kenter Ben Anadolu da bu fikri anlatıyordu. Kibele'nin kızlarını... Kibele soyundan gelen kadınlar; bu toprakların anaları, en son Kenter'in kimliğinde hayat bulmuştu.

Karahaliloğlu Ben Anadolu'yu anlattığı yazısında şöyle diyor: "İlk önce Kibele doğdu. Ondan doğan kızları nesilden nesile çoğaldılar, beslendiler, yönettiler Anadolu'yu. Binlercesi, birini eksik ansak, diğerinin hatırı kalır. Bu tanrıçaların öyküleri ilmek ilmek örülür, destan olur, söylence olur. Nihayet "Ben Anadolu" olur, sahnede oyuncu olarak hayat bulur ve Yıldız Kenter olarak karşımıza çıkar. Anadolu topraklarından doğan, bu toprakların teknesinde yoğrulan, hamurundan yoğurduklarını nesillerden nesillere aktaran, vücut bulduğu her karakterde suretini bırakan Kibele'nin kızları, en son büyük bir oyuncunun Yıldız Kenter'in kimliğinde var olmuşlardır. Kibele kimi zaman kraliçedir, kimi zaman sıradan bir kadın, isyancıların karşısına tek başına dikilen bir kahraman, kralı devirmek için komplo kurmaktan çekinmeyen bir kadın tarihçi, ölü çocuklarının acısından taşlaşan acılı bir ana,

Truva savaşında sevdiklerini yitiren bir kadın, ihtiraslı bir kraliçe, Tanrıçadan kutsal anaya geçerek yeniden hayat bulan bir azize, din değiştirerek yeni bir hayata yeni bir kültüre ilk önce istemeden ama sonra isteyerek uyum sağlayan bir sultan, padişah anası, Anadolu'nun en büyük mizah ustasının karısı, bir kadın şair, kurtuluş savaşının bütün kutsal anaları, romancı, edebiyatçı ve sonunda sahnede büyük bir tiyatrocu, işte bunların hepsi Ana Tanrıça Kibele'nin kızlarıdır...

Çağlar çağları kovalar, ülkeler fethedilir, sınırlar değişir, kültürler bir öncekine eklenir, zenginleşir ama Kıbele'nin Kızlarının suretleri yaşadıkları yüzyıllar değişse de hamur yine aynı hamurdur, öz yine aynı özdür. Onu ilk önce, kızını Mısır ve Hitit ülkeleri arasında anlaşma sağlayabilmek için Mısır Kralı II Ramses ile evlendirmekten çekinmeyen Hitit Kraliçesi Puduhepa olarak görürüz. Sonra, Hititli bir tüccarın karısı Lamassi olur. Truva Savaşında, Hektor'un karısı Andromak olarak hem kocasına destek olur, hem de savaşı lanetler. Sırası gelir öldürülen çocuklarına gözyaşı dökerken acıdan taş kesen, hâlâ Silus Dağı'nın eteklerinde ağlayan kaya Niobe olarak karşımıza çıkar. Gururu kırıldı mı, Kral kocası Kandule'yi komutan Giges'e öldürtmekten kaçınmayan bir Kraliçe, "Sard Kraliçesidir." Efesli Artemis iken Sen Pol'ün Efes Tiyatrosunda vaazından sonra, artık Meryem Ana'ya dönüşme zamanı geldiğini anlayacak kadar zekidir, artık onda yaşayacaktır. Binlerce suretinden birini Nika isyanında, İmparator Jüstinyen ile Başkomutan Belaryus korkudan bir köşeye pıstıklarında, büyük bir cesaret gösterip tek başına isyancıların karşısında dikilen ve diğerlerini yüreklendirerek isyanı bastırıp imparatorluğu kurtaran Teodora olarak görürüz. Anna Komnena bilinen ilk kadın tarihçidir, aynı zamanda tahtı ele geçirmek için kardeşi Yohan Komnemus'a karşı suikast düzenleyecek kadar da cüretkar. Düğün gününde kaçırılan Holofira can düşmanı Osman Bey'in gelini olunca ilk önce mecburen ama sonra isteyerek Nilüfer Sultan olmuştur. Eşeğe ters binişi ile tanıdığımız Anadolu'nun en büyük mizah ustasının karısı olmak ne kadar büyük bir sorumluluktur bilir misiniz? Nee Aime olarak yola çıktığında amacı Paris'e varmaktı ama kendini ilk önce Cezayir korsanlarının elinde, sonra da Osmanlı Sarayında bulur Nakşidil Sultan. 19. Yüzyılla 20 Yüzyıllın ilk yıllarına tanıklık ederken bir toplumun kültürel yapısını da şiirlerine aktarır Şair Nigar Hanım.... Kurtuluş Savaşı yılları, göç, seferberlik, bozgun, göç, seferberlik, savaş...

Bu kan deryasının suyu nerden gelir? Savaş, acı, kan, kan, kan.. "Öç almak kısır yüreklerin harcıdır" der 10 Başı Halide Edip. Şehit kanlarıyla yıkanan Anadolu'da artık her ana bir Kibele, her ana bir Tanrıça'dır, doğdukları ve var oldukları toprakları canları pahasına savunan Tanrıçalar. Gün gelir, Kibele'nin sureti çağdaş Türkiye'nin çağdaş yüzü olarak romancı, edebiyat profesörü ve genç Cumhuriyetin Meclis Üyesi Halide Edip Adıvar'ın kimliğinde tarihteki yerini alır. Ve son olarak, Türk Tiyatrosu'nun büyük ismi, hocaların hocası, çağlara meydan okuyan gencecik bir kadın Yıldız Kenter var... Kimler gelip kimler geçti bu topraklardan? Kalıcı olan yine Anadolu'dur. Çağlara, medeniyetlere meydan okuyan Ana Tanrıça Kibele'nin suretleri can buluyor oyuncunun bedeninde, onun ağzından konuşuyor bizimle, onun yüreği ile sırlarını paylaşıyor, diliyle öykülerini anlatıyor, aklı ile sesleniyor ve vicdanı ile mirasını gelecek nesillerin Kibele'lerine bırakıyor...

İşte böyle sevgili dostlar, tarihin penceresinden kadına baktığınızda bunları görürsünüz. Kadın sadece ezilen değil, tarihe yön verendir. Kadınlar! Hayata bir de Yıldız Kenter'in baktığı pencereden bakın. Ne kadar büyük olduğunuzu görmek için bunu yapın. Çocuklarınızı da bu pencereye çıkarın ki gerçeği bilsinler. Erkek olsun, kız olsun onlara da gerçeği gösterin. "Ben Anadolu" olduğunuzu, Yıldız Kenterlerin soyundan geldiğiniz hiç unutmamalısınız. Bu iyiliği kendinize, çocuklarınıza, bu millete, dünyanın bütün kadınlarına mutlaka yapın. Yapım ki, kadını mal görenler, aynaya baktıklarında hakiki malın kendileri olduğunu görüp donakalsınlar.

Ben Anadolu... Temelinde kadın olan bu fikir nasıl doğdu? İlginç değil mi? Kadınına bu kadar saygısızca davranan Müslüman (sözde Müslüman demeliyiz buna...) bir ülkede kim ya da kimler bu düşünceyi sahneye taşıdı ve dünyanın pek çok ülkesinde izleyiciyle buluşturdu? Anadolu'dan yükselen bu güneş nasıl parladı, karanlığı yırtıp gerçeği gözler önüne serdi? Sözü Yıldız Kenter'e bırakıyorum: "Ben Anadolu'yu sahneleme fikri 20 yıl önce kızımdan çıktı. Fikri ilk önce, Murathan Mungan'a götürdüm. Hatta Murat'la biraz çalıştık. Sonra proje yürümedi, Turgut Özakman'a gittim. O sıralar Turgut Özakman'ın vakti yoktu. Düşüncemi ilginç buldu. "Mitolojik temaları Güngör Dilmen daha iyi bilir" dedi. Son olarak, Güngör'e rahmetli eşim Şükran Güngör'le gittik.

Dilmen çok ilgilendi. Çok iyi bir çalışma yaptık. Dilmen çok güzel parçalar yazdı. Ben Anadolu'yu dokuz sene oynadım. Daha sonra aramızda anlaşmazlık oluştu. Bir süre oynamadım. Zaman bazı şeyleri tamir etti galiba. Sonra tekrar oynamaya başladım. Yaşsız bir oyun olduğu için, hani oyunda bin yaşında insan da var, on yaşında insan da... Bu yüzden oyun tekrar gündeme geldi. Başka ülkelerde de oynadım. Dil farklılığından baştan sona hareket değişikliği tabii ki oluyor. Çünkü hareketi konuşmanın müziği ayarlar. Konuşmanın anlamı manası neyse, koreografiyi de o oluşturur. Bazı işler, konuşmanın müziği değiştiğinden ister istemez değişiyor. Ama bazı şeyler de olduğu gibi kalabiliyor. Londra'da, New York'ta oynadım. Danimarka, Kanada, Hollanda gibi ülkelerde de... Eğer bir oyunda evrensel dil, boyutlar yakalanmışsa tepki dünyanın her yerinde aynı...

Mesela Tennesse Williams'ın Arzu Tramvay'ı oynandığı zaman her yerde aynı tepkiyi aldığını görüyorsunuz. Çünkü dünyanın neresinde olursa olsun insanlığın tanıdığı durumlar, ortamlar, davranışlar, duygular... çaresizlik, ulaşmak, bir şeyleri elde edememenin verdiği acı, bunlar evrensel... Konu iyi işlenecek olursa her yerde aynı tepkiyi alır. Bunun için dünyaya açılmaya gerek yok ama bu tepkileri aldığımız zaman mutlu oluyoruz. Van'da, İstanbul'da, Karadeniz'de, Soma'da, Güney'de oynuyorsunuz, tepkilerde pek bir değişiklik olmuyor. Ben onları seyirci olarak algılamıyorum; olaya insan diye bakıyorum. İnsanlar acıkıyor, susuyor, kavga ediyor, sevişiyor, korkuyor, kızıyor, doğuruyor, intikam almak istiyor. Bütün bu duygular dünyanın neresinde olursa olsun ortak paydadır. Ama tabii uygarlıkların getirdiği değişik detay ve davranışlar var. Onlar çok ilginç. Yani kültürlerin oluşumu coğrafyaya ve koşullara bağlı. Eskimoların davranışıyla Ekvator'da yaşayan bir insanın davranışı elbette ki farklı olacaktır ama temelde, insani duygularda birleşiyorlar. O insani duyguları çok iyi biliyor ve tanıyoruz... Çok kadın var ben Anadolu'da... Seçimlerin çoğunu Güngör Dilmen yaptı. Dilmen'in gerçekten çok sağlam bir mitolojik birikimi vardır. Biz de mitoloji okuduk ama şimdi ben lazım oldukça geri dönüp bakıyorum. Tiyatro'da o an size oyunla ilgili olarak ne lazımsa geri dönüp bakıyorsunuz. Mesela Shakespeare, Molliere, Çehov ya da bir Amerikan yazarının eserini oynuyorsanız. Yeniden o dönemlere geri dönüyor ve o dönemleri araştırıyorsunuz. Bu bakımdan Ben Anadolu'da dramatik boyutları olan kişileri seçmeye çalıştık. Dikkat ederseniz oyunda anlatılan ve işlenen öykülerin %90'ı merak duygusuyla beslenen ve kısalığına rağmen ilgiyle izlenecek karakterler. İçinde gerilimi yüksek tutan ve merak unsurunu ön plana çıkaran öyküler. O bakımdan seyirci şu anda eskisinden daha iyi dinliyor ve izliyor. Uzun zaman oynandı bu oyun. Seyircide de zaman içinde bir merak duygusu oluşmuş ve artmış. İzleyiciler oyunu yüzeysel bir ilgiyle değil merak ederek izliyorlar. Sessiz sedasız, çok dikkatle izliyorlar. Bu beni çok mutlu ediyor. Bu ilgiyi yüksek tutmak kolay değildir. Bunun için oynama, o karakter ol! Hisset! O anı yaşa! Senin sözlerin olsun. O koşulları benimse. Bunlar çok önemli. Her insanın yaşadığı gibi ben de çok değişik koşullarda yaşadım ve adapte olmasını öğrendim. Eğer adapte olmasını öğrenemeseydim asla Anadolu'yu dolaşamazdım. 18 sene, senede 2-2.5 ay Anadolu'yu dolaşıyorduk. Şimdi yine dolaşıyoruz ama eskisi gibi değil. Çünkü Açık Hava Sinemalarının hepsi yıkıldı. Yerlerine televizyon ve video geldi. Artık oyun oynayacağımız yer kalmadı. İşte birkaç yerde Açık Hava Tiyatroları var ama hem sayıları çok az hem de sağlık açısından temizlik olarak durumları içler acısı. Mesela, Çeşme Açık hava Tiyatrosu temizlik bakımından bir yüz karasıdır. Bazı Açık Hava Tiyatrolarını daha çok seyirci alabilsin diye gereksiz olarak büyüttüler ve maalesef tiyatroyu tiyatro vasfından çıkardılar. İzmir Açık Hava Tiyatrosunun 3-4 bin kişilik bir tiyatro haline getirip tiyatro olmaktan çıkardılar. Dört bin kişiyle nasıl tiyatro temsili verirsiniz? O tiyatro temsili olmaz.

Tiyatro seyirciyle birlikte yapılır. Oyuncunun seyirciyle kucaklaştığı birbirlerinin sıcaklığını hissettikleri, birbirlerinin yüzünün rengini gördüğü, birbirlerinin havasını soludukları bir beraberliktir. Beş bin kişilik yer yaptığınız zaman büyük oyunlar sergilemek lazım. Eski Yunan'a baktığınız zaman, keşke bu tiyatroları yaparken dönüp bir Eski Yunan Tiyatro tarzına bir baksalar, seyirci uzakta değildir. Seyirci oyuncunun yakınındadır. Bir örnek Karasudaki Odeon Antik Tiyatrosu'dur. Odeon 100 kişi alan bir tiyatrodur. Sahnesine baktığınız zaman seyirciler ve oyuncuların birbirlerine çok yakın olduklarını görürüsünüz. Peki, çok büyük tiyatrolar yok mu? Vardı. O zaman koşullar çok farklıydı. Senede bir ay spor gösterileri, at gösterileri ve çeşitli oyunlar sergileniyordu. O zaman, aktörler için kocaman maskeler yapılıyordu. Dırapeli hareketleri büyütecek gösterişli kostümler yapılıyordu. Koşullar farklıydı. Şimdi koşullar daha başka.

Kapalı sinemaları bile televizyon odaları haline getirdiler. Artık 500 kişilik sinemalar bulmak bile çok zor. Baktığınızda cep sinemaları dedikleri, küçücük cüce cüce sinemalar var. Bir sinemadan 4-5 sinema çıkardılar. Her birinde başka bir film oynuyor. Evlerde de bölündü. Herkes tek başına olmak istiyor. Bireysellik aldı başını yürüdü. Bireysel özgürlüğe karşı değilim ama aile yapısına ve topluma da inanıyorum. Aile yapısının ve toplumsal yapının güzelliğini ve onların beraberindeki gücü yaşamak hoşuma gidiyor. Maalesef birliktelikler giderek azalıyor... Bugüne kadar pek çok kadına can verdim, hepsini severek oynadım. Ne çalarsam bu sazla çalıyorum. (bedenini kast ediyor) Onun için rolleri oynadığım zaman acayip değişik tipler yaratmak istemiyorum. Ses bu, alet bu, hepsini bununla halletmek mecburiyetindeyim. Piyanist, flüt gibi çalamaz. Bunun için bazen ben diyorum ki, ben hep kendimi oynuyorum. Aslında bütün bu kadınların hepsi Pembe Kadın, Çöl Faresi hepsi benim. Bende olan bir tarafın yansımasıdır. Bendeki o azim, o Çöl Faresinde ki azim değil mi? Bende o Hürrem Sultan ihtirası yok mu? Bende Maria Callas'da ki sanatçı kumaşı yok mu? Var. Bunların hepsi benim. Bende bütün bu duygular mevcut. Bunun için her insanda da vardır. Bu duygular seyircilerde de var. Oyuna geldikleri zaman o nedenle kendilerini bu kadınlarda buluyorlar. Bazısı yalan söylemeyi kendine yediremiyor. Yalan söylemeyen insan var mıdır? Öfkelenmeyen insan var mıdır? İntikam almak istemeyen insan var mıdır? Ama insanlar oyuncudur. Herkes oyuncudur.

Tiyatro oyuncusu, kendisini idare etmesini bilen kişi demektir. Bu her insan da olduğu sürece uygarlığa o kadar yaklaşılır. Oynamak, duygularını, düşüncelerini, koşullarını direk olarak kontrol altına alabilme sanatıdır. Bunu yaşamda yapmıyor muyuz? Yapıyoruz... Gündelik hayatta bazen karşımızdakinin suratına "şunun suratına iki tane indirsem" diye içinden geçirdiğin anda tutuyorsun kendini ve gülümseyerek "evet efendim" diyorsun. O an içinden bir şeyler geçiyor belki ama tutuyorsun kendini. İşte iyi oyunculuk ve uygarlık budur. O bakımdan yaşamda çok iyi oyuncular da var, çok kötü oyuncular da var. Ama benim dileğim herkesin çok iyi oyuncusu olmasıdır. Maalesef her zaman yaşamda iyi oyuncular olamıyoruz... Ben çok şanslı bir insanım. Konservatuarda olağanüstü hocalarımız oldu. Muhsin Ertuğrul, Carl Ebert, Tevfik Ararat, Muazzez Gökmen, Madam Adler... onların her birini o kadar çok sevgi ve saygıyla anarım ki... genç hocalarımdan da çok şey öğrendim. Mahir Canova, Cüneyt Gökçer'den çok şey öğrendim. Bütün hocalarımız çok muhteşemdi. Carl Ebert derse girer girmez bana oynamam için kocaman kocaman roller verdi. Carl Ebert Türkiye'den ayrıldıktan sonra İngiltere'ye gitti. Ben de İngiltere'ye gittiğimde beni gezici bir topluluk olan Glyndebourne'da sınava soktu. Ben o sınavı kazandım. Hatta bir oyunda başrol aldım ama maalesef çalışma izni alamadım. Hemen savaş sonrası dönemdi. İngiliz pasaportum olmadığı için çalışma müsaadem yoktu. Bunun başka yolları vardı ama ben o yolları denemeyi düşünmedim bile. Annem İngiliz'di. Çok rahat İngiliz pasaportu alabilirdim ama aklımdan bile geçmedi. Daha sonra Türkiye'ye Peter Potter Ankara'da bir opera sahnelemek için geldi. Ben de Müşfik ile beraber onun yönetiminde, Ankara'da İngiliz sefaretinin bahçesinde, İngilizce bir oyun sahneledik. Böyle imkanlarım çıktı. Amerika'da tiyatro okurken Amerikalıların ışık dehası dedikleri Jean Rosenthal benim hocamdı. O beni mutlaka dönemin en önemli oyun yazarlarından birinin yanına göndermek istiyordu ama olmadı. Babamı yeni kaybetmiştim, çocuğum vardı. Benim için çok acılı bir dönemdi... Muhsin Ertuğrul'la İstanbul'a geldim ama şu yanlış biliniyor: Muhsin bey Devlet Tiyatrosundan ayrılmadı. Muhsin Bey'i çok çirkin bir biçimde dışladılar, işine son verdiler. Bir insanın işine son verilebilir. Muhsin Bey gibi Türk Tiyatrosuna çok büyük emeği geçmiş bir insana yapılacak şey değildi. Olacak şey değil. Zarafet yok. Masasının üzerine pul kadar bir kağıt bırakmışlar. Artık sizinle çalışamayacağız diye. Bu bizim o kadar çok gücümüze gitti ki... biz de çektik gittik. Ondan sonra da bizim macera başladı işte. Öyle çalışmadan maaş yok. Öyle bir çalışma dönemi başladı ki, sanki Muhsin Bey bunun böyle olacağını hesaplamış gibi... devlet tiyatrosundayken beni o kadar ağır ve çok çalıştırdı ki... O dönemde 24 oyunda oynardık. Yani her sene iki oyun oynamış olduk. Bundan sonra, İstanbul'da uzun bir süre Finten'i oynuyorum. Anadolu'ya çıkıyoruz, Eskişehir tiyatrosuna gidiyoruz, orada Yağmurcuyu oynuyoruz. Geliyorum. Ankara'da Fitnen oynuyoruz, Konya'ya gidiyoruz tekrar Ankara... sonra Adana... tekrar Ankara derken bu tempo hep böyle devam etti.

Muhsin Bey beni sanki İstanbul için hazırlıyormuş. O yollardan bu güne bakarsak.. Ne yazık ki Türkiye'de popülizm sanatsallığın önüne geçmiş durumda... bir ranttır çıkardılar ortaya. Para ve rant kaliteyi, seviyeyi ve her şeyi yavaş yavaş bir girdabın içine doğru çekiyor. Düşündürmesi gereken bir oyun seyirciye zor gelebiliyor. Seyirci artık "düşünmek istemiyor". Oysa düşünmek çok eğlenceli bir iştir. İnsan düşünerek dilenir. İnsanlar sadece herhangi bir şeye göbekten kahkaha atarak gülmek istiyorlar. Evet gülmek çok güzel bir şey ama gülmek de çok "ciddi" bir iştir. Bir insanı güldürebilmek çok ciddi bir iştir. Böyle kaşını gözünü oynatarak, yüzünü çeşitli şekillere sokarak güldürmekten bahsetmiyorum. Buna da gülen var ama gülmek "düşünmektir". Merak ediyorum, Türkiye'de neden Bernard Shaw oynanmaz? Oynanmaz çünkü başka türlü bir espri anlayışı var. Çünkü üzerinde düşünmek lazım. Artık Türkiye'de gülmece yapmak demek, altı çok çizilecek, çok belli edilecek, bakın bu komiktir gülün demektir. İngiltere'de de şu anda maalesef öyle. Popülizm şu anda bütün dünyada ve bütün televizyonlarda hakim. Özellikle Amerika'ya baktığınızda bütün televizyonlarda, her yerde bir cıvıklık var. Sanat anlayışında bir çöküş var. Kalabalıktan mı oluyor diye düşünüyorum. Toplumlar, kalite ve seviyeyi kaldırmaz hale geldiler. Ama umutsuz değilim. Çocuklarla çalışıyorum ücret almadan... Çocuklarla belli bir program uyguluyoruz. Öğrenciler bunu bir bütün içinde algılayacaktır. 15 öğrencinin içinden bunu iki kişi algılayabilirse bu bana yeter. Bunun için o programı tamamlamak lazım. Senenin ortasında birden bire hadi güle güle diyorlar insana. Birazcık tuhaf geliyor yani. İnsana teşekkür edilir. Bir zaman tanınır. Ölene kadar ben burada kalacağım, bu işi yapacağım demiyor kimse. Eğer sağlığın ve kafan yerindeyse ve belli bir birikimin varsa, neden o birikimi değerlendirmeyesin? Hayır sen 65 yaşını doldurdun artık sen bittin diyorlar. Bazen görüyorum. Aaaa halen mi çalışıyorsun diyorlar? Neden çalışmayacakmışım? Ne yapmamı bekliyorsunuz? Yaşamak çalışmak demektir. Çalışırsan yaşarsın. Bööööyle oturup ölümü mü bekleyeceğim? Bir şey yapacaksın. Hadi git yat biraz dinlen diyorlar. Ben yattığım zaman mutlaka bir şeyler okurum. Bir şeye bakmalıyım. Böyle tavana bakamam. Kafanızın dinlenmesi için bir şeyler alıp, bir kitap, bir yazı, bir şiir okuyarak, kafanızı alıp bir yerlere götürüp dinlendirebilirsiniz. Onun dışında o kafa, o duygular sizi rahat bırakır mı? Kafa sürekli tıkır tıkır çalışıp sizi yiyor. Orada ücretsiz çalışıp programı bitirmem aslında kahramanlık değil. O öğrencileri yarı yılda bırakamadım. Kendim için yaptım. Ben rahat olayım diye yaptım. Birçok şeyi yaptığım gibi. Bana sürekli aynı soruyu soruyorlar. Niye bu kadar çok çalışıyorsun? Kendim için. Umut için. Ben, rahmetli olan karikatürist Ferruh Doğan'ın karikatürlerini çok severdim. Onu okuduğum zaman benim düşündüğüm şeyi çizmiş derdim. Sanat umuttur. İnsanın sevdiği her şey umuttur. Gülüş umuttur. Yardımlaşma umuttur. Bunların hepsi çok güzel şeyler olduğundan hepsinde bir sanatsallık vardır."

51

Peki... Yıldız Kenter yakılmak istedi... laik Cumhuriyetimizde (!) bu istek yerine getirilemez mi? Getirilemeyeceği anlaşılıyor. Independent Türkçe'nin haberine göre; Türkiye'de definler Umumi Hıfzıssıhha Kanunu'ndaki hükümler uyarınca gerçekleştirilmekte.

Kanunun 224. maddesine bakıldığında ölülerin yakılması önünde engel yok. Kanun maddesi çalıştırılsa "fenni usul dairesinde" fırınlar yaptırılabilir. 1930 yılında kabul edilen kanunda, belediyelerin Sıhhat ve İçtimai Muavenet Vekâlet'ine (Sağlık ve Sosyal Yardım Bakanlığına) müracaatı gerekli. Günümüzde bu işlemler için hangi makama başvurulacak? Karışık iş... Eski düzeni yıkmışlar yerine de bir şey getirmemişler. Herkes farklı söylediğinden doğruyu bulmak güç. Kanuna göre, cenazeyi yakmak için öncelikle hastalık bulguları ışığında doktorun rapor yazması lazım. (Herhalde toplum sağlığı açısından tek çarenin yakmak olduğu durumlar kastedilmekte...) Şartlardan biri de vefat edenin, sağlığında yakılmak istediğini açıkça söylemiş olması gerekiyor. Bunun için resmi bir vasiyete ya da 3 kişinin şahitliğine ihtiyaç var. Ayrıca ölümün cinayet olmadığına, otopsi ihtiyacının bulunmadığına dair ilgili emniyetten rapor istenmekte. Bütün bu işlemler, 24 saat içinde yapılıp belediyeye müracaat edilmeli. Cenaze yakılsa dahi kanun, küllerin mezarlığa gömülmesini emrediyor. Yani "Babamın külüdür, istediğim yere dökerim, dökmem" denememekte.

Bir şey daha var... koca memlekette ceset yakmaya fırın yok sanmayın... Aman ha aman... Ülkemizi geri kalmış gösterirsiniz ki, cezası var... Bu tarzda söz söyleyenlere bu günlerde bakan, milletvekili, gazeteci ağzıyla "teröristten farkınız kalmamış" denmekte...

Fırın üretip dünyaya pazarlayan firma var ülkemizde. Olmaz mı? Hem de Sivas'ta... Başka yerde var mı bilmiyorum. İnternete bakıp araştırmalı. Cenaze Genel Müdürü Şerif Köksal, Türkiye'de krematoryum (ceset yakılan fırın) olmadığını söylerken, "uzay aracı değil ya... kurulu, resmi olarak yakmaya hazır yok, yoksa evinize almak isterseniz, çok..." manasına böyle bir şey demiş olmalı. Zaman zaman yakılmak isteyenler olduğunu belirten Köksal, "İnançları gereği ya da vasiyetleri üzerine yakılmak isteyenler oluyor. Böyle durumlarda cenazeyi Almanya'ya yönlendiriyoruz. Cenaze orada yakılıyor, küller de aileye teslim ediliyor" demekte. Külleri, kiminin kendi bahçesine gömdüğünü, kiminin denize attığını, kiminin de vazonun içinde evinde tuttuğunu ifade eden Köksal "14 yıldır cenaze işi yapıyoruz, bu süreç içinde en fazla 10 defa yakılmak isteyenle karşılaşmışımdır" dedikten başka turistlerin ve yabancıların yoğun olduğu şehirlerde bu problemle daha çok karşılaşıldığını belirtiyor. Ölü yakmanın İslam dinine göre caiz olmadığına değinen Köksal, "Bu nedenle Türkiye'de ceset yakmaya izin verilmiyor" demekte. İstanbul Büyükşehir Belediyesi Mezarlıklar Daire Başkanı Ayhan Koç ise konuyla ilgili şu bilgiyi aktarmakta: "Belediye yönetiminin değişmesi (bir partiden diğer partiye geçmesi... 25 yıl aradan sonra İstanbul CHP'li Ekrem İmamoğlu'nun eline geçti ya... 'Her şey değişecek' sanmayın demek istiyor...) Türkiye Cumhuriyeti kanunlarının hiçe sayılacağı anlamına gelmez. Eğer kanunda yakılmayla ilgili yasak varsa İstanbul'da da geçerlidir. Yasa ne diyorsa onu yaparız. Yıldız Kenter'in cenazesiyle ilgili muallakta bir durum yok. Ailesinden de böyle bir başvuru gelmedi."

Anlaşıldı sanırım. Kimse ısrar etmeyecek "vasiyeti vardı, 3 kişi değil Türkiye duydu bunu, gazeteye söyledi çünkü" demeyecekler. Yıldız Kenter, istemediği usulle, istemediği mezarlıkta son yolculuğuna uğurlandı bu gün. İlk tören Kenter Tiyatrosunda düzenlendi. Türk bayrağına sarılı, etrafı beyaz çiçeklerle çevrili tabutu tiyatro sahnesine kondu. Törene sevenleri katıldı. Bazı ünlü isimler tiyatro sahnesine çıkarak veda konuşması yaptı. Cenaze namazı için Levent Afet Yolal Camii'ne gidildi. Konuşmacılardan biri de aynı seçimi iki kez kazanan, İstanbul'un çift mazbatalı belediye başkanı Ekrem İmamoğlu'ydu. İmamoğlu'nun konuşması önemli. Şöyle dedi Ekrem başkan: "İstanbul'umuzun, devletimizin, milletimizin başı sağ olsun. Bu insanlar kaybolmaz, bir yıldız olarak kalırlar. Yıldız Kenter öyle birisiydi. Anadolu'da çok saygın, özel kadınlar tarih boyu var olmuştur. Yıldız Kenter de Anadolu'nun yetiştirdiği en saygın, en özel kadınlardan birisi olarak tarihe geçmiştir. Ben Anadolu oyununun simgesi olarak, kendisini ifade etmiştir diye düşünüyorum. Güzel toprakların ruhunu yansıtan bir insandan söz ediyoruz. Hayatını sanata, ülkesine adamış bir insandan bahsediyoruz. Bu güzel tiyatroyu (Kenter Tiyatrosu'nu) bize emanet etmiş birisinden söz ediyoruz: Kenter Tiyatrosu'nu yaşatmak sorumluluğumuzdur. Ailesiyle başlattığımız çalışmaların sonucunda sağlığına kavuşmasını çok arzu ederdik. Anısına alkışlarınızın hiç dinmeyeceği bir tiyatro inşa edip İstanbul'a hediye etmek istiyoruz. Elbette ki tüm Kenter maneviyatını koruyarak, ismine layık, özgün bir tiyatro... ilelebet var olması umuduyla böyle bir sahneyi İstanbul halkına hediye edeceğiz. Bugün burada kesinlikle hiç sönmeyecek bir yıldızdan bahsediyoruz. Cumhuriyetin yıldızından... Nice imkansızı başarmış, gerektiğinde ülkesine, insanlarına umut vermiş, en zor koşullarda bile sanatın simgesi olmuş bir insanı son yolculuğuna uğurluyoruz. Hem bizlerin hem de yakın arkadaşlarının azmiyle sorumluluğumuzu yerine getireceğimizden hiç kimsenin kuşkusu olmasın." Bu konuşmaların ardından Kenter, öğle namazını müteakip kılınan cenaze namazından sonra Aşiyan Mezarlığı'nda toprağa verildi.

"Bugüne kadar cenazesi yakılan kaç Türk vatandaşı oldu?" diye bir araştırma yapsak herhangi bir kayıtla karşılaşır mıyız? Sanmam. Az sayıda da olsa cenazelerini yurtdışında yaktıranlar varmış ya, kim bilir kaça mâl oluyordur. Herkesin yapamayacağı bir harcama... masraflı olduğu kadar da uzun iş... Acılı aile bir de bununla mı uğraşsın... İnsan sinir olur; bir vasiyet yerine getirilecek, getiremiyorsun, bir yakının, belki can yoldaşın alevler içinde son yolculuğuna uğurlanacak yapamıyorsun. Vergi ödediğin devlet buna izin vermiyor... nasıl sinir olmazsın...

Gençler! Bir gün... her şey değişip yeni bir Türkiye kurulduğunda, daha doğusu devletimiz kuruluş ayarlarına dönüp

Cumhuriyetimizi geliştirdiğimizde, cenaze törenlerine de özgürlük getirmeliyiz; yakılmak isteyen yakılmalı, gömülmek isteyen gömülmeli. Cenazeler, başka memleketlere, küle çevrilip paket yapılıp adrese teslim edilsin diye gitmemeli... böyle zahmetli işlere, üzüntülere gerek olmamalı.

Başka şeyler de var... Mesela tüp bebek... Evlenmeden de kadınlar tüp bebek doğurabilmeli. Ölüm için de yaşam için de kimse çareyi başka ülkelerde aramamalı. Böyle şeylere izin vermeyin artık sevgili gençler... Önümüzdeki yüzyılın nasıl olacağı size bağlı. Teknolojinin imkanlarını kullananlar, insana, doğaya yaptıkları katliamlarla zenginleşmeye devam etmemeli. Bizler zalimleri dizginleyip yaşamı yeniden inşa edebiliriz. Kimin kazanması dünyanın hayrına olur? Düşünün bunu... Siz hangi fikrim yanında olmak isterdiniz? Baskıyla herkesi dize getirenlerin mi, özgürlük, barış, demokrasi isteyenlerin mi? Benim durduğum yer belli: Özgürlüğe ve adalete susayanların yanındayım.

Yeri gelmişken söylemeli dostlar... "Yıktık" dedikleri Cumhuriyetimiz daha on yıl önce böyle değildi. Ünlü edebiyatçılarımızdan mizah ustası Aziz Nesin, cenazesini kurucusu olduğu çocuk vakfının bahçesine, çocukların ayakları altında, mezar taşı olmaksızın gömdürebilmişti... "Cenazesi yurtdışında yakılıp getirilmiş kim var?" diye sorarsanız, Leyle Gencer var. 2008 yılında, ünlü soprano Leyla Hanım vasiyeti üzerine Milano'da yakılmış, külleri İstanbul Boğazı'na serpilmişti. Kimse de "Boğazımızı kirletiyorsunuz" dememişti. Bugün olsa derler, laik düşünceden yana olanların nasıl Müslümanlık karşıtı olduklarını anlata anlata bitiremezler. Yakılmak istiyorsan hemen seni "ateist" deyip çöpe atarlar. Oysa yakılmak inanca karşı mı? Kesinlikle hayır. Hristiyanlıkta da gömülmek esas ama mesela İngiltere'de yakılmak isteyenlerin oranı yüzde 70'lere ulaşmış. Arap emirliklerinde bile çalışır durumda fırınlar olduğunu okudum bir yazıda... Neyse dostlar...

Son olarak şunu söyleyeyim: Mezarlıklarımızın hali gerçekten iyi değil, acınacak durumdalar. Nasıl olmasın... İnsana saygı yoksa ölüye de olmaz. Gün geliyor, "mezarlık" demiyor üzerine inşaat yapıyorlar İnsan kemikleri iş makinalarıyla kazınıp çöpe atılıyor. "Gelin... yer kalmadı diyorsanız, cesetleri yakalım, hatta bunu kolaylaştıralım, Müslümanlığın ölü yakmaya engel olmadığını söyleyelim. Dinimizin kolaylık dini olduğunu anlayalım..." dediğinizde dinsiz sayılıyorsunuz fakat bütün bu sorunları aşmaya, aklın ışığında yaşamaya mecburuz.

Dün, Yıldız Kenter, Levent Afet Yolal Camii'nde öğle namazının ardından kılınan cenaze namazının ardından Aşiyan Kabristanı'nda toprağa verdiler ya, vasiyetinin gereğini konuşan kimse olmadı ya, bu da üzücü bir olay... Dünyaca ünlü bir sanatçının arzusu yerine getirilmiyorsa bizlerinkini unutun gitsin, hiçbir zaman gerçek olmayacaktır ama istemeye devam etmeliyiz. Bazı şeyleri hayat dayatır. Ya bir gün sevdiklerinizin kemiklerinin nasıl ayaklar altında kaldığını, izin bile alınmadan üstüne inşaat yapıldığını göreceksiniz ya da kemik küllerini kendi ellerinizle suya, rüzgara, toprağa bırakacaksınız. Hangisi daha insancıl? O gün geldiğinde ben de rüzgâra karışıp Ege'nin sularında İzmir'i, sevdiğim memleketimi son bir kez kucaklamak isterim.

Şu kesin ki dostlarım, bu topraklarda Yıldız Kenterler bitmez, yaşamaya devam edecekler. Buna engel olunamaz. Kimse hayatın gücüne, toprağın insan bereketine son veremez. Bizden ebedî köle yapmak istiyorlar fakat, mülkünü yok, yapamazlar. Kapitalizmin gücünü kabul edip susalım istiyorlar. Olmaz, susturamazlar... bizi sonsuza kadar bir yere hapsedip yok saymak istiyorlar fakat başaramadılar, başaramayacaklar. Biz Anadolu'yuz. Bizi, şiddetle yok edemezler. Şairin dediği gibi: "ekilir ekin geliriz/ ezilir un geliriz/ bir gider bin geliriz/ bizi vurmak kurtuluş mu?"

Halime, sözlerime bakıp gülmeyin sevgili insanlar. Kahramanlık, devrimci direniş sergiliyorum sanıp gülersiniz siz şimdi, gülmeyin. Öyle iddialarım yok benim. Sözlerim bazen komik gelebilir... her sözüme aldırmayın, büyük anlamlar yükleyip beni de zora sokmayın... Bugün günlerden 20 Kasım. Şule Çet davasının 5. duruşması yapılacak. Yürekleri sızlatan pek çok dava olduğunu biliyorsunuz. Daha önce de dedim ya, hangisini takip edeceğinizi şaşırıyorsunuz. Eski davalara yenileri eklendi, ekleniyor. Gücümüz yettiğince hepsini takip etmeye çalışmalıyız. Sakın vazgeçmeyin bundan. Toplumsal takip o kadar önemli ki dostlarım. Adaletin olmadığı yerde kitlelerin sesine, vicdanına ihtiyaç var. Bugün önemli işlerimden bir Şule'nin davasını takip etmek olacak. Daha önce yaptığım gibi öğrendiklerimi paylaşmaya çalışacağım. Saat şu anda 06:30... sabahın erken bir saati. Davanın başlamasına 4 buçuk saat kaldı. Bakalım bugün neler yaşanacak...

Bu arada ekim ayı kadın cinayetleri raporunu okumaya devam edelim. Haliç'te kimliği belirlenemeyen yabancı uyruklu bir kadının cesedi bulundu. Yapılan inceleme sonucunda ölen ya da öldürülen kişinin İsveç'ten gelen 43 yaşındaki Alexandra Köppel olduğu tespit edildi. Bildiğiniz gibi ülkemiz yabancılar için de güvenli bir yer değil. Bugüne kadar kaç olay, kaç cinayet oldu Allah bilir. Haliç'teki hadiseyle ilgili daha fazla ayrıntı yok, aradım, bulamadım... Neyse... Başka bir haber üzerinden devam edelim anlattıkça korkunçlaşan hikayemize...

İzmit'te yaşayan 36 yaşındaki Ayşe Acar, 3 ay önce boşandığı Kerem Tuğral tarafından kafasından vurularak öldürüldü. 44 yaşındaki katil, elektrik teknisyenliği yapıyordu, 2 çocuk babasıydı. 3 ay önce 36 yaşındaki Ayşe'den şiddetli geçimsizlik nedeniyle ayrılmıştı. Daha önce de şiddet uyguladığından hakkında uzaklaştırma kararı vardı. Olay günü Ayşe, kocasının akrabası olan biriyle (Eşinin teyzesinin oğluymuş.) İzmit Körfez Mahallesi Şehit Rafet Karaca Bulvarı üzerindeki Doğalgaz Abonelik Merkezi'ne gitti. Kapıdan içeri girip işlemlerini yaptırırken kurşunların hedefi oldu. Güvenlik görevlisi olan kuzen katili yakalayıp etkisiz hale getirdi. O sırada içeride bulunanlar büyük korku yaşayıp dışarıya fırladılar. Olay yerine gelen sağlık ekipleri, kafasından vurulan Ayşe'nin yaşamını kaybettiği tespitini yaptılar. Katil, gözaltına alınarak Asayiş Şube Müdürlüğü'ne götürdü. Yapılan inceleme sonrası Ayşe'nin cenazesi Kocaeli Devlet Hastanesi Morguna kaldırıldı. Talihsiz kadın, otopside sonra Sakarya'nın Hendek ilçesinde toprağa verildi. Katile neden cinayet işlediği soruldu. Sebep kıskançtı. Çok kıskandığından eşiyle anlaşamıyordu. Günlerden bir gün trafik kazası geçirince eşi hastanelik olmuştu. Eşinin dayısının kızı refakatçi olarak hastanede bulunuyormuş, o sırada kendisine demiş ki "Evliliğin boyunca eşin seni hep aldattı. Yaa..." Bu yüzden katil, kıskançlık krizine yakalanmış. Bu duyguyla 15 gün boyunca cinayeti nasıl işleyeceğini düşünmüş. Doğalgaz abonelik devir işlemleri için eşiyle buluşacakmış. Fakat o gün öldürme kastı yokmuş, ne olduysa birden olmuş, ne yaptığını bilemeyip silaha sarılmış, birden ateş etmiş. Cebimde de intihar mektubu hazır duruyormuş. Cinayet olayından birkaç ay önce de intihar teşebbüsünde bulunmuş ama başarılı olamamış. Evliliği yüzünden mutsuz olduğundan canına kıymak istiyormuş. Silahı nereden aldığına gelince... Yoldan canım... Geçerken bulmuş. Sonra da heves edip üzerinde taşımaya bağlanmış... İşte böyle arkadaşlar: Şahsın ifadesinde buna benzer bilgiler yer almakta.

Bunlar hep eski olaylar dostlarım. Eski dediysem bir ay öncesine ait. Bu ay içerisinde (Bugün ayın 20) kaç kadın cinayetti işlendiyse, henüz hiç birini yazma fırsatı bulamadım. Birkaç gün içinde olmuş mesela, (bütün haberlerin, televizyonda olmasa bile internet medyasına düştüğünü kabul edersek) üç kadın cinayeti var. Biri Isparta'da, ikincisi Manisa'da, diğeri de Buca'da... Zafer P. adlı genç, Isparta Uygulamalı Bilimler Üniversitesi Fotoğrafçılık Bölümü öğrencisi Güleda Cankel'i 17 saat alıkoyup oturduğu öğrenci evinde kabloyla boğduktan sonra kalbinden bıçaklayarak öldürdüğü bilinmekte... Manisa'daki cinsiyet olayı Reşatbey

Mahallesi'nde meydana geldi. Nevin N. ile kocası A.N., bilinmeyen bir nedenle tartışmaya başladı, Nevin kocasının elindeki ruhsatsız silahla başından vurularak hayatını kaybetti... İzmir'in Buca ilçesinde de iki ölüyle annesini kaybeden bir çocuk var: Ceza evinden izinli çıkan 24 yaşındaki Şehmuz Selçuk adlı mahkum yanında getirdiği pompalı tüfekle sevgilisi, bir çocuk annesi Melisa Kalem'i (o da 24 yaşındaydı) vurdu. Ardından da aynı silahla kendini öldürdü.

Devam edelim arkadaşlar. Tekrar Ekim ayına dönelim. İstanbul'da yaşayan Gülce Tokyol, metro çıkışında tacize uğradı. Şikayet için gittiği karakolda polisler "bir şey çıkmaz" diyerek genç kızı geri çevirdi. Bunun üzerine Gülce, diğer kadınları uyarmak için durağa gidip polise inat şu afişi astı. "Bu otobüs durağında 01.10.2019 tarihinde, akşam saatlerinde taciz edildim. Lütfen kendi güvenliğiniz için tetikte olun. İyi günler." Karakoldaki ifadesinde de şunlar var: "Durakta beklerken otobüsleri daha rahat görebilmek için ayağa kalktım. Kaldırımda bekliyordum. Bu sırada bir şahıs vücudu ile arkadan bana çarptı. Dönüp baktığımda az evvel durakta bekleyen erkek şahsın cinsel organını fermuarından çıkartmış şekilde mastürbasyon yaptığını gördüm. Sinirlenerek şahsa 'Ne yapıyorsun sen?' diye bağırdım. Bunun üzerine şahıs D-100 üzerinden Harem istikametine doğru koşarak kaçtı. Etrafta kimse olmadığından yardım isteyemedim. Hava karanlıktı. Bulunduğumuz yer yeterince aydınlık olduğundan, o panikle şahsın yüzüne dikkatli bakamadım. Yaşadıklarımın tesadüfi olduğunu sanmıyorum. Bunu yapan kişi oranın ne kadar kuytu olduğunu biliyordu. Yine yapacaktır, eminim..."

Polisin bölgede güvenlik kamerası olmadığını, şikâyetten de bir şey çıkmayacağını söylemesi üzerine Gülce, sokağa çıkıyor ve bölgede yaşayan kadınları uyarmanın yollarını düşünmeye başlıyor. İlk aklına gelen yaşadıklarını sosyal medyada paylaşmak olurken, daha sonrasında kadınları doğrudan uyarmaya karar verip "Bu otobüs durağında taciz edildim. Lütfen kendi güvenliğiniz için tetikte olun" yazılı ilanlar bastırıp dağıtıyor. "İstedim ki oranın güvenli bir yer olmadığı bilinsin... polis, bizleri korumakta yetersiz kalıyor. O zaman birbirimizi korumalıyız. Güvenlikçiler maalesef şikâyetim hakkında takipsizlik kararı çıkacağını söylediler, beni üzen şey, elimden fazla bir şeyin gelmemesi. Şiddetle tepki verdim ama işe yaramayacağını biliyorum, buna üzülüyorum en çok..." demekte.

52

Şule Çet davasını takip ettim dostlarım. Dün yazacaktım, yetiştiremedim. Davanın üzerinden bir gün geçti. Bugünün ayın 21'i. İlkin şunu söyleyeyim: dava bitmedi, 4 Aralık Çarşamba gününe ertelendi. Yani o gün 6. duruşma yapılacak. Hatırlarsanız savcı, sanıklardan Çağatay Aksu'nun 'kasten öldürme' suçundan müebbet, 'cinsel saldırı' ile 'kişiyi hürriyetinden yoksun kılmak' suçundan 39 yıla kadar hapsini talep etmişti. Berk Akand'ın ise cinayete yardım etmekten 31 yıla mahkum edilmesi istenmekte... Sanık Çağatay'ın avukatı hâlâ, "Bütün belgeler olayım cinayet değil, intihar olduğunu ortaya koyuyor. Bulguların birinde Şule'nin kendi saçını yolduğunu tespit ettik. Tecavüze uğrayan kişi kendi saçını değil, karşısındakinin saçını yolar. Saçlarını neden elinden bırakmamış. Bunun bir cinayet olduğuna ve tecavüz olduğuna ilişkin hangi delil ortaya konuldu. Maktulün intihar ettiğini veya Çağatay tarafından ya da Furkan tarafından intihara sürüklediğini düşünüyorum. Şule gezip tozan bir tip. Ailesinin gönderdiği para yetmezdi. Hangi barda iş istese bulurdu ama belki orada onu satarlardı" demekte. Yani fuhuşa sürüklenebileceğini ima etmekte.

"... belki orada onu satarlardı" diyor avukat. Bu nasıl bir söz, bu nasıl bir avukatlık arkadaşlar... Davayı izleyenler haliyle tepki gösterdi. "Terbiyesizsin!' dediler. Bence yetmez... Böyleleri avukat olmamalı. Bu işin de cılkı çıktı. Ülkenin her yeri hukuk cübbesini hak etmeyenlere doldu. Önce şunu söylemeli avukat bozuntusuna:

öldürülen hayat kadını da olsa "cinayet" suçtur. Belgesiz konuşup "belki" diyerek hayatını kazanma gayreti içinde eğitimine devam etmeye çalışan genç bir kızı fuhuşla ilişkilendireceğine biraz hukuk öğren, her şeyden önce insan ol, vicdanla konuş! Bu sadece ahlaki değil, senin açından bakılınca mesleki bir sorun. Diploma almışsın ama hukukçu olamamıştı... Sana o diplomayı verenler suç işlemişler. Hukuk önünde yoksa Allah katında verilecek hesapları var. Yazıklar olsun sana ve senin gibilere.... avukat olup söz söyleyip para kazanıp hakim önüne çıkanlara, buna izin verenlere de yazıklar olsun!

Bu arada kadınlar vardı, ellerinde "Erkek adalet değil gerçek adalet!", "Adalet için ses ver!" şeklindeki pankartlarla mahkeme kapısı önünde bekleyen...

Bomba haber şu: Bu saygısız avukat ve birlikte çalıştığı diğer hukukçular bir de 141 sayfa rapor hazırlamışlar hükümete verilmek üzere. Hukuk yollarını bırakıp dertlerini iktidara anlatmak istemekteler... "Ortada cinayet yok, intihar var, iki masum bu yüzden hapis... Ne olur yardım edin!" diyerekten... onlar da biliyor ki adalet diye bir şey yok bu ülkede. Bütün bilgisizliklerine rağmen hukukçu olup hayatlarını kazanmalarından belli değil mi? Hukuk olsaydı bu ülkede hangi hukuk fakültesi bilip öğrenmeyenlere diploma verirdi. Kuşkusuz bugün de iktidarda kim varsa, istediklerini, suçlu bile olsalar serbest bırakabilirler. Mahkemelerin gücü ancak ve ancak kimsesi olmayanlara yeter. 141 sayfalı rapor bunu bir kez daha kanıtlamakta. Pankart taşıyan kadınlar bu olaya da isyan ederek şöyle demekteler: "Katledilen bütün kadınlar için isyandayız. Adalet yerini bulana kadar da mücadele etmeye devam edeceğiz!"

Duruşmada, Şule Çet'in eski erkek arkadaşı Muhammet Furkan, tanık olarak dinlendi. Şule ile 1,5 yıl beraber olduğunu belirten Furkan şunları söyledi: "Ölümünden 3-4 gün önce işyerime geldiğinde eski patronları ile görüşeceğini söylemişti. Olay günü telefonla konuştuk. O gün ne yapacağını bilmiyordum, gizlediğinden değil, sormadım... Yoksa öncesinde görüşeceğini söylemişti. Ertesi sabah Şule'nin ölüm haberini aldım. Olaydan 3 veya 4 gün önce yüz yüze görüşmüştüm. Avukatlar iddia ettiği için söylüyorum: Utanarak söylüyorum, en son cinsel ilişkimiz 8-9 gün önce olmuştu. Yine utanarak söyleyeyim ki aramızda hiç ters ilişki (anal) olmadı. Şule'nin psikolojisi iyiydi. Yeni eve taşınmıştı. Boya, badana yapmışlardı, mutluydu. Düzenli kullandığı psikiyatri ilacı yoktu. En son görüşmemizde de çok neşeliydi, mutluydu..."

Sanık Çağatay, bir ara şöyle dedi: "Lilia (Şule'nin ev arkadaşı) ve Furkan yalan söylüyor. Olay gecesi görüşmediğini ifade ediyor, ben katılmıyorum. Ortada 'Furkan öğrendi, geliyor' diye atılan bir mesaj var." Bu söz üzerine Furkan, "Lilia ile olay akşamı asla konuşmadık. O gün Şule'nin orada olduğunu bilmiyordum. Evde uyuyordum" dedi. Bunun üzerine sanık Çağatay: "Maaşını nasıl alıyordu bunu bile bilmiyor, nasıl ilişki anlamadık" deyince salondan tepki sesleri yükseldi. "Sana mı sorulacaktı?" diyenler oldu.

Dostlarım! Olayları, bir de kendinizi Şule'nin, mahkeme salonundaki babası yerine koyarak düşünün. Ne olur düşünün bunu... Bütün bu konuşmalar onun gözleri önünde yapılıyor. Şule'nin otopsi raporunda anal bölgede yırtıklar olduğu söylenmişti. Bu yüzden Furkan çaresiz kalıp aralarında ters ilişki olmadığını belirtmekte... Daha neler sorulacak, apaçık gerçekler ortadayken... daha neler dile getirilecek Allah bilir... Yeter ki dava uzasın... yeter ki toplumun ilgisi dağılsın... baba olsanız böyle bir durum karşısında ne yapardınız?

Sanık avukatı Furkan'a soruyor: "Şule'nin ölümünden sonra sosyal medya hesabınızdan aşağı sarkıtılan birinin fotoğrafını paylaştığınız görülüyor, neden?" Furkan'ın cevabı: "Olaydan en az 6 ay sonra paylaşılan bir fotoğraftan söz ediyorsunuz... Sevgilimi kaybettim. Kimse benim psikolojimi konuşmadı. Zor günler geçirdim, yaşadığım şehri değiştirip uzaklaştım..."

Furkan'ın kendinden emin şekilde Şule'ye yapılanın "cinayet ve tecavüz" olduğunu söylemesi üzerine sanık Berk'in avukatı: "Bugüne kadar çok kişiler katıldı duruşmaya, siz neden gelmediniz? Sanıkların yüzüne bakmaktan mı çekindiniz, bakmak mı istemediniz?" diye sorunca Furkan: "Evet, bakmak istemedim..." cevabını verdi.

İlginç bir gelişme de sanık Berk'in yalvaran hali. Berk, duruşmanın ilerleyen dakikalarında şöyle konuştu: "Şule'nin sevdiklerinden ve ailesinden af diliyorum. O gün alkolü az alsaydım, her ne olduysa olsun müdahale edip olayı engelleyebilirdim. Ancak, o akşam kendimde değildim, ne olduğunu bilmiyorum. 16 aydır ilk kez beraatımı istiyorum sizden..." dedi. Berk'in avukatları da, savcının ortada hiçbir delil yokken, iddianame doğrultusunda mütalaa verdiğini, mahkemenin dosyadaki tüm delilleri değerlendirerek adaletli bir karar vereceğine inandıklarını belirttiler.

Duruşma öncesi adliye önünde toplanan Ankara Kadın Platformu, Kadın Meclisleri ile çeşitli sivil toplum örgütlerinin temsilcileri ve üyeleri pankart açarak "Boyun eğme, katillerden hesap sor! Koruma, aklama, yargıla!" sloganları attılar. Kadın dernekleri adına konuşan Deniz Akıl, "Şule Çet başta olmak üzere, işlenen tüm kadın cinayetlerinin üzerinin örtülmemesi için buradayız. Burada olmaya devam edeceğiz. Ta ki adalet yerini buluna kadar. Kadın cinayetleri durana kadar!" dedi.

Ankara'da Çankaya Üniversitesi'nde, sınavda kopya çekerken yakaladığı öğrencisi Hasan İsmail Hikmet tarafından geçen 2 Ocak'ta öldürülen Araştırma Görevlisi Ceren Damar Şenel'in babası Mustafa Damar da Şule'nin katilleri hak ettikleri cezayı alsın diye davayı izlemeye gelenler arasındaydı. Mustafa Bey: "Öldürülen kadınlarımızın sayısı gün geçtikçe artmakta... Gün geçtikçe toplum duyarsız, sessiz kalmakta. Kadın cinayetleri davaları başka noktalara evrilmiştir. Akıl dışı, mantık dışı, ahlak dışı, hukuk dışı yöntemlerle öldürülen Şule Çet'lere, Ceren Damar lara iftiralar atılmaya, ölülerin hatıralarına saldırılmaya ve öldürülen kadınlarımızın, kızlarımızın naaşları üzerinde tepinmeye başladılar. Ceren Damar'ların, Şule Çet'lerin ruhları sizin yakanızı bırakmayacak! Biz de bırakmayacağız! Adaletin tecelli etmesi için elimizden gelen herşeyi yapacağız..." diye konuştu.

"Şule'nin psikolojik durumu iyiydi. Köpeği vardı. Onunla mutluydu" diyen Furkan, Şule'nin ev arkadaşı Lila Thorine arasındaki mesajlaşmasında isminin geçmesinin sorulması üzerine, Lila'yı bir kaç kez gördüğünü ama yakından tanımadığını, olay gecesi kendisiyle mesajlaşmadığını söyledi.

Bir diğer gelişme de mektup olayı arkadaşlar... Bence bu da oldukça önemli bir konu. Geçtiğimiz günlerde Berk'in avukatı, Şule'nin avukatına Çağatay'ın Berk'e yazdığı mektupları vermiş. Değişik tarihlerde yazılmış 30 sayfa kadar mektuptan söz edilmekte. Çizgili büyük defter kağıdına yazılan mektupları biri resimli... evet, yanlış duymadınız, resimli... Çağatay, Berk'i yönlendirmek için hem yazmış, hem de yazdıklarını resimlendirmiş. Daha anlaşılır olsun diye (hitap ettiği kişi sanki geri zekalı...) elinden ne geliyorsa yapmış. Söz konusu resimde iki çöpten adamın oltayla balık tutuğu görülüyor. Üzerinde "ben" diye yazan kişi mutlu. Bir zamanlar, peşin satış yapan bakkalı derli toplu, veresiye satış yapanı darmadağın gösteren, bakkal amcalarımızın çok sevdiği bir resim vardı, onu hatırladım nedense... Çağatay, kendini balık tutan mutlu çöp adam olarak çizmiş. Dava arkadaşı Berk'iyse ayakkabı (hatta çizme) tutan zavallı biri olarak... Resmin altına da "kah kah kah" şeklinde kahkaha yazıp koymuş. "Suç bilimi" diye bir ders varsa, ki var, bu çizim emin olun, çok iyi bir sınav sorusu olur. Bu şekilde konuşan iki sanığın suçlu olma olasılığı sizce yüzde kaçtır? Bu arada bir de Berk'in Çağatay'a yazdığı, cevap niteliğindeki mektuplardan söz edilmekte. Soru: Çağatay'ın avukatları neden bu mektupları mahkeme heyetine zamanında iletmedi? Belli ki Berk, suça ortak olduğunu kabul ederken katil olmadığını söylemeye çalışmakta.

Şule'nin avukatı aracılığıyla sanıklara soruldu: "Neden birbirinize mektup yazma ihtiyacı duydunuz?" Çağatay: "Başından beri görüşemiyorduk. Bilgiler bana geliyordu. Ben sadece gelen evrakları Berk'e aktarıyordum..." cevabını verdi. Berk de: "Çağatay, yazdıklarını görüştüğümüzde veriyordu... Bir şeylerden bahsediyor... Ne diyecekse buraya gelirken yazıyormuş." diye konuştu. Bunun üzerine Şule'nin avukatı, sanık Çağatay'a: "Bir mektupta Berk'e diyorsun ki: " 'Sen bana, ben sana kuşkusuz güvenmek zorundayız. Bizim olayda ciddi bir şey yok, sen de biliyorsun. Üçümüz başından sonuna kadar beraberdik. Sırf sen hatırlayamadığından anlamsızca beni suçluyorsun. Ama öyle olmadığını sen de çok iyi biliyorsun... Ya beraber çıkarız, ya batarız... Ben takipteyim an be an. Sen benim dediklerimi yap!' Ne demek batarız?" Cevap: "Yargılanmamızdan belli değil mi? Dava sürecinin sonucunu düşünüp söyledim. Normal değil mi? Nereye çekmeye çalışıyorsunuz sözlerimi, anlamadım..."

Duruşmanın bir yerinde aynı avukat, "Otopsi raporuna göre Maktul'ün

on parmağından dokuzunda sanıklara ait DNA tespit olundu" deyince, karşı tarafın avukatlarıyla kısa süreli bir tartışma yaşandı. Sanık Çağatay, "Benim DNA'm çıkmadı. Yalan söylüyor efendim!" diyerek söze karıştı. Şule'nin avukatı bu kez, sanık Berk'in olay sonrası Pınar'la (Berk'in eski sevgilisi olduğu söylenmekte) yaptığı telefon kayıtlarının silinmesinin manidarlığı üzerinde durdu.

Duruşma sonrası açıklama yapan Şule İçin Adalet Komisyonu üyelerinden bir kişi: "5 duruşmadır adalet istiyoruz. 5 kez katillerin yalanlarını dinledik. Her şey apaçık ortadayken, gördüğünüz gibi, bu duruşmada da katillere ceza verilmedi." dedi. Ş davasının örtbas edilmesine izin vermeyeceklerini söyleyip kadın cinayetlerine karşı 25 Kasım'da (Dünya Kadına Karşı Şiddetle Mücadele Günü) tüm mağdurları ve toplumun duyarlı kesimlerini alanlara çıkmaya çağırdı.

Berk'in savunma avukatları mektupları sunarken, Çağatay'ı suçladılar.

Çağatay'ın, Berk'e özellikle bardak yıkama konusunda baskı yaptığını söylediler.

Paşa soy adıyla bilinen avukat: "Aman efendim, Berk davayı etkileyecek bir şey yapmadı, Çağatay sürekli baskı yaptı, yüce mahkememiz, biz haklının yanındayız" tadında açıklama yaparak sadece Berk'i kurtarmanın yollarını araştırmaya başladı. Duruşmada karar beklenirken mektup olayı nedeniyle dava yine uzadı.

Mektuplar kronolojik sırayla okunduğunda, Çağatay'ın Berk'e, sürekli baskı yaptığı görülürken, Ş davasının görevden alınan ilk savcısına Çağatay'ın aile ve avukatlarının yakın olduğu dikkat çekiyor. Çağatay ve Berk'in ilk duruşmada serbest bırakan savcı, daha sonra görevden alınmıştı... 21 ekten oluşan mektupların (bazısı iki sayfa) hemen her sayfasında öne çıkan bilgi şu: Çağatay, yazıp çizerek Berk'e baskı yapıyor... Özellikle de bardak yıkama olayı hakkında...

Daha önceki ifadesinde Çağatay, "Şule'nin intiharı, ben bardakları yıkadıktan 15-20 dakika sonra meydana geldi. Pencereden atlamak istedi. Tutamadım" demişti. Berk ise, "O sırada içim geçtiğinden uyudum. Çağatay beni "Berk!" deyip uyandırdı, sonra bardak yıkama sesi duydum," diyordu. İşte bu çelişkili ifade, Çağatay'ın Berk'e yazdığı mektuplarda sıklıkla ele alınıp düzeltilmesi istenmekte.

Mektuptaki ifadelerinde Çağatay, Berk'e şöyle diyor: "Bırak artık şu 'uyuyordum' işini. 'Hatırlamıyorum' de, 'tamam kafam güzeldi' de, 'o an bende yok' dersin, anlarım. Ama uyuma işi hikaye. Bana diyorsun, sen de âlâsını yapıyorsun aslında. Sürekli seninkilerin beni saçma gösterip karalama çabaları... Seni de neredeyse zorla orada tuttuğuma getirecekler, hatta seni de Şule gibi mağdur gösterecekler. Yanlış yapıyorsunuz... Daha fazla düşmeyelim birbirimize. Sen sadece öylece oku. Ben hiçbir şey yapmadım, senin yanına geldim, yüzümü yıkadım falan, biliyorsun. İşte orasını... direkt aşağıya indik. Abartma, atma, ispatlarım diyorum, orada çakışırız, üstelemeyin, daha fazla karıştırmayın. Hayır bunu neden Hüseyin (Berk'in avukatı) sorar. Adam (karşı tarafın avukatı ya da savcı) sorsun Berk, size ne... Siz sorunca yalan çıkacak... Zaten yıkama (bardak yıkama) olayı başlı başına rezalet. O kadar mesafede mümkün değil duymazsın. O kapı özel, ses geçirmiyor bile. Yani senin onu 'duydum' demen tam bir fiyasko..."

Şule'nin avukatı bu mektupları satır satır okuyup yeni deliller çıkarmakta. Bugüne kadar sanıklar arasındaki yazışmaları bildiği halde ortaya çıkarmayan avukatın da suç işlediği konuşulmakta.

Şule'nin avukatları, her iki sanığın da davanın başından beri mektuplaşarak suçu örtbas etmeye çalıştıklarını iddia ediyor. Duruşmada, sanıklara bu mektupları neden yazdıkları sorulunca, sanıklar, ayrı koğuşlarda kaldıklarından davayla ilgili gelişmeleri konuşmak istediklerini belirtiler. Mektuplar, iki sanığın da suça ortak olduğunu, birlikte hareket ettiklerini ve mahkemede suçu gizlemek için ağız birliği yaptıklarını da gözükmekte.

Sanıklar arasındaki yazışmaları Berk'in faydasına açığa çıkaran avukat, Şule'yi savunanların mektuplardan cımbızla cümle çekip gerçeği çarpıttıklarını iddia edip şöyle demekte: "Bu davanın başından sonuna kadar müvekkilimin suçsuz, olayın dışında olduğunu söyledim. Bunun tersini ispatlayacak ortada bir delil yok. Müvekkilim başından beri aynı ifadeyi veriyor. Mektupları mahkemeye biz sunduk. Suç olsa sunar mıydık? Kötü niyetli davransak 'belki müvekkile baskı yapılıyor' diye sunardık. Ancak mektupların tamamını okuduğunuzda öyle bir şey olmadığı,

(Berk'in suçsuz olduğu yani) müvekkilin de olup bitenden haberinin olmadığı ortaya çıkıyor."

Şule'nin on parmağının dokuzunda Berk'e ait DNA örnekleri bulunduğu bilgisine gelince... Berk'in, maktulle selamlaşırken basitçe el sıkışması, ayrıca Berk'in savunmasında belirttiği gibi Ş'nin daha önce telefon, bilgisayar tuşlarına dokunması, ya da müzik eşliğinde elinden tutarak, halay çekmesi, sanığın elindeki jelibon paketini alması şeklindeki aktivitelerin bir veya birkaçının gerçekleşmesi halinde Berk'e ait DNA'nın Şule'ye geçebileceği dile getirilmekte... Saldırı yani, boğuşma sırasında da aynı şeylerin olabileceği biliniyor fakat söz konusu rapora bu yönde bir değerlendirmenin yapılmadığı görülüyor.

"Şule'nin anal bölgesinden alınan PSA sıvısı (spermin sıvılaşmasını sağlayan enzim) vardı, buna nasıl bir açıklama getirdiler?" derseniz o da şöyle: "Anal bölgeden elde edilen maserasyon sıvısı (sperm mi demek isteniyor?) eğer bir cinsel birliktelik olmuş ise 48 saate kadar tespit edilebilir. Ancak PSA'nın sadece seminal (meni) sıvıda bulunmadığı, kan, idrar gibi diğer vücut sıvılarında da bulunabildiği, sadece PSA pozitifliğinden hareketle cinsel birlikteliğin gerçekleşip, gerçekleşmediğinin söylenemeyeceği mütalaa (iyice okuyup inceleyip üzerine düşünmek) olunur" denmekte... Yani bu raporları verenler özetle şunu demek istiyor: "Bizden bilimsel, kesin, tartışılmaz kanıt beklemeyin. Hey şey olasılık dahilindedir." O zaman adli tıbba ne gerek var? Biz de bunu sormakta haksız mıyız? Raporun raporu tutmaması her kafadan bir ses çıkmadı adli tıp mıdır?

Tesadüfen okuduğum yazarlardan biri; Işıl Özgentürk şöyle diyor: Gazetecilik etiği olarak sürmekte olan bir dava için fikir yürütmeyi sevmem. Ama Ş davasının ilk gününde gerek hâkim, gerekse sanık avukatları öyle sözler ettiler ki, bu da beni bu davanın "en çok da bir kadın olarak" anatomisini çıkarmam için teşvik etti. Hâkimin Ş'nin babasına sorduğu sorudan başlayalım: "Ş öğrenci olduğu halde neden çalışmak istiyordu?" Bu çok sıradan gibi gelen cümle, ülkedeki erkek dilin bir yansımasından başka bir şey değil. Sahi neden çalışıyordu? Ülkenin genel coğrafyasında kadının evinde oturması doğal kabul gördüğünden, hem öğrenci hem de kadın bir kişinin çalışma nedeni ne olabilir? Hâkim farkında olmadan ya da olarak bir durum ima ediyor, çalışan kadının başına her şey gelebilir. O da dizini kırıp evinden okula, okuldan evine gitseydi ya! Ayrıca bu cümle bir hâkimin ülkemizdeki ekonomik sıkıntıdan habersiz olduğunu da gösteriyor. Oysa istatistikler 1.5 milyon üniversitelinin ekonomik nedenlerle okulu bıraktığını açıkladı. Ayrıca dünyanın her yerinde üniversite öğrencilerinin büyük çoğunluğu hem çalışıp hem okurlar. En çok da garsonluk ve barmenlik yaparlar.

Geçelim o tuhaf Adli Tıp raporuna. Raporu veren doktorun 12 Eylül döneminde işkenceden kolları kırık bir genç insana sağlıklı raporu verdiği ve daha sonra ceza aldığını biliyoruz, bu adli doktor şöyle demiş: "Bir kadın, erkekle içki içmeyi kabul etmişse, cinsel ilişkiye rıza göstermiş sayılır." Adama hiç kızmayın, ülkede şeriatı yaymaya ve ülkeyi kadınlar için bir cehenneme çevirmeye yemin etmiş epeyce mümin var. Adam da bunların düşüncesini Adli Tıp raporu olarak yazmış. Şöyle demeye geliyor, bir kadın bir erkekle içki içiyorsa, erkek ona tecavüz etme hakkına sahiptir. Eder kardeşim, o da içki içmeyi kabul etmeseydi. Türkçesi bu! Yani Ş aslında aranmıştır, sanıklar da bu aranmaya yanıt vermişlerdir.

Gelelim sanık avukatlarına, avukatlar üstüne basa basa, "Ş'nin bakire olmadığını, kızlık zarında eski yırtıklar bulunduğunu" söylediler. Ben yazarken utanıyorum, bir genç kadının bakire olup olmadığı sizin için neden bu kadar önemli? Hiç lafı dolandırmayın, kamuoyuna ve hâkime şöyle söylüyorsunuz: "Sayın hâkim bu iş niye bu kadar önemseniyor ki, bir tecavüz olmuş bile olsa kız bakire değil."

Sanık avukatları bu duruşmada dünya adli tıp camiasını acıyla gülümseten bir olguyu da ortaya attılar. Efendim Ş'nin tırnaklarında bulunan sanık DNA'sının el sıkışma sırasında oluştuğunu söylediler. Yahu arkadaş sen kimi kandırıyorsun? Yani herkes senin çevrendeki her sözüne eyvallah diyen arkadaşların değil. El sıkışmadan DNA geçmeyeceğini iki Amerikan cinayet dizisi izleyen herkes bilir. Senin bilmemen tuhaf ya da hadi belki yutturururum mu dedin! Ayrıca duruşma sırasında ortaya çıktı ki, polis olay yerinde doğru dürüst bir inceleme yapmamış ya da yapmış da sonradan mı yok edilmiş bilinmiyor. Şule'nin çamaşırları bile incelenmemiş. Yani harika bir dava incelenmesi. Ama gerçek bir yolunu bulur, ortaya çıkar. İlerleyen zamanlarda Şule'nin boynunun düşmeden değil, fazla zorlamadan kırıldığı, yüzünde ve bedeninde zorlama izleri olduğu tespit edilmiş. Ayrıca plaza görüntülerinden kişilerin ayakta duramayacak kadar içkili oldukları görülüyor. Bu arada haberi verirken "Lüks plazada buluştular" diyen gazeteci arkadaşlarıma soruyorum, "neden lüks plaza" dediniz, çünkü illa ki, kızı suçlu göstereceksiniz. Plazaya giden kız! Şimdi gazeteci arkadaşlarıma, Adli Tıp yetkililerine, soruşturma için delil toplayan polis ekibinde yer alanlara ve hâkime soruyorum: "Sizin kızınız, kız kardeşleriniz yok mu? Biraz durun ve gencecik bir kızın en acılı biçimde biten hayatını düşünün! Vicdan sizi bu kadar mı terk etti?"

53

Geçtiğimiz aylarda Şule'nin avukatı, "Sanıklar içki bardaklarını yıkadılar, bilgisayarın saatini değiştirdiler fakat baz istasyonlarından gelen sinyaller ve cesedin atıldığı yer tüm planlarını bozdu. "Şule geçinemiyordu, dersleri kötüydü, okulunu aksatıyordu, kadın başına erkeklerle içmeye gidiyordu, psikolojisi bozuktu, ilaç kullanıyordu, parasızlıktan intihar etti diye yalan uydurdular... Kimi babasından para gelmediği için intihar ediyor?" demişti, hatırlayalım bunları...

Berk'e gelince... "Şule düştükten sonra Çağatay'ın içki bardaklarını yıkadığını savcılıkta da söyledim ama tutanağa geçmemiş" diyerek düzeltme yaptırıyordu. Çağatay'ın avukatı da Şule'nin kullandığı ilacın 24 yaşından küçükleri intihara sürükleyebileceğini kanıtlanmanın peşindeydi. Şule'nin tanıdığı hiç kimse; ne ev arkadaşı, ne sevgilisi intiharı mümkün görmedi... Ama onlar bugün de aynı iddiaları tekrar ediyorlar. Arıyorlar, araştırıyorlar, bir kişi de çıkıp "Şule sorunları olan, bunlarla baş edemeyen, mutsuz biriydi" demiyor, fakat, bir yıldan fazladır bu mesele konuşulmakta, dereyi görüp "dere yok, kurumuş" diyen sözde hukuk insanları yüzünden davanın 6. duruşması yapılacak, bitecek mi peki? Bütün umutlar bitmesi yönünde ama adil olarak...

"Şule, öldürülmedi, tecavüze uğramadı, intihar etti" diyorlar. Yargılama sonucunda da böyle bir düşünce öne çıkarsa kimse adaletin tecelli ettiğini düşünmeyecektir. Kaldı ki, şuanda bile suç, pek çok kişi tarafından örtbas edilmek istenmekte. Sanıklar, hak ettikleri cezayı aldıktan sonra da delilleri karartma suçundan çok sayıda devlet görevlisinin yargılanması gerekmez mi? Bu yönde adımlar atılacak mi? İnsanlara adaleti yanıtlamaya çalışmanın da büyük suç olduğu gösterilecek mi? Kimdir hapishanedeyken bu katillere yardım ve yataklık yaptı... Şule'nin avukatı diyor ki: "Mahkemeye toplam 40-60 sayfa arası 20 adet mektup ulaştı. Basit pusula değiş tokuşu değil, sayfalarca mektup. Berk'in Çağatay'a gönderdiği mektuplar dosyada yok. Havalandırma ya da çalışma esnasında değiş tokuş yapıldığı iddia ediliyor. Bu kadar mektubun bir başkasının yardımı olmaksızın değiş tokuşu mümkün değildir. Cezaevi idaresinin yeterince özenli olmadığı, aynı suçtan sanık iki kişinin birbirleriyle temasının yargılama boyunca devam ettiği görülmektedir. Çok açık bir ihmal ya da destek söz konusu." Hapishane müdüründen tutun, gardiyana varıncaya kadar kimse görevini gereği gibi yapmamakta, neden? Kimi suçlular hapishaneye girip nefes dahi almazken kimileri de böyle otel odasında ağırlanır gibi gözaltına alınıyor. Bütün bunlardan hiç bir şey anlaşılmadığı mı sanılıyor?

Bütün olayları aylardır didik didik eden Şule'nin avukatı diyor ki: "Öldürüldüğü halde cinayeti değil, intihar olduğu üzerine komplo kurulmaya çalışmışlar, olaya intihar süsü verilmek istedikleri anlaşılmakta. Mektubun birinde Çağatay, Şule tarafından gönderilmiş gibi hazırlanacak 'elveda' mesajının onları kurtaracağını iddia etmekte. Kendilerinin cezaevinde sadece bir ekran görüntüsü nedeniyle olduğunu, dolayısıyla bir başka ekran görüntüsüyle de Berk'in, (kendisinin de) kurtulacağını iddia etmekte. Esasen, işlenen cinayeti örtbas etmek amacıyla düşünülen bu davranışın, sanıklar arasında planlandığı anlaşılmakta. Şule'nin polisçe ilk etapta telefonunun açılmadığı bilgisi sanıklara bu yönden cesaret verdiği görünmekte. Şurası kesin ki sanıklar, baştan itibaren, dosyadaki gelişmelerden, toplanan veya toplanamayan delillerden haberdardı. Berk de baştan itibaren hadisenin ne olduğunu bilmekte, iştirak ettiği cinayet eylemini gizlemeye çalışmakta..."

Avukatın sözünü ettiği, intihar süsünün nasıl hazırlanacağını anlatan mektupta Çağatay, Berk'e şöyle demekte: "Uyudum diyorsun, ulan sanki benim uyuduğum yalanı aklıma gelmiyor. Bir tane yazışma resmi oğlum ya bizi buraya sokan. Başka bir şey yok. Bir tane sol üstte resim, rehber kaydına (cep telefonu rehber kaydından söz edilmekte) Şule yazı can sonra yaza can 'Elveda, kendinize iyi bakın' filan diyecen o kadar. Ekran resmini basacan dosyaya..."

Bütün bunlar ortadayken mahkemede neler konuşulmakta insanın aklı almıyor. Önceki davaların birinde Şule'nin avukatı şöyle demişti: "Sanık avukatlarının sunduğu raporda adli tıp uzmanı olarak imzası olan şahıs görevden ihraç edilmiştir. Biz aldığımız rapora güveniyoruz ve imzası olan uzmanları burada dinlemenizi istiyoruz, peki, sanık avukatları, buldukları uzman kişileri dinlememiz için buraya getirecekler mi? Şule'nin tırnakları arasında bulunan iki erkeğe ait DNA örneğinin 'tokalaşmayla' olduğu şeklinde savunma yapıldı. Burada tokalaşma yok, tecavüz var ve bundan biz değil sanıklar utanacak!"

Sanık avukatlarından biri dava sırasında Şule'nin avukatına, "burası kadın programı değil" demişti. Davayı izleyen kadın avukatlar "kadın mücadelesini sizden öğrenmeyeceğiz!" diye tepki göstermişti. Sanık avukatlarının saygıdan yoksun konuşma şekilleri de dikkate alınmalı, neden adaletten yana taraf değil de sanıktan yana taraflar? Bu da sorgulanmalı? Avukatların görevi gerçeği ortaya çıkarmaksa kimseye kızmadan soğukkanlılıkla görevlerini yapmaları gerekirdi. Davayı merak edenlerden rahatsız olmak da neyin işareti?

Bazı sorular var cevabını öğrenemediğim. Biri de şu; Şule'nin avukatına göre, olay yeri inceleme görüntülerinde ayakkabı bağcıkları açık ve kendisinden (Şule'nin cesedinden) önce atılmış deniyordu. Ayrıca Şule'nin tek ayağında çorap vardı, diğeri çıplaktı. Soruyorum şimdi, kim tek çorapla gezip intihar etmeden önce ayakkabılarını çıkarıyor? Çağatay diyor ki "düşerken tutmaya çalıştım." Hadi diyelim, çorap o sırada çıktı. Ayakkabıyla çorap aynı anda nasıl çıkar? Çorapla intihar ettiyse, ayakkabıları kim, neden aşağıya attı? Buna benzer pek çok soru var kafalarda.

Bunca zaman Şule'nin antidepresan kullanması, bekâr olup gecenin ileri bir saatinde patronunun yanında bulunması gibi sebepler cinsel saldırıyla cinayete kılıf olarak gösterildi. Kullanıldığı ileri sürülen ilacın intihara sürükleyebileceği yönünde ısmarlama rapor peşinde koşuldu. Şule'nin 'majör depresif bozukluk' tanısı olduğundan intihar etmiş olabileceği söylendi. Ş'yi hasta, intihar eğilimli göstermeye çalışan raporların birinde Prof. Dr. Şemsi Gök'ün Adli Tıp kitabına atıfla: "sarhoşluğa varacak kadar içki içen kişinin bu sonuçları (katledilmeyi yani) göze aldığı, bir erkeğin odasında yalnız başına içki içmek suretiyle cinsel birlikteliğe razı olunduğu" yorumu yapıldı. Şule'nin avukatı, raporun bilimsellikten uzak, ciddi meblağlar ödenerek hazırlatılmış olduğunu söyledi. Raporu hazırlayan şahıs Adli Tıp Kurumu'ndan emekli, akademik kariyeri olmayan şaibeli bir doktordu. Ankara Tabip Odası bu doktoru 9 ay süreyle meslekten ihraç etmişti. Çünkü doktor, Ankara Emniyet Müdürlüğü Siyasi Şubesi'nde işkence gören Kutay Merinç ve Haydar Bozdoğan'a "sağlam" raporu vermekten suçlu bulunmuştu. İşkence görenlerden biri Facebook'ta şunları yazıp paylaşmıştı: "Bugün Ş davası ile ilgili haberi okuyunca şok oldum. 1989 yılında 21 gün işkence gördüğüm Ankara Emniyeti Derin Araştırma Laboratuvarı'ndan çıkarıldığım Adli Tıp'ta bana sağlam raporu veren Doktor buydu. Şule'nin davasının da uzman doktoru olduğunu öğrendim. 'Bir kadın bir erkekle tenha bir yerde içki içmeyi kabul etmişse cinsel ilişkiye rıza göstermiş sayılır' diyen şahıs zamanında Bana da doktorluk yapmıştı. İki kolum kırıkken "sağlam raporu" veren, şikayetim üzerine yargılanan doktor. Tabip odası tarafından 9 ay meslekten men edildi. Cezası tabipler konseyi disiplin kurulunca da onandı. Böylesi işkence destekçisi birinin hala görevde olmasını, bu şahsın raporlarına güvenilerek adalet dağıtılması çabasını esefle ve üzülerek öğrenmiş bulunuyorum. Şahsın neden böyle bir rapor verdiğinin sorgulanması ve hatta kanaatimce yok hükmünde sayılması gerekir. Saygılarımla." Adı geçen doktorun işkence sonrası 22 kişiye polisin de bulunduğu bir ortamda toplu olarak sağlam raporu verdiği de bilinenler arasında...

Dahası var arkadaşlar... Önceki sayfalarda dediğim gibi, sanıkların ekonomik ve siyasal gücü, akraba ilişkileri medyada yeterince ele alınamıyor. Ne tür engellilerin olduğunu bizim gibi fanilerin anlaması mümkün değil.

Mesela Çağatay'ın talebi üzerine İnternet sitesi Ekşi Sözlük' deki "Şule Davası" başlığındaki tüm yazılar kaldırıldı. Beş ay önce 29.05.2019 tarihli karar uyarınca site yöneticileri bu yönde karar alıp uyguladı.

Kadın yazar Deniz Bağrıaçık'ı dinleyelim bir de, onun da diyecekleri var. "Kasaba Ahlakı ve Şule Çet Davası" başlıklı yazısında diyor ki: "Bundan 10 sene önce, bekârete çok önem veriliyordu! Umarım bu tutum değişmiştir. (Sizce değişti mi? Bence değişmedi, hatta daha çok önem verilir oldu.) Mesela üniversitedeki arkadaşlarım benden daha eğitimliydi(!) Bazıları gitar çalardı. Bazıları sanatçıydı. Erkekler eşlerinin bakire olmasını istiyorlardı. Bir arkadaşım 32 yaşında evleneceğini söylüyordu. Diyordum ki, nereden bulacaksın? Sonuçta köyden bulamazsın; çünkü çok iyi eğitimlisin. Sanat tarihi hocasıyla evlendi. Şaka gibi ama seks hayatlarında mutlu değiller. Ben bir kez evleneceğim ama öncesinde de yaşayacağımı yaşayacağım diyordu, pek öyle olmadı." Yukarıdaki sözler, Nico'ya ait. Onunla, İstanbul'daki yabancıların Türkiye gözlemlerinden yola çıkarak yazdığım "Sorsana Bizi Sevmiş mi?" adlı kitabım için görüşmüştüm. Nico eşcinsel Yunan bir erkek, gözlemleri son derece derinlikli, farklı ve benim için değerli. Kısa sürede sempatisi ile kendisinden çok farklı insanlarla arkadaşlıklar kurmuş, İstanbul tutkusuyla da şehri, toplumu kucaklamak istemişti. Aklının en karışık olduğu konu ise "kadın-erkek" eşit(siz)liği, toplumumuzda kadınlara verilmeyen değerdi. "Anneler," diyordu, "bilim insanı olmuş, birkaç yüksek lisanslı kızlarını takdir edecek yerde, koca bulmak için, 'Gel buraya köfte nasıl yapılır sana onu öğreteyim' diyorlar, çıldırıyorum," derdi. Görüşmeler boyunca, yabancıların istisnasız en çok aklını kurcalayan ilişkiler, kadın-erkek eşitliği ve uzantısında cinselliğin yaşanış biçimiydi. Türkiye Nico'nun tespitinin yol açtığı felaketi her gün her ilişki düzeyinde yaşamakta. Cinselliğin, toplumda ataerkil bir güç simgesi olarak görülmesi, ki bunun dilimize yansıması olan, erekte olamayan erkeğin "iktidarsız" olarak nitelendirilmesi cinsellik ve güç arasında doğrudan bir ilişkiyi anlatıyor. Hemen parantez açalım, kelimenin yalnızca Türkçede değil Fransızcada da kullanımı aynı. İktidar içerisinde düşünülecek diğer değişkenler ise ekonomik güç ve beraberinde buna bağlı olan bir ilişkiler ağı, tüm bunlara ilaveten fiziksel üstünlük de halen bir güç niteliğinde... Bu şematik düşünceyi, Şule'nin yaşadıklarını, olağanüstü hak ihlalleri dolu raporlarda tüm açıklığı ile görmek mümkün.

Süreci en başından düşünecek olursak: Katil zanlıları Çağatay ile Berk, Şule'nin işverenleri. Maddi güç ve söz hakkı gene bir erkekte. Ayrıca, paranın sağladığı üstünlük ve güç ilişkileri sayesinde birtakım süreçleri etkileyebilecek daha fazla güce sahipler. Bu üstünlük onlara aynı zamanda kadınlara istedikleri saatte mesaj atma, istedikleri saatte onların çalışıp kazandıkları parayı verme ve hatta bedenleri üstünde her anlamda bir iktidar kurabilme özgürlüğü düşüncesi getirmişe benziyor.

Mahkemeye delil olarak sunulanlar korkunç, her yeni görüntü ise bir dehşetin yansıması. İki yüzlü ahlakçılık... tüm bunlara ilaveten süreçte en dikkat çekici olan adeta bir kasaba ahlakının dayatılması. Adli tıp raporunu hazırlayan uzmanın "Bir kadın bir erkek ile tenhada içki içiyor ise, cinsel ilişkiye razıdır" ibaresinden tutun da mahkemede yönetilen sorulara; "Kızın neden çalışıyordu, erkek arkadaşı eve gelir miydi?" ve "Şule cinsel ilişki yaşamışa benziyor" gibi ibareler, denilebilir ki bir "kasaba" nın ne köy kalabilmiş ne kente dönüşebilmiş halinin; içine kapanmış hiçbir zaman kente uyum sağlamayacağını bilen, o vahşi içini kemiren dışlanmışlık, kıskançlık duyguları ve hıncının da bir dışavurumu adeta. Kötücül işe yaramaz bir ahlakçılığın düzeyine inme mecburiyetinde bırakılmamız toplumumuzun önündeki en büyük engellerden birini teşkil etmekte. Bu arada kalmışlığın en öldürücü darbesi ise Nico'nun yukarıda bahsettiği, tahmin dahi etmediğimiz çevrelerdeki iki yüzlülükten geliyor. Korkular, endişeler içerisinde yaşadığımız cinsellik bizleri hem psikolojik hem de fizyolojik yönden hasta ediyor.

Kadınların, evlilikten önce cinsel ilişkiden kaçınma baskısı, isteklerinin dışında tersten cinsel ilişkilere zorluyor; hymen (kızlık zarı) dikimi yalan içerisinde yalan süreçlere itiyor. Böyle ikiyüzlü ahlakçılıklar içerisinde hem kadınları hem erkekleri gerçek duygulardan uzak, ayıplar, korkular içerisinde yetiştiriyoruz. Sonra gencecik, güzel bir kadının şüpheli ölümünün arkasından bu soruları soruyor, "o saatte ne işi varmış?" diye itibarsızlaştırıyoruz. Asıl sormamız gereken, bizim o saatte neden o mahkemede olmadığımız değil mi?

Yıllar önce, "suçluyu kazırsan altından insan, bütün suçların gerisinden de toplum çıkar" şeklinde bir söz okumuştum. Yani, hiçbir suç yok ki toplumdan uzak, topluma rağmen işleniyor olsun. Değer yargılarımızı düzeltmeden daha insanca bir hayatımız olmadı, olmayacak...

Hiç duydunuz mu bilmem... Cinsel Şiddetle Mücadele Derneği adında bir kuruluş var; Şule davasının medyada yer alış şekline dair eleştirilerini yayınladılar. Ana akım medyanın toplumda şiddete dair algımızı şekillendirme gücü olduğunu söyleyip konunun önemi üzerine duruyorlar. Herkesin de bildiği gibi pek çok kadın cinayetinde medya katiller yararına bir dil kullanmakta. Kadını ya da trans bireyi yaşam tarzı üzerinden sorgulayan bu dil, aynı zamanda olayları artırıp ölümlerin hak edilmiş cinayetler olduğunun altını çizmekte. Bu, hakikaten korkunç bir şey. Üretilen bu dil, ister istemez kadını bastırıp erkeği şiddete yöneltmekte. Savunma avukatları öldürülen kadınların hayatlarını sorgularken medyanın yansıttığı bu dilden ve temsillerden güç almakta. Aslında dünyanın her yerinde bu dilin de cinayetlerin nedenleri arasında sayılması gerekmekte; neden olduğu toplumsal hasarlar için de suçluların cezalandırılmasına ihtiyaç duyulmakta.

Birçok haber başlığında Şule'nin ölümü ilk anda "düşerek öldü", "intihar" şeklinde yer aldı. Soruyoruz: Nereden biliyordunuz? Neden "öldürülmüş olabilir", "şüpheli ölüm" demiyorsunuz da aklınıza bunlar geliyor? Medya toplumu yanıltmamalı, kesin olmayan durumları doğruymuş gibi haber başlığı olarak kullanmamalı. İddialar söylenmeli ama gerçekmiş gibi yansıtılmamalı. Olaylara magazinsel içerikler yüklenmemeli. İlk etapta doğrulanmış gibi görülse de kadınlara ve çocuklara yönelik tüm cinayet, istismar ve tecavüz haberlerinde şüphe ve soru işaretlerine mutlaka yer verilmeli. Yaşanan kadın hayatlarının toplum nezdinde değersizleştirilmesine hizmet edilmemeli. İnternette tıklanma sayısını arttırmak için ilginç şiddet başlıkları kullanmaktan vazgeçmeli. Tecavüz ortadayken kimse "Rızası Vardı" dememeli... Kadının giyimi, nasıl güldüğü, ne iş yaptığı, nasıl konuştuğu, nereye gittiği, nereden geldiği, saat kaçta dışarıya çıktığı, kaçta eve döndüğü cinsel saldırıya gerekçe değildir. Gazete sayfalarında ya da internet sitelerinde Şule'nin, sanıklarla yan yana gülümseyen fotoğrafının kullanılması, içki içildiğinin vurgulanması, faili suç ile anılmaktan uzaklaştırıp şiddetin bahanelendirilmesine hizmet eder. Kişinin içki içmesi, gülümsemesi tecavüze rıza gösterdiği anlamına gelmez! Mağduru suçlu gösteren bu dil, kimi kadınları "yollu", "cinayeti hak etmiş" gösteren bir algının pekişmesine neden olmaktadır.

Yine Şule'nin ölümü sonrası gördüğümüz şu başlıklar: "Lüks plazada cinayet", "Lüks plazada dehşet!", "Doğum gününde Ankara'nın en lüks plazalarından birinin 20'nci katından düşerek hayatını kaybeden..." Neden "lüks plaza" vurgusu yapılmakta? Bu dil vicdanla ve olmasını istediğimiz medya ahlakıyla bağdaşmaz. Ekmeğini kazanmaya çalışan genç bir kadın pencereden atılmış ya da düşmüş, olay bundan ibaret. "Altın çerçeveli pencereden aşağıya atıldı" derseniz bu olayı küçümsemek, magazinleştirmek, gerçekleri dikkatlerden kaçırmak olur. Bir kadının şüpheli ölümü durumunda vurgulanması gereken noktalar, plaza, doğum günü, günlük kiralık daire, lüks otel balkonu, lüks villa vb. değil; o kadının orada nasıl ve kim tarafından öldürüldüğüdür. Son söz: Sayın gazete müdürleri, haberlerden sorumlu yetkililer! Ele aldığımız haberlerde kullandığınız dille cinayetleri meşrulaştırma çabası yerine gerçekleri araştırın! Şule atladı mı, düştü mü, yoksa itildi mi? İlk duruşmada suçlamaları reddeden iki sanığın beyanlarının birbirleriyle çeliştiği ortaya çıkmıştı. Sonraki süreçte daha pek çok çelişki, pek çok gerçek şu yüzüne çıktı. Sanıkların Şule'nin düşmesinin hemen ardından olayın gerçekleştiği ofisten çıkıp asansöre bindiği ve tartıştığı anların görüntüleri de gözler önüne serildi, kafa yoracaksanız bunlar üzerine yorun!

2000'li yılların başında kadınlar, kendilerine yönelik şiddeti, cinayetleri 3. sayfa haberi olmaktan çıkarmış, bunun sonucu olarak medya, "töre" ve "namus cinayeti" gibi isimlendirmelerden vazgeçmişti. Sonra "eski Cumhuriyeti yıktık, yenisini kurduk" dediler. O günden sonra her şey hızla değişmeye başladı. Yeni Türkiye'de kadının toplumsal konumu tekrar tartışılır oldu. Osmanlı ayarlarına yeniden dönülmesi üzerinde duruldu. Bundan sonra kadınlar, erkeklerle eşit olamayacaklardı çünkü bu, fıtrata (yaradılışa) tersti. Allah kadını erkekten farklı, eşine, çocuklarına hizmet etsin, doğurup büyütsün diye yaratmıştı. Kadınlar, şeriatın gereği olarak da eşit kabul edilemezlerdi. Devletin zirvesi de artık bu fikre inanıyor, Atatürk Cumhuriyeti'nin kadına yaklaşımını din dışı görüp gösteriyorlardı. Bütün ders kitaplarında da görüldüğü gibi kadınlar bundan sonra başlarını kapatacaklar, "kadın işleri" denilen ev işlerini yapacaklardı. İlerleyen yıllar içinde "Yeni Türkiye" projesinin gereği olarak bütünüyle eve kapatılmaları gerekecekti.

54

Dört yıl önce yaşadığımız Özgecan Arslan cinayeti kadına yönelik şiddeti ve arkasındaki toplumsal çürümeyi olanca açıklığıyla gözler önüne sermişti. Son on yıl içinde Cumhuriyet, hukuk, demokrasi global sermaye yandaşlarının çıkarları doğrusunda çökerken kadın cinayetleri de bu toplumsal çürümenin kanlı göstergelerinden biri olarak hızlı bir yükselişe geçti. Şule'nin öldürülmesi ilkin intihar iddiasıyla kapatılmak istenmişti ama sadece kendilerine hukuk isteyenler bu gerçeği görünmez hale getiremediler. Ellerindeki medya, olayı "lüks plaza" sözcükleriyle süsleyip magazinleştirmeye çalışırken beklenmedik bir şey oldu: Demokrasiye, laik düzene inanan cumhuriyetçi, devrimci kadınlar, sokağa dökülüp örtbasa seyirci kalmayıp ellerindeki "asla yalnız yürümeyeceksin" dövizleriyle oyunu bozdular. Şule'nin magazinleşen ölüm haberi, birden ezilen, erkek şiddetine maruz kalan kadınların elinde eşitlik, adalet, özgürlük mücadelesinin bayraklaşan gücü oldu. İlkin Özgecan'ın masumiyeti vurgulanıyor, Şule'ninse nereye, niçin gittiği sorgulanıyordu. Kimi kadınların yaşam tarzı yüzünden öldürülmeyi "hak ettiği" ima edilip acımasız eleştiriler yapılıyordu. İlk duruşmada sanıklar, Şule'nin bekareti, içki içip içmemesi üzerinden savunma yapmaya kalkmışlardı. Hakim bile Şule'nin ev arkadaşına, "eve erkek arkadaşlarını davet eder miydi?" diye sormuştu. Adalet dışında neye hizmet ettiği bilinmeyen bu sorularla davanın uzamasına neden olmuşlardı ki hala olmaktalar. Sanık yakınlarından biri de geçtiğimiz günler içinde acılı aileye seslenerek, utanmazca, Şule'nin, yası tutulacak biri olmadığını söylemişti. Bir taraftan da medya vardı gerçeği görünmez kılmaya çalışan.

Ş'nin avukatı ilgili medya kuruluşlarından birini şu sözlerle uyarmıştı: "Kamuoyunu maniple etmek maksadıyla yapılan bu haberlerde, dosya içeriğinin tamamen aksine, delilleri çarpıtan ve sanıkları aklamaya dönük haberler yapılıyor, bu haberlerin maksatlı olduğu belli. Talebimiz sonrasında, mahkeme heyetince kabul edildiği üzere plazada yapılan ikinci keşif neticesinde, olaydan 1 yıl sonra halı ve koltukta bulunan lekelerin sanıklarla ilgisi olup olmadığının soruşturulması yapıldı. Neticesinde gelen raporu 'cinsel saldırı bulgusu yok' şeklinde haberleştiren anlayış en hafif tabiriyle maksatlıdır. Şule'nin bedeninde mevcut tükürük, prostat sıvısı tespit edildi. Bunlar var. Yine maktulün 10 parmağının 9'unda mevcut iki erkeğe ait DNA örnekleri tespit edildi. Bunlar hiç yokmuş gibi haber yapanların gazeteciliğini kamuoyunun takdirine bırakıyoruz."

Bütün yapılanlar kötü şeylerdi fakat toplumsal vicdan bu sayede ayağa kalktı. Ş davası bir süre sonra özelde kadının, genelde insanlığın onur mücadelesine dönüştü. Toplumun bir kesimi, özellikle de farklı kesimlerden kadınlar bir araya geldi. Kadın cinayetlerinden, Trans cinayetlerine kadar toplumsal tepki alanı genişledi. Yine de toplumun önemli bir kesimi suskun. Ya hiç tepki vermiyor ya da tepki göstermekte geç kalıyor. "Tereddütsüz" yas tutmaktan, kararsızlığa, oradan "oh iyi oldu"lara varabilen bir yelpazede gidip geliyorlar. Aynı cinsiyetçi şiddetin elinde yaşamını yitiren iki kadın "makbul" ve "na makbul" diye birbirinden ayrılabiliyor, birinin "tereddütsüz" yası tutulurken bir diğerinden nefret edilebiliyor ya da karşısında "kararsız" kalabilmekte. Şule davasında da sosyal medyada ve dava sürecinde tanık olduğumuz karalama girişimleri, konunun gündeme güçlü bir şekilde taşınması ve yürütülen hukuki mücadele sonucu boşa çıkarılmış oldu. Şule, Özgecan ve yaşamını yitiren yüzlerce kadın dile gelse bu manzara karşısında neler söylemek isterdi acaba?

Hukuk mekanizması güvenilmez hale geldiğinde medya, mücadele için bir araç olarak devreye sokuluyor ister istemez. Şule davasında da hem tepkileri görünür kılmak hem de davanın seyrini değiştirmek üzere su yüzüne çıkmamış verilerin kamuoyuyla paylaşılması aşamasında medyadan yararlanıldı. Kadın örgütlerinin desteği, ailenin itirazı, öykünün karanlık tarafları bu sayede kamuoyuna yansıdı ve yine belki de bu sayede konu kadın milletvekilleri tarafından meclis gündemine taşındı. Öte yandan bu cinayetin medyaya nasıl yansıtıldığı da ayrı bir tartışma konusu. Çünkü örneğin yukarıda bahsettiğimiz utanç verici söylemler yine aynı medyada yer buldu. Ayrıca bu olayda da verilerin medya yoluyla parça parça kamuoyuyla paylaşıldığına tanık olduk. Davanın seyri için faydalı bir strateji mi işliyordu yoksa izleyicilerin merakını canlı tutmaya çalışan bir broadcasting (dipnot) taktiğine mi başvuruluyordu bilmiyoruz.

İnci Hekimoğlu Şule davası ile ilgili yazısında bize kamuoyunun bir süredir unuttuğu bir bağlantıyı yeniden hatırlattı: Militarizm... Hekimoğlu'nun yazısından sanıkların cinayet gecesi konuşup mesajlaştıkları, bir nevi akıl hocalığı talep ettikleri kişinin (Berk'in sevgilisi olduğu söylenen Pınar'ın) Savunma sanayinin en önemli şirketlerinden Pegasus Savunma Sanayi ve Ticaret Anonim Şirketi'nin sahibi Turgut ailesinin kızı olduğunu öğrendik. Söz konusu şirket 2003 yılında kurulmasından sonra hızla büyümüştü ve halen Emniyet Genel Müdürlüğü, Kara ve Hava Kuvvetleri gibi kurumların en önemli tedarikçisiydi.

Öğrendiklerimiz bununla da sınırlı kalmıyordu: sanık avukatlarından biri öğrenciliğinde üniversitenin paramiliter çeteleriyle haşır neşirdi; diğer avukat ise bir JİTEM üyesinin avukatlığını yapmıştı.

Savcıya gelirsek... Sanıkların tutuklanmalarına gerek görmeyen savcı Alev Ersan Arbuz ise başka bir kadın cinayetini daha kayıtlara "kaza" olarak geçirmiş, dosyayı kapatmıştı: 25 yaşındaki öğretmen Esin Güneş de düşerek hayatını kaybetmişti, aynı Şule gibi. Ailenin kendi imkânlarıyla topladığı delillerle başvurduğu Siirt Başsavcılığı üç yıl sonra davayı yeniden açmış, sonunda Esin'in "güvenlik görevlisi" olan eşi Güven Güneş ve suç ortağı taksici Beşir Üzüm, Esin'i Tillo Kalesi'ndeki uçurumdan atarak öldürmekten müebbet hapse mahkûm etmişti. Şule'nin soruşturma savcısı olan Alev Ersan Albuz 6 Şubat'taki duruşmada görevinden alındı: olay yerinde yeterli inceleme yapmadığı, delil toplamadığı, Şule'nin bedeninden alınan numuneler İstanbul Adli Tıp Kurumu'na geç gönderildiği için...

Dostlarım. Ne olur dinleyin beni. Bildiğiniz gibi dün 25 Kasım'dı; Dünya Kadına Karşı Şiddetle Mücadele Günü... İstanbul'da polis kadınlara biber gazı ve plastik mermiyle saldırdı. Belli başlı bir kaç ilimizdeki yürüyüşün en büyüğü her yıl olduğu gibi bu yılda İstanbul'da yapıldı. 25 Kasım Kadın Platformu'nun çağrısıyla bir araya gelen binlerce kadın, Taksim Tünel'den İstanbul Barosu'nun önüne kadar yürüyüş yapacaktı. Kadınlar, "Bir kişi daha eksilmeye tahammülümüz yok!" pankartıyla yola koyuldu. Havaya kalkan ellerde "Hayatımızı Savunuyoruz!", "Erkek şiddetine son!" şeklinde dövizler vardı, katledilen kadınların isimleriyle birlikte... Sık sık "Tesadüf değil erkek şiddeti!", "Kadın cinayetleri politiktir!", "Yaşasın kadın dayanışması!", "Kadınlar burada, birlikte güçlüyüz!", "Susmuyoruz, korkmuyoruz, itaat etmiyoruz!" şeklinde sloganlar atıyorlardı.

Basın açıklamasına, en son cinayete kurban giden kadınların isimlerinin okuyarak başladılar. "Sosyal medyada cinayet mağduru kadın isimleri görmeye artık dayanamıyoruz" dediler. Tünel Meydanı'ndan yürüyüşe başladılar. Asmalı Mescit Caddesi polis tarafından kapatılmıştı. İstiklal Caddesi üzerinden yürüyüşlerine devam ettiler. O sırada polis, plastik mermi, biber gazı ve coplarla saldırdı. Akşam TV haberlerine baktım. İnanın tek bir habere rastlamadım. Canlı yayın yapan olmadı. Belki bu gün, hani o ağaçta kalan kediye üzülen medyamız var ya, kadın cinayetlerine üzülen kadınlarımıza biber gazıyla nasıl saldırıldığının da haberini yaparlar. Polisin TOMA'larla nasıl hazırlık yaptığı da gösterirler, İstiklal Caddesi'ne bağlanan sokakların nasıl kapatıldığını görmemize de yardımcı olurlarsa iyi olur. Aslında bu yürüyüş Beyoğlu Kaymakamlığı'nın kararıyla yasaklanmıştı. İtiraz edilince lütfedip sadece Tünel Meydanı'ndan İstanbul Barosu'na kadar yürünmesine izin verilmişlerdi fakat buna bile tahammül edemediler.

Şunu da söylemeliyim: Kadınları da vatanseverler ve sevmeyenler diye ikiye böldüler. İstiklal caddesinde yürüyüşe çıkan kadınlar iktidar medyasına bakarsanız vatan hainiydi. Bunların amacı kadın haklarını savunmak değil, hükümeti dünyaya karşı faşist götürmekti. Üzüm yeme bahanesiyle bağcıyı dövmeye sokağa çıkmışlardı. Dostlarım! Kararı size bırakıyorum. Bir grup sokağa çıkıp kadın cinayetlerini protesto ederse, hem de bunu dünyanın her yerindeki kadınlarla 25 Kasım günü yaparsa devletine, milletine düşman olduğu için mi yapar? Kendi kendimize düşünüp buna benzer sorular sormalıyız. Koca devlet, daha doğusu saray hükümeti bir avuç kadından neden korkar? Neden meydanlarda göstericiden çok polis olur? Neden dört kişi de olsa insanların hükümeti eleştiren sözlerine tahammül edemezler, söz söyleyeni tuttukları gibi hapse atarlar? Kadın cinayetleri politik değilse neden yaparlar bütün bunları? Diyelim saraya yönelik eleştirenler kızgınlıkla, ne dediğini bilmeyenler tarafından yapılıyor. "Halk eleştirir, devleti yönetenler eleştirilerden ders çıkarır" diye boşuna mı denilmiştir? Nedir bu öfkenin, tahammülsüzlüğün altındaki neden? Ne olduğunu biliyorsunuz değil mi? Tek bir neden var, o da: ne olursa olsun iktidarda kalmak... Hırsız malı götürürken insanlar birbirine düşmeli, düşmeli ki meydanda soygunculara "dur!" diyecek kimse kalmasın. Kardeşler arasında bile "hangimiz daha vatanseveriz" diye kavga çıksın, millet birbirini yemeli ki kimse birlik olup gözünü saraya, saray yasalarına çevirmesin. Şairin dediği gibi ağır ellerimizi toprağa basıp yan yana durup doğrulursak var ya, ne taht kalır ne saray.... Onlar da bunu biliyor. Bu yüzden kardeş, dostu birbirinden ayırıp düşman göstermeye devam edecekler. Uyanmalıyız artık. Robot teknolojilerinin konuşulduğu çağımızda bir avuç soytarının kendileri yararına yasa çıkarıp ülke yönetmesine izin vermemeliyiz. Sevgili gençler, umudumuz sizde, her şeyi değiştirip yeni dünyayı sizler inşa edeceksiniz. Şuanda gördüğünüz siyasetçi modellerini çöpe attığımız eski radyolar gibi düşünün. Her şey değişti bir tek onlar değişmedi, bir tek onlar eski model siyaset anlayışlarıyla iktidar olmaya devam ediyorlar. Yeter! Hepsini toplayıp çöpe atın artık.

Polisin yürüyüşe izin vermemesi üzerine basın açıklaması yapılmayacağını duyuran kadınlar, havanın kararmaya başladığı saatlerde, "Bizi tünele sıkıştıramazlar. Her yerdeyiz. Sokaklarda, sosyal medyada! Susturamazlar! Sesimizi duyurmaya devam edeceğiz. Şimdi dağılıyoruz ama İstiklal' in ara sokaklarında tekrar toplanacağız!" dediler. Tünel Meydanı'nda yapılamayan açıklama bu kez Mis Sokak'a taşındı. Arka sokalar bir süre sonra tekrar hareketlendi. Polisin izin vermediği açıklamayı 25 Kasım Platformu'ndan genç bir kadın yaptı. Genç kadın şunları söyledi: "Bugün bizlerin, mağdur kadınların günü! Tam da söylediğimiz gibi şiddet her yerde. Her gün karşı karşıya kaldığımız vahşet bugün burada. Canımızı yakıp aklımızı, bedenimizi esir alıyorlar. Emeğimizi, ruhumuzu savunmak için susmayacağız. Haykırıyoruz! Erkek şiddetini, bu şiddetin devletler eliyle nasıl uygulandığını bu günde bu meydanda gördük, yaşadık. Bunun devlet gücüyle meşrulaştırılmasını izledik. Yapılanları görünür kılacağız. Şiddeti saklayamayacaksınız. Karin Ellen'e yapılanları saklayamadığınız gibi...

Karin Ellen kim dostlarım? İzninizle öğrendiklerimi paylaşmak istiyorum. Temmuz 2018 tarihine dönelim şimdi. (Şule'nin öldürülmesi üzerinden iki ay geçmiş...) Karen 60 yaşında Alman vatandaşıydı... 7 yıldır Manavgat'ın Sorgun Mahallesi Titreyengöl Caddesi'ndeki evinde tek başına yaşıyordu. Almanya'da 1 kızıyla 2 evlatlığı vardı. Bir arkadaşı tarafından 8 Temmuz günü saat 20.00 sıralarında evinin bahçesindeki ağacın altında hareketsiz yatarken bulundu. İhbar üzerine olay yerine gelen polis ve sağlık ekipleri Karin'in öldüğünü tespit ettiler. Yapılan ilk incelemede birkaç gün önce öldüğü belirlendi. Savcılık soruşturma başlattı. Ceset, otopsi için Adli Tıp Kurumu'na götürüldü... İlgili emniyetin yaptığı araştırmaya göre Karin'in tripleks evine olaydan bir hafta önce hırsız gitmişti. Karen durumu komşularına anlatmıştı. Neden polise gitmediği bilinmiyordu. Olay yeri inceleme ekipleri evin pencerelerine baktı, söylenenler doğru çıktı; söz konusu pencerede parmak izleri vardı. Asayiş Şube Müdürlüğü Cinayet Büro Amirliği ekipleri, otopsi yardımıyla Karin Ellen Hitzel'in yüzünde, burnunda, çenesinde ve boyun kısmında kırıklar olduğunu tespit etmişti. En son kimle görüştüğünü bulmak için telefon kayıtlarına bakınca inşaat işçisi 38 yaşındaki Ş.A adında birine ulaştılar. Hırsızlık amacıyla eve girenin bu kişi olabileceği üzerinde duruldu. Çevreden toplanan bilgiler ışığında 4 Temmuz günü Karin'in bu şahısla evinin bahçesinde bira içtiği ortaya çıktı. Ş'nın bir süre alkol aldıktan sonra Karen'e cinsel ilişki teklifinde bulunduğu, Karen'in "Sen hiç aynaya bakmıyorsun galiba" dediği, (Ben de gazetecilerin yalancısıyım dostlarım. Bu cümle bana da çok saçma geldi.) bu söz üzerine katilin sinirlendiği ifade edilmekte... Daha sonra sanığın önce maktule taşla vurduğu ardından da onu boğarak öldürdüğü, cesedin üstünü bahçedeki otlarla örtüp Hatay'a, çeşitli suçlardan sabıkası olan Ö.Ç adındaki bir arkadaşının evine kaçtığı söyleniyor.

Yine polisin yaptığı araştırmaya göre katilin gizlendiği bu ev, Kepez İlçesi'nin Kızıllı Köyü'nde bulunuyordu. 10 Temmuz günü emniyetçiler, Ş'yi yakalamak üzere harekete geçti, dikkat çekmemek için bölgede hayvan otlatan çoban kılığında dolaştılar. Ş ile birlikte arkadaşı da tutuklandı. Yakalandıklarında üzerlerinde ruhsatsız 2 av tüfeği ele geçirildi. Ardından Asayiş Şube Müdürlüğü'ne ifadeye götürüldüler. İlk sorgusunda katil, olay günü Karen'le bira içip bahçedeki kediye yiyecek verdiğini, içmeyi kendisini teklif ettiğini anlattı. Karin'in de kabul etmesiyle yakındaki marketten 4 bira aldığını, evin önündeki masada içmeye başladıklarını ifade etti. "Bira içerken kalktım, Karin'in arkasına dolanarak sarıldım. Bunun üzerine Karin beni itekledi ve polis çağıracağını söyledi. Aynada kendine hiç bakıyor musun? dedi. Yine sarıldım, beni tekrar itekleyerek 'Polis!' diye bağırdı. Bunun üzerine ben de onu itekledim. Yere düştü. Üzerine oturdum. 30 dakika kadar boğazını sıktım. Ağzından kan geldi ve hareketsiz kaldı. Pantolonun paçasından tutup evin arka tarafına otların olduğu yere götürdüm. Görülmesin diye bahçesindeki otlardan toplayıp üzerini örttüm. Öldüğünü düşünerek kapıdan çıkmak üzereydim. Arkamdan ses geldi. Dönüp baktığımda Karin'in doğrulup oturduğunu gördüm. Yerden yumruk büyüklüğünde bir taş alıp attım. Taş yüzüne geldi ama o bundan etkilenmedi. Bunun üzerine daha büyük, futbol topu büyüklüğünde bir taş buldum. Arkasından dolanıp kafasına vurdum. Yığılıp düştü..." şeklinde ifade verdi. Cinayetten sonra kaldığı binaya geçerek üzerini değiştirdiğini, sonra patronunu arayıp 'Çocuğum bisikletten düşmüş, rahatsızlanmış acil memlekete gitmem lazım' dediğini, patronunun da kendisine bir başkası aracılığıyla para gönderdiğini ve o gece Adana'ya bilet alarak yola çıktığını, Adana'dan da İskenderun'a geçtiğini anlattı.

İşte böyle dostlarım. "Karin" adını ben de ilk kez duydum. O kadar çok cinayet var ki, hepsini bilmemize, bildiklerimizi karıştırmadan hatırlamamıza imkan yok. Bu yüzden bir Kadın Cinayetleri Müzesi kurulup bu müzeye konulmak üzere "A'dan Z'e Türkiye'de Kadın Cinayetleri Ansiklopedisi" adı altında bir kitabın hazırlanması önerisinde bulundum, bulunuyorum. Bu yöndeki önerimi bir kez daha tekrar etmek isterim. Her yıl kaç kadının neden, niçin, nasıl öldürüldüğünü unutmamalıyız. Acı ama gerçekleri görmezden gelip gizlenmek hiç işe yaramaz. Gerçekler, kimseye "tuzak" değildir, bizi birden, hiç bir şey söylemeden çukura itmez, aksine başımıza gelecekler hakkında önceden bilgi verip bizi kurtarırlar, böylece büyümemizi, kaç yaşında olursak olalım olgunlaşmaya devam etmemizi sağlarlar.

Çocuklar duymasın diye sürekli yalan söyleyip güzel hikayeler, masallar anlatamayız. Kapitalist düzenin yaptığı gibi TV kanallarındaki kanlı görüntüleri çocuklar görmesin diye buzlayıp silah üretip dünyanın her yerinde savaş olup kan dökülmesine razı olamayız. Bu çocuklar bir gün büyüyecek ve hayatın bizden duydukları gibi olmadığını görecekler. Zaten görüyorlar. Kim ne yaparsa yapsın vahşet gizlenemeyecek boyutta. Gerçeği görmeyenler gelmekte olan felaketlere hazırlıksız yakalanacaklardır... Benden söylemesi... Bir gün cinayetle, savaşla, gıda zehirlenmesiyle değil, insanca yaşayıp yaşlanıp hayata veda etmeye başladığınızda sözünü ettiğim müzenin kitapları, toplumsal hafızamız olarak bize sürekli yol gösterecektir, gerideki olanları hatırlatıp insan gibi yaşamamıza yardımcı olacaklardır.

55

Tekrar 25 Kasım'a gidelim. Beyoğlu'nun arka sokaklarına... Akşam saatine... Polisin izin vermediği sözler şöyle devam ediyordu: "Bugün "şiddet"le mücadele günü. Evde, sokakta, işyerinde, okulda, sette, adliyede, tarlada, Meclis'te... Şiddet, her yerde... Bugün burada, 25 Kasım'da... Bu yüzden mücadelemiz bir gün değil, her gün ve her yerde... Her gün baskıyla, kadına yönelik cinayetlerle kuşatılmış haldeyiz. Yıllar içinde çok iyi öğrendiğimiz bir şey var: Bahane duymak! Şiddete bahane bulmayı çok iyi biliyorlar... Diyorlar ki, "İtibarımı sarstı!.. Erkeklik gururum incindi, başımı öne eğdi, beni utandırıp aşağıladı... Diyorlar ki başkasıyla mesajlaştı!.. Sosyal medya kullanıyor, tanındığı kişilerle konuşuyordu... Mağdurum... beni aldatıyordu... Diyorlar ki cinnet geçirdim... kedimi tutamadım, kan beynine sıçradı, ne yaptığımı bilmiyordum!.. Diyorlar ki, beni tahrik etti... sözümü dinlemedi, annesinin, babasının evine gitti... diyorlar ki, naz yaptı, kuyruk salladı, dişi köpek yalanmasa erkek köpek dolanmazdı... diyorlar ki, ben yapmadım, mecbur kaldım... Ben vurmadım, sadece ittim, düştü! Utanmaz adamlar! Diyorlar ki, evi terk etti, boşanmak istiyordu, beni terk edecekti, karakola gitti, şikayet etti... Çocuğumu aldı, götürdü, sakladı, göstermek istemedi... çok para istiyordu, verdiğimden fazlasını harcıyordu... sevdiğimden kıskanıyordum, bu yüzden öldürdüm! Yetti artık! Böyle cümlelere değer verilip savunmadan sayılması bizlere, bütün kadınlara katmerli işkence! Yeter artık! Hayatı, Saibe Yükselir'in burnundan getirdiler.

Duralım... Saibe Yükselir'in de adını hiç duymadım... Dedim ya, önceki olayları yazmaktan içinde bulunduğumuz kasım ayıyla ilgilenemiyorum.. Her şeyi takip edip yazmayacağımı da tamamıyla kabul etmiş durumdayım dostlarım ama bu beni üzüyor. Keşke benim gibi on kişi daha olsaydı da durmadan yazsaydık, sözünü ettiğim ansiklopediyi biz hazırlasaydık dediğim çok oluyor. Yazılması gereken pek çok şeyi yazamadığımdan görevimi yerine getiremediğim duygusuyla yaşıyorum. "Ne görevi bu?" diye merak edeceksiniz şimdi. Kendime uygun bulduğum görev... Düşüncelerim nedeniyle, kendiliğinden oluştu sanki. Gün geldi içine doğduğum, her gün tanığı olup üzüldüğüm acılarımızı yazmak istedim. Bunun dışında elimden bir şey gelmezdi; dertlerimizi görünür kılmak için gece gündüz yazmak istedim. Her şeye rağmen yazıyorum ama çoğu şeyi yetiştiremediğimden eksik iş yaptığım duygusuna kapılıyorum. Belki, yazma alanımı çok geniş tuttum. Mesela "2018 yılı kadın cinayetleri" diyerek kendime bir alan belirlemeliydim. Hangi sınırlar içinde araştırıp yazacağımı kararlaştırsaydım bu kadar yorulmaya bilirdim... Neyse... Tecrübesizliğime geldi... Vaktimiz az. Konumuza dönelim tekrar. Saibe Yükselir'in kim olduğunu araştıracaktım.

Saibe, Temmuz 2018 tarihinde (Şule Çet'in öldürülmesi üzerinden 2 ay geçmiş.) galerici sevgilisi tarafından öldürülmüş, ülkemizde yaşayan Azeri kadınlardan biri. Katilini, Antalya'da kaçak yolla Suriye'ye gitmeye çalışırken yakalamışlar. Saibe 50, katil sevgili 40 yaşındaymış. Anlaşılan o ki paralı biri... avukatı varmış, o da kaçmasına yardım etmekten tutuklanıp serbest kalmış. Tutuklananlardan biri de katilin arkadaşı (sonradan yeğeni olduğu anlaşılıyor), o da serbest...

Saibe 4 çocuk annesi. Katil, evli ve 3 çocuk babası. Saibe'nin 4 çocuğundan ikisi kız. Kız çocuğunun biri 14 yaşında. 14 yaşında olan, cinayetten önce annesinin katilini "beni taciz etti" diye karakola şikayet etmiş. Cinayetle sonuçlanan olayın ilk belirtileri 24 Temmuz günü saat 09.00 sıralarında merkez Karatay ilçesi Fevzi Çakmak Mahallesi 10490 Sokak üzerindeki Galericiler Sitesi'nde meydana geliyor; yasak ilişki yaşayan çift arasında, evde, kavga çıkıyor. Komşuların şikayeti üzerine polis, söz konusu adrese gidip neler olduğunu araştırıyor. Kimin kimden şikayetçi olduğu öğreniliyor. Saibe evindeki kişiden şikâyetçi olmadığını söylüyor. Bunun üzerine polisler işlem yapmadan oradan ayrılıyor.

Bir gün sonra ciple giderken adam, yanında oturan sevgilisine, (yine bir tartışma sırası olsa gerek...) 8 el ateş ettikten sonra, öldü sandığı yaralıyı araçtan atıp yoluna devam ediyor. İhbar üzerine Saibe yaralı halde hastaneye götürülüyor. Konya Numune Hastanesi'nde 8 kurşunla öldüğü tespiti yapılıyor...

Saibe Yükselir son nefesinde olay yerine gelen polislere "Beni Rahim vurdu" diyerek katilinin ismini söylemiş. Katilin önemli bir özelliği var, o da şu: 2002 yılında 2 kişiyi öldürüp 11 yıl hapiste kaldıktan sonra şartlı tahliyeyle serbest kalmış biri... Evet, yanlış duymadınız... öldürme tecrübesi olan biri tekrar can alıyor.

Dostlarım! Sayılarını bilmiyoruz, aramızda, sıradan insanlar gibi gezip dolaşan o kadar çok şartlı salıverilmiş suçlular var ki... Bildiğiniz gibi siyasi mahkumlar yüzünden özellikle Fetö davaları nedeniyle hapishanelerde yer kalmadı. Pek çok cezaevi yapıldı ama yetmedi, bu yüzden siyasi olmayan suçluların çoğunu serbest bıraktılar. Aman dikkat. Yakınlarınızı uyarın bu konuda... sokakta, hatta işyerinde karşınıza çıkan biri katil olabilir. Okullara dahi böyle kişilerin temizlik işçisi, kalorifer görevlisi olarak verildiğini duyuyorum. Elbette, her katil sürekli cinayet işlemez. Mahkumlara her daim potansiyel suçlu gözüyle bakılmayıp şans verilmeli fakat, cezalarını çektikten sonra... Zira afla; şartlı ya da şartsız dışarı çıkanlar, cinayet işleyecek kadar kendini kaybedenlere emsal oluyor. "Öldürsem de bir süre sonra serbest kalırım. İşsizim, sokakta sürüneceğime hapishanelerde yer, içer, yatarım, ne güzel, geçim derdi yok, elektrik, su bedava... gerisini devlet düşünsün," diyenlerin sayısı o kadar çok ki... Neyse... Konuya devam edelim.

Saibe'nin ölümü ardından Asayiş Şubesi Cinayet Büro Amirliği ekipleri katilin peşine düşüyor. Suçlunun irtibatlı olduğu arkadaşlarından bilgi toplamaya başlıyorlar. Sonunda şahsı Antalya'nın Muratpaşa ilçesinde bir pansiyonda kıstırıp tutuklayıp Konya Cinayet Büro Amirliği'ne getiriyorlar.

Suçlunun, kaçmadan önce Konya Barosuna kayıtlı avukatıyla buluştuğu da haber konusu olan bilgiler arasında. Avukatın, katile cep telefonunu kırıp atıp sim kartını kullanmaması yönünde uyarıda bulunduğu, bir gece Konya'da sakladıktan sonra Eskişehir'e gitmesine yardımcı olduğu ortaya çıkıyor. Eskişehir'de bir süre kalan katil, daha sonra Antalya'ya giderek her gün ayrı bir pansiyonda kalıp yakalanmamaya çalışıyor. Suriye uyruklu bir kişinin adına cep telefonu hattı aldığı, bu hat üzerinden görüşmeler yaptığı polisin ulaştığı bilgiler arasında...

Suçlu Rahim Aracı, sınırda, Kurban Bayramı için ülkelerine giden Suriyeli göçmenlerin arasına karışıp yurt dışına kaçmayı planlarken yakayı ele veriyor. Saibe'nin daha önce 150 bin liraya aldığı dairede katilin babasının oturduğu, dairenin satılmak istendiği, bir de taciz iddiası yüzünden ikili arasında, araçla giderken tartışma çıktığı ileri sürülmekte. Suçlu ifadesinde, "Ben ateş etmedim. Tartıştık, Saibe tabancayı görünce elimden alıp kendi kendini vurdu. Korktum, korkumdan arabadan atıp kaçtım" demekte. Bir insanın kendini 8 kez nasıl vurabileceği ayrı bir yazının konusu. Suç işleyenler bazen öyle saçma şeyler söylüyor ki insanın aklı şaşar. Cinayeti hukuk çözsün, ben karıştırabildiğim kadar karıştırayım mantığıyla hareket ederler. Kimi zekice, kimi de saçma sapan yalanlarla bu işi yapmaya çalışır. Neyse... Avukat gibi bilgi vermem de doğru değil.

Katil, polisteki bu saçma ifadesinin ardından adliyeye sevk ediliyor. Çıkarıldığı mahkemece tutuklanıyor fakat, işbirlikçi avukatı ile arkadaşı kontrol ve yurt dışına çıkış yasağı konularak serbest bırakılıyor. "Hiç mi ceza vermediler?" derseniz orasını bilemiyorum. Katili yurt dışına kaçırmaya çalışmanın da bir cezası olsa gerekir. "Bir daha yaparsan hapsi boylarsın, meslekten atılırsın demek bence ne hukuka ne de vicdana sığar. Ama burası Türkiye... Kimi tartışmacıların dediği gibi bu topraklarda mantık aramayacaksın. Tamam. Bu konuyu başka bir zaman tekrar ele almalıyız.

Saibe'nin 14 yaşındaki kız, cinayetten saatler önce tek başına polise gidip "Annemin birlikte yaşadığı adam bana tacizde bulundu" demiş. Şaştınız mı yoksa? Şaşmayın. Ülkemiz de Diyanet İşlerini arayıp "Üvey annemle evlenmek istiyorum caiz midir?" diye sormaları var. Üvey kızı çocuğunu kim dinler. Neyse, devam edelim... Polisin çağrısıyla Çocuk Şube Müdürlüğü'ne gelen Saide kızının olayını dinleyip ifadesi alındıktan sonra kızını da alıp evine dönüyor.

Daha sonra (bilmiyorum, belki bir kaç gün sonra) katilin cipine binip yola çıkıyorlar. Yol boyu bir çok olay hakkında tartışırken bu cinayet meydana geliyor.

Mahkeme günü kız çocuğu şöyle söylemekte: "Son 5 yıldır annem Rahim ile birlikte yaşıyordu. Bana bir gün Rahim'in kendisini ölümle tehdit ettiğini söylemişti. Rahim'e 150 bin lirayla 3 aracını sermaye olarak verdiğini de söyledi. Rahim denen kişiden şikayetçiyim."

Katilin kaçmasına yardımcı olduğu iddiasıyla 'suçluyu kayırma'dan yargılanan kişi ise hâkim önünde şöyle konuştu: "Rahim, dayım olur. Olaydan bir iki gün önce başka bir cinayet olayına karışmak zorunda kaldım. Bu olayda yaralandığım için hastanede tedavi gördüm. (Görüyorsunuz ya dostlarım olay içinde olay. İnsanın vakti olmalı ki hepsini araştırabilirsin...) Eve gittiğimde Rahim bana Messenger ile ulaştı. Babasının ev taşıyacağını söyleyip Erol G.'den 5 bin lira alarak babasına götürmemi istedi. Babası, bu paranın yetmeyeceğini söyleyince Erol G.'den bin 750 lira daha alıp babasına teslim ettim. Rahim, bir süre sonra bana yine Messenger üzerinden ulaştı. avukatının evinde kaldığını, sonrasında Konya dışına çıktığını, aranmakta olduğunu avukatı ile iletişime geçip ondan alacağım kimlik bilgilerini kendisine ulaştırmamı istedi. Messenger'dan avukatla iletişime geçtim. Bana verdiği kimlik bilgilerini Rahim'e ulaştırdım. Suç işleme kastı ile hareket etmedim."

Tutuksuz yargılanan avukatsa hakkındaki suçlamaları kabul etmedi. "Mesleğimi ifa ederken yapmış olduğum faaliyetler nedeniyle hakkımda Adalet Bakanlığı'ndan soruşturma izni olmadan tahkikat başlatılmasını ve dava açılmasını kabul etmiyorum. Üzerime atılan olaylar doğru değildir. Suçsuzum. Beraatımı ve tahliyemi istiyorum," diyerek kendini savundu.

Polisin engel olduğu basın açıklamasını duymak için tekrar Beyoğlu'nun arka sokaklarına gidelim canlar! Konuşmayı yapan genç kadın sözlerine şöyle devam etmekte: "Bizi öldürüyorlar! Sonra da hiç bir şey olmamış gibi yaşayıp iğrenç hayatlarına devam ediyorlar. Bize verdikleri (onu da dünya ülkelerinden utandıkları için) yalandan bir özür, o da belki... Bir de afla sonlanan göstermelik cezalar... Ceza indirimleri var bir de... İyi halden ceza indirimi mesela... Yeter artık! Ailenin değil, kadının korunmasını istiyoruz! Aile öldürüyor! (Öldüren aile isteniyoruz! Dünya yerinden oynar kadınlar özgür olsa! sloganları) Cezasızlık hali, herkese işlemeyen yasalar ve suçlar bizi öldürüyor. Her gün ölüyoruz, yeter! Eşitlikten yana kalıcı, göstermelik olmayan sosyal politikalara ihtiyacınız var, yeter artık! Diyanete değil, işsizliğe, iş bulamayanlara, kadını korumaya çalışan sivil toplum örgütlerine bütçe istiyoruz.

Yoksulluk, çaresizlik, iş bulamamak bizi şiddetin içine çekiyor. Erkek zulmünden kurtulmak için işe ihtiyacınız var! Din işlerine daha çok kaynak aktarılmasına değil, yeter artık! Savaşa değil, barışa bütçe ayrılmasını istiyoruz. Biz bir merminin kaç lira olduğunu bilmiyoruz, (Zat-ı Şahaneleri bir mitinge halka sormuştu bu soruyu) evet! Peki, siz asgari ücretle çalışıp 4 çocukla açlık sınırı altında yaşamanın nasıl bir şey olduğunu, evine et, ekmek alama mayan bir annenin nasıl bir duyguyla yaşadığını biliyor musunuz? (Susmuyoruz, korkmuyoruz, itaat etmiyoruz! sloganları) Bilmezsiniz! Aç bırakmasını, köle yapmasını, şiddet uygulamasını, öldürmeyi bilirsiniz. 2018'in ilk yedi ayında 100 binden fazla şiddet vakası var. Ancak bunu bilirsiniz.

Bakanlığınızın güç bela açıkladığı verilere göre 2017 yılında 100 binin üzerinde kadın, bu yılın ise sadece ve sadece ilk 7 ayında 100 binden fazla kişi şiddete maruz kaldı. Kurduğunuz düzen bu işte! (Gelsin baba, gelsin koca, gelsin devlet, gelsin çöp inadına isyan, inadına özgürlük! sloganları atılmakta) Yeni Cumhuriyetiniz bu sizin! Yeter artık! Her yıl Cinsel Dokunulmazlığa Karşı Suçlar kapsamında 80.000'e yakın suç duyurusu yapılmakta (Erkek şiddetine bahane çok, susmaya, haklarımızdan vazgeçmeye niyetimiz yok! sloganları) Son 18 ayda 21 bin 957 çocuğun gebe kaldığı ortaya çıktı. Bu bilgiler arasında, sınır dışı edilme korkusu içindeki taciz, tecavüz mağduru yabancı kadınlar yer almıyor. Göçmen kadınları koruyan kimse yok bu ülkede.

Yeter! Adalet istemek suç değil, suç yaptınız. Bizler teröristi değiliz! Yeter! Bizler insanız, anayız, kadınız. Terörist sizsiniz! Aynaya bakarsanız göreceksiniz. Nasıl teröristler olduğunuz belli! Katillere "iyi hal indirimi" veren hakimleriniz var ya, "ağır tahrik var" diyen hakimlerimiz, her türlü delile rağmen öldürülen kadınların "intihar ettiğine" kanaat getiren mahkemeleriniz var ya, kadını boşamayıp evine gönderenler var ya, onlar terörist. Buna seyirci kalanlar terörist, hem de kuyruklu olanından! (Bir kadın elindeki "Tecavüzün evlilikle aklanmasına ne bu gün ne yarın izin vermeyeceğiz!" yazılı dövüzü havaya kaldırmakta.) 70 binin üzerinde öğrenciyi, halkın vekillerini, belediye başkanlarını, gazetecileri, hak arayanları hapse atan sizler kendinizi devlet sanıyorsunuz. Değilsiniz. Yeter! Halka, kadına sahip çıkmak, millet için çalışmak hainlik değildir. Hain size benzer, tıpkı sizin gibi olurlar. Bizi döverek öldürüp yıldırabileceğinizi sanıyorsunuz. Büyük yanılgı! Başaramadınız, başaramayacaksınız. Ne yaparsanız yapın. Bu yoldan dönmedik, dönmeyeceğiz. İtaat bekliyorsun, etmeyeceğiz. Korku arama bizde korkmuyoruz! Boşanmayı değil, cinayeti engelle diyoruz sana. İstediğin aile düzenini, sosyal hayatı al da başına çal, istemiyoruz! Yeter! Kim ne derse desin, isyandayız. İnadına adalet, inadına isyan diyoruz! Bir daha hiçbir şey 'eskisi gibi' olmayacak; çünkü haklarımızın, hayatlarımızın değerini iyi biliyoruz, çünkü kadın hareketi var, kadın mücadelesi var, kadın dayanışması var!"

Açıklama bu şekilde devam ederken polis Mis Sokak'a giriş yapıp kalabalığa müdahale etti, "yasalara aykırı davranıyorsunuz" diyerekten... O sırada biber gazı atıldığından Bahar Saluğu sokağına doğru dağılanlar olduğu görüldü.

Sevgili dostlar, demin okuduğunuz basın açıklamasına benim de katkım oldu. Şöyle ki, 25 Kasım'ın büyük kentlerimizde kadın mücadele günü olarak nasıl anıldığını, polisin akşam alacasında İstiklal Caddesi'ndeki kadın kalabalığına nasıl biber gazı sıkıp kalkanlarıyla sokak başlarına nasıl barikat kurduklarını, geçit vermediklerini, "eyleminiz yasal değil, dağılın!" dediklerini, dağılan olmayınca da kimi göstericileri nasıl yaka paça gözaltına aldıklarını Saray'a yandaş olmayan TV haberlerinde, bir de YouTube kanalında izledim... Neden böyle davrandı polis? 5 bin, hadi diyelim 10 bin, 100 bin kadın bir yerden bir yere yürüyüş yapacak, o sırada taleplerini haykırıp iktidara uyarılarını söyleyip aslında daha adil, daha demokratik bir yönetimin oluşmasına yardımcı olacaklar.

Hükümet olanın bunu değerlendirip devlet gücünü daha adil kullanmaya çalışması gerekmez mi? Halkın sesine kulak vermek partilerin ve yöneticilerin hem saygınlığını hem de iktidarda kalma sürelerini uzatmaz mı? Demokrasi de bunu ister değil mi? O halde neden mevcut hükümet aksini yapar? Halka iyi davranmayanların uzun süre iktidarda kalmamaları gerekmez mi? Neden böyle olmaz bu? Nasıl olur da kötülük, baskı, zulüm arttıkça iktidarda kalma süresi uzar? Nedir bunun hikmeti, mucizesi?

Nedenini biliyorsunuz değil mi? Mutlak iktidarın devamı için her alanda, mutlaka vatandaşlara sistematik baskı gerekir. Yargıdan, askerden polisten başlayarak her kurum ellerinde olduğundan yani devlet, "parti devletine" dönüştüğünden seçimler de adil olmaz; parti nasıl istiyorsa sandık sonuçları da öyle çıkar. Herkes seçim olduğunu sanırken millet kaldırılır. Dünyanın her yerinde, nerede baskı varsa durum bundan ibarettir. Böyle demokrasilere "sözde demokrasi" diyoruz, bir adı da "zulüm demokrasisi"...

Konu uzun... Şimdilik bırakalım bunları... Beyoğlu'na dönelim. Aynı akşam (merakımdan) kadınların, polis engeline takıldığından duyuramadıkları basın açıklamasını aradım. İnternette görünce, bulabildiğim sözlerini açıp okudum. Okurken bir an kedimi, mücadelelerini hayranlıkla izlediğim kadın liderlerden biri gibi hissettim. Bazı internet siteleri kadınların konuşmalarını video görüntüleriyle olduğu gibi vermişti ama yazılı hale getiren olmamıştı. Görüntüleri izlerken kedimi öyle kaybettim ki, duyduklarımı özünü değiştirmeden (kendimden de bir şeyler katarak) yeniden yazdım.

Neden böyle yaptığım sizi şaşırtmasın, sözlerim yalan değil, kadın mücadelesinin ruhuna sadık kaldım. Bir kaç cümle ve sesleniş dışında değiştirdiğim bir şey yok; öz ve istikamet yine aynı kaldı. İçimden "Yeter!" demek geldi o kadar. "Öldüren sevgi, aile, devlet istemiyoruz! Yeter!" diyerek ben de kedimi insanca yaşayabilmek için, polisle çatışanların arasında hissettim. Demin sözlerini okuduğunuz genç kadın sanki biran ben oldum. Ben aslında o akşam Beyoğlu'nda annem oldum. Annemin sözleriyle genç kadından aldıklarımı bir araya getirdim. Yazarken bazen de böyle olmaz mı? İnsan sözünü ettiği kişiye dönüşmez mi? Ben de kendimden geçip annem olup meydanda slogan atan kadınlardan birine dönüştüm.

Garip annemin okuması, yazması yoktu. Anneme çocuk doğurmak dışında hiç bir imkan verilmemişti. Öldüğü son âna kadar zulüm içindeki hayatına katlanmak zorunda kaldı. Mücadele verilecekse o gün annemde Beyoğlu'nda polise direnenler arasında olmalıydı. Hatta en önde o olmalıydı. Bu yüzden duramayıp annem oldum. Köyde doğup büyümüş rahmetli annemin o akşam Beyoğlu'ndaki kadınlar gibi mücadele ettiğini hayal ettim.

Annem, karakola gittiğinde polisler ona, "Kocandır, döver de sever de... nereye gideceksin? Kadın başınla ne yapacaksın? Çocukların ağlamaz mı? Seni bekleyip daha çok üzülmezler mi? Kim bakacak onlara? Hem çok ayıp! İnsan kocasını şikayet eder mi? Ne yapalım biz? Adamı hapse mi atalım? Kim sana para verecek, evine ekmek getirecek? Annesin sen... çocukların aç mı kalsın? Devlet sana bunu mu yapsın? Sizi babasız mı bıraksın? O çocuklara yazık değil mi? Babalarını düşünmediğin belli. Kendini düşünmüyorsan evlatlarını düşün. Biz söyledik kocana, söz verdi, bir daha el kaldıramayacak sana. Hadi şimdi doğru evine git!" derlerdi. Zavallı annen, yemenisi düşmüş, babamdan yediği dayaktan dudağı kanamış, yüzü morarmış halde çaresizce eve dönerdi. Bu yüzden Beyoğlu'na annem olup gittim. Kadın liderlerden biri de ben mişim gibi bildiri yazıp okudum. Aslında ben bu satırları yazarken hep annem gibi düşünüp yazıyorum. Kim bilir belki de annemin verilmeyen mücadelesini anlatıyorumdur.

56

Daha önce yazmışsam da tekrar etmiş olayım: Çürüyen yıllarımızdan söz ediyordum. "2018 Türkiye'de Kadın Yaşam

Hakkı İhlalleri" adlı rapora göre 2002'de (Cumhuriyeti, saray devletine çevirenlerin iktidara geldiği yıl) Türkiye'de öldürülen kadın sayısı 66 iken, bu sayı 17 yılda 392 oranında artarak 2018'de 440'a ulaştı. (İbret-i alem için İstanbul'un duvarına asılan 440 kadın ayakkabısını unutmayalım.) 2019'un ocak ayında 43, şubat ayında ise 31 kadın öldürüldü. 2002'den Mart 2019'a kadar toplam 15 bin 34 kadının yaşam hakkı ihlal edildi. 15 bin kadın... ne demek... Bir kasaba nüfusu... Hepsi mağdur, çoğu aileleri tarafından öldürülmüş kadınlar. Rakam doğruysa kent müzesi için önerdiğim "Kadın Cinayetleri" adı ansiklopedik kitap çalışmasında 15 bin kadından söz etmek gerekecek ki bu sayısı hâlâ artmakta...

Devletten, hükümetten umudumuzu kestik diye her şeyi kötü mü? Hayır. Umut bitmez. Bu şiddet sarmalında kadınlara ışık olup güç vermek isteyenler de var, diyorum ya... Hem de azımsanmayacak sayıdalar. Bunlardan biri de öğretim üyesi Nihal Toros... "Güneşe Dokunan Kadınlar" adında bir çalışma yürütüyor. Yapıp söyledikleriyle umutları artırmayı, bu yöndeki gayretleri çoğaltmayı istemekte. Ekmek ve Gül sitesine bir söyleşi verdi... Sözü kendisine bırakıyorum şimdi.

"Sosyal sorumluluğumuzun gereği olarak bir şeyler yapılması gerekiyordu. Biz de üç öğrencimle "Ne yapabiliriz?" diye kafa yorduk. Kadınların her konuda desteğe ihtiyacı vardı, önce bunu tespit ettik. Sonra en çok hangi konular üzerinde durmamız gerektiğini anlamak için pek çok kişiyle görüşme yaptık, bilgiler topladık. Umutluyduk. Herkesin de umutlu olmasını istedik. Kadınların yüzlerini güneşe dönmesi önemliydi. Bu nedenle çalışmalarımıza "Güneşe Dokunan Kadınlar" ismini verdik. Herkese ulaşmanın en kolay yolu internet olduğundan önce bir site kurduk. Dinlediğimiz hikayeleri kadınların ağzından bu siteye aktardık. Fiziksel, ekonomik, psikolojik şiddete maruz kalmış olanların hikayeleri bunlar. Sadece hayat hikayelerinin aktarıldığı bir site olmak istemedik. Bilgi de verelim, sitemizi ziyaret edip öğrenmeye gelenler aydınlansın istedik. Kadınların bilgiyle güçlenmeye ihtiyacı vardı. Boşanan ya da istediği halde boşanamayanlarla ilgili, ne yapılması gerektiğini anlatan videolar yayımladık. Şiddetin hukuki sonuçları, psikolojisi, psikolojik boyutları hakkında bilgiler sunduk.

Avukat Selin Nakıpoğlu'yla video çektik, farkı konulardaki görüşlerini alıp sitemizde yayımladık. Klinik Psikolog Dr. Meltem Narter de bu konularda bize destek oldu. Bitmeyen şiddetin, yürümeyen ilişkilerin psikolojik boyutunu tartıştık. Dünyadan örnekler gösterip İstatistiki bilgiler verdik, ancak bu bilgilerle ilgili birtakım sıkıntılarımız oldu, olmaya da devam etmekte... Maalesef uzun zamandır ilgili devlet kurumlarından sağlıklı bilgi alamıyoruz. Demokratik ülkelerde olduğu gibi pek çok bilgi halkla paylaşılmıyor ya da yanlış bilgi veriyorlar. Bu yüzden daha çok Bianet sitesi üzerinden bilgi toplayarak ilerledik. Sadece güvendiğimiz medyaya yansıyan haberlerden yararlanarak şiddetin anatomisi başlığı altında bir içerik oluşturduk. Amacımız şiddet mağduru kadınların sesi olmaktı. Yok sayılanların sesini duymak istedik, yalnız olmadıklarını göstermeye çalıştık. Sorunu görünür kılmak, çare arayanlara güç verir. Böylece harekete geçerler, kötü giden hayatları için bir şey yapmak isterler. Paylaşılan sorunlar, hafifler, insanlara bu yolda yalnız olmadıklarını gösterir. Bunu yaygınlaştırıp mağdurları birbiriyle tanıştırmış olduk... Nasıl davranacaklarını bilmeyenlerin ortak noktası bence eğitim ve parasızlık. Çok istedikleri halde bir türlü iş bulamıyorlar. Ekonomik güçsüzlük özellikle çok önemli. Eğer kadınlar maddi olarak ayakları üzerinde durabilirlerse bir şekilde şiddete "Dur" diyebiliyorlar. Yoksa korkuyorlar fakat, her şeye rağmen seslerini duyurmak istiyorlar. Şiddete boyun eğmeyip boşanıyorlar, harekete geçiyorlar, özgürlüklerini kazanmaya çalışıyorlar. Araştırmalarımıza göre, cinayet vakalarının pek çoğunda aile, kızlarına destek olmuyor, onları yalnız bırakıyorlar. Yakın bir zamanda dinlediğimiz hikayede kadın, ağabeyinin ısrarı üzerine 18 yaşındayken zorla, hiç tanımadığı biriyle, adamın maddi durumu iyi diye evlenmek zorunda kalmış. Kadın 'kocamdır' diyerek yıllarca yaşadıklarına ses çıkarmayıp susmuş, işkence altında 3 çocuk annesi olmuş. Şiddete daha fazla dayanamayıp baba evine dönmek istediğinde ailesinden şu cevabı almış: "Öleceksen evinde öl, sana bakamayız. Çocuklarına da ancak sen ölürsen bakarız." Ailelerin, evlenen kızlarına sahip çıkmamaları büyük sorun...

Özetlersek, kadının eğitimi, ekonomik gücü ve aile faktörü şiddetin süresini ve dozunu artırıyor. Hatırlarsanız Emine Bulut cinayeti (Kırıkkale'de sokak ortasında, çocuğunun gözleri önünde boğazı kesilen kadın) bize bir şeyi daha göstermişti: Kadınlar boşansalar da kocalarının şiddetinden kurtulamıyorlar. Neden şiddet devam ediyor, erkekler kadınların yakasını niye bırakmıyor, neden kendilerinden ayrılmak isteyen kadınları öldürüyorlar? Nedeni şu: Az gelişmiş kişilikler... Bu kişilik yapısı terk edilmeyi kendine yediremiyor. Kadının çalışmasını, ekonomik anlamda güçlenmesini, başkaları yanında söz sahibi olmasını kabul edemediklerini görüyoruz. Ayakları üzerinde durmaya çalışan kadını kedilerine rakip görüp tahammül edemiyorlar. Erkeğe ihtiyaç duymadan yaşamaya çalışanlar onları rahatsız ediyor. Kadını çaresiz görmeye o kadar alışmışlar ki, çare arayanları kişiliklerine saldırı gibi algılıyorlar. Bu noktada kadınların mutlaka desteklenmesi gerekir. Evlerini terk edenler, genellikle çocuklarıyla ve bir bavul alarak o evden ayrılıyorlar. Bütün hayalleri yıkılmışken onları yalnız bırakmamak lazım. Toplumsal sağlığımız için de bu çok önemli. Kadın ruh sağlığı ne kadar kötüye giderse toplumda o kadar sağlıksız hâle gelir.

Devletin kadın politikaları yeterli mi? Hayır. Ama bizlerin güç birliği yapıp daha fazlasını yapıyor olmamız lazım. Hep birlikte bunun üstesinden gelmezsek geleceğimizi kaybedebiliriz. Devlet, ortak akılla çalışıp doğru şeyler yapmalı. Mesela yapılması gereken şey, boşanmayı güçleştirip kadını şiddet gördüğü eve, aileye hapsetmek değildir. Boşanma isteği söz konusu olduğunda adalet sistemini hızlıca devreye sokup kadınlara iş imkanı sağlaması lazım. Mahkeme süresi boyunca düzenli maddi destek verilmeli. Röportajlarımızın birinde kocasından dayak yiyen biri karakola gittiğini anlatmıştı. Polis ifadesini alırken "Evine geri dön, belki bir kere olmuştur," demiş. Şiddete maruz kalanların böyle şeylerle karşılaşmaması gerekir. Hiç unutmadığım olaylardan biri de Ayşe Tükrükçü'nün hikayesi... Çok etkilendiğim bir cümlesi olmuştu. Röportaja çağırdığımız ilk isimlerden biri olarak demişti ki, "Keşke annem ölmeden önce bir kere saçımı okşasaydı." Bir insan ancak bu kadar anne sevgisine ihtiyaç hisseder...

Ayşe Tükrükçü'yü de sizin için araştırıp paylaşacağım sevgili canlar. İnanın ismini yeni duydum. Şimdi devam edelim, Güneşe Dokunan Kadınlar başka neler yapmış kulak verelim...

Bu süreçte pek çok mağdurla konuşma imkânımız oldu. Babası, ağabeyi, amcası kısaca aileleri tarafından 9-10 yaşında tecavüze uğrayan çocuklarla tanıştık, bizi çok etkilediler. Eylem'in sözleri mesela... içimi acıtan pek çok şey anlattı. Annelerini kömürlükte saklarlarmış babaları dövmesin diye. Yıllarca kaçıp saklanmaları gerekmiş fakat baba onları hep bulmuş. Sonunda annelerinin boşanarak ayrılmasını başarmışlar ama o yılların etkisinden kurtulamıyorlardı.. Anneleri sağır ve dilsizmiş. Eylem o röportajda bize dedi ki; "Ben annemi denize götürmek istedim. Ayaklarını denize suya soksun, kendini özgür hissetsin istedim ama olmadı, fırsatım olmadı, götüremedim, annem öldü, toprak oldu. Ve ben düşünüyorum da şimdi hiçbir zaman tatile gidemem, denize bakamam, ayaklarımı suya sokamam. Bu bana acı verecek biliyorum...." Neyse... Üzücü ama Güneşe Dokunan Kadınlar'ın her sözü çok önemli. Son olarak şunu söyleyeyim. Ben Ekmek ve Gül sitesine tesadüfen rastladım ve gerçekten çok memnun oldum sizlerle tanışmaktan. Sitenizden de çok şey öğrendim. Kadınlara söylemek istediğim şey şu; korkmayın, çünkü burada sizin için bir şeyler yapmaya çalışan birçok kadın var. Kendinize ikinci bir şans verin. Ailelere de seslenmek isterim; kızlarınızı asla istemedikleri kişilerle evlendirmeyin, erken yaşta anne olmasınlar, önce oynasınlar, doya doya oynasınlar, sonra okusunlar ve mutlaka bir iş sahibi olsunlar. Kendi ayakları üstünde durmayıp öğrenmeden asla evlenmesinler.

Söz verdiğim gibi arkadaşlar,

şimdi, gazeteci, yazar Ayşe Arman'a konuşan Ayşe Tükrükçü'nün anlattıklarını okuyacaksınız.

"Antepliyiz biz. Almanya'ya çalışmaya giden Gurbetçi bir ailenin çocuğuyum. Yıllar önce ablamla beni Antep'te bırakıyor annemle babam yanlarına iki abimi alıp Almanya'ya işçi olarak gidiyorlar."

Dostlarım, affınıza sığınarak yine araya gireceğim. Yeri geldiğinden söylemek istedim... hani bir türkü var, "Söyleyin anama anam ağlasın/ Anamın oğlu var beni neylesin..." der bir yerinde... Ah bu Türküler... Nasıl da dokunaklı anlatırlar dertlerimizi... Yıllarca kadının yeri öküzümüzden sonra geldi. Oğlan çocukları her zaman daha değerli oldu. Bu günde öyle... Bakmayın siz bilgisayar çağında yaşadığımıza. Günümüzde çifte koşulan öküzlerden yok ama lüks arabalar, pahalı makinalar var. Bir de "Hangi kadın altın yumurtlayıp mesela araba, mesela fabrika, mesela tank, savaş robotu doğurabilir" diyen öküzler var. Hem de o kadar çok ki, ortalık en pahalı arabalara binip plazalarda yaşayan bu öküzlerle dolmuş fakat "Öküz" dediğimiz o güzelim, toprağın bereketini; etini, ekmeğini soframıza taşıyan öküzlere kurban olsunlar. Bu dediklerimin termik santralleri, maden ocakları, sadece kendilerine hizmet eden devlet büyükleri var. Bir yerde sigara içsen sana ceza keseler ama onlara, termik santral dumanıyla mesela, binlerce insanı hasta yapıp öldürseler bile "aferin" var; devlet teşvikleri var. Ne yaparlarsa yapsınlar cezasızlık halleri var... Neyse...

Geçiyorum... Olanların bildiğiniz işler olduğunu bilmez değilim. Ben de bazen kendi kedime konuşup rahatlamak istiyorum. Yanlışım varsa kusura bakmayın, olur mu? Tekrar sözü Tüfekçi'ye bırakıp aradan çekiliyorum.

"Ne yazık ki 9 yaşındaki abim, Berlin'de kanala düşüp boğuldu. O trajediden sonra ailemiz dağılmaya başladı diyebilirim. Bir tarafta fakirlik, cehalet... Onun da üstüne böyle bir acı... bölünmüş aileydik zaten, çocukların bir kısmı Türkiye'de babaannemde kalıyordu. Abimin ölümü hepimiz için ruhsal bir çöküş oldu, o kanal hepimizi birden yuttu. Annemle babamı ilk görmem 4 yaşında olmuş abimin cenazesini gömmeye Antep'e gelmişlerdi... Bir daha görmedim, tekrar geldiklerinde 7 yaşındaymışım. Annem hamileydi, kardeşim İlknur'u doğurduktan sonra tekrar Almanya'ya gitti. Beni de 15 günlükken bıraktığını söylerler... Bizi babaannemiz büyüttü. Bölük pörçük bir hayatımız oldu. Aileme; birçok nedene bağlı olarak annemle babama yakın olamadım, yabancı biri gibiydiler. 7 yaşından sonra beni de yanlarına almışlardı. Uzak bir ülkede birlikte yaşamaya başladık. Onlar da bana uzaktı. Sevgi gördüğümü söyleyemem. Şiddet görerek büyüdüm. En ufak bir şeyden, mesela yemek yüzünden babamın annemi nasıl dövdüğüne tanık oldum.

İşin kötüsü, dayağı yiyen annemin hıncını bizden çıkarmasıydı. Şöyle özetleyeyim: Hatırlamak bile istemediğim bir çocukluk dönemi geçirdim. Çok fazla kötü söz duyup dayak yedim. Bir gün, şimdi rahmetli babaannemden mektup geldi: "Çocukların hepsini alıp götürdünüz, ben çok yalnızım, bari birini gönderin" diye... Dayaktan bıktığımdan daha kimse ağzını açmadan hemen "ben gideyim" dedim. Demeseydim keşke... Amcam olacak, Allah'ın belası Ali Rıza girdi hayatıma... Dilimde varmıyor adını söylemeye... babamın 8 yaş büyük ağabeyi olur... Antep'e gelip beni ve kızını Antalya'ya götürecekti. Babaannem de izin verdi. (Yanaklarından yaşlar süzülüyor konuşurken.) Kazık kadar oldum, hâlâ o hayvanın bana yaptıklarını hatırlayınca dayanamıyorum, bütün gücüm kayboluyor, küçük bir kız çocuğuna dönüşüyorum.

Öz amcam daha 9 yaşındayken bana tecavüz etti... Gecenin bir yarısı, üzerimde bir şey hissettim, ne olduğunu da anlayamadım. Nefesi alkol kokuyordu. O kokuyu hiç unutamam. Gözlerimi açtım ki amcam. Önce ağzımı kapattı ve sus işaret yaptı. Dehşete kapılmış vaziyetteydim. Üzerimdeki çamaşırları yırtarak çıkarttı. Ben ağlıyorum ve kaçmaya çalışıyordum. Durdurmak için yatağın kenarındaki meyve bıçağını kaptı, sırtıma dayadı. Elinde bıçakla bana tecavüz etti. Korkumdan neyin ne olduğunu anlamadım. Neredeyse her akşam bana tecavüz etti. Gündüzleri yataktan kalkacak halim yoktu, canım acıyordu. Akşamları, beni kızının önünde, yataktan kaldırıp, leğenin içine dikip banyo yaptırıyordu. Her yerimi kurulayıp, gene akşam için hazırlıyordu. Öyle çok kuruluyordu ki nefret ediyordum. Bu yüzden yıllarca kurulanmadım ben. Duştan çıktım, kendi kendime kurudum. Hâlâ iğrenirim havluyla kurulanmaktan, hep o anlar gelir aklıma... Babaannem Antep'te olduğundan hiçbir şeyden haberi yoktu, torunları Antalya'da tatil yapıyor sanıyordu.

Amcamın kızı Şengül, yıllar sonra, "Benim her şeyden haberim vardı ama aynı şeyleri bana da yapar diye sesimi çıkarmadım. Kimseye de söylemedim. Affet beni" dedi... Bütün çocuklar pijama giyerken amcam olacak bana gecelik alıp giydiriyordu. Kimseye çaktırmadan, ailemin gurbette olmasına üzülüyormuş gibi beni seviyordu. Bazen köşeye sıkıştırıp, iç çamaşırımı çıkartmamı isterdi. "Yazık! Bu öksüz, babası yok" diye güya şefkat gösterir, kucağına alırdı. Dışarıdan bakınca kimse bir şey anlamazdı. Karısı bile fark etmiyordu. Zaten sürekli, "Birine bir şey dersen seni öldürürüm!" derdi. O yaşta neyin ne olduğunu bilmiyorsun ki... Çocuk halimle korkuyordum. Bu şekilde yaklaşık 6 ay geçmişti.. Allah'tan babam geldi, beni aldı ve götürdü fakat kötü hayatım bu kez Almanya'da devam etti. Tekrar dayak yemeye başladım. Vücudumdaki morlukları saklamak için, okula boğazlı kazakla gidiyordum. Bir gün öğretmenim fark etti. Polise haber verdiler. Mahkeme yoluyla ailemden alındım, Berlin'de yetiştirme yurdu gibi bir yere verildim. Vücudumun 72 yerinde dayak izi ve çürük tespit edilmişti. Tecavüz olayını kimseye anlatmamıştım. Yurtta her gün çeşitli aktivitelere gidiyordum, hayatımda ilk defa huzurlu hissetmiştim. 11 yaşındayken, görevli Alman bakıcım, "Ayşe, git duşunu al gel!" dedi, o sıra havuzdan gelmiştim. Çıktım duştan, havluya sarınmış duruyordum. Kadın birden çığlık attı, "Bu kan ne!" diye. Meğer bacağımdan kan akıyormuş. Regl olmuşum, âdet kanıymış, bilmiyorum... Birden ağzımdan çıkıverdi: "Ali Rıza Amcam yaptığında da böyle olmuştu!" diye... Sonra ağlama krizine girdim, bayılmışım. Tabii Alman bakıcım anlıyor ki, bir sorun var. Hemen ertesi gün hastane, psikologlar, pedagoglar... 11 yaşında, tecavüze uğradığım anlaşıldı. Bir hafta sonra da aileme karşı dava açtılar. Ailemse sahiplenmek yerine, beni dışlamayı tercih etti... Suçlandım. Annem beni suçladı. bana, "Daha 11 yaşındayken sen git kendini orada burada, bilmem ne ettir, suçu da amcanın üstüne at! Orospusun sen!" dedi. Cümle bu. Hiç aklımdan çıkmaz. O günden sonra onu asla affetmedim. 5 buçuk sene daha yurtta kalıp çıktım. Gidecek yerim yoktu, 16 buçuk yaşında tekrar ailemin yanına döndüm. Üç ay sorun olmadı, her şey umduğumdan iyiydi, hatta harikaydı, sonra eski tas, eski hamam. Tecavüze uğradığımdan onların gözünde suçluydum, defolu olmuştum. Annen bile yargılıyorsa kurtuluşun yok demektir.

Yıllar sonra ailem, Ali Rıza'nın kızı Şengül, "Ayşe doğru söylüyor, tecavüze uğradı!" deyince inandılar bana, "Haklıymışsın!" dedi annem. Ama artık çok geçti... 23 yaşına gitmiştim. O yaşa kadar Almanya'da suçlanarak yaşadım. İşe girdim; alışveriş merkezinde personel müdürlüğü yaptım. Sonra bir yaz Türkiye'ye geldim ve bana ilk kez evlenme teklif eden biriyle evlendim... Mersin İdman Yurdu'nda oynayan bir futbolcuydu. Maraşlıydı.

Gerdeğe girmeden, başıma gelenleri anlatmak istedim. Tecavüzden sonra ilk ilişkiye girdiğim kişi Hasan oldu. Kız olduğumu ailesine kanıtlamak için bacağını bıçakla kesti, kanını çarşafa buladı ve kayınvalideme verdi. Kız olmadığım o gece öğrenilmiş olsaydı, beni asla kabul etmezlerdi. Köyde kalıyor, kerpiç bir evde oturuyorduk... Hasan Mersin'de top peşinde... 6 aylık hamileliğim sırasında eşimin abisi beni merdivenlerden itti. Kızdı bir şeye, neymiş, nasıl olur da aş erermişim, erik istermişim, bu ne büyük bir şımarıklıkmış...

Düştüğüm yerden kalkıp tuvalete gittim. Köy yeri... Tuvalet diye bir kuyu kazılmış, üzerine tahtalar konmuş, ortasına bir delik açılmış, tuvalet o. Çömeldim, birden başıma o felaket geldi, kan boşaldı ve ben çocuğumu o çukura düşürdüm. Yavrum orada kaldı. (Yanaklarından yaşlar süzülürken anlatmaya devam ediyor.) O tuvaletin, lağımın içinde kaldı benim oğlum. Oğlan olduğunu biliyordum çünkü her yeri belliydi. Ertesi gün gittiğimde, baktım hâlâ orada. Ama alamadım. Kimseye diyemedim... Kimse görmedi onu. Ondan sonra sessizleştim ben... Hasan'ın gelmesini bekledim. Doğru dürüst bir şey yemiyordum. Sadece suyla ayakta kaldım. 3 gün sonra Hasan beni Antep'e götürdüğünde oğlan hâlâ oradaydı. O tuvalette... Bana bir şey oldu, artık kendimi iyi hissedemiyordum. Evliliğim de yürümez hale gelmişti. Sonunda boşandık. Antep'te dul olmak sorun. Dul kadına ev vermezler. Yalnız kadın tek başına bakkala gidemez. "Aranıyor, şuna bak!" derler... Almanca biliyorum ya, bir avukatın yanında çalışmaya başladım. Orada Bahri'yle tanıştım, ikinci eşim... Nedense bir süre sonra memleket memleket gezmeye başladık. "Akraba ziyaretleri!" diyordu. Diyarbakır, Kütahya, Adana, Mersin... Gittiğimiz yerlerde hiç kadın akraba görmüyorum, hepsi erkekti. Bahri de her gittiğimiz şehirde, "Aman berbere git, güzelleş, akşam yemeğinde bakımlı ol!" diyordu. Meğer derdi beni satmakmış. Genelev patronlarına gösteriyormuş. İlk eşimden ayrıldıktan 9 ay on gün sonra, Bahri bana birtakım kâğıtlar imzalattı. "Evlilik için gerekli" dedi. 11'inci ayın 18'inde 240 milyon lira karşılığında ben Mersin Genelevi'ne satıldığımı öğrendim. Kocam olacak ahlaksız saman altından su yürüttü.

Genelevin kapısında bir polis, bir de bekçi bekler; devlet yani. Bahri bana dedi ki giderken "Benimle yattığın gibi kimseyle yatma!" Katıla katıla ağlamaya başladım. Bir umut kapıdaki polisten yardım bekledim, "Hadi, hadi alışırsın!" dedi ve beni içeri itti. Sonra hayatım alt üst oldu, genelev kadını olarak çalışmak zorunda kaldım. Türkiye genelinde 7 genelevde çalıştım. Kimse zevk için bu işi yapmaz. Ne zevki, kölelik bu! Kolayı-molayı da yok. Gün geldi, bir günde 60-70 kişiyle yattım. Bunun nesi kolay? 365 gün çalışıyorsun. 12 ayda, 12 kere regl olman gerekiyor değil mi?

O günlerde de çalışmak zorundasın. Her müşteriden önce kanı kesmek için tampon yerleştirip işini yapıyorsun. Nesi kolay? İçerideki kadınların yüzde 70'i tecavüz mağduru. Kurtulmayı çok istedim. Bu düzene isyan edilemez mi? Sıkıysa et. Kapıdaki polis seni tutuyor. Ya da başına kötü şeyler gelir. Şöyle söyleyeyim: Kafası bedeninden ayrılan arkadaşlarım oldu. Ciddi yani... Girişi vardır fakat çıkışı yoktur bu işin. Varsa da çok zordur. O iki buçuk yıl, başıma gelmeyen kalmadı. Düşünebiliyor musun, bir keresinde adamın biri üzerimdeyken yığıldı kaldı, öldü gitti! Sonra o adamı gelip aldılar üstümden, giydirdiler. Genelevde öldüğünü söylemediler, başka yerde kalp krizi geçirmiş gibi yaptılar... Genelevin girişinde "18 yaşından küçükler giremez!" yazar. Ben neden 16 yaşındaki çocuklarla yattım peki? Her türlü rezillik var bu alemde. Çoluk çocuk hiç fark etmez, herkes şunu sorar: "Abla, iyi miydim?" "Teyze, ben nasıldım?" Bir de onlara moral vereceksin ki, ileriki cinsel hayatları kötü olmasın... Bir kadının bu durumlardan zevk alması mümkün değildir. Erkek kafası işte... Kim diyorsa "zevk alan da var" diye uyduruyor, erkeklerin şehir efsanesi, kuyruklu yalan, beyinsizce bir fantezi... İğrenç şartlarda zevk mi olur?

Oraya gelen erkeklerin de insanlıklarından utanması lazım. Çünkü bir kadının zavallılığından faydalanıyorsun, o halde sen daha zavallısın! Düşüksün! Evet, benim bedenim, 3 seneye yakın toplumun her kesiminden erkeğin zevkine hitap etti. Ama bunu isteyerek yapmadım, o noktaya getirildim. Beni bu hale getirenler utansın! Bu kadar yıl genelevde çalıştıktan sonra kadınla erkek arasındaki farkı da iyice anladım. Bir kadın, o haldeki bir erkekle yatmaz, yatamaz! Yüreği kaldırmaz. Ama erkekler yatabiliyor. Adam geliyor seninle yatıyor. Sonra, "Kızım, sen niye orospu oldun?" diyor. "Kızım" diyor, çünkü kızı yaşındayım. Döven, söven, ağlayan, hakaret eden, sapık taleplerde bulunan adamlar "kızım" diyordu bana. Her türlü insanla karşılaştım. Bir süre sonra kimin ne isteyeceğini bakışından anlıyorsun. Eşleriyle yapamadıklarını bizimle yapmak istiyorlar... Bunu da cazibesiyle, erkekliğiyle değil, parayla elde eden kişilerdi. "Benim orospum ol!" diyenler oluyordu. Hep de aynı laf. Bir de orijinal zannederlerdi kendilerini. Bir keresinde birine "Sen benim pezevengim misin ki, ben senin orospun olayım!" dedim, dayağı yedim tabii.

Erkek, kendisine pezevenk dedirtmiyor. Ama bana orospuluğu yakıştırıyorlar... Bir günde 70 kişiyle yattıktan sonra insan ne hisseder söyleyeyim mi? Ölüm. Evet, sadece ölmek istiyor insan. İçine hortum sokarsın, yine de temizlenemezsin... Böyle bir duygu... Ölsen bile için temizlenmez, pis kalırsın. Regl, kürtaj fark etmez... her zaman çalışmaktan, iğrenç durumları üst üste yaşamaktan kusasın gelir. 8 defa kürtajım var genelevden...

Ailem önceleri durumumdan habersizdi, sonradan haber verdim, anneme mektup yazdım: "Namussuz dedin, orospu dedin, işte şimdi orospu oldum! Ali Rıza'nın 9 yaşında bilmem ne yaptığı kızın, şimdi vesikalı çalışıyor, gel de gör!" dedim. Babam öldüğünde, o zarfı, bir tutam saçımla babamın kasasında buldum. Mektup yoktu, boş zarfı saklamıştı, yazdıklarımı bulamadım ama saçımı atmamıştı, zarfın yanında görünce çok şaşırdım. Sevgisini hep böyle vermez, saklardı. Çok kişiler nerede olduğumu bildi de ailemden, "kurtaralım şu kızı" diyen kimse olmadı. Sadece eniştem geldi, müşteri olarak! Çok borcum vardı çaresiz halimi görünce bir daha gelmedi. 240 milyona satıldığımdan bu parayı kazanmam lazımdı. Kazanıyorsun, zannediyorsun ki, borç bitecek... Bir hesap çıkarıyorlar sana, sigorta parası, işçi parası, yemek parası, kuaför parası, vekil parası, yakıt parası, su parası, elektrik parası, bilmem ne parası... Sen hep borçlusun! "Nasıl kurtuldun?" diyeceksiniz.

Bir müşterimin âşkı sayesinde kurtuldum. "Seninle evleneceğim!" dedi bir gün. Ama düğün yapacak parası yoktu. Borcumu ödeyip o düğünü yapabilmek için 700'e yakın erkekle yatmam gerekiyordu... Şaka gibi ama değil, gerçek bu. Emniyet amirinin bana koyduğu şart şuydu: "Genelevden çıkılmaz değil, çıkılır ama düğün yapacaksın, videoya çektireceksin ki emin olalım." Ben de "Tamam" dedim. Videocu buldum, her şey para... kına para, pasta para... en zoruma giden neydi söyleyeyim: İmamın aldığı 30 bin lira... O kadar zoruma gitti ki... Ama sonunda düğün oldu. O dönem, televizyonlara haber oldum: "Bir kadın düğün yaparak genelevden çıktı!" diye. İşte Şefkat-der Genel Başkanı Hayrettin Bulan o zaman bana ulaştı. O gün, bugündür Şefkat-der'le kontağımı kesmedim. 6 sene sonra Ahmet'ten de boşandım. Çünkü hep genelevde çalıştığımı başıma kakıyordu. Bulaşıkçılık yaptım, yemek yaptım, hasta bakıcılığı yaptım, 4 buçuk ay sokakta bile yaşadım. Ama asla geneleve dönmedim, 20 yıl oldu. 2007'de tüm bu yaşadıklarım için İnsan Hakları Mahkemesi'ne başvururken, Şefkat-der Başkanı, "Abla adaysın!" dedi. "Neye?" dedim, "Milletvekilliğine!" dedi. "Niye?" dedim. "Milletvekili olmayı en çok hak eden sensin de ondan" dedi. Meclise girmek değildi benim amacım, kamuoyunu oluşturmak ve farkındalık yaratmaktı. Türkiye'de hayatı çalınmış, hayatsız kadınlara dikkat çekmekti amacım. Tüm bunları anlattığım "Hayatsız Kadın Ayşe" adında bir kitabım da var... Bu kitabımda mağdurların sesi olmak istedim. Sokakta yaşadığım zaman son kocamdan yeni ayrılmıştım. Uyumak için hastanelerin 'acil'lerine sığındığım oldu. McDonald's'ın artıklarını yiyerek ayakta kalmaya çalışıyordum. Kadınlar için evsiz olmak daha da zor, çünkü sokakta, taciz var, tecavüz var, her şey var...

Benim gibi mağdur edilen bütün kadınlara ve ailelerine şu mesajı vermek

İsterim. "Vermek" kadar değerli bir şey yok ama para vermekten söz etmiyorum. Elini cebine atarsın, "50 lira vereyim de her şeyden kurtulayım" dersen olmaz. Elini taşın altına koyacaksın. İhtiyacı olan biriyle elbiseni paylaş, çorbanı paylaş, sevgini paylaş... Tam 240 gün oldu, her gece sokaklardayız. İstanbul'un neredeyse bütün evsizlerini tanıyorum ben, her akşam semt semt onlara çorba götürüyorum. Onlar battaniyelerinin içinde yatarken, yanlarına bir kap sıcak çorba koyuyorum. Onları düşünen, seven birileri var, bunu biliyorlar, hissediyorlar. Az şey mi? Geçmişte de aynı kişiydim ama o zaman orospu sayılıyordum, hiç bir zaman olmadım. (Şimdi gülümseyerek anlatıyor) asıl orospular kadın öldürenler, sevmeyenlerdir, alıp satanlardır. Çok şükür şimdi çorbacı Ayşe'yim! İki yüzü topluma rağmen insan olup insan gibi yaşamaya çalışıyorum.

57

Nasıl milletvekili olmaya karar verip neden olamadığını da "kadınlar sokakta" adlı İnternet sitesinde şöyle anlatıyor Ayşe Hanım 8 yıl önce: "11 sene oldu genelevinden çıkalı. O günden beri değişen bir şey yok, yasalar da aynı, bir şeyler değiştirse de her şey kötüye gitti. Hâlâ insan yerine konmuyoruz. Ev tutarken ya da çalışmak istediğimizde yani yaşamın her alanında zorluk çıkarıyorlar. Verdikleri vesikanın alnımıza yapışıp hep göz önünde bulundurulması, ölene dek bundan kurtulamıyor olmamız da ayrı dert. Bu beni sürekli acıtıp rahatsız ediyor. Milletvekili olma önerisini, kölelik demek olan bu vesikadan kurtulmak için kabul etmiştim. Benim gibi olanları kurtarmaktı amacım. Halen çalışan ya da çalışmayan tüm genelev kadınlarının sözcüsü olmak istiyordum. Yüzlerce, binlerce annenin, kadının, kızın ciğerinde bu acı var, bilirim, unutamam bunu ben. Onların dili; korkusuzca konuşan sesi olmak benim için hayat kadar değerliydi. Ülkemizde bir ilk yaşanacaktı, izin vermediler. "Vesika" olmasın, olanlar iptal edilsin istiyordum. İnsan eti satılıp ticareti yapılmasın diye elimden geleni yapacağım. Bunları Türk halkı görsün istedim... bu yüzden Meclis'e girmeyi düşündüm... Hâlâ vesikam var; genelev çalışanı olduğum kalıcı şekilde kayıtlara geçirilmiş durumda. Çalışmıyorum ama vesikam devletin çekmecesinde beklemede. (Vesika: Genelevde çalışmak için verilen devlet onaylı belge...) Bundan sonra böyle belgelerin olmamasını istiyorum. Milletvekili olmak için diğer evraklarla birlikte bir de "temiz kağıdı" istemişlerdi benden. Bunun için Şişli'ye gitmem gerekti, bütün evrakları tamamlayıp verdim. Kimlerin aday yapıldığını gösteren liste asıldığında ismimin olmadığını, veto edildiğimi öğrendim. Nedeni fuhuş suçundan cezaevinde yatmammış. 23 gün içeride kaldım. Hüküm giydim diye beni istemiyorlardı. Aslında sevinmiştim veto edildiğime. Yeni bir mücadele fırsatı doğmuştu. Vazgeçmeyecektim, İnsan Hakları Mahkemesi'ne müracaat ederek ne kadar kararlı olduğumu görmelerini sağlayacaktım. Üzülmüştüm ama direnecek gücüm vardı. Böyle bir şey için mahkemede hesaplaşmaya razıydım.

Şefkat-der başkanı Hayrettin Bulan'la beraber, 7 sayfayı bulan itiraz dilekçesi yazıp verdik. 10 gün sonra cevap geldi. Telefon açıp seçim kuruluna gelin, görüşeceğiz" dediler. Yaptıkları hayatı anlamışlardı. Yeni yasaya göre hüküm giymiş kişiler de milletvekili adayı olabiliyormuş. Tayyip Erdoğan'da hüküm giymişti, dört buçuk ay cezaevinde yatmıştı. 2002 seçimlerine gidilirken bu yasanın bir gecede değiştirildiğini öğrendim... Yeter ki istesinler, değiştiremeyecekleri yasa yok. Seçim Kurulu ilkin bunu göz önüne almayıp beni veto ediyor, sonra fark edip düzeltiler. Yasanın değiştiğini sonradan hatırlamışlar. Biz de verdiğimiz itiraz dilekçesinde bunu hatırlatmıştık. Sonuçta 10 gün sonra bu hatadan vazgeçtiler. Eski bir genelev kadını olarak adaylığımın kabul edilmesi bence büyük bir şeydi. Cumhuriyet kurulalı beri hiç olmamış bir şey olmuştu. Benden önce kimse "hayat kadını" olup Meclis'e gitmeye cesaret edip "Ben de adayım!" diyememişti. Bu sayede insanların takdirini kazandım, beni daha çok sevdiler, destek oldular. Hep demişimdir; "satmak mı suç, satılmak mı?" Cezaevine girdiğimde neden suçlanıp hapse atıldığımı bilmiyordum. Neden cezaevinde 23 gün yattığımı seneler sonra öğrenebildim.

Et pazarına düştükten bir yıl sonra neler olduğunu anlamaya başlamıştım. Geneleve kadını olmam için yasaya uygun şekilde, adımı çıkarmaya çalışmışlardı.. Meğer yaşadıklarımın hepsi komploymuş. Komploya kurban gittiğimi seneler sonra anlayabildim. Vesikalı olmama sebep olanlar kimdi peki? Onlar suçlanıp hapse yatıldı mı? Hayır. Bütün bunları, pezevenkleri bitirmek istedim. Seçimler sürecinde kadınların desteği sayesinde güçlü hissediyordum, adaylık beni daha çok şey yapmam konusunda heyecanlandırıyordu. Yıllar önce genelevden çıktığımda yanımda sadece Şefkat-der vardı. Ama milletvekili adayı olup kadınları etrafımda görmem ne demek biliyor musunuz? Artık değersiz değildim. 11 yıl sonra bir işe yarayabileceğimi düşündüm. Kadınlar bana insan olduğumu hatırlattı. Her yerden dışlanan ben, kolayca alınıp satılan kadınlara umut ışığı oldum. Çevremdekiler bile dışlanırken birden "biz, hepimiz insanız! "demeye başladım. Niye? Komployla verilmiş bir vesika yüzünden... Devlet sahip çıkmadığından... Birden bire 2007 yılında her şey değişti benim için... Seçimler süresince genelev kadını Ayşe'yi binlerce kadın bağrına bastı. Çünkü o bütün kadınların satılma olasılığı olduğunu biliyor ve buna karşı mücadele veriyordu.

Binlerce, belki yüz binlerce kadın bunu takdirle karşıladı. Hayatımın bu dönemine yüklediğim anlamı dile getirmem çok güç. Yeniden dünyaya gelmişim. Bazı duyguları hissedip yaşamak lazım, dile getirilmeleri çok zor.

Hayatları çalınan binlerce kadının desteği bana ikinci bir hayat oldu. Telefon açıp güzel, umut dolu sözler söylediler. Ka-der (Kadın Adayları Destekleme Derneği) de beni yalnız bırakmadı. Ka-der'in başkanı Hülya Gülbahar da her zaman yanımda duranlardan biriydi. Mor Çatı dan arkadaşlar geldi, Film Mor'dan gelenler oldu. Feministler benimle ilan dağıtmak istediklerini söylediler, stantlarda benimle beraber bildiri dağıttılar... "Bu yolda yalnız değilsin, asla yalnız yürümeyeceksin!" diyerek koluma girdiler. Yapmak istediğimiz çok şey vardı, devlet güçlerinin engellemeleriyle karşılaştık.

Mesela Yüksek Seçim Kurulu'ndan aldığınız evrakta stant açıp tanıtım yapabileceğimiz söyleniyordu ama haklarımızı rahatça kullanamıyorduk. Bütün partilere izin verdiler ama kendimi tanıtmama sürekli engel oldular. Daha çok insana ulaşacağım ihmali hoşlarına gitmedi. Çünkü ben ülkemizdeki ayıbı gizlemiyor, açıkça gösteriyordum. Rüşvetin, milyon dolarlık haksız kazancın, kadın eti pazarının, fuhuş batağındaki rantın tanığıydım. Herkes susarken ben konuşabiliyordum. Bir kuru canından başka kaybedecek bir şeyim kalmamıştı. Bu yüzden istemediler, bu yüzden insanlarla arama duvar örüp durdular. Başka engelliler de oluyordu. Bildiri dağıtmaya sokağa çıktığımda kimi polisler, "Hani izin! İzin almadan dağıtamazsın!" diyorlardı. Yoldan geçen herkes insan evladı değildi... maalesef böyle... Yanıma gelip omuz atıp geçenler oluyordu. Özellikle de erkekler... Kötü söz söyleyen kadınlar da oldu. Elimdeki ilanlarımı alıp hakaret edenler olmadı mı, oldu. Nezarete düştüm, ilan dağıtıyorum diye gözaltına alındım. İzinsiz gösteri yaptığımı söylediler. Türkiye genelinde bütün adaylar için konuşuyorum; adayların hangisi izin alıp gösteri yaptı? Hangisi gidip Yüksek Seçim Kurulu'ndan veya adliyeden, savcıdan, emniyetten izin alıp sokağa çıkıyor. "Biz şurada yürüyeceğiz" dediler o kadar. Ben hep izin almak mecburiyetinde kaldım. Söylemiyorlardı ama amaçları beni bitirmekti. Açmadan solayım, sözde demokrasiye süs olayım istiyorlardı. Seçimin son günü nihayet lütfedip bana da stant açma izni verdiler. O güne kadar hep kaçarak, suç işliyormuşum gibi kendimi tanıtmaya çalıştım. Basın açıklaması yapmama da kolayca izin verilmiyordu. Su bile istersem hep bir direnç vardı. Israr edince apar topar gözaltına alıyorlardı. Bütün bunları kadın olduğumdan yaptılar, eski bir hayat kadını olduğumdan...

Türkiye'deki genelevlere gidildiği zaman erkekleri kimin karşıladığını soracak olursanız; orada, o kapının önünde devletin memuru sizi karşılar, gidin bakın. Devletin görevlileri sizi ortaya buyur eder. Sözde güvenlik gerekçesiyle... Ölmek istediğiniz yerde bile ölmenize izin vermezler. Genelev bir kadının tam da ölmek isteyeceği bir yerdir. Ölmek istediğiniz yerde güvenlik önlemi alındığını görürsünüz. Dışarıda sizi bir kişiden koruyamayanlar, genelevde ölmemeniz için ne gerekiyorsa yaparlar. Bizlerin haklarını savunmayanlar, oraya giren erkeklere; "hadi gir, öğrenirsin, alışırsın" derler, böylelikle devlet memurluğu yapıyorlar. Yani devletimiz kapıda beklemede, rahatça alınıp satılalım, öldürülmeyelim, kimse pazarı dağıtmasın, asayiş bozulmasın diye... Benim tepkim bunlara. Geneleve düştüğümde bana denilen kelime aynen şuydu; omuzuma da vurdular "haydi, haydi alışırsın..." diyerek... İşkenceye alışabilir mi insan? Benim tepkim bunlara. Bu güne kadar kimseyi alıp satmadım. "Satanlar değil, satılanlar konuşacak bugün!" dedim. Hâlâ bunu diyorum.

Bu ülkede asıl mağdurlar konuşsun istiyorum. Adaylığım boyunca da hep bunu dedim. Bu sistemi değiştireceğimi söylüyordum. Devlet, bir yerde kadın ticareti yapılıyorsa ona destek vermez, engel olur. Kadını önce devlet koruyacak. Bunları dediğim için sevilmedim, tepki aldım. Gözaltına alındığımda polisin biri şöyle dedi; "geldiğin yeri unutma, gideceğin yer de orası!" Utanmazca bunu dedi... ama ben bir daha bana layık gördükleri o yere gitmedim. Devlet sahip çıkmayıp bizleri o yola itelediğinden oralara düşüyoruz. O sözle hakaret eden polise susacak değildim, ben de ona hakaret ettim.

Ama sorun bakalım hakaret etmişler mi? Hayır, asla "hakaret ettik" demezler... iftiracı olduğumu anlatırlar size. Ama ben söylüyorum, açıkça diyorum ki ben, onlara hakaret ettim... inkar etmiyorum... onlar kabul etmez, inkar ederler. Memur olduklarından dürüst geçinirler. Ne yapacaklarsa kapalı kapılar ardında yaparlar... Kimseye durmadan küfrederler. Millet tepki göstermediği sürece istedikleri her şeyi yapabilirler. Nezarete girdiğimde; "çeneni kapat, konuşma!" diyorlardı. Sanki insan değilim, sürekli hakaret edip baskılamaya çalışıyorlardı. Lavaboya gitmek istediğimde 45 dk. tuvalet kapısını açmadılar, öylece açmalarını bekledim, "kapı kilitli" deyip sohbet ediyorlardı. Avukatıma bile karakolda olmadığımı söylemişler. Bırakın eşi, dostu, avukatımı dahi yanıma göndermiyorlardı. Bir yerden bir yere araçla götüreceklerdi bir gün, yanıma kadın polis istedim... "Yok!" dediler, "korkma biz sana bir şey yapmayız" diyerek saygısızca konuşmaya devam ettiler. Söyledikleri o lafları keşke gizli kameram olsaydı da izletebilseydim sizlere. Beni görseler var ya, şu anda bile bir kaşık suda boğarlar. Adaylık sürem bitse de polislerden gördüğüm ilgi devam etti ama kadınlarınki uzun sürmedi, dağılıp kayboldu.

Medya da öyle... seçimlere kadar ilgi gösterdiler... Niye? Eski bir hayat kadını olduğumdan... Yapmak istediklerimi önemserler. Şu da önemli bence: Adaylığım devam ederken dünya basınından röportaj için görüştüğüm gazeteciler oldu. Afrika basınına bile çıktığımı öğrendim. Polonya'da on sayfalık haber yapmışlar benle ilgili. "Ensest mağduru, tecavüze uğramış, genelev satılmış, devletin gözü önünde ticareti yapılan, üzerlerinden vergi alınan kadınlar" diye dünya medyasına konu olmuşum. Seçimler bitti, ilgi de bitti. Önceden çağrıldığım kadın programları vardı, onlarda adımı anmaz oldular. Nimet Çubukçu bakandı o zaman, devlet olarak bize sahip çıkılacağını söylemişti, o gün bu gün oldu, cevap çıkmadı. Aileden sorumluydu...

Hükümetin bakanıydı fakat faydası olmadı, üstelik kadındı, bence boşuna bakan olmuştu. Kadın için bir şey yapmadan kadından sorunlu bakan olunmaz. Başta bedenleri satılanlar için bir şey yapacaksın. Şurası kesin ki devlet kurumları, genelevinde çalışan ya da çalışmayı bırakıp insanca yaşamak isteyenlere kesinlikle yardım etmedi, etmiyor. Sığınma evleri bile yetersiz... zaten genelev kadınlarını istemiyorlar. Eskiden genelev kadını, hayattan beklentisi olup da seviyeli bir yaşam kurmuş olanları bile istemiyorlar. Çürük elmayız biz... çöpe attıkları ama yemeye, alıp satmaya doyamadıkları çürük elmayız. Sığınma evinde çalışan birkaç arkadaşımla görüştüğümde kendileri söyledi: Bu evlerin zaten sayısı belli.

Bildiğim kadarıyla 32'si sosyal hizmetlere ait. Mor çatı, Ka-der, Konya'da ki Sevgi-der kadın sığınma evinde kışın 385 kişi kalıyor. Ümraniye de bir yer açıldı. Aşağı yukarı 30 kişi kalabilecek kapasitede ama evlerdeki barınma süresi uzun değil. 3 ay bilemedin 6 ay yani... 6 ay sonra yine sokaktasın, yine aç kurtların önüne atılıp unutuluyorsun. Genelevinden çıkmış kadın, iş bulsa dahi bir süre sonra sokağa atılır, alacağı varsa bile verilmez. Çünkü o hayat kadınıdır, yaşamaya hakkı yoktur. Ben bunların hepsini yaşadım. Medyada programlara çıkarken yüzümü göstermezdim fakat yine de tanıyanlar oluyordu. Bir gün çalıştığım iş yerinin patronu yanına çağırıp "benim orospuyla işim olmaz" dedi. Bu ülkede yasalar kadınları harcamak için çıkarılıyor gibi geliyor bana.

61 yılında yürürlüğe giren fakat bizlere hitap etmeyen bir yasa var; 419. madde diyor ki, kadınlar zorla çalıştırılmayacak... sağlık

kurumları olacak, genelev kadınları sağlıklı koşullarda çalışacaklar. Ama yok böyle bir şey... Çalıştığım her yer pisti. Çok vergi alıyorlardı ama hayat kadınlarını pislik içinde yaşatıyorlar...

Ne İstediğimi söyleyeyim mi? Genelev kadınları için de yeni bir yasa istiyorum. Daha doğusu böyle bir olayın bitirilmesini istiyorum. Bitmeyecekse onlara da sağlıklı ortam sunulup emeklilik hakkı verilmeli. Yönetenler, bırakın emeklilik hakkını, memleketi verseler suçlarını örtemezler. Bu kadınların hakkını hiçbir zaman ödeyemeyecekler. Onlara ne verseler az gelir. Kadınlar onlar yüzünden, ruh ve beden sağlıklarını kaybediyorlar. Bu kadınlara yeni bir hayat lazım, kim bunu verebilir? Kim çalınan hayatlarını yerine koyabilir? Ben özgür kalalı on bir sene olacak. Hâlâ kendimde değilim ve hâlâ taktıkları o kölelik zinciri boynumda; sağlığım gitti, ruhum can çekişse de şu hiç değişmeyecek: Ölene kadar vesikalı kadınım. Bu yüzden haykırıyorum. "Vesikaları iptal etsinler!" diye. Devlet böyle olduğundan kadınlar işkence altında yaşamaya devam ediyor... Bu katliam artık durmalı. Biz uğraştık ama olması gerekenleri yapamadık.

Beni görüp mücadeleye katılan genelev kadınları oldu. Diyarbakır'da bir arkadaşım vardı, şu an ailesinin yanında ama hayati tehlike içinde... Genelevden çıkmış birine rahat vermezler. Karaköy'den gelen bir arkadaşım şuna benzer şeyler demişti: "Artık çok geç olsa da kimseye köle olmadan namusluca bir hayat istiyorum. İnsanca bir devlet olsaydı biz böyle olmazdık. Namussuz değiliz. Aldıkları onurumu geri istiyorum..." Evet... Gerçek bu... Onlar onurumuzu aldıklarını sanıyorlar, hayır, alamazlar. İnsan onuru teslim olmaz. Bizler teslim olmadık. Ortada bir namus varsa bunu devlet yok ediyor. Devlet bizim bu hale gelmemize seyirci kaldı, hatta suça ortak oldu, oluyor. Bu yüzden pezevenkler kazandı, kadınlar, namusuyla yaşamaya çalışanlar kaybetti... Kaybedenlerin adını marifetmiş gibi emniyetin arşivine kaldırdılar. Bundan üç sene öncesine kadar nüfus dairelerinde, özel rakamlı, vesikalı olduğumuzu gösteren, delil niteliğinde bir belge vardı. Artık bu yok ama kaydımızın emniyetten de kalkmasını istiyoruz.

Bütün mağdurlar adına bu sicilin tamamen silinmesini istiyorum. Bu insanlara yeni haklar verilip yeni yaşamlar düzenlenmesini istiyorum. İmkansız olsa da çok şey istiyoruz. Başka ne yapalım? Dışlanıyoruz. Toplum nazarında kötü adla anılmak da ağır bir yük. Ölünceye kadar bu yük taşınmaz, bununla ölüp gidiyorsun. Seni bu durumlara düşürenlere ceza verilmediğini, kumpas kurup ruhunu yok etmeye devam ettiklerini görerek çaresizlik içinde ölüp gidiyorsun. Cenazene bile gelen olmuyor. Aslında ben, insan olup durumu kavrayan kadınlardan tepki almıyorum. Suç, devleti yönetip siyaset yapanlarda. Kısa bir anım da şudur: Bir keresinde, seçimler dönemiydi, yaşananları protesto için ellerimiz zincirli halde eylem yapıyorduk, Cenneti de (plastik bebeğimin adı) kucağımda tutuyordum, teyzenin biri yoldan geçerken bağırdı; "vicdansız anne!" diye... Elimdekini gerçek bebek sanmış, ne bilsin... Gözü de iyi görmüyordu belki... Daha sonra o teyzeyle görüştüm. Beni televizyonlarda görüp öğrenmiş genelev kadını olduğumu... izlerken de demiş ki "Çocuğu da varmış, niye alet ediyor bu işlere?" Ne için mücadele ettiğimizi anlayınca kızdı kendine, "Aferin sana, bak, o bebeği senin kucağında canlı görmek isterim bundan sonra," dedi gülerek. Tabii bizden geçti annelik... Unutamadığım olaylardan biri bu işte: insanlar önce kızıyor, tanıyıp neler yaşadığımızı öğrenince üzülüp özür diliyorlar... Bu böyle, hiç değişmeden sürüp gitmemeli.

Vesikasız yaşarsak bazı şeyler daha kolay çözülebilir. Hiçbir şey olmasa bile her şeye yeniden başlama umudu olur. Devletin geçmişte kim olduğumuzu, kendi suçu olan vesikayı unutması, yırtıp artması lazım. Vesika işine son verilmesi gerekiyor. İmzalı, mühürlü belge olmazsa kimseyi çalıştırıp haram parayla patronluk yapamazlar. Kadın, erkek özgür olmalı. Kimse kimseye kölelik yapmamalı. Devlet göz yummazsa kadın bulamayacaklarında 10 sene içinde genelevler biter. Ben bu evlerde iki buçuk sene çalıştım. 212 gün sigortam var. Fakat çok vergi ödedim. Benim gibi kadınların eti üzerinden ne vergiler toplandı, hâlâ da toplanmakta. Buna rağmen bir sağlık karnem bile olmadı. Benim bildiğim ülke genelinde vesikalı 3715 genelev kadını var. Dört yıl önceki rakamı söylüyorum... Hayatı çalınmış kadınların gerçek rakamı yüz binin üzerinde. Bu kadınları kazanmak yerine daha beter batağa sürükleyen devlete isyanım var benim... bu acı beni yiyip bitiriyor.

58

Başka haksızlıklar da var. Seçimlerden önce maaş veriyorlardı mesela... (düşkünlere verilen maaş) milletvekili adayı olup devlete lafları saydıktan sonra kestiler. 2002'nin Mart ayından, 2007'nin Haziran ayına kadar 5 yıl her ay bu parayı aldım. İlkin 150 lira verdiler. Seçimler sırasında 400 liraya yükselmişlerdi. Şu anda 450 oldu fakat artık vermiyorlar. Asgari ücret gibi her yıl belli oranda artırırlar... Bu parayla çok şey yapıyordum; kiramı ödüyordum, ekmek paramdı. Onu da kestiler. Şefkat-der'in yardımıyla geçiniyorum. Temizlik işlerine giderim, bulaşık yıkarım... geçici işlerde çalışıyorum... Böyle işte... Günde 25-30 lira kazanırsam ne mutlu. Şunu bilin ki kimse bedenini, ruhunu satarak yaşamak istemez. İnsan olan yapamaz bunu. Kadınlar, kötü yola mecbur kalıyor. Bu yolda çok tuzak var. Kadınlar avlanıyor. Gerçekten önemli bir sorun... Şunu da ayrıca belirtmek istiyorum: Seçimler döneminde yaptığım basın açıklamasında polise hakaret ettiğim gerekçesiyle hakkımda dava açtılar, 6 Mart'ta duruşma yapılacak. Meselenin aslı şu: aslında polis bana hakaret etti, ben de karşılık verdim. Bunun dışında güvenlik güçlerinin ara sokaklar da neler yaptığını görüyoruz, biliyoruz. Mobese kameraları elime geçse de göstersem herkese size. İşlerine gelmeyen kayıtları silerler. Genellikle kameraların olmadığı yerde dayak atarlar. Tesadüfen görüntüleri alınmışsa onu da silip yok ederler. Karakolda ya da ara dolardaki şiddet herkes için geçerli; kadın-erkek hiç fark etmiyor.

Millet korku içinde... Korktuğundan kimse dava açmaya yanaşmıyor. Bazı görgü tanıkları var. Sokakta çiçek satan, mısır satan, kestane satan, mendil satan insanlar bunlar. Ekmek parasını mahalle aralarında izniyle kazandıkları için susuyorlar. Ama ben korkmuyorum. Her fırsatta şikayetçi oldum bunlardan. Bir erkeğin, hele de bu bir polisse bana "orospu" demesini gerçekten kaldıramıyorum. Kadın polisler demiyor... Bu da önemli bir konu. Polis kadınsa hayat kadınının halinden anlıyor.

Gerçek orospuların kim olduğunu çok iyi biliyorlar. Karakolda yapılan işkencelere kadın polis tahammül göstermiyor. O gün rapor tutmuşlardı, kadın polis vardı çünkü karakolda. Erkek emniyetçiler kadının olduğu yerde öfkesini gizlemeye çalışıyor. Kadın, kendini acı çeken birinin yerine koyabiliyor. Çünkü o da bir kadın. Ama erkekler bunu yapmıyor. Bir tek "Esmeray"(midye satıp tek kişilik oyun oynayarak hayatını kazanan travesti kadın) yapar yaparsa.. Esmeray canım benim... Karakola gidince bir saat polise dil dökerim. Esmeray'ın yaptığı gibi tıpkı. Oyunlarındaki sözleri hoşuma gider, güldürür beni. Bilgi Üniversitesi'ndeki oyununu izlemiştim. Beni en çok etkileyen midye tezgahının başında ayakta durduğunda; "işte bende bununla ekmeğimi kazanıyorum" demesiydi, şimdiki gibi ağladığımı hatırlıyorum. "Ben," demişti, "250 kuruşluk midye ile kiramı ödüyorum, ekmeğimi alıyorum, geçimimi sağlıyorum..." Bu sözün anlamını, altında yatan büyük mücadeleyi biliyorum. Aslında ben hiç midye sevmem. Esmeray'ın sayesinde sevdim, alıp yemeye başladım. Yanına gittiğimde, onunla konuşurken midye alıp yiyorum. Esmeray oynayarak kendini anlattı.

Ben de kitap yazmaya başladım. Nisan ya da Mayıs ayı gibi çıkacak. Kitaptan sağlanan gelirin hepsini kadın sığınma evine bağışlayacağım. Buralara köyden gelip Türkçeyi bilmeyenler var. Hiç evden çıkmayan kadınlarımız var. Onlar için yazıyorum, kazanırsam onlar için kazanmış olacağım, zorluk çekmesinler diye yardım edeceğim onlara. Kitabın adı; "Kahpede Kaldık" Delta yayıncılıktan çıkacak. Editörüm Alper Uluş'ın da kitapta yüzde 12 hakkı vardı. Almayacağını söyledi, bana bırakıyor, mağdurlara yani. İkimiz kazanmayıp başkalarına yardım etmiş olacağız. Kitap bir genelev kadının hayatını anlatmakta... Böyle işte. Yaşadığım, tanığı olduğum olaylarla dolu bir kitap.

Dostlarım, Ayşe Hanım'ın anlattıkları burada bitiyor. Doğrusu ben anlatımlarından çok şey öğrendim. Üzücü şeylerdi ama ülkemizde kadın olmak böyle... Dertler, evde ya da genelevde anlatmakla bitmiyor.

İçimizi yakan olaylardan biri de Şule'nin hikâyesi bildiğiniz gibi... 4 Aralık 2019 günü Şule davasına devam edilecek demiştim. İki gün önce, yani geçtiğimiz çarşamba günü, benim daha önce Ş diye andığım Şule Çet davasının 6. duruşması yapıldı. Sanık Çağatay'a, tecavüz edip öldürmekten ağırlaştırılmış müebbet (30 yıl diye biliyorum.) cezası verildi fakat daha sonra "iyi hal indiriminden" bu ceza müebbet hapisse (20 yıl) çevrildi. Üstüne de diğer suçlardan 12 yıl 6 ay eklendi.

"İyi hali" neydi? Konu anlaşılır gibi değil. Bu yüzden de tepkiler hâlen devam etmekte. Mahkeme heyetinin, "iyi hal" gerekçesini başta kadın örgütleri olmak üzere kimse beğenmeyip protesto etti. Ben de şaştım kaldım. Bir yılı aşkın devam etmekte olan duruşmalar sırasında pişkince konuşup mahkeme, hakim, basın önündeki açıklamalarıyla öldürdüğü kişinin "yollu" olduğunu, kız olmadığını ima eden biri nasıl oluyor da "iyi hal" indiriminden yararlanabiliyor? Şule'nin avukatı da bu durumu anlamlandıramadıklarını açıklayıp şöyle demekte: "Verilen cezalar her ne kadar yüreklere su serpse de istediğimiz sonucu elde edemedik. Ceza Kanunu'nun 62. maddesi nedeniyle sanıklara indirim uygulandı. Böyle bir indirim 'kızına sahip çıksaydın' diyen bir zihniyete uygulanmamalıydı. Çağatay, ağırlaştırılmış müebbet hapis cezasına çarptırıldı. 62. madde gereğince cezası, müebbet hapse çevrildi. Ayrıca cinsel saldırıdan 10 yıl ve hürriyetten alı koyma suçlarından da 2 yıl 6 ay ceza aldı. Berk de suçluya yardımdan 18 yıl 9 ay hapisle cezalandırıldı fakat, babanın acısı ortada kaldı. Alınan karar, kızını kaybeden babanın acısına bir nebze su serpse de gelinen noktada "indirim uygulamasını" istinafa (kararın üst mahkemece denetlenmesi) taşıyacağız. İyi hal indirimi doğru olmadı, ne vicdan ne hukuk bunu kabul eder."

Ş davasının 6. karar duruşmasına milletvekilleri, sivil toplum örgütleri, avukatlar, hâkimler ve hâkim adayları, gazeteciler ve kadın örgütleriyle yüzlerce kadın katıldı. Ana salona ek olarak tahsis edilen iki salon da katılımcılarla dolup taştı.

Sanık Çağatay, son kez kendini şöyle savundu: "Kabul etmiyorum, masumum... halk ve sosyal medya baskısı yüzünden tutuklandık. Yalan haberlerle insanlar galeyana getirildi. Tekrar söylüyorum ki masumum... Tecavüz ve öldürmekten yargılanıyorum. Hayır, doğru değil bu, kabul etmiyorum. Bu kadar delilsiz bir cinayet ve tecavüz gördünüz mü? Delil varsa beni asın! Bunu tekrar söylüyorum. Eğer delil bulabiliyorsanız beni asın...Olaydan sonra, cinayet büroda bize üç saat dayak attılar. Baktılar dosyada delil yok, delil yarattılar... avukatlar, 'Şule iyiydi, ruh sağlığı bozuk değildi diye psikolojik rapor aldı. Düzmece raporlarla yargılandık. Hayır, kabul etmiyorum. Sosyal medya bu işle çok uğraştı. Bizi suçlu duruma düşürdüler.

Mümkün olmayan şeylerle yargılanıyorum. Herkes neler olduğunu merak ediyor. Şule'ye dokunmuşluğum yok. Suç işleseydim, serbest kaldığım 45 gün içinde ülkeyi terk ederdim. Şule ile bir tartışma ya da boğuşma yaşamadım. İntihar ettiğini söylüyorum. Onu kurtarmaya çalıştım. Neden yargılandığımı anlamıyorum. Takdir sizin. Dosyada aleyhime hiçbir şey yok. Gerekirse bir daha videolarımızı izlemenizi, Berk ile cezaevindeki mektuplarımızı okumanızı talep ediyorum. Namusum ve şerefim üzerine yemin ederim ki bir tane yalan söylemedim. Şule'nin ölümüne ailesi kadar ben de üzüldüm. Sağlığım bozuldu, tedavi gördüm. Beraatımı talep ediyorum." dedi.

Sanık Berk de savunmasında bilinen sözlerini tekrar edip bir kez daha olayın gerçekleştiği odada dahi bulunmadığını, suçsuz olduğunu savunup beraatını istedi.

Sanıkların avukatları, mahkemenin kamuoyu baskısı altında karar verdiğini ileri sürmekte. Berk'in avukatı şöyle söyler: "Müvekkilim, iki duble içki içmeye gittiği ve o gece tanıştığı bir kız nedeniyle 16 ay içeride tutuldu, şimdi de 18 yıla mahkum oldu. Gelinen noktada kamuoyu baskısı var. Ceza, bu baskı altında verildi."

Tarafların son sözlerinin ardından mahkeme başkanı kararı açıkladı. Sonuç, suçlularla yakınlarını memnun etmedi. Konunun ilginç yanlarından biri de sanık avukatlarının iktidar milletvekillerine iletilmek üzere hazırladığı "Şule Çet Davası... Davanın Gerçek Olay Örgüsü... Kamuoyu Nasıl Yanıltıldı? Resmi Belgelerle Dosyada Yer Alan Gerçekler" başlıklı rapordu. Çağatay ailesinin imzası ile hazırlanan (daha önce de belirttiğim gibi) 141 sayfalık raporun girişinde şöyle deniyordu: "Bu raporun hazırlanma amacı, kamuoyunun yoğun ilgisi altında sürmekte olan dava dosyasının gerçeklerini sizlere resmi belgelerle aktarabilmektir. Temmuz 2018'den günümüze müşteki avukatları, SGDF (Sosyalist Gençlik Dernekleri Federasyonu), ÖGK (Özgür Genç Kadın) ile Kadın Savunma Meclisleriyle birlikte hareket ettiler. Twitter hesabı #ŞuleÇetİçinAdalet hesabını kurup yayın yapmak suretiyle çok sayıda basın organı ve bazı siyasi tarafların da desteğini alıp dosya gerçeklerini karartmaya çalıştılar. Basın ahlakına yakışmayacak şekilde tek taraflı haber ve beyanlarla kamuoyunu yanlış yönlendirdiler. Öncelikle şu bilinmelidir ki, tepkimiz ne gencecik yaşta hayata gözlerini yuman masum Şule'ye ne de onun acılı ailesinedir. Şüpheli bir şekilde yüksekten düşen, çok acı bir şekilde hayatını kaybeden bir genç kızın ölüm sebebinin araştırılması, bunun bir intihar mı, kazara düşme mi yoksa bir cinayet mi olduğunun soruşturulması, tecavüze uğrayıp uğramadığının tespit edilmeye çalışılması kadar tabii bir durum yoktur. Kadın cinayetleri faillerine geçmişten bugüne, bazı davalarda "iyi hal", "namus" veya "töre" gerekçesiyle ceza indirimleri verilmesi, öldürülen kadınların ahlakının yargılanıp cinayete mazeret gibi sunulması toplumumuzun kanayan yarasıdır. Böylesi tutumlar vicdan sahibi kamuoyu gibi, bizlerin de içini çok acıtan bir durumdur. Ancak, Şule Çet vakasının bir kadın cinayeti mi yoksa bir intihar veya kazara düşme vakası mı olduğuna öncelikle karar verilmesi gerekir. Şule Çet davası da bir yıldır bu sebeple devam etmekte... Dosya içeriğinden de anlaşılacağı üzere söz konusu dava ne siyasal olaylar gibi yoruma açıktır ne de 'namus' gibi kültürel değerler gerekçeleriyle hoş görülecek bir yana sahiptir. Bir tarafta yaşamını yitirmiş gencecik bir kız, diğer tarafta ise suçsuz olduğunu söyleyen iki genç adam, Çağatay ile Berk yer almakta... Bu gençler, Şule Çet ile herhangi bir cinsel yakınlaşmalarının olmadığını ilk ifadelerinden beri belirtmektedirler. Pek çok açıdan dava, somut deliller, kayıtlar ve tanıklar üzerinden yürütülmektedir."

Raporun "Kamuoyunu Sosyal Medya ve Basın Aracılığı İle Yanlış Yönlendirenler" başlığı altındaki bölümünde ise şu kişiler suçlanmakta: Şule'yi savunan avukatlar isim isim anılıp kamuoyunu yanlış yönlendirenler olarak hükümete ve onun milletvekillerine şikâyet edinmekte... Yine aynı başlık altında, Kadın Savunma Meclisleri Sözcüsü avukat Rüya Hanım, Şule Çet İçin Adalet Komisyonu sözcüleri Ceren, Neslihan, Nazlı, Alev Melisa adlı kadınların da isimlerinden söz edilmekte. #ŞuleÇetİçinAdalet isimli sosyal medya hesabının, "halkı kin ve düşmanlığa teşvik etme suçu işlediği iddia edilmekte.

Raporda ayrıca, Evrim Kepenek, Fevzi Kızılkoyun, Erk Acarer, Ayşe Arman, İnci Hekimoğlu, Burcu Yıldırım, Alican Uludağ, Fatih Altaylı, Pınar Doğu, Işıl Özgentürk, Cengiz Semercioğlu,

Nagehan Alçı, Ece Üner, Hatice Ekinci de suçlu gösterilmekte. Davayı takip eden milletvekilleri, Filiz Kerestecioğlu, Necati Tığlı da kamuoyunu yanıltanlar arasında gösterilip şikayet edilmekte. Kadın Cinayetleri Platformu'nun sözcüsü Gülsüm Kav da Halkların Demokratik Partisi'nin milletvekili olarak yazılmış ki, Gülsüm Hanım milletvekili değil.

Sevgili canlar, sanık avukatlarının hukuk yollarını bırakıp denize düşmüş gibi siyasilere sarılmaları size de tuhaf, bir o kadar da düşündürücü gelmiyor mu? Durum karşısında aklınıza gelen ilk şeyi söyler misiniz? Böyle bir girişime adalet arayışı demek mümkün mü? Ülkenin içinde bulunduğu şartlar nedeniyle ben de kime nasıl kızacağımı bilemeyecek durumlara düştüm. Maalesef 2019 yılı Türkiye'sinde torpilin her türü için iktidar milletvekillerine başvuran kimi suçlu, kimi masum pek çokları var. Tuhaf bulduğum şey avukatların bile bu yolla yönelmiş olması. Niye şaşıyorum ki... Aslına bakarsak şaşmak için şaşılan şeyin nadiren gözlenmesi gerekir. Herkesin kel olduğu yerde kel kafa görünce "şaşırdım" demek ne kadar saçmaysa benim bu durumlara şaşmam da saçma, akılsızca fakat, nasıl anlatayım size, yine de ben herkesin kel olduğu fikrine alışamıyorum. Her şey o kadar tuhafıma gidiyor ki, kuşlar öküz, öküzler kuş olmuş gibi aklım şaşıyor. Bir ülkenin bu kadar saçma, hukuksuz yönetilebileceği ihtimalini aklım almıyor. Durum buysa insanlar neden susup oturuyor, neden devletlerini, hukuk sistemlerini baştan yeniden kurmuyorlar? Buna benzer aklıma pek çok soru geliyor.

Son yıllarda yüz binler değil, milyonlar, mahkemelere güvenmediğinden siyasetçilerin kapısını çaldı. Tayyar adındaki milletvekilinin biri de rüşvetle iş yapan avukat, savcı ve hakimlerden oluşan bir çetenin; Fetö borsasının varlığından söz etti.

Başka bir milletvekili de, iktidar partisinde görevli Tayyar'ın sözlerini meclise taşıyıp Adalet Bakanlığı'na soru önergesi verdi.

Dedi ki: "Tayyar'ın sözünü ettiği 'Fetö Borsası' nedir? Bakanlığınızın konuya ilişkin herhangi bir araştırması olduğu mu, olmadıysa olacak mı? Bu konuda kurumunuza herhangi bir şikâyet ulaşmış mıdır? Fetö davalarında 'itirafçı' olduğu gerekçesiyle tahliye edilen kişi sayısı kaçtır? Bu tahliyelerin illere göre dağılımı nedir? Bahsi geçen "itirafçılık adı altında tahliye" düzenine ilişkin Hakimler Savcılar Kuruluna yapılan suç duyurusu var mıdır, varsa sayısı kaçtır? Görevi kötüye kullanma ve rüşvet suçlamasıyla hakkında soruşturma başlatılan hâkim veya savcı sayısı bilinmekte midir? Bakanlığınız itirafçılık sistemini nasıl denetlemektedir? İtirafçılığa ilişkin herhangi yasal düzenleme yapılacak mıdır? 100 binden fazla kamu emekçisi hukuksuz yere işten atılırken, Fetö tutuklusu kişilerin parayla serbest bırakılması hangi adalet anlayışının sonucudur? Suçunu bilmeden cezaevine atılan insanların suçu, parasının (milyonlarca dolarının) olmayışı mıdır? Bu bağlamda askeri öğrencilerin suçu FETÖ borsasında itirafçılık anlaşması yapmaması mıdır?"

Bu sorular az bile... Daha fazlası eminim sizin de aklınıza geldi, geliyor. Mesela ben, Fetö'nün paralarına banka açanları biliyorum ki, hepsi şu anda ülke yönetmekte... Farkındaysanız bu tür olaylar ve tartışmalar nedeniyle dünya ülkeleri bizi kabile devleti gibi görmeye başladı. Atatürk Cumhuriyeti dediğimiz ülkemizde Suudi Arabistan'daki gibi olaylar cereyan etmekte ki artık hepsine millet alıştı... Neyse... Konu dağılmasın...

Sanık Çağatay'ın avukatı da artık demokrasi değil, kabile devleti olduğunuzu bilip ona göre davranmakta. Bilmekte ki kabile devletinde hakimler iktidar partisine rağmen suçluları cezalandıramaz. Böyle ülkelerde ceza alacaklar siyasetten bellidir. Mesela iktidar mensubu belediye başkanları ve yakınları daima korunan kişiler arasında yer alırlar. Olur ya, biriyle araları bozulursa onu da oy için harcarlar. Hangi yolu seçeceklerini ise halkın tepkisine göre belirlerler.

Yeri gelmişken söyleyeyim: Giresun'da yaşanan bir cinayet vardı, daha önce anlatmıştım: İlçe belediye başkanının oğlu Rabia Naz adındaki kız çocuğunu otomobiliyle öldürüp kaçmakla suçlanıyordu. Bu dava da henüz sonuçlanmadı. Kimi kurumların memur ve yöneticileri cinayet aydınlanmasın diye ellerinden geleni yaptılar. Rabia'nın ölüm tarihi olan 12 Nisan 2018'den bu güne (9 Aralık 2019) bir yıldan fazla zaman geçti fakat birileri suçluyu korumaya devam etmekte.

Sevgili canlar, her türlü cinayeti önlemenin en önemli araçlarından biri hiç kuşkusuz ki sağlıklı çalışan bir yargı sistemidir. Bir çalışan, bir çalışmayan, ne zaman çalışıp çalışmayacağı belli olmayan ya da adamına göre çalışan bir yargı düzeninde devlete güven olmayacağı gibi bir devletin olduğunu söylemek de mümkün değildir. Bu yüzden kadın cinayetleri sorunu çözülemiyor, bunu bilin... Sadece bu mu? Hiç bir sorundan kurtulmak mümkün olmuyor. Mahkemelere güven olmadığından yargılamalar da yürekleri ferahlatmıyor. Yargılama sonucu hangi yönde sonlanırsa sonlansın hep bir kuşku kalıyor.

Rahibe Naz davası, benim 2019 yılını anlattığım bu yazı dizisi için de önemli bir konu. Daha önce sözünü ettiğim bu davada da yeni gelişmeler oldu. Konuyu, hepimizin iyice anlamasını istiyorum, sevgili canlar! Önce şunu belirteyim: Rabia'nın davasına gizlilik kararı konmuştu. Karar iptal edildi... bununla kalmayıp bir de meclis araştırma komisyonu kuruldu. Hep sizin sayeniz oldu bunlar. Kendiliğinden, kurumlar iyi işlediği için oldu sanılmasın. Vicdanlar, küçük bir kız çocuğunun öldürülmesi karşısında sessiz kalamadığından oldu. Sosyal medya kullanıcıları deyim yerindeyse, ortalığı birine kattılar. Sadece sosyal medya değil elbette vicdanı olan herkes "bu kadar da olmaz" deyip davanın kapalı kapılar ardında örtbas edilip rafa kaldırılmasına izin vermediler. Bunun sonucu olarak bir buçuk yıl önce Giresun'un Eynesil ilçesindeki evinin önünde yaralı bulunan ve kaldırıldığı hastanede yaşamını yitiren 11 yaşındaki Rabia'nın ölümü kapatılamadı. Halk, "yeter!" deyince ilkin dosya üzerindeki gizlilik kararını kaldırdılar.

"Yeter!" denmesine neden olan olaylardan biri de şuydu: Rabia'nın babası Şaban Bey hak aradığından ve üç gazeteci de ona yardım edip İnternet yoluyla yaşananları duyurduğundan gözaltına alınmıştı. Halkın gücü karşısında çaresiz kalıp üçünü de serbest bıraktılar. Rabia'nın apartmanın terasından düştüğü ya da intihar ettiği iddiası ilk günden bu güne inandırıcı gelmedi. Rabia'nın babası çırpındı "İntihar değil bu, kızıma otomobille çarpıp kaçtılar" diye.

Neden gerek duyulduğu bilinmeyen, davaya ilişkin gizlilik kararının daha bir ay önce 8 Kasım 2019 günü kaldırıldığını öğrendim. Sizlerin baskısıyla kurulan Meclis Araştırma Komisyonu sayesinde oldu bu sevgili dostlar. Siz olmasanız var ya tavuk kadar değerimiz olmayacak bu ülkede. Bütün kalbimle buna; halkın gücüne inanan biriyim, sadece sizden aldığım güçle geleceğin daha güzel olabileceğini düşünüyorum. Siz de olmasanız şuradan şuraya adım atacak hal kalmadı bende.

Bu arada şunu belirteyim: "Meclis Komisyonu" diyorum ya... Bu bir ayıp... her komisyon ülkenin ne kadar kötü yönetildiğinin göstergesi. Meclis Araştırma Komisyonları devlet kurumlarına güven kalmadığından kurulmakta. Yani demokrasimizin ne kadar utanılacak hale geldiğine kanıt sayılırlar. Ne kadar çok komisyon, o kadar çok güvensizlik anlamına gelir. Devlete güven kalmadığından komisyon talepleri de giderek artmakta. Her parti komisyona üye vererek toplum nazarındaki olayları aydınlatmaya çalışıyor.

"Komisyonların kurulmasına kim karar verir?" derseniz o da şöyle: Elbette en çok milletvekili olan partinin dediği olmakta. Yani iktidar partisi "olur" demediği sürece komisyon olup araştırma yapmanın da imkânı yok.

Komisyon, olayın meydana geldiği Giresun'un Eynesil ilçesine gidip konunun muhataplarıyla görüştü. Görüşülenlerden biri de Rabia'yı ilk kez yerde yatar vaziyette gören Mürsel ismindeki şahıstı. Rabia'nın ailesi komisyon üyelerinden şunları talep etmekte: Şüpheli kişilerin olay günü ve sonrasındaki HTS kayıtlarının (telefon üzerinden sağlanan iletişim trafiği) ortaya çıkarılmalı... Rabia'ya çarptığı iddia edilen siyah Doblo marka aracın olay günü ve sonrasında nerede olduğu saptanmalı... Giresun Emniyet Müdürlüğü'nün sokakları izleyen kameraları çok önemli, mutlaka incelenmeli.

Komisyon Başkanı konu hakkında gazetecilere şöyle demekte: "Şimdilik bilgi veremeyiz, lütfen ısrar etmeyiniz. Komisyon toplantıları gerçekleşip kanaat oluşup, veriler netleşene kadar sabredip beklemek zorundasınız."

Benim de diyecek bir çift sözüm var. Ailenin dile getirdiği talepler davaya bakan mahkemenin aklına gelmedi mi? Geldiyse nasıl bir çalışma yapıldı? Gereği yapıldıysa ailenin neden bundan haberi olmadı? Baba neden hala, şüphelilerin telefon kayıtları incelenmedi diyor?

Cinayeti örtbas iddiasının en önemli muhataplarından biri kuşkusuz ki ilçenin belediye başkanı fakat komisyonun bu kişinin ifadesine başvurmadığı söylenmekte. Belediye başkanı olayı siyasi görüp bu yöndeki açıklamalarına devam etmekte. Bilgisine müracaat edilen ilk isim davaya bakan savcı oldu. Mürsel adlı kişinin ifade değiştirmesi de kafaları karıştırmakta. Olay günü verdiği ifadesinde, "Şaban'ın evinin yanına yaklaştığım sırada, yaklaşık 100 ya da 150 metre kadar vardı, bu sırada bir inilti sesi duydum. İlk önce köpek sesi sandım. Sesin geldiği tarafa yöneldiğimde, yerde sırt üstü yatan kız çocuğu gördüm. İlk gördüğümde feryat edip bağırıyordu, konuşmuyordu, herhangi bir kan görmedim, üzerinde okul öğrenci elbisesi vardı" demişti.

Sonraki ifadesinde ise Rabia'nın yaralı bulunduğu sokağın aşağısındaki çeşmeye geldiğinde "güm" diye bir ses duyduğunu, sesin geldiği tarafa doğru yürüdüğünü söyledi. "Vatan Apartmanı'nın (Rabia'nın yaralı bulunduğu yer) olduğu yere geldiğimde, fındıklık alan ile beton yolun birleştiği yerde bir kız çocuğu olduğunu gördüm. Çocuğun ayakları karşıdaki çimenlik yerde, baş kısmı yolda bulunuyordu. Dirseklerinden güç alarak sırt üstü geri geri iş yerinin olduğu tarafa sürünüyordu. Dirseklerinden güç aldığını hissettim, belini çok kullanamıyor gibiydi, çok da farkında değilim. Çocuk can havliyle hareket ediyordu. Ayakkabısının biri ayağından çıkmıştı, diğeri duruyordu. Bir ayağı diğerinin üzerinde olacak şekilde yerde yatarken gördüm onu. Dikkatimi çeken bir araç olmadı. Çocuğa dokunmadım. O gün korktuğumdan bazı hususları bildiremedim, vicdanım sonradan rahatsız etti. Daha önce verdiğim ifademi bu yüzden değiştirdim. Korktuğumdan bazı hususları unuttum. Vicdanım bu sebeple rahatsız oldu" dedi.

Bunun üzerine Rabia'nın babası 11 yaşındaki kızının binanın yan tarafına düşüp fındık bahçesinden sürünerek yola çıkıp çıkamayacağını inceleyen bir video kurgulayıp çekim yaptı. Rabia'nın atlaması ya da düşmesi halinde, apartmanın alt katındaki evin balkonuna çarpması gerektiğini tekrar dile getirdi. Kızının ağır yaralıyken yerde sürünemeyeceğini, sürünse bile evin önüne geçebileceği bir boşluk olmadığını video görüntüleriyle kanıtlamaya çalıştı.

59

Dostlarım! Rabia'nın ölümü, 28 Ağustos 2018 tarihli otopsi raporunda şöyle ele alınmakta: "Genel beden travmasına bağlı omur, kalça ve etraf kemik kırıklarıyla birlikte iç organ yaralanması sonucu meydana gelmiştir." Şaban Bey'in paylaştığı otopsi fotoğraflarında, Rabia'nın dirseklerinde belirgin bir iz görülmemekte.

İlk görgü tanığı olan Mürsel, Rabia'yı yerde yatar vaziyette gördükten sonra Vatan Apartmanı'nın karşısındaki evde oturan Şermin Dede'ye haber verdi. Şermin Dede, Mart ayında yaptığı açıklamada, Mürsel'in kendisine Rabia için "Şurada bir kız çocuğu yatıyor. Sara tutmuş halde. Canlı ama" dediğini söylemişti. Dede, Rabia için, "Ben gördüğümde, birisi eliyle bırakmış şekilde tertemiz, pırıl pırıl, hiçbir müdahale olmadan, böyle sırtının üzerine yatırılmış diye düşündüm. Biri gelmiş bırakmıştı sanki. Üstü tertemizdi. Hiç çamur, mamur, öyle pislik bir şey yoktu. Bacağında talaş tozları vardı, odun talaşı şeklinde, 2-3 tane talaş tozu vardı" demişti.

25 Temmuz tarihli resmi adli tıp raporunda "ayaklar üstüne yüksekten düşme durumunda oluşan tipik bulgular olduğu" belirtilmekte. Raporun sonuç bölümünde, "Otopside tespit edilen travmatik değişimler, ilk müdahale sırasında kayda geçen veriler ve ölüm sebebi dikkate alındığında, mevcut yaralanmasıyla tanık tarafından tarif edildiği şekilde yeşillik alanda bulunduğu yere kadar sürünerek ulaşmasının tıbben mümkün olduğu, dolayısıyla sorulduğu üzere mevcut travma bulgularıyla çocuğun ikamet ettiği evin terasından yan tarafta bulunan yeşillik alana düşme sonrası sürünerek yaralı olarak bulunduğu yere (yaklaşık olarak 6-7 metre) ulaşabileceği oybirliğiyle mütalaa olunur" denilmişti. Rabia'nın babası bu raporun, belediye başkanını ve oğlunu koruyanlar tarafından düzenlendiğini, saçma iddialarla dolu olduğunu ileri sürmekte.

Ailenin talebiyle Hacettepe Üniversitesi Adli Tıp Bölümü Başkanlığı'ndan alınan özel mütalaada ise "ölü muayene tutanağı ve otopsi raporunda belirtilen bulguların trafik kazasına bağlı çarpma sonucu meydana gelmiş olabileceği" görüşü hâkim.

Rabia'nın babası, 11 Kasım'da yaptığı açıklamada Adli Tıp Kurumu Başkanlığı Biyoloji İhtisas Dairesi'nin 12 Ekim 2018 tarihli raporunda kızından alınan örneklerde en az bir olmak üzere daha fazla şahsa ait DNA bulgusuna rastlandığını, bununsa kendisinden gizlendiğini öne sürmüştü. Buna istinaden Cumhuriyet Başsavcılığı yaptığı yazılı açıklamada, söz konusu raporunda, babanın sözünü ettiği gibi Rabia'nın "mavi renkli yeleği ve sol el tırnağından alınan örneklerde, birden fazla şahsa ait DNA bulgusunun doğru olduğunu, gerçeğin gizlenmediğini söylemişti. Ancak DNA'ların kime ait olduğu bilinmiyordu. Açıklamada, DNA örneklerden birinin Rabia'ya ait olduğu, olay günü Rabia'ya temas edenler bulunduğu bu yüzden birden fazla DNA örneğinin var olduğu üzerinde duruluyordu. Rabia'nın acılı babası şüpheli 13 kişiden alınan numunelerin de incelemesini söylemekteydi. Ancak ilerleyen günlerde DNA örneklerinin Rabia'da bulunanlarla uyumsuz olduğu, bulguların Rabia'nın yakınlarına ait olabileceği dile getirilecekti.

Yetkililerin öne sürdüğü bir diğer iddia da Rabia'nın babasının, başlangıçta kendisinden ve oğlundan kan örneği alınmasını istememesi oldu. Baba Şaban Bey, 12 Kasım günü DNA'sının alınması için yazılı başvuru yaptığını, bununla ilgili 28 Ağustos'ta tutulan polis tutanağı olduğunu, karakola çağrılıp kendisi ve oğlunun kan vermesi gerektiği konusunda bilgilendirildi, bu isteği dile getiren mahkeme kararından haberdar edildiğini söylemişti. Daha önce bütün şüphelilerden kan örneği alınmadan oğluyla birlikte kan testine gitmek istememişti. Böyle bir şeyin gerçeği aramak değil, örtmek olacağını söylüyordu. Ayrıca o gün kızının üzerinde bulunan yelekle pantolonun oğluna ait olduğunu belirtmişti.

Bir ay kadar önce babayla birlikte, olayı takip edip haber yapan Canan, Tuba ve Kazım adlı gazeteciler neden gözaltına alındı? Aynı günlerde polis Rabia ailesinin evine gelip neden arama yaptı? Dahası neyin aramasını yaptılar? Arama yaparken ellerinde mahkeme kararı var mıydı? Varsa hangi savcılıktan ne deyip bu kararı aldılar? Akla, buna benzer pek çok soru gelmekte. Yoksa tek amaç aileye gözdağı vermek miydi? "Fazla ileriye gitme, evinde eroin buluruz" demek mi istiyorlardı? Yavrusunun açısına dayanamayan bir ailenin evini neden aramaya çıkmışlardı?

Rabia'nın annesi o gün gazetecinin birine şunları yazmıştı: "Şu an inanın ellerim titriyor, yazamıyorum. Size görüntüleri atmamın hemen ardından bir sürü polis evimi bastı. Arama yaptılar, sanki ben kanun kaçağıymışım, sanki ben teröristmişim, sanki ben katilmişim gibi evimde delil aradılar. Benim kızım için bu kadar arama yapılmadı. Şoktayım. Ne yapacağımı nereye yazacağımı bilmiyorum. Evim darmadağın, kucağımda bebekle kala kaldım böyle. Evi didik aradılar. Benim için işini bırakmış gelmiş olan arkadaşımın ve benim telefonuma el koydular. Kızcağız da işine gidemedi, annem gelmişti. Şoktayız."

Zavallı anne, başında örtüsü, can havliyle kucağına 40 günlük bebeğini de almış, sosyal medyadan halka şöyle diyordu: "Bu sabah eşim Şaban'ı ifadesini alıyoruz diye götürüp gözaltına aldılar. Tıpkı daha önceki akıl yargılaması olayında olduğu gibi. Çünkü eşim bir adım ileriye gidip bir şeyleri ortaya çıkarmaya başladığı zaman direk onu susturmaya çalışıyorlar. Ben kucağımda 40 günlük bebeğimle birlikte eşimin adaletini buradan sağlamaya çalışıyorum. Herkese sesimi duyurmaya çalışıyorum. Benim devletim nerede?"

14 Kasım Perşembe günü valilik, Rabia'nın babasıyla, 3 kişinin (gazeteciler olsa gerek) ifadesini değiştirdiği için gündeme gelen Mürsel adlı şahsı tehdit etmek suretiyle suç işlediklerini bu yüzden gözaltına alındıkları açıkladı. Gözaltına alınan kişilerle ilgili, "Şantaj-Kasten Yaralama, Tehdit, Hakaret, Kişiyi Hürriyetinden Yoksun Kılma ve Adil Yargılamayı Etkilemeye Teşebbüs" suçlarından adli tahkikat başlatıldığı belirtildi. Yazılı açıklamada, 13 Kasım günü, saat 6 sıralarında 155 imdat hattını E.K isimli birinin arayıp, dışarıdan gelen "inilti ve bağırma sesleri"ni ihbar ettiği, bunun üzerine polisin olay yerine gidip incelemelerde bulunduğu ifade edilmekte. Ayrıca Rabia'nın babası Şaban Bey'in,

ifadesini değiştiren Mürsel'i, atölyeye kapattığı, bağırma seslerinin atölyeden geldiği bilgisine yer verilmekte.

Tutanak şu şekil bilgiler içeriyor: "Mürsel'le yapılan görüşmede elde edilenler: Mürsel, tanımadığı ince, uzun boylu bir bayandan söz etti. Bu bayan, yanına gelerek Rabia'nın evinin önünde Meclis Komisyon üyelerinin kendisini beklediğini söyleniş. Eşiyle birlikte söylenen yere gitmişler. Rabia hadisesinin vuku bulduğu yere geldiklerinde 3 şahsın evin yanında, yol üzerinde beklediğini görüyorlar. Şahıslar kendisinden Rabia'nın nasıl süründüğünü zorla göstermesini istiyor. Mürsel, korkudan yere yatarak defalarca sürünmek suretiyle gördüklerini anlatmaya çalışıyor. Baba Şaban Bey, Mürsel'e bu 3 kişinin Meclis Araştırma Komisyonu üyesi milletvekilleri olduğunu söylemiş."

Bunun üzerine gazetecilerin elindeki kamera kayıtlarına el konuyor. Gazete muhabiri Canan olayla ilgili şu bilgiyi aktarmakta: "Mürsel'i olay yerine zorla götürmedim. Niye böyle bir şeyi yapayım ki? Neler olduğunu öğrenmek için yanına gittik. O da hemen anlatmaya başladı. Zorla anlattırdığımız suçlaması kesinlikle doğru değildir. Olay yerine bizi kendisi götürdü. Daha önce dediklerini orada da tekrar etti. Gönüllü olarak konuştu. Kimse kedisini yapmak istemediği bir şeye zorlamadı. Rabia'nın babası olay yerine sonradan geldi. Mürsel'i görünce 'İfadeni neden değiştirdin, sen kitaba el basmadın mı?' şeklinde sözler sarf etti. Bu aşamadan sonra ben Mürsel'e bir şey sormadım. İkisi kendi aralarında konuşmaya devam ettiler. Rabia'nın babası Mürsel'e 'Göstersene kızım nasıl sürünüyordu?' dedi. O da göstermeye durdu. Hiçbir ayrıntıyı atlamamak için telefonumdaki ses kaydını sürekli açık tuttum, olayın tamamı telefonuma kayıtlıdır. Diğer arkadaşlarım da kamerayla durumu tespit ettiler."

Bu olay nedeniyle tutuklanan gazeteciler 14 Kasım Perşembe günü geç saatlerde Rabia'nın babasıyla birlikte serbest bırakıldılar.

Şaban Bey'e ilgili mahkeme, Mürsel'in evine yaklaşmama cezası verdi. Gazetecilereyse yurt dışı çıkış yasağı konuldu.

Adliye çıkışı açıklamalarda bulunan Şaban Bey şöyle konuştu: "Mürsel'in cumartesi akşamı ifade değiştirdiğini öğrendim. Bunun üzerine Giresun Emniyet Müdürlüğüne giderek bilgi almaya gayret gösterdim. Mürsel'le asla muhatap olmak istemiyordum. Onu birileri evimin oraya getirmişti. O esnada ben de kızımın mezarından yeni gelmiştim. Kedisini bir şeye zorlamadım, sadece ricada bulundum, 'O ifade değiştirme durumunu anlatır mısın?' dedim. O anın kamera kayıtları da var diye biliyorum. Bu güne kadar hiçbir zaman yargıya zarar getirecek durumların içerisinde bulunmadım, bulunmam. Kızımın hakları ve adalet için mücadele ediyorum ve edeceğim. Asla geri adım atmadım, atmayacağım."

Bu arada İçişleri Bakanlığı sosyal medya hesabından şu mesajı paylaşmakta: "Rabia'nın babası Şaban Bey ve gazeteciler Canan, Kazım, Tuğba adli kişiler kontrol şartıyla serbest kaldı.

Dostlarım, bu olayla ilgili diyeceğim bir şey daha var. Rabia'nın babası, hep saray hükümetine, dolayısıyla Zat-ı Şahaneleri'nin ülke yönetmesine her zaman destek olduğunu, oyunu da onun partisine verdiğini ama şimdi çok pişmanlık yaşadığını sıkça dile getirmekte. Diyelim ki Rabia 11 yaşında, hayat doluyken çatıya çıkıp intihar etti. Rabia ailesinin büyük dramı şu: Dindar insanlar ülke yönetirken vicdanlı olurlar, Allah'tan korkup adalet yolundan ayrılmazlar sanıyorlardı. Bu yüzden saray hükümetinin millete oynadığı oyunları görmemiş, duyduklarını da görmek istememişlerdi. Müslüman sandıkları kişileri desteklemeye devam edip belki de kedilerine söylendiği gibi Allah katında sevap işlediklerini sanıyorlardı. Daha sonra yaşayarak gördüler ki devlet gücünü ellerine verdikleri bu kişiler İslam kılıfı altında her türlü haksızlığı yapmaya müsait kimselermiş. Zenginlerin, milletvekillerinin, belediye başkanlarının birbirini koruyup ceplerini doldurmaya Meclis'e girip ballı maaşlarını alıp keyiflerine baktıklarını, zerrece milleti düşünmediklerini sonradan anlıyorlar. Sonunda çok acı bir olayla gerçeği gidip milletin parasıyla ağalık yapanlara, Allah'tan korkmayıp kuldan utanmayanlara isyan ettiler.

Şimdi iyice anlıyorlar ki siyasi görüş olarak bağlandıkları kimseler Müslüman değil, dini kullanarak ülkeyi, memleket kaynaklarını ele geçiren vicdansızlar sürüsüymüş. Bu sürü, çete gibi kenetlenip kendilerinden olan bir belediye başkanının oğlunu bile yargılatmıyor. Dünyanın gözleri önünde adaleti tekmeleyip çöpe atarken zerrece utanç duymuyorlar.

Fakat halk, (daha de dediğim gibi) bu olayın cezasını, geçtiğimiz belediye seçimleri sırasında kesti, adı geçen belediye başkanı seçimleri kazanamadı. Bundan sonra da kazanmayacaktır ancak güçlülerin menfaat dayanışması halen devam etmekte.

İzleyip göreceğiz: Komisyon neye karar verecek? Mahkemenin aydınlatamadığı olayı milletvekilleri nasıl aydınlatacaklar? Aydınlattılar diyelim, o mahkeme heyetine, o savcı ve polislere ne olacak? "Ne biçim hakim, nasıl mahkeme bu?" diye soracaklar mı? Sorup gereğini yapabilecekler mi? Yaptılar diyelim. Bütün mahkemelerin yerine geçebilecekler mi? Her mahkemeyi, hâkimi, savcıyı, emniyeti yola getirmeyi başarabilecekler mi?

Bu yazı dizisi bittiğinde komisyonun çalışması devam ediyor olacak. Benim yaptığım şey, siz değerli dost ve okurlarıma bu olayın küçük bir kesitini vermekti. Devamını merak ediyorsanız olayı takip etmeniz gerekecek. Size tavsiyem önce korunan belediye başkanının oğlunu bulun, bulacağınız internet resmine bakıp düşünün. "Bu da mı ileride belediye başkanı, milletvekili olacak?" diye kendinize sorun. Bu kişileri mutlaka takip etmeliyiz. Takip edin ki bir daha mevki makam sahibi olup mahkemeleri, emniyeti babalarının çiftliği gibi kullanamasınlar.

Bazı okurlarım benim, koşulsuz şartsız hükümet karşıtı olduğumu, aynı mantıkla Zat-ı Şahaneleri'nden de nefret ettiğimi sanabilir. İnanın öyle bir insan değilim. Bütün dünyada ve her alanda şiddetin arttığını görüp anlatmaya çalışıyorum. Ülkemiz vatandaşı olduğumdan Almanya'yı anlatacak konumda değilim. Dünyanın her yerinde Muktedirler saltanat sürüp halkı perişan ediyorlar. Evet, haklısınız, kadına, çocuğa, garibanlara şiddet sadece ülkemizin sorunu değil, sadece ülkemizin Muktedirleri halka işkence edip lüks hayat yaşamıyorlar. Mesela geçenlerde Şilili kadınlar da sokağa çıkıp ilginç bir eylemle şiddeti protesto ettiler. Nasıl mı? Gözlerini bağlayıp yan yana dizilip dans ederek. Binlerce kadın bu şekilde, ataerkil yazıcılarda, cinayete, tecavüze, tacize mazeret göstermeye çalışanlara, "Suç bende değil, her neredeysem ne giydiysem suç bende değil: Tecavüzcü sensin!" diyerek marş söyleyip dans ettiler. Şilili kadınların çığlığı danslı gösteriler şeklinde dünyaya yayıldı, her yeri kasıp kavurmakta. 2019 yılına damgasını vuran olaylardan biri de bu: Dünyanın her yerinde kadınlar ayağa kalktı. El ele verip kadına, çocuğa yönelen şiddeti "Las Tesis" denen dansla protesto etmeye başladılar. İlk defa bayraklar, hükümetler, sınırlar önemini kaybetti. İnternet yoluyla kadınlar arasında güçlü bir dayanışma meydana geldi. Dileğim şu ki, inşallah bu dayanışma her yıl katlanarak artar. Eğer başaramazlarsa doğayı da içine alan bu şiddet sarmalı bayraklarımız arasındaki farklara bakmaksızın hepimizi yok edecek. Umut kadında...

Şilili kadınlar, ülkenizi de etkilemiş durumda. İki gün önce Kadıköy'de, Las Tesis için toplanan kadınlara polis müdahale etti. Kadın Meclisleri, İstanbul ve Ankara'daki danslı gösteriler için çağrı yapmış ve bir prova videosu yayınlamıştı. Saat 15.00'te Kadıköy'de danslı gösteri için toplanan kadınlara polis önce dağılmalarını söyledi, ardından coplu, biber gazlı müdahale başladı. O sırada çekilen bir fotoğraf sosyal medyada en çok paylaşılanlar arasına girdi. Gördünüz mü bu fotoğrafı, polis kalabalığı ortasındaki bir kadının nasıl direndiğini gösteriyordu.

Daha sonra İstanbul Valisi bir açıklama yaparak şunları söyledi: "Kadın Cinayetlerini Durduracağız Platformu tarafından 'Şili ülkesindeki kadın hakları ve kadınlara yönelik şiddet konularına dikkat çekmek' amacıyla bugün saat 15.00'te Kadıköy İskele Meydanı'nda bir etkinlik düzenlenmiştir. Platform üyeleri tarafından düzenlenen etkinlikte yapılan dans gösterileri sonrasında atılan sloganlarda "tecavüzcü sensin, öldüren sensin, polisler, hâkimler, devlet ve başkan" şeklinde ifadeler kullanan söz konusu gruba yaptıklarının suç olduğu, eylemi durdurmaları ve dağılmaları için makul süre tanınmıştır. Ancak; grubun dağılmamakta ısrar edip, konusu suç oluşturan sloganlara devam etmeleri üzerine, Çevik Kuvvet Şube Müdürlüğü Kadın Grubu tarafından polis marifetiyle alan boşaltılmaya çalışılmıştır. Etkinliği provoke eden ve güvenlik güçlerine mukavemette bulunan 7 şahıs Cumhuriyet Savcılığı talimatları ile gözaltına alınmıştır."

Kadın Cinayetlerini Durduracağız Platformu aynı gün, gözaltına alınan kadınların savcılık tarafından adli kontrol şartı için mahkemeye sevk edildiğini duyurdu. Kadınlar, "arkadaşlarını almak için" Kartal Adliyesi önünde polis engeline rağmen beklemeye başladılar. Gözaltına alınanlar arasında "Kadın Cinayetlerini Durduracağız Platformu"ndan Fidan'la Ayşen de yer alıyordu. Karakolda verdikleri ifade sırasında yanlarında bulunan Avukat Tuba Hanım, Twitter üzerinden polisin "kalabalığa dağılma fırsatı vermeden gözaltı yaptığı" bilgisini paylaştı. Pek çok gazeteci bu kadınları, 2911 sayılı Toplantı ve Gösteri Yürüyüşleri Kanunu'na muhalefet, Cumhurbaşkanına hakaret ve devlet kurumlarını aşağılamakla suçlamakta. Mesela, "Türk kadını küresel çetelerin etnik dinsel ve şimdi de cinsel bölücülüğün öznesi olmayacaktır. Kadınıyla erkeğiyle omuz omuza ekonomik, siyasal, sosyal kültürel bozulmaya karşı mücadele edeceğiz... Bilmem ne dansıyla, feminist şovlarla ancak bölücülüğün ekmeğine yağ sürülür..." şeklinde konuşanlar, bu fikre canı gönülden destek verenler oldu.

Gösteriyi düzenleyenlerden Kadın Cinayetlerini Durduracağız Platformu, Twitter hesabından valiliğin açıklamasına şöyle karşılık verdi: "Kadına karşı şiddeti önlemeye yönelik uluslararası İstanbul Sözleşmesi'ni ve 6284 sayılı Ailenin Korunması ve Kadına Karşı Şiddetin Önlenmesine Dair Kanunu uygulamayıp kadınları korumamak, kapısına gelen kadınları katilleriyle barıştırmaya çalışmak suçtur!"

Bununla kalmayıp 81 ilin barolarından kadın eylemlerine yönelik polis şiddetine ortak tepki geldi. Türkiye Barolar Birliği ve Türkiye Barolar Birliği Kadın Hukuku Komisyonun 81 il barosu ortak bir açıklama yaparak kadın cinayetlerine karşı yürüyüş yapan kadınlara yönelik polis şiddetine tepki gösterdiler. Yazılı açıklamada şunlar ifade edilmekte: "Ülkemizde kadın cinayetlerinin hızla arttığı bir dönemde, son olarak birkaç gün önce tanımadığı bir cezaevi firarisi tarafından öldürülen Ceren Özdemir'in katledilmesinin üzüntüsünü ve dehşetini yaşadığımız bir süreçte, kadına karşı şiddeti protesto etmek amacıyla, kadınlar tarafından İstanbul'da yapılan barışçıl bir gösteriye güvenlik güçlerince yapılan müdahaleyi kınıyoruz. Kadın cinayetlerine karşı yapılan haklı ve barışçıl bir toplantıya yönelik şiddet içeren bu müdahale ve gözaltılar, toplantı ve gösteri yürüyüşü hakkının hukuka aykırı bir şekilde engellenmesidir.

Kadın cinayetlerine karşı yaşam hakkını savunmak, şiddeti protesto etmek, sorumluları göreve çağırmak demokratik bir hakkın kullanılmasıdır. Tüm dünyada kadına karşı şiddetin simgesi haline gelen bir dans gösterisinin, polis tarafından şiddet kullanılarak dağıtılması ve göstericilerin ters kelepçe takılarak gözaltına alınmaları kabul edilemez. Kadına yönelen şiddeti önlemek, devletimizin yükümlülüğüdür. Bu doğrultuda, dayanışma gösterilmesi gereken kadınlara, kolluk güçlerinin ve talimat verenlerin uygulamış olduğu şiddeti kınıyor, gözaltına alınanların hemen salıverilmesini talep ediyoruz. Türkiye Barolar Birliği, Barolar ve Kadın Komisyonu olarak, kadına karşı şiddetin önlenmesi için haklı taleplerimizi dile getiriyor, mücadelemizi yılmadan sürdüreceğimizi kamuoyuyla saygılarımızla paylaşıyoruz."

60

Sevgili okurlarım, bazen bu, Wattpad sayfasındaki takipçi sayımı da sizinle paylaşıyorum ya, sakın yanlış anlamayın... Size bir şey dediğim yok. Kendimle dertleşmeme müsaade edin. Takipçilerimin çok olup sürekli beğeni yapmalarını isteyecek değilim. Elbet ben de herkes gibi güzel, faydalı bir şeyler yapıp takdir edilmeyi bekliyorum. Görüyorum ki başarılı değilim...

İlk günler ne yaptım, söyleyeyim... İletişime geçip yazacaklarımı ulaştırdığım kişi sayısı artsın diye ilkin önüme geleni takip etmeye başladım. Epeyce tıklama yaptıktan sonra 374 kişiyi listeme eklediğimi gördüm. Hep böyle mi olacaktı? Nereye kadar böyle yapacaktım? Durdum. Binlerce kişiyi takip edecek halim yoktu. Bu bugün itibariyle 70 takipçim var. Utanç içindeyim. Aranızda kimler "takibe takip" yapıyor onu da anlamış değilim. Şu da anlayamadıklarım arasında: Sayısı 69 olan takipçilerim sayfama niye geldiler? Yine ben vereyim cevabı: 374 kişinin sayfasına niye gittiysem onlar da bu yüzden geldi. Sonuçta garip bir oyunun içinde değil miyiz? Birbirini tanımayan milyonlar olarak yine birbirimizin beğenisini kazanmaya çalışıyoruz. Ne kadar önemli değil dense de önemli bir konu bu. Özellikle gençler arasında. Takipçi sayısını utancından söylemek istemeyenler var. Kimi de ne kadar güzel olduğunu takipçilerinin sayısına bakarak test ediyor. Şükür böyle dertlerim yok.

Bazı kişilerin sürekli nasıl takdir kazandığını sanırım kimse tam olarak bilmiyor. Hileyle beğeni arttırma yolları olduğunu duydum ama böyle bir şeyi bilsem bile yapmam. 1000 hileli takipçim olacağına 1 okurum olsun yeter. Anlayabildiğim olay şu: Buraya gelen herkes "takibe takip" yapmıyor. Yapsalardı iyi olacaktı. Böylece 69 olan takipçilerimin sayısı en azından 150'ye çıkardı. Ama dersimi aldım: Demek ki ilginç olamadım. Fantastik bir roman yazmalıydım belki de... Hata ettim.

Şuna da şaşıyorum: Şu ana kadar, çok az beğeni alıp (kendi yazılarımı oylayarak) nasıl dayandım ben de şaşmaktayım... Her şeye rağmen yazmayı bırakmadım ya, ödülü hak ediyorum. Bir kaç şişe bira alıp güzelce kullanmalıyım bunu. İlgi, beğeni olmadığı halde neden, nasıl yazmaya devam ettiğimi inanın ben de bilmiyorum. Bu gücü, ısrarı nereden buluyorum da klavyeyi Kapatmıyorum anlatması çok zor.

Sadece şunu düşünüyorum, ondan mı acaba: Yazdıklarım bana ama sadece bana ilginç geliyor. Narsit miyim yoksa? Narsit kişilik bozukluğu olanlar böyle olurmuş. Saçma bir tarafım var ama ben de anlamadım.

Belki de şundan vazgeçemedim: Şuana değin yazarken öğrendiklerim beni dehşete düşürdü. Öğrendikçe daha derine inme ihtiyacı hissediyorum. Dedim ya burası kendime kurduğum bir üniversite gibi. Kendi kendime yazarak bir şeyler öğrenmeye çalışıyorum.

Bilgisayarın başında oturduğum bir gün sanki farkında olmadan üzerinde "kadın cinsiyetleri" yazan bir kapıdan içeriye girdim. Aslında bu kapıyı biliyordum ama durup dikkatle bakmamıştım, arkasında neler olduğunu araştırmamış, böyle bir şeyi aklıma bile getirmemiştim. Öküzün trene bakması gibi bakıp durmuştum. Kulağımın önünden kadın cinayetlerini anlatan sesler geçiyordu ama ben söylenenleri kanıksamıştım, artık bir şey duymuyordum. Hepimiz duyduk bu sesleri... Bu kapıyı da gördük, hâlâ da görmeye devam ediyoruz. Hani deriz ya "ateş düştüğü" yeri yakar diye. Bunun için kapıyı açıp içeriye girmem gerekti. Girdim.

Olanları görmediğinizde içiniz çok yanmıyor. Yazma faaliyeti beni kapının arkasındaki ateşle buluşturdu. Yazdıkça yandım, yandıkça daha çok anlatmak istedim. Herkes bilir ki bazı şeyleri duyarız ama çok etkilenmeyiz. Uzun süre savaşın içinde kalanların savaşı kanıksanması gibi bir duyarsızlık başlar. Bu yazı dizisiyle sanki bombaların arasında kaldım. Kadın cinsiyetleri uzaktan gördüğüm bir kapı olmaktan çıktı. İlk defa kapıya doğru yürüyüp seslerin, çığlıkların duyulduğu yere vardım. Bir anda her yanım kan gölü içinde kaldı.

Bu günlerde haber sayfalarına düşen olayların dehşeti karşısında yüreğimden vurulmuş gibi oldum. Bu yüzden yazmaktan vazgeçmedim, geçemiyorum.

Biraz daha yazarsam karanlığın dağılmasına, insanın insan gibi yaşamasına, adaletin sağlanmasına, suçluların cezalandırılmasına, katillerin yakalanmasına, halkın yararına olmayan iktidarların yıkılmasına, cinayetlerin, savaşların, her türlü işkencenin son bulmasına faydam olacakmış gibi bir hisse kapılıyorum. Narsit kişilik bozukluğundan olsa gerek... Kedimi bir şey sanıyorum. İşte bu yüzde yazmaya devam ediyorum. Bu yüzden klavyenin başından kalkamıyorum bilgisayarın başından. Bu yüzden herkes sokakta, eğlencedeyken ben evden dışarı adım atamıyorum. Günlerim sürekli okuyup yazmakla geçiyor. Yazmadım zaman aklımla düşünerek yazıyorum. Yani yüzünüze bakarken zihnim ne yazacağımla meşgul olabilir.

Takipçilerimin olmaması bu süreçte susuzluğumu artırdı, artıyor ama yine de yolumu yürümeye mecbur olduğumu hissediyorum...

Az da olsa yazdıklarımı okuyan varsa aranızda ele aldığım konun ne kadar geniş olduğunu, anlatmakla bitmeyeceğini görmüş olmalısınız. Ben de her şeyi görüp anlatamayacağı mı iyice anlamış durumdayım. Daha önce de dedim ya, 2019 yılının son gününe kadar yazayım, öğrendiğim olayları anlatayım istiyorum. Her şeyi silip atmazsam belki bir gün yazdıklarım, en azından ilerde; 2019 tarihinde doğanlara ilginç gelecektir... Şimdilik bu konuyu kapatıyorum. Devam etmeliyim sözlerime...

Günümüz Türkiye'sinde hukuk, herkese eşit uygulanmadığından... ("Ne zaman uygulandı?" diyeceksiniz ki, haklısınız. Hakimler hep güçlüden yana oldu fakat bu dönemde beterin beteri yaşanmakta) acısı olanların dertleri dinmek bilmiyor. Yazan biri olarak görevim, geçmişte ya da günümüzdeki hukuksuzlukları düzgünce, kimseyi kandırmadan anlatmak. Şunu da dememe izin verin: Hukuksuz geçen her güne lanet olsun! Bütün bunları yaşatanlara, Allahtan korkmayıp kuldan utanmayanlara lanet ediyorum! Bir yerde adalete erişilemiyorsa, her şekilde ölürsünüz. Nefes alırsınız ama yaşayamazsınız. Dünya bu haldeyken psikologlara gidip ruh sağlığınızı tedavi ettireceksiniz boşuna uğraşırsınız. Vicdanları ancak adalet tedavi edebilir, psikologlar değil. Bir hayat yaşanmakta ama herkes utanç içinde gözünü kapatarak kanlı lokmasını yutmakta. Böyle bir dünyadan ruhsal denge, sağlıklı birey, dengeli insan diye bir şey kalmaz. Herkes hasta olur. Dünya kirlenip ölürken, canlı türleri tükenirken, denizler kirlenip dereler kururken kimse kapısını kapatıp mutlu bir hayat süremez. Gemi batarken ne yazık ki geminin batmakta olduğunu görenlerin sayısı çok az. Daha doğrusu görenlerin sesi duyulmamakta. Güç aşkına gerçeklerin üstü kapatılmakta. Bir hayat yaşanıyor ama bir yanımız kan, bir yanımız pislik içinde.

Çok mu öfke doluyum? Umutsuzca şeyler söylüyorum... Evet, fazla kızıyorum. Kızılmayacak gibi mi... Öyle şeyler oluyor ki, görmemek için ölüp kurtulasın gelir.

Daha bir hafta önce Eskişehir'de Sokak ortasında Ayşe Tuba Arslan adında birini öldürdüler. Ayşe Hanım, çalmadık kapı bırakmamıştı; "Eski kocamdan koruyun beni!" diye... Defalarca devletin kapısına gitmişti. Az değil tam 23 kez yazılı başvuru yapmış, suç duyurusunda bulunmuştu ama yok; kanun vardı fakat uygulayan yoktu. Tuba, ayrıldığı adamdan şiddet, tecavüz görerek yaşamaya çalışıyordu. En son Odunpazarı ilçesindeki Atatürk Bulvarı'nda saldırıya uğradı. Arkasından gelen şahıs, Tuba'nın kafatasına, yüzüne satırla vurup kaçtı, yakalanıp hapse kondu ama geç kalınmıştı.

Dışarıda olup tehditlerine devam ettiği günlerde 1 gün bile gözaltına alınmamıştı. Tuba, "Bu şahıstan ölüm tehdidi alıyorum. Öldüğüm zaman mı bana yardım edeceksiniz," diyor ama ilgililer harekete geçmiyordu. Satırla kafasından, yüzünden ağır yaralanan Tuba tedavi gördüğü hastanede 44 gün sonra hayatını kaybetti. 6 ay önce boşanan 2 çocuk annesi 44 yaşındaki Tuba'nın eski kocası tarafından göz göre nasıl öldürüldüğünü, ortaya çıkan dilekçelerine bakınca daha iyi anlıyoruz.

İlk kez, 14 Eylül 2018'de boşanmak için başvuruda bulunuyor. Ayrıldıktan sonra korunmak istediğini söyleyerek devlete sığınmaya çalışıyor. Bir yılda 23 kez "hayati tehlike içindeyim" diyerek dilekçe veriyor. "Korkuyorum, beni öldürecek" deyip çığlık atıyor. Babası, ağabeyi de karakola gidip yalvarıyorlar, "kanun yok mu?" diye... Çalmadıkları kapı kalmıyor.

Katil hakkındaki 10 suç duyurusu var. Beşine delil yetersizliğinden takipsizlik veriyorlar... 5 kez de dava açılıyor ama caydırıcı bir şeyi yapılmıyor. Oysa 6284 sayılı Şiddete Karşı Koruma Yasası'nda tedbir kararına uymayanlara üç günden on güne kadar hapis cezası ön görülmekte... Buna rağmen, 52 yaşındaki katil 23 kez tedbir kararlarını ihlal edip eski Tuba'yı rahatsız etmeye devam ediyor. Tuba o sıra anaokulunda aşçı olarak çalışmakta.

Savcılığa göre katil hakkında bu güne kadar 10 iddianame hazırlandı ama yeterli delil bulunmadığından tutuklama yapılamadı. Ölümünden sonra bir dilekçe de Tuba'nın çantasından çıktı. Elleri titrerken dilekçesine şunları yazmıştı: 'Tedbir kararı olmasına rağmen hiçbir şekilde sonuç alamadım. Yalçın Özalpay tekrar fiziksel şiddet gösterdiği için hayatımdan endişe ediyorum. Yalçın'dan korkuyorum. Her gün işe gelip giderken beni takip ediyor. Yalnız sokağa çıkaramıyorum. Bundan dolayı işe babam getirip götürüyor. Babam yanımda olmadığında şahsıma ağza alınmayacak hakaretlerde bulunuyor. Artık namusuma dil uzatıyor. Sokaklarda bağırıyor. Herkes bize bakıyor. Ve bütün arkadaşlarımı rahatsız ediyor. Telefonla arayıp kötü kadın diye anlatıyor. Beni çocuklarımdan uzaklaştırdı, anneniz kötü kadın diye anlattı. Ben evimden çıkmayacak mıyım? Uzaklaştırma kararı olduğu halde zorla evime girdi. Evimi terk etmek zorunda kaldım. Çünkü fiziki şiddet ve tecavüz ediyordu zorla, dayanamadım, evimi terk ettim. Can güvenliğim hiç yok. Kezzap atıp öldürülmekle tehdit ediliyorum. Dayanacak gücüm kalmadı. Her çeşit tehditte bulunuyor, iftira atıyor. Bankada param varmış, adamın biriyle yaşıyormuşum, diye... Bana para verip ev almış... Artık çok yoruldum... ne yapacağımı bilmiyorum. 25 yıllık evliliğimde ne kadar altınım varsa hepsini elimden aldı. 25 yıldır iyiydim, evi terk edince kötü kadın oldum. Herkese böyle anlatıyor. Artık bu iftiralara dayanamıyorum. Cumhuriyet Başsavcılığı'ndan rica ediyorum: bir kadın olarak ben öldükten sonra mı yardımcı olacaksınız. Tek başıma ayaklarımın üzerinde durmaya çalışıyorum. Yeter! Ne olur yardım edin!"

Kızının ölümünden sonra baba da yüreği kan ağlarken mikrofonlara şunları söyledi:

"Geç kalındı. 23 tane dilekçemiz var. 4 tane uzaklaştırma verdiler. Biz tabi kanunları bilmiyoruz. 4 uzaklaştırma kararı varken her uzaklaştırma kararının ayrı ceza müeyyidesi olduğu söyleniyor. Ama bunlar hiç uygulanmamış, hiçbir ceza kesilmemiş. Sadece 3 bin lira para cezası kesmişler. Ne önemi var? Giden gitti. Bir an önce suçlunun cezalandırılmasını istiyorum. Bundan sonra analar ölmesin, yetimler olmasın, yuvalar sönmesin, ocaklar sönmesin. İnşallah cinayetler son bulur. Bir an önce suçlu cezasını alsın. Bir baba olarak canım yanıyor ama ne yapabilirim... Elden ne gelir..."

İyi hal indiriminden yararlanma ihmali yüksek olan katilin de diyecekleri var. Karakolda ifadesini verirken şöyle dedi: Boşandığım eşim. sürekli şikayet etti. Olaydan bir gün önce mahkememiz vardı. Boşanmadan önce beni aldattığını öğrendim... birlikte olduğu kişiler beni tehdit ediyordu... hazırlıklı olmak için evdeki satırı yanımda bulunduruyordum. Sokakta gezindiğim sırada Tuba'yla karşılaştım. Kendisi beni tahrik edici cümleler kurdu. Bunun üzerine cinnet geçirerek yanımda bulunan satırla vurdum, daha sonrasını hatırlamıyorum. Yaptıklarımdan pişmanım."

Tuba, yüzünden ve kafasından satır yarasıyla ölümü beklerken katil bunları söylüyordu. Katil baba, iki yıl öncesine kadar ev hanımı olan eşinin, bütün itirazlarına rağmen evlere temizliğe gittiğinden yakınıyordu. Başkasıyla ilişkisi olduğunu söyledikten sonra şöyle devam etmişti: "Kendisini affetmemi istedi. Affetmedim. O da geçen yıl caddenin karşı tarafında ev tutup babası ve kardeşiyle yaşamaya başladı. Eşimle ilişkisi bulunan F ile eşimin kardeşi olan T, beni tehdit ettiler. Bu yüzden satır ve bıçak taşıyordum. Bıçağım belimde, satır elimdeki torbadaydı. Bıçak ve satırı sürekli taşırım. Olay günü her zamanki gibi dışarı çıktım. O gün oradan geçeceğini bilmiyordum. Geçmeye de bilirdi. Tesadüfen karşılaştık. Konuşmak istedim. Konuşurken tartışmaya başladık. Sinirden ne yaptığımı bilemedim. Satırı çıkarıp vurmaya başladım. Gerisini hatırlamadığımı söyledim size!"

Tuba'nın şikâyeti üzerine daha önce katile yaralama, tehdit, hakaret, mala zarar verme, kişilerin huzur ve sükûnunu bozma ile eve yaklaşmama cezasını ihlal suçlarından 12 dava açıldığı anlaşılmakta. Tuba'nın kardeşi ve babasına yönelik hakaret ve tehditten de yargılandığı söylenmekte.

Olayla ilgili açıklama yapan kadın bir avukat da şöyle dernekte: " Yasalar uygulanmadığından, "aileyi koruyacağız" ısrarı yüzünden böyle oldu. Uzlaşma gerekçesiyle atılan adımlar dava açılma sürecini geciktiriyor. Kadınlar şiddet uygulayandan korkarak uzlaşıyor. Devletin desteği ile uzaklaşamıyorlar. Tuba'nın dosyaları uzlaşmaya gönderilmiş. Bu saldırı göz göre yaşanmıştır."

Böylesi durumlarda devlet kurumlarına güven olmadığından halk da sorumlu merci aradığından devreye milletvekilleri gitmekte. Eskişehir CHP milletvekili konuyu meclise taşıyarak şunları söyledi: "Tuba'nın savcılığa ve emniyete 23 kez başvuruda bulunduğu anlaşılmakta. Yetkililer de bunu kabul ediyor. UYAP (Ulusal Yargı Ağı Bilişim Sistemi) kayıtları Tuba'nın hakarete uğradığı, tehdit edildiği, yaralandığı yönünde şikayetlerde bulunduğunu gösteriyor. Buradaki bilgiler, saldırgan hakkında 10 ayrı iddianame düzenlendiğini de doğruluyor. 23 başvuru, 10 davadan söz edilmekte... Hepsi de şiddet; hakaret, tehdit, yaralama konularında. Koruma tedbirleri de var. Başvurular devam ettiğine göre, tedbire uyulmamış, mahkemenin kararı ihlal edilmiş. Neden kanunun öngördüğü 'zorlayıcı hapis' cezası verilmez? Saldırgan neden tek bir gün hapse girmiyor? Ailenin birliği gerekçesiyle hakimlerin suç duyurularını ciddiye almayan tutumu da incelenmeli, soruşturularak gereği yapılmalı. Eskişehir Cumhuriyet Başsavcılığı Tuba'ya ait dosyaları 'uzlaştırma bürosuna' taşımış.

Bir kadın 23 kez suç duyurusunda bulunduğu saldırganla uzlaşmaya zorlanır mı? Bu uzlaşmadan sonuç çıkar mı? Nitekim Tuba da tehdit ve hakaretlerin devam ettiğini kayıtlara geçirerek uzlaşmayı reddediyor. Saldırgan hakkında onlarca suç duyurusu var. Bu durum da mahkemeler tedbir kararı vermeli. Saldırganlar bu karara uymayıp şiddete, tehdide devam ediyorlar. Bu durumda da hapse atılmaları gerekir. Tuba'nın tedbir kararı hakkında açılan davaların bazılarından beraat ediyor. Sadece 3 bin TL para cezası var. Sistem, saldırganı adeta ödüllendirmiş. Mahkemece tedbir kararları bir ay, iki ay ve altı ay olmak üzere uzatılmış. Son uzatma kararı da 8 Ocak 2019 tarihinde verilmiş, 6 ay da uzatılmış. Savcılık, 8 Temmuz'dan itibaren koruma talebi ve ihlal olmadığına dikkati çekiyor. Tuba, 6 aylık uzatmanın bitmesine az bir süre kala, 5 Temmuz 2019'da, Eskişehir'deki Aile Mahkemesi'ne çığlık gibi bir dilekçe veriyor. Dilekçesinde diyor ki: 'Ölümüm gerçekleşince mi yardım edeceksiniz?" Bu başvuru koruma tedbiri devam ederken, uzatmanın bitmesine kısa bir süre kala yapılmış. Ama anlıyoruz ki bu son başvuru... Cinayet tamam oluncaya kadar herhangi bir işlem yapmamışlar. Tuba'nın son çığlığı cevapsız kalmış."

Ya Adalet bakanı... Sanki her şeyin sorumlusu o değil. "Emrimdeki kurumları ve amirlerini iyi çalıştıramadım, yasaların uygulanması gerekiyordu, yapamadım, görevini layıkıyla yerine getiremiyor deyip istifa etmedi. O da herhangi biri gibi devletin çalışmamasından, yasaların işletilememesinden yakındı. Dedi ki: "Bugüne kadar pek çok kadın eski eşi tarafından katledildi. Burada herkesin iki elini başının arasına alıp düşünmesi gerekir. Nerede ihmal var, ne yapıldı, neler eksik kaldı... bunun düşünülmesi lazım. O kadınlar şimdi aramızda olabilirdi. Bu canlar kurtarılabilirdi. Nice canlar aramızda olabilirdi. Feryatları işitmeyen uygulama neyse ve nasılsa Hakimler Savcılar Yüksek Kurulu tarafından incelenmektedir. Kurul'un gereken her türlü müeyyideyi uygulayacağından eminim. Her nerede ne şekilde yaşanırsa yaşansın kadına karşı şiddetle güçlü şekilde mücadele etmek zorundayız. Bu konuda toleransımız olamaz... bunun 'ama'sı, 'fakat'ı da olmaz, asla olamaz. Zorbalık, zalimlik toplumsal bir sorundur, ahlak sorunudur, insanlık sorunudur. Bu çerçevede önleyici politikalarımızı geliştirip koruyucu tedbirleri almak üzere çalışmalarımız devam etmektedir.

Bildiğiniz gibi geçtiğimiz günlerde Eskişehir'de defalarca kolluğa, emniyete, yargıya, savcılığa, ilgili kurumlara ihbar ve şikâyette bulunmasına rağmen, bütün hikayesi yetkililerce bilinmesine rağmen bir kadın daha eski eşi tarafından katledildi. Kadının yaşam hakkı, feryat figanlar arasında gasp edildi. Burada herkesin başını iki elinin arasına alıp düşünmesi gerekmektedir." Tuba bugün aramızda olabilirdi. Onun gibi nice kadınlar, anneler, eşler şu an aramızda olabilirdi. Nice canlar zalimce cinayetlere kurban gitti. Artık bu çığlığın son bulması gerektiğine inanıyoruz. Adalet, son bir umutla, çareyle kapısına gelen kadının feryadına sessiz kalamaz, kulağını kapatamaz. Bu feryadı işitmeyen uygulama elbette Hakimler Savcılar Yüksek Kurulu tarafından da denetlenmektedir. Bu konuda yargısal boyutuyla en ufak ihmal tespiti halinde ilgili merci gerekli her türlü işlemi başlayacaktır. Bu mesele kadına şiddet vuku bulduğunda gazetelerde üç, beş gün haber olarak kalıp, sonra unutulan bir konu olmamalıdır."

2019 yılında bütün yöneticilerimiz böyle işte. Görevini yapamadığını düşünerek istifa eden bir kişi bile hatırlamıyorum.

61

Dostlarım, olmayan sevgili arkadaşlarım benim. Yazı dizisini bitirmeme az bir zaman kaldı. Beraber geçirdiğimiz süre boyunca, biliyorum ki, mutlu olmamızı sağlayacak bir şey söylemedim. Çok mu karamsar olmanıza neden oldum? Bunun kötü bir şey olduğunu sanmayın. Hayatı, mutsuzlar, darda kalanlar değiştirir. Her şeyi onlar sil baştan kurup yeniden, daha iyisini yaşamak isterler. Durumdan memnun olanlar, kendilerini eğlendirmeye bakıp düzenle, düzen partileriyle barışık olup değişime direnirler. Onlar gibi olmayın siz. Acıyı hissedin, acıyla dolu yaşayın ama teslim olmayın. Acıya teslim olan kaybeder. Şairin dediği gibi "acıyı bal eylemesini" bilmemiz lazım. Başka türlü dayanamayız, bu topraklarda yaşamanın birinci kuralı budur...

Onlar da bu yolun yolcusuydu. Ne diyordu Atatürk'ümüz: "Umutsuz durum yoktur, umutsuz insan vardır." Mustafa Kemal'in, Nazım Hikmet'in safında olmak epey zordur ama dünyanın en onurlu davranıştır. Bu yola girdiğinizde zor şeylerle uğraşırsınız fakat bu sizi mutsuz etmemeli, aksine mutlu olmalıyız. Onurun hakkı için yaşamaktan, onun için her şey göze almaktan daha insanca, daha faydalı ne var? İnsan ölürken bile mutluluk duyar. Mel Cibson'un çekip oynadığı Cesur Yürek (Braveheart) filminde olduğu gibi... Herkes için daha mutlu bir hayat istemekten daha güzel ne var? Bizi insan yapan bundan daha önemli ne var?

Bu yüzden dostlarım, yazılarım yüzünden perişan değilim... siz de olmayın. Bütün olarak sözlerimi okuduysanız bundan kazançlı çıkacağınıza inanıyorum. Bu ayın sonunda okuma, yazma, anlatma sürecini tamamlamış olacağım. Araştırıp yazdığım olayların öğretmeni değil, öğrencisi olduğumu bir kez daha söylemiş olayım. Hangi konuyu ele aldıysam sizinle ben de o olayın öğrencisi oldum. "Sürekli kendime öğretmenlik yapıyorum" demem bundan. İnsan, kendine öğretirken de mutluluk duyuyor... Yaşadığımız korku tüneline daha yakından bakmanın neresi mutluluk verici diyebilirsiniz? Ne yapalım ki dünya böyle bir süreç: Ya yıkanların yanında durursun ya onaranların... Yıkanlar, arkalarına bakmadan yollarına devam ederler. Onaranlarsa, yıkıntıları, olası felaketleri önceden görüp önlemeye çalışırlar. Kimden yana olacağına sen karar vereceksin. Yolunu ses seç. Eğer sıkılmadan buraya kadar benimle olduysan belli ki ne yöne gideceğini biliyorsun. Ne mutlu bu yolla olanlara.

Yine araya girip çok konuştum. Devam edelim... Nerede kalmıştık? Şunu da belirtmeli: Anlattığım olaylardan çoğu, hatta hiç biri sonlanmış değil. Saray hükümeti olanca şiddetiyle yıkıcı faaliyetlerine devam etmekte. Şuana kadar yazdıklarım büyük olayların küçük parçaları... Irmak akarken bir tas su alırsınız ya, benim yapabildiğim böyle; akan sudan bir avuç su alıp büyük resmi görünür kılmak istiyorum... ya da herkesin bildiği bu fotoğrafı kendi sözcüklerimle yeniden kurup saklamak istiyorum. Nedeni şu: Aylardır, bizim bildiğimiz ama sonrakilerin bilmeyeceği olaylardan söz ediyorum ya, bu kadar emek boşa gitmemeli... hep söyledim, durdum: özellikle şunun altını çizdim, tekrar söylüyorum: Demokrasi, dinci bireyler değil, aklı, vicdanı hür bireyler istemekte. Basit bir görüş gibi algılanıyor bu, bilmez değilim fakat, Ortadoğu ülkelerinin hiç birinde hayata geçirilemedi. 2019 yılı, 2010'dan bugüne demokrasiyi unuttuğumuz yılların zirvesi oldu; en hukuksuz, korkutucu yıllardan, zifiri karanlıklardan geçerek bugünlere geldik. 15 Temmuz darbesi denen Fetö darbesiyle kara tren hareket etti. Bu gün; 2020'ye 17 gün kala bir kez daha söylüyorum ki, bu günler de geçecek. Evet, hava hâlâ çok kapalı, karanlık ve sisli, üstelik yağmur yağıyor ki kırmızı renkli. 2020'yle birlikte karanlığın başka bir yüzüyle karşılaşacağımız kesin. Gecenin dibine doğru düşüş devam ediyor ancak, güneş karanlığın en koyu olduğu yerden doğar. Bundan emin olabilirsiniz. Her türlü katliamı gördük fakat, sonu da var. Kadın cinayetlerinden başlayarak aklınıza hangi kötülük geliyorsa hepsi var bugün. Filtresiz termik santral bacalarıyla sağlıklı nefes almanın önüne geçilmekte... şehirleri, köyleri, kasabaları zehirli gazlara, toza, dumana boğup bebekleri bile kanser edip ilaçlı gıdalarla, karbondioksit dolu bulutlarla toplu katliama girişip doğayı kirleterek, cennet gibi memleket kıyılarını, dağlarını, denizlerini cehenneme çevirmek de yaşadığımız karanlıklar arasında.

2016 yılındaki dinci teröristlerin darbe girişimi başarılı olmadı ancak "Fetö" diye bilinen Pensilvanya teröristinin hayalindeki Türkiye'yi büyük oranda hayata geçirdiler. Fetöcüler gibi düşünüp yaşamayanları susturdular; kimini işsiz bıraktılar, kimini hapse attılar, kimini de psikolojik baskı uygulayıp ülkeden kaçmaya zorladılar. Pensilvanya çetesiyle mücadele ediyoruz diye Atatürk'ten yana olanlara saldırdılar. "Türkiye tarikatlar ülkesi olmayacak" diyen kim varsa hepsini silip süpürdüler... Gerekçeleri "bekâ" sorunuydu. "Ülkenin menfaati bunu gerektiriyor" deyip hukuk devleti olmaktan vazgeçtiler. Kurtuluş Savaşı'nı veren meclisimizi çıkardıkları yasalarla çalışamaz hale getirdiler. Böylece millet iradesini tek bir kişinin; sarayın eline eline verdiler. Şimdi herkes derdini saraya anlatmakta. Milletvekillerine duyulan güven giderek sıfırlanıyor. Hatta yönetimdeki kişilere "güven" diye bir şey kalmadı.

Yanlış anlamayın... bütün partilerle birlikte bu sonucu elde ettiler. Bizler ülkede çok sayıda parti, farklı görüş olduğunu sanıyoruz ama belki de hepsi aynı partidir. Siz inanmıyor musunuz? Hepsi birden aynı partinin uzantıları olamazlar mı? Yoksa bu kadar haksızlık millete rağmen nasıl hayata geçerdi? Bize rağmen kim yönetimi bir kişinin ve onun eş, dost ve akrabalarının eline verebilirdi? Kim Cumhuriyetimizi aile devletine dönüştürebilirdi? Dostlarım! Bence bütün partiler bu işin içindeydi. Bize "A partisi B partisinden farklı düşünüyor oyunu" oynadılar. Sizi bilmem ama bence böyle oldu bu işler...

Şu da bilinsin: 2019'a, saray devletinin sarsılıp yıkılma sürecine girdiği yıl gözüyle de bakabiliriz. Zat-ı Şahaneleri, ne kadar büyük şehir belediyesi varsa hepsini 2019'da kaybetti. Bundan sonra iktidar olması mümkün görünmüyor ama bütün partilerin tekrar bir araya gelip millete nasıl bir oyun oynayacaklarını şimdiden bilemeyiz.

Dostlar! Sıkıcı konulardan mı söz ediyordum yoksa... peki... Konuyu kapatalım... Daha önce Şirin Ünal adında asker kökenli, 66 yaşında sarayın adamlarından, milletvekili birinden söz etmiştim. Asker kökenli olduğunu anlattım ama 3 çocuk babası olduğunu, çok iyi derecede İngilizce bildiğini sanırım söylemeyi unuttum. Söyledim mi yoksa? Neyse, tekrar etmiş olayım. Ünal'ın evinde kalan hizmetçilerden biri: Nadire Kadirova silahla intihar etmişti... Ünal da durumu derhal polise bildirmişti. Ne olup bittiği anlaşılamadan ilgili emniyet amiri, acele olayın, Şirin Bey'in de söylediği gibi intihar olduğunu açıklamıştı.

Kamuoyu ikna olmayıp "yoksa bu bir cinayeti mi?" sorusu gündeme gelince, kadın örgütleri bir kez daha ayağa kalkınca kuşkuların odağındaki Şirin Bey şöyle demişti: "Olayın 5'inci dakikasında polisimiz, ambulansımız ve itfaiyemiz geldi. Biz, onlar gelene kadar beş dakika içerisinde, küçük kızımla beraber kendisini kilitleyip intihar ettiği odanın kapısını kırmaya çalıştık - omzum hâlâ ağrıyor- ama başarılı olamadık maalesef. 3-4 polisimiz oda kapısına yüklenip kapıyı açtılar, hemen sedyeye koyup hastaneye kaldırdılar. Yarım saat sonra Ankara Emniyet Müdürümüz yanımızdaydı, birkaç dakika sonra da nöbetçi savcımız yanımızdaydı. Ben her ikisine de, ne gerekiyorsa, elimden gelen bütün kolaylığı göstereceğimi söyledim. Dolayısıyla tüm aile fertlerimiz, yatalak olan eşim dâhil, ikinci çalışan kızcağız dâhil o gece, gece yarısına kadar polislerimize ifadelerimizi verdik. Dokunulmazlığım olmamasına rağmen parmak izimin alınmasına müsaade ettim... Yani ondan sonraki bütün işlemler emniyetin ve savcılığın talimatları doğrultusunda devam etti. Hatta o gece ben milletvekili dokunulmazlığını bir kenara bırakarak bu 'swap' işlemleri denilen ben de bu kelimeyi yeni öğrendim, iki hafta önce parmak izleri falan filan, işte, barut izi var mı falan, bunların tamamını verdim.

Dolayısıyla, değerli kardeşlerim, değerli arkadaşlarım; ben milletvekili dokunulmazlığını bir kenara bırakarak polisimize ve savcımıza bu olayla ilgili tüm bildiklerimi, gördüklerimi anlatmaya çalıştım, anlattım. Hiçbirimizin başına Allah böyle tatsız bir olayı vermesin, sizlere de vermesin, bana da vermesin. Tabii, bazı çevreler, benim geçmişte Türk Silahlı Kuvvetleri'nde ve Türkiye Büyük Millet Meclisi'nde yaptığım çalışmalardan hoşnutsuz olanlar, huzursuz olanlar bunu fırsata çevirip beni ve ailemi yerin dibine kadar soktular. Allah bu duruma hiçbirinizi düşürmesin. Şu anda savcılığımızın soruşturması devam ediyor. Bana düşen her türlü görevi yaparım, ne lazımsa yaparım diyorum, hepinize saygılarımı sunuyorum."

Ünal'ın savcılık ifadesine bakarsak, o da şöyle:

"Kızım, Duygu 'baba Nadira kapıyı kapattı, silah sesi geldi' diye seslendi. O arada ben de hemen odaya koştum. Kapı kilitliydi. Omuzumla kapıyı açmaya çalıştım. Ancak başarılı olamadım. Kızıma 112 ve 155'i arayalım dedim. Bu esnada kızım ve diğer çalışan bodrum katından merdiven getirdi. Merdivenle kapıyı kırmaya çalıştık ancak merdiven kırıldı. Sonra kızım daha büyük bir merdivenle bahçeden odanın balkonuna ulaşmaya çalıştı ancak balkon kapısının da kilitli olduğunu söyledi. Bu arada polis ve 112 sağlık ekipleri olay yerine geldiler. O esnada polis ekiplerinin kapıyı açmak için kullanmış olduğu çekiç de kırıldı. Görevlilerin yaptığı çalışmalar sonucu kapının kırılması sağlandı. Kapı kırıldıktan sonra içeriye girebilen görevliler Nadira'yı hastaneye götürdü. Evimde iki çalışanım vardı. Nadira da kızım gibi sevdiğim, koruduğum bir kişiydi."

Özbek basınına bakarsak: Ünal'ın ifadesi, olaydan dokuz gün sonra başsavcı yardımcısı tarafından alındı. Ünal, sadece evine çağırdığı bu savcı yardımcısına ifade verdi, herkes gibi karakola gitmedi. Ünal, o gün kaybolan tabancası için şunları söyledi: "Tabancamın kaybolduğunu öğrenince her yeri aradık. Nadira'nın odasına gittik ancak Nadira "'silah bende değil' yanıtını verdi."

Nadira'nın aile avukatı Birol Öztürk, önemli gelişmeler ve tanıklar olduğunu vurgulayarak, "Özbekistan'da bulunan Türkiye Konsolosluğu vekâletname konusunda Nadira'nın ağabeyi Muhammet'e zorluklar çıkarttı. Müvekkilim haftalardır vekâletname almak için uğraşıyor. Hâlâ dosyaya ulaşamadık. Ulaştığımda detaylı açıklama yapacağım. Şimdilik çalışma yapamamamızın en önemli nedeni vekâletname konusunda çıkarılan zorluklardır" demekte...

Öztürk, başka bir konuşmasında da şunları aktarmakta: "Biz bu olayda maddi gerçekliğin ortaya çıkmasını istiyoruz. Hakikat neyse çıksın. Bazı kuşkular var ki soruşturma süreci devam ediyor.. İntihar varsa, bunun geçmişi olmalı. Nadira olay günü dahi kayıtlı olduğu dershaneye gidip üniversite sınavını kazanmaya çalışan birisi. 'Patronlarım izin vermediği için gelemiyorum' diyor kurs sahibine. Durum böyleyken, ne oldu da intihar etti? Bunun aydınlatılmasını istiyorum. Henüz Adli Tıp'ın raporu tamamlanmamış. Sayın vekilin Meclis'teki odasında fotoğraflar çektirmiş. (Nadira selfi şeklindeki bu fotoğraflarda çok güzel ve mutlu görünüyor.) Gelmiş orada (Meclis odası) kabul görmüş. Hayatın olağan akışına uygun değil bize göre. Çünkü Nadira, hasta eşe bakmakla görevli bir çalışan, buna rağmen İstanbul'da da Sayın Şirin'in Mecidiköy'deki rezidans dairesine gidip orada da fotoğraf çekip paylaşmış. Savcılık dosyasına bu fotoğrafları sunacağız. Abisi Muhammed bize ulaştırdı bunları. Sayın vekilin ifadesinde de geçiyor. Olaydan birkaç saat önce, vekille yemek yiyorlar. İntihar edecek kişi böyle bir yemek masasına oturur mu? Bunlar kafamızda soru işaretleri bırakıyor. Bizim amacımız insanları zan altında bırakmak değil, gerçekleri ortaya çıkarmak."

Ailenin durumuna da değinen avukat Öztürk, sözlerine şöyle devam etmekte: "Aile perişan halde... kendilerine çok fazla telefon geliyor. Ağabey, olanların konuşulmaması konusunda çok ciddi baskı yapıldığını söyledi. Cenazeyle birlikte Özbekistan'a giden Ünal'ın şoförü de baskı aracı olarak kullanılıyor. Aile çok tedirgin... Yaşananlarla alakalı çok ciddi duyumlarımız var, ulaştığımız tanıklar var, bu tanıkların çok ciddi beyanları var."

Bugün günlerden 16 Aralık 2019 pazartesi. Nadira olayının kapatılması, bana sorarsanız, mümkün görünmüyor. Ünal Bey, suçlu mu değil mi bilemeyiz. Önemli olan şu: devlet kurumlarına inanç yıkıldığından güçlü olanlar hiçbir zaman aklanamayacak, "adalet, yerini buldu" denilemeyecektir. Yani kötü işleyen hukuk sistemi ilkin kedisini bozanları çürütüp ebedî zindana hapsedecektir; kimileri ölseler dahi suçlarından (belki de olmayan günahlarından) sonsuza kadar arınamayacaklardır...

Ünal'ın Ankara'daki evinde, 23 yaşındaki Özbekistan vatandaşı Nadira Kadirova'nın intihar ettiği fikri neden bu kadar kuşkulu? Aylar oldu konu tartışılıp durmakta. Nadira'nın ailesi, kızlarının söylendiği gibi otopsi işlemlerinden hemen sonra Özbekistan'a gönderilmediğini söylemekte. "Nadira, kendine yakından iki el ateş ettiyse neden yara izlerinin etrafından yanık oluşmamış" diye sorulmakta. Uzmanlar, ancak uzaktan ateş edilirse merminin yanık yapmayacağı bilgisini aktarmaktalar.

Cenazenin Özbekistan'a uçak ile götürüldüğü sırada Nadira'nın ağabeyi Muhammet'e, Ünal'ın koruması ve şoförü olan kişi yardım etmiş... Tamamen insani nedenlerden dolayı mı bu yardımlar? Her şey insanca yapıldıysa, biri ya da birileri Nadira'nın ağabeyine, "konuşursan cenazeyi alamazsın" dedi mi? Bu yöndeki iddiaların doğru olup olmadığı araştırılacak mı? Nadira ailesinden biri, Muhammet'in Taşkent Havaalanı'nda Özbek polisleri tarafından karşılandığını, burada bir odaya alındığını, kedisine bazı evraklar imzalatıldığını, tehdit edildiğini belirtmekte. Bu aile üyesinin bilgisine başvuruldu mu? Buna benzer pek çok söylentinin doğru olup olmadığı araştırılacak mı? Ceset, Özbekistan'a ulaşınca aile yeni bir otopsi talebinde bulunmuş. İlgili kişiler, "Nadira'nın iç organlarının Türkiye'deki otopsi sırasında alındığını, cesedin büyük bölümünün dikişle kapatıldığını, bu nedenle otopsinin tekrarlanamayağını" söylemişler... bu bilgi doğru mu? Cenazeyi define hazırlayan kadınların söylediğine göre de Nadira'nın vücudunda çenesinin alt kısmından kasığına kadar uzun bir dikiş izi bulunmakta.

Türkiye'deki otopsi sırasında Nadira'nın bedenine büyük zarar verildiğinden Özbekistan'da otopsi yapılamayacağı belirtilmekte. Nadira'nın bacaklarındaki hafif dereceli şişlikler, morluklar da "darp edildiği" iddialarını güçlendirmekte.

Neler olduğuyla yakından ilgilenen Kanadalı Özbekler ve Yurttaşlık Derneği Başkanı Gazeteci Fahrettin Tacımurat isminde biri var, o da şunları dile getiriyor: "Nadira ailesinin kapısında iki polis bekliyor. 'Duanızı okuyup çıkın' diyorlar. Aileye 'ölen öldü, size bir şey olmasın istiyorsanız kimseyle konuşmayacaksınız,' dediler. Aile, karar almış ve kimseyle konuşmak istemiyorlar. Nadira ailesinin üyeleri telefonlarını kapatmış, sustular, kimseye bir şey demeye ikna olmuyorlar. Ağabey Muhammet kendinde değil. Aile, psikolojik destek almayı düşünüyor. Nadira'nın ağabeyini 'git, Türkiye'ye dönme bir daha' diye tembihlemişler. Olayın üstünü kapatmak istedikleri belli... Kesinlikle inanıyorum ki Nadira tecavüz edilerek öldürüldü. Bu böyle kalmayacak. Kanada'daki derneğimiz vasıtasıyla Uluslararası kuruluşlara bu şüpheli ölümü taşıyıp cinayetinin aydınlatılması için çaba sarf edeceğiz. Kapıda oturan polislere arkadaşlarımız neden burada oturuyorsunuz diye sorunca, 'Yukarıdan gelen bir karar' demişler. Aileye, Türkiye ile Özbekistan'ın iyi ilişkiler içinde olduğu, bunun bozulmaması gerektiği ima edilmekte. Kızlarına atılan iftira nedeniyle çok üzgünler. Özellikle, genç kızın ağabeyi perişan durumda. Dernek olarak uluslararası kuruluşlardan yardım alarak bir şeyler yapmak istiyoruz. Cenazenin yeniden incelenmesi için mezarın açılması gerektiğini ısrarla vurguluyoruz."

Cenazeyi Özbekistan'da yıkayanlar da Nadira'nın bedeninde iki kurşun yarasından başka (kurşunun birinin bacak kısmında olduğu söylenmekte), morluklar olduğunu dile getiriyorlar. Türkiye adli tıbbından rapor alma süresini bilenler, "iki gün gibi kısa bir zamanda rapor verildi" demekte.

Nadira'nın ölümünü araştıran Özbek gazeteci Shukrath Babazhan, Özbek polis kaynaklarına dayandırdığı bilgiler ışığında Nadira'ya ülkesinde ikinci bir adli tıp incelemesi yapılmadığını söyledi. "Cenaze toprağa verilene kadar Ünal'ın bir adamı (korunması ve şoförü olan kişi) Özbekistan da takipteydi, neden?" diye sorulmakta. Bir diğer önemli soru da şu: "Bu süreçte

Nadire'nin yakınları iki kez Türk Büyükelçiliği'ne gittiler, ayrıca ailenin evinin önündeki polisler 24 saat nöbet tutmakta, neden?"

Bugünlerde sosyal medyada #nadirayaadalet paylaşımları yapılmakta. Hem Türkiye'de hem Özbekistan'da "Katiller bulunsun, hesap sorulsun!" diyen kadınların sayısı giderek artmakta.

Yürütülen soruşturmada savcılık tanık Leyla Niyazova'ya "Siz Nadira Kadirova'yı fuhuşa mı götürüp getiriyordunuz?" diye sorarak Nadira'yı fuhuş yapmakla suçladı.

Bu iddiaya tepki gösteren Nadira'nın arkadaşı Niyazova, böyle bir şey olmadığını belirtti. Ünal'ın arkadan gelerek Nadira'ya sarılması olayını anlattı. Savcılığın, tanığa "Hangi gazetecilerle konuştunuz?" şeklinde soru sorulduğunu da belirten Niyazova, "Benim Nadira'yı fuhuşa teşvik ettiğim ya da fuhuş yapmasını kolaylaştırdığım iddiaları doğru değil. Geçimimi Laleli'den aldığım tekstil ürünlerini Özbekistan'a göndererek sağlarım. Buna ilişkin kargo gönderip fişlerimi de gerekirse dava dosyasına sunabilirim. Nadira benim evimde hiç kalmadı" demekte. Bir ara küsüp barıştığının doğru olduğunu belirten Niyazova, "Fakat bunun sebebi onu fuhuşa sevk ettiğim iddiası değildir. Böyle bir olay kesinlikle olmamıştır," diyerek suçlamaları reddetmekte.

62

Evdeki diğer bakıcı Hilal'in (Hilal Khılola Onarboeva) de Nadira gibi kaçak işçi olduğu ortaya çıktı. Kaçak işçi çalıştırılmasına izin vermeyen iktidar mensubu bir milletvekilinin evinde kaçak işçinin ne işi var? Kendileri yasaya uygun olmayan yolla işçi çalıştırılmasının önüne geçmiyorsa, kaçak işçi çalıştıranlara neden ceza kesilmekte? İktidar, pek çok konuda olduğu gibi bu konuda da mı samimi değil? İş yapmayıp sorun çözmeden mi, sadece yalanlarla, göz boyamalarla mı seçime girip iktidar olunmakta? Haliyle buna benzer pek çok soru akla geliyor.

Hilal adlı şahsın olay sonrası neden ortaya çıkmadığı sorusunu yanıtlayan avukat Özdemir, "Hala Türkiye'de. Kendisiyle telefonla konuştum. Konuşmak istemediğini söyledi. Ankara'da olduğunu biliyorum. Kaçak konumda... yakalandığı takdirde sınır dışı edilecektir" demekte.

Nadira'nın, otopsi fotoğraflarında vücudunda iki delik göründüğünü de ifade eden Öztürk, "Kurşunun ana çıkış deliği yok, sadece giriş deliği var. İkinci deliği adli tıpçılara da sordum. 'Olay sonrası, ilk müdahalede, içeride biriken kan pıhtısının çıkarılması için açılmış olabilir' dediler. Polis tutanağında bir delikten bahsediliyor. Diğer delikten bahsedilirken ayrıntıya girilmeden geçiliyor. 'Acaba farklı bir kurşun deliği mi var' diye düşündük. Adli emanette tutulan elbiseyi görmek istedik. Henüz göremedik, gelecek hafta göreceğiz. Elbisede ikinci bir kurşun deliği bulursak olayın şekli tamamen değişecektir" bilgisini de aktarmakta.

Nadira'nın vücudunda SWAP (silahın patlaması anında vücutta kalan iz) izine rastlanmadığına dair emniyet raporu olduğunu ifade eden Öztürk şu bilgiyi aktarmakta: "Evde bulunanlarda olduğu gibi Ünal'da da SWAP izi bulunamamış. Soruşturdum, 'yeni silahlarda SWAP izi çıkmayabiliyor' dediler..."

Tanık olarak dinlenen Nadira'nın diğer arkadaşı Nigar Abdurrahmanova da ifadesinde "Polisler 'hiçbir şey kesin değil. Bu işin sonunda vebal vardır' tarzında şeyler söyledi, hatta ben dosyayı alıp inceleyeyim, size tekrar ifade veririz dedim. Muhammed Ali de 'doğrudur, bu işte vebal var' diyerek ikna oldu ve ifade vermekten vazgeçtik" demekte.

Kardeşinin intihar etmediğini vurgulayan Muhammet Ali Kadirova: "Olay gecesi Ünal'ın beni araması üzerine evine gittiğimde polisler ve savcı oradaydı. Savcı, kardeşimin cesedini kastederek 'Bakma kötü olursun' dedi. Israr edince polis memuruna 'cep telefonu ile çekilen fotoğrafları göster' dedi. Fotoğraflarda kardeşimin yüzü kanlar içindeydi. Ardından Adli Tıp Kurumu'ndan izin alıp kardeşimi görmeye gittim. Yüzünde bulunan kan izleri temizlenmişti. Bir insan silahı göğsüne dayayarak ateş ettiyse nasıl yanık izi olmaz. Mermi girişlerinin etrafında yanık izi yoktu. Kardeşimin önce darp edildiğini, kafasına sert bir cisimle vurulduğunu ve ardından uzak mesafeden ateş edilerek öldürüldüğünü düşünüyorum. Kardeşime 'Fuhuş yapıyordu' denilerek iftira atıldı. Bir süre önceye kadar korkuyordum ancak artık korkmuyorum. En fazla kardeşimin yanına giderim. Nadira'yı Özbekistan'a götürdüğümüzde otopsi yaptırmak istedik. Bizlere 'Otopsi yapılacak bir yeri kalmamış' dendi. Kardeşimin bedenine bu kadar zarar verilerek neyi amaçladılar? Neyi gizlemeye çalıştıkları belli değil mi?"

Otopsi esnasında Nadira'nın bedenine zarar verildi mi? Adli Tıp Uzmanı Ş. K. Fincancı, gazetecinin bu sorusuna şöyle cevap vermekte: "Otopsi işlemi, fotoğraflar ve video çekimleriyle kayıt altına alınır. Avukatlar talep ederlerse bu görüntülere ulaşabilirler. Otopside iç organlar çıkarılır, incelendikten sonra karın boşluğuna yerleştirilir. Ayrıca otopsi işleminde çoklu örnekler ile çalışma yapılır. Yani ilgili kişiler, istedikleri taktirde üst laboratuvara yeni bir inceleme talebinde bulunabilirler. Otopsi görüntüleri olmadan yorum yapmak çok sağlıklı olmaz, yorum için ciddi bir inceleme gerekir."

Özbekistan Büyükelçiliği yetkilileri Ankara Cumhuriyet Başsavcılığı'na gidip bilgi aldı mı? Büyükelçilik yetkilileri görüşmeyle alakalı ilerleyen günlerde açıklama yapacak mı?

Özbekistan'ın Türkiye Büyükelçisi M. Süreyya Er, Ünal'ın evinde şüpheli şekilde hayatını kaydeden Nadira nedeniyle Özbekistan Dışişleri Bakanlığı'na davet edildi. Özbekistan Bakanlığı'nın resmi internet sitesinde yer alan açıklamaya göre, Büyükelçi Er ile Özbekistan Dışişleri Bakan Yardımcısı Dilshod Akhatov'un 8 Kasım Cuma günü bir araya geldiler. Görüşmede

Akhatov'a, Nadira'nın ölümü ve sonrasındaki gelişmeler hakkında bilgi verildi.

Özbekistan Dışişleri Bakanı, Nadira'nın ölümüyle ilgili Türk Büyükelçisini davet edilerek olay hakkında bilgi aldıklarını söyledi. Türk Büyükelçi'nin, Özbek vatandaşı Nadira'nın ölümüne neden olan trajik olaydan üzüntü duyduğunu, Türk adalet sisteminin, kapsamlı soruşturma yürüttüğünü, ilgili devlet görevlilerinin soruşturmanın objektif olarak yapıldığına dair güvence verdiğini, ilerleyen günlerde Türkiye'nin derhal ve düzenli olarak soruşturmanın aşamaları ve sonuçları hakkında Özbekistan'ı bildireceğini söyledi.

Geçtiğimiz günlerde de Özbek milletvekilleri Resul Kosherbayev ve Bekzad Artikov, Özbekistan Meclisi'de yaptıkları konuşmada, Dışişleri Bakanlığı'nın yurtdışındaki Özbekleri yeterince koruyamadığını, bunun için yeni önlemler alınması gerektiğini dile getirdiler.

Nadira, Ünal'ın evinde sigortasız, kaçak işçi olarak çalıştırması sosyal medyada da önemli yer tuttu. Binlerce kullanıcı şunu dedi: Pek çok Türkmen, Özbek, Azeri, Kırgız, Ermeni kadın gibi Nadira da oturum izni olmadığından tepe tepe kullanıldı. O da ekmeğinin derdinde kadın işçilerden biriydi. Her türlü insanlıktan ve iş güvencesinden yoksun çalıştırılıyordu. Bu işçilerin hemen hepsi çalışır, ücret alamazlar! Çalıştığı yerde her türlü baskıya, tacize maruz kalır; ama seslerini çıkaramazlar. Çünkü oturum izinleri yoktur, ülkeye kaçak yolla girmişlerdir. Pasaportları, onları getiren kişiler ya da çalıştıran şahısların elindedir. Nadira gibi biraz daha şanslı olanları milletvekilli gibi birinin evinde temizlik, yemek, hasta bakım işlerinde çalışırlar. Ama oralarda bile "kaçaklıkları" tepe tepe kullanılır. Tacize uğrarlar, kendi deyimleriyle "gariban" oldukları için her türlü aşağılama ve baskıya maruz kalırlar. Sonları Nadira gibi ya cinayet ya da intihara sürüklenmek olabilir. Kiminin öldüğü, öldürüldüğü dahi duyulmaz.

Nadira ailesinin avukatlığını üstlenen 'Önce Çocuklar ve Kadınlar Derneği Başkanı' Avukat M. Tozbey Erden, Nadira'nın ölümünün şüpheli olduğunu, saldırganınsa korunduğunu belirtip şöyle demekte: "Savcılığın olayı araştırmak yerine, tanıklara Nadira'nın fuhuş yapıp yapmadığı sorması doğru değil. Bu soru, soruşturma sürecini, içeriğini kirletmeye gayret etmektir. Nadira, 23 yaşında işçi bir kadındı... Türkiye'de yaşamak isteyen, üniversite okuma hayalleri için parasını biriktiren, ailesi tarafından çok sevilen, sosyal, özgüveni olan güzel bir kadındı... Şüpheli ölümünün basına yansıması üzerine çarşamba gecesi basından bir muhabir beni arayıp, Nadira ailesinin Türkiye'de (belki Özbekistan'da da) birçok avukatı aradığını, ancak kimsenin davayı üstlenmediğini, benim, derneğimiz adına, aileye destek olup olamayacağımızı sordu. Ben de tabii ki destek olabileceğimizi, ancak ailenin bizimle iletişim kurması gerektiğini söyledim. Gece yarısı Nadira'nın abisi Muhammet aradı, konuştuk. Hukuksal olarak desteklememizi rica etti. Ankara'da yaşadığını söyledi.

Olaydan hemen sonra telefon gelince Nadira'nın öldüğü eve gitmiş, ancak Nadira'yı kendisine göstermemişler. İlkin, otopsi öncesi ve sonrasında da görmesini istememişler. Cesedin ilaçlandığını, kefene sarıldığını, göstermelerinin mümkün olamayacağını ifade etmişler. Ayrıca iki gün içerisinde otopsi yapılıp, adli tıp raporunun alınması (başka davalarımızda 3-4 ay sürer raporun dönmesi) ülkemizdeki uygulamalarda mümkün değilken; iki gün içerisinde tüm bunların tamamlanması Nadira'nın ölümünden daha çok şüphe duymamıza neden oldu. Ankara Cumhuriyet Savcılığı tarafından derhal soruşturma başlatıldı. Ancak iki gün içinde Emniyet Müdürlüğü Nadira'nın ölümünün intihar olduğunu bildirdi? Ne bu acele? Gelişmeler yapılan araştırmaların ne kadar üstün körü olduğunu ortaya koyuyordu.

Kimsenin ifadesi alınmamıştı. Süreye bakınca bunu anlamak mümkündü. Bu yüzden derhal harekete geçtik, tarafımızca günlerce bu olay hakkında sayısız haber yapıldı. Bu haberler sayesinde sadece Nadira'nın iki kız arkadaşının ifadesinin alınması sağlandı. Bildiğimiz kadarı ile Şirin Ünal, soruşturma dosyasında şüpheli konumunda değil. Bu nedenle ifadesi alınmamış olabilir. Dava dosyası tarafımıza neden gösterilmedi? Sorularımızla olayı anlamaya çalıştık. Soruşturma halen devam ediyor. Henüz Nadira hakkında bir dava açılmadı, 'intihardır' denilerek takipsizlik kararı da verilmedi...

Fakat, soruşturma sırasında da şüpheli görülen bazı yanlar, çelişkili durumlar olduğu çok açık. Öncelikle durumun ilgili savcılık tarafından gerçekten intihar olup olmadığının araştırılması gerekiyordu. Bu yapılmadan "intihar" açıklaması geldi. Ölümün şüpheli olduğuna ilişkin pek çok emare varken bunun söylemesi kuşkulara neden oldu. İntihar şekli mesela, çok şüpheli... Nadira, bir gece önce yakın arkadaşına "cinsel saldırıya" uğradığına dair sözler söyleniş. Cumhuriyet Savcılığı'nın 2 gün içerisinde otopsi yaptırıp Adli Tıp raporunu hızlıca aldırması da kuşkuları derinleştirdi. Nadira'nın cenazesinin hemen ülkesine gönderilmesi, bürokratik işlemlerin iki gün içinde halledilmesi, intihar ettiğine dair görevi olmayanların açıklama yapması Nadira'nın ölümüne yeni soru işaretleri ekledi. Böyle bir ölümün ardından çeşitli delil araştırmalarının yapılması gerekirdi. Şöyle ki: Nadira dahil, evdeki tüm yaşayanların ellerine, giysilerine bakılıp swap yani kurşun artık örneklerinin alınması lazımdı.

O gün evde olan ve Nadira'yı tanıyan herkesin ifadesine başvurulmalıydı. Korkup ifade veremeyen varsa güvenlikleri sağlanmalıydı. Cinsel saldırı mümkün mesela... bunun için sperm, DNA vb. örneklerin araştırılması lazımdı, Nadira'nın kaldığı odadaki çarşafların, iç çamaşırlarının, pijamalarının kontrol edilmesi gerekirdi. Eşyalar üzerinde parmak izi var mıydı? DNA incelemesi için saç, tüy, tükürük vb. delil araştırmaları yapılmalıydı. İntihar eden bir kimsenin kendisini göğsünden vurması, tetiğe basması çok zor, bu nasıl gerçekleşti? Duruş pozisyonu, açısı, mesafesi nasıldı? Bütün bu konularda teknik incelemeler yapılması gerekiyordu. Sözü edilen silahın markası, özellikleri neydi? Ölüm şekli ile karşılaştırıldığında bulgular uyumlu çıkıyor muydu? İntihar için uygun bir silah mıydı? Bütün bunlar zaman alacak işlerdi fakat cenaze apar topar memleketine gönderildi. Çekilen fotoğraflarda, silah içinde şarjörün olmadığı görülüyor.

Alındıysa, kim ne amaçla aldı? Pek çok husus var ki aydınlatılmadı. Olay hangi saatte oldu? Evde olanlar o sırada ne yapıyordu? Kimler cep telefonu kullandı ve ne konuştular. Bilgisayar kullanım saatlerine bakıldı mı? Nadira'nın arkadaşlarına ve kardeşine "vebal alıyorsunuz" deyip, şikâyetlerinden ve tanık beyanlarından vazgeçmeleri istenmiş, bu polisler hakkında işlem başlatılmış mı? Var ise intihar mektubu üzerinde inceleme yapılmış mı? Mektuba ya da deftere yazılanların kendi el yazısı ile yazılıp yazılmadığı tespit edilmiş mi? Soruşturma şu anda sağlıklı bir şekilde yürümüyor maalesef. Sağlıklı güvenli ve adaletli yürümesi için yukarıda belirttiğimiz delillerin araştırılması gerekmekte. Bazı delillerin yok edilmiş olma olasılığından bahsediliyor. Böyle bir durumda iddia edilen kanıtların toplanma ihtimali kalmaz. Bence evde bulunan kimselerin ellerinde ki barut izlerinin; swap örneklerinin alınması için halen geç kalınmadı. Silah üzerinde teknik araştırma yapılması için de geç değil. İstenirse şüpheli ölüm halen aydınlatılabilir.

Savcılık tarafından Nadira'nın iki kadın arkadaşına da "Nadira'yı fuhuşa teşvik ettiniz mi, ya da fuhuş yapmasını kolaylaştırdınız mı" şeklinde soru soruldu, açık ve net şekilde soruldu. Bu sorunun hiçbir kaynağı ve dayanağı tabi ki bulunmamakta. Nadira fuhuş yapıyorsa, bu kimseyi ilgilendirmez. Fuhuşun, Nadira'nın öldürülmesi ve cinsel saldırıya uğraması ile hiçbir ilgisi olamaz. Varsa bile fuhuş, kimseye öldürme hakkı tanımaz. Ayrıca Nadira'nın arkadaşına "abimin yüzüne nasıl bakacağım" deyip ağlaması da cinsel saldırıya, cinsel ilişkilere alışık olmadığının önemli bir kanıtı. Nadira'nın fuhuş yapıp yapmadığını sormak, soruşturma sürecini Nadira açısından kirletme çabasıdır. Meselenin yönünü değiştirerek suçu örtbas etmeye çalışıyorlar. Oysaki Nadira kirletilemez. Biz Nadira'nın kirletilmesine izin vermeyeceğiz.

Görüyorsunuz ya dostlar, bir kadını fahişelikle suçlamak ne kadar kolay. Hem de bunu göğüslerini gererek yapıyorlar. Fahişeliğin yapan kişi için de ne kadar üzücü, kötü, lanet edilesi, yıpratıcı, insanlık dışı olduğunu düşünmeden neler söylüyorlar. "Bir kadın fahişeyse bunun suçlusu kim?" diye sormuyorlar... satılık, ruhsuz bir beden olmanın, yaşamak için çöpten beslenmeye çalışmak gibi bir şey olduğunu da bilmiyorlar, görmüyor, anlamıyorlar. O kadar uçkurlarına düşkünler ki, gözleri kör olmuş, bir şey göremiyorlar. Sadece göğüslerini gerip haykırıyorlar: "Ölmüşse, öldürülmüşse bir fahişe, pislik ölmüş, savcılık bununla mı uğraşacak!" diyerek... Açıkça bunu demiyorlar fakat, sürekli topluma bu yönde mesaj gönderiyorlar. Ah bu toplum! Evlatlarının fahişe yapılmasına ses çıkarmayıp bir de çaresiz çocuklarını, mal gibi alınıp satılan yavrularını, bir ananın bakmaya doyamadığı kuzusunu aşağılıyorlar. Lanet olsun böyle düşünenlere ki bu yüzden kadın ticareti olanca şiddetiyle devam etmekte. Çünkü zihnimiz bozuk bizim. Çürümüş zihinlerle yaşayıp çürümüş sözcüklerle düşünüyoruz.

Çürüyen sözcükler dedim de... Geçenlerde dikkatimi çekti:

Milletvekili Deniz Yavuzyılmaz Meclis kürsüsüne çıkıp önemli bir şeyi söyledi.

Bu arada belirteyim: Milletvekillerimiz artık milletin sözcülüğünü yaparken iktidara karşı etkili değiller. Hiç yetkileri kalmadığından sıradan yurttaşlar gibi eylem yapar, söz söylerler.

Tek farkla, gösterilerini sokak yerine meclis kürsüsünden ya da sıralarından yapmaları. Bazen sokağa da vatandaşlarla birlikte çıkıyorlar. Mesela artık soru önergeleriyle hükümeti hizaya getiremiyorlar. İyi niyetli olan vekiller, yüklü maaşlarının karşılığını hiç olmazsa konuşarak, yönetenleri meclis kürsüsünden eleştirerek hak etmeye çalışmakta. Bu da önemli elbet. Bir kısmı da etliye, sütlüye hiç karışmıyor, "ne haliniz varsa görün" der gibiler, maaşlarını alıp keyfine bakıyorlar. Bir kısmı da hapse atılmayı bile göze alıp vatandaşın sözcülüğünü yapmaya devam ediyor. Onlar sayesinde vatandaşın elindeki pankart, döviz meclise kadar gitmiş oluyor. Hiç olmazsa bunu yapan vekillerimiz olduğundan hâlâ şanslı sayılırız. Sayıları az olsa da böyle vekillerimize selam ediyorum. Bunlardan biri de Yavuzyılmaz... Geçenlerde kürsüye çıktı ve dilimizdeki, kadını aşağılayan sözcükleri anlattı. Türk Dil Kurumu sözlüğünden de örnekler vererek... Kadınların alenen aşağılandığını, söz konusu ifadelerin ivedilikle çıkarılıp sözlüğün güncellenmesi gerektiğini belirtti. Kadın cinayetlerine neden olan zihniyetin nerelerden beslendiğini göstermeye çalıştı. Kadını aşağılayan zihniyetin devletin her yerinde, Türk Dil Kurumu'nun da içinde olduğunu anlattı. Sözlüklerimizde "kirli" kelimesinin karşılığında "aybaşı durumunda bulunan" tanımı ve parantez içinde "kadın" yazdığını, "esnaf" kelimesinin ise "kötü yola sapmış kadın" olarak tanımlandığını, "serbest", "müsait", "oynak" kelimelerinin benzer şekilde kötü karşılıkları bulunduğunu gösterdi ve buna benzer ifadelerin sözlüklerden çıkartılmasını istedi ki bence son derece önemli bir sorunu dile getirdi. "TDK, kadına şiddetin normal ve kabul edilebilir bir davranış olduğu yolunda mesaj vermektedir. Kadına şiddet ve hakaret içerikli bir dilin TDK sözlüğünde kullanılmasına izin veren devlet kurumu yetkililerinin şiddete dolaylı katkıda bulunduğu söylenebilir. TDK güncel sözlüğü bir küfürler sözlüğü değildir. 'Artı 18' ibaresi konulması gereken bir sözlük değildir. 'Güncel' olarak ifade edilen bu sözlükteki kadınları alenen aşağılayan, hakaret eden ifadelerin ivedilikle çıkarılması, sözlüğün güncellenmesi gerekmektedir. Bu ayıbı Kültür ve Turizm Bakanlığının en hızlı şekilde ortadan kaldırmasını tüm kadınlar adına ve Türkiye Cumhuriyeti vatandaşları adına talep ediyorum" derken son derece haklıydı.

63

Dostlarım, yazacaklarım bitmedi, bu konu bitmez ama son olarak kadın cinayetleri bakımından 2019'a damgasını vuran Las Tesis dansından söz edeceğim. Bildiğiniz gibi bu dans sırasında söyledikleri sözler yüzünden onlarca kadın gözaltına alındı, sadece İzmir'de 25 kadın... İstanbul'da da gözaltına alınıp bırakılanlar oldu. Gözaltı yapılmasına tepki duyan kadınların basın açıklamasına da izin vermediler. Bu yüzden bazı kadın milletvekilleri konuyu Meclis'e taşıdı ve Las Tesis Marşı'nın müziğiyle sıralara vurarak ritim tutup gözaltı olayının mimari iç işleri başkanının gözünün içine bakıp şu sözleri haykırdılar:

"Ataerkil bir yargıç, kadın olmak suçumuz, kestiğiniz cezamız, seyrettiğiniz şiddet! Suç bende değil, her nerdeysem, ne giydiysem suç bende değil. Tecavüzcü sensin! Öldüren sensin! Polisler, hâkimler, devlet ve başkan... Direnen kadınlar! Dünyada ve her yerde asla yalnız yürümeyeceksin, asla yalnız yürümeyeceksin, asla yalnız yürümeyeceksin!"

Son sözleri, işte böyle sıralara daha şiddetli vurarak ve ayağa kalkarak söylediler.

Biliyorum ki o anı izleyen pek çok kadın gözyaşlarını tutamadı. Ben de son sözlerimi bu gözyaşları arasında söyledim, artık bitiriyorum.

Bu yazı dizisi boyunca varlığını hep yanımda hissettiğim sevgili dostlar, son bir dileğim olacak sizden. Şimdi birlikte ve inadına yeniden ayağa kalkalım... Kadınlar ve vicdanlı erkekler olarak... tek bir ses olalım; kısılamayan güçlü bir ses... ülkenin her yerinden, hep bir ağızdan sıralara vurarak haykıralım şimdi:

Ataerkil bir yargıç!
kadın olmak suçumuz! kestiğiniz cezamız! seyrettiğiniz şiddet!
Suç bende değil!
her nerdeysem,
ne giydiysem
suç bende değil. Tecavüzcü sensin! Öldüren sensin!
Polisler,
hâkimler,
devlet ve
başkan...
Direnen kadınlar! Dünyada ve
her yerde
asla yalnız yürümeyeceksin!
asla yalnız yürümeyeceksin!
asla
YALNIZ YÜRÜMEYECEKSİN!
SON

www.ingramcontent.com/pod-product-compliance
Lightning Source LLC
Chambersburg PA
CBHW020239160726
47987CB00019B/5